IMAGINEZ

le français sans frontières

COURS DE FRANÇAIS INTERMÉDIAIRE

Cherie Mitschke
Southwestern University

VISTA
HIGHER LEARNING
Boston, Massachusetts

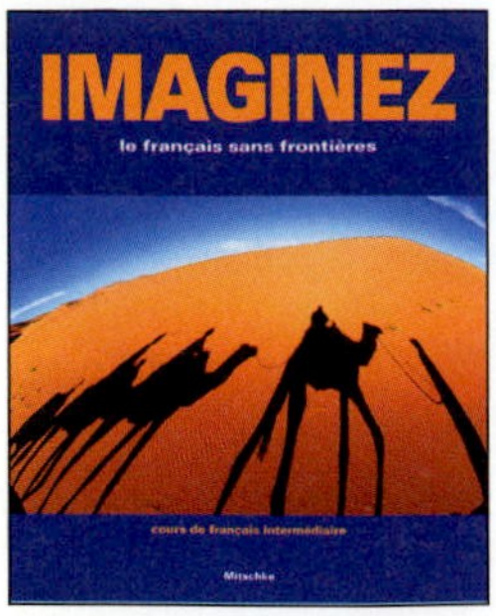

Publisher: José A. Blanco
President: Janet Dracksdorf
Vice President of Operations: Tom Delano
Vice President of Sales and Marketing: Scott Burns
Executive Marketing Manager: Ben Rivera
Director of Art & Design: Linda Jurras
Director of Production & Manufacturing: Lisa Flanagan Perrier
Project Managers: Armando Brito, Thomas Keon
Editors: Isabelle Alouane, Véronique Drissi, Daniel Finkbeiner, Marta Minnetyan, Sylvie Updegraff
Design Manager: Polo Barrera
Photo Researcher & Art Buyer: Rachel Distler
Production Coordinator: Jason Velázquez

Student Text ISBN-13: 978-1-60007-158-4
ISBN-10: 1-60007-158-9
Instructor's Annotated Edition ISBN-13: 978-1-60007-176-8
ISBN-10: 1-60007-176-7
Library of Congress Card Number: 2006939487

4 5 6 7 8 9 RJ 12 11 10 09 08

Introduction

Welcome to IMAGINEZ, a new intermediate French program designed to provide you with an active and rewarding learning experience as you continue to strengthen your language skills and develop your cultural competency.

Here are some of the key features you will find in **IMAGINEZ**:

- A cultural focus integrated throughout the entire lesson
- Engaging short-subject dramatic films by contemporary francophone filmmakers that carefully tie in the lesson theme
- A fresh, magazine-like design and lesson organization that both supports and facilitates language learning
- An abundance of photos, illustrations, charts, and diagrams, all specifically chosen or created to help you learn
- An emphasis on authentic language and practical vocabulary for communicating in real-life situations
- Numerous guided and communicative activities
- Clear, comprehensive, and well-organized grammar explanations that highlight the most important concepts in intermediate French
- A built-in, optional **Fiches de grammaire** section for reference, review, and additional practice
- Popular musicians and songs
- A highly structured easy-to-navigate design based on spreads of two facing pages
- Short and comprehensible literary and cultural readings that celebrate the diversity of the francophone world
- A complete set of print and technology ancillaries to equip you with the materials you need to make learning French easier

APPENDICES

SOMMAIRE

outlines the content and features of each lesson

LEÇON 2

Habiter en ville

Ah, l'attrait de la grande ville! Depuis des années, la campagne perd ses habitants. Qu'implique la vie urbaine, en fait? Est-il nécessairement plus facile de rencontrer des gens en ville qu'à la campagne? Oui, habiter en ville, c'est pratique... mais à quel prix?

La place de l'Étoile à Paris, vue d'en haut, par Yann Arthus-Bertrand

SOMMAIRE

44 **COURT MÉTRAGE**
Un beau jour, à Lyon, une jeune femme pense trouver l'amour de sa vie dans le métro. Le réalisateur **Philippe Orreindy** nous fait participer à cette rencontre dans *J'attendrai le suivant...*

50 **IMAGINEZ**
Vous avez envie de visiter la France, mais vous ne savez pas où aller? Pas de problème! Destination: Marseille et Lyon, deux grandes cités qui se disputent le titre de deuxième ville de France. Ensuite, c'est la capitale que le groupe **Paris Combo** salue avec humour et tendresse, dans sa chanson *Lettre à P...*

69 **CULTURE**
L'article *Rythme dans la rue: La fête de la Musique* nous parle d'un phénomène culturel majeur qui a débuté en France et qui s'est développé dans d'autres pays.

73 **LITTÉRATURE**
Paris montre son visage révolutionnaire dans le poème, *Mai 1968*, de **Jacques Prévert**.

47

70

Destination: FRANCE

42 **POUR COMMENCER**

56 **STRUCTURES**

2.1 Reflexive and reciprocal verbs

2.2 Descriptive adjectives and adjective agreement

2.3 Adverbs

77 **VOCABULAIRE**

Habiter en ville 41

Lesson opener A two-page spread introduces you to the lesson theme with a dynamic photo and a theme-related introductory paragraph ideal for class discussion.

Destination A locator map highlights the country or region of study.

Lesson overview Brief paragraphs provide you with a synopsis of each section in the lesson.

POUR COMMENCER

introduces the thematic lesson vocabulary with engaging activities

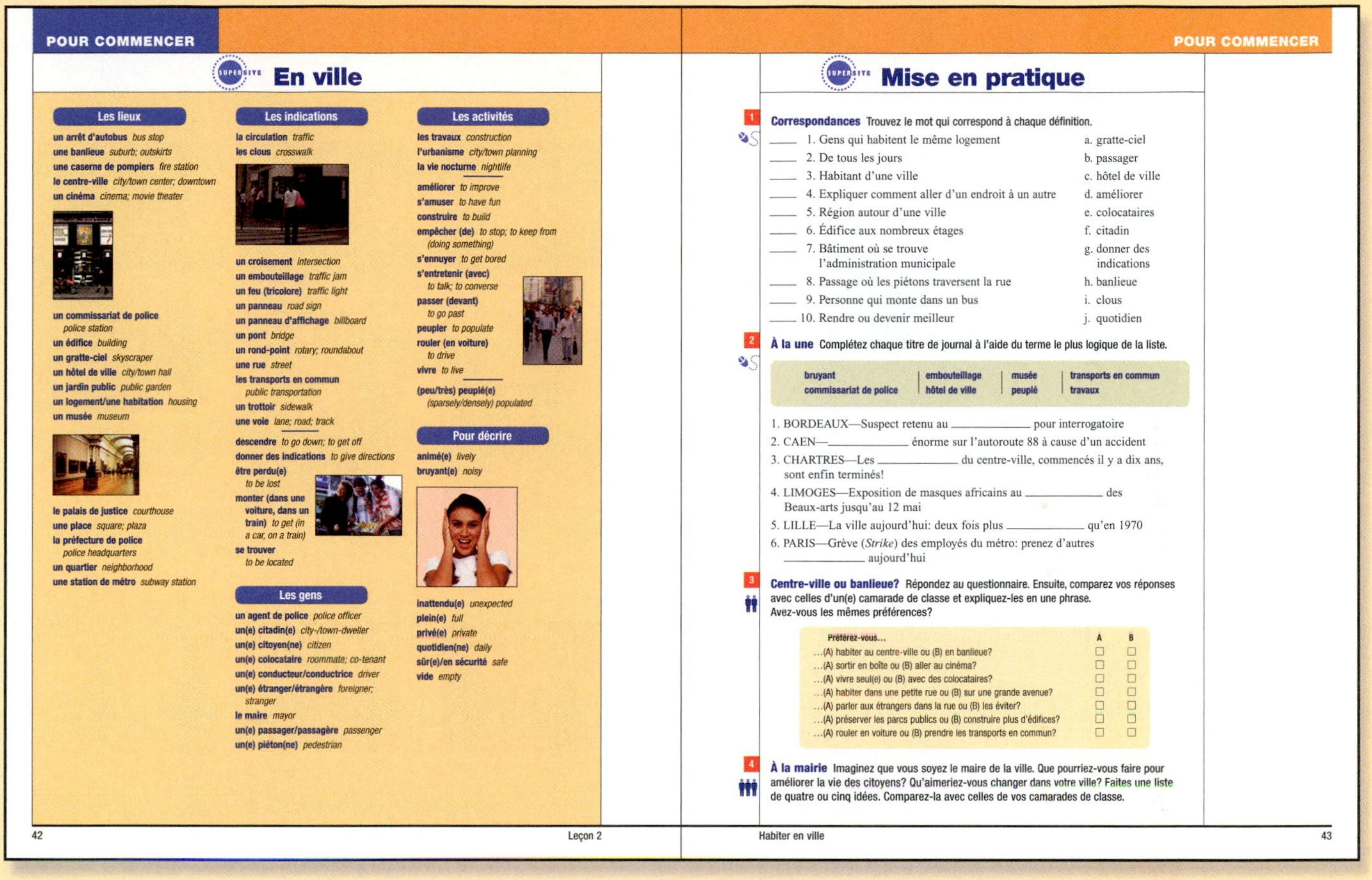

POUR COMMENCER

SUPERSITE **En ville**

Les lieux

un arrêt d'autobus *bus stop*
une banlieue *suburb; outskirts*
une caserne de pompiers *fire station*
le centre-ville *city/town center; downtown*
un cinéma *cinema; movie theater*
un commissariat de police *police station*
un édifice *building*
un gratte-ciel *skyscraper*
un hôtel de ville *city/town hall*
un jardin public *public garden*
un logement/une habitation *housing*
un musée *museum*
le palais de justice *courthouse*
une place *square; plaza*
la préfecture de police *police headquarters*
un quartier *neighborhood*
une station de métro *subway station*

Les indications

la circulation *traffic*
les clous *crosswalk*
un croisement *intersection*
un embouteillage *traffic jam*
un feu (tricolore) *traffic light*
un panneau *road sign*
un panneau d'affichage *billboard*
un pont *bridge*
un rond-point *rotary; roundabout*
une rue *street*
les transports en commun *public transportation*
un trottoir *sidewalk*
une voie *lane; road; track*

descendre *to go down; to get off*
donner des indications *to give directions*
être perdu(e) *to be lost*
monter (dans une voiture, dans un train) *to get (in a car, on a train)*
se trouver *to be located*

Les gens

un agent de police *police officer*
un(e) citadin(e) *city-/town-dweller*
un(e) citoyen(ne) *citizen*
un(e) colocataire *roommate; co-tenant*
un(e) conducteur/conductrice *driver*
un(e) étranger/étrangère *foreigner; stranger*
le maire *mayor*
un(e) passager/passagère *passenger*
un(e) piéton(ne) *pedestrian*

Les activités

les travaux *construction*
l'urbanisme *city/town planning*
la vie nocturne *nightlife*

améliorer *to improve*
s'amuser *to have fun*
construire *to build*
empêcher (de) *to stop; to keep from (doing something)*
s'ennuyer *to get bored*
s'entretenir (avec) *to talk; to converse*
passer (devant) *to go past*
peupler *to populate*
rouler (en voiture) *to drive*
vivre *to live*

(peu/très) peuplé(e) *(sparsely/densely) populated*

Pour décrire

animé(e) *lively*
bruyant(e) *noisy*
inattendu(e) *unexpected*
plein(e) *full*
privé(e) *private*
quotidien(ne) *daily*
sûr(e)/en sécurité *safe*
vide *empty*

42 Leçon 2

POUR COMMENCER

SUPERSITE **Mise en pratique**

1 Correspondances Trouvez le mot qui correspond à chaque définition.

____ 1. Gens qui habitent le même logement	a. gratte-ciel
____ 2. De tous les jours	b. passager
____ 3. Habitant d'une ville	c. hôtel de ville
____ 4. Expliquer comment aller d'un endroit à un autre	d. améliorer
____ 5. Région autour d'une ville	e. colocataires
____ 6. Édifice aux nombreux étages	f. citadin
____ 7. Bâtiment où se trouve l'administration municipale	g. donner des indications
____ 8. Passage où les piétons traversent la rue	h. banlieue
____ 9. Personne qui monte dans un bus	i. clous
____ 10. Rendre ou devenir meilleur	j. quotidien

2 À la une Complétez chaque titre de journal à l'aide du terme le plus logique de la liste.

bruyant	embouteillage	musée	transports en commun
commissariat de police	hôtel de ville	peuplé	travaux

1. BORDEAUX—Suspect retenu au ____________ pour interrogatoire
2. CAEN—____________ énorme sur l'autoroute 88 à cause d'un accident
3. CHARTRES—Les ____________ du centre-ville, commencés il y a dix ans, sont enfin terminés!
4. LIMOGES—Exposition de masques africains au ____________ des Beaux-arts jusqu'au 12 mai
5. LILLE—La ville aujourd'hui: deux fois plus ____________ qu'en 1970
6. PARIS—Grève (*Strike*) des employés du métro: prenez d'autres ____________ aujourd'hui

3 Centre-ville ou banlieue? Répondez au questionnaire. Ensuite, comparez vos réponses avec celles d'un(e) camarade de classe et expliquez-les en une phrase. Avez-vous les mêmes préférences?

Préférez-vous…	A	B
…(A) habiter au centre-ville ou (B) en banlieue?	☐	☐
…(A) sortir en boîte ou (B) aller au cinéma?	☐	☐
…(A) vivre seul(e) ou (B) avec des colocataires?	☐	☐
…(A) habiter dans une petite rue ou (B) sur une grande avenue?	☐	☐
…(A) parler aux étrangers dans la rue ou (B) les éviter?	☐	☐
…(A) préserver les parcs publics ou (B) construire plus d'édifices?	☐	☐
…(A) rouler en voiture ou (B) prendre les transports en commun?	☐	☐

4 À la mairie Imaginez que vous soyez le maire de la ville. Que pourriez-vous faire pour améliorer la vie des citoyens? Qu'aimeriez-vous changer dans votre ville? Faites une liste de quatre ou cinq idées. Comparez-la avec celles de vos camarades de classe.

Habiter en ville 43

Photos and Illustrations Dynamic, full-color photos or art visually illustrate selected vocabulary terms.

Vocabulary Easy-to-study thematic lists present useful vocabulary.

Mise en pratique This set of activities practices vocabulary in diverse formats and engaging contexts.

Icons The icons provide on-the-spot visual cues for pair or small group activities and supplemental materials on the **IMAGINEZ** Supersite. Mouse icons identify activities on the Supersite for self-correction.

COURT MÉTRAGE

features an award-winning, short-subject dramatic film by a contemporary francophone filmmaker

COURT MÉTRAGE

Regardez le court métrage sur imaginez.vhlcentral.com.

J'attendrai le suivant...

Une production de LA BOÎTE Scénario THOMAS GAUDIN/PHILIPPE ORREINDY
Réalisation PHILIPPE ORREINDY Production CAROLINE PERCHAUD/ÉRIC PATTEDOIE
Production exécutive VALÉRIE REBOUILLAT Photographie ÉRIC GENILLIER
Montage ANNE ARAVECCHI Musique ALAIN MARNA Son DOMINIQUE DAVY
Acteurs SOPHIE FORTE/THOMAS GAUDIN/PASCAL CASANOVA

46 Leçon 2

SCÈNES

INTRIGUE *Une jeune femme pense trouver l'amour de sa vie dans le métro.*

1 **ANTOINE** Bonsoir. Je m'appelle Antoine et j'ai 29 ans. Rassurez-vous, je ne vais pas vous demander d'argent. J'ai lu récemment qu'il y avait, en France, près de cinq millions de femmes célibataires. Où sont-elles?

2 **ANTOINE** Je crois au bonheur. Je cherche une jeune femme qui aurait du mal à rencontrer quelqu'un et qui voudrait partager quelque chose de sincère avec quelqu'un.

3 **ANTOINE** Voilà. Si l'une d'entre vous se sent intéressée, elle peut descendre discrètement à la station suivante. Je la rejoindrai sur le quai.

4 **HOMME** Mais arrêtez! Restez célibataire! Moi ça fait cinq ans que je suis marié avec une enquiquineuse°. Si vous voulez, je vous donne son numéro et vous voyez avec elle. Mais il ne faudrait pas venir vous plaindre après!

5 **ANTOINE** C'est très aimable, Monsieur, mais je ne cherche pas la femme d'un autre. Je cherche l'amour, Monsieur. Je ne cherche pas un marché. (*À tout le monde*) Excusez ce monsieur qui, je pense, ne connaîtra jamais l'amour.

6 **ANTOINE** Mesdemoiselles, je réitère ma proposition. S'il y en a une parmi vous qui est sensible à ma vision de l'amour, eh bien, qu'elle descende.

La femme descend.

enquiquineuse *pain in the neck*

COURT MÉTRAGE

Note CULTURELLE

Faire la manche dans le métro

Ceux qui font la manche° passent dans les rames de métro, s'adressent aux passagers et divertissent. Ils chantent, font de la musique ou autre chose pour récolter° de l'argent. Cette activité est interdite, mais, en général, les passagers trouvent ces gens sympathiques. On peut même dire qu'ils font partie de la vie du métro.

font la manche *panhandle*
récolter *collect*

Habiter en ville 47

Posters Dynamic and eye-catching movie posters visually introduce the film.

Scènes A synopsis of the film's plot with captioned video stills prepares you visually for the film and introduces some of the expressions you will encounter.

Note culturelle These sidebars provide relevant cultural information related to the **Court métrage**.

PRÉPARATION & ANALYSE

reinforce and expand upon the Court métrage

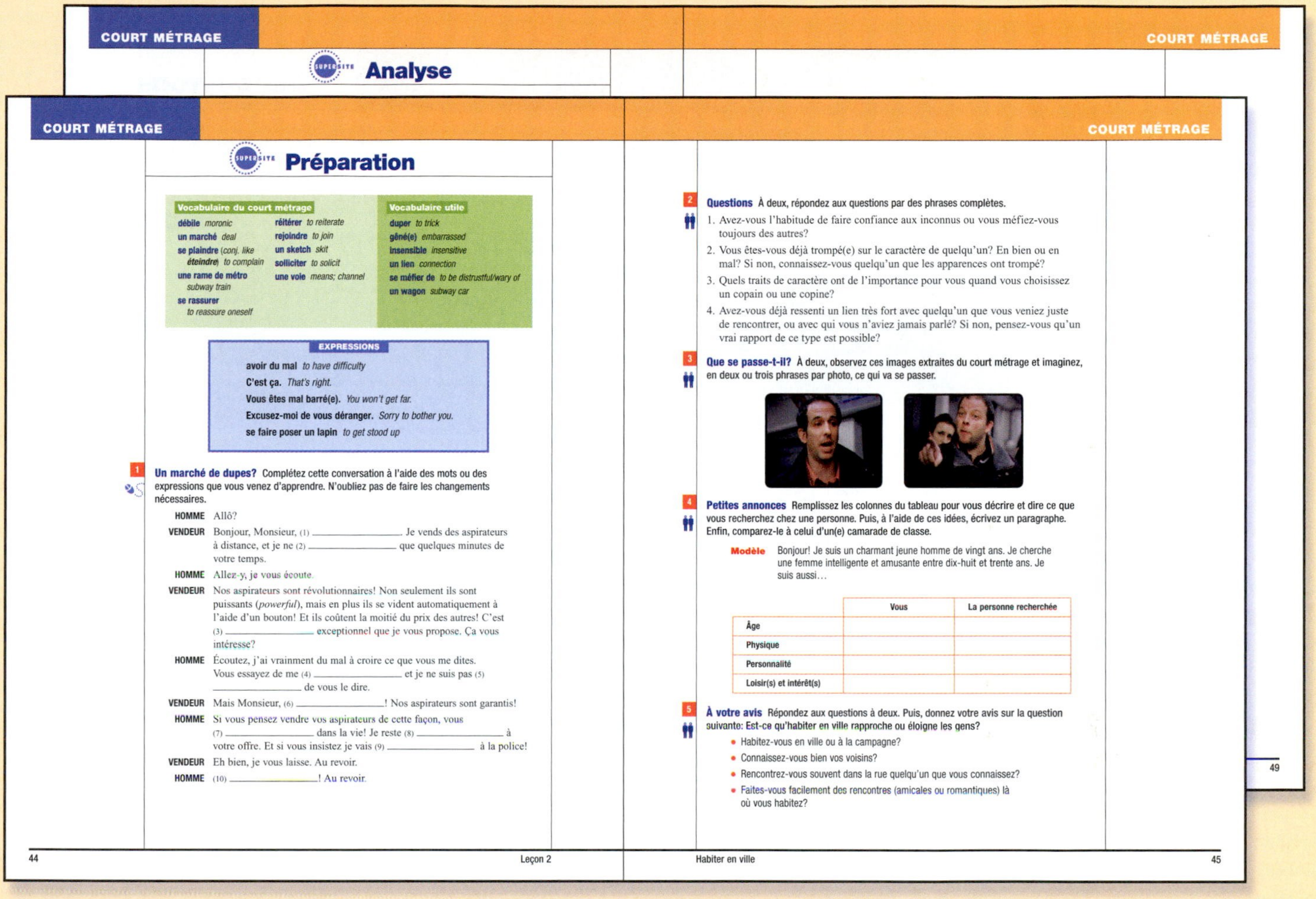

COURT MÉTRAGE

Analyse

COURT MÉTRAGE

COURT MÉTRAGE

Préparation

Vocabulaire du court métrage

débile *moronic*
un marché *deal*
se plaindre (*conj. like* **éteindre**) *to complain*
une rame de métro *subway train*
se rassurer *to reassure oneself*
réitérer *to reiterate*
rejoindre *to join*
un sketch *skit*
solliciter *to solicit*
une voie *means; channel*

Vocabulaire utile

duper *to trick*
gêné(e) *embarrassed*
insensible *insensitive*
un lien *connection*
se méfier de *to be distrustful/wary of*
un wagon *subway car*

EXPRESSIONS

avoir du mal *to have difficulty*
C'est ça. *That's right.*
Vous êtes mal barré(e). *You won't get far.*
Excusez-moi de vous déranger. *Sorry to bother you.*
se faire poser un lapin *to get stood up*

1 **Un marché de dupes?** Complétez cette conversation à l'aide des mots ou des expressions que vous venez d'apprendre. N'oubliez pas de faire les changements nécessaires.

HOMME Allô?
VENDEUR Bonjour, Monsieur, (1) ________. Je vends des aspirateurs à distance, et je ne (2) ________ que quelques minutes de votre temps.
HOMME Allez-y, je vous écoute.
VENDEUR Nos aspirateurs sont révolutionnaires! Non seulement ils sont puissants (*powerful*), mais en plus ils se vident automatiquement à l'aide d'un bouton! Et ils coûtent la moitié du prix des autres! C'est (3) ________ exceptionnel que je vous propose. Ça vous intéresse?
HOMME Écoutez, j'ai vraiment du mal à croire ce que vous me dites. Vous essayez de me (4) ________ et je ne suis pas (5) ________ de vous le dire.
VENDEUR Mais Monsieur, (6) ________! Nos aspirateurs sont garantis!
HOMME Si vous pensez vendre vos aspirateurs de cette façon, vous (7) ________ dans la vie! Je reste (8) ________ à votre offre. Et si vous insistez je vais (9) ________ à la police!
VENDEUR Eh bien, je vous laisse. Au revoir.
HOMME (10) ________! Au revoir.

44 Leçon 2

2 **Questions** À deux, répondez aux questions par des phrases complètes.

1. Avez-vous l'habitude de faire confiance aux inconnus ou vous méfiez-vous toujours des autres?
2. Vous êtes-vous déjà trompé(e) sur le caractère de quelqu'un? En bien ou en mal? Si non, connaissez-vous quelqu'un que les apparences ont trompé?
3. Quels traits de caractère ont de l'importance pour vous quand vous choisissez un copain ou une copine?
4. Avez-vous déjà ressenti un lien très fort avec quelqu'un que vous veniez juste de rencontrer, ou avec qui vous n'aviez jamais parlé? Si non, pensez-vous qu'un vrai rapport de ce type est possible?

3 **Que se passe-t-il?** À deux, observez ces images extraites du court métrage et imaginez, en deux ou trois phrases par photo, ce qui va se passer.

4 **Petites annonces** Remplissez les colonnes du tableau pour vous décrire et dire ce que vous recherchez chez une personne. Puis, à l'aide de ces idées, écrivez un paragraphe. Enfin, comparez-le à celui d'un(e) camarade de classe.

Modèle Bonjour! Je suis un charmant jeune homme de vingt ans. Je cherche une femme intelligente et amusante entre dix-huit et trente ans. Je suis aussi…

	Vous	La personne recherchée
Âge		
Physique		
Personnalité		
Loisir(s) et intérêt(s)		

5 **À votre avis** Répondez aux questions à deux. Puis, donnez votre avis sur la question suivante: Est-ce qu'habiter en ville rapproche ou éloigne les gens?

- Habitez-vous en ville ou à la campagne?
- Connaissez-vous bien vos voisins?
- Rencontrez-vous souvent dans la rue quelqu'un que vous connaissez?
- Faites-vous facilement des rencontres (amicales ou romantiques) là où vous habitez?

Habiter en ville 45

49

Préparation Pre-viewing activities set the stage for the short-subject film and provide key background information, facilitating comprehension.

Vocabulaire This section features the words that you will encounter and actively use in the **Court métrage** section.

Expressions This feature highlights phrases and expressions useful in understanding the film.

Analyse Post-viewing activities go beyond checking comprehension, allowing you to explore and analyze broader themes.

IMAGINEZ

simulates a voyage to the featured country or region

IMAGINEZ

IMAGINEZ LA FRANCE

Pour plus de renseignements et d'activités, visitez **imaginez.vhlcentral.com**.

Marseille et Lyon

La France compte environ 36.000 villes et villages de toutes tailles. La ville la plus connue, c'est bien sûr Paris, mais d'autres villes ont aussi beaucoup d'intérêt. **Marseille** et **Lyon**, qui se disputent le titre de deuxième ville de France, ont toutes les deux leur charme propre et méritent le détour.

Appelée la «cité phocéenne» pour avoir été fondée par des **Grecs** de la ville de **Phocée**, en **Asie Mineure**, en 600 avant J.-C.°, Marseille est aujourd'hui une ville très peuplée de la **côte méditerranéenne**. Elle est d'une grande diversité culturelle grâce à sa situation géographique. Parler de Marseille, c'est parler de la bouillabaisse (soupe de poissons), de la pétanque, des plages, d'un grand port commercial et surtout du **Vieux-Port**. Celui-ci est maintenant un site touristique très animé, avec une succession de restaurants et de magasins. Marseille est une ville très urbanisée, mais elle possède aussi des atouts° naturels. Ses calanques°, qui donnent sur la mer, sont appréciées pour leur caractère secret et leur beauté. Au large de° la côte, les **îles du Frioul** constituent un site exceptionnel pour les plongeurs° et les amoureux de la nature. Non loin de là se trouve le **château d'If**, une prison rendue célèbre par la légende de l'homme au masque de fer et par **Alexandre Dumas** avec son roman *Le Comte de Monte-Cristo*.

De son côté, Lyon, antique cité romaine fondée en 43 avant J.-C., est une ville attirante° pour de multiples raisons. Traversée par deux fleuves, le **Rhône** et la **Saône**, et voisine des **Alpes** et de **Genève**, Lyon a été la capitale de la **Gaule** sous l'Antiquité, un grand centre de la **Renaissance** et la capitale de la **Résistance** pendant la **Seconde Guerre mondiale**. La richesse de son histoire a été reconnue par l'**UNESCO**, qui a fait d'une grande partie de la ville le plus grand espace classé° au patrimoine° mondial. Lyon est aussi un grand carrefour° économique européen depuis longtemps et elle est le siège° de quelques organisations internationales comme **Interpol**. Son statut de capitale de la gastronomie et de la soie, et de lieu de naissance du cinéma renforce sa notoriété. Lyon connaît un grand succès en France et en Europe avec un événement annuel: la **fête des Lumières**. Pendant cette célébration, les Lyonnais mettent des lumières à leurs fenêtres et les bâtiments de la ville sont illuminés par des jeux de lumière.

Les villes françaises composent toutes le visage du pays. Il serait dommage de passer à côté.

Vue sur le Vieux-Port de Marseille

Les berges° de la Saône, à Lyon

D'ailleurs...

Marseille et **Lyon** se disputent la place de deuxième ville de France en raison de l'ambiguïté du nombre d'habitants. Si on parle de la ville intra-muros°, Marseille est deuxième avec 800.000 habitants contre 480.000 pour Lyon. Par contre, si on considère l'agglomération, c'est Lyon qui est deuxième avec 1.450.000 habitants contre 1.350.000 pour Marseille. C'est une question qui n'est toujours pas réglée°.

avant J.-C. *BC* **atouts** *assets* **calanques** *rocky coves* **Au large de** *Off* **plongeurs** *scuba divers* **attirante** *attractive* **classé** *listed* **patrimoine** *heritage* **carrefour** *hub* **siège** *headquarters* **intra-muros** *proper* **réglée** *settled* **berges** *river banks*

50 Leçon 2

IMAGINEZ

Découvrons

IMAGINEZ

Qu'avez-vous appris?

1 **Vrai ou faux?** Indiquez si ces affirmations sont vraies ou fausses, et corrigez les fausses.

1. Il existe environ 26.000 villes et villages en France.
2. Lyon est connue pour sa bouillabaisse, ses plages et son grand port de commerce.
3. La ville de Lyon est traversée par la Seine.
4. L'agglomération de Lyon est plus grande que celle de Marseille.
5. Les policiers autorisent les Français à faire des randonnées en rollers, dans les villes.
6. Les péniches sur les fleuves de France sont utilisées uniquement dans un but commercial.

2 **Questions** Répondez aux questions.

1 Pourquoi appelle-t-on Marseille «la cité phocéenne»?
2. Comment certaines villes de France ont-elles décidé de s'embellir?
3. Comment le château d'If est-il devenu célèbre?
4. Quelle fête a lieu chaque année dans la ville de Menton?
5. De quoi la ville de Lyon est-elle la capitale aujourd'hui?
6. Quel événement lyonnais rassemble chaque année un grand nombre de Français et d'Européens?

Projet

Un voyage de Lyon à Marseille

Imaginez que vous alliez visiter Lyon et Marseille. Recherchez sur **imaginez.vhlcentral.com** toutes les informations dont vous avez besoin pour créer votre itinéraire. Ensuite, préparez votre voyage.

- Choisissez le mois et la durée (*length*) de votre séjour dans chaque ville.
- Sélectionnez les endroits à visiter et les activités à pratiquer.
- Présentez votre itinéraire à la classe. Montrez-le avec le plan de chaque ville et expliquez pourquoi vous avez choisi ces endroits et ces activités. (Facultatif)

ÉPREUVE

Trouvez la bonne réponse.

1. Marseille est une ville ______.
   a. peu peuplée b. secrète
   c. cosmopolite d. heureuse
2. Les îles du Frioul et les calanques près de Marseille sont des endroits ______ d'exception.
   a. naturels b. chers
   c. urbains d. habités
3. Parce que Marseille et Lyon ont été fondées sous l'Antiquité, elles sont ______.
   a. anciennes b. modernes
   c. uniques d. nouvelles
4. Le secteur financier est très représenté à Lyon. La ville a un ______.
   a. petit port touristique b. quartier des affaires
   c. centre historique d. domaine artistique
5. Par le passé, on envoyait les prisonniers ______.
   a. à la fête des Lumières b. à l'UNESCO
   c. sur les îles du Frioul d. au château d'If
6. Lyon est la capitale ______ de la France.
   a. industrielle b. gastronomique
   c. culturelle d. universelle
7. Lyon a été un grand centre de/du ______.
   a. la fête du Citron b. la Réforme
   c. le roller d. la Renaissance
8. La fête du Citron a commencé en ______.
   a. 1982 b. 1968
   c. 1934 d. 1908
9. On va à Marseille si on veut visiter ______.
   a. le Vieux-Port b. la Côte d'Azur
   c. le Rhône d. des péniches
10. Lyon est le lieu de naissance de/du ______.
    a. la médecine b. la gastronomie
    c. cinéma d. la soie

Habiter en ville 53

Magazine-like design Each reading is presented in the attention-grabbing visual style you would expect from a magazine.

Country- and Region-specific readings High-interest readings draw your attention to culturally significant aspects of the country or region.

D'ailleurs These boxes provide key information to understanding the context of the reading.

Lexical variations Terms and expressions specific to the country or region are highlighted in easy-to-reference lists.

Qu'avez-vous appris? Post-reading activities check your comprehension of the readings.

Projet Task-based projects encourage you to investigate the country or region further, connecting real-world learning to the classroom.

À FOND LA SONO

features contemporary musicians

IMAGINEZ

Paris Combo

Le retour à l'ancien

À FOND LA SONO
Pour plus de renseignements sur Paris Combo et sa musique, visitez **imaginez.vhlcentral.com**.

L'aventure du groupe **Paris Combo**, composé de la chanteuse Bénédicte Grimault, nom de scène **Belle du Berry**, et des musiciens **François**, **Mano**, **Potzi** et **David**, a débuté en 1995 sur de petites scènes parisiennes. Le nom «Paris Combo» a été choisi en raison des groupes de jazz des années 1930, souvent appelés *combinations*, et du caractère multiculturel de la capitale française et du groupe lui-même.

Belle et François sont français, Mano vient de Madagascar, Potzi est d'origine algérienne et David est australien. Ils fusionnent leurs styles personnels et les musiques du monde — jazz, rythmes orientaux, gypsy, latino, etc. — pour former un son très particulier. Avec le piano, le banjo, l'accordéon, la contrebasse et la guitare, leurs chansons sont à la fois **contemporaines et rétro**. Le groupe s'inspire de la chanson française de l'entre-deux-guerres°, tout en la modernisant.

Aujourd'hui, **Paris Combo** connaît un succès mondial°. Depuis 1998, il fait partie des quelques groupes français qui ont un accord° de distribution aux États-Unis.

Dans la chanson *Lettre à P...*, Paris Combo parle de la pollution de Paris de manière à la fois satirique et humoristique. Le groupe présente cette pollution, nuisance des plus désagréables, comme un des charmes de la capitale.

Discographie sélective
2004 *Motifs*
2001 *Attraction*
1999 *Living room*
1997 *Paris Combo*

entre-deux-guerres *the period between WWI and WWII* **mondial** *worldwide* **accord** *deal*

Lettre à P...

Tôt, j'ai mangé de l'autocar
Avec ses jantes°, avec ses phares
Ensuite, j'ai fumé une berline°
Aux pures essences raffinées° de benzine
Paris, j'aime ton gasoil°
L'odeur de ton excitation-moteur°
Paris, tu es la capitale
La lettre P... en sonore initiale

Refrain:
Car tu sens si bon, l'été
Sous ta chape de plomb°, souffrez
Que j'ai l'inspiration fatale
Tu seras toujours romantique
Même au temps des pics°
Qui goudronnent° tes monuments
Et font pleurer tous les yeux des amants

jantes *rims* **berline** *four-door sedan* **raffinées** *refined* **gasoil** *diesel oil* **excitation-moteur** *roaring engine*

chape de plomb *(car) hood* **pics** *metal barbs* **goudronnent** *cover*

52 Leçon 2

À fond la sono This section spotlights well-known francophone singers and musical groups from the French-speaking world.

Songs Brief excerpts of popular songs by the featured artists or groups are presented. The song lyrics tie in with the lesson theme.

GALERIE DE CRÉATEURS

highlights important cultural and artistic figures from the country or region

IMAGINEZ

GALERIE DE CRÉATEURS

SUR INTERNET
Pour trouver plus de renseignements sur ces créateurs et pour explorer des aspects précis de leurs créations, à l'aide d'activités et de projets de recherche, visitez imaginez.vhlcentral.com.

COUTURE **Sonia Rykiel**
Pour ses pulls, Sonia Rykiel a été consacrée en 1968 «Reine du tricot (*Queen of knitting*) dans le monde» par le journal américain *Women's Wear Daily*. Styliste, écrivain et gastronome, cette femme aux multiples talents est aujourd'hui un emblème de la mode française. Ses collections — qui incluent toujours le noir, les rayures (*stripes*) et la maille (*jersey*) — sont à la fois élégantes et bohèmes. Elles provoquent toujours. Pour Rykiel, la mode doit s'adapter à la personne, et non pas le contraire. L'empire Rykiel s'étend aujourd'hui aux chaussures, aux accessoires, au parfum et à la mode pour homme et pour enfant.

GASTRONOMIE **Paul Bocuse (1926–)**
Paul Bocuse est considéré comme un des chefs cuisiniers les plus importants de France. Né dans une famille de cuisiniers, il a reçu en 1965 trois étoiles du guide gastronomique *Gault et Millau*, la plus grande distinction de la cuisine française. Plus tard, en 1989, ce même guide l'a nommé «Cuisinier du siècle». Aujourd'hui la base de son empire se trouve à Lyon, où il a des brasseries, son restaurant principal et l'Institut Paul Bocuse hôtellerie et arts culinaires, créé en 1990. Bocuse a aussi des épiceries fines au Japon, et il fait partie de l'équipe de chefs choisis pour le pavillon français d'Epcot Center, à Disney World.

54 Leçon 2

IMAGINEZ

LITTÉRATURE **Marguerite Duras (1914–1996)**
Certains (*Some*) disent que la vie de Marguerite Duras est un roman. En effet, cette grande femme écrivain française a eu une vie mouvementée (*hectic*). Née en Indochine (à Gia Dinh, près de Saïgon), elle a rejoint (*joined*) la Résistance à Paris, au côté du futur président de la République française, François Mitterrand. Elle est l'auteur d'une quarantaine (*about forty*) de romans et d'une douzaine de pièces de théâtre, la scénariste (*scriptwriter*) et la réalisatrice d'une vingtaine de films. Avec un de ses romans, *L'Amant*, dans lequel elle recrée l'Indochine française des années 1930, elle gagne le prix Goncourt, grand prix de littérature français, en 1984.

L'Œil des Maldives, formation corallienne, Maldives

PHOTOGRAPHIE **Yann Arthus-Bertrand (1946–)**
Amoureux de la nature, Yann Arthus-Bertrand a dirigé une réserve naturelle dans le sud de la France puis étudié les lions au Kenya. Là, il a découvert que la photographie permettait de faire passer ses messages mieux que les mots. Il s'est alors engagé dans ce domaine et a publié un grand nombre de livres sur la nature. Sa plus grande entreprise a été, avec l'aide de l'UNESCO, la création d'une banque d'images sous forme de livre, *La Terre vue du Ciel*, qui a eu un succès international.

Habiter en ville 55

Profiles Brief paragraphs provide a synopsis of the featured people's lives and cultural importance.

Sur Internet This box directs you to more in-depth information about the people and Internet activities on the **IMAGINEZ** Supersite for additional avenues of discovery.

STRUCTURES

reviews and introduces grammar points key to intermediate French in a graphic-intensive format

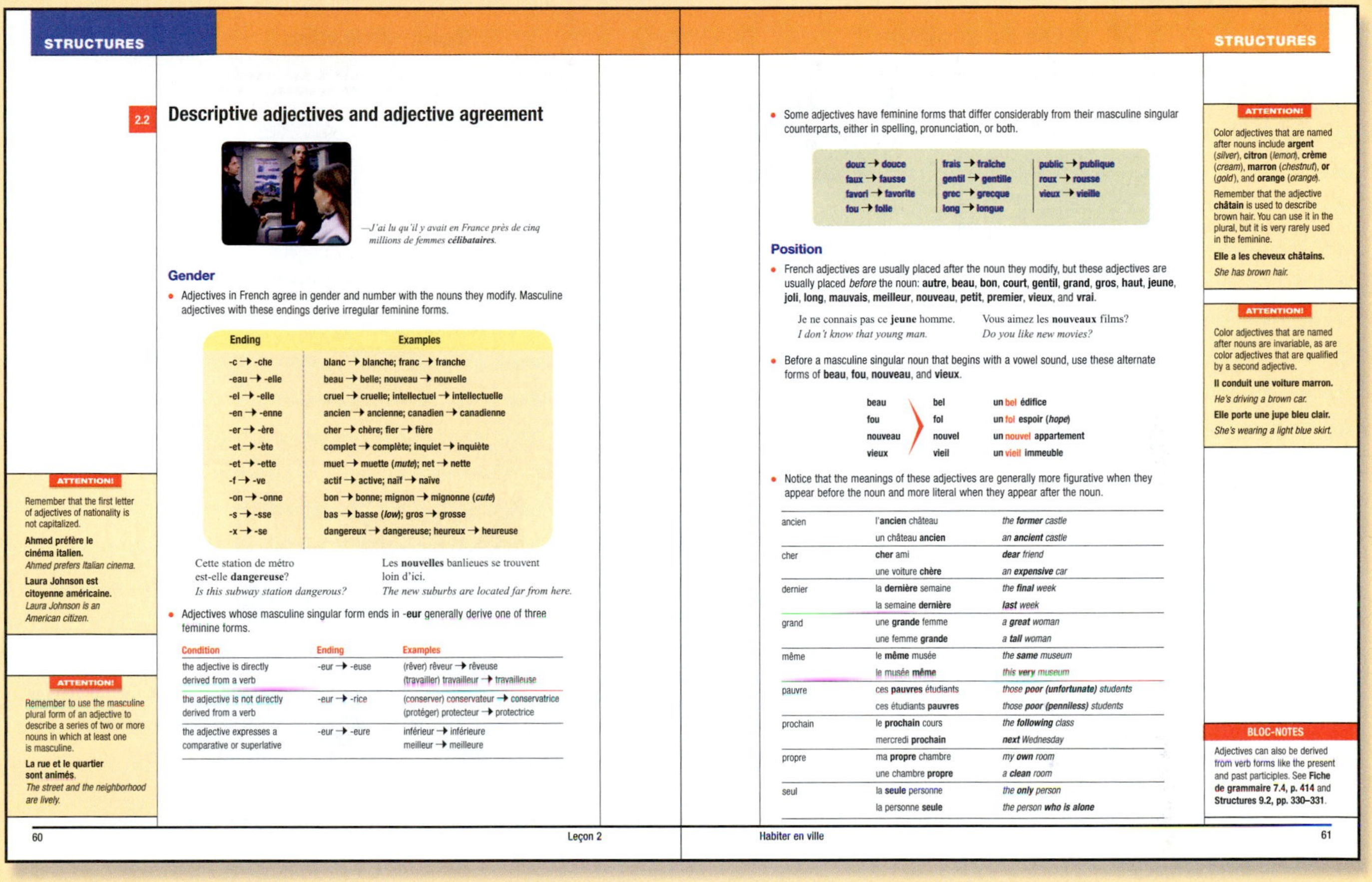
STRUCTURES

2.2 Descriptive adjectives and adjective agreement

—J'ai lu qu'il y avait en France près de cinq millions de femmes **célibataires**.

Gender

- Adjectives in French agree in gender and number with the nouns they modify. Masculine adjectives with these endings derive irregular feminine forms.

Ending	Examples
-c → -che	blanc → blanche; franc → franche
-eau → -elle	beau → belle; nouveau → nouvelle
-el → -elle	cruel → cruelle; intellectuel → intellectuelle
-en → -enne	ancien → ancienne; canadien → canadienne
-er → -ère	cher → chère; fier → fière
-et → -ète	complet → complète; inquiet → inquiète
-et → -ette	muet → muette (*mute*); net → nette
-f → -ve	actif → active; naïf → naïve
-on → -onne	bon → bonne; mignon → mignonne (*cute*)
-s → -sse	bas → basse (*low*); gros → grosse
-x → -se	dangereux → dangereuse; heureux → heureuse

Cette station de métro est-elle **dangereuse**?
Is this subway station dangerous?

Les **nouvelles** banlieues se trouvent loin d'ici.
The new suburbs are located far from here.

- Adjectives whose masculine singular form ends in -**eur** generally derive one of three feminine forms.

Condition	Ending	Examples
the adjective is directly derived from a verb	-eur → -euse	(rêver) rêveur → rêveuse (travailler) travailleur → travailleuse
the adjective is not directly derived from a verb	-eur → -rice	(conserver) conservateur → conservatrice (protéger) protecteur → protectrice
the adjective expresses a comparative or superlative	-eur → -eure	inférieur → inférieure meilleur → meilleure

ATTENTION!
Remember that the first letter of adjectives of nationality is not capitalized.
Ahmed préfère le cinéma italien.
Ahmed prefers Italian cinema.
Laura Johnson est citoyenne américaine.
Laura Johnson is an American citizen.

ATTENTION!
Remember to use the masculine plural form of an adjective to describe a series of two or more nouns in which at least one is masculine.
La rue et le quartier sont animés.
The street and the neighborhood are lively.

60 Leçon 2

STRUCTURES

- Some adjectives have feminine forms that differ considerably from their masculine singular counterparts, either in spelling, pronunciation, or both.

doux → douce	frais → fraîche	public → publique
faux → fausse	gentil → gentille	roux → rousse
favori → favorite	grec → grecque	vieux → vieille
fou → folle	long → longue	

Position

- French adjectives are usually placed after the noun they modify, but these adjectives are usually placed *before* the noun: **autre**, **beau**, **bon**, **court**, **gentil**, **grand**, **gros**, **haut**, **jeune**, **joli**, **long**, **mauvais**, **meilleur**, **nouveau**, **petit**, **premier**, **vieux**, and **vrai**.

Je ne connais pas ce **jeune** homme.
I don't know that young man.

Vous aimez les **nouveaux** films?
Do you like new movies?

- Before a masculine singular noun that begins with a vowel sound, use these alternate forms of **beau**, **fou**, **nouveau**, and **vieux**.

beau	bel	un bel édifice
fou	fol	un fol espoir (*hope*)
nouveau	nouvel	un nouvel appartement
vieux	vieil	un vieil immeuble

- Notice that the meanings of these adjectives are generally more figurative when they appear before the noun and more literal when they appear after the noun.

ancien	l'**ancien** château	*the **former** castle*
	un château **ancien**	*an **ancient** castle*
cher	**cher** ami	***dear** friend*
	une voiture **chère**	*an **expensive** car*
dernier	la **dernière** semaine	*the **final** week*
	la semaine **dernière**	***last** week*
grand	une **grande** femme	*a **great** woman*
	une femme **grande**	*a **tall** woman*
même	le **même** musée	*the **same** museum*
	le musée **même**	*this **very** museum*
pauvre	ces **pauvres** étudiants	*those **poor (unfortunate)** students*
	ces étudiants **pauvres**	*those **poor (penniless)** students*
prochain	le **prochain** cours	*the **following** class*
	mercredi **prochain**	***next** Wednesday*
propre	ma **propre** chambre	*my **own** room*
	une chambre **propre**	*a **clean** room*
seul	la **seule** personne	*the **only** person*
	la personne **seule**	*the person **who is alone***

ATTENTION!
Color adjectives that are named after nouns include **argent** (*silver*), **citron** (*lemon*), **crème** (*cream*), **marron** (*chestnut*), **or** (*gold*), and **orange** (*orange*).
Remember that the adjective **châtain** is used to describe brown hair. You can use it in the plural, but it is very rarely used in the feminine.
Elle a les cheveux châtains.
She has brown hair.

ATTENTION!
Color adjectives that are named after nouns are invariable, as are color adjectives that are qualified by a second adjective.
Il conduit une voiture marron.
He's driving a brown car.
Elle porte une jupe bleu clair.
She's wearing a light blue skirt.

BLOC-NOTES
Adjectives can also be derived from verb forms like the present and past participles. See **Fiche de grammaire 7.4, p. 414** and **Structures 9.2, pp. 330–331**.

Habiter en ville 61

Integration of *Court métrage* Photos with quotes or captions from the lesson's short film show the new grammar structures in meaningful and relevant contexts.

Charts and diagrams Easy-to-understand charts and diagrams highlight key grammatical structures and related vocabulary.

Grammar explanations Explanations are written in clear, comprehensible language for easy understanding and reference both in and out of class.

Attention! These sidebars provide you with on-the-spot linguistic or language-learning information related to the grammar point.

Bloc-notes These sidebars reference other grammar points relevant to the structures presented and refer you to the supplemental **Fiches de grammaire** found at the end of the book.

STRUCTURES

provides directed and communicative practice

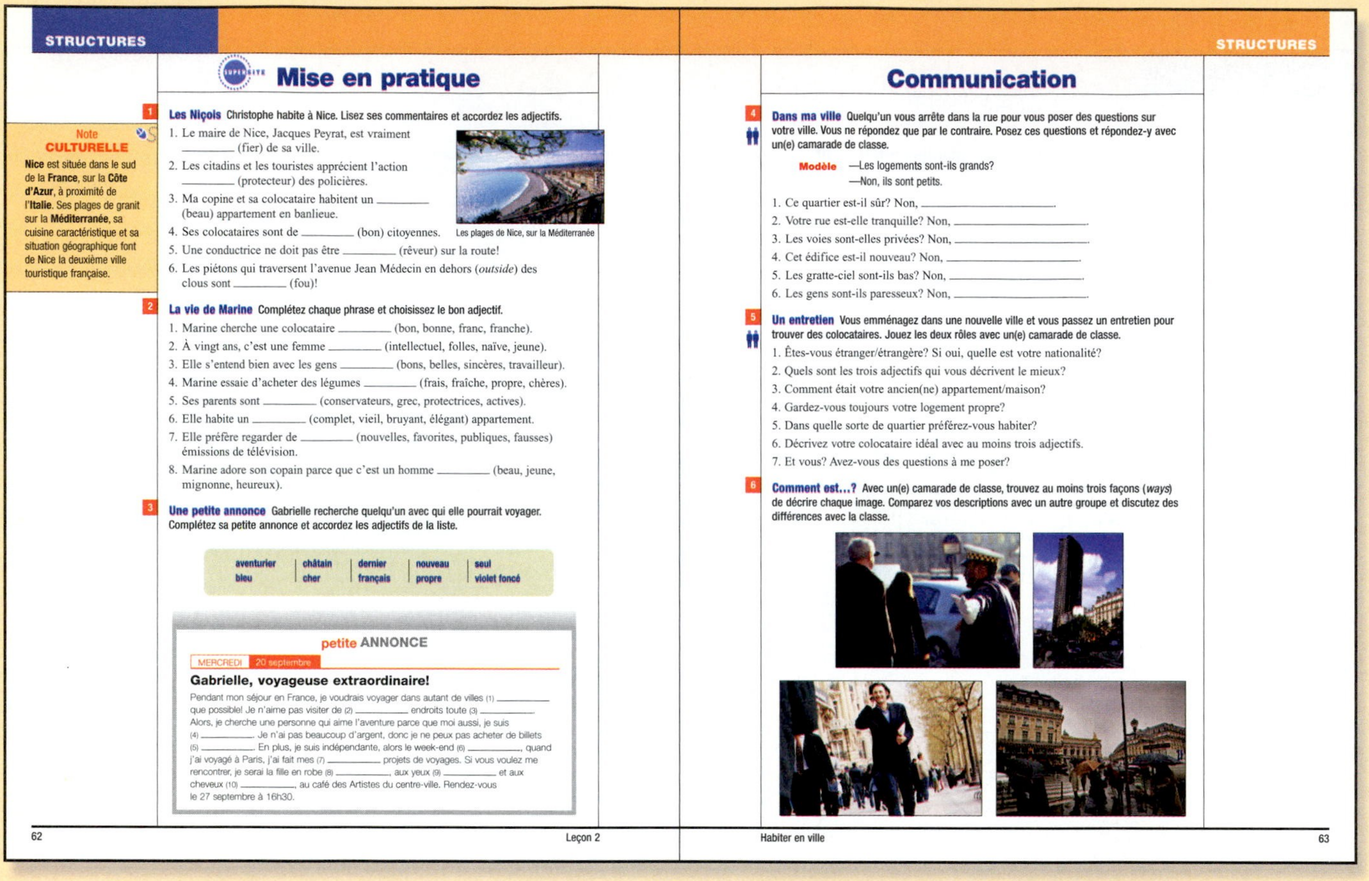

STRUCTURES

Mise en pratique

Note CULTURELLE

Nice est située dans le sud de la **France**, sur la **Côte d'Azur**, à proximité de l'**Italie**. Ses plages de granit sur la **Méditerranée**, sa cuisine caractéristique et sa situation géographique font de Nice la deuxième ville touristique française.

1 **Les Niçois** Christophe habite à Nice. Lisez ses commentaires et accordez les adjectifs.

1. Le maire de Nice, Jacques Peyrat, est vraiment ________ (fier) de sa ville.
2. Les citadins et les touristes apprécient l'action ________ (protecteur) des policières.
3. Ma copine et sa colocataire habitent un ________ (beau) appartement en banlieue.
4. Ses colocataires sont de ________ (bon) citoyennes.
5. Une conductrice ne doit pas être ________ (rêveur) sur la route!
6. Les piétons qui traversent l'avenue Jean Médecin en dehors (*outside*) des clous sont ________ (fou)!

Les plages de Nice, sur la Méditerranée

2 **La vie de Marine** Complétez chaque phrase et choisissez le bon adjectif.

1. Marine cherche une colocataire ________ (bon, bonne, franc, franche).
2. À vingt ans, c'est une femme ________ (intellectuel, folles, naïve, jeune).
3. Elle s'entend bien avec les gens ________ (bons, belles, sincères, travailleur).
4. Marine essaie d'acheter des légumes ________ (frais, fraîche, propre, chères).
5. Ses parents sont ________ (conservateurs, grec, protectrices, actives).
6. Elle habite un ________ (complet, vieil, bruyant, élégant) appartement.
7. Elle préfère regarder de ________ (nouvelles, favorites, publiques, fausses) émissions de télévision.
8. Marine adore son copain parce que c'est un homme ________ (beau, jeune, mignonne, heureux).

3 **Une petite annonce** Gabrielle recherche quelqu'un avec qui elle pourrait voyager. Complétez sa petite annonce et accordez les adjectifs de la liste.

aventurier	châtain	dernier	nouveau	seul
bleu	cher	français	propre	violet foncé

petite ANNONCE

MERCREDI 20 septembre

Gabrielle, voyageuse extraordinaire!

Pendant mon séjour en France, je voudrais voyager dans autant de villes (1) ________ que possible! Je n'aime pas visiter de (2) ________ endroits toute (3) ________. Alors, je cherche une personne qui aime l'aventure parce que moi aussi, je suis (4) ________. Je n'ai pas beaucoup d'argent, donc je ne peux pas acheter de billets (5) ________. En plus, je suis indépendante, alors le week-end (6) ________, quand j'ai voyagé à Paris, j'ai fait mes (7) ________ projets de voyages. Si vous voulez me rencontrer, je serai la fille en robe (8) ________, aux yeux (9) ________ et aux cheveux (10) ________, au café des Artistes du centre-ville. Rendez-vous le 27 septembre à 16h30.

62 Leçon 2

STRUCTURES

Communication

4 **Dans ma ville** Quelqu'un vous arrête dans la rue pour vous poser des questions sur votre ville. Vous ne répondez que par le contraire. Posez ces questions et répondez-y avec un(e) camarade de classe.

Modèle —Les logements sont-ils grands?
—Non, ils sont petits.

1. Ce quartier est-il sûr? Non, ________.
2. Votre rue est-elle tranquille? Non, ________.
3. Les voies sont-elles privées? Non, ________.
4. Cet édifice est-il nouveau? Non, ________.
5. Les gratte-ciel sont-ils bas? Non, ________.
6. Les gens sont-ils paresseux? Non, ________.

5 **Un entretien** Vous emménagez dans une nouvelle ville et vous passez un entretien pour trouver des colocataires. Jouez les deux rôles avec un(e) camarade de classe.

1. Êtes-vous étranger/étrangère? Si oui, quelle est votre nationalité?
2. Quels sont les trois adjectifs qui vous décrivent le mieux?
3. Comment était votre ancien(ne) appartement/maison?
4. Gardez-vous toujours votre logement propre?
5. Dans quelle sorte de quartier préférez-vous habiter?
6. Décrivez votre colocataire idéal avec au moins trois adjectifs.
7. Et vous? Avez-vous des questions à me poser?

6 **Comment est...?** Avec un(e) camarade de classe, trouvez au moins trois façons (*ways*) de décrire chaque image. Comparez vos descriptions avec un autre groupe et discutez des différences avec la classe.

Habiter en ville 63

Mise en pratique Meaningful, guided activities support you as you begin working with the grammar structures.

Communication Open-ended, communicative activities help you internalize the grammar point in a range of contexts involving pair and group work.

Fiches de grammaire Additional grammar points related to those taught in **Structures** are included at the end of the book for review and/or enrichment.

Note culturelle These sidebars expand coverage of the francophone world with additional cultural information.

SYNTHÈSE

brings together the vocabulary, grammar, and lesson theme in a variety of contexts

STRUCTURES

SUPERSITE **Synthèse**

Un rendez-vous inattendu

Depuis un bon moment, je me rends compte que je ne vais presque jamais en ville! J'habite dans une belle ville animée, pourtant je reste trop souvent à la maison, le soir et le week-end. Je m'ennuie! Il est évident qu'il faut faire des projets…

Je décide donc de me lever tôt parce que j'ai rendez-vous avec cette ville merveilleuse! Je me réveille précisément à 7h00. Je me lave et je me rase juste avant de prendre tranquillement un bon petit-déjeuner: du thé chaud et des fruits frais. Je m'habille rapidement. Je mets un jean, une chemise blanche, et un pull bleu. Ensuite, je prends mon sac à dos et je m'en vais!

À la station de métro près de chez moi, j'achète un carnet de dix tickets parce que ça coûte moins cher. En attendant° le prochain train, j'aperçois sur le quai° une jolie musicienne folklorique qui chante agréablement et joue de la guitare. La musique de la charmante jeune femme est mélodieuse mais son chapeau est vide! Je lui laisse quelques modestes pièces. Je me demande comment elle s'appelle, mais je suis tellement timide que je reste

While waiting for
platform

muet. Fâché contre moi-même, je monte dans le métro sans rien dire.

Je passe une matinée passionnante au centre-ville. Je vois des tableaux splendides et de belles sculptures au musée d'art moderne. L'après-midi, je me perds complètement! Avant même que je demande des indications, un conducteur sympa m'indique que l'édifice juste en face de moi, c'est l'hôtel de ville. Heureusement, je m'oriente facilement.

Il est tard et je suis fatigué, alors je me détends dans le parc municipal. Tout à coup, la belle musicienne du métro se présente devant moi. Nous nous regardons longuement. Ensuite, nous nous parlons!

Une fin de journée inoubliable et inattendue en ville… j'espère en vivre d'autres comme celle-là! ■

1 **Qu'avez-vous compris?** Répondez aux questions par des phrases complètes.

1. Pourquoi le jeune homme a-t-il rendez-vous avec sa ville?
2. Comment va-t-il de sa maison jusqu'au centre-ville?
3. Qui aperçoit-il sur le quai du métro?

2 **À vous de raconter** À deux, inspirez-vous des questions pour continuer l'histoire.

1. Comment est le jeune homme qui raconte cette histoire?
2. Que fait-il de son après-midi à part se perdre en ville? Où va-t-il?
3. Quand est-ce que le jeune homme et la charmante musicienne vont se revoir? Qu'est-ce qu'ils vont faire?

3 **L'inattendu** Avez-vous récemment vécu une coïncidence ou une situation inattendue? Écrivez un paragraphe de cinq ou six lignes qui explique ce qui vous est arrivé. Employez des adverbes dans votre description. Ensuite, racontez votre histoire par petits groupes.

68 Leçon 2

Reading Theme-related readings and realia reinforce the grammar structures and lesson vocabulary in a short, captivating format.

Activities This section integrates the three grammar points of the lesson, providing built-in, consistent review and recycling as you progress though the text.

CULTURE

presents a cultural reading tied to the lesson theme

CULTURE

Rythme dans la rue:

La fête de la Musique

CULTURE

SUPERSITE

Le 21 juin 1982, le Ministre de la Culture, Jack Lang, a inauguré la fête de la Musique, destinée à promouvoir la musique au quotidien, en France. Plus manifestation musicale que festival, cette fête encourage les musiciens amateurs et professionnels à descendre dans la rue et à partager leur musique avec le public.

La France s'y connaît en manifestations. Ses citoyens descendent le plus souvent dans la rue pour exprimer leur colère. Mais le 21 juin, la rue devient, pendant toute une journée, un lieu où on exprime sa joie et l'amour de la musique, et où on célèbre l'arrivée de l'été.

Le ministère de la Culture et de la Communication supervise l'organisation de cette fête, aujourd'hui l'un des événements les plus importants de France. La principale fonction du ministère dans cette manifestation est d'organiser de grands concerts de musiciens professionnels, sur les places ou dans les édifices publics des grandes villes. La place de la République à Paris et la place Bellecour à Lyon, par exemple, deviennent des lieux de concerts de rock en plein air, alors que° les musées, les écoles et les hôpitaux accueillent° des spectacles moins importants. On trouve partout en France d'autres événements plus modestes. Ceux-ci sont en grande partie organisés par des personnes ou des groupes de personnes, avec le soutien du ministère. Une promenade en ville peut amener° à la rencontre d'un groupe d'enfants qui chantent devant leur école, d'étudiants en musique qui testent leur dernière composition sur le trottoir ou d'un cadre qui saisit l'occasion de montrer ses talents de guitariste.

Tous les concerts et spectacles de la fête de la Musique sont gratuits, ce qui permet aux Français de tous âges et de toutes catégories socioprofessionnelles d'y participer. Cela crée une ambiance populaire et conviviale.

La rue devient, pendant toute une journée, un lieu où on exprime sa joie.

Un des buts° de la fête de la Musique est de révéler les musiques du monde. Elle prête autant d'attention à la musique contemporaine qu'aux genres musicaux plus traditionnels. Par exemple, on trouve un DJ de musique électronique à deux rues d'un quatuor à cordes°, ou on peut voir une fanfare passer devant un concert de rap. Le reggae, le jazz, la musique classique, le funk, la pop, l'opéra, le hip-hop, le hard rock… tous les genres y sont représentés. C'est ce côté éclectique qui donne de l'intéret à cette célébration.

Au cours de° son histoire, la France a connu peu d'événements qui aient réussi à rassembler les Français. Mais en voilà un qui relève le défi° chaque année, depuis plusieurs décennies. On voit ce désir d'unir les gens s'étendre toujours plus loin. La fête de la Musique a eu un tel° succès en France que depuis 1985, à l'occasion de l'Année européenne de la musique, des villes comme Berlin, Bruxelles, Rome et Londres organisent leur propre manifestation, le même jour. Aujourd'hui, le 21 juin représente la célébration de la musique dans plus de cent pays. Cela prouve que cette fête de la joie a encore un bel avenir devant elle. ■

while · *host* · *lead* · *goals* · *string quartet* · *in the course of* · *rises to the challenge* · *such*

Faites de la musique

Ce slogan est particulièrement bien choisi. C'est un jeu de mots qui illustre la raison pour laquelle la fête de la Musique a été créée: permettre à tout le monde d'y participer, d'une manière ou d'une autre.

70 Leçon 2 | Habiter en ville 71

Reading Comprehensible readings present you with additional cultural information related to the lesson theme and country or region of focus.

Photos Vibrant, eye-catching photos visually illustrate the reading.

Glosses Definitions of unfamiliar words aid in comprehension without interrupting the reading flow.

LITTÉRATURE

provides literary readings by well-known writers from across the francophone world

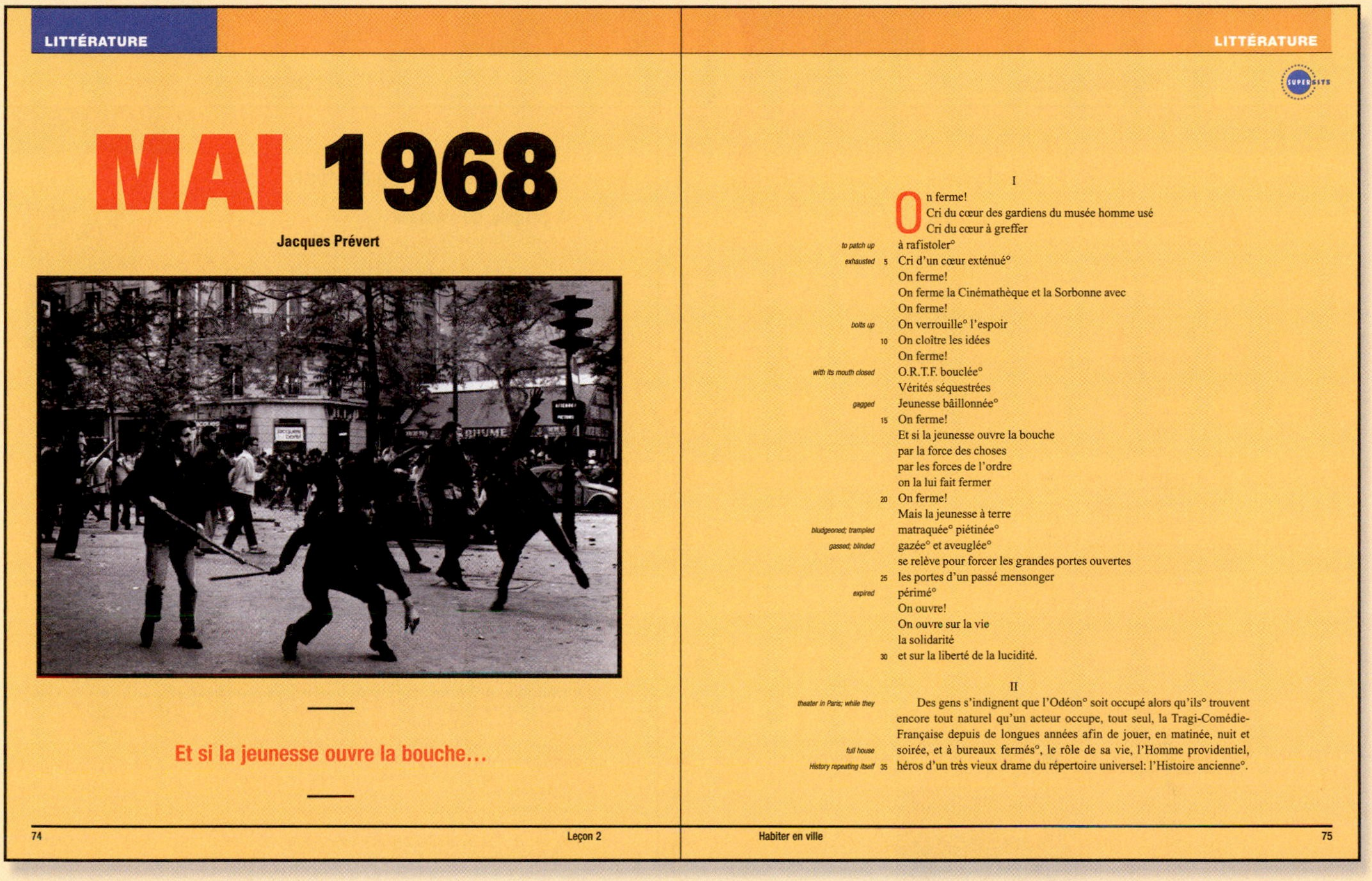

MAI 1968

Jacques Prévert

Et si la jeunesse ouvre la bouche...

I

On ferme!
Cri du cœur des gardiens du musée homme usé
Cri du cœur à greffer
à rafistoler°
Cri d'un cœur exténué°
On ferme!
On ferme la Cinémathèque et la Sorbonne avec
On ferme!
On verrouille° l'espoir
On cloître les idées
On ferme!
O.R.T.F. bouclée°
Vérités séquestrées
Jeunesse bâillonnée°
On ferme!
Et si la jeunesse ouvre la bouche
par la force des choses
par les forces de l'ordre
on la lui fait fermer
On ferme!
Mais la jeunesse à terre
matraquée° piétinée°
gazée° et aveuglée°
se relève pour forcer les grandes portes ouvertes
les portes d'un passé mensonger
périmé°
On ouvre!
On ouvre sur la vie
la solidarité
et sur la liberté de la lucidité.

II

Des gens s'indignent que l'Odéon° soit occupé alors qu'ils° trouvent encore tout naturel qu'un acteur occupe, tout seul, la Tragi-Comédie-Française depuis de longues années afin de jouer, en matinée, nuit et soirée, et à bureaux fermés°, le rôle de sa vie, l'Homme providentiel, héros d'un très vieux drame du répertoire universel: l'Histoire ancienne°.

rafistoler to patch up; *exténué* exhausted; *verrouille* bolts up; *bouclée* with its mouth closed; *bâillonnée* gagged; *matraquée; piétinée* bludgeoned; trampled; *gazée; aveuglée* gassed; blinded; *périmé* expired; *Odéon; ils* theater in Paris; while they; *bureaux fermés* full house; *l'Histoire ancienne* History repeating itself

Littérature Thought-provoking, yet comprehensible readings present new avenues for using the lesson's grammar, vocabulary, and themes.

Design Each reading is presented in the attention-grabbing visual style you would expect from a magazine, along with glosses of unfamiliar words that aid in comprehension.

PRÉPARATION & ANALYSE

activities provide in-depth pre-reading and post-reading support for each selection in Culture and Littérature

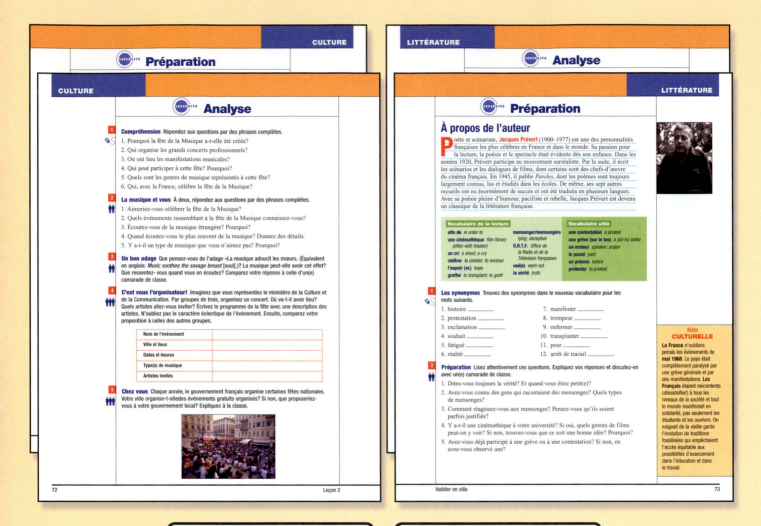

CULTURE

Préparation

CULTURE

Analyse

1 **Compréhension** Répondez aux questions par des phrases complètes.

1. Pourquoi la fête de la Musique a-t-elle été créée?
2. Qui organise les grands concerts professionnels?
3. Où ont lieu les manifestations musicales?
4. Qui peut participer à cette fête? Pourquoi?
5. Quels sont les genres de musique représentés à cette fête?
6. Qui, avec la France, célèbre la fête de la Musique?

2 **La musique et vous** À deux, répondez aux questions par des phrases complètes.

1. Aimeriez-vous célébrer la fête de la Musique?
2. Quels événements ressemblant à la fête de la Musique connaissez-vous?
3. Écoutez-vous de la musique étrangère? Pourquoi?
4. Quand écoutez-vous le plus souvent de la musique? Donnez des détails.
5. Y a-t-il un type de musique que vous n'aimez pas? Pourquoi?

3 **Un bon adage** Que pensez-vous de l'adage «La musique adoucit les mœurs. (Équivalent en anglais: *Music soothes the savage breast* [soul].)? La musique peut-elle avoir cet effet? Que ressentez- vous quand vous en écoutez? Comparez votre réponse à celle d'un(e) camarade de classe.

4 **C'est vous l'organisateur!** Imaginez que vous représentiez le ministère de la Culture et de la Communication. Par groupes de trois, organisez un concert. Où va-t-il avoir lieu? Quels artistes allez-vous inviter? Écrivez le programme de la fête avec une description des artistes. N'oubliez pas le caractère éclectique de l'événement. Ensuite, comparez votre proposition à celles des autres groupes.

Nom de l'événement	
Ville et lieux	
Dates et heures	
Type(s) de musique	
Artistes invités	

5 **Chez vous** Chaque année, le gouvernement français organise certaines fêtes nationales. Votre ville organise-t-elledes événements gratuits organisés? Si non, que proposeriez-vous à votre gouvernement local? Expliquez à la classe.

72 Leçon 2

LITTÉRATURE

Analyse

LITTÉRATURE

Préparation

À propos de l'auteur

Poète et scénariste, **Jacques Prévert** (1900–1977) est une des personnalités françaises les plus célèbres en France et dans le monde. Sa passion pour la lecture, la poésie et le spectacle était évidente dès son enfance. Dans les années 1920, Prévert participe au mouvement surréaliste. Par la suite, il écrit les scénarios et les dialogues de films, dont certains sont des chefs-d'œuvre du cinéma français. En 1945, il publie *Paroles*, dont les poèmes sont toujours largement connus, lus et étudiés dans les écoles. De même, ses sept autres recueils ont eu énormément de succès et ont été traduits en plusieurs langues. Avec sa poésie pleine d'humour, pacifiste et rebelle, Jacques Prévert est devenu un classique de la littérature française.

Vocabulaire de la lecture

afin de *in order to*
une cinémathèque *film library (often with theater)*
un cri *a shout, a cry*
cloîtrer *to cloister; to enclose*
l'espoir (m.) *hope*
greffer *to transplant; to graft*
mensonger/mensongère *lying; deceptive*
O.R.T.F. *Office de la Radio et de la Télévision françaises*
usé(e) *worn out*
la vérité *truth*

Vocabulaire utile

une contestation *a protest*
une grève (sur le tas) *a (sit-in) strike*
un orateur *speaker; orator*
le passé *past*
un préavis *notice*
protester *to protest*

1 **Les synonymes** Trouvez des synonymes dans le nouveau vocabulaire pour les mots suivants.

1. histoire ________
2. protestation ________
3. exclamation ________
4. souhait ________
5. fatigué ________
6. réalité ________
7. manifester ________
8. trompeur ________
9. enfermer ________
10. transplanter ________
11. pour ________
12. arrêt de travail ________

2 **Préparation** Lisez attentivement ces questions. Expliquez vos réponses et discutez-en avec un(e) camarade de classe.

1. Dites-vous toujours la vérité? Et quand vous étiez petit(e)?
2. Avez-vous connu des gens qui racontaient des mensonges? Quels types de mensonges?
3. Comment réagissez-vous aux mensonges? Pensez-vous qu'ils soient parfois justifiés?
4. Y a-t-il une cinémathèque à votre université? Si oui, quels genres de films peut-on y voir? Si non, trouvez-vous que ce soit une bonne idée? Pourquoi?
5. Avez-vous déjà participé à une grève ou à une contestation? Si oui, en avez-vous observé une?

Note **CULTURELLE**

La France n'oubliera jamais les événements de **mai 1968**. Le pays était complètement paralysé par une grève générale et par des manifestations. **Les Français** étaient mécontents (*dissatisfied*) à tous les niveaux de la société et tout le monde manifestait en solidarité, pas seulement les étudiants et les ouvriers. On exigeait de la vieille garde l'évolution de traditions fossilisées qui empêchaient l'accès équitable aux possibilités d'avancement dans l'éducation et dans le travail.

Habiter en ville 73

Préparation Helpful lists highlight active vocabulary that you will encounter in each reading, as well as other words that might prove useful for discussions. Diverse activities then allow you to practice the vocabulary.

À propos de l'auteur A brief description of the author gives you background information about the writer and the reading.

Analyse Post-reading activities check your understanding and motivate you to discuss the topic of the reading, express your opinions, and explore how it relates to your own experiences.

Rédaction A guided writing assignment concludes every **Littérature** section.

VOCABULAIRE

summarizes the active vocabulary in each lesson

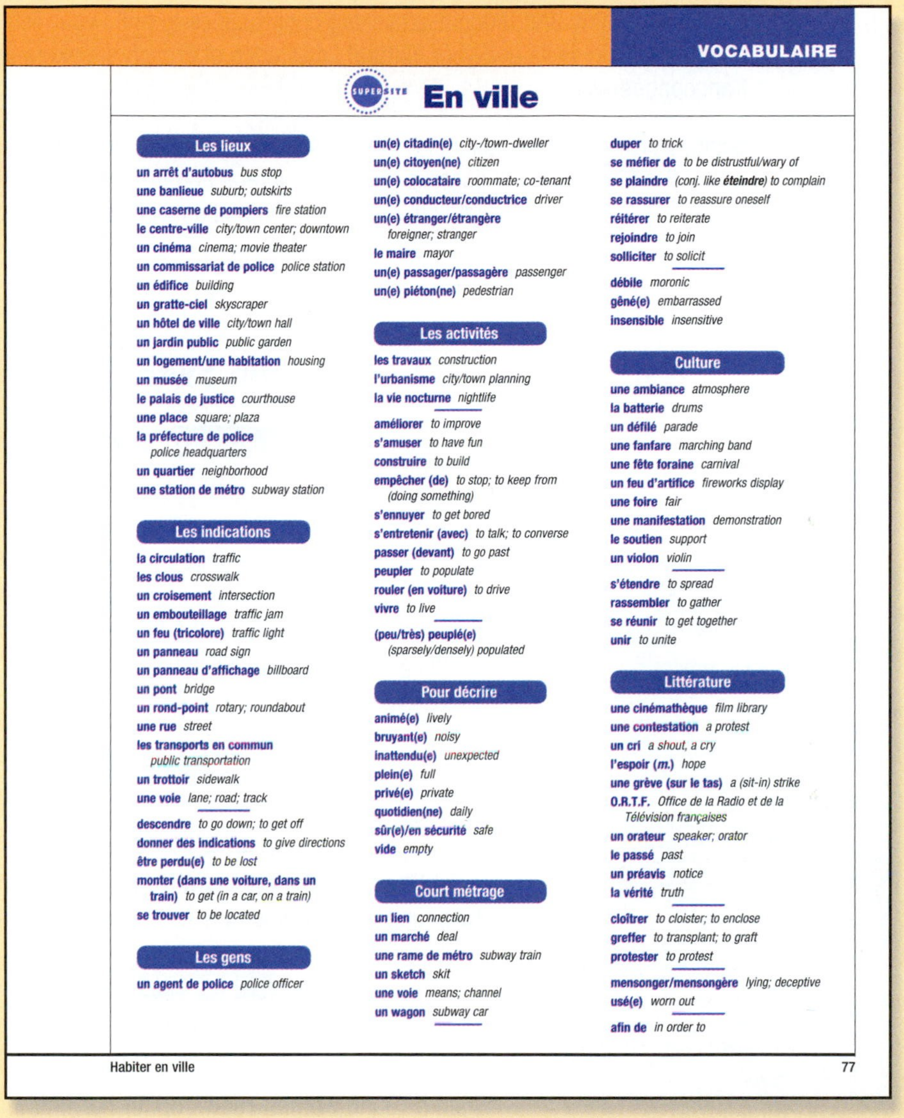

VOCABULAIRE

En ville

Les lieux

un arrêt d'autobus *bus stop*
une banlieue *suburb; outskirts*
une caserne de pompiers *fire station*
le centre-ville *city/town center; downtown*
un cinéma *cinema; movie theater*
un commissariat de police *police station*
un édifice *building*
un gratte-ciel *skyscraper*
un hôtel de ville *city/town hall*
un jardin public *public garden*
un logement/une habitation *housing*
un musée *museum*
le palais de justice *courthouse*
une place *square; plaza*
la préfecture de police *police headquarters*
un quartier *neighborhood*
une station de métro *subway station*

Les indications

la circulation *traffic*
les clous *crosswalk*
un croisement *intersection*
un embouteillage *traffic jam*
un feu (tricolore) *traffic light*
un panneau *road sign*
un panneau d'affichage *billboard*
un pont *bridge*
un rond-point *rotary; roundabout*
une rue *street*
les transports en commun *public transportation*
un trottoir *sidewalk*
une voie *lane; road; track*

descendre *to go down; to get off*
donner des indications *to give directions*
être perdu(e) *to be lost*
monter (dans une voiture, dans un train) *to get (in a car, on a train)*
se trouver *to be located*

Les gens

un agent de police *police officer*
un(e) citadin(e) *city-/town-dweller*
un(e) citoyen(ne) *citizen*
un(e) colocataire *roommate; co-tenant*
un(e) conducteur/conductrice *driver*
un(e) étranger/étrangère *foreigner; stranger*
le maire *mayor*
un(e) passager/passagère *passenger*
un(e) piéton(ne) *pedestrian*

Les activités

les travaux *construction*
l'urbanisme *city/town planning*
la vie nocturne *nightlife*

améliorer *to improve*
s'amuser *to have fun*
construire *to build*
empêcher (de) *to stop; to keep from (doing something)*
s'ennuyer *to get bored*
s'entretenir (avec) *to talk; to converse*
passer (devant) *to go past*
peupler *to populate*
rouler (en voiture) *to drive*
vivre *to live*

(peu/très) peuplé(e) *(sparsely/densely) populated*

Pour décrire

animé(e) *lively*
bruyant(e) *noisy*
inattendu(e) *unexpected*
plein(e) *full*
privé(e) *private*
quotidien(ne) *daily*
sûr(e)/en sécurité *safe*
vide *empty*

Court métrage

un lien *connection*
un marché *deal*
une rame de métro *subway train*
un sketch *skit*
une voie *means; channel*
un wagon *subway car*

duper *to trick*
se méfier de *to be distrustful/wary of*
se plaindre *(conj. like* **éteindre***) to complain*
se rassurer *to reassure oneself*
réitérer *to reiterate*
rejoindre *to join*
solliciter *to solicit*

débile *moronic*
gêné(e) *embarrassed*
insensible *insensitive*

Culture

une ambiance *atmosphere*
la batterie *drums*
un défilé *parade*
une fanfare *marching band*
une fête foraine *carnival*
un feu d'artifice *fireworks display*
une foire *fair*
une manifestation *demonstration*
le soutien *support*
un violon *violin*

s'étendre *to spread*
rassembler *to gather*
se réunir *to get together*
unir *to unite*

Littérature

une cinémathèque *film library*
une contestation *a protest*
un cri *a shout, a cry*
l'espoir (*m.*) *hope*
une grève (sur le tas) *a (sit-in) strike*
O.R.T.F. *Office de la Radio et de la Télévision françaises*
un orateur *speaker; orator*
le passé *past*
un préavis *notice*
la vérité *truth*

cloîtrer *to cloister; to enclose*
greffer *to transplant; to graft*
protester *to protest*

mensonger/mensongère *lying; deceptive*
usé(e) *worn out*

afin de *in order to*

Habiter en ville 77

IMAGINEZ Film Collection

Fully integrated with your textbook, the **IMAGINEZ** Film Collection contains short-subject films by francophone filmmakers that are the basis for the pre- and post-viewing activities in the **Court métrage** section of each lesson. These films offer entertaining and thought-provoking opportunities to build your listening comprehension skills and your cultural knowledge of French speakers and the francophone world.

Besides providing entertainment, the films serve as a useful learning tool. As you watch the films, you will observe characters interacting in various situations, using real-world language that reflects the lesson themes as well as the vocabulary and grammar you are studying.

Film Synopses

LEÇON 1

Le télégramme

(France; 12 minutes)

In a remote village, two mothers with sons in the war impatiently await telegrams bringing news from the front. When the postman appears, the two women can see only one thing: the death that will inevitably knock on one of the village doors.

LEÇON 2

J'attendrai le suivant...

(France; 4.5 minutes)

Tonight's ride on the Lyons **métro** is far from ordinary for one young woman. She may have finally found love.

LEÇON 3

Émilie Muller

(France; 20 minutes)

When a young woman shows up for her first movie casting, the director surprises her with a number of personal questions. Will her thoughtful responses win her the part?

LEÇON 4

La révolution des crabes

(France; 4.5 minutes)

The crabs of the Gironde River estuary share a common destiny. Unable to change direction, they are doomed to walk the same straight path their entire lives. Or are they...?

LEÇON 5

Samb et le commissaire

(Suisse; 15 minutes)

Police Commissioner Knöbel's holiday is interrupted by a report of a stolen soccer ball, and he finds himself face to face with an African boy named Samb.

LEÇON 6

De l'autre côté

(Algérie/France; 29 minutes)

Samir, the son of Algerian immigrants living in France, left home and became a lawyer. When he returns to the old neighborhood for his little brother's circumcision ceremony, he is confronted by an unexpected culture shock. While his life has taken on a new direction, Samir realizes that the lives of his friends and family have not.

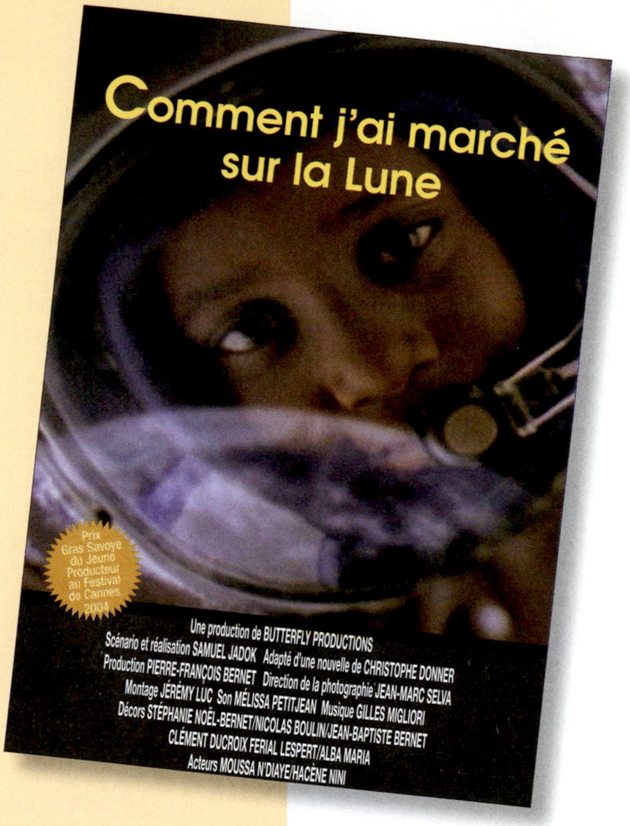

LEÇON 7

Comment j'ai marché sur la Lune

(France; 12 minutes)

A ten-year-old boy presents his humorous views on space conquest, economic war, and injustice in France and in the media. He gives a child's perspective on local disagreements and international conflicts. This is how Moussa walked on the Moon.

LEÇON 8

Le ballon prisonnier

(France; 13 minutes)

Young Dylan Belgazi will one day become a professional soccer player. His father said so.

LEÇON 9

Bonbon au poivre

(France; 34 minutes)

In need of money, Annick, at age 50, is reduced to taking a training course to become a candy sales representative. Mélanie, who is in charge of the training, cannot tolerate Annick's reluctance to speak enthusiastically about the product. Conflict proves inevitable until an unexpected circumstance intervenes.

LEÇON 10

L'homme qui plantait des arbres

(Québec, 30 minutes)

Elzéard Bouffier is a shepherd who lives in a remote valley in the Alps of Provence. A man of few words, he sets himself the task of transforming an arid landscape into a thriving forest, one seed at a time.

Student Ancillaries

Student Activities Manual (SAM)

The Student Activities Manual consists of two parts: the Workbook and the Lab Manual. The Workbook activities provide additional practice of the vocabulary and grammar for each textbook lesson. They also reinforce the content of the **Imaginez** sections, including the main reading and the **Galerie de créateurs**. The Lab Manual activities focus on building your listening comprehension skills in French. They provide additional practice of the vocabulary, grammar points, and literary readings in each textbook lesson.

Maestro™ Supersite (imaginez.vhlcentral.com)

The Supersite supports you with a wide range of online resources—textbook activities with self-correcting capabilities, additional activities, cultural information and links, and more—that directly correlate to your textbook and go beyond it.

- **Short-subject films**
  The Supersite contains the short-subject dramatic films by francophone filmmakers that are featured in the **Court métrage** section of each lesson in **IMAGINEZ**.
- **À fond la sono**
  Visit the Supersite for more information and activities about the musicians featured in the **Imaginez** sections of the textbook.

Maestro™ Web-SAM

The Web-SAM on the **IMAGINEZ** Supersite, powered by Maestro™, provides 24-hour access to online workbook and laboratory activities with instant feedback and grading. The complete audio program is also included. Your instructor can view the results of your work, manage your class, and even customize the Web-SAM by adjusting grading features and assigning specific activities.

Lab Audio Program

The Lab Audio Program contains the recordings to be used in conjunction with the activities of the Lab Manual. It is available in compressed MP3 files on the **IMAGINEZ** Supersite.

Instructor Ancillaries

Instructor's Annotated Edition

The Instructor's Annotated Edition (IAE) contains answers to activities overprinted on the page, cultural information, suggestions for implementing and extending student activities, and cross-references to student and instructor ancillaries.

Instructor's Maestro™ Supersite (imaginez.vhlcentral.com)

The Supersite has all of the ancillaries included on the Instructor's Resource CD-ROM, as well as the complete Film Collection. The content of this site can be easily integrated with WebCT and Blackboard.

Instructor's Resource CD & DVD Set

Film Collection DVD

This DVD contains the short-subject films by francophone filmmakers that are the basis for the pre- and post-video activities in the **Court métrage** section of each lesson.

Instructor's Resource CD-ROM (IRCD)

The Instructor's Resource CD-ROM contains the following ancillaries:

- **Instructional Resources**
  This component offers teaching suggestions, the written audio script of the Lab Audio Program, the **Court métrage** filmscripts, English translations of the filmscripts, and the SAM Answer Key.
- **Testing Program in PDF Format**
  Available as ready-to-print PDF files, the Testing Program contains tests for each of the textbook's ten lessons, semester exams, and quarter exams. All tests and exams include sections on listening comprehension, vocabulary, grammar, and communication. The Audioscript, Answer Key, and optional **Court métrage** and **Imaginez** testing sections are also included.
- **Testing Program in RTF Format**
  The Testing Program is available as RTF word processing files so instructors can readily customize the tests and exams for their courses.
- **Testing Program MP3s**
  These audio files provide the recordings of the Testing Program's listening sections.

On behalf of its author and editors, Vista Higher Learning expresses its sincere appreciation to the French instructors who contributed their ideas and suggestions to the **IMAGINEZ** program. Their insights and detailed comments at the initial stages of the program were invaluable to the final product.

Linda Bernard-Olson
North High School, Sheboygan, WI

Eduardo Febles
Simmons College, MA

Emese Soos
Tufts University, MA

Valérie Thiers-Thiam
Borough of Manhattan Community College, NY

Viola Thomas
Tufts University, MA

We would also like to express our gratitude to all those over the years who have shared with us their recommendations and suggestions for the continued improvement of all programs in the Vista Higher Learning family. Their feedback has been instrumental in allowing us to continue in the mission of Vista Higher Learning and to make this book what it is.

We extend our gratitude to all the directors and producers who granted us permission to incorporate their short films into this project. Their cinematic work provides the backbone of **IMAGINEZ**.

We thank all of the writers and their publishers who allowed us to reprint their literary pieces in **IMAGINEZ**. The varied perspectives on the francophone world that they represent are invaluable.

Special nods go to Roger Gonin of the **Festival International du court métrage à Clermont-Ferrand**, to Sandra Dahlie-Goyer of the **festival Off-courts de Trouville**, and to the National Film Board of Canada and its **Silence, on court!** division for their assistance in the research of francophone short films.

Additional acknowledgments

We are especially grateful to our National Language Consultant, Norah Jones, for her critical reading of the manuscript and her continued readiness to offer feedback regarding all aspects of the text, particularly in respect to short films and literary readings.

A final thank-you goes to the entire Vista Higher Learning Marketing and Sales team for their creativity in marketing and their tireless promotion of the **IMAGINEZ** program.

L'Amérique du Nord et du Sud

L'OCÉAN ARCTIQUE
LE GROENLAND
L'Alaska
Le Yukon
Les Territoires du Nord-Ouest
Le Nunavut
La Colombie-Britannique
LE CANADA
L'Alberta
Le Saskatchewan
Le Manitoba
L'Ontario
Le Québec
Le Nouveau-Brunswick
Terre-Neuve-et-Labrador
Québec
Montréal
Ottawa
Saint-Pierre-et-Miquelon (France)
La Nouvelle-Écosse
L'Île-du-Prince-Édouard
LES ÉTATS-UNIS
Washington
L'OCÉAN ATLANTIQUE
L'OCÉAN PACIFIQUE
La Louisiane
LE MEXIQUE
LA JAMAÏQUE
HAÏTI
CUBA
LE BELIZE
Les Antilles françaises
Mexico
Belmopan
Tegucigalpa
Guatemala
San Salvador
Managua
LE GUATEMALA
LE HONDURAS
LE NICARAGUA
LE SALVADOR
LE COSTA RICA
LE PANAMÁ
Panamá
Caracas
LE VENEZUELA
Georgetown
Paramaribo
Cayenne
La Guyane française
Bogotá
LA COLOMBIE
Quito
L'ÉQUATEUR
LA GUYANA
LE SURINAM
LE PÉROU
Lima
LE BRÉSIL
Brasília
LA BOLIVIE
La Paz
Sucre
LE PARAGUAY
Asunción
LE CHILI
L'ARGENTINE
Santiago
Buenos Aires
Montevideo
L'URUGUAY
Régions francophones
0 2,000 milles
0 2,000 kilomètres
PORTO RICO
HAÏTI
LA RÉPUBLIQUE DOMINICAINE
Port-au-Prince
Saint-Domingue
San Juan
La Guadeloupe
Pointe-à-Pitre
LA MER DES ANTILLES
DOMINIQUE
Fort-de-France
La Martinique
SAINTE-LUCIE
0 500 milles
0 500 kilomètres

Le monde francophone

L'OCÉAN ARCTIQUE
LE GROENLAND
LE CANADA
Le Québec
Saint-Pierre-et-Miquelon (France)
LES ÉTATS-UNIS
L'OCÉAN ATLANTIQUE
La Louisiane
LE MEXIQUE
LE BELIZE
CUBA
HAÏTI
Les Antilles françaises
LA JAMAÏQUE
LE GUATEMALA
LE SALVADOR
LE HONDURAS
LE NICARAGUA
LE COSTA RICA
LE PANAMÁ
LA GUYANA
LE SURINAM
La Guyane française
LE VENEZUELA
LA COLOMBIE
L'ÉQUATEUR
LE PÉROU
LE BRÉSIL
LA BOLIVIE
LE PARAGUAY
LE CHILI
L'ARGENTINE
L'URUGUAY
L'OCÉAN PACIFIQUE
Wallis-et-Futuna
TUVALU
KIRIBATI
LES SAMOA
La Polynésie française
VANUATU
FIDJI
TONGA
La Nouvelle-Calédonie
LA NOUVELLE-ZÉLANDE
Pays et régions francophones
0
3,000 milles
0
3,000 kilomètres

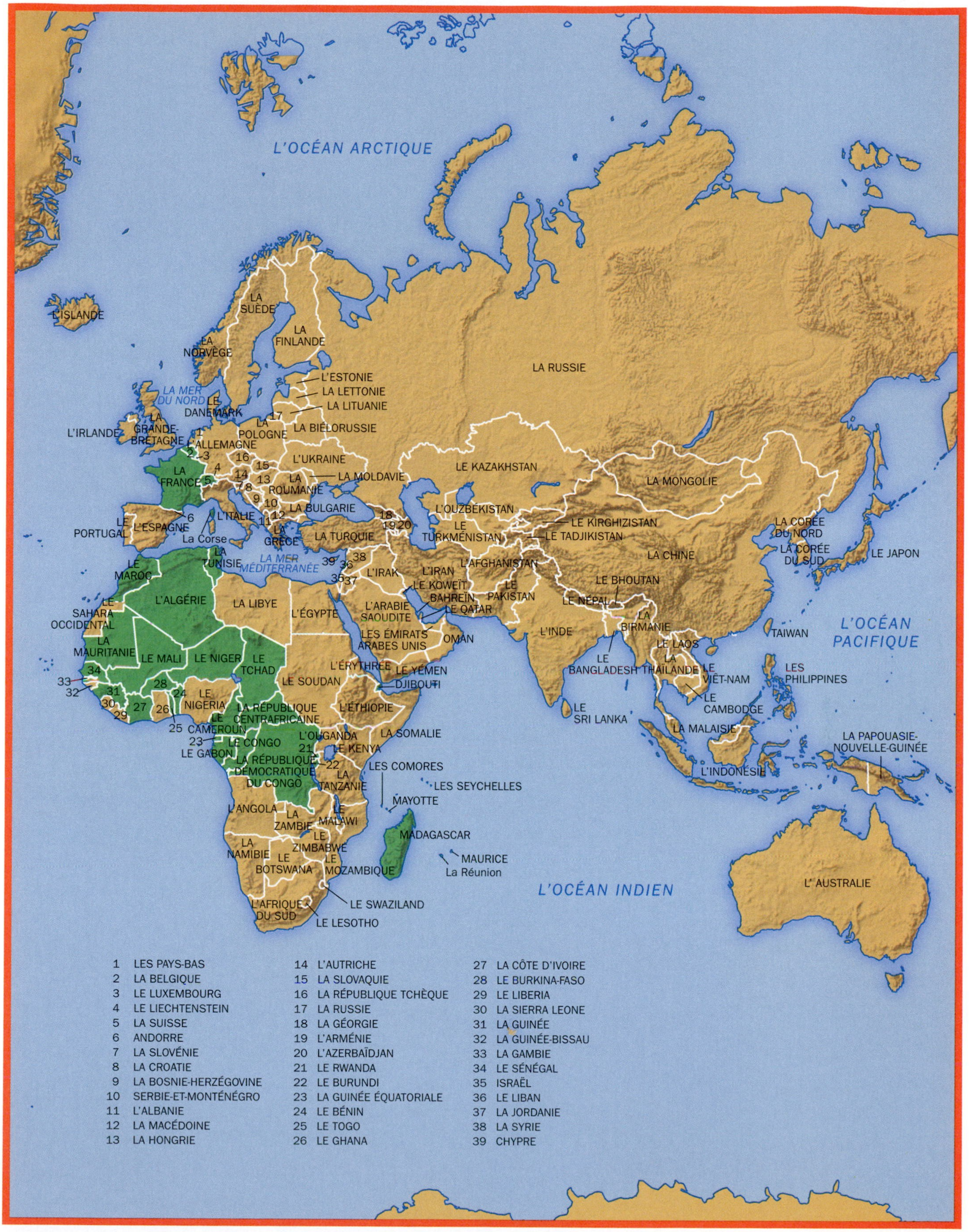

L'OCÉAN ARCTIQUE
L'ISLANDE
LA NORVÈGE
LA SUÈDE
LA FINLANDE
LA RUSSIE
L'ESTONIE
LA LETTONIE
LA LITUANIE
LA MER DU NORD
LE DANEMARK
L'IRLANDE
LA GRANDE-BRETAGNE
LA POLOGNE
LA BIÉLORUSSIE
L'ALLEMAGNE
L'UKRAINE
LA FRANCE
LA ROUMANIE
LA MOLDAVIE
LA BULGARIE
LE PORTUGAL
L'ESPAGNE
L'ITALIE
La Corse
LA GRÈCE
LA TURQUIE
LE KAZAKHSTAN
L'OUZBÉKISTAN
LE TURKMÉNISTAN
LE KIRGHIZISTAN
LE TADJIKISTAN
LA MONGOLIE
LA CORÉE DU NORD
LA CORÉE DU SUD
LE JAPON
LA CHINE
L'AFGHANISTAN
L'IRAN
L'IRAK
LE KOWEÏT
BAHREÏN
LE QATAR
L'ARABIE SAOUDITE
LES ÉMIRATS ARABES UNIS
OMAN
LE PAKISTAN
LE NÉPAL
LE BHOUTAN
L'INDE
LA BIRMANIE
LE BANGLADESH
LE LAOS
LA THAÏLANDE
LE VIÊT-NAM
LE CAMBODGE
TAIWAN
L'OCÉAN PACIFIQUE
LES PHILIPPINES
LA MALAISIE
L'INDONÉSIE
LA PAPOUASIE-NOUVELLE-GUINÉE
LE SRI LANKA
LA TUNISIE
LA MER MÉDITERRANÉE
LE MAROC
L'ALGÉRIE
LA LIBYE
L'ÉGYPTE
LE SAHARA OCCIDENTAL
LA MAURITANIE
LE MALI
LE NIGER
LE TCHAD
LE SOUDAN
L'ÉRYTHRÉE
LE YÉMEN
DJIBOUTI
L'ÉTHIOPIE
LA SOMALIE
LE NIGERIA
LA RÉPUBLIQUE CENTRAFRICAINE
LE CAMEROUN
LE GABON
LE CONGO
L'OUGANDA
LE KENYA
LA RÉPUBLIQUE DÉMOCRATIQUE DU CONGO
LA TANZANIE
LES COMORES
LES SEYCHELLES
MAYOTTE
L'ANGOLA
LA ZAMBIE
LE MALAWI
MADAGASCAR
LE ZIMBABWE
LA NAMIBIE
LE BOTSWANA
LE MOZAMBIQUE
MAURICE
La Réunion
L'OCÉAN INDIEN
L'AUSTRALIE
LE SWAZILAND
L'AFRIQUE DU SUD
LE LESOTHO
1 LES PAYS-BAS
2 LA BELGIQUE
3 LE LUXEMBOURG
4 LE LIECHTENSTEIN
5 LA SUISSE
6 ANDORRE
7 LA SLOVÉNIE
8 LA CROATIE
9 LA BOSNIE-HERZÉGOVINE
10 SERBIE-ET-MONTÉNÉGRO
11 L'ALBANIE
12 LA MACÉDOINE
13 LA HONGRIE
14 L'AUTRICHE
15 LA SLOVAQUIE
16 LA RÉPUBLIQUE TCHÈQUE
17 LA RUSSIE
18 LA GÉORGIE
19 L'ARMÉNIE
20 L'AZERBAÏDJAN
21 LE RWANDA
22 LE BURUNDI
23 LA GUINÉE ÉQUATORIALE
24 LE BÉNIN
25 LE TOGO
26 LE GHANA
27 LA CÔTE D'IVOIRE
28 LE BURKINA-FASO
29 LE LIBERIA
30 LA SIERRA LEONE
31 LA GUINÉE
32 LA GUINÉE-BISSAU
33 LA GAMBIE
34 LE SÉNÉGAL
35 ISRAËL
36 LE LIBAN
37 LA JORDANIE
38 LA SYRIE
39 CHYPRE

La France

L'ANGLETERRE
LES PAYS-BAS
LA BELGIQUE
L'ALLEMAGNE
LE LUXEMBOURG
LA SUISSE
L'ITALIE
MONACO
ANDORRE
L'ESPAGNE
LA MANCHE
L'OCÉAN ATLANTIQUE
LA MER MÉDITERRANÉE
NORD-PAS DE-CALAIS
Pas-de-Calais 62
Lille
Arras
59 Nord
Somme 80
Amiens
PICARDIE
Charleville-Mézières
08 Ardennes
Laon
Aisne 02
Beauvais
Oise 60
Seine-Maritime 76
Rouen
HAUTE-NORMANDIE
Évreux
Eure 27
50
Saint-Lô
Manche
Caen
14 Calvados
BASSE-NORMANDIE
Orne 61
Alençon
Finistère 29
Quimper
22
St-Brieuc
Côtes-d'Armor
BRETAGNE
35
Rennes
Ille-et-Vilaine
Morbihan 56
Vannes
53
Laval
Mayenne
72
Le Mans
Sarthe
PAYS DE LA LOIRE
44
Loire-Atlantique
Nantes
Angers
49
Maine-et-Loire
85
La-Roche-sur-Yon
Vendée
Val-d'Oise 95
Pontoise
Paris
Yvelines 78
Versailles
Évry
91 Essonne
ÎLE-DE-FRANCE
77
Melun
Seine-et-Marne
Chartres
Eure-et-Loire 28
Loiret
Orléans
45
41
Blois
Loir-et-Cher
37
Tours
Indre-et-Loire
CENTRE
18
Bourges
Cher
Châteauroux
Indre 36
Châlons-en-Champagne
51 Marne
CHAMPAGNE-ARDENNE
10
Troyes
Aube
52
Chaumont
Haute-Marne
LORRAINE 57
Meuse 55
Metz
Moselle
Bar-le-Duc
54
Nancy
Meurthe-et-Moselle
88
Épinal
Vosges
Bas-Rhin 67
Strasbourg
ALSACE
Colmar
Haut-Rhin 68
Belfort
90
Belfort
70
Vesoul
Haute-Saône
Doubs
Besançon
FRANCHE-COMTÉ
Jura 25
Lons-le-Saunier
39
89
Auxerre
Yonne
Côte-d'Or
BOURGOGNE
21
Dijon
Nièvre
Nevers
58
71
Saône-et-Loire
Mâcon
79
Deux-Sèvres
86
Poitiers
Niort
Vienne
La Rochelle
POITOU-CHARENTES
Charente-Maritime
16
Angoulême
17
Charente
87
Limoges
Haute-Vienne
Guéret
Creuse 23
LIMOUSIN
Corrèze
19
Tulle
Moulins
Allier
03
AUVERGNE
Clermont-Ferrand
63
Puy-de-Dôme
15
Cantal
Aurillac
Haute-Loire 43
Le Puy-en-Velay
69
Rhône
Loire 42
Lyon
St-Étienne
01
Bourg-en-Bresse
Ain
74
Haute-Savoie
Annecy
RHÔNE-ALPES
Chambéry
38
Isère
Grenoble
Savoie 73
Valence
Drôme 26
Privas
Ardèche 07
05
Hautes-Alpes
Gap
PROVENCE-ALPES-CÔTE-D'AZUR
84
Digne-les-Bains
04
Alpes-de-Haute-Provence
Alpes-Maritimes 06
Nice
Avignon
Vaucluse
13
Bouches-du-Rhône
Marseille
Var 83
Toulon
Périgueux
24
Dordogne
Bordeaux
33
Gironde
AQUITAINE
47
Lot-et-Garonne
Agen
Cahors
Lot 46
Landes 40
Mont-de-Marsan
64
Pau
Pyrénées-Atlantiques
Gers
Auch
32
Tarbes
65
Hautes-Pyrénées
Tarn-et-Garonne
82
Montauban
MIDI-PYRÉNÉES
Aveyron
Rodez
12
Albi
Tarn
81
Toulouse
Haute-Garonne
31
09
Foix
Ariège
48
Mende
Lozère
30
Gard
Nîmes
34
Hérault
Montpellier
LANGUEDOC-ROUSSILLON
11
Carcassonne
Aude
66
Perpignan
Pyrénées-Orientales
Seine-Saint-Denis
Nanterre
Bobigny
93
92
75
Paris
Hauts-de-Seine
94
Créteil
Val-de-Marne
0 100 milles
0 100 kilomètres
0 30 milles
0 30 kilomètres
Bastia
2B
Haute-Corse
CORSE
Ajaccio
2A
Corse-du-Sud

L'Europe

0
500 milles
0
500 kilomètres
Pays francophones
LA MER DE BARENTS
LA MER DE NORVÈGE
L'ISLANDE
Reykjavik
LA SUÈDE
LA FINLANDE
LA NORVÈGE
Helsinki
LA RUSSIE
Oslo
Stockholm
Tallinn
L'ESTONIE
Moscou
Riga
LA LETTONIE
LA MER DU NORD
LE DANEMARK
LA MER BALTIQUE
LA LITUANIE
Copenhague
Vilnius
Minsk
LA RUSSIE
Dublin
LES PAYS-BAS
LA BIÉLORUSSIE
L'IRLANDE
LA GRANDE-BRETAGNE
Berlin
Varsovie
La Haye
LA POLOGNE
Kiev
Londres
Bruxelles
L'ALLEMAGNE
L'UKRAINE
LA BELGIQUE
Prague
L'OCÉAN ATLANTIQUE
Luxembourg
LA RÉPUBLIQUE TCHÈQUE
Paris
LA SLOVAQUIE
LA MOLDAVIE
LE LUXEMBOURG
LE LIECHTENSTEIN
Bratislava
Vienne
Chisinau
Budapest
Berne
L'AUTRICHE
LA HONGRIE
LA SUISSE
LA ROUMANIE
LA FRANCE
Ljubljana
Zagreb
Bucarest
LA MER NOIRE
LA SLOVÉNIE
Belgrade
LA CROATIE
LA BOSNIE-HERZÉGOVINE
SERBIE-ET-MONTÉNÉGRO
Monte Carlo
Sarajevo
LA BULGARIE
Andorre-la-Vieille
L'ITALIE
Sofia
LE PORTUGAL
ANDORRE
MONACO
Skopje
LA MACÉDOINE
Tirana
Rome
La Corse
LA TURQUIE
Madrid
L'ALBANIE
Lisbonne
L'ESPAGNE
LA GRÈCE
La Sardaigne
La Sicile
Athènes
Nicosie
CHYPRE
MALTE
La Valette
LA MER MÉDITERRANÉE
LE MAROC
LA TUNISIE
L'ALGÉRIE
LA LIBYE
L'ÉGYPTE

L'Afrique

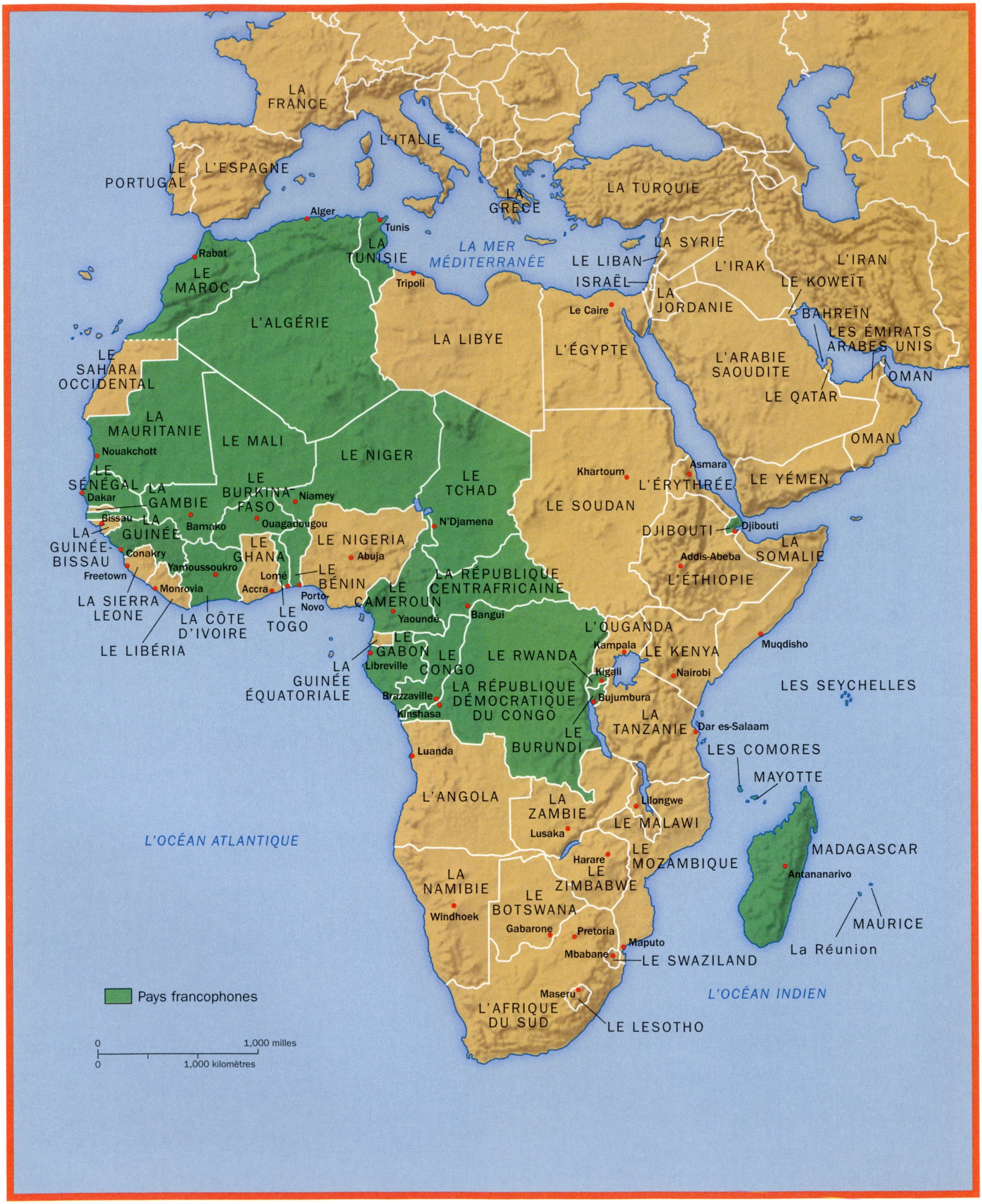

LA FRANCE
L'ITALIE
LE PORTUGAL
L'ESPAGNE
LA GRÈCE
LA TURQUIE
LA MER MÉDITERRANÉE
Alger
Tunis
LA TUNISIE
Rabat
LE MAROC
Tripoli
L'ALGÉRIE
LA LIBYE
Le Caire
L'ÉGYPTE
LE LIBAN
LA SYRIE
ISRAËL
LA JORDANIE
L'IRAK
L'IRAN
LE KOWEÏT
BAHREÏN
LES ÉMIRATS ARABES UNIS
L'ARABIE SAOUDITE
LE QATAR
OMAN
LE YÉMEN
LE SAHARA OCCIDENTAL
LA MAURITANIE
Nouakchott
LE MALI
LE NIGER
LE TCHAD
LE SÉNÉGAL
Dakar
LA GAMBIE
Bissau
LA GUINÉE-BISSAU
LA GUINÉE
Conakry
Freetown
LA SIERRA LEONE
Monrovia
LE LIBÉRIA
Bamako
LE BURKINA-FASO
Ouagadougou
Niamey
Yamoussoukro
LA CÔTE D'IVOIRE
LE GHANA
Accra
Lomé
LE TOGO
LE BÉNIN
Porto-Novo
LE NIGERIA
Abuja
N'Djamena
Khartoum
LE SOUDAN
Asmara
L'ÉRYTHRÉE
DJIBOUTI
Djibouti
Addis-Abeba
L'ÉTHIOPIE
LA SOMALIE
Muqdisho
LA RÉPUBLIQUE CENTRAFRICAINE
Bangui
LE CAMEROUN
Yaoundé
LA GUINÉE ÉQUATORIALE
LE GABON
Libreville
LE CONGO
Brazzaville
Kinshasa
LA RÉPUBLIQUE DÉMOCRATIQUE DU CONGO
L'OUGANDA
Kampala
LE RWANDA
Kigali
LE KENYA
Nairobi
Bujumbura
LE BURUNDI
LA TANZANIE
Dar es-Salaam
LES SEYCHELLES
LES COMORES
MAYOTTE
Luanda
L'ANGOLA
LA ZAMBIE
Lusaka
Lilongwe
LE MALAWI
Harare
LE ZIMBABWE
LE MOZAMBIQUE
MADAGASCAR
Antananarivo
MAURICE
La Réunion
LA NAMIBIE
Windhoek
LE BOTSWANA
Gabarone
Pretoria
Maputo
Mbabane
LE SWAZILAND
Maseru
LE LESOTHO
L'AFRIQUE DU SUD
L'OCÉAN ATLANTIQUE
L'OCÉAN INDIEN
Pays francophones
0
1,000 milles
0
1,000 kilomètres

Mise en pratique

1 L'intrus Quel mot ne va pas avec les autres? Entourez-le.

1. affectueux • contrarié • déprimé • accablé
2. inquiet • tranquille • anxieux • prudent
3. fidèle • honnête • sincère • malhonnête
4. direct • franc • loyal • jaloux
5. beau • orgueilleux • séduisant • charmant
6. fiancés • commérages • âme sœur • union libre
7. agacer • en avoir marre • bien s'entendre • se mettre en colère
8. rompre • aimer • compter sur • faire confiance

2 La description Quel terme de la liste correspond le mieux à chaque phrase? Soyez logique!

avoir honte	draguer	poser un lapin	sensible
déprimé	inoubliable	responsabilité	veuf/veuve

1. Je rêve de sortir avec elle depuis longtemps. Chaque fois que je la vois, j'essaie de la convaincre d'aller au restaurant ou au cinéma.
2. Ma tante habite seule. Son mari est mort il y a quatre ans.
3. Je suis souvent triste et je n'ai pas envie de sortir ni de voir des gens.
4. J'ai vu un film dont je me souviendrai toujours.
5. Ma petite sœur pleure facilement si on lui fait une critique.
6. J'avais rendez-vous avec quelqu'un. Je l'ai attendu au restaurant jusqu'à dix heures et quart mais il n'est jamais venu.

3 Votre personnalité Répondez aux questions puis calculez vos points. Quel est le résultat de votre test? Comparez-le avec celui d'un(e) camarade de classe.

Oui	Quelquefois	Non	
☐	☐	☐	1. Devenez-vous anxieux/anxieuse quand il y a beaucoup de monde?
☐	☐	☐	2. Est-ce que ça vous gêne de montrer vos émotions?
☐	☐	☐	3. Avez-vous peur d'être le premier/la première à parler?
☐	☐	☐	4. L'idée d'avoir un rendez-vous avec quelqu'un que vous ne connaissez pas vous fait-elle peur?
☐	☐	☐	5. Est-ce que ça vous intimide de flirter avec quelqu'un que vous ne connaissez pas?
☐	☐	☐	6. Avez-vous peur de parler en public?
☐	☐	☐	7. Réfléchissez-vous longtemps avant de prendre une décision?
☐	☐	☐	8. Est-il plus important d'être agréable que franc dans la vie?
☐	☐	☐	9. Diriez-vous que vous êtes d'accord avec un(e) de vos ami(e)s juste pour éviter un conflit?
☐	☐	☐	10. Vous sentez-vous facilement gêné(e) dans certaines situations?

Clé

Oui = 0 point
Quelquefois = 1 point
Non = 2 points

Résultats

0 à 7 Vous avez tendance à être introverti(e). Sortez plus souvent!

8 à 11 Vous n'êtes ni introverti(e) ni extraverti(e). Bon équilibre!

12 à 20 Vous avez tendance à être extraverti(e). Écoutez-vous toujours les autres?

Préparation

Vocabulaire du court métrage

avancer *to move forward*
la boue *mud*
crier *to yell*
une crise d'hystérie *nervous breakdown*
s'enfoncer *to drown*
un(e) estropié(e) *cripple*
frapper *to knock; to hit*
une guerre *war*
humain(e) *human*
pourtant *though; however*
le pouvoir *power*
un supplice *torture*

Vocabulaire utile

boiter *to limp*
un cauchemar *nightmare*
désespéré(e) *desperate*
émotif/émotive *emotional*
paniquer *to panic*
raconter (une histoire) *to tell (a story)*
réagir *to react*
une route *road*
soulager *to relieve*
se tromper *to be wrong/mistaken*

EXPRESSIONS

Alors... *So... /Well...*
Bonté du ciel! *Good heavens!*
faire mourir quelqu'un à petit feu *to make someone die a slow death*
faire un rêve *to have a dream*
Pas tant de manières! *Don't be so polite!*
se tenir à l'écart *to keep to oneself*
Taisez-vous! *Be quiet!*

1 **Un moment inoubliable** Thomas raconte à un ami son dernier match de foot. Cherchez dans la liste de vocabulaire les mots qui complètent l'histoire.

«Imagine un peu la situation. C'est le match du championnat contre notre grand rival, Marseille, donc c'est (1) ________! Les conditions sont vraiment mauvaises. Il n'y a pas d'herbe sur le terrain et il pleut, alors nous jouons dans (2) ________. Tout le monde sait que Marseille est moins forte que nous. (3) ________, elle joue très bien. Il reste seulement un quart d'heure et nous avons un point d'avance... Sans faire attention, quelqu'un (4) ________ Sylvain, notre meilleur joueur, et en fait un véritable (5) ________. (6) ________, Marseille marque un but (*scores a goal*) et notre équipe est (7) ________. C'est à moi de sauver le match! Je suis anxieux et prêt à paniquer, mais tout dépend de moi. C'est (8) ________ pour les spectateurs, mais nous (9) ________ vers le but, je (10) ________ pour qu'on me passe le ballon, et je tire (*shoot*)!»

2 **À vous de continuer** À votre avis, est-ce que le tir de Thomas est bon, et qui gagne le match? Quelles sont alors les émotions de Thomas et des autres joueurs? Avec des mots de la liste de vocabulaire, terminez l'histoire en trois ou quatre phrases.

3 **Et vous?** Répondez aux questions avec un(e) camarade de classe.

1. Quand vous êtes-vous trouvé(e) dans une situation stressante? Décrivez la situation. Qu'avez-vous ressenti? Comment avez-vous réagi?
2. Avez-vous regretté votre réaction? Pourquoi?
3. À votre avis, quel effet une situation stressante a-t-elle sur les réactions d'une personne?

4 **Comment réagissez-vous?**

A. Dites quelle réaction vous correspond le mieux.

Test de Personnalité

1. Vous attendez un e-mail de quelqu'un que vous aimez beaucoup.

- **a.** Vous regardez vos e-mails toutes les cinq minutes.
- **b.** Vous avez beaucoup à faire, mais vous regardez vos e-mails quand c'est possible.
- **c.** Ce n'est pas très important. Vous regardez quand vous y pensez.

2. L'e-mail que vous recevez de votre professeur ou de votre patron/patronne est entièrement écrit en majuscules.

- **a.** Vous pensez que la personne qui l'a envoyé est fâchée contre vous.
- **b.** Vous pensez que c'est une erreur.
- **c.** Vous n'y faites pas attention.

3. Vous avez une mauvaise nouvelle à annoncer à quelqu'un.

- **a.** Vous la lui annoncez tout de suite, face à face. C'est la meilleure manière de procéder.
- **b.** Vous évitez la personne pendant quelques jours avant de lui annoncer la nouvelle.
- **c.** Vous préférez ne pas le lui dire face à face. Vous lui envoyez un e-mail.

4. Quelqu'un que vous connaissez est très triste. Il vient de se passer quelque chose de terrible dans sa vie.

- **a.** Vous êtes aussi triste que cette personne.
- **b.** Vous compatissez (*sympathize*).
- **c.** À votre avis, cela ne vous regarde pas.

5. Votre téléphone portable sonne à trois heures du matin. Quelle est votre première réaction?

- **a.** Vous êtes inquiet/inquiète. Il s'est peut-être passé quelque chose.
- **b.** Vous êtes fâché(e) d'être dérangé(e) au milieu de la nuit.
- **c.** Vous n'y faites pas attention et continuez à dormir.

6. Vous achetez quelque chose sur Internet. Comment voulez-vous qu'on vous l'envoie?

- **a.** En priorité. Vous êtes impatient(e).
- **b.** Le courrier normal. Pour le plaisir d'attendre.
- **c.** Vous allez le chercher vous-même. Vous n'avez pas confiance dans le système.

B. Échangez vos réponses avec un(e) camarade et dites ce que ses réponses révèlent de sa personnalité.

5 **Photographies** Regardez les deux photos et imaginez les gens qui habitent le village. Que font-ils? Sont-ils heureux? Quelle est la personnalité de la femme? Est-ce que ses voisins lui ressemblent ou sont-ils différents?

SUPERSITE Regardez le court métrage sur **imaginez.vhlcentral.com**.

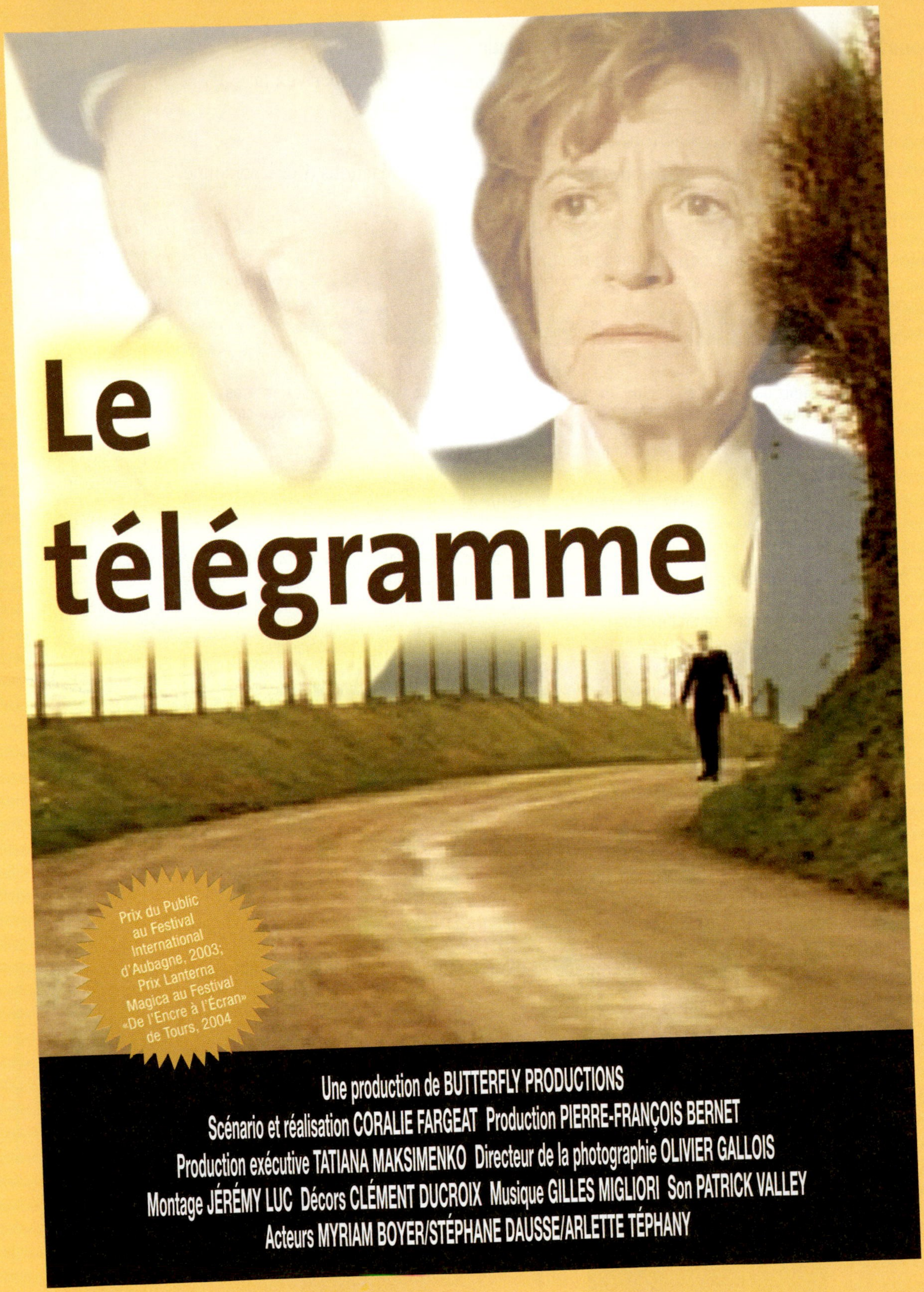
Le télégramme
Prix du Public au Festival International d'Aubagne, 2003; Prix Lanterna Magica au Festival «De l'Encre à l'Écran» de Tours, 2004
Une production de BUTTERFLY PRODUCTIONS
Scénario et réalisation CORALIE FARGEAT Production PIERRE-FRANÇOIS BERNET
Production exécutive TATIANA MAKSIMENKO Directeur de la photographie OLIVIER GALLOIS
Montage JÉRÉMY LUC Décors CLÉMENT DUCROIX Musique GILLES MIGLIORI Son PATRICK VALLEY
Acteurs MYRIAM BOYER/STÉPHANE DAUSSE/ARLETTE TÉPHANY

INTRIGUE *Pendant la Seconde Guerre mondiale, dans un petit village de France, deux mères attendent des nouvelles de leur fils.*

BLANCHE Alors, vous avez eu des nouvelles?
PIERRETTE Non, depuis sa dernière permission°, toujours pas. Et vous?
BLANCHE Mon fils, il n'a jamais aimé écrire.

BLANCHE Le courrier met tellement de temps pour venir jusqu'ici. C'est tellement désorganisé.
PIERRETTE Sauf pour les télégrammes. Voilà McLaurie.

BLANCHE Dieu sait chez qui il va aujourd'hui.
PIERRETTE Ne vous inquiétez pas, Blanche. Ça ne peut pas être pour vous. Félix est parti il y a si peu.
BLANCHE Vous dites ça à chaque fois. Vous ne pouvez pas savoir. Personne ne peut savoir.

BLANCHE Bien sûr, pour vous c'est différent. Votre fils est officier°. Tout le monde sait... c'est plus facile pour eux.
PIERRETTE Ça ne dispense° pas du champ de bataille°, ni de mourir comme les autres.
BLANCHE Oui... peut-être...

BLANCHE Il est fier de ce qu'il fait. Il est fier de savoir avant tout le monde.
PIERRETTE C'est vrai que ça lui donne un certain pouvoir.
BLANCHE Je ne l'ai jamais beaucoup aimé. Même avant la guerre. Ce McLaurie... Regardez-moi ça! Il avance si lentement... on dirait que c'est pour faire durer° le supplice!

BLANCHE C'est sûrement pour moi. J'ai fait ce rêve... Ce n'est pas possible. Dieu ne peut pas me prendre mon fils comme ça!
PIERRETTE Il a passé votre maison.
BLANCHE Pierrette!
PIERRETTE Taisez-vous! Il n'y a plus rien à dire.

permission *leave* **officier** *officer* **dispense** *exempts* **champ de bataille** *battlefield* **faire durer** *prolong*

SUPERSITE

Note CULTURELLE

L'évolution du rôle du facteur

C'est avec la création de la poste de Paris, en 1760, que le facteur a fait son apparition° en France. La distribution du courrier a d'abord été le privilège des villes. Mais au 19e siècle, elle s'est développée à la campagne, dans les villages. Aujourd'hui, le facteur est plus qu'un simple facteur dans les endroits les plus reculés°, parce qu'il est l'une des seules personnes qui vient voir les habitants, souvent des personnes âgées. Il est devenu un intermédiaire essentiel entre le village et le monde. Il apporte lettres et colis en donnant° l'occasion d'un échange° verbal.

apparition *appearance* **reculés** *remote* **donnant** *giving* **échange** *exchange*

Analyse

1 Compréhension Répondez aux questions par des phrases complètes.

1. Comment Pierrette et Blanche se connaissent-elles?
2. Que font-elles dans le film?
3. Quelle mère reçoit des nouvelles de son fils?
4. Qui est l'homme?
5. Qu'apporte-t-il?
6. Où sont les fils des deux femmes?
7. Quel est le grade (*rank*) du fils de Pierrette?
8. Finalement, pour qui est le télégramme?

2 Réaction On voit, dans le film, que Pierrette et Blanche réagissent différemment face à la même situation. Leur manière de s'exprimer, aussi, est différente. Par groupes de trois, décrivez leur manière de s'exprimer et parlez de leur personnalité à l'aide du vocabulaire. Comparez vos idées avec celles des autres groupes.

agacer	une amitié	accablé
avoir honte	des commérages	anxieux
crier	une crise d'hystérie	contrarié
s'enfoncer	un esprit	désespéré
gêner	une guerre	émotif
mentir	le pouvoir	fâché
paniquer	une responsabilité	humain
soulager	un supplice	jaloux

3 Interprétation Avec un(e) camarade, répondez aux questions.

1. Quels sont les thèmes principaux du film?
2. Entre Pierrette et Blanche, laquelle aimez-vous le mieux? Pourquoi?
3. À la fin du film, pourquoi Pierrette dit-elle «Il n'y a plus rien à dire» et ferme-t-elle les yeux?
4. Que pensent Pierrette et Blanche quand elles voient que McLaurie est passé sans avoir frappé à aucune porte du village? À votre avis, savent-elles pour qui est le télégramme?
5. Où va le facteur à la fin du film? Que va-t-il faire? Que ressent-il?
6. Est-ce que Blanche espère vraiment que McLaurie s'arrête chez une de ses voisines?

4 Imaginez Dans ce court métrage, les gens du village dépendent de McLaurie. Mais que fait-il en dehors du travail? Quelle vie a-t-il? Qui d'autre dépend de lui? Quelle est sa personnalité? Avec un(e) camarade, décrivez la vie et la personnalité de McLaurie en cinq ou six phrases.

5 **Dialogue** Lisez le dialogue entre Pierrette et Blanche. Puis imaginez ce que dirait McLaurie aux deux femmes s'il pouvait entendre leur conversation. Par groupes de trois, créez un dialogue entre les trois personnages et jouez-le devant la classe.

BLANCHE Il est fier de ce qu'il fait. Il est fier de savoir avant tout le monde.
PIERRETTE C'est vrai que ça lui donne un certain pouvoir.
BLANCHE D'ailleurs, moi, je ne l'ai jamais beaucoup aimé, même avant la guerre… Toujours à se tenir à l'écart, à garder ses distances…

6 **À vous la parole!** Répondez individuellement aux questions avant de comparer vos réponses avec celles de votre camarade de classe.

1. Est-ce que vos parents s'inquiètent pour vous? Expliquez votre réponse.
2. Avez-vous de bonnes relations avec vos parents et avec le reste de votre famille? Pourquoi?
3. Combien de fois par semaine parlez-vous avec vos parents?
4. Est-ce que vos parents vous connaissent bien? Savent-ils ce que vous aimez et ce que vous n'aimez pas? Donnez des exemples.
5. Pour qui vous inquiétez-vous? Pourquoi?
6. Connaissez-vous quelqu'un dans l'armée? Si oui, est-ce que vous vous inquiétez pour cette personne?

7 **Moyens de communication** Aujourd'hui, il existe plusieurs moyens de communication. À votre avis, lesquels sont les plus efficaces pour communiquer ses émotions et ses sentiments? Pourquoi? Quels sont les avantages et les inconvénients de chaque moyen de communication? À l'aide de ce tableau, expliquez vos réponses et discutez-en par groupes de trois.

	Les avantages	Les inconvénients
une lettre		
un télégramme		
le téléphone		
un e-mail		
un SMS (*text message*)		
un autre moyen…?		

IMAGINEZ LES ÉTATS

Pour plus de renseignements et d'activités, visitez **imaginez.vhlcentral.com**.

La statue de la Liberté à New York

Une amitié historique

Les liens° qui unissent la **France** et les **États-Unis** sont solides, fondés sur une histoire commune. À l'époque° coloniale, plusieurs Français ont participé à l'exploration de l'Amérique du Nord. Ainsi°, l'explorateur **Cavelier de La Salle** a été le premier Européen à descendre le **fleuve du Mississippi** et c'est **Antoine Cadillac**, un aventurier acadien°, qui a fondé la ville de **Détroit** en 1701. La **Louisiane française** était alors° un immense territoire avec, en son centre, le Mississipi. Elle s'étendait° des **Grands Lacs** au **golfe du Mexique**. Cet espace représente aujourd'hui dix États américains, et c'est pour cette raison que beaucoup de lieux dans cette région, comme **Belleville**, **Illinois** ou **Des Moines**, **Iowa**, portent° des noms français.

L'alliance franco-américaine s'est surtout renforcée° pendant la **guerre° d'Indépendance**. Avec le **marquis de Lafayette** et le **comte de Rochambeau**, l'armée française a offert une aide cruciale aux révolutionnaires américains, comme pendant la bataille° de la **baie de Chesapeake**, à la fin de la guerre. Ensuite, la France a été la première nation à reconnaître officiellement les nouveaux **États-Unis d'Amérique**. Des personnalités de cette période révolutionnaire comme **Benjamin Franklin**, **John Adams** et **Thomas Jefferson** étaient très francophiles et ont tous fait des séjours en France. De plus, les deux pays ont créé leur constitution en même temps et ont partagé la philosophie des **Lumières**°. Au cours des années, d'étroites° relations économiques et culturelles se sont développées entre eux, et en 1886, pour symboliser cette amitié, la France a offert aux États-Unis la **statue de la Liberté**, qu'on voit à l'entrée du port de **New York**.

Audrey Tautou

Aujourd'hui, la France est le neuvième partenaire commercial des États-Unis, et hors de° l'Union Européenne, les États-Unis constituent le premier marché d'exportation de la France. Au niveau de la culture, les films français figurent parmi les films étrangers les plus vus aux États-Unis et les plus appréciés du public américain. Quel Américain ne connaît pas **Gérard Depardieu**, **Catherine Deneuve** ou **Audrey Tautou**, qui a incarné° l'héroïne d'*Amélie*? De même, les grands artistes sont toujours appréciés, et dans les musées américains, les expositions sur **Monet**, **Gauguin** ou **Cézanne** sont très populaires. Enfin, les liens touristiques sont forts: pour les Américains, la France est le pays de la bonne cuisine, des petits cafés, de la mode et du romantisme; et l'Amérique reste l'une des destinations préférées des touristes français. En somme, l'amitié entre ces deux pays semble faite pour durer°!

D'ailleurs…

Avec environ 1.300.000 étudiants, le français est la deuxième langue la plus étudiée aux USA, après l'espagnol. Plus de 100 programmes d'échanges scolaires existent entre la France et les États-Unis, et il y a plus de 130 Alliances françaises sur le territoire américain, qui organisent plus de 1.000 manifestations culturelles par an.

liens *ties* **À l'époque** *At the time* **Ainsi** *In this way* **acadien** *from the Canadian region of Acadia* **alors** *at that time* **s'étendait** *stretched* **portent** *have* **s'est renforcée** *strengthened* **guerre** *war* **bataille** *battle* **Lumières** *Enlightenment* **étroites** *tight* **hors de** *outside* **a incarné** *embodied* **durer** *last*

-UNIS

Le français dans l'anglais

Mots et expressions venus du français

à la carte	en route
art déco	hors-d'œuvre
avant-garde	je ne sais quoi
camouflage	protégé
cliché	raison d'être
crème de la crème	rendez-vous
déjà vu	résumé
encore	touché

Mots anglais empruntés au français au Moyen Âge

armée	*army*
bœuf	*beef*
espion	*spy*
honneur	*honor*
joie	*joy*
liberté	*liberty*
loisir	*leisure*
mariage	*marriage*
mouton	*mutton*
oncle	*uncle*
salaire	*salary*
vallée	*valley*

La francophonie aux USA

Chevrolet C'est un Suisse francophone, **Louis Chevrolet** (1878–1941), qui a fondé cette compagnie maintenant américaine. Après avoir été mécanicien en France et au Canada, Chevrolet déménage à New York en 1901. Là, il travaille pour **Fiat** et, en 1905, commence sa carrière de pilote de course°. Plus tard, Chevrolet dessine des voitures de course et bat° le record du monde de vitesse! La **Chevrolet Motor Car Company** est devenue une division de **General Motors** en 1918.

Les contes de Perrault Les contes du Français **Charles Perrault** (1628–1703) divertissent° les petits et les grands depuis des siècles, dans le monde occidental. Ses histoires, comme *Cendrillon*, *Le petit chaperon° rouge*, *La belle au bois dormant°*, et *Le chat botté* ont inspiré des films, des ballets et des opéras. La compagnie Walt Disney en a même fait des films d'animation.

Tony Parker Malgré° son nom anglophone, **Tony Parker**, joueur professionnel de basket, est en fait° d'origine belge et française. Il est né à **Bruges**, en Belgique, et a été élevé en France. On le connaît bien aux États-Unis parce qu'il joue dans l'équipe des **Spurs** à **San Antonio**, **Texas** ... avant de rejoindre° cette équipe ... la **NBA** en 2001, Tony jouait ... France dans la **LNB** (**Ligue** ... **onale de Basket-ball**).

Céline Dion Dernière-née d'
famille québécoise de 14 ...nière
Céline Dion enregistre ...e
chanson à 12 ans. S...ais à l'âge
commence en fra... anglais
de 18 ans elle ...du monde
et part à la ...ccès aux États-
anglophor... able; elle a vendu des millions d'albums, chanté
Unis es... originale° de plusieurs films américains, et gagné
pour ... **Grammys**. Céline a encore connu un énorme succès
d... spectacle *A New Day…* créé en 2003, à **Las Vegas**.

... **course** *race car driver* **bat** *breaks* **divertissent** *entertain* **chaperon** ... **dormant** *sleeping* **Le chat botté** *Puss in Boots* **Malgré** *Despite* **en fait** *in fact* ...**ndre** *join* **bande originale** *sound track*

Roch Voisine

SUPERSITE

Un grand romantique québécois

À FOND LA SONO

Pour plus de renseignements sur Roch Voisine et sa musique, visitez **imaginez.vhlcentral.com**.

Roch Voisine est un chanteur pop rock d'origine québécoise bien connu du public francophone. Adolescent, il rêvait de devenir joueur de hockey professionnel, mais à l'âge de 17 ans, il s'est gravement blessé au genou. Il se tourne alors° vers° son autre passion, la chanson. **Paul Vincent**, un célèbre disc-jockey québécois, croyait en son talent et il est devenu son agent. Roch sort° un premier album au Québec, en 1986. En 1989, il enregistre la fameuse chanson *Hélène*. Le titre connaît un succès international immédiat. Roch devient une star et la «Roch-mania» s'installe°. Il vend trois millions d'albums, et ses tournées sont triomphales. Sa «gueule d'amour°» et son style à la fois romantique et rock font de Roch Voisine le chanteur de charme° idéal. Roch mène une double carrière entre l'Europe et l'Amérique et sort plusieurs albums en anglais, mais au milieu des années 90, son succès diminue. Sa popularité revient seulement avec *Chaque feu*, en 1999, album qui marque° aussi son retour à la langue française. Depuis, Roch montre qu'il a dépassé° le cliché du chanteur de charme et qu'il a su retrouver ses racines° **folk-pop américaines**. Dans la chanson *Je te serai fidèle*, beaucoup voient une déclaration d'amour à sa femme, Myriam. C'est peut-être aussi un peu un hommage au public qui le su[it] depuis plus de 15 ans.

Discographie sélective

2005 *Sauf si l'amour…*
2003 *Je te serai fidèle*
1999 *Chaque feu*
1996 *Kissing Rain*
1989 *Hélène*

alors *then* **vers** *toward* **sort** *releases* **s'installe** *takes hold* **gueule d'amour** *good looks* **chanteur de charme** *crooner* **marque** *signals* **dépassé** *transcended* **racines** *roots*

Je te serai fidèle

Toi et moi on
Et mis en mémo[…]t l'histoire ensemble
Toi et moi on viv[…]s rêves° qui nous ressemblent
À toujours regarder[…]out° simplement
On avait toujours 20 a[…]devant
. . .

rêves *dreams* **debout** *standing* **droit** *straight*

I'll always be there…
Malgré° la peur de se brûler les ailes°
I'll always be there…
Malgré la peur de retomber du ciel
I'll always be there…
Tant qu°'il y aura dans nos cœurs une flamme éternelle
Je te serai fidèle

Malgré *Despite* **se brûler les ailes** *burn one's wings* **Tant que** *As long as*

Qu'avez-vous appris?

1 **Vrai ou faux?** Indiquez si ces affirmations sont vraies ou fausses et corrigez celles qui sont fausses.

1. C'est Cavelier de La Salle qui a fondé Détroit en 1701.
2. La Louisiane française s'étendait des Grands Lacs au golfe du Mexique.
3. Les films français ne sont pas appréciés des Américains.
4. Tony Parker est un joueur de basket d'origine belge et française.
5. Louis Chevrolet a écrit des contes connus dans le monde occidental.
6. Les films de Céline Dion connaissent un énorme succès aux États-Unis.

2 **Que sais-je?** Répondez aux questions.

1. Qui a été le premier Européen à descendre le fleuve du Mississippi?
2. Quelles personnalités américaines de la période révolutionnaire étaient très francophiles?
3. Qu'est-ce que la France et les États-Unis ont créé en même temps?
4. Que symbolise la statue de la Liberté?
5. Qui a fondé la compagnie Chevrolet et de quelle nationalité était-il?
6. De quoi les films d'animation de Walt Disney s'inspirent-ils beaucoup?

Projet

Aux États-Unis

Où trouve-t-on la culture francophone aux États-Unis? Faites des recherches sur **imaginez.vhlcentral.com** pour créer une page de présentation au sujet d'un événement ou d'un lieu francophone.

- Notez les détails les plus intéressants.
- Choisissez des photos.
- Présentez votre page à la classe.
- Expliquez pourquoi vous avez choisi ce sujet.

ÉPREUVE

Trouvez la bonne réponse.

1. À l'époque coloniale, la Louisiane avait la taille ______.
   a. de la région des Grands Lacs b. de dix États américains
   c. du golfe du Mexique d. d'un État américain
2. L'alliance franco-américaine s'est renforcée ______.
   a. vers 1886 b. à l'époque coloniale
   c. vers 1701 d. pendant la guerre d'Indépendance
3. La France a été la première nation à ______ les États-Unis.
   a. reconnaître b. aider
   c. explorer d. nommer
4. À l'époque révolutionnaire, la France et les États-Unis partageaient ______.
   a. la même constitution b. le même espace
   c. la philosophie des Lumières d. la même économie
5. La France a offert la statue de la Liberté aux États-Unis, en ______.
   a. 1701 b. 1846
   c. 1886 d. 1776
6. Catherine Deneuve, Gérard Depardieu et Audrey Tautou sont connus pour leur carrière ______.
   a. dans le cinéma b. d'écrivain
   c. de musicien d. sportive
7. Il y a ______ Alliances françaises sur le territoire américain.
   a. 1.000 b. plus de 130
   c. plus de 250 d. 50
8. Le joueur de basket Tony Parker a été élevé ______.
   a. au Québec b. en Belgique
   c. en France d. à San Antonio
9. Céline Dion a présenté son premier ______ à Las Vegas.
   a. hôtel b. salon de beauté
   c. magasin d. spectacle
10. Avant d'être chanteur, Roch Voisine voulait devenir ______.
    a. médecin b. joueur de hockey
    c. joueur de basket d. acteur

GALERIE DE CRÉATEURS

SUR INTERNET

Pour plus de renseignements sur ces créateurs et pour explorer des aspects précis de leurs créations, à l'aide d'activités et de projets de recherche, visitez **imaginez.vhlcentral.com**.

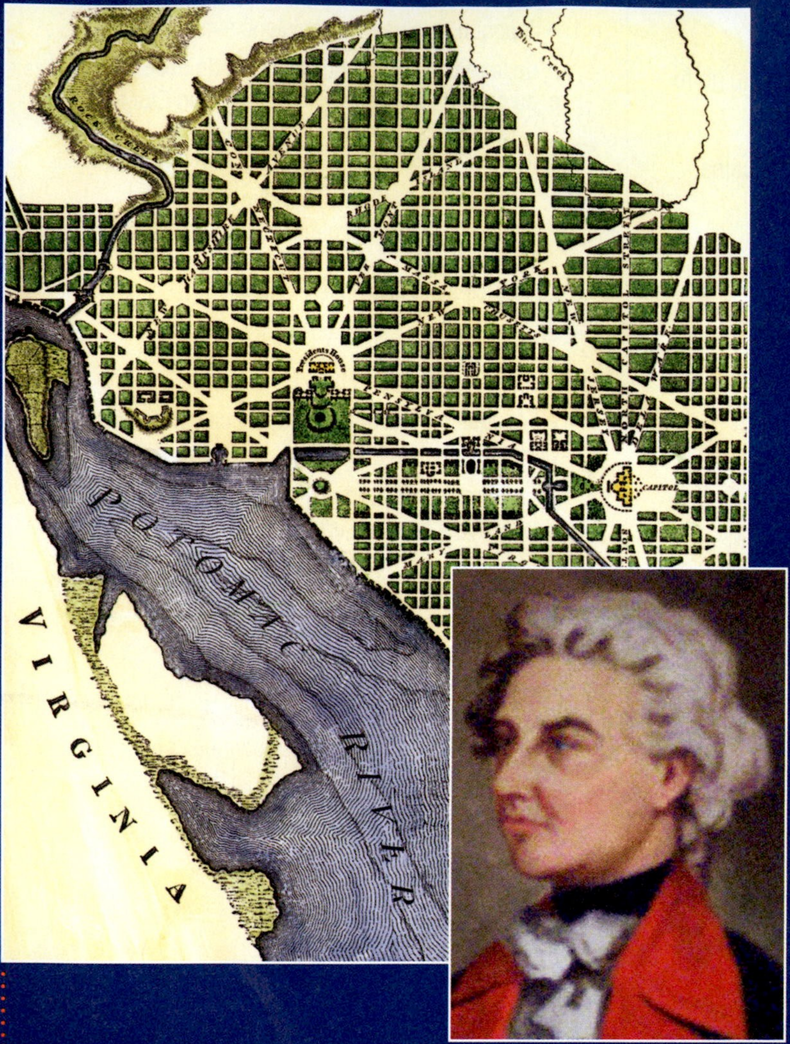

URBANISME **Pierre Charles L'Enfant (1754–1825)**

Venu pour aider Washington pendant la guerre d'Indépendance, l'ingénieur français Pierre L'Enfant a gagné le concours (*contest*) pour la construction de la nouvelle capitale américaine, Washington D.C. Le travail commence en 1791, mais L'Enfant ne termine pas le projet. Au début du 20e siècle, les plans de L'Enfant sont repris pour construire le *National Mall* de Washington, et le génie (*genius*) de l'architecte français est enfin reconnu. Aujourd'hui, la vision de L'Enfant se révèle dans le système de quadrillage, les boulevards avec les grands monuments et les espaces verts de Washington, D.C. L'Enfant est enterré (*buried*) au cimetière d'Arlington.

PEINTURE

George Rodrigue (1944–)

En 1964, ce Cajun découvre la grande différence qui existe entre la Louisiane, sa région natale (*native*) et le reste des États-Unis. Les tableaux du début de sa carrière représentent les purs Cajuns dont on lui a parlé dans les histoires hautes en couleur (*colorful*) de sa famille. Mais c'est la série de tableaux contemporains, *Chien bleu*, créée en 1984, qui va surtout le rendre célèbre. Sa chienne Tiffany, morte en 1980, y est représentée comme un fantôme. *Chien bleu* a eu un tel succès qu'il a paru dans la série télévisée *Friends* et même dans une campagne présidentielle. Rodrigue est aussi le peintre des portraits de présidents américains comme George Bush et Bill Clinton.

GASTRONOMIE Julia Child (1912–2004)

Vers 1948, Julia Child découvre la cuisine française dans un restaurant de Rouen. Elle prend alors des cours de cuisine au Cordon Bleu (*Blue Ribbon*), célèbre école de cuisine parisienne, puis elle écrit plusieurs guides culinaires français, dont le volumineux *Mastering the Art of French Cooking*. Elle est invitée à participer à une émission aux États-Unis, et en février 1963, l'émission culinaire, *The French Chef*, est lancée. Cette émission et ses guides culinaires ont eu un très grand succès. Julia Child devient une ambassadrice de la culture française aux États-Unis. Depuis 2001, on peut voir sa cuisine personnelle au *Smithsonian National Museum of American History*.

DESIGN/ARCHITECTURE Philippe Starck (1949–)

Le designer et architect, Philippe Starck, est tout aussi connu aux États-Unis où il réside, qu'en France où il est né. Avec plusieurs projets d'architecture et de décoration d'intérieur à l'étranger, entre autres aux États-Unis, en Australie, au Japon, en Argentine et en Turquie, il est l'un des décorateurs les plus originaux de sa génération. On compte, parmi ses créations, l'hôtel Mondrian à Los Angeles, le Royalton et le Hudson à New York et l'École Nationale Supérieure des Arts Décoratifs à Paris. L'ancien Président de la République française, François Mitterrand, lui a même demandé d'apporter des modifications à ses appartements privés, dans le Palais de l'Élysée, sa résidence officielle. En 1979, l'architecte a fondé Starck Products, sa propre ligne d'objets pour la maison, de meubles et d'objets décoratifs.

1.1 Spelling-change verbs

—*Ne vous **inquiétez** pas, Blanche.*

- Several -**er** verbs require spelling changes in certain forms of the present tense. These changes usually reflect variations in pronunciation or are made to avoid a change in pronunciation.
- For verbs that end in -**ger**, add an **e** before the -**ons** ending of the **nous** form.

voyager (***to travel***)	
je voyage	**nous voyageons**
tu voyages	**vous voyagez**
il/elle voyage	**ils/elles voyagent**

Nous **mangeons** ensemble.

- Other verbs like **voyager** are **déménager** (*to move*), **déranger** (*to bother*), **manger** (*to eat*), **partager** (*to share*), **plonger** (*to dive*), and **ranger** (*to tidy up*).
- In verbs that end in -**cer**, the **c** becomes **ç** before the -**ons** ending of the **nous** form.

commencer (***to begin***)	
je commence	**nous commençons**
tu commences	**vous commencez**
il/elle commence	**ils/elles commencent**

Nous **commençons** à 8h30.

- Other verbs like **commencer** are **avancer** (*to advance, to move forward*), **effacer** (*to erase*), **forcer** (*to force*), **lancer** (*to throw*), **menacer** (*to threaten*), **placer** (*to place*), and **remplacer** (*to replace*).
- The **y** in verbs that end in -**yer** changes to **i** in all forms *except* for the **nous** and **vous** forms.

ATTENTION!

The **y** in verbs that end in -**ayer** can either remain **y** or change to **i**. Both forms are correct.

je paie *or* **je paye**
ils essaient *or* **ils essayent**

envoyer (***to send***)	
j'envoie	**nous envoyons**
tu envoies	**vous envoyez**
il/elle envoie	**ils/elles envoient**

Elle **paie** par chèque.

- Other verbs like **envoyer** are **balayer** (*to sweep*), **ennuyer** (*to annoy; to bore*), **essayer** (*to try*), **nettoyer** (*to clean*), and **payer** (*to pay*).

- Often the spelling change is simply the addition of an accent. Notice that the **nous** and **vous** forms of verbs like **acheter** have no accent added.

acheter (***to buy***)	
j'achète	**nous achetons**
tu achètes	**vous achetez**
il/elle achète	**ils/elles achètent**

Il **achète** un appareil photo.

- Other verbs like **acheter** are **amener** (*to bring someone*), **élever** (*to raise*), **emmener** (*to take someone*), **lever** (*to lift*), **mener** (*to lead*), and **peser** (*to weigh*).
- In verbs like **préférer**, the **é** in the last syllable of the verb stem changes to **è** in all forms *except* for the **nous** and **vous** forms.

préférer (***to prefer***)	
je préfère	**nous préférons**
tu préfères	**vous préférez**
il/elle préfère	**ils/elles préfèrent**

Je **préfère** cette robe rouge.

ATTENTION!

The **é** in the first syllable of verbs like **élever** and **préférer** never changes. Spelling changes occur only in the last syllable of the verb stem.

- Other verbs like **préférer** are **considérer** (*to consider*), **espérer** (*to hope*), **posséder** (*to possess*), and **répéter** (*to repeat; to rehearse*).
- In certain verbs that end in **-eler** or **-eter**, the last consonant in the stem is doubled in all forms *except* for the **nous** and **vous** forms.

appeler (***to call***)	
j'appelle	**nous appelons**
tu appelles	**vous appelez**
il/elle appelle	**ils/elles appellent**

jeter (***to throw***)	
je jette	**nous jetons**
tu jettes	**vous jetez**
il/elle jette	**ils/elles jettent**

Seydou **appelle** son ami.

BLOC-NOTES

To review the ...sent tense of **-er** verb... the forms of **-re** verbs, see regula...**rammaire 1.4, p. 390.** Fi...

- Other verbs like **appeler** and **jeter** are **épeler** (*to spell*), **projeter** (*to plan*), **rappeler** (*to recall; to call back*), **rejeter** (*to reject*), and **renouveler** (*to renew*).

Mise en pratique

1 **Les fiancés** Jérôme et Mathilde vont bientôt se marier. Jérôme a fait une liste de toutes les tâches à accomplir. Dites ce que fait chaque personne mentionnée.

Modèle **appeler le fleuriste: Mathilde et moi**
Nous appelons le fleuriste.

1. *payer le pâtissier: moi*
2. *remplacer les invitations: ma sœur*
3. *amener les grands-parents: maman et papa*
4. *ranger l'appartement: Mathilde et moi*
5. *nettoyer la salle de bains: mon frère*
6. *répéter demain soir: les musiciens*
7. *jeter les vieux journaux: moi*
8. *acheter de nouvelles chaussures: mon frère et moi*

2 **En famille** Kader est déprimé et il en donne les raisons aux membres de sa famille. Formez des phrases complètes.

1. mes enfants / préférer / leur mère
2. nous / ne… aucune / payer / dette
3. je / s'ennuyer / souvent / le dimanche
4. personne / ne… jamais / balayer dehors
5. Martine et Sonya / effacer / messages / sur / répondeur
6. mon frère / élever / mal / mes neveux
7. nous / ne… pas / remplacer / les fleurs fanées (*withered*)
8. vous / me / déranger / quand / je / amener / clients / à la maison

3 **Les amis** Avec un(e) camarade, faites des phrases complètes avec les éléments de chaque colonne.

Modèle Les vrais amis appellent souvent.

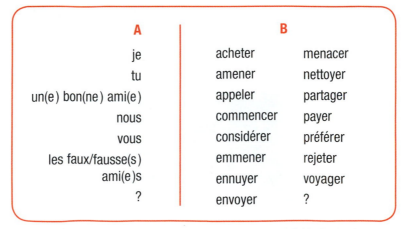

A	B	
je	acheter	menacer
tu	amener	nettoyer
un(e) bon(ne) ami(e)	appeler	partager
nous	commencer	payer
vous	considérer	préférer
les faux/fausse(s) ami(e)s	emmener	rejeter
?	ennuyer	voyager
	envoyer	?

Communication

4 **Les jeunes mariés** Jacqueline et Thierry viennent de se marier. Avec un(e) camarade, décrivez leur vie ensemble à l'aide des mots de la liste.

commencer	espérer	préférer
considérer	essayer	projeter
déménager	mener	renouveler

Modèle —Thierry projette de chercher un nouveau travail.
—Jacqueline préfère vivre près de Marseille.

5 **Conversation** Avec un(e) camarade, décrivez chaque personne à l'aide du verbe qui lui correspond.

Modèle **préférer: mon frère**
—Mon frère préfère travailler très tard le soir.
—Ma sœur aussi. Elle préfère commencer ses devoirs après dix heures.

1. acheter: mon père
2. posséder: le prof de français
3. rejeter: nos camarades de classe
4. ennuyer: je
5. avancer: nous
6. déranger: mes amis

6 **J'en ai besoin.** Par groupes de trois, dites pourquoi vous avez besoin des éléments de la liste ou pourquoi vous n'en avez pas besoin. Employez des verbes comme **voyager**, **commencer**, **envoyer**, **acheter**, **préférer** ou **appeler**. Chaque phrase doit avoir un verbe différent.

Modèle **une chaîne stéréo**
J'ai besoin d'une chaîne stéréo parce que j'achète beaucoup de CD.

- de l'argent
- une voiture
- un portable
- un appartement
- un ordinateur
- un aspirateur
- un(e) camarade de chambre
- ?

1.2 The irregular verbs *être*, *avoir*, *faire*, and *aller*

*—Ils **ont** de meilleurs vêtements aussi.*

- The four most common irregular verbs in French are **être**, **avoir**, **faire**, and **aller**. These verbs are considered irregular because they do not follow the predictable patterns of regular -**er**, -**ir**, or -**re** verbs.
- The verb **être** means *to be*. It is often followed by an adjective.

être (*to be*)	
je suis	**nous sommes**
tu es	**vous êtes**
il/elle est	**ils/elles sont**

Je **suis** américain.
I am American.

Ils **sont** timides.
They are shy.

C'**est** un bon film.
It is a good movie.

Nous **sommes** fiancés.
We are engaged.

- The verb **avoir** means *to have*.

avoir (*to have*)	
j'ai	**nous avons**
tu as	**vous avez**
il/elle a	**ils/elles ont**

Ils **ont** froid.

ATTENTION!

An idiomatic expression is one that cannot be translated or interpreted literally. Notice that many expressions with **avoir** correspond to English expressions with the verb *to be*.

J'ai dix-neuf ans.
I am nineteen years old.

Mireille a sommeil.
Mireille is sleepy.

- The verb **avoir** is used in many idiomatic expressions.

avoir… ans *to be … years old*	**avoir envie de** *to feel like*	**avoir de la patience** *to be patient*
avoir besoin de *to need*	**avoir faim** *to be hungry*	**avoir peur de** *to be afraid*
avoir de la chance *to be lucky*	**avoir froid** *to be cold*	**avoir raison** *to be right*
avoir chaud *to be hot*	**avoir honte de** *to be ashamed*	**avoir soif** *to be thirsty*
avoir du courage *to be brave*	**avoir mal à** *to ache, to hurt*	**avoir sommeil** *to be sleepy*
		avoir tort *to be wrong*

- The verb **faire** means *to do* or *to make.*

faire (*to do*; *to make*)	
je **fais**	nous **faisons**
tu **fais**	vous **faites**
il/elle **fait**	ils/elles **font**

Elle **fait** de l'exercice.

- **Faire** is also used in numerous idiomatic expressions. Many of these expressions are related to weather, sports and leisure activities, or household tasks.

les sports et les loisirs

faire de l'aérobic *to do aerobics*
faire du camping *to go camping*
faire du cheval *to ride a horse*
faire de l'exercice *to exercise*
faire la fête *to party*
faire de la gym *to work out*
faire du jogging *to go jogging*
faire de la planche à voile *to go windsurfing*
faire une promenade *to go for a walk*
faire une randonnée *to go for a hike*
faire un séjour *to spend time (somewhere)*
faire du shopping *to go shopping*
faire du ski *to go skiing*
faire du sport *to play sports*
faire un tour (en voiture) *to go for a walk (for a drive)*
faire les valises *to pack one's bags*
faire du vélo *to go cycling*

le temps

Il fait beau. *The weather's nice.*
Il fait chaud. *It's hot.*
Il fait froid. *It's cold.*
Il fait mauvais. *The weather's bad.*
Il fait (du) soleil. *It's sunny.*
Il fait du vent. *It's windy.*

les tâches ménagères

faire la cuisine *to cook*
faire la lessive *to do laundry*
faire le lit *to make the bed*
faire le ménage *to do the cleaning*
faire la poussière *to dust*
faire la vaisselle *to do the dishes*

d'autres expressions

faire attention (à) *to pay attention (to)*
faire la connaissance de *to meet (someone)*
faire mal *to hurt*
faire peur *to scare*
faire des projets *to make plans*
faire la queue *to wait in line*

- The verb **aller** means *to go.*

aller (*to go*)	
je **vais**	nous **allons**
tu **vas**	vous **allez**
il/elle **va**	ils/elles **vont**

Ils **vont** au cinéma.

- You can use **aller** with another verb to tell what is going to happen in the near future. The second verb is in the infinitive. This construction is called the **futur proche** (*immediate future*).

Je **vais quitter** mon mari.
I'm going to leave my husband.

Vous **allez lui mentir?**
Are you going to lie to him?

BLOC-NOTES

The verb **faire** followed by an infinitive means *to have something done* or *to cause something to happen.* To learn more about **faire causatif**, see **Fiche de grammaire 9.5, p. 424.**

ATTENTION!

Remember, when you negate a sentence in the **futur proche**, place **ne... pas** around the form of **aller**.

Tu ne vas pas regarder le match?
Are you not going to watch the game?

Mise en pratique

1 **Le mariage** Complétez toutes les phrases. Soyez logique!

1. Soraya et Georges sont _____
2. Alors, ils vont _____
3. La mère de Soraya a _____
4. Son père est _____
5. Le jour du mariage, il fait _____
6. Soraya et Georges ont _____
7. Nous, leurs amis, nous sommes _____
8. La semaine prochaine, les jeunes mariés font _____

a. du soleil.
b. se marier.
c. amoureux.
d. déprimé parce qu'il pense au coût (*cost*) du mariage!
e. avec eux.
f. de la chance.
g. un séjour à Tahiti.
h. peur de perdre sa fille.

2 **Au musée** Complétez cette histoire à l'aide d'une forme correcte des verbes **être**, **avoir**, **faire** ou **aller**. Employez le présent de l'indicatif.

Kristen Aucoin et son frère Matt habitent dans le Rhode Island, et ils (1) _______ des ancêtres franco-canadiens. Ils adorent le sport et ils (2) _______ du vélo presque tous les week-ends, mais cet après-midi, il (3) _______ mauvais et il pleut. Alors, ils (4) _______ visiter le musée du Travail et de la Culture. Ils (5) _______ curieux de connaître l'histoire de leur région, et ce musée (6) _______ le meilleur endroit pour ça. Au musée, on (7) _______ la possibilité de voir des expositions sur l'immigration québécoise en Nouvelle-Angleterre. Kristen (8) _______ envie d'acheter quelques livres. Matt (9) _______ parler en français aux employés du musée. Il (10) _______ des efforts pour ne pas perdre la langue de ses grands-parents.

Note CULTURELLE

Le musée du Travail et de la Culture se trouve à **Woonsocket**, dans le **Rhode Island**. Pendant tout le 19e siècle, des milliers (*thousands*) de **Québécois** sont venus dans le Rhode Island pour travailler dans les usines de la vallée du **fleuve Blackstone**. Au début du 20e siècle, Woonsocket était la ville la plus francophone des États-Unis. Aujourd'hui, on peut visiter les sites historiques de la ville pour y découvrir la forte influence de son passé francophone.

Communication

3 **Comparaisons** Avec un(e) camarade, décrivez les personnes de la liste à l'aide de ces expressions. Expliquez vos choix. Ensuite, comparez vos réponses avec celles d'un autre groupe.

Modèle Madonna fait évidemment de la gym parce qu'elle est en forme.

avoir du courage	faire la cuisine
avoir honte	faire la fête
avoir de la patience	faire de la gym
avoir sommeil	faire le ménage
avoir tort	faire du shopping
?	?

- Mariah Carey
- Brad Pitt
- Céline Dion
- Will Smith
- Audrey Tautou
- Johnny Depp

4 **Conseils** À deux, donnez des conseils à ces personnes. Employez à chaque fois le verbe **être** ou **avoir**, une expression avec **faire** et un verbe au futur proche.

Modèle Vous êtes fatiguée. Si vous faites une promenade, vous n'allez pas vous endormir.

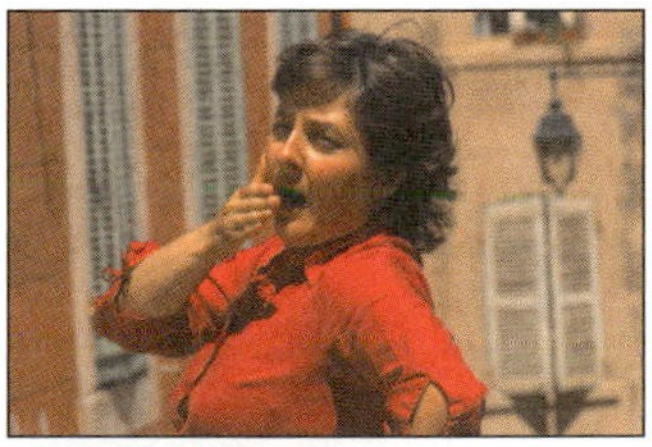

5 **Promesses** Vous avez beaucoup agacé votre petit(e) ami(e) qui menace de vous quitter. Vous promettez de ne plus faire ce qui l'énerve. Il/Elle vous pose des questions pour en être sûr(e). Jouez la scène pour la classe.

Modèle —Je ne vais plus draguer les filles!
—Bon, mais est-ce que tu vas être plus affectueux?

1.3 Forming questions

*—Et **pourquoi ce ne serait pas** pour vous, d'abord?*

ATTENTION!

You may recall that some ways of formulating a question are more informal than others. Intonation questions are considered informal. **Est-ce que** is somewhat more formal. Inversion is generally more formal.

- Rising intonation is the simplest way to ask a question. Just say the same words as when making a statement and raise your pitch at the end.

Tu connais mon ami Pascal?
Do you know my friend Pascal?

- You can also ask a question using **est-ce que**. If the next word begins with a vowel sound, **est-ce que** becomes **est-ce qu'**.

Est-ce que vous prenez des risques?
Do you take risks?

Est-ce qu'il a cinq ans?
Is he five years old?

- You can place a tag question at the end of a statement.

Tu es canadien, **n'est-ce pas**?
You are Canadian, right?

On va partir à 8h00, **d'accord**?
We're going to leave at 8 o'clock, OK?

ATTENTION!

Use inversion only with pronouns. If the subject is a noun, add the corresponding pronoun and then invert it with the verb.

Votre femme arrive-t-elle ce week-end?

Is your wife arriving this weekend?

To invert **il y a**, use **y a-t-il**.

Y a-t-il une station de métro près d'ici?

Is there a subway station near here?

Est-ce is the inverted form of **c'est**.

Est-ce ton père là-bas?

Is that your father over there?

- You can invert the order of the subject pronoun and the verb. Remember to add a hyphen whenever you use inversion. If the verb ends in a vowel and the subject is **il**, **elle**, or **on**, add **-t-** between the verb and the pronoun.

Aimes-tu les maths?
Do you like math?

Préfère-t-il le bleu ou le vert?
Does he prefer blue or green?

- To ask for specific types of information, use the appropriate interrogative words.

Interrogative words

combien (de)? *how much/many?*
comment? *how?*
où? *where?*
pourquoi? *why?*
quand? *when?*
que/qu'? *what?*
(à/avec/pour) qui? *(to/with/for) who(m)?*
(avec/de) quoi? *(with/about) what?*

- You can use various methods of question formation with interrogative words.

Quand est-ce qu'ils mangent?
When are they eating?

Combien d'étudiants y a-t-il?
How many students are there?

- The interrogative adjective **quel** means *which* or *what*. Like other adjectives, it agrees in gender and number with the noun it modifies.

The interrogative adjective quel

	singular	plural
masculine	quel	quels
feminine	quelle	quelles

—Je suis à l'hôtel.
—**Quel** hôtel?

—Carole aime cette chanson.
—**Quelle** chanson?

- **Quel(le)(s)** can be used with a noun or with a form of the verb **être**.

Quelle est ton adresse?
What is your address?

Quelles sont tes fleurs préférées?
What are your favorite flowers?

- To avoid repetition, use the interrogative pronoun **lequel**. Like **quel**, it agrees in number and gender with the noun it modifies. Since it is a pronoun, the noun is not stated.

The interrogative pronoun lequel

	singular	plural
masculine	lequel	lesquels
feminine	laquelle	lesquelles

—Je vais prendre cette jupe.
—I'm going to take this skirt.

—**Laquelle**?
—Which one?

—Laure adore ces bonbons.
—Laure loves these candies.

—**Lesquels?**
—Which ones?

- **Lequel** and its forms can be used with the prepositions **à** and **de**. When this occurs, the usual contractions with **à** and **de** are made. In the singular, contractions are made only with the masculine forms.

à + lequel = **auquel** ***but*** à + laquelle = **à laquelle**
de + lequel = **duquel** ***but*** de + laquelle = **de laquelle**

—Mon frère a peur du chien.
—**Duquel** est-ce qu'il a peur?

—Nous allons au cinéma.
—**Auquel** allez-vous?

—Je vais à l'université.
—**À laquelle** vas-tu?

- In the plural, contractions are made with both the masculine and feminine forms: **auxquels, auxquelles; desquels, desquelles**.

—Le prof parle aux étudiantes.
—**Auxquelles** est-ce qu'il parle?

—Il a besoin de livres.
—**Desquels** a-t-il besoin?

Mise en pratique

1 **Les copains** Posez des questions à Gisèle. Formulez chaque question deux fois, d'abord avec **est-ce que**, puis avec l'inversion.

Modèle **nous / avoir rendez-vous / avec Karim / au café**
Est-ce que nous avons rendez-vous avec Karim au café? Avons-nous rendez-vous avec Karim au café?

1. tu / avoir confiance / en Myriam
2. Lucie et Ahmed / aller / faire / du sport
3. vous / rêver / de / tomber / amoureux
4. Alain / draguer / filles / de / la classe
5. Stéphanie / se mettre / souvent / en colère
6. mes copines / espérer / faire / un séjour / Canada

2 **Des parents contrariés** Ces parents sont fâchés contre leurs deux enfants adolescents. La mère pose des questions et le père les réitère avec des interrogatifs. Avec un(e) camarade, alternez les rôles, puis jouez la scène pour la classe.

Modèle **Tu rentres <u>à trois heures du matin</u>?**
À quelle heure est-ce que tu rentres?!

1. Vous mangez <u>cinq éclairs</u> par jour?
2. Tu travailles <u>avec Laurent</u>?
3. <u>Ce</u> mauvais élève est ton meilleur ami?
4. Vous allez <u>au parc</u> pendant les cours?
5. Vos amis achètent <u>des jeux vidéo</u> avec leur argent?

3 **Chez le conseiller matrimonial** D'après (*According to*) les réponses, devinez les questions. Employez l'inversion.

CONSEILLER (1) ______________________________

M. LEROUX Ah, oui! Ma femme travaille trop!

CONSEILLER (2) ______________________________

M. LEROUX Elle est psychologue.

CONSEILLER (3) ______________________________

MME LEROUX Non, malheureusement, nous ne sortons jamais ensemble.

CONSEILLER (4) ______________________________

MME LEROUX Oui, mon mari me demande souvent de rentrer plus tôt.

CONSEILLER (5) ______________________________

M. LEROUX Bien sûr que ses heures de travail me gênent!

CONSEILLER Bon, (6) ______________________________

M. LEROUX Prenons le prochain rendez-vous pour onze heures.

Communication

4 **À vous de décrire!** Par groupes de trois, regardez chaque photo et posez-vous mutuellement des questions pour décrire ce qui se passe.

Modèle —Combien de personnes y a-t-il?
—Il y a cinq personnes.
—Que font-elles?

5 **Des curieux** Dites à votre camarade ce que vous allez faire pendant les prochaines vacances, à l'aide des mots de la liste. À son tour, votre camarade va formuler une question avec **lequel** pour avoir plus de détails.

Modèle —Je vais lire un livre.
—Ah bon? Lequel?
—Je vais lire *De la démocratie en Amérique.*

bronzer sur une plage	sortir avec des copains/copines
descendre dans une auberge	visiter des musées
manger dans un restaurant	visiter une ville
regarder des émissions à la télé	voir un film
?	?

6 **Questions personnalisées** Avec un(e) camarade, posez-vous mutuellement au moins trois questions sur ces thèmes. Présentez ensuite vos réponses à la classe.

Modèle **le/la petit(e) ami(e)**
As-tu un(e) petit(e) ami(e)? Comment est-ce qu'il/elle s'appelle? À quelle université va-t-il/elle?

- les cours
- les parents
- les copains
- l'argent
- les passe-temps
- la nourriture

Note CULTURELLE

En 1831, le gouvernement français envoie aux États-Unis un écrivain de science politique âgé de 25 ans, **Alexis de Tocqueville**, pour y étudier les prisons. Après un séjour de neuf mois, Tocqueville retourne en France, enthousiasmé par le système démocratique américain, et il écrit ***De la démocratie en Amérique***. Cette analyse politique, qui décrit tout aussi bien la réalité d'aujourd'hui que celle du 19e siècle, est un classique de la littérature française.

SUPERSITE

Synthèse

Où allons-nous habiter?

De: Martin <martin.compeau@courriel.ca>

Pour: Docteur Lesage <etienne24@courriel.qc>

Sujet: Où allons-nous habiter?

J'ai 30 ans et je suis marié. Mon problème a commencé à cause d'une blague. Je fais des blagues tout le temps.

Ma femme Pauline et moi déménageons bientôt à New York, où nous faisons un tour chaque année. Elle considère que c'est la ville idéale. Nous avons deux enfants, et nous sommes tous très heureux d'aller habiter à New York. Un week-end, j'y vais pour chercher un appartement, pendant que Pauline essaie de vendre notre maison. Mais on s'envoie des messages instantanés pour être en contact. Elle m'appelle aussi chaque soir.

La semaine dernière, pour rire, j'ai l'idée d'envoyer un e-mail à Pauline pour lui dire que je n'ai plus envie de déménager. Et je réussis à la convaincre°! C'est incroyable, n'est-ce pas? Cette situation m'inquiète beaucoup, parce que ma femme s'est mise en colère. Elle ne veut plus me parler. Quelle solution me suggérez-vous? Comment vais-je lui dire que c'est une blague? Ne va-t-elle pas se mettre encore plus en colère? Êtes-vous capable de m'aider?

to convince

1 **L'e-mail** Par groupes de trois, lisez l'e-mail que Martin a écrit au Docteur Lesage et répondez aux questions.

1. Qu'est-ce que Martin fait tout le temps?
2. Que font Martin et Pauline à New York?
3. Comment Martin et Pauline sont-ils en contact quand ils ne sont pas ensemble?
4. Quelle idée Martin a-t-il un jour?
5. Qu'est-ce que Martin réussit à faire?
6. Quel est l'effet de cette situation sur Martin?

2 **Discussion** Restez dans le même groupe de trois et parlez du problème de Martin. Suggérez une solution. Choisissez un membre du groupe pour la présenter à la classe.

3 **Solution** Écoutez les solutions suggérées par tous les groupes et parlez-en avec toute la classe. Travaillez ensemble pour suggérer la meilleure solution au problème de Martin. Gardez en tête les questions suivantes.

1. Quelles sont les différentes réactions de chaque groupe au problème de Martin?
2. Y a-t-il une solution commune? Laquelle?
3. Y a-t-il des solutions plus réalisables (*workable*) que d'autres? Lesquelles?

Préparation

Vocabulaire de la lecture	Vocabulaire utile
à partir de *from*	**un(e) ancêtre** *ancestor*
fuir (*irreg.*) *to flee*	**s'assimiler à** *to blend in*
grâce à *thanks to*	**bilingue** *bilingual*
un mélange *mix*	**un choc culturel** *culture shock*
une nouvelle vague *new wave*	**le dépaysement** *change of scenery; disorientation*
rejoindre (*irreg.*) *to join*	**émigrer** *to emigrate*
un soldat *soldier*	**immigrer** *to immigrate*
	s'intégrer (à un groupe) *to belong (to a group)*

1 **Vocabulaire** **Choisissez le bon mot de vocabulaire pour compléter chaque phrase.**

1. ________ mes parents, je vais à l'université.
2. Il est normal de rendre hommage à nos ________, plusieurs fois dans l'année.
3. Une personne qui parle couramment deux langues est ________.
4. Dans les films d'horreur, le héros ou l'héroïne ________ toujours le monstre ou le méchant (*bad guy*).
5. Cette ________ artistique mélange le moderne et le traditionnel.
6. Benjamin Franklin a peut-être ressenti ________ quand il est arrivé pour la première fois en France, comme représentant des États-Unis.

2 **Chez vous** **Répondez individuellement aux questions par des phrases complètes. Ensuite, comparez vos réponses avec celles de votre camarade.**

1. Votre famille a-t-elle conservé des éléments de sa culture ancestrale? Si oui, lesquels? Lesquels préférez-vous? Si non, quels sont les éléments des autres cultures que vous appréciez le plus?
2. Voudriez-vous que vos enfants et petits-enfants transmettent les traditions que vous avez maintenues dans votre famille?
3. Quelles communautés ethniques différentes de la vôtre existent près de chez vous? Ont-elles parfois des festivals ou des événements qui célèbrent leur culture? Si oui, y avez-vous déjà assisté? Décrivez votre expérience.

3 **Sujets de réflexion** **Discutez de ces questions par groupes de trois et comparez vos réponses à celles des autres groupes.**

1. Quelles sont les raisons pour lesquelles une personne immigre dans un autre pays?
2. Quand quelqu'un part vivre dans un pays étranger où on parle une autre langue, devrait-il/elle parler à ses futurs enfants dans sa langue ou dans la langue du pays? Expliquez votre réponse.
3. Comment peut-on préserver une culture? Quel rôle joue la langue dans cet effort de préservation?
4. Faut-il s'assimiler pour s'intégrer, ou peut-on arriver à l'intégration en gardant (*while keeping*) sa propre culture?

Les **francophones** d'Amérique

SUPERSITE

Chaque année, vers le mois de septembre, les Festivals acadiens de Lafayette, en Louisiane, célèbrent les divers aspects de la culture cajun: musique, gastronomie, art et artisanat... Cette tradition a commencé à l'époque de la «fièvre» cajun qui a fait redécouvrir une culture en voie de disparition.

C'est au 17e siècle qu'une communauté francophone s'est installée en Acadie, à l'est du Canada, où on trouve aujourd'hui la Nouvelle-Écosse° et les régions voisines. La communauté a souffert de l'invasion des Britanniques pendant la guerre de Sept Ans (1754–1763) et de la déportation en France, en Angleterre et dans les colonies britanniques. De nombreux Acadiens ont fui. Ils ont suivi le fleuve Mississippi pour aboutir° en Louisiane, en 1765. C'est alors qu'est née la culture cajun, ce terme étant° une altération anglaise du mot «acadien». Jusqu'au 20e siècle, d'autres francophones, du Canada, des Antilles et d'ailleurs, ont rejoint les Cajuns.

Nova Scotia · *end up* · *being*

En 1921, un nouvel obstacle se présente, quand le gouvernement de la Louisiane déclare obligatoire l'éducation en anglais. À partir de ce moment, la culture cajun est en danger d'extinction. Heureusement, en 1968, le gouvernement local crée le Conseil pour le Développement du Français en Louisiane (CODOFIL) et on appelle Acadiana le sud-ouest de l'État, où se trouve la majorité des Cajuns. Aujourd'hui, le français est enseigné dans les écoles, parfois dans des programmes d'immersion.

Outre° le retour de l'enseignement du français, la culture cajun a connu une renaissance, dans les domaines de la gastronomie et de la musique. Depuis ses origines, la musique est un mélange d'influences étrangères provenant d'Afrique, des Antilles ou du reste des États-Unis. Le musicien Dewey Balfa a contribué à la popularité de la musique acadienne depuis les années 1960, et la nouvelle vague de musiciens cajuns continue de la faire évoluer. Celle-ci est devenue si populaire que des groupes se sont formés dans d'autres villes américaines, comme les Femmes d'enfer à Seattle ou Bone Tones à Minneapolis.

Besides

La culture cajun a connu une renaissance aux États-Unis, dans les domaines de la gastronomie et de la musique.

La gastronomie est l'autre ambassadeur culturel des Cajuns. Originaire de l'Acadiana, elle s'inspire de la cuisine provençale, et ses principaux ingrédients sont le poivron, l'oignon et le céleri. Grâce à des chefs comme Paul Prudhomme et Emeril Lagasse, dont on voit les émissions télévisées, cette gastronomie s'est répandue° dans beaucoup de villes et de cuisines américaines.

has spread

Les cultures acadienne et cajun ont su résister à tous les événements qui ont voulu les détruire. Le peuple cajun a réussi son intégration: il s'est assimilé à la société américaine sans abandonner ses traditions ni son mode de vie. ■

Les instruments de musique

Le violon° et l'accordéon, les principaux instruments de la musique cajun, sont accompagnés de la guitare, du triangle, de l'harmonica et de la planche à laver°, ou «frottoir» en cajun. Ce dernier instrument se joue à l'aide de dés à coudre° avec lesquels on frotte° la planche ou on tape° dessus.

fiddle · *washboard* · *thimbles* · *rubs/hits*

Analyse

1 **Compréhension** Répondez aux questions par des phrases complètes.

1. D'où est venue la majorité des francophones qui se sont installés en Louisiane au 18e siècle?
2. Pour quelle raison ont-ils quitté leur colonie?
3. Pourquoi la langue et la culture cajuns ont-elles été en danger d'extinction au 20e siècle?
4. À part (*Apart from*) la langue, quels sont les deux éléments les plus visibles de la culture cajun sur le continent américain?
5. Quels sont les deux instruments principaux de la musique cajun?
6. Quelle cuisine a influencé la gastronomie cajun?

2 **Opinion** Répondez à ces questions avec un(e) camarade.

1. Que ressentiriez-vous si le gouvernement vous interdisait de parler votre langue?
2. Pensez-vous que votre langue et votre culture fassent partie de votre personnalité? Expliquez votre réponse.
3. Pensez-vous que la coexistence de plusieurs cultures crée une société plus forte ou plus faible?

3 **Prédiction** Vous avez lu que d'autres cultures et des influences extérieures ont menacé l'existence de la culture cajun. Pourtant, cette culture existe encore et a de l'influence sur le continent nord-américain. Par groupes de trois ou quatre, imaginez la communauté cajun en 2100. Existera-t-elle encore, à votre avis? Le français cajun sera-t-il encore parlé?

4 **Allez plus loin** Pour aller plus loin, imaginez le continent nord-américain en 2100 et répondez aux questions par groupes de trois.

- À votre avis, quelles seront les cultures dominantes sur le territoire?
- Quelles seront les cultures en déclin?
- Quelles langues le peuple américain parlera-t-il?
- L'anglais persistera-t-il à dominer comme unique langue officielle?
- L'éducation bilingue ou plurilingue (*multilingual*) sera-t-elle une réalité?

SUPERSITE Préparation

À propos de l'auteur

Guillaume Apollinaire (1880–1918), de son vrai nom Wilhelm Apollinaris de Kostrowitcki, est né à Rome, d'une mère polonaise. Il passe son enfance avec sa mère et son frère sur la Côte d'Azur. En 1899, ils déménagent à Paris où Wilhelm devient précepteur (*tutor*) dans une famille allemande. Il accompagne cette famille en Allemagne, en Autriche et en Hollande. Ces voyages lui inspirent de nombreux poèmes, notamment *Nuit rhénane.* De retour à Paris, Apollinaire rencontre des artistes d'avant-garde: Derain, Vlaminck, Picasso et d'autres. En 1914, il s'engage dans l'armée où il continue d'écrire des poèmes. Il est grièvement (*seriously*) blessé en 1916 et meurt de la grippe espagnole deux ans plus tard. Guillaume Apollinaire a joué un rôle considérable dans la création de mouvements littéraires et artistiques.

Vocabulaire de la lecture

s'en aller *to go/fade (away)*
couler *to flow; to run (water)*
la joie *joy*
las/lasse *weary*
la peine *sorrow*
sonner *to strike; to sound*

Vocabulaire utile

des amants (*m.*) *lovers*
désabusé(e) *disillusioned*
une liaison *affair; relationship*
mélancolique *melancholic*
une rupture *breakup*
la tristesse *sadness*

1 **Définitions** Faites correspondre les mots avec leur définition.

_____ 1. Fait de mettre fin à quelque chose
_____ 2. Bonheur, grand plaisir
_____ 3. Tourment, souffrance morale
_____ 4. Relation amoureuse
_____ 5. Symboliser ou décrire
_____ 6. Action de l'eau qui se déplace ou du temps qui passe
_____ 7. Qui a tendance à être triste et rêveur
_____ 8. Qui n'a plus d'illusions

a. représenter
b. mélancolique
c. sonner
d. couler
e. désabusé
f. rupture
g. liaison
h. peine
i. onde
j. joie

2 **Préparation** Répondez individuellement à ces questions, puis discutez-en avec un(e) camarade de classe.

1. Quels sont les événements de la vie qui symbolisent la joie? Et la peine?
2. Peut-on dire que la vie a des vagues (*waves*) de bonheur ou de tristesse? Comment peut-on l'expliquer?
3. Dans l'art et la littérature, pourquoi l'eau représente-t-elle le temps qui passe? Quelles autres métaphores ou images vous font penser au temps qui passe?
4. Êtes-vous désabusé(e)? À cause de qui ou de quoi?
5. Avez-vous vécu une rupture? Comment cela s'est-il passé? Si non, connaissez-vous quelqu'un d'autre qui a vécu une rupture?

Marie Laurencin

Note CULTURELLE

En 1907, **Pablo Picasso** présente **Marie Laurencin**, peintre et poétesse, à **Guillaume Apollinaire**. Ils tombent amoureux et vivent une liaison passionnée qui durera cinq ans. Le poème *Le pont Mirabeau*, écrit en 1912, exprime les sentiments de l'auteur juste après sa rupture avec Marie. Le pont Mirabeau est un pont de Paris sur lequel Apollinaire passait souvent.

LE PONT Mirabeau

Guillaume Apollinaire

LEÇON 1

Ressentir et vivre

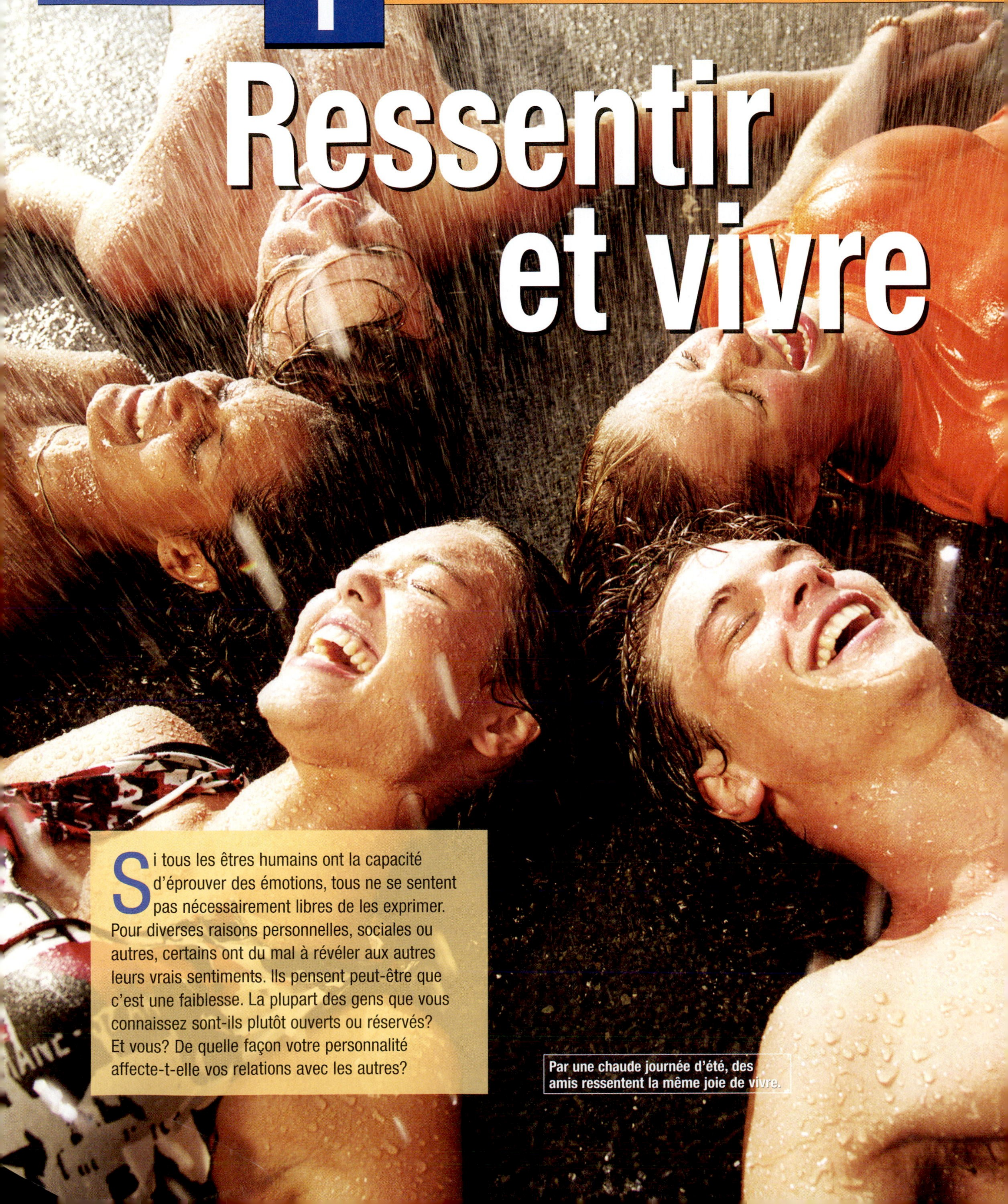

Si tous les êtres humains ont la capacité d'éprouver des émotions, tous ne se sentent pas nécessairement libres de les exprimer. Pour diverses raisons personnelles, sociales ou autres, certains ont du mal à révéler aux autres leurs vrais sentiments. Ils pensent peut-être que c'est une faiblesse. La plupart des gens que vous connaissez sont-ils plutôt ouverts ou réservés? Et vous? De quelle façon votre personnalité affecte-t-elle vos relations avec les autres?

Par une chaude journée d'été, des amis ressentent la même joie de vivre.

IMAGINEZ

le français sans frontières

9

32

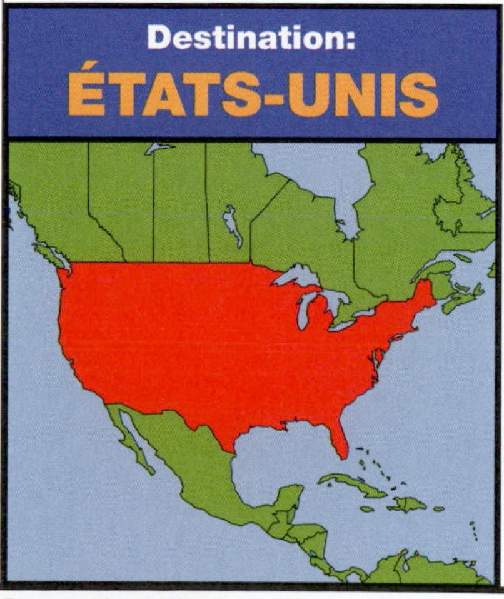

Les relations personnelles

Les relations

une âme sœur *soul mate*
une amitié *friendship*

des commérages (*m.*) *gossip*
un esprit *spirit*
un mariage *marriage; wedding*
un rendez-vous *date*
une responsabilité *responsibility*

---

compter sur *to rely on*
draguer *to flirt; to try to "pick up"*
s'engager (envers quelqu'un) *to commit (to someone)*
faire confiance (à quelqu'un) *to trust (someone)*

mentir *(conj. like* ***sentir****)* *to lie*
mériter *to deserve; to be worth*
partager *to share*
poser un lapin (à quelqu'un) *to stand (someone) up*
quitter quelqu'un *to leave someone*
rompre *(irreg.)* *to break up*

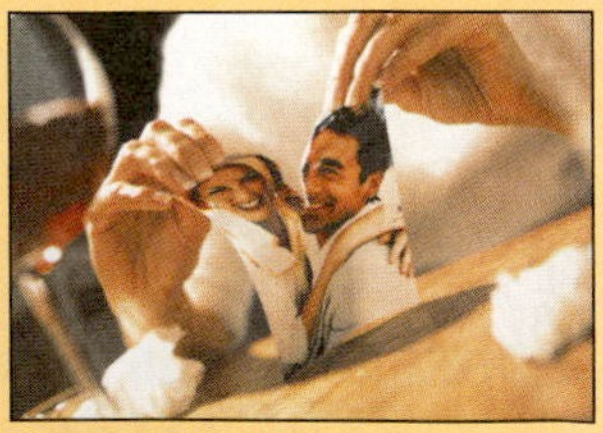

sortir avec *to go out with*

(in)fidèle *(un)faithful*

Les sentiments

agacer/énerver *to annoy*
aimer *to love; to like*
avoir honte (de) *to be ashamed (of)/ embarrassed*

en avoir marre (de) *to be fed up (with)*
s'entendre bien (avec) *to get along well (with)*
gêner *to bother; to embarrass*
se mettre en colère contre *to get angry with*
ressentir *(conj. like* ***sentir****)* *to feel*
rêver de *to dream about*
tomber amoureux/amoureuse (de) *to fall in love (with)*

---

accablé(e) *overwhelmed*
anxieux/anxieuse *anxious*
contrarié(e) *upset*
déprimé(e) *depressed*
enthousiaste *enthusiastic; excited*
fâché(e) *angry; mad*
inquiet/inquiète *worried*

jaloux/jalouse *jealous*
passager/passagère *fleeting*

L'état civil

divorcer *to get a divorce*
se fiancer *to get engaged*
se marier avec *to marry*
vivre *(irreg.)** **en union libre** *to live together (as a couple)*

---

célibataire *single*
veuf/veuve *widowed; widower/widow*

La personnalité

avoir confiance en soi *to be confident*

---

affectueux/affectueuse *affectionate*

charmant(e) *charming*
économe *thrifty*
franc/franche *frank; honest*
génial(e) *great; terrific*
(mal)honnête *(dis)honest*
idéaliste *idealistic*
inoubliable *unforgettable*
(peu) mûr *(im)mature*

orgueilleux/orgueilleuse *proud*
prudent(e) *careful*
séduisant(e) *attractive*
sensible *sensitive*
timide *shy*
tranquille *calm; quiet*

*The verb **vivre** is irregular in the present tense: **je vis, tu vis, il/elle vit, nous vivons, vous vivez, ils/elles vivent.**

Sous le pont Mirabeau coule la Seine
Et nos amours
Faut-il qu'il m'en souvienne
La joie venait toujours après la peine

Vienne la nuit sonne l'heure
remain Les jours s'en vont je demeure°

Les mains dans les mains restons face à face
while Tandis que° sous
Le pont de nos bras passe
water Des éternels regards l'onde° si lasse

Vienne la nuit sonne l'heure
Les jours s'en vont je demeure

La joie venait toujours après la peine

running L'amour s'en va comme cette eau courante°
L'amour s'en va
Comme la vie est lente
hope Et comme l'Espérance° est violente

Vienne la nuit sonne l'heure
Les jours s'en vont je demeure

Passent les jours et passent les semaines
Ni temps passé
Ni les amours reviennent
Sous le pont Mirabeau coule la Seine

Vienne la nuit sonne l'heure
Les jours s'en vont je demeure ■

Analyse

1 **Compréhension** Répondez aux questions, si possible par des phrases complètes.

1. Qui parle, dans le poème? À qui parle cette personne?
2. De quoi se souvient le poète?
3. Qu'est-ce qui forme un «pont», à part le pont Mirabeau?
4. Dans le poème, quels sont les éléments que l'eau représente?
5. Quel est l'objet qui symbolise le poète quand il dit «je demeure»? Pourquoi?
6. Quelles sont des expressions de sentiments désabusés?
7. Y a-t-il du bonheur ou de l'optimisme dans le poème?
8. Quels sont les thèmes principaux du poème?

2 **Interprétation** Répondez aux questions par des phrases complètes.

1. Que ressent l'auteur? Ses sentiments changent-ils pendant le poème?
2. Que veut dire le poète quand il écrit que «… sous le pont de nos bras passe / des éternels regards l'onde si lasse»?
3. Et que veulent dire «Vienne la nuit sonne l'heure / Les jours s'en vont je demeure»? Pourquoi le poète répète-t-il ces vers quatre fois?
4. La liaison de ce couple était-elle heureuse, turbulente ou tranquille, à votre avis? Décrivez-la dans un court paragraphe.

3 **Imaginez** Avec un(e) camarade, imaginez l'histoire d'amour de ce poète et de son amie. Préparez une conversation qui explique pourquoi leur rupture est nécessaire. Servez-vous du nouveau vocabulaire et des nouvelles structures.

4 **Rédaction** Écrivez une lettre, réelle ou imaginaire, à votre (petit[e]) ami(e) ou à quelqu'un dont vous êtes amoureux / amoureuse. Suivez le plan de rédaction.

Plan

1 **Préparation** Pensez à la personne à laquelle vous adressez la lettre. Choisissez une salutation, comme: **Cher** ______ / **Chère** ______, **Mon amour**, **Mon cœur**…

2 **Développement** Organisez vos idées. Quels sont les sentiments que vous voulez exprimer? Aidez-vous de ces questions pour écrire votre lettre:

1. Comment est la personne qui va lire la lettre?
2. Que ressentez-vous quand vous pensez à cette personne?
3. Pourquoi aimez ou aimiez-vous cette personne?
4. Pensez-vous que vos sentiments sont ou étaient réciproques?
5. Quels contacts espérez-vous avoir avec cette personne à l'avenir?

3 **Conclusion** Terminez votre lettre par une phrase qui convient, telle que: **Amitiés**, **Bises / Bisous**, **Je t'embrasse**, **Je t'aime**, ou **Ton amour**. Ces exemples vont de la simple amitié au grand amour.

Les relations personnelles

Les relations

une âme sœur *soul mate*
une amitié *friendship*
des commérages (*m.*) *gossip*
un esprit *spirit*
un mariage *marriage; wedding*
un rendez-vous *date*
une responsabilité *responsibility*

compter sur *to rely on*
draguer *to flirt; to try to "pick up"*
s'engager (envers quelqu'un) *to commit (to someone)*
faire confiance (à quelqu'un) *to trust (someone)*
mentir *(conj. like* **sentir***) to lie*
mériter *to deserve; to be worth*
partager *to share*
poser un lapin (à quelqu'un) *to stand (someone) up*
quitter quelqu'un *to leave someone*
rompre *(irreg.) to break up*
sortir avec *to go out with*

(in)fidèle *(un)faithful*

Les sentiments

agacer/énerver *to annoy*
aimer *to love; to like*
avoir honte (de) *to be ashamed (of)/embarrassed*
en avoir marre (de) *to be fed up (with)*
s'entendre bien (avec) *to get along well (with)*
gêner *to bother; to embarrass*
se mettre en colère contre *to get angry with*
ressentir *(conj. like* **sentir***) to feel*
rêver de *to dream about*
tomber amoureux/amoureuse (de) *to fall in love (with)*

accablé(e) *overwhelmed*
anxieux/anxieuse *anxious*
contrarié(e) *upset*
déprimé(e) *depressed*
enthousiaste *enthusiastic; excited*
fâché(e) *angry; mad*
inquiet/inquiète *worried*
jaloux/jalouse *jealous*
passager/passagère *fleeting*

L'état civil

divorcer *to get a divorce*
se fiancer *to get engaged*
se marier avec *to marry*
vivre *(irreg.)* **en union libre** *to live together (as a couple)*

célibataire *single*
veuf/veuve *widowed; widower/widow*

La personnalité

avoir confiance en soi *to be confident*

affectueux/affectueuse *affectionate*
charmant(e) *charming*
économe *thrifty*
franc/franche *frank*
génial(e) *great; terrific*
(mal)honnête *(dis)honest*
idéaliste *idealistic*
inoubliable *unforgettable*
(peu) mûr *(im)mature*
orgueilleux/orgueilleuse *proud*
prudent(e) *careful*
séduisant(e) *attractive*
sensible *sensitive*
timide *shy*
tranquille *calm; quiet*

Court métrage

la boue *mud*
un cauchemar *nightmare*
une crise d'hystérie *nervous breakdown*
un(e) estropié(e) *cripple*
une guerre *war*
le pouvoir *power*
une route *road*
un supplice *torture*

boiter *to limp*
crier *to yell*
s'enfoncer *to drown*
frapper *to knock; to hit*
paniquer *to panic*
raconter (une histoire) *to tell (a story)*
réagir *to react*
soulager *to relieve*
se tromper *to be wrong/mistaken*

désespéré(e) *desperate*
émotif/émotive *emotional*
humain(e) *human*

pourtant *though, however*

Culture

un(e) ancêtre *ancestor*
un choc culturel *culture shock*
le dépaysement *change of scenery; disorientation*
un mélange *mix*
une nouvelle vague *new wave*
un soldat *soldier*

s'assimiler à *to blend in*
émigrer *to emigrate*
fuir *(irreg.) to flee*
immigrer *to immigrate*
s'intégrer (à un groupe) *to belong (to a group)*
rejoindre *(irreg.) to join*

bilingue *bilingual*

à partir de *from*
grâce à *thanks to*

Littérature

des amants (*m.*) *lovers*
la joie *joy*
une liaison *affair; relationship*
la peine *sorrow*
une rupture *breakup*
la tristesse *sadness*

s'en aller *to go/fade (away)*
couler *to flow; to run (water)*
sonner *to strike; to sound*

désabusé(e) *disillusioned*
las/lasse *weary*
mélancolique *melancholic*

LEÇON 2

Habiter en ville

Ah, l'attrait de la grande ville! Depuis des années, la campagne perd ses habitants. Qu'implique la vie urbaine, en fait? Est-il nécessairement plus facile de rencontrer des gens en ville qu'à la campagne? Oui, habiter en ville, c'est pratique... mais à quel prix?

La place de l'Étoile à Paris, vue d'en haut, par Yann Arthus-Bertrand

47

70

SUPERSITE

En ville

Les lieux

un arrêt d'autobus *bus stop*
une banlieue *suburb; outskirts*
une caserne de pompiers *fire station*
le centre-ville *city/town center; downtown*
un cinéma *cinema; movie theater*

un commissariat de police *police station*
un édifice *building*
un gratte-ciel *skyscraper*
un hôtel de ville *city/town hall*
un jardin public *public garden*
un logement/une habitation *housing*
un musée *museum*

le palais de justice *courthouse*
une place *square; plaza*
la préfecture de police *police headquarters*
un quartier *neighborhood*
une station de métro *subway station*

Les indications

la circulation *traffic*
les clous *crosswalk*

un croisement *intersection*
un embouteillage *traffic jam*
un feu (tricolore) *traffic light*
un panneau *road sign*
un panneau d'affichage *billboard*
un pont *bridge*
un rond-point *rotary; roundabout*
une rue *street*
les transports en commun *public transportation*
un trottoir *sidewalk*
une voie *lane; road; track*

---

descendre *to go down; to get off*
donner des indications *to give directions*
être perdu(e) *to be lost*

monter (dans une voiture, dans un train) *to get (in a car, on a train)*
se trouver *to be located*

Les gens

un agent de police *police officer*
un(e) citadin(e) *city-/town-dweller*
un(e) citoyen(ne) *citizen*
un(e) colocataire *roommate; co-tenant*
un(e) conducteur/conductrice *driver*
un(e) étranger/étrangère *foreigner; stranger*
le maire *mayor*
un(e) passager/passagère *passenger*
un(e) piéton(ne) *pedestrian*

Les activités

les travaux *construction*
l'urbanisme *city/town planning*
la vie nocturne *nightlife*

---

améliorer *to improve*
s'amuser *to have fun*
construire *to build*
empêcher (de) *to stop; to keep from (doing something)*
s'ennuyer *to get bored*
s'entretenir (avec) *to talk; to converse*

passer (devant) *to go past*
peupler *to populate*
rouler (en voiture) *to drive*
vivre *to live*

(peu/très) peuplé(e) *(sparsely/densely) populated*

Pour décrire

animé(e) *lively*
bruyant(e) *noisy*

inattendu(e) *unexpected*
plein(e) *full*
privé(e) *private*
quotidien(ne) *daily*
sûr(e)/en sécurité *safe*
vide *empty*

Mise en pratique

1 **Correspondances** Trouvez le mot qui correspond à chaque définition.

_____ 1. Gens qui habitent le même logement	a. gratte-ciel
_____ 2. De tous les jours	b. passager
_____ 3. Habitant d'une ville	c. hôtel de ville
_____ 4. Expliquer comment aller d'un endroit à un autre	d. améliorer
_____ 5. Région autour d'une ville	e. colocataires
_____ 6. Édifice aux nombreux étages	f. citadin
_____ 7. Bâtiment où se trouve l'administration municipale	g. donner des indications
_____ 8. Passage où les piétons traversent la rue	h. banlieue
_____ 9. Personne qui monte dans un bus	i. clous
_____ 10. Rendre ou devenir meilleur	j. quotidien

2 **À la une** Complétez chaque titre de journal à l'aide du terme le plus logique de la liste.

bruyant	embouteillage	musée	transports en commun
commissariat de police	hôtel de ville	peuplé	travaux

1. BORDEAUX—Suspect retenu au _____________ pour interrogatoire
2. CAEN—_____________ énorme sur l'autoroute 88 à cause d'un accident
3. CHARTRES—Les _____________ du centre-ville, commencés il y a dix ans, sont enfin terminés!
4. LIMOGES—Exposition de masques africains au _____________ des Beaux-arts jusqu'au 12 mai
5. LILLE—La ville aujourd'hui: deux fois plus _____________ qu'en 1970
6. PARIS—Grève (*Strike*) des employés du métro: prenez d'autres _____________ aujourd'hui

3 **Centre-ville ou banlieue?** Répondez au questionnaire. Ensuite, comparez vos réponses avec celles d'un(e) camarade de classe et expliquez-les en une phrase. Avez-vous les mêmes préférences?

Préférez-vous...	A	B
...(A) habiter au centre-ville ou (B) en banlieue?	☐	☐
...(A) sortir en boîte ou (B) aller au cinéma?	☐	☐
...(A) vivre seul(e) ou (B) avec des colocataires?	☐	☐
...(A) habiter dans une petite rue ou (B) sur une grande avenue?	☐	☐
...(A) parler aux étrangers dans la rue ou (B) les éviter?	☐	☐
...(A) préserver les parcs publics ou (B) construire plus d'édifices?	☐	☐
...(A) rouler en voiture ou (B) prendre les transports en commun?	☐	☐

4 **À la mairie** Imaginez que vous soyez le maire de la ville. Que pourriez-vous faire pour améliorer la vie des citoyens? Qu'aimeriez-vous changer dans votre ville? Faites une liste de quatre ou cinq idées. Comparez-la avec celles de vos camarades de classe.

Préparation

Vocabulaire du court métrage

débile *moronic*
un marché *deal*
se plaindre (*conj. like* ***éteindre***) *to complain*
une rame de métro *subway train*
se rassurer *to reassure oneself*
réitérer *to reiterate*
rejoindre *to join*
un sketch *skit*
solliciter *to solicit*
une voie *means; channel*

Vocabulaire utile

duper *to trick*
gêné(e) *embarrassed*
insensible *insensitive*
un lien *connection*
se méfier de *to be distrustful/wary of*
un wagon *subway car*

EXPRESSIONS

avoir du mal *to have difficulty*
C'est ça. *That's right.*
Vous êtes mal barré(e). *You won't get far.*
Excusez-moi de vous déranger. *Sorry to bother you.*
se faire poser un lapin *to get stood up*

1 **Un marché de dupes?** Complétez cette conversation à l'aide des mots ou des expressions que vous venez d'apprendre. N'oubliez pas de faire les changements nécessaires.

HOMME Allô?

VENDEUR Bonjour, Monsieur, (1) ________________. Je vends des aspirateurs à distance, et je ne (2) ________________ que quelques minutes de votre temps.

HOMME Allez-y, je vous écoute.

VENDEUR Nos aspirateurs sont révolutionnaires! Non seulement ils sont puissants (*powerful*), mais en plus ils se vident automatiquement à l'aide d'un bouton! Et ils coûtent la moitié du prix des autres! C'est (3) ________________ exceptionnel que je vous propose. Ça vous intéresse?

HOMME Écoutez, j'ai vraiment du mal à croire ce que vous me dites. Vous essayez de me (4) ________________ et je ne suis pas (5) ________________ de vous le dire.

VENDEUR Mais Monsieur, (6) ________________! Nos aspirateurs sont garantis!

HOMME Si vous pensez vendre vos aspirateurs de cette façon, vous (7) ________________ dans la vie! Je reste (8) ________________ à votre offre. Et si vous insistez je vais (9) ________________ à la police!

VENDEUR Eh bien, je vous laisse. Au revoir.

HOMME (10) ________________! Au revoir.

2 **Questions** À deux, répondez aux questions par des phrases complètes.

1. Avez-vous l'habitude de faire confiance aux inconnus ou vous méfiez-vous toujours des autres?
2. Vous êtes-vous déjà trompé(e) sur le caractère de quelqu'un? En bien ou en mal? Si non, connaissez-vous quelqu'un que les apparences ont trompé?
3. Quels traits de caractère ont de l'importance pour vous quand vous choisissez un copain ou une copine?
4. Avez-vous déjà ressenti un lien très fort avec quelqu'un que vous veniez juste de rencontrer ou avec qui vous n'aviez jamais parlé? Si non, pensez-vous qu'un vrai rapport de ce type est possible?

3 **Que se passe-t-il?** À deux, observez ces images extraites du court métrage et imaginez, en deux ou trois phrases par photo, ce qui va se passer.

4 **Petites annonces** Remplissez les colonnes du tableau pour vous décrire et dire ce que vous recherchez chez une personne. Puis, à l'aide de ces idées, écrivez un paragraphe. Enfin, comparez-le à celui d'un(e) camarade de classe.

Modèle Bonjour! Je suis un charmant jeune homme de vingt ans. Je cherche une femme intelligente et amusante entre dix-huit et trente ans. Je suis aussi…

	Vous	La personne recherchée
Âge		
Physique		
Personnalité		
Loisir(s) et intérêt(s)		

5 **À votre avis** Répondez aux questions à deux. Puis, donnez votre avis sur la question suivante: Est-ce qu'habiter en ville rapproche ou éloigne les gens?

- Habitez-vous en ville ou à la campagne?
- Connaissez-vous bien vos voisins?
- Rencontrez-vous souvent dans la rue quelqu'un que vous connaissez?
- Faites-vous facilement des rencontres (amicales ou romantiques) là où vous habitez?

SUPERSITE Regardez le court métrage sur **imaginez.vhlcentral.com**.

INTRIGUE *Une jeune femme pense trouver l'amour de sa vie dans le métro.*

ANTOINE Bonsoir. Je m'appelle Antoine et j'ai 29 ans. Rassurez-vous, je ne vais pas vous demander d'argent. J'ai lu récemment qu'il y avait, en France, près de cinq millions de femmes célibataires. Où sont-elles?

ANTOINE Je crois au bonheur. Je cherche une jeune femme qui aurait du mal à rencontrer quelqu'un et qui voudrait partager quelque chose de sincère avec quelqu'un.

ANTOINE Voilà. Si l'une d'entre vous se sent intéressée, elle peut descendre discrètement à la station suivante. Je la rejoindrai sur le quai.

HOMME Mais arrêtez! Restez célibataire! Moi ça fait cinq ans que je suis marié avec une emmerdeuse°. Si vous voulez, je vous donne son numéro et vous voyez avec elle. Mais il ne faudrait pas venir vous plaindre après!

ANTOINE C'est très aimable, Monsieur, mais je ne cherche pas la femme d'un autre. Je cherche l'amour, Monsieur. Je ne cherche pas un marché. (*À tout le monde*) Excusez ce monsieur qui, je pense, ne connaîtra jamais l'amour.

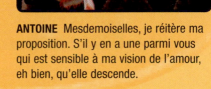

ANTOINE Mesdemoiselles, je réitère ma proposition. S'il y en a une parmi vous qui est sensible à ma vision de l'amour, eh bien, qu'elle descende.

La femme descend.

emmerdeuse *pain in the neck*

Note CULTURELLE

Faire la manche dans le métro

Ceux qui font la manche° passent dans les rames de métro, s'adressent aux passagers et les divertissent. Ils chantent, font de la musique ou autre chose pour récolter° de l'argent. Cette activité est interdite, mais, en général, les passagers trouvent ces gens sympathiques. On peut même dire qu'ils font partie de la vie du métro.

font la manche *panhandle*
récolter *collect*

Analyse

1 **Compréhension** Répondez aux questions par des phrases complètes.

1. Que demande Antoine aux passagers?
2. Comment se décrit-il?
3. Pourquoi dit-il qu'il cherche une femme célibataire de cette façon?
4. Pourquoi un homme dans la rame de métro l'interrompt-il?
5. Que propose cet homme?
6. Quelle est la vraie raison du discours d'Antoine?

2 **Opinion** À deux, répondez aux questions par des phrases complètes.

1. À quoi pense la jeune femme tout au début du film quand elle marche seule en ville?
2. À votre avis, que ressent Antoine quand la femme descend de la rame de métro?
3. Que ressent la jeune femme une fois sur le quai?
4. Pourquoi pensez-vous que le court métrage s'intitule *J'attendrai le suivant…*? Expliquez bien votre réponse.

3 **Jeu de rôles** Imaginez-vous dans une situation similaire à celle du film. Vous pensez trouver l'amour avec un(e) inconnu(e) (*stranger*) que vous trouvez séduisant(e). Que feriez-vous à la fin et que diriez-vous à l'inconnu(e)? Devant la classe, jouez vos rôles ou lisez votre réponse.

4 **La fin** Par groupes de trois, imaginez en cinq ou six phrases deux autres fins à cette histoire. Ensuite, comparez vos idées à celles des autres groupes.

- une fin heureuse
- une fin triste

5 **Comment faire?** À deux, faites une liste de quatre ou cinq moyens qu'une personne a aujourd'hui de trouver l'âme sœur. Dites quels sont leurs avantages et leurs inconvénients. Ensuite, comparez votre liste à celles de vos camarades de classe et discutez-en.

6 **Qui est-ce?** Par groupes de trois, décrivez la vie des trois personnages du film. Pour chacun des personnages, écrivez au moins cinq phrases sur sa vie quotidienne, sa vie sentimentale et sa vie professionnelle.

- Où habite-t-il/elle?
- Quelle est sa profession?
- Comment est-il/elle physiquement?
- Qu'aime-t-il/elle faire le week-end?

7 **À vous la parole!** Répondez aux questions par des phrases complètes.

1. Avez-vous déjà joué un mauvais tour (*dirty trick*) à quelqu'un? Si oui, l'avez-vous regretté? Si non, n'avez-vous jamais eu envie de le faire?
2. À votre avis, quel est le meilleur moyen de rencontrer quelqu'un quand on habite en ville?
3. Qu'aimeriez-vous trouver en ville?
4. Qu'y a-t-il en ville que vous n'aimeriez pas voir?
5. Est-ce mieux d'habiter en ville ou à la campagne? Pourquoi?
6. Pensez-vous qu'on se sente plus souvent seul(e) en ville ou à la campagne?

8 **Réalisation** À deux, imaginez que vous deviez faire un court métrage sur le thème de la ville. Quel sujet choisiriez-vous? Expliquez votre choix. Comparez-le à ceux de la classe.

IMAGINEZ LA FRANCE

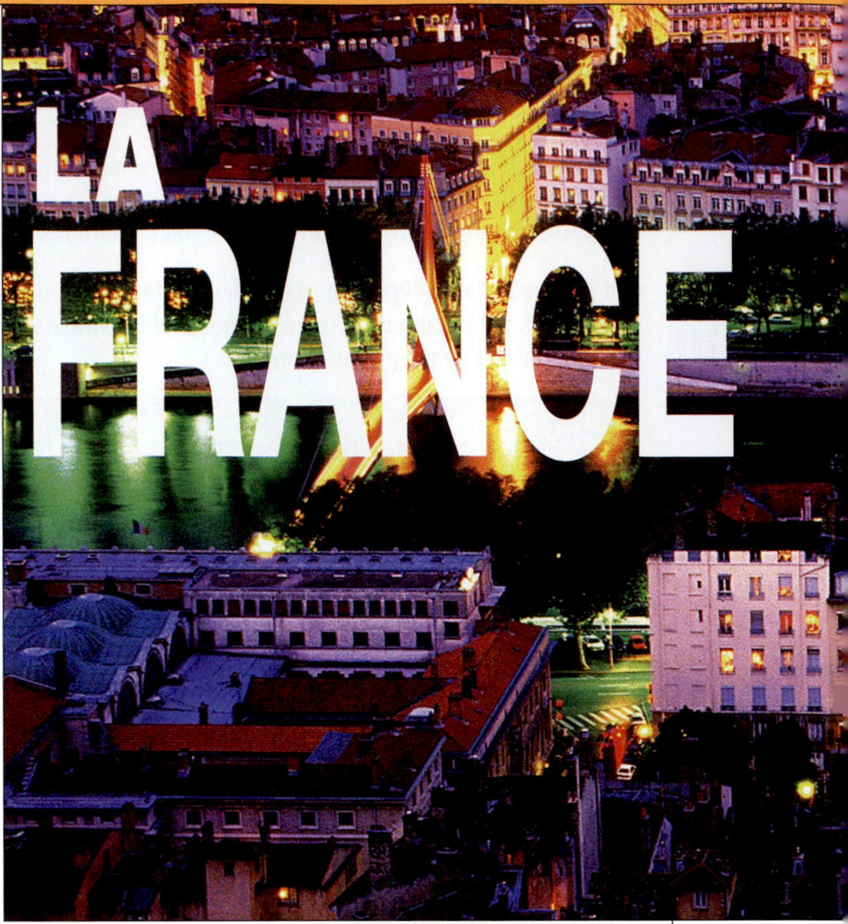

Pour plus de renseignements et d'activités, visitez **imaginez.vhlcentral.com**.

Marseille et Lyon

La France compte environ 36.000 villes et villages de toutes tailles. La ville la plus connue, c'est bien sûr Paris, mais d'autres villes ont aussi beaucoup d'intérêt. **Marseille** et **Lyon**, qui se disputent le titre de deuxième ville de France, ont toutes les deux leur charme propre et méritent le détour.

Appelée la «cité phocéenne» pour avoir été fondée par des **Grecs** de la ville de **Phocée**, en **Asie Mineure**, en 600 avant J.-C.°, Marseille est aujourd'hui une ville très peuplée de la **côte méditerranéenne**. Elle est d'une grande diversité culturelle grâce à sa situation géographique. Parler de Marseille, c'est parler de la bouillabaisse (soupe de poissons), de la pétanque, des plages, d'un grand port commercial et surtout du **Vieux-Port**. Celui-ci est maintenant un site touristique très animé, avec une succession de restaurants et de magasins. Marseille est une ville très urbanisée, mais elle possède aussi des atouts° naturels. Ses calanques°, qui donnent sur la mer, sont appréciées pour leur caractère secret et leur beauté. Au large de° la côte, les **îles du Frioul** constituent un site exceptionnel pour les plongeurs° et les amoureux de la nature. Non loin de là se trouve le **château d'If**, une prison rendue célèbre par la légende de l'homme au masque de fer et par **Alexandre Dumas** avec son roman *Le Comte de Monte-Cristo*.

De son côté, Lyon, antique cité romaine fondée en 43 avant J.-C., est une ville attirante° pour de multiples raisons. Traversée par deux fleuves, le **Rhône** et la **Saône**, et voisine des **Alpes** et de **Genève**, Lyon a été la capitale de la **Gaule** sous l'Antiquité, un grand centre de la **Renaissance** et la capitale de la **Résistance** pendant la **Seconde Guerre mondiale**. La richesse de son histoire a été reconnue par l'**UNESCO**, qui a fait d'une grande partie de la ville le plus grand espace classé° au patrimoine° mondial. Lyon est aussi un grand carrefour° économique européen depuis longtemps et elle est le siège° de quelques organisations internationales comme **Interpol**. Son statut de capitale de la gastronomie et de la soie, et de lieu de naissance du cinéma renforce sa notoriété. Lyon connaît un grand succès en France et en Europe avec un événement annuel: la **fête des Lumières**. Pendant cette célébration, les Lyonnais mettent des lumières à leurs fenêtres et les bâtiments de la ville sont illuminés par des jeux de lumière.

Les villes françaises composent toutes le visage du pays. Il serait dommage de passer à côté.

Les berges° de la Saône, à Lyon

Vue sur le Vieux-Port de Marseille

D'ailleurs...

Marseille et **Lyon** se disputent la place de deuxième ville de France en raison de l'ambiguïté du nombre d'habitants. Si on parle de la ville intra-muros°, Marseille est deuxième avec 800.000 habitants contre 480.000 pour Lyon. Par contre, si on considère l'agglomération, c'est Lyon qui est deuxième avec 1.450.000 habitants contre 1.350.000 pour Marseille. C'est une question qui n'est toujours pas réglée°.

avant J.-C. *BC* **atouts** *assets* **calanques** *rocky coves* **Au large de** *Off* **plongeurs** *scuba divers* **attirante** *attractive* **classé** *listed* **patrimoine** *heritage* **carrefour** *hub* **siège** *headquarters* **intra-muros** *proper* **réglée** *settled* **berges** *river banks*

Découvrons la France

Rollers en ville On pratique la randonnée urbaine en rollers dans la France entière. Des associations organisent ces randonnées dans les rues, de jour ou de nuit. Même les policiers sont en rollers pour en assurer la sécurité. C'est d'abord à Paris que les gens se sont enthousiasmés pour ce genre d'activité. Le but° de ces randonnées, qui peuvent compter jusqu'à 15.000 participants dans la capitale, est de partager le plaisir du sport et son sentiment de liberté.

Trompe-l'œil Une partie des murs en France sont nus, ce qui n'est pas joli. L'idée est alors née de couvrir ces murs de **fresques murales° en trompe-l'œil**. Ce sont des peintures qui simulent, de manière très réaliste, des façades d'immeubles. Les plus belles façades, comme la **Fresque des Lyonnais** à **Lyon** ou le **Mur du cinéma** à **Cannes**, trompent° beaucoup de visiteurs.

Les péniches Mode de transport fluvial°, les péniches° sont aussi à l'origine d'un nouveau style de vie depuis la fin des années 1960; elles ont été transformées en **bateaux-logements**. Les berges, principalement à **Paris**, sont donc devenues l'adresse d'un grand nombre de personnes. Petit à petit, ces maisons-péniches sont devenues presque conventionnelles et elles ont aujourd'hui tout le confort nécessaire.

La fête du Citron Inaugurée en 1934, cette fête a le même esprit que les carnavals d'hiver. Chaque année en février, la ville de **Menton**, sur la **Côte d'Azur**, organise un ensemble de manifestations liées à un thème choisi. La décoration des chars° et des expositions est faite de citrons, d'oranges et d'autres agrumes°. Pour finir, il y a un grand feu d'artifice°.

but *purpose* **fresques murales** *murals* **trompent** *fool* **fluvial** *on rivers* **péniches** *barges* **chars** *parade floats* **agrumes** *citrus fruit* **feu d'artifice** *fireworks display*

Le français parlé en France

Paris

balayer devant sa porte	s'occuper de ses affaires d'abord
Ça ne mange pas de pain.	Ça ne demande pas un gros effort.
le macadam	le trottoir
le trottoir	la croûte (*crust*) autour d'une tarte

Lyon

un bouchon	restaurant typique de Lyon
le dégraissage	le pressing; *dry-cleaning*
la ficelle	le funiculaire
une gâche	une place (dans un bus, dans un avion, etc.)
un(e) gone	un(e) enfant
s'en voir	avoir du mal à faire quelque chose: **Je m'en vois pour faire la cuisine.** (*I can't cook.*)

Marseille

le bataclan	beaucoup de choses sans valeur
fada	fou/folle
un fan	un(e) enfant
Peuchère!	Le/La pauvre!
un(e) pitchoun(ette)	un(e) enfant
Zou!	Allez!

Paris Combo

SUPERSITE

Le retour à l'ancien

À FOND LA SONO

Pour plus de renseignements sur Paris Combo et sa musique, visitez **imaginez.vhlcentral.com**.

L'aventure du groupe **Paris Combo**, composé de la chanteuse Bénédicte Grimault, nom de scène **Belle du Berry**, et des musiciens **François**, **Mano**, **Potzi** et **David**, a débuté en 1995 sur de petites scènes parisiennes. Le nom «Paris Combo» a été choisi en raison des groupes de jazz des années 1930, souvent appelés *combinations*, et du caractère multiculturel de la capitale française et du groupe lui-même.

Belle et François sont français, Mano vient de Madagascar, Potzi est d'origine algérienne et David est australien. Ils fusionnent leurs styles personnels et les musiques du monde — jazz, rythmes orientaux, gypsy, latino, etc. — pour former un son très particulier. Avec le piano, le banjo, l'accordéon, la contrebasse et la guitare, leurs chansons sont à la fois **contemporaines et rétro**. Le groupe s'inspire de la chanson française de l'entre-deux-guerres°, tout en la modernisant.

Aujourd'hui, **Paris Combo** connaît un succès mondial°. Depuis 1998, il fait partie des quelques groupes français qui ont un accord° de distribution aux États-Unis.

Dans la chanson *Lettre à P...*, Paris Combo parle de la pollution de Paris de manière à la fois satirique et humoristique. Le groupe présente cette pollution, nuisance des plus désagréables, comme un des charmes de la capitale.

Discographie sélective

2004 *Motifs*
2001 *Attraction*
1999 *Living room*
1997 *Paris Combo*

entre-deux-guerres *the period between WWI and WWII* **mondial** *worldwide* **accord** *deal*

Lettre à P...

Tôt, j'ai mangé de l'autocar
Avec ses jantes°, avec ses phares
Ensuite, j'ai fumé une berline°
Aux pures essences raffinées° de benzine
Paris, j'aime ton gasoil°
L'odeur de ton excitation-moteur°
Paris, tu es la capitale
La lettre P... en sonore initiale

Refrain:
Car tu sens si bon, l'été
Sous ta chape de plomb°, souffrez
Que j'ai l'inspiration fatale
Tu seras toujours romantique
Même au temps des pics°
Qui goudronnent° tes monuments
Et font pleurer tous les yeux des amants

jantes *rims* **berline** *four-door sedan* **raffinées** *refined* **gasoil** *diesel oil* **excitation-moteur** *roaring engine*

chape de plomb *(car) hood* **pics** *peaks (highest pollution level)* **goudronnent** *blacken with dirt*

Qu'avez-vous appris?

1 **Vrai ou faux?** Indiquez si ces affirmations sont vraies ou fausses, et corrigez les fausses.

1. Il existe environ 26.000 villes et villages en France.
2. Lyon est connue pour sa bouillabaisse, ses plages et son grand port de commerce.
3. La ville de Lyon est traversée par la Seine.
4. L'agglomération de Lyon est plus grande que celle de Marseille.
5. Les policiers autorisent les Français à faire des randonnées en rollers, dans les villes.
6. Les péniches sur les fleuves de France sont utilisées uniquement dans un but commercial.

2 **Questions** Répondez aux questions.

1. Pourquoi appelle-t-on Marseille «la cité phocéenne»?
2. Comment certaines villes de France ont-elles décidé de s'embellir?
3. Comment le château d'If est-il devenu célèbre?
4. Quelle fête a lieu chaque année dans la ville de Menton?
5. De quoi la ville de Lyon est-elle la capitale aujourd'hui?
6. Quel événement lyonnais rassemble chaque année un grand nombre de Français et d'Européens?

Projet

Un voyage de Lyon à Marseille

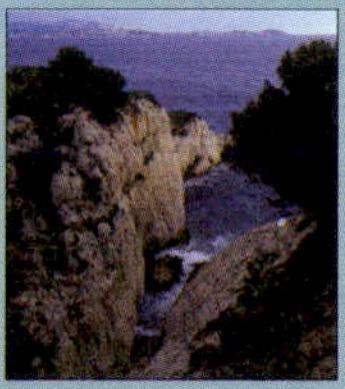

Imaginez que vous alliez visiter Lyon et Marseille. Recherchez sur **imaginez.vhlcentral.com** toutes les informations dont vous avez besoin pour créer votre itinéraire. Ensuite, préparez votre voyage.

- Choisissez le mois et la durée (*length*) de votre séjour dans chaque ville.
- Sélectionnez les endroits à visiter et les activités à pratiquer.
- Présentez votre itinéraire à la classe. Montrez-le avec le plan de chaque ville et expliquez pourquoi vous avez choisi ces endroits et ces activités. (Facultatif)

ÉPREUVE

Trouvez la bonne réponse.

1. Marseille est une ville _____.
   a. peu peuplée b. secrète
   c. cosmopolite d. heureuse
2. Les îles du Frioul et les calanques près de Marseille sont des endroits _____ d'exception.
   a. naturels b. chers
   c. urbains d. habités
3. Parce que Marseille et Lyon ont été fondées sous l'Antiquité, elles sont _____.
   a. anciennes b. modernes
   c. uniques d. nouvelles
4. Le secteur financier est très représenté à Lyon. La ville a un _____.
   a. petit port touristique b. quartier des affaires
   c. centre historique d. domaine artistique
5. Par le passé, on envoyait les prisonniers _____.
   a. à la fête des Lumières b. à l'UNESCO
   c. sur les îles du Frioul d. au château d'If
6. Lyon est la capitale _____ de la France.
   a. industrielle b. gastronomique
   c. culturelle d. universelle
7. Lyon a été un grand centre de/du _____.
   a. la fête du Citron b. la Réforme
   c. le roller d. la Renaissance
8. La fête du Citron date de _____.
   a. 1982 b. 1968
   c. 1934 d. 1908
9. On va à Marseille si on veut visiter _____.
   a. le Vieux-Port b. la Côte d'Azur
   c. le Rhône d. des péniches
10. Lyon est le lieu de naissance de/du _____.
    a. la médecine b. la gastronomie
    c. cinéma d. la soie

GALERIE DE CRÉATEURS

SUR INTERNET

Pour trouver plus de renseignements sur ces créateurs et pour explorer des aspects précis de leurs créations, à l'aide d'activités et de projets de recherche, visitez **imaginez. vhlcentral.com**.

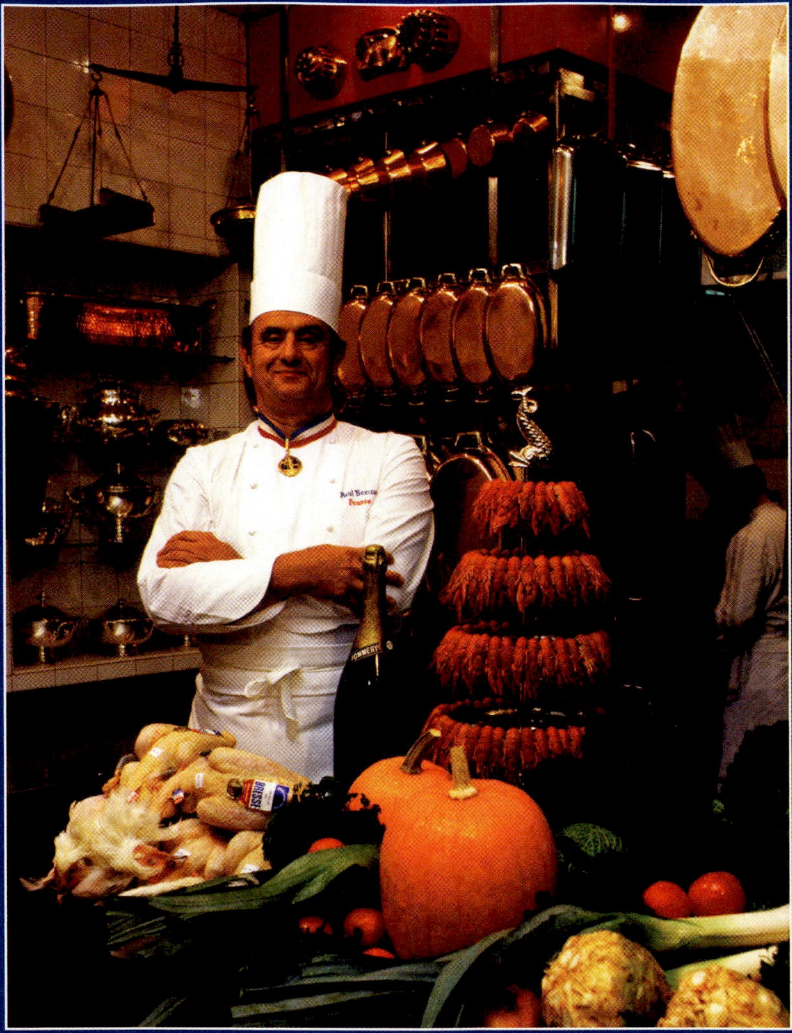

GASTRONOMIE Paul Bocuse (1926–)

Paul Bocuse est considéré comme un des chefs cuisiniers les plus importants de France. Né dans une famille de cuisiniers, il a reçu en 1965 trois étoiles du guide gastronomique *Gault-Millau*, la plus grande distinction de la cuisine française. Plus tard, en 1989, ce même guide l'a nommé «Cuisinier du siècle». Aujourd'hui la base de son empire se trouve à Lyon, où il a des brasseries, son restaurant principal et l'Institut Paul Bocuse hôtellerie et arts culinaires, créé en 1990. Bocuse a aussi des épiceries fines au Japon, et il fait partie de l'équipe de chefs choisis pour le pavillon français d'Epcot Center, à Disney World.

COUTURE Sonia Rykiel

Pour ses pulls, Sonia Rykiel a été consacrée en 1968 «Reine du tricot (*Queen of knitting*) dans le monde» par le journal américain *Women's Wear Daily.* Styliste, écrivain et gastronome, cette femme aux multiples talents est aujourd'hui un emblème de la mode française. Ses collections — qui incluent toujours le noir, les rayures (*stripes*) et la maille (*jersey*) — sont à la fois élégantes et bohèmes. Elles provoquent toujours. Pour Rykiel, la mode doit s'adapter à la personne, et non pas le contraire. L'empire Rykiel s'étend aujourd'hui aux chaussures, aux accessoires, au parfum et à la mode pour homme et pour enfant.

LITTÉRATURE Marguerite Duras (1914–1996)

Certains (*Some*) disent que la vie de Marguerite Duras est un roman. En effet, cette grande femme écrivain française a eu une vie mouvementée (*hectic*). Née en Indochine (à Gia Dinh, près de Saïgon), elle a rejoint (*joined*) la Résistance à Paris, aux côtés du futur président de la République française, François Mitterrand. Elle est l'auteur d'une quarantaine (*about forty*) de romans et d'une douzaine de pièces de théâtre, la scénariste (*scriptwriter*) et la réalisatrice d'une vingtaine de films. Avec un de ses romans, *L'Amant*, dans lequel elle recrée l'Indochine française des années 1930, elle gagne le prix Goncourt, grand prix de littérature français, en 1984.

L'Œil des Maldives, formation corallienne, Maldives

PHOTOGRAPHIE Yann Arthus-Bertrand (1946–)

Amoureux de la nature, Yann Arthus-Bertrand a dirigé une réserve naturelle dans le sud de la France puis étudié les lions au Kenya. Là, il a découvert que la photographie permettait de faire passer ses messages mieux que les mots. Il s'est alors engagé dans ce domaine et a publié un grand nombre de livres sur la nature. Sa plus grande entreprise a été, avec l'aide de l'UNESCO, la création d'une banque d'images sous forme de livre, *La Terre vue du Ciel*, qui a eu un succès international.

2.1 Reflexive and reciprocal verbs

- Reflexive verbs typically describe an action that the subject does to or for himself, herself, or itself. Reflexive verbs are conjugated like their non-reflexive counterparts but always use reflexive pronouns.

Reflexive verb

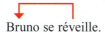

Bruno se réveille.

Non-reflexive verb

Bruno réveille son fils.

Reflexive verbs	
se réveiller *to wake up*	
je	**me réveille**
tu	**te réveilles**
il/elle	**se réveille**
nous	**nous réveillons**
vous	**vous réveillez**
ils/elles	**se réveillent**

- Many verbs used to describe routines are reflexive.

s'arrêter *to stop (oneself)*	**se fâcher (contre)** *to get angry (with)*	**se lever** *to get up*
se brosser *to brush*	**s'habiller** *to get dressed*	**se maquiller** *to put on makeup*
se coucher *to go to bed*	**s'habituer à** *to get used to*	**se peigner** *to comb*
se couper *to cut oneself*	**s'inquiéter** *to worry*	**se raser** *to shave*
se déshabiller *to undress*	**s'intéresser (à)** *to be interested (in)*	**se rendre compte de** *to realize*
se dépêcher *to hurry*	**se laver** *to wash oneself*	**se reposer** *to rest*
se détendre *to relax*		

- Some verbs can be used reflexively or non-reflexively. Use the non-reflexive form if the verb acts upon something other than the subject.

La passagère **se fâche**.
The passenger is getting angry.

Tu **fâches** la passagère.
You are angering the passenger.

- Many non-reflexive verbs change meaning when they are used with a reflexive pronoun and might not literally express a reflexive action.

aller *to go*	**s'en aller** *to go away*
amuser *to amuse*	**s'amuser** *to have fun*
apercevoir *to catch sight of*	**s'apercevoir** *to realize*
attendre *to wait (for)*	**s'attendre à** *to expect*
demander *to ask*	**se demander** *to wonder*
douter *to doubt*	**se douter de** *to suspect*
ennuyer *to bother*	**s'ennuyer** *to get bored*
entendre *to hear*	**s'entendre bien avec** *to get along with*
mettre *to put*	**se mettre à** *to begin*
servir *to serve*	**se servir de** *to use*
tromper *to deceive*	**se tromper** *to be mistaken*

- A number of verbs are used only in the reflexive form, but may not literally express a reflexive action.

se méfier de *to distrust*	**se souvenir de** *to remember*
se moquer de *to make fun of*	**se taire** *to be quiet*

- Form the affirmative imperative of a reflexive verb by adding the reflexive pronoun at the end of the verb with a hyphen in between. For negative commands, begin with **ne** and place the reflexive pronoun immediately before the verb.

Habillons-nous. Il faut partir!
Let's get dressed. We have to leave!

Ne vous inquiétez pas.
Don't worry.

- Remember to change **te** to **toi** in affirmative commands.

Repose-toi avant de sortir ce soir.
Rest before going out tonight.

Tais-toi!
Be quiet!

- In reciprocal reflexives, the pronoun means *(to) each other* or *(to) one another*. Because two or more subjects are involved, only plural verb forms are used.

Nous **nous retrouvons** au stade.
We are meeting each other at the stadium.

Elles **s'écrivent** des e-mails.
They write one another e-mails.

- Use **l'un(e) l'autre** and **l'un(e) à l'autre**, or their plural forms **les un(e)s les autres** and **les un(e)s aux autres**, to emphasize that an action is reciprocal.

Béa et Yves se regardent.
Béa and Yves look at each other.
Béa and Yves look at themselves.

but Béa et Yves se regardent **l'un l'autre**.
Béa and Yves look at each other.

Ils s'envoient des e-mails.
They send each other e-mails.
They send themselves e-mails.

but Ils s'envoient des e-mails **les uns aux autres**.
They send each other e-mails.

BLOC-NOTES

Commands with non-reflexive verbs are formed the same way as with reflexive verbs. See **Fiche de grammaire 1.5, p. 392** for a review of the imperative.

BLOC-NOTES

The pronoun **se** can also be used with verbs in the third person to express the passive voice. See **Fiche de grammaire 10.5, p. 428**.

Mise en pratique

1 **Le lundi matin** Complétez le paragraphe sur ce que font Charles et Hélène le lundi matin. Utilisez la forme correcte des verbes pronominaux correspondants.

s'apercevoir	se dépêcher	se maquiller
se brosser	s'en aller	se quitter
se casser	s'habiller	se raser
se coucher	se laver	se réveiller
se couper	se lever	se sécher

Le dimanche soir, Charles et Hélène (1) ________ tard. Évidemment, ils mettent du temps à (2) ________ le lendemain matin. Charles est celui qui (3) ________ le premier. Il (4) ________ de prendre sa douche et de (5) ________ avec un rasoir électrique. Deux minutes plus tard, Hélène entre dans la salle de bain. Pendant qu'elle prend sa douche, (6) ________ les cheveux et (7) ________, Charles prépare le petit-déjeuner. Quand Hélène est prête, ils prennent leur petit-déjeuner. Puis, ils (8) ________ les dents et (9) ________ les mains. Ensuite, ils vont dans la chambre pour choisir leurs vêtements et (10) ________. Puis ils (11) ________ vite au travail. Charles (12) ________ alors qu'il a mis des chaussures de couleurs différentes!

2 **Tous les samedis**

A. À deux, décrivez ce que fait Sylvie tous les samedis, d'après (*according to*) les illustrations.

B. Quelles sont les habitudes de quatre amis ou membres de la famille de Sylvie le samedi matin? Décrivez ce qu'ils font en cinq ou six phrases. Utilisez des verbes pronominaux et soyez créatifs.

Communication

3 **Et toi?** À deux, posez-vous tour à tour ces questions. Répondez-y avec des phrases complètes et expliquez vos réponses.

1. À quelle heure te réveilles-tu généralement le samedi matin? Pourquoi?
2. T'endors-tu en cours?
3. En général, à quelle heure te couches-tu pendant le week-end?
4. Que fais-tu pour te détendre après une longue journée?
5. Te lèves-tu toujours juste après que tu t'es réveillé(e)? Pourquoi?

6. Comment t'habilles-tu pour sortir le week-end? Et tes amis?
7. Quand t'habilles-tu de façon élégante?
8. T'amuses-tu quand tu vas à une fête? Et quand tu vas à une réunion de famille?
9. Mets-tu beaucoup de temps à te préparer avant de sortir?
10. T'inquiètes-tu de ton apparence?

11. Est-ce que tes amis et toi vous téléphonez souvent? Combien de fois par semaine?
12. Connais-tu quelqu'un qui s'inquiète toujours de tout?
13. T'excuses-tu parfois pour des choses que tu as faites?
14. Te disputes-tu avec tes amis? Et avec ta famille?
15. T'est-il déjà arrivé de te tromper sur quelqu'un?

4 **Au café** Imaginez que vous soyez au café et que vous voyiez un(e) ami(e) se faire voler de l'argent (*have his/her money stolen*). Que faites-vous? Travaillez par groupes de trois pour représenter la scène. Employez au moins cinq verbes de la liste.

s'arrêter	se fâcher	se servir de
s'attendre à	se mettre à	se taire
se douter	se moquer de	se tromper
s'en aller	se rendre compte de	s'inquiéter

2.2 Descriptive adjectives and adjective agreement

—J'ai lu qu'il y avait en France près de cinq millions de femmes ***célibataires****.*

Gender

- Adjectives in French agree in gender and number with the nouns they modify. Masculine adjectives with these endings derive irregular feminine forms.

Ending	Examples
-c → -che	**blanc → blanche; franc → franche**
-eau → -elle	**beau → belle; nouveau → nouvelle**
-el → -elle	**cruel → cruelle; intellectuel → intellectuelle**
-en → -enne	**ancien → ancienne; canadien → canadienne**
-er → -ère	**cher → chère; fier → fière**
-et → -ète	**complet → complète; inquiet → inquiète**
-et → -ette	**muet → muette (*mute*); net → nette**
-f → -ve	**actif → active; naïf → naïve**
-on → -onne	**bon → bonne; mignon → mignonne (*cute*)**
-s → -sse	**bas → basse (*low*); gros → grosse**
-x → -se	**dangereux → dangereuse; heureux → heureuse**

Cette station de métro est-elle **dangereuse**?
Is this subway station dangerous?

Les **nouvelles** banlieues se trouvent loin d'ici.
The new suburbs are located far from here.

ATTENTION!

Remember that the first letter of adjectives of nationality is not capitalized.

Ahmed préfère le cinéma italien.
Ahmed prefers Italian cinema.

Laura Johnson est citoyenne américaine.
Laura Johnson is an American citizen.

- Adjectives whose masculine singular form ends in **-eur** generally derive one of three feminine forms.

Condition	Ending	Examples
the adjective is directly derived from a verb	-eur → -euse	(rêver) rêveur → rêveuse (travailler) travailleur → travailleuse
the adjective is not directly derived from a verb	-eur → -rice	(conserver) conservateur → conservatrice (protéger) protecteur → protectrice
the adjective expresses a comparative or superlative	-eur → -eure	inférieur → inférieure meilleur → meilleure

ATTENTION!

Remember to use the masculine plural form of an adjective to describe a series of two or more nouns in which at least one is masculine.

La rue et le quartier sont animés.
The street and the neighborhood are lively.

- Some adjectives have feminine forms that differ considerably from their masculine singular counterparts, either in spelling, pronunciation, or both.

doux → douce	**frais → fraîche**	**public → publique**
faux → fausse	**gentil → gentille**	**roux → rousse**
favori → favorite	**grec → grecque**	**vieux → vieille**
fou → folle	**long → longue**	

Position

- French adjectives are usually placed after the noun they modify, but these adjectives are usually placed *before* the noun: **autre**, **beau**, **bon**, **court**, **gentil**, **grand**, **gros**, **haut**, **jeune**, **joli**, **long**, **mauvais**, **meilleur**, **nouveau**, **petit**, **premier**, **vieux**, and **vrai**.

Je ne connais pas ce **jeune** homme.
I don't know that young man.

Vous aimez les **nouveaux** films?
Do you like new movies?

- Before a masculine singular noun that begins with a vowel sound, use these alternate forms of **beau**, **fou**, **nouveau**, and **vieux**.

beau	**bel**	**un bel édifice**
fou	**fol**	**un fol espoir (*hope*)**
nouveau	**nouvel**	**un nouvel appartement**
vieux	**vieil**	**un vieil immeuble**

- Notice that the meanings of these adjectives are generally more figurative when they appear before the noun and more literal when they appear after the noun.

ancien	l'**ancien** château	*the **former** castle*
	un château **ancien**	*an **ancient** castle*
cher	**cher** ami	***dear** friend*
	une voiture **chère**	*an **expensive** car*
dernier	la **dernière** semaine	*the **final** week*
	la semaine **dernière**	***last** week*
grand	une **grande** femme	*a **great** woman*
	une femme **grande**	*a **tall** woman*
même	le **même** musée	*the **same** museum*
	le musée **même**	*this **very** museum*
pauvre	ces **pauvres** étudiants	*those **poor (unfortunate)** students*
	ces étudiants **pauvres**	*those **poor (penniless)** students*
prochain	le **prochain** cours	*the **following** class*
	mercredi **prochain**	***next** Wednesday*
propre	ma **propre** chambre	*my **own** room*
	une chambre **propre**	*a **clean** room*
seul	la **seule** personne	*the **only** person*
	la personne **seule**	*the person **who is alone***

ATTENTION!

Color adjectives that are named after nouns include **argent** (*silver*), **citron** (*lemon*), **crème** (*cream*), **marron** (*chestnut*), **or** (*gold*), and **orange** (*orange*).

Remember that the adjective **châtain** is used to describe brown hair. You can use it in the plural, but it is very rarely used in the feminine.

Elle a les cheveux châtains.

She has brown hair.

ATTENTION!

Color adjectives that are named after nouns are invariable, as are color adjectives that are qualified by a second adjective.

Il conduit une voiture marron.

He's driving a brown car.

Elle porte une jupe bleu clair.

She's wearing a light blue skirt.

BLOC-NOTES

Adjectives can also be derived from verb forms like the present and past participles. See **Fiche de grammaire 7.4, p. 414** and **Structures 9.2, pp. 330–331**.

Mise en pratique

Note CULTURELLE

Nice est située dans le sud de la **France**, sur la **Côte d'Azur**, à proximité de l'**Italie**. Ses plages de granit sur la **Méditerranée**, sa cuisine caractéristique et sa situation géographique font de Nice la deuxième ville touristique française.

1 Les Niçois Christophe habite à Nice. Lisez ses commentaires et accordez les adjectifs.

Les plages de Nice, sur la Méditerranée

1. Le maire de Nice, Jacques Peyrat, est vraiment ________ (fier) de sa ville.
2. Les citadins et les touristes apprécient l'action ________ (protecteur) des policières.
3. Ma copine et sa colocataire habitent un ________ (beau) appartement en banlieue.
4. Ses colocataires sont de ________ (bon) citoyennes.
5. Une conductrice ne doit pas être ________ (rêveur) sur la route!
6. Les piétons qui traversent l'avenue Jean Médecin en dehors (*outside*) des clous sont ________ (fou)!

2 La vie de Marine Complétez chaque phrase et choisissez le bon adjectif.

1. Marine cherche une colocataire ________ (bon, bonne, franc, franche).
2. À vingt ans, c'est une femme ________ (intellectuel, folles, naïve, jeunes).
3. Elle s'entend bien avec les gens ________ (bon, belles, sincères, travailleur).
4. Marine essaie d'acheter des légumes ________ (frais, fraîche, propre, chères).
5. Ses parents sont ________ (conservateurs, grec, protectrices, actives).
6. Elle habite un ________ (complet, vieil, bruyant, élégant) appartement.
7. Elle préfère regarder de ________ (nouvelles, favorites, publiques, fausses) émissions de télévision.
8. Marine adore son copain parce que c'est un homme ________ (beaux, jeunes, mignonne, heureux).

3 Une petite annonce Gabrielle recherche quelqu'un avec qui elle pourrait voyager. Complétez sa petite annonce et accordez les adjectifs de la liste.

aventurier	châtain	dernier	nouveau	seul
bleu	cher	français	propre	violet foncé

petite ANNONCE

MERCREDI 20 septembre

Gabrielle, voyageuse extraordinaire!

Pendant mon séjour en France, je voudrais voyager dans autant de villes (1) ________ que possible! Je n'aime pas visiter de (2) ________ endroits toute (3) ________. Alors, je cherche une personne qui aime l'aventure parce que moi aussi, je suis (4) ________. Je n'ai pas beaucoup d'argent, donc je ne peux pas acheter de billets (5) ________. En plus, je suis indépendante, alors le week-end (6) ________, quand j'ai voyagé à Paris, j'ai fait mes (7) ________ projets de voyages. Si vous voulez me rencontrer, je serai la fille en robe (8) ________, aux yeux (9) ________ et aux cheveux (10) ________, au café des Artistes du centre-ville. Rendez-vous le 27 septembre, à 16h30.

Communication

4 **Dans ma ville** Quelqu'un vous arrête dans la rue pour vous poser des questions sur votre ville. Vous ne répondez que par le contraire. Posez ces questions et répondez-y avec un(e) camarade de classe.

Modèle —Les logements sont-ils grands?
—Non, ils sont petits.

1. Ce quartier est-il sûr? Non, ______________________.
2. Votre rue est-elle tranquille? Non, ______________________.
3. Les voies sont-elles privées? Non, ______________________.
4. Cet édifice est-il nouveau? Non, ______________________.
5. Les gratte-ciel sont-ils bas? Non, ______________________.
6. Les gens sont-ils paresseux? Non, ______________________.

5 **Un entretien** Vous emménagez dans une nouvelle ville et vous avez des entretiens pour trouver des colocataires. Jouez les deux rôles avec un(e) camarade de classe.

1. Êtes-vous étranger/étrangère? Si oui, quelle est votre nationalité?
2. Quels sont les trois adjectifs qui vous décrivent le mieux?
3. Comment était votre ancien(ne) appartement/maison?
4. Gardez-vous toujours votre logement propre?
5. Dans quelle sorte de quartier préférez-vous habiter?
6. Décrivez votre colocataire idéal avec au moins trois adjectifs.
7. Et vous? Avez-vous des questions à me poser?

6 **Comment est...?** Avec un(e) camarade de classe, trouvez au moins trois façons (*ways*) de décrire chaque image. Comparez vos descriptions avec un autre groupe et discutez des différences avec la classe.

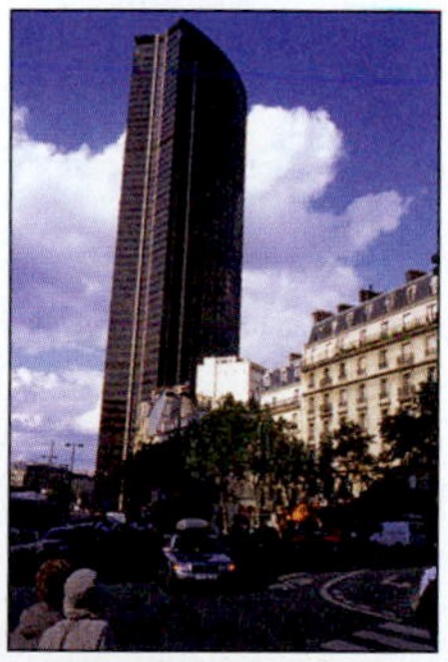

2.3 Adverbs

*—Eh bien, elle peut descendre **discrètement** à la station suivante.*

Formation of adverbs

- To form an adverb from an adjective whose masculine singular form ends in a consonant, add the ending -**ment** to the adjective's feminine singular form. If the masculine singular ends in a vowel, simply add the ending -**ment** to that form.

absolu	**absolument** *absolutely*
doux	**doucement** *gently*
franc	**franchement** *frankly*
naturel	**naturellement** *naturally*
poli	**poliment** *politely*

- To form an adverb from an adjective whose masculine singular form ends in -**ant** or -**ent**, replace the ending with -**amment** or -**emment**, respectively.

bruyant	**bruyamment** *noisily*
constant	**constamment** *constantly*
évident	**évidemment** *obviously*
patient	**patiemment** *patiently*

- An exception to this rule is the adjective **lent**, whose corresponding adverb is **lentement**. Remember that the endings -**amment** and -**emment** are pronounced identically.
- A limited number of adverbs are formed by adding -**ément** to the masculine singular form of the adjective. If this form ends in a silent final -**e**, drop it before adding the suffix.

confus	**confusément** *confusedly*
énorme	**énormément** *enormously*
précis	**précisément** *precisely*
profond	**profondément** *profoundly*

- A few adverbs, like **bien**, **gentiment**, **mal**, and **mieux**, are entirely irregular. The irregular adverb **brièvement** (*briefly*) is derived from **bref** (**brève**).

Categories of adverbs

- Most common adverbs can be grouped by category.

time	alors, aujourd'hui, bientôt, d'abord, de temps en temps, déjà, demain, encore, enfin, ensuite, hier, jamais, maintenant, parfois, quelquefois, rarement, souvent, tard, tôt, toujours
manner	ainsi (*thus*), bien, donc, en général, lentement, mal, soudain, surtout, très, vite
opinion	heureusement, malheureusement, peut-être, probablement, sans doute
place	dedans, dehors, ici, là, là-bas, nulle part (*nowhere*), partout (*everywhere*), quelque part (*somewhere*)
quantity	assez, autant, beaucoup, peu, trop

Position of adverbs

- In the case of a simple tense (present indicative, **imparfait**, future, etc.), an adverb immediately follows the verb it modifies.

Gérard s'arrête **toujours** au centre-ville.
Gérard always stops downtown.

Il attend **patiemment** au feu.
He waits patiently at the traffic light.

- In the **passé composé**, place short or common adverbs before the past participle. Place longer or less common adverbs after the past participle.

Nous sommes **déjà** arrivés à la gare.
We already arrived at the train station.

Vous avez **vraiment** compris ses indications?
Did you really understand his directions?

Il a conduit **prudemment**.
He drove prudently.

Tu t'es levée **régulièrement** à six heures.
You got up regularly at six o'clock.

- In negative sentences, the adverbs **peut-être**, **sans doute**, and **probablement** usually precede **pas**.

Elle n'est pas **souvent** chez elle.
She is not often at home.

but

Elle n'a **peut-être** pas lu ton e-mail.
She probably has not read your e-mail.

- Common adverbs of time and place typically follow the past participle.

Elle a commencé **tôt** ses devoirs.
She started her homework early.

Nous ne sommes pas descendus **ici**.
We did not get off here.

- In a few expressions, an adjective functions as an adverb. Therefore, it is invariable.

coûter cher *to cost a lot* **parler bas/fort** *to speak softly/loudly*	**sentir bon/mauvais** *to smell good/bad* **travailler dur** *to work hard*

ATTENTION!

In English, adverbs sometimes immediately follow the subject. In French, this is *never* the case.

*My roommate **constantly** wakes me up.*

Mon colocataire me réveille constamment.

BLOC-NOTES

There are other compound tenses in French that require a form of **avoir** or **être** and a past participle. See **Structures 4.1, pp. 132–133** for an introduction to the **plus-que-parfait**.

Mise en pratique

1 **Les adverbes** Écrivez l'adverbe qui correspond à chaque adjectif.

1. facile ________
2. heureux ________
3. jaloux ________
4. quotidien ________
5. mauvais ________
6. conscient ________
7. profond ________
8. meilleur ________
9. public ________
10. indépendant ________

2 **Deux sortes d'amis** Décidez s'il faut placer les adverbes avant ou après les mots qu'ils modifient.

Jérôme et Patricia (1) ________ habitent ________ (maintenant) à Lyon. Ils ont beaucoup d'amis à Paris qui leur (2) ________ rendent ________ (souvent) visite. Ils sont (3) ________ heureux ________ (toujours) de les recevoir parce qu'ils sont (4) ________ fiers ________ (très) de leur ville. Ils ont deux sortes d'amis: ceux qui (5) ________ sortent ________ (fréquemment) en boîte, et ceux qui (6) ________ aiment ________ (mieux) les musées. Les amis qui préfèrent les musées ont (7) ________ téléphoné ________ (hier) pour dire qu'ils ne viendront (8) ________ pas ________ (peut-être) cet été. Ils ont (9) ________ fait ________ (déjà) des projets! Ils ont (10) ________ choisi ________ (tôt) leurs vacances cette année: ils ne visiteront (11) ________ pas ________ (obligatoirement) Lyon tous les ans. Ils dansent (12) ________ bien ________ (incroyablement) et ils ont envie d'aller chez des amis qui sortent en boîte!

3 **La famille Giscard** Travaillez à deux pour dire, à tour de rôle, comment les membres de cette famille font les choses quand ils sont en ville.

Modèle **Isabelle est à la poste. Elle est rapide.**
Elle achète rapidement des timbres.

1. Martin est au magasin. Il est impatient.
2. Mme Giscard est à la banque. C'est une femme polie.
3. Paul et Franck sont au café. Ce sont des frères bruyants.
4. Maryse est à la gare. Elle est nerveuse.
5. Les grands-parents sont au supermarché. Ils sont lents.
6. M. Giscard se promène avec son fils Alain. C'est un bon père.
7. Alain est avec M. Giscard. C'est un garçon très franc.
8. Les cousines sont au cinéma. C'est cher.
9. Sophie va au restaurant ce soir. Elle a une robe élégante.
10. Isabelle va au jardin public avec sa petite cousine. Elle est gentille quand elle parle à sa cousine.

Communication

4 **Sondage** Interviewez un maximum de camarades différent(e)s. Font-ils ces choses toujours, fréquemment, parfois, rarement ou jamais? Comparez vos résultats avec ceux du reste de la classe.

Modèle **travailler à la bibliothèque**
—Travailles-tu toujours à la bibliothèque?
—Non, mais j'y travaille parfois.

	Toujours	Fréquemment	Parfois	Rarement	Jamais
1. sortir en boîte de nuit					
2. se retrouver dans un embouteillage					
3. prendre le métro					
4. brûler (*to run*) les feux rouges					
5. aller en cours à pied					
6. visiter un musée le week-end					
7. assister à des concerts					
8. s'ennuyer le samedi soir					

5 **Vivre en ville** À tour de rôle, posez ces questions à un(e) camarade de classe. Dans vos réponses, employez les adverbes de la liste ou d'autres adverbes.

absolument	mal	simplement
énormément	quelquefois	souvent
franchement	peut-être	tard
jamais	récemment	?

1. Traverses-tu la rue dans les clous? Pourquoi?
2. As-tu déjà été obligé(e) d'aller à la préfecture de police? Pourquoi?
3. Es-tu monté(e) au dernier étage d'un gratte-ciel? Lequel?
4. Fais-tu des promenades dans les jardins publics? Où?
5. As-tu fait du sport cette semaine? Où? Quand?
6. Que fais-tu quand on te demande des indications en ville?
7. T'es-tu entretenu(e) avec quelqu'un en particulier cette semaine? Qui? De quoi avez-vous parlé?
8. Que fais-tu pour éviter les embouteillages?

6 **Les gens heureux** Travaillez à deux pour dire ce que les gens font pour être heureux. Employez des adverbes dans vos réponses.

Modèle Pour rester heureux, ils font souvent de la gym.

Synthèse

Un rendez-vous inattendu

Depuis un bon moment, je me rends compte que je ne vais presque jamais en ville! J'habite dans une belle ville animée, pourtant je reste trop souvent à la maison, le soir et le week-end. Je m'ennuie! Il est évident qu'il faut faire des projets…

Je décide donc de me lever tôt parce que j'ai rendez-vous avec cette ville merveilleuse! Je me réveille précisément à 7h00. Je me lave et je me rase juste avant de prendre tranquillement un bon petit-déjeuner: du thé chaud et des fruits frais. Je m'habille rapidement. Je mets un jean, une chemise blanche, et un pull bleu. Ensuite, je prends mon sac à dos et je m'en vais!

À la station de métro près de chez moi, j'achète un carnet de dix tickets parce que ça coûte moins cher. En attendant° le prochain train, j'aperçois sur le quai° une jolie musicienne folklorique qui chante agréablement et joue de la guitare. La musique de la charmante jeune femme est mélodieuse mais son chapeau est vide! Je lui laisse quelques modestes pièces. Je me demande comment elle s'appelle, mais je suis tellement timide que je reste muet. Fâché contre moi-même, je monte dans le métro sans rien dire.

While waiting for

platform

Je passe une matinée passionnante au centre-ville. Je vois des tableaux splendides et de belles sculptures au musée d'art moderne. L'après-midi, je me perds complètement! Avant même que je demande des indications, un conducteur sympa m'indique que l'édifice juste en face de moi, c'est l'hôtel de ville. Heureusement, je m'oriente facilement.

Il est tard et je suis fatigué, alors je me détends dans le parc municipal. Tout à coup, la belle musicienne du métro se présente devant moi. Nous nous regardons longuement. Ensuite, nous nous parlons!

Une fin de journée inoubliable et inattendue en ville… j'espère en vivre d'autres comme celle-là! ■

1 Qu'avez-vous compris? Répondez aux questions par des phrases complètes.

1. Pourquoi le jeune homme a-t-il rendez-vous avec sa ville?
2. Comment va-t-il de sa maison jusqu'au centre-ville?
3. Qui aperçoit-il sur le quai du métro?

2 À vous de raconter À deux, inspirez-vous des questions pour continuer l'histoire.

1. Comment est le jeune homme qui raconte cette histoire?
2. Que fait-il de son après-midi à part se perdre en ville? Où va-t-il?
3. Quand est-ce que le jeune homme et la charmante musicienne vont se revoir? Qu'est-ce qu'ils vont faire?

3 L'inattendu Avez-vous récemment vécu une coïncidence ou une situation inattendue? Écrivez un paragraphe de cinq ou six lignes qui explique ce qui vous est arrivé. Employez des adverbes dans votre description. Ensuite, racontez votre histoire par petits groupes.

Préparation

Vocabulaire de la lecture

une ambiance *atmosphere*
s'étendre *to spread*
une fanfare *marching band*
une manifestation *demonstration*
rassembler *to gather*
le soutien *support*

Vocabulaire utile

la batterie *drums*
un défilé *parade*
une fête foraine *carnival*
un feu d'artifice *fireworks display*
une foire *fair*
se réunir *to get together*
unir *to unite*
un violon *violin*

1 **À choisir** Choisissez le mot qui correspond à chaque définition. Ensuite, utilisez cinq de ces mots pour écrire des phrases.

1. Ce que fait un groupe de personnes dans la rue pour exprimer leurs idées ou leurs opinions
   a. une ambiance　b. une manifestation　c. un défilé
2. Le climat psychologique d'un événement ou d'un endroit
   a. la promotion　b. la fanfare　c. l'ambiance
3. Le fait que quelque chose prenne de plus grandes proportions
   a. se promener　b. s'étendre　c. rassembler
4. Quand quelqu'un aide quelqu'un d'autre, physiquement ou moralement
   a. le soutien　b. la publicité　c. la fanfare
5. L'action de réunir plusieurs personnes
   a. inviter　b. protéger　c. rassembler
6. Un groupe de musiciens qui défilent dans la rue
   a. une fanfare　b. des spectateurs　c. un chanteur

2 **Sujets de réflexion** Répondez individuellement aux questions par des phrases complètes. Ensuite, comparez vos réponses avec celles d'un(e) camarade de classe.

1. À quels événements culturels avez-vous assisté? Étaient-ils locaux, régionaux, nationaux ou internationaux?
2. Qu'est-ce que vous aimez dans les grands événements culturels?
3. Vous est-il arrivé de participer activement à l'un de ces événements?
4. Allez-vous souvent à des concerts?
5. Jouez-vous d'un instrument de musique? Si oui, lequel? Si non, de quel instrument aimeriez-vous jouer?
6. Quel est votre genre de musique préféré? Pourquoi?
7. À quoi vous fait penser le concept d'une fête de la musique?

3 **À votre avis** Par groupes de trois, donnez votre avis sur les avantages que peut avoir un événement culturel ou artistique organisé par le gouvernement local ou fédéral. Qu'est-ce que ce genre d'événement apporte à un peuple?

Rythme dans la rue:

La fête de la Musique

SUPERSITE

Faites de la musique

Ce slogan est particulièrement bien choisi. C'est un jeu de mots qui illustre la raison pour laquelle la fête de la Musique a été créée: permettre à tout le monde d'y participer, d'une manière ou d'une autre.

Le 21 juin 1982, le Ministre de la Culture, Jack Lang, a inauguré la fête de la Musique, destinée à promouvoir la musique au quotidien, en France. Plus manifestation musicale que festival, cette fête encourage les musiciens amateurs et professionnels à descendre dans la rue et à partager leur musique avec le public.

La France s'y connaît en manifestations. Ses citoyens descendent le plus souvent dans la rue pour exprimer leur colère. Mais le 21 juin, la rue devient, pendant toute une journée, un lieu où on exprime sa joie et l'amour de la musique, et où on célèbre l'arrivée de l'été.

Le ministère de la Culture et de la Communication supervise l'organisation de cette fête, aujourd'hui l'un des événements les plus importants de France. La principale fonction du ministère dans cette manifestation est d'organiser de grands concerts de musiciens professionnels, sur les places ou dans les édifices publics des grandes villes. La place de la République à Paris et la place Bellecour à Lyon, par exemple, deviennent des lieux de concerts de rock en plein air, alors que° les musées, les écoles et les hôpitaux accueillent° des spectacles moins importants. On trouve partout en France d'autres événements plus modestes. Ceux-ci sont en grande partie organisés par des personnes ou des groupes de personnes, avec le soutien du ministère. Une promenade en ville peut amener° à la rencontre d'un groupe d'enfants qui chantent devant leur école, d'étudiants en musique qui testent leur dernière composition sur le trottoir ou d'un cadre qui saisit l'occasion de montrer ses talents de guitariste.

> **La rue devient, pendant toute une journée, un lieu où on exprime sa joie.**

Tous les concerts et spectacles de la fête de la Musique sont gratuits, ce qui permet aux Français de tous âges et de toutes catégories socioprofessionnelles d'y participer. Cela crée une ambiance populaire et conviviale.

Un des buts° de la fête de la Musique est de révéler les musiques du monde. Elle prête autant d'attention à la musique contemporaine qu'aux genres musicaux plus traditionnels. Par exemple, on trouve un DJ de musique électronique à deux rues d'un quatuor à cordes°, ou on peut voir une fanfare passer devant un concert de rap. Le reggae, le jazz, la musique classique, le funk, la pop, l'opéra, le hip-hop, le hard rock… tous les genres y sont représentés. C'est ce côté éclectique qui donne de l'intérêt à cette célébration.

Au cours de° son histoire, la France a connu peu d'événements qui aient réussi à rassembler les Français. Mais en voilà un qui relève le défi° chaque année, depuis plusieurs décennies. On voit ce désir d'unir les gens s'étendre toujours plus loin. La fête de la Musique a eu un tel° succès en France que depuis 1985, à l'occasion de l'Année européenne de la musique, des villes comme Berlin, Bruxelles, Rome et Londres organisent leur propre manifestation, le même jour. Aujourd'hui, le 21 juin représente la célébration de la musique dans plus de cent pays. Cela prouve que cette fête de la joie a encore un bel avenir devant elle. ■

while (alors que)
host (accueillent)
lead (amener)
goals (buts)
string quartet (quatuor à cordes)
in the course of (au cours de)
rises to the challenge (relève le défi)
such (tel)

Analyse

1 **Compréhension** Répondez aux questions par des phrases complètes.

1. Pourquoi la fête de la Musique a-t-elle été créée?
2. Qui organise les grands concerts professionnels?
3. Où ont lieu les manifestations musicales?
4. Qui peut participer à cette fête? Pourquoi?
5. Quels sont les genres de musique représentés à cette fête?
6. Qui, avec la France, célèbre la fête de la Musique?

2 **La musique et vous** À deux, répondez aux questions par des phrases complètes.

1. Aimeriez-vous célébrer la fête de la Musique?
2. Quels événements ressemblant à la fête de la Musique connaissez-vous?
3. Écoutez-vous de la musique étrangère? Pourquoi?
4. Quand écoutez-vous le plus souvent de la musique? Donnez des détails.
5. Y a-t-il un type de musique que vous n'aimez pas? Pourquoi?

3 **Un bon adage** Que pensez-vous de l'adage «La musique adoucit les mœurs.» (Équivalent en anglais: *Music soothes the savage breast* [soul].)? La musique peut-elle avoir cet effet? Que ressentez-vous quand vous en écoutez? Comparez votre réponse à celle d'un(e) camarade de classe.

4 **C'est vous l'organisateur!** Imaginez que vous représentiez le ministère de la Culture et de la Communication. Par groupes de trois, organisez un concert. Où va-t-il avoir lieu? Quels artistes allez-vous inviter? Écrivez le programme de la fête avec une description des artistes. N'oubliez pas le caractère éclectique de l'événement. Ensuite, comparez votre proposition à celles des autres groupes.

Nom de l'événement	
Ville et lieux	
Dates et heures	
Type(s) de musique	
Artistes invités	

5 **Chez vous** Chaque année, le gouvernement français organise certaines fêtes nationales. Votre ville organise-t-elle des événements gratuits organisés? Si non, que proposeriez-vous à votre gouvernement local? Expliquez à la classe.

Préparation

À propos de l'auteur

Poète et scénariste, **Jacques Prévert** (1900–1977) est une des personnalités françaises les plus célèbres en France et dans le monde. Sa passion pour la lecture, la poésie et le spectacle était évidente dès son enfance. Dans les années 1920, Prévert participe au mouvement surréaliste. Par la suite, il écrit les scénarios et les dialogues de films, dont certains sont des chefs-d'œuvre du cinéma français. En 1945, il publie *Paroles*, dont les poèmes sont toujours largement connus, lus et étudiés dans les écoles. De même, ses sept autres recueils ont eu énormément de succès et ont été traduits en plusieurs langues. Avec sa poésie pleine d'humour, pacifiste et rebelle, Jacques Prévert est devenu un classique de la littérature française.

Vocabulaire de la lecture

afin de *in order to*
une cinémathèque *film library (often with theater)*
un cri *a shout, a cry*
cloîtrer *to cloister; to enclose*
l'espoir (*m.*) *hope*
greffer *to transplant; to graft*
mensonger/mensongère *lying; deceptive*
O.R.T.F. *Office de la Radio et de la Télévision françaises*
usé(e) *worn out*
la vérité *truth*

Vocabulaire utile

une contestation *a protest*
une grève (sur le tas) *a (sit-in) strike*
un orateur *speaker; orator*
le passé *past*
un préavis *notice*
protester *to protest*

1 **Les synonymes** Trouvez des synonymes dans le nouveau vocabulaire pour les mots suivants.

1. histoire ________
2. protestation ________
3. exclamation ________
4. souhait ________
5. fatigué ________
6. réalité ________
7. manifester ________
8. trompeur ________
9. enfermer ________
10. transplanter ________
11. pour ________
12. arrêt de travail ________

2 **Préparation** Lisez attentivement ces questions. Expliquez vos réponses et discutez-en avec un(e) camarade de classe.

1. Dites-vous toujours la vérité? Et quand vous étiez petit(e)?
2. Avez-vous connu des gens qui racontaient des mensonges? Quels types de mensonges?
3. Comment réagissez-vous aux mensonges? Pensez-vous qu'ils soient parfois justifiés?
4. Y a-t-il une cinémathèque à votre université? Si oui, quels genres de films peut-on y voir? Si non, trouvez-vous que ce soit une bonne idée? Pourquoi?
5. Avez-vous déjà participé à une grève ou à une contestation? Si non, en avez-vous observé une?

Note CULTURELLE

La France n'oubliera jamais les événements de **mai 1968**. Le pays était complètement paralysé par une grève générale et par des manifestations. **Les Français** étaient mécontents (*dissatisfied*) à tous les niveaux de la société et tout le monde manifestait en solidarité, pas seulement les étudiants et les ouvriers. On exigeait de la vieille garde l'évolution de traditions fossilisées qui empêchaient l'accès équitable aux possibilités d'avancement dans l'éducation et dans le travail.

MAI 1968

Jacques Prévert

Et si la jeunesse ouvre la bouche…

SUPERSITE

I

On ferme!
Cri du cœur des gardiens du musée homme usé
Cri du cœur à greffer
à rafistoler°
Cri d'un cœur exténué°
On ferme!
On ferme la Cinémathèque et la Sorbonne avec
On ferme!
On verrouille° l'espoir
On cloître les idées
On ferme!
O.R.T.F. bouclée°
Vérités séquestrées
Jeunesse bâillonnée°
On ferme!
Et si la jeunesse ouvre la bouche
par la force des choses
par les forces de l'ordre
on la lui fait fermer
On ferme!
Mais la jeunesse à terre
matraquée° piétinée°
gazée° et aveuglée°
se relève pour forcer les grandes portes ouvertes
les portes d'un passé mensonger
périmé°
On ouvre!
On ouvre sur la vie
la solidarité
et sur la liberté de la lucidité.

rafistoler: to patch up
exténué: exhausted
verrouille: bolts up
bouclée: with its mouth closed
bâillonnée: gagged
matraquée; piétinée: bludgeoned; trampled
gazée; aveuglée: gassed; blinded
périmé: expired

II

Des gens s'indignent que l'Odéon° soit occupé alors qu'ils° trouvent encore tout naturel qu'un acteur occupe, tout seul, la Tragi-Comédie-Française depuis de longues années afin de jouer, en matinée, nuit et soirée, et à bureaux fermés°, le rôle de sa vie, l'Homme providentiel, héros d'un très vieux drame du répertoire universel: l'Histoire ancienne°. ■

Odéon; ils: theater in Paris; while they
à bureaux fermés: full house
l'Histoire ancienne: History repeating itself

Analyse

1 Compréhension Répondez aux questions.

1. Donnez quelques mots ou expressions du poème qui expriment le sentiment de contestation.
2. Qui a un cœur à greffer, un cœur exténué?
3. Qui cloître les idées?
4. Qu'est-ce qui ferme?
5. Qui ferme tout?
6. Qui matraque et piétine la jeunesse?
7. Pourquoi la jeunesse se relève-t-elle?
8. Qui sont les personnes qui s'indignent que l'Odéon soit occupé?

2 Interprétation Répondez aux questions par des phrases complètes.

1. Pourquoi est-ce important de fermer les lieux?
2. Que représentent «les gardiens du musée homme usé»? Pourquoi désirent-ils tout fermer?
3. Pourquoi y a-t-il des hommes usés et des cœurs exténués?
4. Pourquoi est-ce que le passé est un passé mensonger?
5. Que représente l'acteur de la Tragi-Comédie-Française?
6. Pourquoi le poème a-t-il deux parties? En quoi sont-elles différentes?
7. Quel effet le poète veut-il produire par la répétition du cri «On ferme»?
8. Quelle est l'attitude du poète? Son opinion sur la situation est-elle évidente?

3 Imaginez Imaginez une conversation avec Jacques Prévert et puis jouez-la devant la classe. Un(e) camarade de classe joue le rôle de Prévert et l'autre joue le rôle de l'interviewer. Répondez à ces questions:

- Où était Prévert en mai 1968?
- A-t-il participé aux manifestations?
- Pourquoi a-t-il écrit le poème *Mai 1968*?

4 Rédaction Décrivez un problème que les étudiants d'aujourd'hui souhaitent résoudre (*to solve*) dans le monde. Suivez le plan de rédaction pour écrire votre point de vue sur les thèmes pour lesquels les étudiants actuels (*current*) manifestent. Dans votre rédaction, employez des verbes pronominaux, des adjectifs descriptifs et des adverbes.

Plan

1. **Présentation** Décrivez les changements que les étudiants d'aujourd'hui souhaitent voir dans le monde.
2. **Point de vue** Donnez votre propre point de vue sur les thèmes pour lesquels les étudiants actuels manifestent.
3. **Comparaison** Expliquez en quoi les mouvements d'aujourd'hui ressemblent à ceux de 1968 ou en diffèrent. Vous pouvez mentionner des événements en France ou dans votre propre pays.

SUPERSITE En ville

Les lieux

un arrêt d'autobus *bus stop*
une banlieue *suburb; outskirts*
une caserne de pompiers *fire station*
le centre-ville *city/town center; downtown*
un cinéma *cinema; movie theater*
un commissariat de police *police station*
un édifice *building*
un gratte-ciel *skyscraper*
un hôtel de ville *city/town hall*
un jardin public *public garden*
un logement/une habitation *housing*
un musée *museum*
le palais de justice *courthouse*
une place *square; plaza*
la préfecture de police *police headquarters*
un quartier *neighborhood*
une station de métro *subway station*

Les indications

la circulation *traffic*
les clous *crosswalk*
un croisement *intersection*
un embouteillage *traffic jam*
un feu (tricolore) *traffic light*
un panneau *road sign*
un panneau d'affichage *billboard*
un pont *bridge*
un rond-point *rotary; roundabout*
une rue *street*
les transports en commun *public transportation*
un trottoir *sidewalk*
une voie *lane; road; track*

descendre *to go down; to get off*
donner des indications *to give directions*
être perdu(e) *to be lost*
monter (dans une voiture, dans un train) *to get (in a car, on a train)*
se trouver *to be located*

Les gens

un agent de police *police officer*
un(e) citadin(e) *city-/town-dweller*
un(e) citoyen(ne) *citizen*
un(e) colocataire *roommate; co-tenant*
un(e) conducteur/conductrice *driver*
un(e) étranger/étrangère *foreigner; stranger*
le maire *mayor*
un(e) passager/passagère *passenger*
un(e) piéton(ne) *pedestrian*

Les activités

les travaux *construction*
l'urbanisme *city/town planning*
la vie nocturne *nightlife*

améliorer *to improve*
s'amuser *to have fun*
construire *to build*
empêcher (de) *to stop; to keep from (doing something)*
s'ennuyer *to get bored*
s'entretenir (avec) *to talk; to converse*
passer (devant) *to go past*
peupler *to populate*
rouler (en voiture) *to drive*
vivre *to live*

(peu/très) peuplé(e) *(sparsely/densely) populated*

Pour décrire

animé(e) *lively*
bruyant(e) *noisy*
inattendu(e) *unexpected*
plein(e) *full*
privé(e) *private*
quotidien(ne) *daily*
sûr(e)/en sécurité *safe*
vide *empty*

Court métrage

un lien *connection*
un marché *deal*
une rame de métro *subway train*
un sketch *skit*
une voie *means; channel*
un wagon *subway car*

duper *to trick*
se méfier de *to be distrustful/wary of*
se plaindre *(conj. like* **éteindre***) to complain*
se rassurer *to reassure oneself*
réitérer *to reiterate*
rejoindre *to join*
solliciter *to solicit*

débile *moronic*
gêné(e) *embarrassed*
insensible *insensitive*

Culture

une ambiance *atmosphere*
la batterie *drums*
un défilé *parade*
une fanfare *marching band*
une fête foraine *carnival*
un feu d'artifice *fireworks display*
une foire *fair*
une manifestation *demonstration*
le soutien *support*
un violon *violin*

s'étendre *to spread*
rassembler *to gather*
se réunir *to get together*
unir *to unite*

Littérature

une cinémathèque *film library*
une contestation *a protest*
un cri *a shout, a cry*
l'espoir (*m.*) *hope*
une grève (sur le tas) *a (sit-in) strike*
O.R.T.F. *Office de la Radio et de la Télévision françaises*
un orateur *speaker; orator*
le passé *past*
un préavis *notice*
la vérité *truth*

cloîtrer *to cloister; to enclose*
greffer *to transplant; to graft*
protester *to protest*

mensonger/mensongère *lying; deceptive*
usé(e) *worn out*

afin de *in order to*

LEÇON 3

L'influence des médias

La télévision. La radio. Internet. Les journaux. Les magazines. Nous sommes bombardés 24 heures sur 24, sept jours sur sept. Les médias divertissent. Ils informent. Ils mobilisent. Ils agacent. Ils font peur. Les médias sont-ils trop présents dans notre vie? Quelle influence ont-ils sur nous?

Peut-on absorber tout ce que les médias ont à proposer?

SUPERSITE L'univers médiatique

Les médias

l'actualité (*f.*) *current events*
la censure *censorship*
un événement *event*
un message/spot publicitaire; une publicité (une pub) *advertisement*
les moyens (*m.*) de communication; les médias (*m.*) *media*
la publicité (la pub) *advertising*
un reportage *news report*
un site web/Internet *web/Internet site*
une station de radio *radio station*

s'informer (par les médias) *to keep oneself informed (through the media)*
naviguer/surfer sur Internet/le web *to search the web*

actualisé(e) *updated*
en direct *live*
frappant(e)/marquant(e) *striking*
influent(e) *influential*
(im)partial(e) *(im)partial; (un)biased*

Les gens des médias

un(e) animateur/animatrice de radio *radio presenter*
un auditeur/une auditrice *(radio) listener*
un(e) critique de cinéma *film critic*
un éditeur/une éditrice *publisher*
un(e) envoyé(e) spécial(e) *correspondent*
un(e) journaliste *journalist*
un(e) photographe *photographer*
un réalisateur/une réalisatrice *director*
un rédacteur/une rédactrice *editor*
un reporter *reporter (male or female)*

un téléspectateur/une téléspectatrice *television viewer*
une vedette (de cinéma) *(movie) star (male or female)*

Le cinéma et la télévision

une bande originale *sound track*
une chaîne *network*
un clip vidéo; un vidéoclip *music video*
un divertissement *entertainment*
un documentaire *documentary*
l'écran (*m.*) *screen*
les effets (*m.*) spéciaux *special effects*
un entretien/une interview *interview*
un feuilleton *soap opera; series*
une première *premiere*
les sous-titres (*m.*) *subtitles*

divertir *to entertain*
enregistrer *to record*
retransmettre *to broadcast*
sortir un film *to release a movie*

La presse

une chronique *column*
la couverture *cover*
un extrait *excerpt*
les faits (*m.*) divers *news items*
un hebdomadaire *weekly magazine*
un journal *newspaper*

la liberté de la presse *freedom of the press*
un mensuel *monthly magazine*
les nouvelles (*f.*) locales/internationales *local/international news*
la page sportive *sports page*
la presse à sensation *tabloid(s)*
la rubrique société *lifestyle section*
un gros titre *headline*

enquêter (sur) *to research; to investigate*
être à la une *to be on the front page*
publier *to publish*

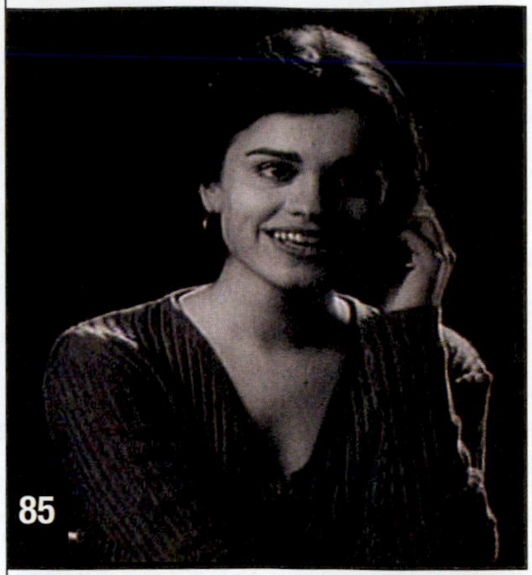

Destination:
QUÉBEC

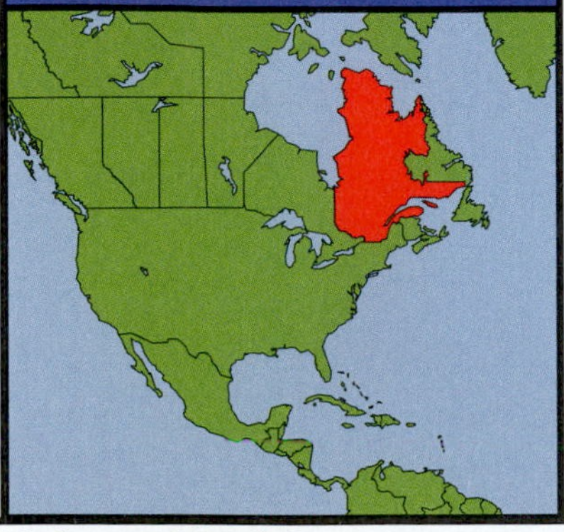

Mise en pratique

1 **Les analogies** Complétez chaque analogie à l'aide du mot le plus logique de la liste.

actualisé	la censure	frappant	un réalisateur	un site web
un auditeur	enregistrer	un journaliste	retransmettre	la une

1. un reporter : un reportage :: ________ : un journal
2. la télévision : un téléspectateur :: la radio : ________
3. important : influent :: marquant : ________
4. un rédacteur : un magazine :: ________ : un film
5. ________ : un journal :: la couverture : un magazine
6. un film : le cinéma :: ________ : Internet
7. une émission : ________ :: un divertissement : divertir
8. l'impartialité : la partialité :: la liberté de la presse : ________

2 **Quelques nouvelles** Complétez chaque phrase à l'aide des mots ou des expressions les plus logiques.

animateur	écran	en direct	média
clip vidéo	effets spéciaux	frappante	vedette

Reportage exclusif (1) ________ sur la chaîne TV5.

Cette (2) ________ de cinéma sort un nouveau film avec beaucoup d' (3) ________.

Son nouveau (4) ________ a détruit la réputation de ce chanteur.

L'influence des sites Internet: une enquête (5) ________!

Les déclarations partiales d'un (6) ________ de radio mettent ses auditeurs en colère.

3 **À votre avis** Dites si vous êtes d'accord ou pas avec chaque affirmation. Ensuite, comparez vos réponses avec celles de vos camarades de classe.

	Oui	Non
1. Aujourd'hui, il est plus facile de s'informer qu'avant.	☐	☐
2. Grâce aux médias, les gens connaissent mieux le monde.	☐	☐
3. La liberté de la presse est un mythe.	☐	☐
4. La publicité essaie de divertir le public.	☐	☐
5. La presse à sensation n'a qu'un seul objectif: informer le public.	☐	☐
6. On trouve plus de reportages impartiaux sur Internet que dans la presse.	☐	☐
7. Dans les médias, les images ont plus d'influence que les mots.	☐	☐
8. Si on veut s'informer, il vaut mieux regarder la télévision que lire les journaux.	☐	☐

4 **Un reportage** Avec un(e) camarade, imaginez que vous soyez reporter. Quel sujet choisiriez-vous pour votre prochain reportage? Préparez le reportage.

Préparation

ATTENTION!

Only certain forms of the irregular verb **émouvoir** are used in conversation.

Ce film m'a vraiment ému.

That film really moved me.

Il s'émeut facilement.

He is easily moved.

Vocabulaire du court métrage

une bague *ring*
un(e) comédien(ne) *actor*
un cours d'art dramatique *drama course*
un défaut *flaw*
émouvoir (*irreg.*) *to move*
un rôle *part, role*
séduire (*conj. like* ***conduire***) *to seduce; to captivate*
tourner *to shoot (a film)*

Vocabulaire utile

s'attendre à quelque chose *to expect something*
avoir le trac *to have stage fright*
exprimer *to express*
le comportement *behavior*
se comporter *to behave, to act*
égocentrique *egocentric*

EXPRESSIONS

Et encore! *If that!*
Moteur! *Action!*
Va/Allez savoir pourquoi! *Go figure!*

1 **Les acteurs** Magali et Sylvain parlent avec leur professeur d'art dramatique. Choisissez les mots de la liste qui complètent leur conversation.

PROFESSEUR Bonjour, et bienvenue à votre premier (1) ____________. Je suis votre professeur, le grand acteur Georges Gaboury. Pourquoi êtes-vous dans mon cours?

MAGALI Monsieur, je voudrais être actrice.

PROFESSEUR Vous voulez devenir une vraie (2) ____________ ou une vedette de cinéma, Mademoiselle?

MAGALI Je veux jouer des (3) ____________ dans lesquels j'aurai la capacité d'(4) ____________ le public.

SYLVAIN Moi, j'ai envie d'être réalisateur, mais avant de (5) ____________ un film, j'aimerais mieux comprendre les acteurs.

PROFESSEUR C'est admirable, jeune homme, mais pensez-vous que les comédiens (6) ____________ d'une manière différente des autres?

SYLVAIN Bien sûr! La plupart des acteurs ne pensent qu'à eux-mêmes: ils sont tellement (7) ____________!

PROFESSEUR Mon garçon, vous avez encore beaucoup à apprendre!

2 **Au cinéma** Répondez aux questions par des phrases complètes.

1. Quels genres de films aimez-vous le mieux? Les comédies? Les films d'action? Les films dramatiques? Les documentaires? Pourquoi?
2. Connaissez-vous des films presque entièrement basés sur un dialogue ou sur un monologue? Aimez-vous ce type de film, ou préférez-vous les films avec beaucoup d'action?
3. Est-ce qu'un bon dialogue dans un film est important pour vous? Expliquez votre réponse.

3 **Les comédiens dans les médias** Répondez aux questions avec un(e) camarade.

1. Les comédien(ne)s d'aujourd'hui sont harcelé(e)s par les médias et les paparazzi. Considérez-vous qu'ils doivent s'y attendre s'ils veulent être célèbres?
2. Les médias présentent tous les jours des interviews avec des comédien(ne)s. Y voit-on la «vraie» personne ou continuent-ils à jouer un rôle?
3. Croyez-vous ce que vous disent les médias à propos de ces personnes?

4 **Devant la caméra**

A. Répondez à chaque question et expliquez vos réponses à un(e) camarade.

	Oui	Non
1. Aimez-vous vous voir en photo ou en vidéo?	☐	☐
2. À votre avis, est-ce qu'une personne change de comportement devant une caméra?	☐	☐
3. Aimez-vous être le centre d'intérêt?	☐	☐
4. Seriez-vous prêt(e) à divulguer les détails de votre vie privée devant une caméra?	☐	☐
5. Parleriez-vous de votre vie privée devant un public?	☐	☐
6. Êtes-vous déjà, ou aimeriez-vous être un jour, comédien(ne)?	☐	☐

B. Discutez des questions par petits groupes.

1. Que ressentez-vous quand vous êtes le centre d'intérêt?
2. Quels traits de caractère faut-il avoir pour être comédien(ne)?

5 **L'audition** Répondez aux questions par groupes de trois.

1. Avez-vous déjà auditionné pour un rôle ou passé un entretien (*job interview*)? Quelles émotions ressent-on dans ce genre de situation? Avez-vous eu le rôle ou le poste?
2. Est-il plus important d'être soi-même ou de «jouer un rôle» pendant ces épreuves? Expliquez.
3. A votre avis, que faut-il faire si on n'est pas sélectionné?

6 **Photographies** Dans ce court métrage, une jeune fille passe une audition pour un rôle dans un film. À deux, regardez les photographies et imaginez ce qui va se passer. Est-ce que ce sera une expérience mémorable? Aura-t-elle le rôle?

SUPERSITE Regardez le court métrage sur **imaginez.vhlcentral.com**.

Émilie
Muller
Grand Prix du Meilleur Film du British Short Film Festival de Londres, 1994; Second Prix du Public au Festival d'Istanbul, 1995; Nominé aux Césars du Court-métrage, 1995
Une production de GRADIVA FILMS
Scénario, réalisation et production YVON MARCIANO Photographie PIERRE BEFVE
Montage MARIANNE RIGAUD Musique KHALIL CHAHINE Son XAVIER GRIETTE
Acteurs VERONIKA VARGA/YVON MARCIANO/OLIVIER RAMON/MARIE DAVID

INTRIGUE *Une jeune comédienne passe une audition.*

RÉALISATEUR Bonjour, asseyez-vous...
Vous vous appelez comment?
ÉMILIE Émilie Muller...
RÉALISATEUR Vous êtes comédienne?
ÉMILIE J'ai joué un petit rôle une fois, mais on ne peut pas appeler ça comédienne.

RÉALISATEUR Est-ce que vous pourriez me montrer ce qu'il y a dans votre sac à main?
ÉMILIE Dans mon sac?... Vous voulez que je vide mon sac°...
RÉALISATEUR Mmm... Vous tirez° un objet et vous me racontez ce que ça fait dans votre sac.

ÉMILIE Il n'y a rien d'extraordinaire... Un porte-monnaie... Un petit carnet° pour noter une histoire, une phrase que j'ai lue... c'est une manie° absurde...
RÉALISATEUR Pourquoi absurde?
ÉMILIE Ce qui compte vraiment, c'est inutile de le noter, on s'en souvient.

ÉMILIE Un... un stylo... C'est un cadeau de mon ami, pour son anniversaire.
RÉALISATEUR Pour *son* anniversaire?
ÉMILIE Oui, il a toujours préféré faire des cadeaux plutôt qu'en recevoir... Une carte postale... D'une amie... Elle vit au Brésil.
RÉALISATEUR Il reste des choses?

ÉMILIE Je crois que c'est fini là... Ah non, là, c'est ma mère. Elle était jeune. J'ai trouvé cette photo il y a quelques jours. C'est la première fois que je la vois dans les bras d'un autre homme que mon père.

RÉALISATEUR Bon, on peut couper, c'est fini. Merci beaucoup. On vous rappellera dans une semaine...
ÉMILIE D'accord, d'accord.
ÉMILIE s'en va.

vide mon sac *empty my bag/lay it all on the table* **tirez** *pull out* **carnet** *notebook* **manie** *habit*

Note
CULTURELLE

Henri Matisse
(1869–1954)

Émilie dit qu'elle a un billet Paris-Nice parce qu'elle a envie de voir une tombe: celle du grand peintre Henri Matisse. On considère qu'il est le chef d'un mouvement artistique, le Fauvisme. Bien que ce mouvement ne dure pas longtemps, les œuvres de Matisse connaissent un succès international, même de son vivant°. Il devient Citoyen d'Honneur de la ville de Nice dès sa mort en 1954. Matisse repose aujourd'hui dans le cimetière du Monastère de Cimiez qui se trouve près de sa dernière résidence et du musée Matisse.

de son vivant *during his lifetime*

Analyse

1 **Compréhension** Répondez aux questions par des phrases complètes.

1. De quelle origine est Émilie?
2. Comment a-t-elle appris qu'on cherchait une comédienne?
3. Qu'est-ce que le réalisateur demande à Émilie de faire?
4. Où Émilie a-t-elle reçu la pomme?
5. Quels emplois Émilie a-t-elle eus par le passé?
6. D'après Émilie, que signifie une nouvelle maison?
7. Qu'écrit-elle dans son carnet?
8. Que dit Émilie du stylo dans le sac?
9. Quels sont deux autres objets qu'Émilie montre au réalisateur?
10. À quoi Émilie compare-t-elle la recherche d'un livre unique?

2 **Interprétation** Répondez aux questions avec un(e) camarade.

1. Que pense le réalisateur quand Émilie lui dit qu'elle n'a pas beaucoup d'expérience comme comédienne?
2. Pourquoi le réalisateur court-il chercher Émilie à la fin du film?
3. À votre avis, est-il vrai qu'Émilie n'a que très peu d'expérience comme actrice, ou pensez-vous que c'est déjà une actrice professionnelle?
4. Pensez-vous que tout ce que dit Émilie est fictif ou dit-elle parfois la vérité dans son monologue?

3 **La vie d'Émilie Muller** Émilie répond à beaucoup de questions personnelles pendant son audition. Mais quelle est sa vie en dehors de ce studio de cinéma? À deux, répondez aux questions et comparez vos réponses avec celles de vos camarades.

- Où habite-t-elle?
- Quel travail a-t-elle?
- Qu'est-ce qu'elle aime faire?
- Sera-t-elle contente des résultats de son audition?
- Sera-t-elle une grande star du cinéma, ou restera-t-elle une jeune femme «normale»?
- Est-ce qu'elle achètera une maison dans la forêt?

4 **Le métier de comédien** Un(e) comédien(ne) a la responsabilité de séduire et de convaincre son public. Par groupes de trois, discutez de cette idée et décidez si Émilie Muller a réussi à vous séduire et à vous convaincre.

5 **L'improvisation** Répondez aux questions avec un(e) camarade.

1. Avez-vous déjà assisté à un spectacle d'improvisation ou en avez-vous vu un à la télévision? Aimez-vous ce type de spectacle? Expliquez votre réponse.
2. Avez-vous déjà fait de l'improvisation? Êtes-vous doué(e) pour cela? Que ressentiriez-vous si quelqu'un vous demandait d'improviser devant une caméra?

6 **À vous d'auditionner** Imitez l'audition d'Émilie Muller. Sortez cinq articles de votre sac et racontez à un(e) camarade une histoire pour chaque article, en quatre ou cinq phrases. Utilisez le court métrage comme modèle.

Des petites annonces... ça m'arrive de chercher du travail. J'aime bien lire les annonces de maisons aussi, parce que... je rêve d'avoir une maison à moi.

Une carte de donneur d'organes... Si je meurs, je fais don de mes organes...

7 **La télé-réalité** Les émissions de télé-réalité envahissent la télévision depuis les années 1990, avec *The Real World* sur MTV, puis *Survivor*, *Big Brother* et plusieurs autres. En principe, ces émissions montrent de vraies personnes qui réagissent à des situations parfois extrêmes. Par groupes de trois, discutez de ces émissions et répondez aux questions.

1. Aimez-vous ces émissions? Pourquoi?
2. Les personnages de ces émissions se comportent-ils de manière habituelle?
3. Quel effet a la caméra sur le comportement de ces personnes, à votre avis?
4. Qu'est-ce qu'il y a de réel dans ces émissions?

Qui saura peser (*weigh*) ce qu'il entre du comédien
dans tout homme public toujours en vue?

—Alfred de Vigny, écrivain français

IMAGINEZ

Pour plus de renseignements et d'activités, visitez **imaginez.vhlcentral.com**.

Une manifestation en faveur de la souveraineté du Québec

La souveraineté du Québec

Un **Québec** francophone et souverain, voilà l'idée que va défendre **René Lévesque** (1922–1987) pendant toute sa carrière politique. D'abord journaliste, Lévesque occupera plusieurs postes de ministre sous le gouvernement de **Jean Lesage** (1912–1980), **Premier ministre** du Québec dans les années 1960.

Pendant cette période, qu'on a appelée la **Révolution tranquille**, l'idée de la souveraineté du Québec, c'est-à-dire de la création d'un pays québécois à part entière°, domine le débat politique. L'éducation francophone et laïque° se développe et une vraie politique culturelle est mise en place. Les Québécois prennent conscience de leur identité propre et de leur culture francophone.

Ce phénomène se reflète surtout dans la chanson et dans le cinéma. Des chanteurs comme **Félix Leclerc** (1914–1988) et **Gilles Vigneault** (1928–) défendent l'idée de la souveraineté et font renaître la tradition de la chanson francophone québécoise. **Robert Charlebois** (1944–) reprend cette tradition et la modernise. Le cinéma québécois francophone se développe grâce à la création, en 1967, de la **Société de Développement de l'Industrie Cinématographique Canadienne** (SDICC) qui apporte une aide financière aux réalisateurs comme **Denys Arcand**.

Sur le plan politique, c'est en 1968 que René Lévesque fonde le **Parti québécois** ou PQ, qui demande la souveraineté du Québec. Quand Lévesque est élu Premier ministre en 1976, c'est la première fois qu'un tel° parti arrive au pouvoir.

René Lévesque, fondateur du Parti québécois

Dès° l'année suivante, la **Loi 101** pour la défense du français est votée. En effet°, beaucoup de jeunes Québécois choisissaient de recevoir une éducation en anglais. Cette loi oblige tous les immigrants à aller à l'école française. En outre°, l'affichage° doit être en français dans les lieux publics et dans les magasins.

Aujourd'hui, grâce à ces mesures, le Québec est à plus de 82% francophone. Cependant, le cœur° du programme indépendantiste est bien la souveraineté totale. Celle-ci ne peut vraiment se faire que si la majorité des Québécois votent en sa faveur.

Une série de **référendums** est organisée: si la population répond «oui», le Québec s'émancipera. Mais voilà: à chaque fois, le «non» l'emporte°! Au référendum de 1995, il n'y avait plus que 50.000 voix° de différence, alors les partisans du «oui» n'ont pas encore dit leur dernier mot. Affaire à suivre...

D'ailleurs...

Le 24 juillet 1967, le président français, **Charles de Gaulle**, qui est en visite à **Montréal**, proclame son soutien au mouvement de souveraineté du Québec. Pendant un discours° qu'il prononce du balcon de l'Hôtel de ville, il s'exclame: «Vive Montréal! Vive le Québec! Vive le Québec... libre! Vive le Canada français et vive la France!»

à part entière *on its own* **laïque** *secular* **un tel** *such a* **Dès** *From* **En effet** *Indeed* **En outre** *In addition* **affichage** *display/posting* **cœur** *core* **emporte** *wins* **voix** *votes* **discours** *speech*

Découvrons le Québec

Je me souviens Cette devise° est apparue sur les plaques d'immatriculation° québécoises en 1939. **Eugène-Étienne Taché**, architecte et homme politique québécois, fait graver°, en 1883, «Je me souviens» au-dessus de° la porte du parlement québécois. Taché n'a jamais précisé ce qu'il a voulu dire par ces mots, mais ils sont probablement liés à l'histoire de la Province que cette façade rappelle.

La fête de la Saint-Jean Le 24 juin, c'est le jour de la **Saint-Jean-Baptiste**, le patron des Canadiens francophones. C'est aussi, depuis 1977, la Fête nationale du Québec. Arrivée en Amérique avec les premiers colons français, cette fête, qui a des racines° à la fois païennes° et religieuses, y est célébrée depuis 1638 environ. Aujourd'hui, c'est un immense festival qui donne aux Québécois l'occasion de montrer leur fierté° et leur héritage culturel.

La poutine Elle consiste en un mélange de frites et de fromage Cheddar râpé°, le tout recouvert d'une sauce brune chaude qui fait fondre° le fromage. C'est une spécialité québécoise très appréciée qui trouve son origine dans les milieux ruraux° des années 1950. Aujourd'hui, au Québec, presque tous les restaurants à service rapide offrent de la poutine.

La ville souterraine de Montréal Construite vers 1960 et appelée **RÉSO** depuis 2004, la ville souterraine° comprend 60 complexes résidentiels et commerciaux reliés par° 30 kilomètres de tunnels. On y trouve sept stations de métro et deux gares qui desservent° la banlieue, des banques, des centres commerciaux, des bureaux et même des hôtels. Plus de 500.000 personnes y passent chaque jour, surtout en hiver!

devise *motto* **plaques d'immatriculation** *licence plates* **graver** *to engrave* **au-dessus de** *above* **racines** *roots* **païennes** *pagan* **fierté** *pride* **râpé** *grated* **fondre** *melt* **ruraux** *rural* **souterraine** *underground* **reliés par** *linked by* **desservent** *serve*

Le français parlé au Québec

Le joual (français québécois)

un abreuvoir	une fontaine; *drinking fountain*
l'achalandage (*m.*)	la circulation
une aubaine	une promotion; *sale, promotion*
avoir l'air bête	être désagréable, impoli
bienvenue	de rien
une blonde	une copine; *girlfriend*
bonjour	au revoir
un breuvage	une boisson
un char	une voiture
chauffer	conduire
un chum	un copain; *boyfriend, male friend*
la crème glacée	la glace
débarquer (du bus, du métro)	descendre
le déjeuner	le petit-déjeuner
le dîner	le déjeuner
être plein	avoir trop mangé; *to be full*
magasiner (faire du magasinage)	faire des courses
ça mouille	il pleut
le souper	le dîner

Atlan

SUPERSITE

Un artiste au goût éclectique

À FOND LA SONO

Pour plus de renseignements sur Atlan et sa musique, visitez **imaginez.vhlcentral.com**

D'abord batteur° dans un groupe, aujourd'hui auteur, compositeur, interprète et producteur, **Atlan** a grandi en écoutant toutes sortes de musique. En effet, ses parents lui ont appris qu'aucun genre musical n'était mauvais, mais qu'il y avait seulement de bons et de mauvais artistes. On note parmi ses artistes préférés les **Beatles**, **Jimi Hendrix**, **Crosby Still Nash and Young**, les **Clash** et **U2**. Son propre style est éclectique: pop, rock, ballades, etc. Son premier album, *Au bout de la route*, est un mélange de genres musicaux et de thèmes. *Paparazzi* est une chanson tirée de° cet album. Elle est née d'une promesse faite un jour à un joueur de football d'écrire une chanson sur le thème des paparazzis. Cette chanson est une satire du monde médiatique. Atlan nous montre que la médiatisation de certaines stars peut avoir de terribles effets sur leur liberté et sur leur vie privée.

Atlan partage sa créativité avec ses fans sur son site Internet **atlanmusic.com**, où on trouve photos et extraits de chansons.

batteur *drummer* **tirée de** *from*

Chansons

Album: *Au bout de la route* **(2004)**

La nausée
Paparazzi
L'aigle
On n'a qu'une mère
Mon meilleur souvenir
Tout l'monde s'en fout
Place Stanislas
Madame
Tout va bien
Au bout de la route

Paparazzi

Je vous suis comme un fantôme
Médias presse c'est mon royaume°
People scandales confessions
J'alimente° la perversion
Je suis un chasseur d'images
Je prends vos vies en otage°
Sans état d'âme° ni répit°
Je suis un

Paparazzi Paparazzi
Paparazzi Paparazzi
Paparazzi
Je guette° je flashe et je vends
Paparazzi

royaume *kingdom* **alimente** *feed* **otage** *hostage*
état d'âme *qualm* **répit** *rest*

guette *stalk*

SUPERSITE Qu'avez-vous appris?

1 **Vrai ou faux?** Indiquez si les affirmations sont vraies ou fausses, et corrigez les fausses.

1. L'un des plus grands défenseurs d'un Québec francophone et souverain était Félix Leclerc.
2. La notion de la souveraineté du Québec domine le débat politique, pendant la Révolution tranquille.
3. Le cinéma québécois francophone se développe grâce à la création du Parti québécois.
4. L'ancien président français Charles de Gaulle était pour la souveraineté du Québec.
5. «Je me souviens» est l'hymne national du Québec.
6. RÉSO est le nom donné à une fête québécoise importante.

2 **Questions** Répondez aux questions.

1. Pourquoi 1976 est-elle une année importante pour le Parti québécois?
2. Quel est une des conséquences de la Loi 101?
3. Qui sont les deux chanteurs qui contribuent à la renaissance de la chanson francophone québécoise?
4. Quelle sorte de fête est la Saint-Jean aujourd'hui?
5. Qu'est-ce que la poutine?
6. Comment peut-on décrire les chansons d'Atlan?

Projet SUPERSITE

Festivals au Québec

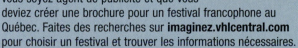

Vous connaissez déjà la fête de la Saint-Jean, mais le Québec est une Province aux multiples festivals. Imaginez que vous soyez agent de publicité et que vous deviez créer une brochure pour un festival francophone au Québec. Faites des recherches sur **imaginez.vhlcentral.com** pour choisir un festival et trouver les informations nécessaires.

- Quel est le nom du festival?
- Quelles sont ses dates?
- Quel est son thème?
- Que fait-on au festival pour s'amuser? (trois activités)

ÉPREUVE

Trouvez la bonne réponse.

1. ______ est un réalisateur francophone québécois.
   a. Denys Arcand b. Robert Charlebois
   c. Jean Lesage d. René Lévesque
2. ______ fonde le Parti québécois en 1968.
   a. Félix Leclerc b. Saint-Jean Baptiste
   c. Jean Lesage d. René Lévesque
3. ______ est pour la souveraineté du Québec.
   a. La majorité de la population canadienne
   b. Le Parti québécois c. Atlan d. La loi 101
4. Charles de Gaulle a soutenu ______.
   a. le mouvement de souveraineté du Québec
   b. Eugène-Étienne Taché c. la Loi 101
   d. la construction du RÉSO
5. La devise du Québec est ______.
   a. «Vive le Québec libre!»
   b. «Au bout de la route»
   c. un rappel de l'histoire
   d. un hommage à Lévesque
6. La phrase «Je me souviens» est inscrite sur ______.
   a. les permis de conduire québécois
   b. le drapeau québécois
   c. les plaques d'immatriculation
   d. les cartes d'électeurs
7. La Saint-Jean-Baptiste est ______.
   a. un parti politique
   b. un quartier souterrain
   c. une spécialité québécoise
   d. la Fête nationale du Québec
8. La poutine a son origine dans les ______ du Québec.
   a. chaînes internationales b. restaurants rapides
   c. milieux ruraux d. quartiers industriels
9. Dans le RÉSO, il y a des complexes résidentiels et commerciaux reliés par des ______.
   a. tunnels b. minibus
   c. tramways d. autoroutes
10. Dans *Paparazzi*, Atlan ______ le monde médiatique.
   a. idéalise b. ignore
   c. critique d. défend

GALERIE DE CRÉATEURS

SUR INTERNET

Pour plus de renseignements sur ces créateurs et pour explorer des aspects précis de leurs créations, à l'aide d'activités et de projets de recherche, visitez **imaginez.vhlcentral.com**

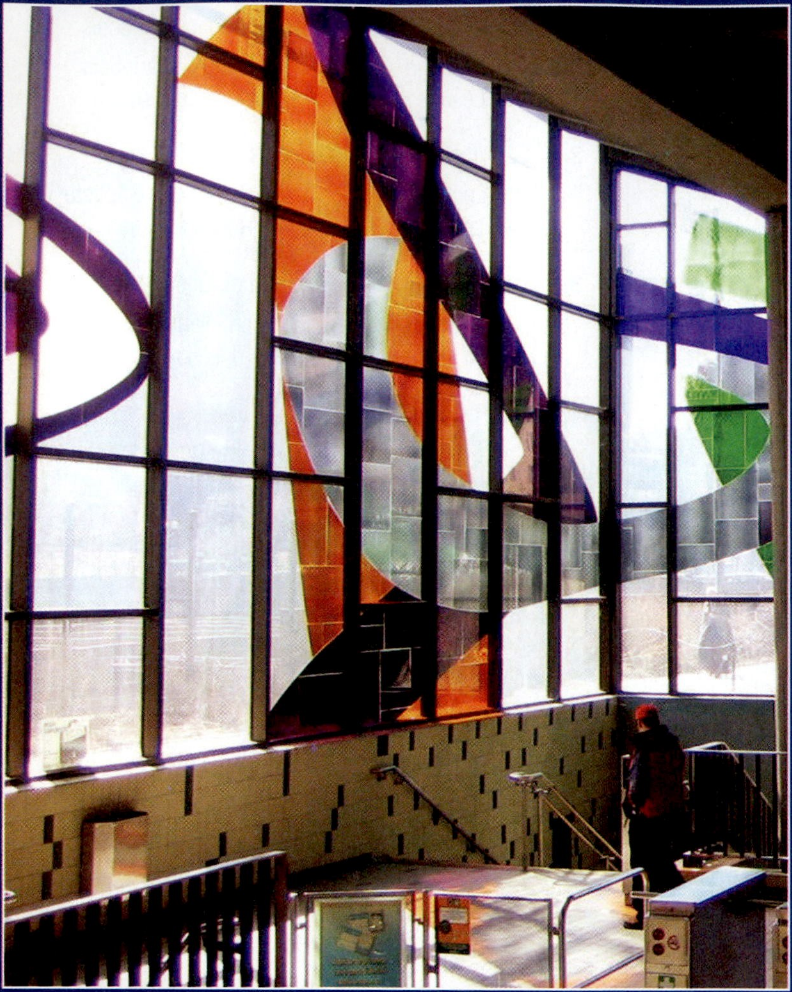

SCULPTURE/VERRERIE Marcelle Ferron (1924–2001)

Peintre, femme sculpteur et artiste verrier (*stained glass maker*), Marcelle Ferron était une figure importante de l'art contemporain québécois. Dès les années 1940, elle fait partie d'un mouvement artistique révolutionnaire de la Province, les Automatistes, dérivé du Surréalisme. Ce mouvement influence toute sa carrière. Elle prend aussi part à un manifeste politique et artistique appelé le Refus global. Publié le 9 août 1948, ce manifeste remet en question les valeurs traditionnelles de la société québécoise; il est à l'origine de la «Révolution tranquille», dans les années 1960, période de grandes transformations politiques, sociales, économiques et religieuses, comparable à mai 1968 en France. En 1953, Marcelle Ferron part vivre à Paris où elle apprend l'art du vitrail (*stained glass*), grâce auquel elle devient plus connue. On peut admirer ses œuvres dans certaines stations du métro de Montréal et dans d'autres villes du Québec.

DANSE Édouard Lock (1954–)

Né au Maroc, ce Québécois a vite trouvé son bonheur dans l'univers de la danse contemporaine. En 1975, à l'âge de 21 ans, il présente sa première chorégraphie. Quelques années plus tard, les Grands Ballets Canadiens l'invitent à réaliser des chorégraphies. Fort de ses expériences, il fonde, à 26 ans, sa propre troupe de danseurs, Lock-Danseurs, qui devient plus tard La La La Human Steps. Ses chorégraphies connaissent un succès international. En 1986, il reçoit le prestigieux Bessie Award à New York pour la reconnaissance (*recognition*) de son talent. Aujourd'hui, il travaille dans des théâtres du monde entier. Il a su créer un style, un langage qui n'appartiennent qu'à lui, où il cherche à retrouver les impressions de l'enfance.

LITTÉRATURE Antonine Maillet (1929–)

Née en Acadie, dans le Nouveau-Brunswick, cette romancière (*novelist*) et dramaturge de grand talent, qui a passé sa vie au Québec, commence sa carrière comme professeur de littérature à l'université. Elle se lance ensuite dans (*went into*) l'écriture avec un premier roman en 1958, suivi par une trentaine (*about thirty*) d'œuvres. Ses livres s'inspirent de la langue, de l'histoire, des traditions et des caractéristiques géographiques de l'Acadie. Antonine Maillet a été lauréate (*winner*) de plusieurs prix (*awards*) littéraires, dont le prix Goncourt en France, en 1979, pour son roman, *Pélagie la charrette*. Elle est la première femme écrivain francophone qui n'habite pas en France à l'avoir reçu. Membre du Haut conseil de la francophonie depuis 1987, elle contribue, par ses œuvres et son action, à promouvoir la littérature francophone.

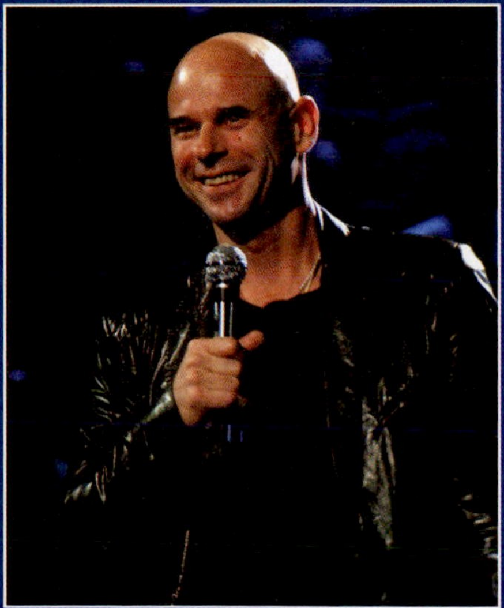

CIRQUE Guy Laliberté (1959–)

Le co-fondateur du Cirque du Soleil commence sa carrière à 14 ans, après avoir quitté la maison familiale. En 1982, il fait partie du Club des talons hauts (*high heels*), groupe d'acrobates des rues montés sur des échasses (*stilts*) qui jonglent, jouent de l'accordéon et crachent le feu (*eat fire*). C'est le début d'un nouveau concept du cirque. Et en 1984, l'année du 450e anniversaire de l'arrivée de Jacques Cartier au Canada, il crée le Cirque du Soleil avec un ami, Daniel Gauthier. Ils ont su imposer une idée novatrice du cirque où la beauté est aussi essentielle que les exploits des acrobates. Laliberté a été président du cirque jusqu'en 1990. Depuis, devenu homme d'affaires, il est l'administrateur du Cirque du Soleil qui rayonne (*shines*) sur plusieurs continents.

3.1 The *passé composé* with *avoir*

*—Il **a** toujours **préféré** faire des cadeaux plutôt qu'en recevoir.*

- To talk about completed events in the past, you can use the **passé composé**. The **passé composé** of most verbs is formed by combining the past participle of the main verb with the present tense of **avoir**.

Marcel **a gagné** au loto!

- In the **passé composé**, the form of **avoir** changes according to the subject, but the past participle usually remains the same. The past participles of regular -**er**, -**ir**, and -**re** verbs follow predictable patterns.

The *passé composé* of regular *-er*, *-ir*, and *-re* verbs

	manger	choisir	vendre
j'ai			
tu as			
il/elle a	mangé	choisi	vendu
nous avons			
vous avez			
ils/elles ont			

- Several irregular verbs also have irregular past participles.

avoir	eu	mettre	mis
boire	bu	ouvrir	ouvert
conduire	conduit	pleuvoir	plu
connaître	connu	pouvoir	pu
courir	couru	prendre	pris
croire	cru	recevoir	reçu
devoir	dû	rire	ri
dire	dit	savoir	su
écrire	écrit	suivre	suivi
être	été	vivre	vécu
faire	fait	voir	vu
lire	lu	vouloir	voulu

ATTENTION!

Whenever a direct object is placed before a past participle, the past participle agrees with it in gender and number. Compare these sentences:

Sophie a lu la bande dessinée.
(No agreement)
Sophie read the comic strip.

Sophie l'a lue.
(Past participle agrees with **bande dessinée**.)
Sophie read it.

BLOC-NOTES

For more information about past participle agreement with **avoir**, see **Fiche de grammaire 5.5, p. 408.**

Nous **avons pris** le train ce matin.

Il **a couru** longtemps.

- Use the **passé composé** to talk about completed actions or events in the past or to describe a reaction or change in state of mind or condition.

On **a enregistré** le feuilleton **lundi**. *We recorded the soap opera Monday.*	J'**ai vécu** en France **pendant six mois**. *I lived in France for six months.*
Soudain, on **a eu** peur. *Suddenly, we were afraid.*	**Hier**, il a commencé à pleuvoir. *Yesterday, it started to rain.*

- Sentences in the **passé composé** often include a reference to a specific moment in time or duration. These expressions are used frequently in the **passé composé**:

à ce moment-là *at that moment*	**pendant une heure (un mois, etc.)** *for an hour (a month, etc.)*
enfin *at last*	**récemment** *recently*
finalement *finally*	**soudain** *suddenly*
hier (matin, soir, etc.) *yesterday (morning, evening, etc.)*	**tout à coup** *all of a sudden*
immédiatement *immediately*	**tout de suite** *right away*
longtemps *for a long time*	**une fois (deux fois, etc.)** *once (twice, etc.)*
lundi (mardi, etc.) dernier *last Monday (Tuesday, etc.)*	

- In the **passé composé**, the placement of adverbs varies. These short adverbs go between the helping verb and the past participle:

assez	déjà	peut-être	toujours
beaucoup	encore	presque	trop
bien	enfin	seulement	vite
bientôt	longtemps	souvent	vraiment
	mal	sûrement	

- Some common longer adverbs, such as **probablement** and **certainement**, are also placed between the helping verb and the past participle.

Ils ont **certainement** invité Claude. *Certainly they invited Claude.*	Elle a **probablement** oublié le rendez-vous. *She probably forgot the appointment.*

- Longer adverbs can also follow the past participle, especially if they express the manner in which something is done.

J'ai trouvé le cinéma **facilement**. *I found the movie theater easily.*	Elle a parlé **rapidement** de sa carrière. *She spoke quickly about her career.*

BLOC-NOTES

You will learn more about when to use the **passé composé** and when to use the **imparfait** in **Structures 3.3, pp. 102–103.**

ATTENTION!

Remember, to negate a sentence in the **passé composé**, place the **ne… pas** (**ne... jamais**, etc.) around the helping verb.

Nous n'avons jamais vu ce documentaire.

Mise en pratique

SUPERSITE

Note CULTURELLE

Fondées en 1986, les éditions **L'instant même** ont commencé par publier des écrivains québécois. Aujourd'hui, cette maison d'édition québécoise publie des auteurs du monde francophone et d'ailleurs, principalement des essais, des nouvelles et des romans.

1 **À compléter** Mettez les verbes au passé composé.

1. La maison d'édition, L'instant même, ___________ (publier) cette anthologie.
2. Tu ___________ (ne pas enregistrer) mon émission préférée jeudi dernier?
3. Nous ___________ (attendre) deux heures sous la pluie.
4. Après avoir réfléchi, j' ___________ (choisir) une carrière dans le cinéma.
5. Céline Dion et Roch Voisine ___________ (chanter) une chanson ensemble.
6. Vous ___________ (entendre) la publicité pour le nouveau reportage à la radio?
7. Hier soir, au cinéma, je ___________ (ne pas pouvoir) lire les sous-titres.
8. Pendant deux ans, ma famille et moi ___________ (vivre) à Montréal.
9. Au centre-ville, je ___________ (ne pas conduire) ma voiture.
10. Vous ___________ (apprendre) le français au Québec?

2 **À transformer** Mettez chaque phrase au passé composé.

1. L'envoyée spéciale travaille tard. ______________________________
2. Je ne bois pas trop de café. ______________________________
3. D'abord, vous devez vérifier vos sources. ______________________________
4. Les acteurs jouent bien leur rôle. ______________________________
5. Malheureusement, il pleut sans arrêt. ______________________________
6. On veut s'informer. ______________________________
7. Dans ton métier de journaliste, tu dis toujours la vérité. ______________________________
8. Nous ne croyons jamais la presse à sensation. ______________________________
9. Ils suivent les documentaires sur l'histoire canadienne. ______________________________
10. Je ris à cause de cette bande dessinée. ______________________________

3 **À vous la parole!** Assemblez les parties de chaque colonne pour écrire une histoire au passé. Utilisez votre imagination!

A	B	C	D
récemment	je	connaître	
une fois	mon/ma camarade de chambre/colocataire	mettre	
la semaine dernière	mes amis/copains	savoir	
à ce moment-là	mon/ma (petit[e]) ami(e)	conduire	?
tout à coup	la vedette de cinéma	courir	
enfin	le photographe	suivre	
?	?	?	

Communication

4 **Vos activités** Voici une liste d'activités. Quand avez-vous fait ces choses récemment? Avec un(e) camarade de classe, posez-vous des questions à tour de rôle.

Modèle **écouter une bande originale**
—Quand est-ce que tu as écouté une bande originale récemment?
—J'ai écouté une bande originale ce matin.
—Quelle bande originale as-tu écoutée?
—J'ai écouté la bande originale du film *Walk the Line*.

regarder un documentaire	**lire un hebdomadaire**	**naviguer sur le web**
voir un feuilleton	**réussir à un examen**	**faire une annonce**
écrire/recevoir un e-mail	**graver un CD pour un(e) ami(e)**	**ouvrir un journal**
être en vacances	**prendre une photographie**	**rire aux éclats**

5 **La première** Imaginez que quelqu'un vous ait invité(e) à la première d'un film populaire. Avec un(e) camarade, discutez de l'événement auquel vous avez assisté le week-end passé.

- Quels vêtements as-tu mis?
- As-tu vu des personnes célèbres?
- Les reporters ont-ils interviewé les vedettes?
- Quelles questions ont-ils posées?
- Comment ont-elles répondu?
- Tes amis et toi, avez-vous pris des photos?
- De qui avez-vous fait la connaissance?
- ...?

6 **Les divertissements** Que faites-vous pour vous divertir? Quelles sortes d'activités pratiquez-vous?

A. Faites une liste de dix à quinze choses amusantes que vous avez faites ou que vous avez eu envie de faire le mois dernier.

B. À deux, demandez à votre camarade s'il/si elle a pratiqué les activités de votre liste et écrivez oui ou non à côté de chacune.

C. Par groupes de quatre, décrivez tour à tour ce que votre camarade a fait ou n'a pas fait le mois dernier. Limitez-vous à quatre ou cinq activités par personne.

3.2

The *passé composé* with *être*

*—Finalement c'est elle qui **n'est pas venue**.*
*—Et vous **êtes venue** quand même?*

- Some verbs use the present tense of **être** instead of **avoir** as the helping verb in the **passé composé**. Notice that most of them are verbs of motion.

Infinitive	Past participle	
aller	allé	*to go*
arriver	arrivé	*to arrive*
descendre	descendu	*to go down, to descend*
devenir	devenu	*to become*
entrer	entré	*to enter*
monter	monté	*to go up, to ascend*
mourir	mort	*to die*
naître	né	*to be born*
partir	parti	*to leave*
passer	passé	*to pass by*
rentrer	rentré	*to go back (home)*
rester	resté	*to stay*
retourner	retourné	*to return*
revenir	revenu	*to come back*
sortir	sorti	*to go out*
tomber	tombé	*to fall*
venir	venu	*to come*

- When the helping verb is **être**, the past participle agrees in gender and number with the subject.

Mélanie est **rentrée** tôt.
Mélanie came home early.

Ses parents sont **sortis**.
Her parents went out.

Je suis **arrivée** à l'hôtel.

Nous sommes **allés** au supermarché.

ATTENTION!

These verbs usually do not take direct objects. When they do take one, their meanings are usually different and they use the helping verb **avoir** instead of **être**.

Elle est sortie.
She went out.

Il a sorti un livre de son sac.
He took a book out of his bag.

Nous sommes passés par là.
We went through there.

Nous avons passé une semaine à faire ce reportage.
We spent a week doing that piece.

The verbs **monter**, **descendre**, and **rentrer** can also take direct objects.

BLOC-NOTES

For more information about past participle agreement, see **Fiche de grammaire 5.5, page 408.**

- Reflexive and reciprocal verbs also use the helping verb **être** in the **passé composé**. The reflexive or reciprocal pronoun is placed before the form of **être**.

Vous **vous êtes** blessé?
Did you hurt yourself?

On **s'est** téléphoné.
We phoned one another.

- To negate a reflexive or reciprocal verb in the **passé composé**, place the **ne... pas** (**ne... jamais**, etc.) around the pronoun and the helping verb.

Je **ne** me suis **pas** rappelé son nom.
I did not remember her name.

Tu **ne** t'es **pas** endormi avant minuit?
You didn't fall asleep before midnight?

- Like other verbs that take **être** in the **passé composé**, the past participle *usually* agrees in gender and number with the subject.

Elle s'est **habillée** rapidement.
She got dressed quickly.

Nous nous sommes **disputés**.
We argued.

Ils se sont **regardés** dans le miroir.

- If the verb is followed by a direct object, the past participle *does not agree* with the subject. Compare these two sentences.

Elle s'est **lavée**.
She washed (herself).

Elle s'est **lavé** les cheveux.
She washed her hair.

- Some reciprocal verbs take indirect rather than direct objects. In this case, the past participle *does not agree*. Here is a partial list of reciprocal verbs that take indirect objects: **s'écrire**, **se dire**, **se téléphoner**, **se parler**, **se demander**, and **se sourire**.

Nous nous sommes **écrit**.
We wrote to one another.

Elles se sont **demandé** pourquoi.
They wondered why.

Ils se sont **parlé**.

ATTENTION!

In the expression **se rendre compte de**, the past participle never agrees, because **compte** acts as the direct object and follows the verb.

Elle s'est rendu compte de la situation.
She became aware of the situation.

ATTENTION!

Remember, an indirect object in French is preceded by the preposition **à** when no pronoun is used.

Elle parle à Monsieur Guy.
She's talking to Mr. Guy.

Je téléphone souvent à mes parents.
I often call my parents.

Mise en pratique

1 **Des accusations** Votre patron est injuste et accuse souvent ses employés. Employez le passé composé pour lui prouver que ses accusations sont injustes.

Modèle **PATRON** Édouard arrive toujours en retard!
VOUS Mais non. Il *est arrivé* tôt hier.

PATRON Vous partez toujours à quatre heures!
VOUS Mais non. Nous (1) ____________ à six heures hier.
PATRON Élisabeth rentre toujours chez elle à midi!
VOUS Mais non. Elle (2) ____________ chez elle, à sept heures hier soir.
PATRON Vous revenez du déjeuner au bout de (*after*) trois heures!
VOUS Mais non. Je (3) ____________ au bout de vingt minutes aujourd'hui.
PATRON Personne ne vient au bureau le week-end!
VOUS Mais si. Abdel et Sofia (4) ____________ samedi.
PATRON Valérie et Carine descendent trop souvent au café!
VOUS Mais non. Elles (5) ____________ au café une fois.

2 **Grand reportage** Hier, l'équipe de la chaîne de télé a eu beaucoup de travail. Dites comment la journée a différé d'une journée normale.

Modèle **Le rédacteur se réveille à six heures normalement. (cinq heures)**
Hier, il s'est réveillé à cinq heures.

1. La journaliste se maquille une fois normalement. (trois fois)
2. Les réalisatrices se lèvent tôt normalement. (encore plus tôt)
3. Les envoyés spéciaux se couchent à minuit normalement. (une heure du matin)
4. La rédactrice et l'envoyée spéciale s'écrivent dix e-mails normalement. (trente)
5. Normalement, le reporter s'endort après le déjeuner. (après le dîner)

3 **Soirée romantique** Employez au passé composé chaque verbe de la liste, une fois avec **avoir** et une fois avec **être**.

descendre | **monter** | **passer** | **sortir**

Samedi, mon petit ami Arnaud et moi, nous (1) ____________ pour aller au cinéma. Arnaud voulait voir le nouveau film que Gaumont (2) ____________. Il (3) ____________ chez moi vers 18h00. Après le film, nous (4) ____________ la rue des Orfèvres, où Arnaud m'a acheté de belles fleurs. Nous avons dîné au Café des vedettes et ensuite, nous (5) ____________ sur la colline (*hill*), derrière la place du général de Gaulle. Nous (6) ____________ une heure plus tard. Arnaud a pris un bus pour rentrer chez lui, et moi, j'ai pris un taxi. Chez moi, ma mère (7) ____________ les fleurs dans sa chambre, parce que j'ai un secret qu'Arnaud ne connaît pas: je suis allergique aux fleurs! Mais nous (8) ____________ une très bonne soirée quand même.

Note CULTURELLE

La société de production cinématographique **Gaumont**, établie en 1895, est la plus ancienne du monde. Son fondateur, **Léon Gaumont**, est un pionnier de la production et de la distribution cinématographiques. Il met au point (*develops*) le projecteur avant de passer à la production de films et à l'ouverture de salles de cinéma. Aujourd'hui, Gaumont est une des sociétés françaises de cinéma les plus importantes.

Communication

4 **La semaine dernière** Circulez dans la classe pour demander à différent(e)s camarades s'ils/si elles ont fait ces choses la semaine dernière. Écrivez les noms dans la colonne de droite.

Modèle **aller au cinéma**
—Es-tu allé(e) au cinéma la semaine dernière?
—Oui, je suis allé(e) au cinéma. J'ai vu un excellent film!
—Ah bon? Lequel?

Activités	Noms
1. s'endormir pendant une émission	______________
2. rentrer après minuit	______________
3. se réveiller après onze heures du matin	______________
4. partir en voyage	______________
5. arriver en retard quelque part (*somewhere*)	______________
6. se disputer avec quelqu'un	______________
7. passer chez quelqu'un	______________
8. tomber	______________
9. se coucher avant neuf heures du soir	______________
10. devenir impatient(e)	______________

5 **En ville** Avec un(e) partenaire, parlez de la dernière fois que vous avez visité une ville.

Modèle —Et où es-tu allé(e) à Québec?
—Je suis allé(e) au musée de la Civilisation. Ma famille et moi, nous nous sommes promené(e)s sur la terrasse Dufferin aussi.

- Pourquoi y es-tu allé(e)?
- Quand es-tu parti(e)?
- Où t'es-tu promené(e)?
- Où es-tu sorti(e) le soir?
- Où es-tu resté(e)?
- Quand es-tu rentré(e)?

6 **Interview** Par groupes de trois, jouez le rôle d'un reporter et d'un couple vedette. Le couple décrit au reporter sa journée d'hier, une journée typique… de vedette! Utilisez les verbes de la liste au passé composé et jouez la scène pour la classe.

aller	s'habiller	se raser
arriver	se lever	rentrer
se brosser les dents	se maquiller	se réveiller
se coucher	partir	…?

3.3 The *passé composé* vs. the *imparfait*

—Sa mère ***est morte*** *sans avoir jamais rien lu de lui.*
Il se ***disait*** *que le prochain serait meilleur.*

- Although the **passé composé** and the **imparfait** both express past actions or states, the two tenses have different uses and, therefore, are not interchangeable.
- In general, the **passé composé** is used to describe events that were *completed* in the past, whereas the **imparfait** refers to *continuous* states of being or repetitive actions.

Uses of the passé composé

- Use the **passé composé** to express actions viewed by the speaker as completed.
- Use it to express the beginning or end of a past action.

L'émission **a commencé** à huit heures.
The show started at eight o'clock.

J'**ai fini** mes devoirs.
I finished my homework.

- Use it to tell the duration of an event or the number of times it occurred in the past.

J'**ai habité** en Europe pendant six mois.
I lived in Europe for six months.

Il **a regardé** le clip vidéo trois fois.
He watched the music video three times.

Ils **sont arrivés** à 14h00, ils **ont pris** un café et ils **sont partis**.

- Use it to describe a series of past actions.
- Use it to indicate a reaction or change in condition or state of mind.

Il **s'est fâché**.
He became angry.

À ce moment-là, j'**ai eu** envie de partir.
At that moment, I wanted to leave.

Uses of the imparfait

- Use the **imparfait** to describe ongoing past actions without reference to beginning or end.

Tu **faisais** la cuisine.
You used to cook.

Et moi, je **faisais** la vaisselle.
And I would do the dishes.

- Use it to express habitual actions in the past.

D'habitude, je **prenais** le métro.
Usually, I took the subway.

On se **promenait** dans le parc.
We used to take walks in the park.

Hier, Martine **était** malade.

- Use it to describe mental, physical, and emotional states.
- Use it to describe conditions or to tell what things were like in the past.

Les effets spéciaux **étaient** superbes!
The special effects were superb!

Il **faisait** froid.
It was cold.

The passé composé and the imparfait used together

- The **passé composé** and the **imparfait** often appear together in the same sentence or paragraph.
- When narrating in the past, the **imparfait** describes *what was happening*, while the **passé composé** describes the actions that *occurred* or *interrupted* the ongoing activity. Use the **imparfait** to provide background information and the **passé composé** to tell what happened.

Je **faisais** mes devoirs quand tu **es arrivé**.

Samedi soir, je **regardais** la télévision quand j'**ai entendu** un bruit bizarre. J'**avais** l'impression que c'**était** un animal. Le bruit **semblait** venir de la cuisine. J'**ai ouvert** la porte très lentement. Sur la table, il y **avait** un écureuil! Il **mangeait** mon pain. Quand il m'**a vue**, il **a eu** peur et il **est parti** par la fenêtre.

Saturday evening, I was watching television when I heard a strange noise. I had the impression that it was an animal. The noise seemed to be coming from the kitchen. I opened the door very slowly. On the table, there was a squirrel! It was eating my bread. When it saw me, it got scared and went out the window.

ATTENTION!

Here are some transitional words that are useful for narrating past events:

d'abord *first*
après *afterwards*
au début *in the beginning*
avant *before*
enfin *at last*
ensuite *next*
finalement *finally*
pendant que *while*
puis *then*

Different meanings in the imparfait and the passé composé

- The verbs **vouloir**, **pouvoir**, **devoir**, **savoir**, and **connaître** have particular meanings in the **passé composé** and in the **imparfait**.

infinitive	passé composé	imparfait
connaître	Quand as-tu **connu** ma femme? *When have you **met** my wife?*	Je **connaissais** très bien la ville. *I **knew** the city very well.*
devoir	Nous **avons dû** payer en espèces. *We **had to** pay in cash.* Il **a dû** oublier. *He **must have** forgotten.*	Je **devais** arriver à sept heures. *I **was supposed to** arrive at 7 o'clock.* Il **devait** faire ses devoirs le soir. *He **used to have to** do his homework in the evening.*
pouvoir	Il pleuvait, mais Florent **a pu** venir quand même. *It was raining, but Florent **managed to** come anyway.*	Elle **pouvait** m'aider. *She **could** help me.*
savoir	Il **a su** qui était le rédacteur. *He **found out** who the editor was.*	Elle **savait** vraiment chanter. *She really **knew** how to sing.*
vouloir	Véronique **a voulu** faire du ski. *Véronique **tried to** ski.* Je **n'ai pas voulu** aller avec lui. *I **refused** to go with him.*	Nous **voulions** aller à la première. *We **wanted** to go to the premiere.*

BLOC-NOTES

Savoir and **connaître** are *not* interchangeable. For more information about their uses, see **Fiche de grammaire 9.4, p. 422.**

Mise en pratique

1 **À compléter** Choisissez le passé composé ou l'imparfait pour compléter ces phrases.

1. Dans mon enfance, je/j' _________ (lire) presque tous les soirs *Stuart Little*.
2. Après avoir terminé leurs études, Hélène et Danielle _________ (devenir) rédactrices.
3. Le documentaire _________ (être) intéressant au début, mais on _________ (ne pas aimer) la fin.
4. Quand tu _________ (avoir) dix-huit ans, tu _________ (passer) une année au Canada.
5. Les enfants _________ (se coucher) quand vous _________ (rentrer).

2 **Une célébrité** Monique et Étienne sont allés au cinéma plus tôt ce soir. Complétez ce courriel et conjuguez logiquement les verbes à l'imparfait ou au passé composé.

arriver	bien rentrer	ne pas encore répondre	ne rien faire	recevoir
avoir	être	ne pas se parler	pleuvoir	voir

De: Étienne <etienne24@courriel.qu>
Pour: Monique <monique.compeau@courriel.ca>
Sujet: Une histoire incroyable!

Salut Monique,
Tu (1) _________ chez toi? Je m'inquiète parce que tu (2) _________ à mon texto. ☹ Tu l' (3) _________?

Tu ne vas jamais croire ce qui me/m' (4) _________ après notre rendez-vous au ciné. Tu te souviens qu'il (5) _________ à verse? Alors, je/j' (6) _________ en train de marcher vers mon arrêt de bus quand, tout à coup, je/j' (7) _________ notre réalisateur préféré—Denys Arcand! Son épouse et lui (8) _________ l'air pressé, donc nous (9) _________ immédiatement. Je/J' (10) _________ de mal, mais j'ai réussi à converser avec eux!

Appelle-moi bientôt pour qu'on en parle!

Grosses bises,
Étienne

3 **Des interruptions** Combinez les mots de chaque colonne pour dire ce que les gens faisaient quand ils ont été interrompus.

Modèle **Vous écoutiez la radio quand le téléphone a sonné.**

je	aller	quand	vous	commencer à...
tu	conduire		le professeur	dire que...
nous	dormir		mes parents	savoir que...
la vedette	écouter		mon ami(e)	sortir de...
vous	manger		le public	voir...
?	?		?	?

Note CULTURELLE

Denys Arcand est né en 1941 à Deschambault, au **Québec**. Il est réalisateur et scénariste de films comme *Le déclin de l'empire américain*, sorti en 1986 et nominé pour l'**Oscar** du meilleur film en langue étrangère en 1987. La suite de ce film, et un de ses autres chefs-d'œuvre, *Les Invasions barbares*, a reçu cet Oscar en 2003. Ces deux films (et *Jésus de Montréal* en 1990) ont aussi reçu le **Prix Génie** (*Genie Award*).

Communication

4

Des dates marquantes

A. Voici cinq événements marquants dans la vie de Benoît. À deux, posez-vous les questions à tour de rôle pour compléter la description de chaque événement.

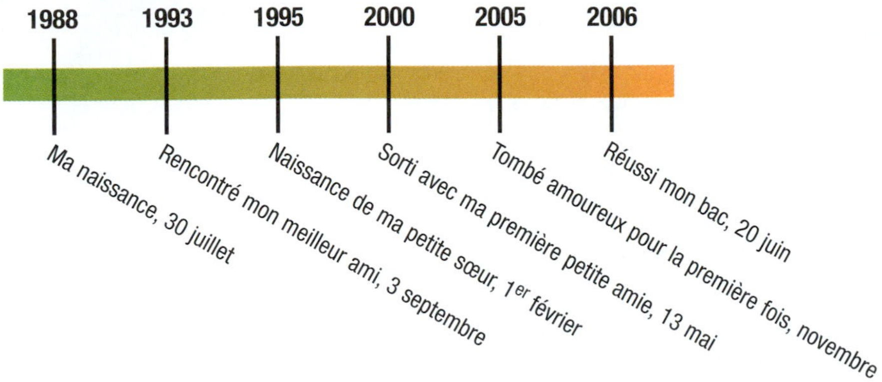

Modèle —Qu'est-ce qui s'est passé dans la vie de Benoît en 1988?
—Le 30 juillet 1988, Benoît est né.
—Où et avec qui était-il?
—Il était à l'hôpital avec sa mère.

B. Maintenant, pensez à cinq dates marquantes de votre vie et écrivez-les. Ensuite, par petits groupes, décrivez les détails de chaque événement.

Date	Qu'est-ce qui s'est passé?	Avec qui étiez-vous?	Où étiez-vous?	Quel temps faisait-il?
Modèle				
le 3 août 2006	J'ai fait la connaissance du président.	J'étais avec un copain.	Nous étions à New York.	Il pleuvait.

5

Une histoire Par groupes de trois ou quatre, complétez ces phrases, en utilisant (*using*) le passé composé ou l'imparfait. Ensuite, changez l'ordre des phrases pour raconter une histoire logique.

1. Ensuite, sur la chaîne 2, …
2. Pendant que nous…
3. Puis, à la station de radio, …
4. À ce moment-là, …
5. Soudain, …
6. Récemment, …

6

Interview À deux, jouez les rôles d'un reporter et d'une personne célèbre. Le reporter doit informer le public sur le passé de la personne et c'est à vous de décider ce que l'interviewé(e) a fait pour devenir célèbre. Utilisez le passé composé et l'imparfait dans toutes les questions et toutes les réponses.

Modèle **REPORTER** Saviez-vous que votre ex-fiancé s'est marié en secret avec l'actrice vedette de son dernier film?

VEDETTE Oui, bien sûr, je l'ai su tout de suite.

Synthèse

Au bout de trente ans

LES FAITS DIVERS

Le grand réveil

Marguerite Bouchard, de Jonquière, s'est réveillée vendredi dernier, après avoir passé trente ans dans le coma. Toute sa famille était choquée. Marguerite se promenait rue des Victoires en avril 1977 quand une voiture, qui roulait trop vite, l'a renversée° (struck).

Christophe, le frère aîné de Marguerite, était près d'elle et tapait° (was typing) une lettre sur son ordinateur, au moment où elle a ouvert les yeux et commencé à parler. Elle lui a demandé pourquoi sa machine à écrire° (typewriter) avait ce petit écran. Il s'est immédiatement rendu compte que sa sœur vivait encore dans le passé.

Pendant ces trente dernières années, bien sûr, Marguerite ne s'est pas informée.

Elle a cru, d'après° (according to) sa famille, que les vieilles vedettes de la télé qu'elle connaissait en 1977 étaient toujours célèbres. Toutes les émissions qu'elle préférait ne sont plus à la mode, et quand elle est sortie du coma, elle ne savait même pas qu'il est possible aujourd'hui de les enregistrer.

Marguerite, qui pendant si longtemps n'a pas eu de contact avec les moyens de communication, n'a jamais navigué sur Internet. Avant son accident, elle écoutait tous les jours des reportages à la radio et regardait les nouvelles à la télévision. Depuis 1977, Marguerite n'a lu ni journaux ni magazines.

1 Compréhension Répondez aux questions.

1. Qu'est-il arrivé à Marguerite au bout de trente ans?
2. Comment l'accident est-il arrivé?
3. Qu'est-ce que Marguerite a demandé à son frère?
4. De quoi Christophe s'est-il rendu compte?
5. Qu'est-ce que Marguerite a cru au sujet des vieilles vedettes?
6. Qu'est-ce que Marguerite n'a jamais fait?

2 Discussion Par groupes de trois, posez-vous ces questions.

1. Comment vous informez-vous? Lisez-vous le journal? Regardez-vous la télé? Y a-t-il un moyen de communication que vous préférez aux autres? Pourquoi?
2. Est-il important de connaître toute l'actualité? Pourquoi?
3. Combien de temps peut-il se passer au maximum sans que vous vous informiez des dernières nouvelles? Une heure? Une journée? Trente ans? Pourquoi?
4. Vous est-il arrivé de ne pas lire le journal, de ne pas regarder la télé, etc. pendant longtemps? Pendant combien de temps? Y a-t-il eu une nouvelle qui vous a surpris(e) après cette période?

3 Dans le journal Avez-vous déjà été le sujet d'un fait divers dans le journal? Que vous est-il arrivé? Par groupes de quatre, expliquez à vos camarades ce que le journal a écrit sur vous. Ensuite, partagez l'histoire la plus intéressante du groupe avec la classe.

Préparation

Vocabulaire de la lecture

atteindre (*conj. like* ***éteindre***) *to reach*
attirer l'attention (sur) *to draw attention to*
une controverse *controversy*
déclencher *to cause*
une enquête *investigation*
la foule *the masses*
un(e) militant(e) *activist*
une prise de conscience *realization*
un réseau *network*
soulever *to raise*

Vocabulaire utile

aborder *to tackle; to approach*
s'engager *to get involved*
une lutte *fight*
une politique *policy*
prendre des mesures pour *to take action to*
le reboisement *reforestation*
une voix *voice*

1 **Vocabulaire** Complétez les phrases à l'aide de la liste de vocabulaire.

1. La publicité se sert des médias pour __________ sur un produit.
2. Les journalistes font des __________ pour préparer leurs reportages.
3. Les vrais __________ écologistes défendent l'environnement en paroles et en actions.
4. Si l'opinion publique est divisée sur un sujet important, on dit qu'il y a une __________.
5. Pour provoquer des changements dans la société, il faut parfois __________ dans la politique.
6. Les écologistes cherchent à déclencher une __________ dans la population.
7. Internet permet aux journaux d'__________ un plus grand public.
8. Quand je vois une injustice, je __________ pour la réparer!

2 **L'influence des médias** Répondez aux questions et comparez vos réponses avec celles d'un(e) camarade.

1. Quels médias jouent un rôle important dans votre vie? Le cinéma? La télévision? Les journaux? Pourquoi jouent-ils un si grand rôle?
2. Les médias peuvent-ils divertir et informer en même temps? Expliquez.
3. La fiction peut-elle autant mobiliser le public que l'actualité? Expliquez.
4. Est-ce que les médias vous influencent, ou pensez-vous être insensible à leurs messages? Expliquez.
5. Quel est le meilleur moyen de diffuser un message et de mobiliser les gens? Pourquoi?
6. Les médias ont-ils déjà réussi à vous mobiliser pour défendre une bonne cause? Laquelle?

3 **Pour une bonne cause** Si nous découvrons une injustice, il ne nous est pas toujours possible de la réparer nous-mêmes. Selon (*According to*) l'article, il est nécessaire d'encourager les autres à s'engager. Qu'en pensez-vous? Par groupes de trois, discutez des différents moyens d'aborder un problème de société et de mobiliser la foule.

AUX ARBRES, citoyens!

1999. Grand tumulte au Québec! La population est divisée. Les entreprises de bois de construction° détruisent la forêt boréale canadienne et celle-ci diminue comme neige au soleil. C'est un documentaire québécois, *L'Erreur boréale*, qui a tout révélé et qui est à l'origine de cette controverse.

lumber companies

Le 8 septembre 1999, ce documentaire choc est passé à la télévision. Il a eu l'effet d'une bombe sur la population, avec ses images qui montraient la forêt surexploitée° et qui dénonçaient les pratiques des entreprises multinationales de bois de construction. Le film a soulevé la question de la responsabilité collective devant la destruction d'un environnement unique au monde, destruction dont les pouvoirs politiques n'admettaient pas l'évidence. En conséquence, la province s'est divisée en deux. Ceux qui étaient en faveur d'un environnement protégé accusaient les entreprises de détruire cette forêt. Les entreprises incriminées et ceux qui profitent de cette activité se défendaient. Le film était ainsi° devenu° l'instigateur d'un débat à grande échelle°, si bien que° la bombe a ensuite touché le monde politique. Tout cela a conduit à l'ouverture d'une enquête publique sur les gigantesques marchés du bois de construction et à des stratégies de conservation du patrimoine forestier. On pourrait dès lors° qualifier de militants écologistes les réalisateurs de ce film, Richard Desjardins et Robert Monderie, qui ont eu l'audace de parler de choses qui fâchent et de lancer un cri d'alarme°. La polémique° se poursuit° encore aujourd'hui grâce à un organisme, créé en 2003, destiné à défendre la forêt boréale contre la surexploitation.

overexploited
in this way / had become
large-scale / so much so that
consequently
wake-up call / debate (in general)
continues

Pour atteindre les personnes qui ont du pouvoir, il faut d'abord toucher le simple spectateur.

L'Erreur boréale n'est pas le premier film à avoir un aussi grand impact sur la population québécoise. Il y a déjà eu un précédent au Québec avec le film *L'homme qui plantait des arbres*, réalisé par Frédéric Back en 1987. Bien que ce soit un film d'animation, il a eu beaucoup de succès au Québec et à l'étranger, et a provoqué une forte réaction. Dans ce film, un homme simple et bon arrive à planter seul une forêt entière dans une région désertique de France, pour remplacer celle qui avait été° détruite. Le film s'est inspiré de la nouvelle du même titre de l'écrivain provençal, Jean Giono (1895–1970). Avec ce petit livre, Giono a voulu attirer l'attention du public sur le problème des forêts en France. La version cinématographique de *L'homme qui plantait des arbres* a reçu plusieurs prix, dont un Oscar. Ce film a réussi à mobiliser des milliers de personnes dans le monde entier. Et on a vu naître des campagnes de plantation d'arbres dans plusieurs régions du globe.

had been

La moitié du Québec est recouverte de forêts. Pour cette raison, tout ce qui touche à l'environnement intéresse forcément° la population. Pourtant, il n'existe pas de parti écologiste dans la province canadienne. Il y a uniquement un réseau associatif très actif. Dans ce contexte, le film, qu'il soit une œuvre de fiction ou un documentaire, tient une place essentielle. Il offre même une aide capitale aux militants qui s'en servent pour déclencher une prise de conscience dans la population.

inevitably

Il est bien connu que, souvent, pour faire changer les choses, c'est-à-dire atteindre les personnes qui en ont le pouvoir, il faut d'abord toucher le simple spectateur. Ces réalisateurs québécois ont réussi à faire bouger les foules sur des questions d'écologie et sur la mondialisation. Influence des médias, avez-vous dit? ■

Analyse

1 **Compréhension** Répondez aux questions par des phrases complètes.

1. Qu'a révélé le documentaire québécois dont on parle dans l'article?
2. Comment la population a-t-elle réagi après la diffusion de ce documentaire?
3. Qu'est-ce qui a été créé en 2003?
4. Quel autre film a abordé un sujet similaire à celui du documentaire *L'Erreur boréale*?
5. Résumez (*Summarize*) l'histoire de cet autre film.
6. Pourquoi ces films sont-ils importants, d'après les écologistes québécois?

2 **Réflexion** À deux, répondez aux questions par des phrases complètes.

1. Pourquoi compare-t-on le documentaire québécois à une bombe?
2. Qu'est-ce que c'est, pour vous, la responsabilité collective? Donnez-en trois ou quatre exemples.
3. Expliquez le parallèle entre le documentaire *L'Erreur boréale* et la nouvelle *L'homme qui plantait des arbres* de l'écrivain français Jean Giono.
4. À votre avis, est-il facile de faire un documentaire sur un sujet très controversé? Pensez-vous que les réalisateurs de ce film aient rencontré des obstacles en le tournant? Lesquels?
5. L'article compare les réalisateurs du film à des militants écologistes. À votre avis, est-il possible, pour un réalisateur, de présenter les deux points de vue d'une controverse de façon objective? Expliquez.

3 **Une carrière dans les médias** Est-ce que vous aimeriez travailler dans les médias? Quelles qualités faut-il posséder, à votre avis, pour être un(e) bon(ne) journaliste ou un bon reporter? Pensez-vous que vous puissiez avoir autant d'impact que les réalisateurs dont on parle dans l'article? Expliquez.

4 **Une œuvre originale** Par groupes de trois, choisissez une cause qui, d'après vous, mérite plus de couverture médiatique. Imaginez que vous fassiez un film pour attirer l'attention sur ce sujet. Quel effet voudriez-vous que votre film ait sur le public? Décidez si vous allez faire un documentaire ou une œuvre de fiction.

5 **L'influence des médias** L'article dit que le documentaire «a conduit à l'ouverture d'une enquête publique et à des stratégies de conservation du patrimoine forestier». Que pouvez-vous en déduire de l'influence des médias sur le public et sur le monde politique? Connaissez-vous d'autres situations où l'influence des médias a eu des résultats positifs? Ou des résultats négatifs?

Préparation

À propos de l'auteur

Patrick Cauvin (1932–), de son vrai nom Claude Klotz, est né à Marseille. Depuis 1944, la culture américaine le passionne, et on retrouvera cette passion dans ses livres. Dans les années 1970, il commence à écrire des critiques de films pour le journal *Pilote*. À cette époque, le public connaît Claude Klotz pour ses romans policiers. Mais c'est sous le nom de Patrick Cauvin et pour ses œuvres humoristiques qu'il devient vraiment célèbre; *e=mc² mon Amour*, *Pourquoi pas nous?* et *Monsieur Papa* figurent parmi (*are among*) les plus connues. L'humour et l'espoir sont toujours présents dans les livres de Patrick Cauvin, quelle que soit (*whatever*) la situation dans laquelle se trouvent ses personnages.

Vocabulaire de la lecture

à travers *throughout*
attendrissant(e) *endearing*
l'audace (*f.*) *boldness*
chacun(e) *each one*
constater *to notice*
une cuisse *thigh*
se déplacer *to travel; to move*
lointain(e) *distant*
par rapport à *compared to*
paraître (*conj. like* ***connaître***) *to seem*
prévoir *to predict*

Vocabulaire utile

autrefois *formerly*
l'avenir (*m.*) *future*
évoluer *to evolve*
mettre au point *to develop*
une nouveauté *development*

1 **Vocabulaire** Complétez ces titres de journaux à l'aide des mots de vocabulaire présentés sur cette page. Faites les accords ou ajoutez les articles nécessaires.

1. Un ________ incertain pour l'économie mondiale
2. Moins de crimes au centre-ville ________ l'année dernière
3. Des programmeurs ________ un logiciel anti-virus
4. Un professeur de l'Université Laval découvre deux planètes ________
5. Les météorologues ________ l'augmentation des températures sur la planète
6. À cause du prix de l'essence, les Québécois ________ moins cet été

2 **Discussion** À deux, répondez aux questions.

1. Quelles nouveautés ou inventions du siècle dernier rendent la vie plus agréable?
2. Quelles nouveautés du siècle dernier sont complètement inutiles?
3. Quelles nouveautés du siècle dernier nous sembleront ridicules en 2222?
4. Quelles nouveautés ou inventions verrons-nous avant 2222?

3 **Albert Robida** À deux, lisez la note culturelle et répondez à ces questions.

- Quelles nouveautés du monde moderne Robida a-t-il prévues?
- Quelles inventions existaient déjà à l'époque de Robida?
- Quelles sont les inventions d'aujourd'hui qui ont permis à Cauvin d'imaginer l'avenir?

Note CULTURELLE

Albert Robida (1848–1926), dessinateur, caricaturiste et romancier (*novelist*) français, était un grand visionnaire. D'après lui (*According to him*), ses inventions pouvaient devenir réalités au 20e siècle. Il a en effet prévu des nouveautés qui aujourd'hui font partie du monde moderne: le tourisme de masse, les missiles robotisés et le téléphonoscope, grand écran suspendu au mur qui diffuse constamment les dernières nouvelles.

CHRONIQUES de l'an 2222

Patrick Cauvin

Ce n'est pas sans une certaine nostalgie que nous avons récemment retrouvé des exemplaires de *l'Express* de l'an 2222. Comme le temps passe... Un monde encore balbutiant° s'y profile, curieusement attendrissant, nous sommes parfois surpris de ces audaces qui nous paraissent aujourd'hui si dérisoires. Nous avons, oubliant les avatars° politiques par ailleurs° notoirement répétitifs, choisi quelques articles dans ce qui s'appelait alors les «faits de société». Regardons ces hommes vivre à travers ces lignes: ils étaient les parents de nos grands-parents.

in its infancy
mishaps
by the way

Numéro de février 2222

C'est donc, cette fois, décidé: aucun public ne sera admis dorénavant° aux différentes rencontres sportives.

from now on

Cette vieille tradition était en effet devenue caduque° depuis longtemps. Économiquement, les rentrées° d'argent dues au paiement de chaque place ne représentaient plus qu'une somme absolument dérisoire par rapport aux droits de reproduction télévisée, nationaux ou internationaux; de plus, les moyens de diffusion en 3 D ayant° atteint la perfection que l'on connaît, se déplacer était véritablement absurde.

obsolete
returns
having

Comme le temps passe...

Certains puristes regrettant l'ambiance particulière des stades, un effort a été réalisé en leur faveur. Puisque, dorénavant, les gradins° seront virtualisés par une technique qui a aujourd'hui fait ses preuves°, le public donnera donc l'impression d'être présent: ainsi, les scénaristes d'animation prévoient des faux

bleachers
proved itself

happenings quasi instantanés, bagarres° virtuelles entre supporters virtuels, charges de CRS° virtuels, etc. Une bande d'intensité sonore variant avec le jeu sera diffusée de façon à restituer le plus exactement possible l'ambiance de la foule désormais absente.

L'Olympique de Marseille°, toujours à l'avant-garde du progrès, alignera d'ailleurs dimanche contre le PSG° son premier joueur virtuel. Une tentative intéressante, dont l'entraîneur attend beaucoup: une affaire à suivre.

Numéro de juin 2222

Saluons l'apparition sur le marché d'une nouvelle agence, Publi-Pub, spécialisée dans la publicité des agences de publicité. Ayant en effet constaté que les publicistes n'avaient guère° de temps à consacrer à leur propre publicité, Publi-Pub va dorénavant s'en charger, arguant également du fait que les publicitaires n'étaient pas formés à vanter° leurs mérites personnels.

Publi-Pub a donc décidé de confier sa propre publicité à Pub-Pub-Publi, agence dont la tâche consistera essentiellement à faire la publicité des agences chargées de la publicité des agences de pub.

Bienvenue également à cette dernière, dont on peut toutefois° se demander si elle compte faire elle-même sa publicité; dans le cas contraire, qui s'en chargera?

Numéro d'août 2222

Enfin!

La FED (Fédération multisport européenne) vient d'intervenir dans le problème délicat du sponsoring des joueurs de haut niveau.

Il semble qu'une limite ait été° atteinte aux derniers internationaux de France, où Jimmy Bango s'est présenté sur le court avec 257 badges différents, éparpillés° du sommet de sa casquette jusqu'à ses chaussures, en passant par les chaussettes, les genouillères°, la raquette, le short, le maillot, les coudières°, les poignets°, la serviette, etc. Le fait que le blanc du tissu° n'apparaisse plus semble avoir ému les officiels – on se souvient que le record a été battu à Flushing Meadow par le jeune Japonais Ku Shinto, qui, en plus des badges agrafés° sur ses vêtements et survêtements, s'était fait tatouer°, arborant° ainsi une Kawasaki 250 sur la cuisse droite et une Honda 500 sur la gauche.

Depuis longtemps, ce problème avait inquiété les responsables des sports d'équipe eux-mêmes, puisque°, par accord du 17 décembre 2204, les entreprises avaient le droit de sponsoriser non plus une seule équipe, mais les joueurs individuellement: ainsi, le Paris-Saint-Germain avait battu un record lorsque° onze sponsors différents s'étaient attribué les onze joueurs, exigeant de chacun d'eux qu'il portât° un maillot à leur marque et à leurs couleurs. Le fait qu'aucun joueur d'une même équipe n'ait les mêmes couleurs de maillot que ses coéquipiers entraînait° sur le terrain de graves mésententes° et semblait nuire° au jeu lui-même. Une solution prochaine va devoir être apportée à ce problème.

[...]

Échos d'un passé lointain, ces pages aujourd'hui nous émeuvent. Se peut-il que nous ayons été aussi différents, et aussi semblables, de ce que nous sommes aujourd'hui? Qu'évoquent pour les nouvelles générations les mots «football», «publicité», «CRS», [...] et bien d'autres? Plus rien sans doute.

Autres temps, autres mœurs°, comme le disait un dicton sans doute venu d'un autre âge... ■

fights
French riot police
Marseilles soccer team
Paris soccer team
hardly had
to praise
however
has been
scattered
kneepads
elbow pads / wrists
fabric
fastened
had been tattooed / sporting
since
when
that he wear
led to
disagreements / to harm
customs

Analyse

1 **Compréhension** Répondez aux questions, si possible par des phrases complètes.

1. Pourquoi la tradition du public présent aux rencontres sportives est-elle devenue caduque?
2. Qu'est-ce que certains puristes regrettaient? Qu'a-t-on fait pour eux?
3. Pourquoi y aura-t-il une bande sonore?
4. Dans quoi l'agence Publi-Pub est-elle spécialisée?
5. Que fait Pub-Pub-Publi?
6. Combien de badges Jimmy Bango a-t-il portés? Où les a-t-il portés?
7. Comment le Japonais Ku Shinto a-t-il battu le record des badges?
8. Qu'est-il arrivé quand les onze joueurs du PSG ont chacun porté un maillot différent?

2 **Interprétation** À deux, répondez aux questions par des phrases complètes.

1. Quelle attitude le narrateur adopte-t-il face au monde du passé, c'est-à-dire, au monde de l'an 2222?
2. Si 2222 fait partie du passé, en quelle année vit le narrateur, à votre avis? Pourquoi?
3. Patrick Cauvin utilise beaucoup d'éléments ridicules pour décrire l'an 2222. Quels sont ces éléments?
4. Que signifie le dicton «Autres temps, autres mœurs»?
5. *Chroniques de l'an 2222* est une réflexion à la fois sur le passé et sur l'avenir. Comment est-ce possible?
6. À votre avis, que dit Patrick Cauvin sur l'évolution de notre société?

3 **Imaginez** À deux, choisissez l'année où vit le narrateur de *Chroniques de l'an 2222*. Faites une liste de trois différences entre le monde du narrateur et celui de l'an 2222. Servez-vous du nouveau vocabulaire et des nouvelles structures.

4 **Rédaction** Suivez le plan de rédaction pour écrire un article où vous faites un commentaire sur le monde du passé. Vous pouvez vous placer dans le monde d'aujourd'hui ou, comme dans *Chroniques de l'an 2222*, dans une époque différente.

Plan

1. **Présentation** Précisez l'année que vous allez décrire et qui se trouve dans le passé. Pourquoi avez-vous choisi cette année-là?
2. **Point de vue** Quelle est votre attitude face à cette époque? Expliquez comment elle diffère de la vôtre (*yours*) ou de l'année dans laquelle vous vous êtes placé(e) dans le futur. Donnez au moins trois exemples précis.
3. **Conclusion** Résumez (*Summarize*) votre opinion. Quelle leçon ou morale tirez-vous (*do you draw*) de votre réflexion sur le passé?

L'univers médiatique

Les médias

l'actualité (*f.*) *current events*
la censure *censorship*
un événement *event*
un message/spot publicitaire; une publicité (une pub) *advertisement*
les moyens (*m.*) de communication; les médias (*m.*) *media*
la publicité (la pub) *advertising*
un reportage *news report*
un site web/Internet *web/Internet site*
une station de radio *radio station*

s'informer (par les médias) *to keep oneself informed (through the media)*
naviguer/surfer sur Internet/le web *to search the web*

actualisé(e) *updated*
en direct *live*
frappant(e)/marquant(e) *striking*
influent(e) *influential*
(im)partial(e) *(im)partial; (un)biased*

Les gens des médias

un(e) animateur/animatrice de radio *radio presenter*
un auditeur/une auditrice *(radio) listener*
un(e) critique de cinéma *film critic*
un éditeur/une éditrice *publisher*
un(e) envoyé(e) spécial(e) *correspondent*
un(e) journaliste *journalist*
un(e) photographe *photographer*
un réalisateur/une réalisatrice *director*
un rédacteur/une rédactrice *editor*
un reporter *reporter (male or female)*
un téléspectateur/une téléspectatrice *television viewer*
une vedette (de cinéma) *(movie) star (male or female)*

Le cinéma et la télévision

une bande originale *sound track*
une chaîne *network*
un clip vidéo; un vidéoclip *music video*
un divertissement *entertainment*
un documentaire *documentary*
l'écran (*m.*) *screen*
les effets (*m.*) spéciaux *special effects*
un entretien/une interview *interview*
un feuilleton *soap opera; series*
une première *premiere*
les sous-titres (*m.*) *subtitles*

divertir *to entertain*
enregistrer *to record*
retransmettre *to broadcast*
sortir un film *to release a movie*

La presse

une chronique *column*
la couverture *cover*
un extrait *excerpt*
les faits (*m.*) divers *news items*
un hebdomadaire *weekly magazine*
un journal *newspaper*
la liberté de la presse *freedom of the press*
un mensuel *monthly magazine*
les nouvelles (*f.*) locales/internationales *local/international news*
la page sportive *sports page*
la presse à sensation *tabloid(s)*
la rubrique société *lifestyle section*
un gros titre *headline*

enquêter (sur) *to research; to investigate*
être à la une *to be on the front page*
publier *to publish*

Court métrage

une bague *ring*
un(e) comédien(ne) *actor*
le comportement *behavior*
un cours d'art dramatique *drama course*
un défaut *flaw*
un rôle *part, role*

s'attendre à quelque chose *to expect something*
avoir le trac *to have stage fright*
se comporter *to behave, to act*
émouvoir (*irreg.*) *to move*
exprimer *to express*
séduire (*conj. like* ***conduire***) *to seduce; to captivate*
tourner *to shoot (a film)*

égocentrique *egocentric*

Culture

une controverse *controversy*
une enquête *investigation*
la foule *the masses*
une lutte *fight*
un(e) militant(e) *activist*
une politique *policy*
une prise de conscience *realization*
le reboisement *reforestation*
un réseau *network*
une voix *voice*

aborder *to tackle; to approach*
atteindre (*conj. like* ***éteindre***) *to reach*
attirer l'attention (sur) *to draw attention to*
déclencher *to cause*
s'engager *to get involved*
prendre des mesures pour *to take action to*
soulever *to raise*

Littérature

l'audace (*f.*) *boldness*
l'avenir (*m.*) *future*
chacun(e) *each one*
une cuisse *thigh*
une nouveauté *development*

constater *to notice, to ascertain*
se déplacer *to travel; to move*
évoluer *to evolve*
mettre au point *to develop*
paraître (*conj. like* ***connaître***) *to seem, to appear*
prévoir *to predict*

attendrissant(e) *endearing*
lointain(e) *distant*

à travers *throughout*
autrefois *in the past*
par rapport à *compared to*

LEÇON 4

La valeur des idées

Qu'est-ce qui donne de la valeur à une idée? Son originalité, l'impact qu'elle peut avoir sur un groupe ou sur une société? Cependant, une nouvelle idée fait parfois peur aux membres d'un groupe, parce qu'elle les oblige à changer, et il faut souvent du courage pour la faire adopter. Une idée, même bonne, sert-elle à quelque chose, s'il n'y a personne pour la mettre en pratique?

Une société a toujours besoin de groupes qui défendent des idées.

Destination:
ANTILLES

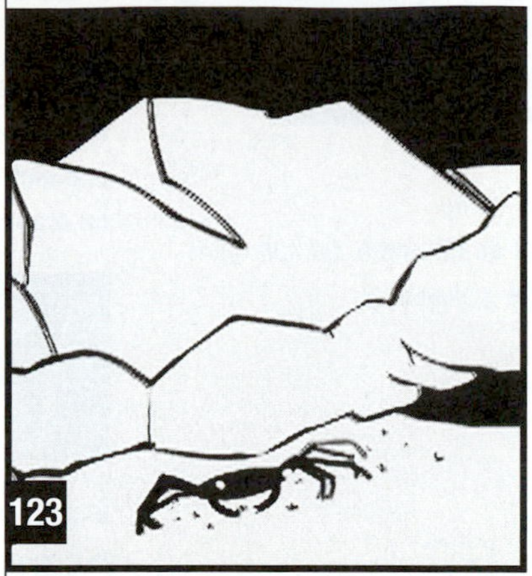

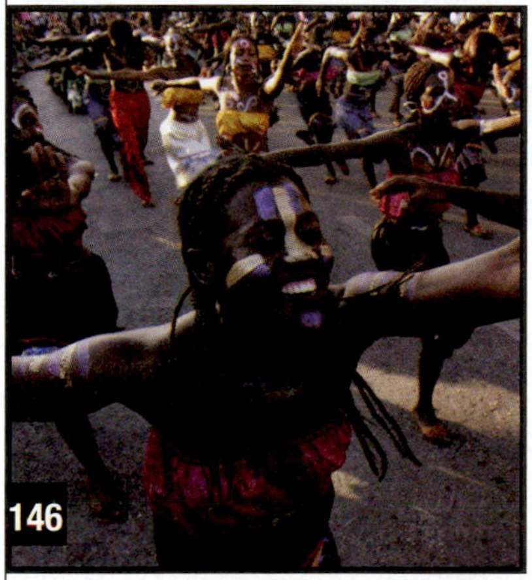

La justice et la politique

Les lois et les droits

un crime *crime*
la criminalité *crime*
les droits (*m.*) de l'homme *human rights*
une (in)égalité *(in)equality*

une (in)justice *(in)justice*
la liberté *freedom*
un tribunal *court*

abuser *to abuse*
approuver une loi *to pass a law*
défendre *to defend*
emprisonner *to imprison*
juger *to judge*

analphabète *illiterate*
coupable *guilty*
(in)égal(e) *(un)equal*
(in)juste *(un)fair*
opprimé(e) *oppressed*

La politique

un abus de pouvoir *abuse of power*

une armée *army*
une croyance *belief*
la cruauté *cruelty*
la défaite *defeat*
une démocratie *democracy*
une dictature *dictatorship*
un drapeau *flag*

le gouvernement *government*
la guerre (civile) *(civil) war*
la paix *peace*
un parti politique *political party*
la politique *politics*
la victoire *victory*

avoir de l'influence (sur) *to have influence (over)*
se consacrer à *to dedicate oneself to*
élire *to elect*
gagner/perdre les élections *to win/lose elections*
gouverner *to govern*
voter *to vote*

conservateur/conservatrice *conservative*
libéral(e) *liberal*
modéré(e) *moderate*
pacifique *peaceful*
puissant(e) *powerful*
victorieux/victorieuse *victorious*

Les gens

un(e) activiste *militant activist*
un(e) avocat(e) *lawyer*

un(e) criminel(le) *criminal*
un(e) député(e) *deputy (politician); representative*
un homme/une femme politique *politician*
un(e) juge *judge*
un(e) juré(e) *juror*
un(e) président(e) *president*
un(e) terroriste *terrorist*
une victime *victim*
un voleur/une voleuse *thief*

La sécurité et le danger

une arme *weapon*
une menace *threat*
la peur *fear*

un scandale *scandal*
la sécurité *security, safety*
le terrorisme *terrorism*
la violence *violence*

combattre (*irreg.*) *to fight*
enlever/kidnapper *to kidnap*
espionner *to spy*
faire du chantage *to blackmail*
sauver *to save*

SUPERSITE Mise en pratique

1 **Synonymes et antonymes** Remplissez la liste de synonymes et d'antonymes pour les mots suivants.

Synonymes		Antonymes	
1. équivalence	________	6. défaite	________
2. terreur	________	7. guerre	________
3. protéger	________	8. victime	________
4. pacifiste	________	9. conservateur	________
5. opinion	________	10. innocent	________

2 **Qui est-ce?** Dites qui parle dans chaque situation.

1. une activiste 2. un terroriste 3. un voleur 4. une avocate 5. un homme politique

____ a. J'espionnais des résidences dans un quartier riche. Quand une famille est partie en vacances, je suis entré dans leur maison. Je n'ai pas eu le temps de prendre l'argent, parce que des policiers sont arrivés. J'ai essayé de fuir, mais ils m'ont arrêté. Au tribunal, le juge m'a condamné à trois mois de prison.

____ b. Je suis membre d'un groupe politique qui croit en la démocratie. Nous sommes pour la liberté des citoyens du monde et contre la dictature. Nous combattons les dictatures, parce que nous pensons que c'est une forme d'emprisonnement.

____ c. Je m'occupe des affaires publiques dans ma région. Aux dernières élections, soixante-quinze pour cent des habitants qui ont voté m'ont choisi. J'ai aussi gagné les élections il y a quatre ans.

____ d. Je m'intéresse beaucoup plus à la justice qu'à la politique. Chaque jour, je défends mes clients, qui sont souvent victimes d'injustices. En plus, je me consacre à la défense des droits de l'homme.

____ e. Je suis membre d'une armée spéciale. Nous faisons peur aux gens pour les informer sur nos croyances et sur nos luttes. Nous utilisons aussi la violence et la cruauté pour détruire ce qui est injuste dans le monde. Nous faisons fréquemment du chantage pour atteindre notre but.

3 **Définir et inventer** Dans un groupe de trois ou quatre, définissez les mots de la liste. Ensuite, inventez une histoire qui inclut au moins huit des douze mots.

chantage	démocratie	espionner	politique
combattre	dictature	libéral	scandale
criminel	égalité	pacifique	sécurité

4 **Au tribunal** Imaginez que vous soyez avocat(e). Décrivez quelle sorte de droit vous pratiquez. Si vous choisissez le droit pénal (*criminal*), défendez-vous des clients qui sont coupables? Qu'est-ce qui est le plus important: défendre la justice ou gagner un salaire élevé? Discutez de vos idées avec celles d'un(e) camarade de classe.

SUPERSITE Préparation

Vocabulaire du court métrage

bête *stupid*
bifurquer *to turn off course; to change direction*
carré(e) *square*
se casser *to scram*
se douter (de) *to suspect*
un(e) esclave *slave*
les mœurs (*f.*) *customs, habits*
passionnant(e) *exciting*
rigoler *to laugh; to joke*
une tare *defect*
une trajectoire *path*

Vocabulaire utile

basculer *to change radically; to tip over*
un bateau *boat*
déçu(e) *disappointed*
faire exprès *to do it on purpose*
se libérer *to free oneself*
mangeable *edible*

EXPRESSIONS

À quelque chose malheur est bon. *Some things are a blessing in disguise.*
Bref… *In short…*
C'est pas tout, ça! *That's all very well!*
voir le jour *to be born (lit. first see the light of day)*

1 **Vocabulaire**

A. Complétez la grille.

Horizontalement
A. Idiot, inepte.
C. Changer de direction.
F. Manières de vivre; coutumes.
J. Pour être heureux dans la vie, il faut ______.

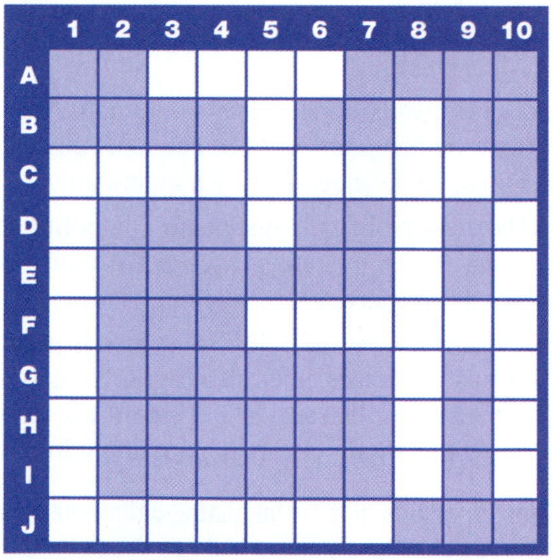

Verticalement
1. Changer radicalement.
5. Un défaut ou un inconvénient.
8. Soupçonner.
10. J'en ai marre de cette fête. Je vais me ______.

B. Écrivez quatre phrases en utilisant au moins quatre mots de la grille.

2 **Préparation** Répondez aux questions par des phrases complètes.

1. Avez-vous déjà pris une décision qui a changé la trajectoire de votre vie?
2. Cette décision a-t-elle changé votre vie pour le meilleur ou pour le pire?
3. Prendriez-vous la même décision aujourd'hui? Expliquez.

3 **Citations** Par groupes de trois, décidez si vous êtes d'accord ou pas avec chaque citation. Qu'est-ce que ces citations évoquent dans votre vie privée? Comparez vos idées avec celles des autres groupes.

Qui a confiance en soi conduit les autres.
Horace, poète latin

L'individu n'agit que s'il éprouve (*feels*) un besoin.
Gaston Bachelard, philosophe français

Le niveau de la masse dépend de la conscience de l'individu.
Franz Kafka, écrivain tchèque

4 **Questions** À deux, répondez aux questions.

1. De quelle façon l'opinion des autres influence-t-elle l'opinion qu'on a de soi-même?
2. Quel effet l'image qu'on a de soi-même a-t-elle sur la qualité de la vie?
3. Sommes-nous maîtres de notre destin, ou est-il prédéterminé?
4. Que peut-on faire pour changer les choses dans sa vie?
5. Le monde est-il plutôt juste ou plutôt injuste? Expliquez.
6. Les actes d'une seule personne peuvent-ils avoir un effet sur les conditions de vie de tout un peuple? Expliquez, et donnez des exemples si possible.

5 **Que se passe-t-il?** Regardez les images et décrivez ce que vous voyez. Ensuite, imaginez ce qui va se passer.

SUPERSITE Regardez le court métrage sur **imaginez.vhlcentral.com**.

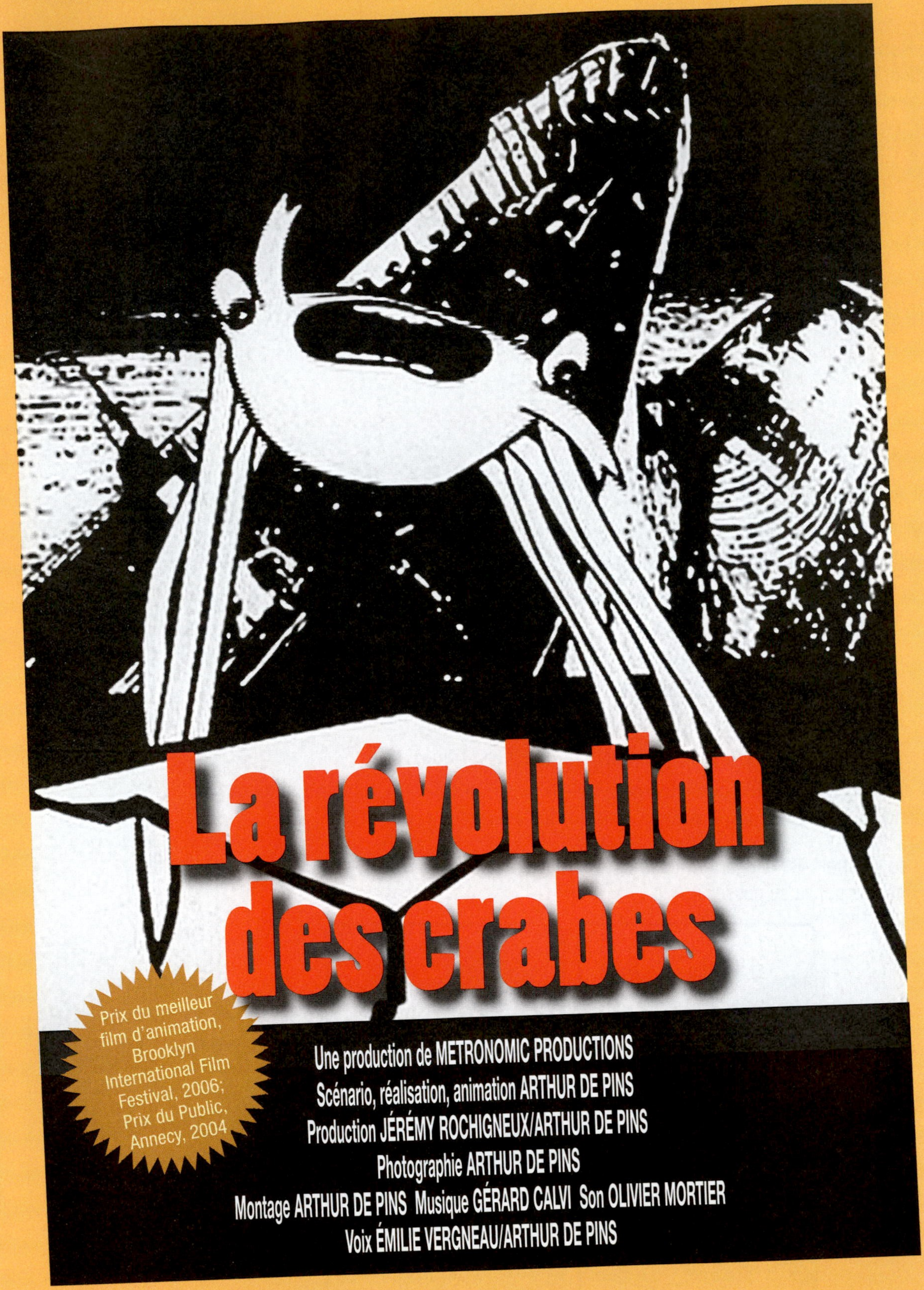
La révolution des crabes
Prix du meilleur film d'animation, Brooklyn International Film Festival, 2006; Prix du Public, Annecy, 2004
Une production de METRONOMIC PRODUCTIONS
Scénario, réalisation, animation ARTHUR DE PINS
Production JÉRÉMY ROCHIGNEUX/ARTHUR DE PINS
Photographie ARTHUR DE PINS
Montage ARTHUR DE PINS Musique GÉRARD CALVI Son OLIVIER MORTIER
Voix ÉMILIE VERGNEAU/ARTHUR DE PINS

INTRIGUE *Les «crabes dépressifs» vont-ils enfin être capables de changer de trajectoire?*

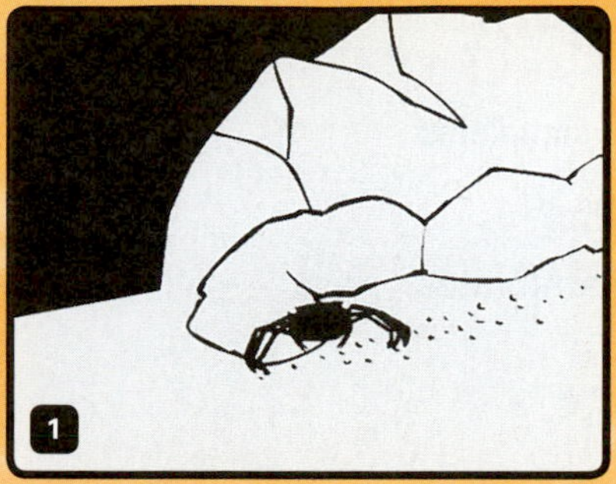

NARRATEUR Personne ne se doute de la tragédie qui nous frappe depuis cent vingt millions d'années. Nous, les Pachygrapsus marmoratus, ou «crabes dépressifs», nous sommes les crabes carrés, les pas beaux, même pas bouffables°.

NARRATEUR La nature ne nous a pas accordé le droit de pouvoir tourner. Une tare génétique qui nous condamne à marcher toute notre vie suivant la même ligne droite.

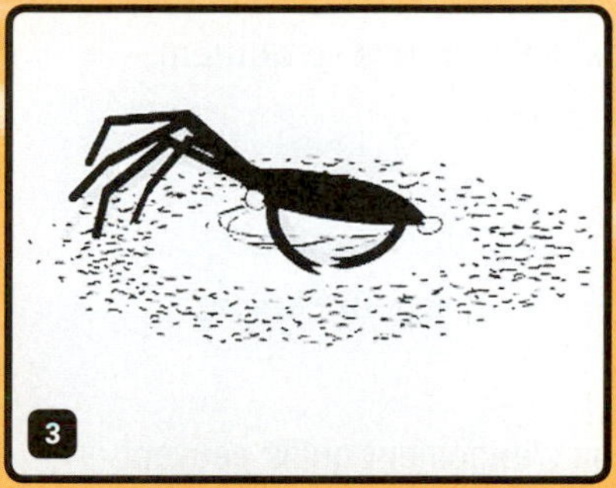

NARRATEUR Un jour, un gamin a arraché° les pattes° de l'un d'entre nous. Le pauvre a tourné en rond pendant des mois. Le crabe réfléchissait, et il est devenu philosophe. Enfin, disons un peu moins bête que les autres. Il a compris beaucoup de choses sur notre condition.

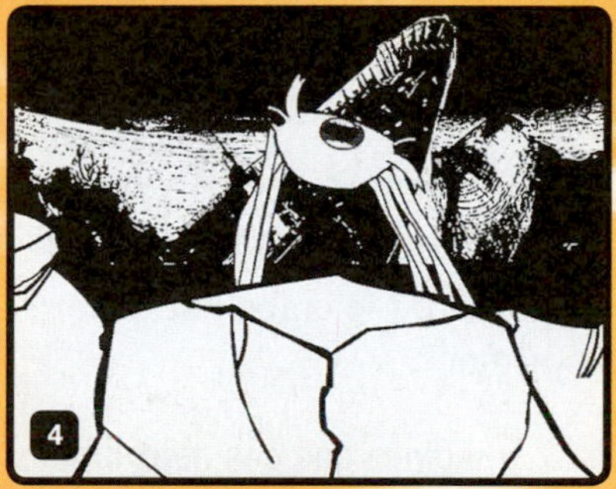

NARRATEUR Ses pattes ayant repoussé°, il est monté sur un rocher.
CRABE Mes frères, nous sommes esclaves de notre carapace°! Les tourteaux° savent tourner, mais ne vont nulle part. Nous, on va tout droit, mais au moins, on va quelque part!

NARRATEUR D'accord, on ne peut toujours pas tourner. Mais maintenant, on est fier. Bien des années plus tard, à la suite d'une catastrophe... j'allais me faire aplatir° par un ferry qui recouvrait toute ma trajectoire. J'étais foutu°!

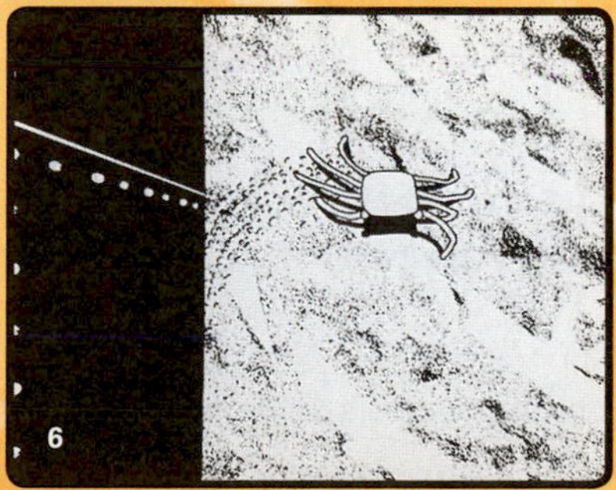

NARRATEUR J'avais tourné, et compris que si on ne tournait pas, ce n'était pas à cause de notre carapace. C'est parce qu'on était trop con°.

bouffables *edible* **arraché** *ripped off* **pattes** *legs* **ayant repoussé** *having grown back* **carapace** *shell* **tourteaux** *edible crabs* **me faire aplatir** *get flattened* **foutu** *done for* **con** *stupid*

SUPERSITE

Note
CULTURELLE

Pachygrapsus marmoratus

Le Pachygrapsus marmoratus est un crabe qui vit principalement sur les côtes de la Méditerranée, de la mer Noire et sur les côtes atlantiques françaises et marocaines. Il peut mesurer jusqu'à 4 cm de long et possède une carapace presque entièrement carrée. Il est caractérisé par une couleur marbrée°, d'où son nom scientifique «marmoratus». Ce crustacé vit dans l'eau, sur les rochers, mais il peut rester assez longtemps hors de° l'eau. Le «crabe dépressif» est aussi connu sous le nom de «crabe qui court», parce que ses mouvements sont très rapides.

marbrée *marbled* **hors de** *out of*

Analyse

1 Compréhension Répondez aux questions par des phrases complètes.

1. Où habitent les Pachygrapsus marmoratus dans le film?
2. Quels sont les deux autres noms du Pachygrapsus marmoratus?
3. Quel est le problème de ces crabes?
4. Pourquoi les humains ne veulent-ils pas de ces crabes?
5. Pourquoi ces crabes ne tournent-ils pas, d'après le narrateur?
6. Comment un des crabes est-il devenu philosophe?
7. Qu'a fait le crabe narrateur pour changer son destin?
8. Comment les autres crabes ont-ils réagi?

2 Questions À deux, répondez aux questions et expliquez vos réponses.

1. Pourquoi cette espèce de crabes est-elle dépressive?
2. Après le premier dialogue du film, au moment où les deux crabes se quittent, pourquoi l'un d'eux est-il déçu?
3. Quelle est la réelle tare génétique de ces crabes?
4. En quel sens le crabe philosophe a-t-il ouvert les yeux aux autres crabes?
5. À votre avis, pourquoi le crabe narrateur a-t-il décidé de se remettre sur sa trajectoire d'origine?

3 Dialogue À deux, imaginez que ces deux crabes sachent ou s'imaginent qu'ils peuvent tourner, et inventez un dialogue.

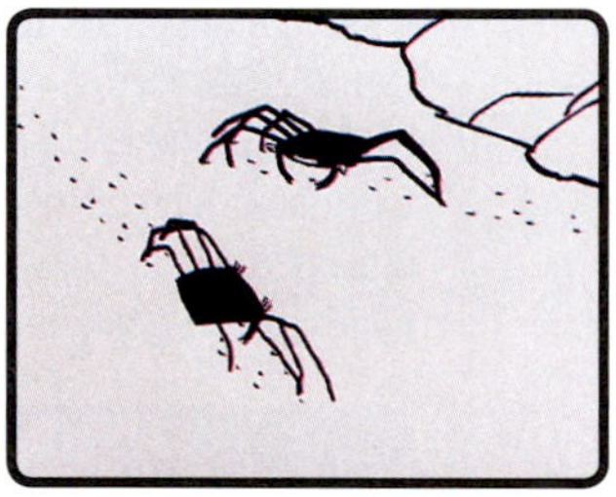

«Bon, ben… il faut que j'y aille. Tu pars par où?»

4 À compléter À deux, complétez ces phrases à l'aide des mots de vocabulaire de la page 120, d'apres ce que vous avez entendu dans le film.

1. Personne ne __________ de la tragédie des Pachygrapsus marmoratus.
2. Ce sont les crabes __________, les pas beaux, et même pas bouffables.
3. C'est une espèce qui n'a jamais demandé à __________.
4. Ces pauvres crabes ont __________ génétique qui les condamne à suivre la même ligne droite.
5. «Nous sommes __________ de notre carapace!» dit le philosophe.
6. Chez ces crabes, on ne __________ pas avec __________.

5 À relier

A. À deux, faites correspondre les images aux phrases.

1. 
2. 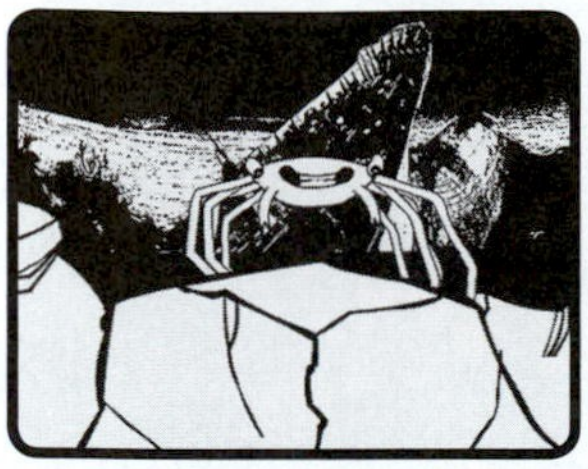
3. 
4. 
5. 
6. 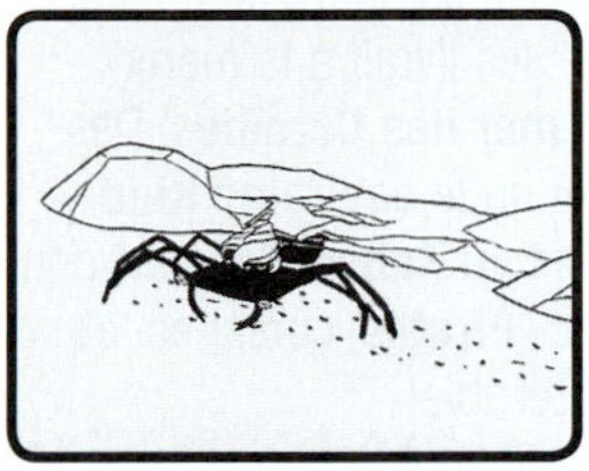

_____ a. Après avoir tourné en rond pendant longtemps, il est devenu philosophe.

_____ b. À cet endroit précis, un Pachygrapsus marmoratus a changé de direction.

_____ c. «On dirait que c'est mon jour de chance! Je change de trajectoire!»

_____ d. Les enfants s'amusent à torturer les crabes.

_____ e. Ils finissent par devenir fonctionnaires.

_____ f. Maintenant, ils sont fiers d'être des Pachygrapsus marmoratus.

B. Remettez les six séquences dans l'ordre chronologique.

1. _____ 2. _____ 3. _____ 4. _____ 5. _____ 6. _____

6 Et vous? Répondez aux questions.

1. Êtes-vous d'accord avec le proverbe «à quelque chose malheur est bon»? Donnez des exemples.
2. Avez-vous déjà vécu une mauvaise expérience qui avait finalement un bon côté?
3. Connaissez-vous quelqu'un qui a vécu quelque chose de similaire? Si oui, quel en a été le point positif?
4. Quelles sont les similarités entre le monde des crabes et le monde des êtres humains, tel que (*as*) vous le voyez?
5. Si vous étiez le crabe qui a bifurqué, quel destin auriez-vous choisi?

7 La fin

A. Par petits groupes, imaginez comment finit la vie du crabe narrateur de l'histoire selon deux scénarios possibles. Ensuite, écrivez un paragraphe d'au moins six lignes pour chaque scénario.

- sa vie avec sa trajectoire d'origine
- sa vie avec sa nouvelle trajectoire

B. Lisez votre paragraphe à la classe, qui choisira la meilleure fin.

IMAGINEZ

LES ANTILLES

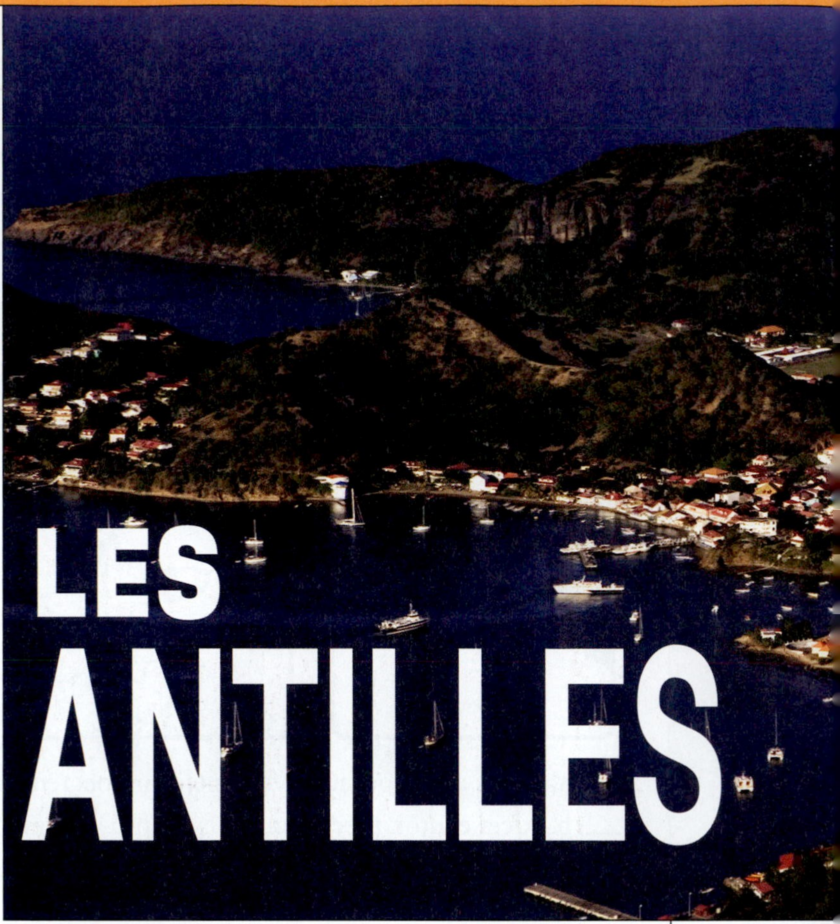

Vue aérienne d'une île de l'archipel des Saintes, Guadeloupe

SUPER SITE Pour plus de renseignements et d'activités, visitez **imaginez.vhlcentral.com**.

Alerte! Les pirates!

«À l'abordage°!» Au 17e siècle, tous les voyageurs des **Antilles** avaient peur d'entendre ce cri. En effet, chaque traversée° les livrait à la merci° d'horribles pirates qui hantaient la **mer des Caraïbes**. Des noms comme le **capitaine Morgan** ou le **capitaine Kidd** pour les **Britanniques**, et **Jean Bart** ou **Robert Surcouf** pour les **Français** semaient l'épouvante°. **Pirates**, corsaires, et boucaniers… leur réputation était terrible!

Pourtant la piraterie avait son utilité. À l'époque, les nations européennes se disputaient les Caraïbes et n'avaient pas les moyens financiers de mettre en place une force navale dans une région aussi vaste. Les **Espagnols** constituaient la plus grande puissance coloniale des Antilles, mais en 1564, ce sont les **Français** qui ont été les premiers non-espagnols à s'y installer, à **Fort Caroline**, aujourd'hui près de **Jacksonville**, en **Floride**. Bien qu'ils n'y soient pas restés très longtemps — ils en ont vite été chassés par les **Espagnols** — les Français ont profité de l'emplacement de leurs colonies pour saisir° l'or et l'argent que les **Espagnols** extrayaient° des mines sud-américaines. La piraterie permettait aussi aux Français de s'emparer° des bateaux marchands qui visitaient les ports de **Saint-Pierre** en **Martinique**, **Basse-Terre** en **Guadeloupe** ou **Cap Français** à **Saint-Domingue** (aujourd'hui **Haïti**), trois colonies françaises à l'époque.

Un galion, bateau armé des temps anciens

Il existait différents types d'équipages°. Les **corsaires** étaient souvent des nobles ou de riches entrepreneurs qui travaillaient directement pour le roi. Cette piraterie-là rapportait bien°. Les pirates ordinaires, eux, étaient indépendants et beaucoup vivaient sur **l'île de la Tortue**, colonie française au nord de Saint-Domingue. Les **boucaniers**, les pirates des Antilles, étaient de véritables aventuriers. Leur nom vient du «boucan», une grille de bois sur laquelle ils faisaient griller la viande et les poissons, à la manière des populations locales, les **Amérindiens Arawak**. C'est un groupe linguistique qui comprend plusieurs tribus. Ils sont les premiers à avoir contact avec les Européens. Les boucaniers étaient réputés pour leur vie en plein air et leurs festins bruyants. Parmi leurs lieux favoris: **Saint-Barthélemy**, **Port-de-Paix** à Saint-Domingue et des petites îles comme **les Saintes**, en Guadeloupe.

Les sociétés de pirates, qu'on appelait aussi des **flibustiers**, étaient égalitaires, et même révolutionnaires pour l'époque. Les pirates étaient les seuls marins à pouvoir élire leur capitaine démocratiquement. Celui-ci combattait avec eux, au lieu de° leur donner des ordres de loin. Le butin° était partagé entre tous les membres de l'équipage, et les invalides recevaient des indemnités°. En temps de guerre, la piraterie devenait très active. En temps de paix, les pirates faisaient de la contrebande°, pour le bonheur de tous. Beaucoup allaient par exemple au petit village

À l'abordage! *a pirate cry used when taking over another ship* **traversée** *crossing* **livrait à la merci** *put at the mercy* **semaient l'épouvante** *spread terror* **saisir** *seize* **extrayaient** *extracted* **s'emparer** *to grab* **équipages** *crews* **rapportait bien** *was profitable* **au lieu de** *instead of* **butin** *booty* **indemnités** *compensation* **contrebande** *smuggling*

de **Pointe-Noire**, en Guadeloupe, pour vendre leurs marchandises à très bon prix. Ce village doit son nom aux roches volcaniques qu'on aperçoit au nord.

Aujourd'hui, si vous allez aux Antilles, vous aurez peu de chance de rencontrer des pirates. Par contre, vous pourrez toujours déguster° un bon poulet boucané en souvenir du passé!

déguster *savor*

Des mots utilisés aux Antilles

Guadeloupe et Martinique

un acra	un beignet de poisson ou de légumes
une anse	une baie
une doudou	une chérie
le giraumon	le potiron; *pumpkin*
une habitation	une plantation, un domaine agricole
le maracudja	le fruit de la passion
une morne	une colline; *hill*
une trace	un chemin; *path*
le vesou	le jus de la canne à sucre
un zombi	un revenant; *ghost*; *zombie*

Découvrons les Antilles

Saint-Barthélemy **Saint-Barth** est une île du nord des Caraïbes, qui porte le nom du frère de **Christophe Colomb**.

Aujourd'hui, l'île fait partie des **Antilles françaises**, mais elle a aussi été espagnole et suédoise. À présent, elle est connue pour son tourisme de luxe. Entre une chaîne de montagnes et une barrière de corail°, ses 14 plages ont chacune un caractère unique. Cette grande diversité s'accompagne d'un climat paradisiaque. L'île fait ainsi le bonheur des vacanciers et des stars.

Les yoles rondes La yole ronde est un voilier° inventé en **Martinique**, dans les années 1940. Elle s'inspire du **gommier**, le bateau traditionnel, et de la yole européenne. Ses premiers utilisateurs étaient les marins pêcheurs°, qui faisaient la course° quand ils rentraient de la pêche. La yole ronde est aujourd'hui un véritable sport nautique, dont l'événement le plus populaire est le **Tour de la Martinique**, une course en sept étapes° autour de l'île.

Le carnaval de Guyane En **Guyane française**, le carnaval ne ressemble à aucun autre. Il est d'abord exceptionnellement

long, parce qu'il dure deux mois: du jour de l'Épiphanie, le 6 janvier, au mercredi des Cendres, début mars. Il est aussi à la fois populaire, multiethnique et traditionnel, avec des costumes historiques comme celui du boulanger ou de l'ours°. C'est surtout une grande fête qui rassemble tous les Guyanais.

John James Audubon (1785–1851) Tout le monde en Amérique connaît **J. J. Audubon**, le fameux ornithologue et naturaliste, et la **National Audubon Society** créée en sa mémoire. Audubon, d'origine française, est né en Haïti. Il a grandi en France, près de Nantes, et a émigré aux États-Unis en 1803. Dans son œuvre, *Les oiseaux d'Amérique* (1840), il a dessiné, en quatre volumes, toutes les espèces connues d'oiseaux d'Amérique du Nord.

barrière de corail *coral reef* **voilier** *sailboat* **marins pêcheurs** *fishermen* **faisaient la course** *raced* **étapes** *stages* **ours** *bear*

Les Nubians

SUPERSITE

Le métissage à couleur universelle

À FOND LA SONO

Pour plus de renseignements sur Les Nubians et leur musique, visitez **imaginez.vhlcentral.com**.

C'est avec l'album *Princesses Nubiennes* que le public a découvert **Les Nubians** en 1998. Les Nubians est un duo composé de deux sœurs, **Hélène** et **Célia Faussart**, ou L-N et C-Lia. Nées d'un père français et d'une mère camerounaise, elles ont vécu à Paris, puis au Tchad pendant six ans. Quand ce pays entre en guerre au début des années 90, elles s'installent° à Bordeaux et travaillent alors sur leur musique. Parmi leurs influences de base, elles citent l'Américaine **Ella Fitzgerald**, le Nigérian **Fela Kuti** et la chanteuse d'Afrique du Sud, **Myriam Makeba**. Leur style se nourrit° aussi du travail de la voix et de textes poétiques engagés°. Les Nubians est l'un des rares groupes francophones qui s'exportent en Amérique. Elles ont déjà reçu un **Soul Train Music Award** pour leur premier album qui s'est vendu à 400.000 exemplaires° aux États-Unis. Grâce à lui, elles ont pu collaborer avec **Talib Kweli**, **DJ Hasebe**, **The Roots** et les **Black Eyed Peas**. *Échos*, leur dernier album, est le fruit de ces nombreux échanges et de leurs rencontres avec douze poètes. Enregistré entre Paris, Marseille, New York, Londres et la Jamaïque, il s'inspire fortement de l'histoire et de la culture africaines, avec la présence de griots, les conteurs° africains. Les deux sœurs y sont à la fois artistes et directrices artistiques. Elles marient le slam à la musique traditionnelle. Plus que jamais, leur riche identité «afropéenne», leur conscience militante et leur métissage° culturel guident leur musique. La chanson *Demain* est un appel à la paix et un cri d'espoir pour des lendemains° meilleurs.

Discographie sélective

2005 *Echos Chapter One: Nubian Voyager*
2003 *One Step Forward*
1998 *Princesses Nubiennes*

s'installent *settle* **se nourrit** *feeds on* **engagés** *committed to a cause* **exemplaires** *copies* **conteurs** *storytellers* **métissage** *mixing* **lendemains** *days ahead*

Demain

Tu crois que le monde est à toi,
Qu'il t'appartient°…
C'est ta chose, tu en disposes°,
Sans qu'il n'en reste rien.
Avide° et gourmand°, tu prends,
Peu importe demain.

Demain, s'il reste un lendemain,
Je le veux en paix pour les miens.

Demain, demain, demain.
S'il reste un lendemain,
Demain, demain, demain,
Je le veux en paix pour les miens…
Demain, demain, demain.
Que voleras-tu°, demain?
Demain, demain, demain,
La paix des miens…

t'appartient *belongs to you* **tu en disposes** *you have it at your disposal* **Avide** *Greedy* **gourmand** *wanting more*

voleras-tu *will you steal*

Qu'avez-vous appris?

1 Correspondances Faites correspondre les mots et les noms avec les définitions.

1. ______ John James Audubon
2. ______ le boucan
3. ______ Saint-Barthélemy
4. ______ la yole ronde
5. ______ le Tour de la Martinique
6. ______ l'ours

a. une course nautique en sept étapes
b. une île qui fait le bonheur des touristes et des stars
c. un des costumes traditionnels du carnaval de Guyane
d. un voilier qui s'inspire du gommier et de la yole européenne
e. une grille de bois pour faire cuire le poisson ou la viande
f. un ornithologue né en Haïti

2 Complétez Complétez chaque phrase de manière logique.

1. …est un cri qui faisait peur aux voyageurs du 17e siècle.
2. Aux Antilles, au 17e siècle, on risquait de rencontrer des pirates…
3. La piraterie était utile quand les nations…
4. Les touristes qui visitent Saint-Barth peuvent apprécier…
5. Le carnaval de Guyane est…
6. John James Audubon était gardien du patrimoine naturel américain parce qu'…

Projet

Dans la peau d'un boucanier

Imaginez que vous soyez un pirate ou un boucanier du 17e siècle. Recherchez sur **imaginez.vhlcentral.com** les informations dont vous avez besoin pour écrire un extrait de votre journal. En au moins dix phrases, expliquez ce qui s'est passé pendant une journée, et présentez-le à la classe.

- Inventez des aventures et donnez des détails. Où êtes-vous allé(e)s? Qui avez-vous rencontré? Quels problèmes avez-vous eus? Comment avez-vous survécu?
- Dessinez un plan de la route que vous avez suivie.

ÉPREUVE

Trouvez la bonne réponse.

1. Des noms comme le capitaine Morgan, le capitaine Kidd, Jean Bart et Robert Surcouf semaient ______.
   a. la joie b. l'épouvante
   c. le bonheur d. le calme
2. ______ travaillaient directement pour le roi.
   a. Les flibustiers b. Les corsaires
   c. Les pirates d. Les boucaniers
3. Les pirates ordinaires étaient ______.
   a. riches b. anglais
   c. nobles d. indépendants
4. Le boucan était à l'origine utilisé par ______.
   a. les boucaniers b. les colons
   c. les Amérindiens Arawak d. les marins
5. Les sociétés pirates étaient très avancées pour leur époque, parce qu'elles étaient ______.
   a. hiérarchiques b. célèbres
   c. riches d. égalitaires
6. Le butin était partagé entre ______ de l'équipage.
   a. tous les membres b. tous les capitaines
   c. tous les bateaux d. tous les invalides
7. En temps de paix, les pirates faisaient ______.
   a. du commerce b. de la contrebande
   c. la guerre d. des réparations
8. La recette qui rappelle les pirates des Antilles s'appelle ______.
   a. le poulet boucané b. le rhum
   c. le poisson d. la viande cuite
9. ______ porte le nom du frère de Christophe Colomb.
   a. Saint-Barthélemy b. Cap Français
   c. Saint-Domingue d. Fort Caroline
10. Les premiers utilisateurs des yoles rondes étaient ______.
    a. les boucaniers b. les Espagnols
    c. les marins pêcheurs d. les Amérindiens Arawak

GALERIE DE CRÉATEURS

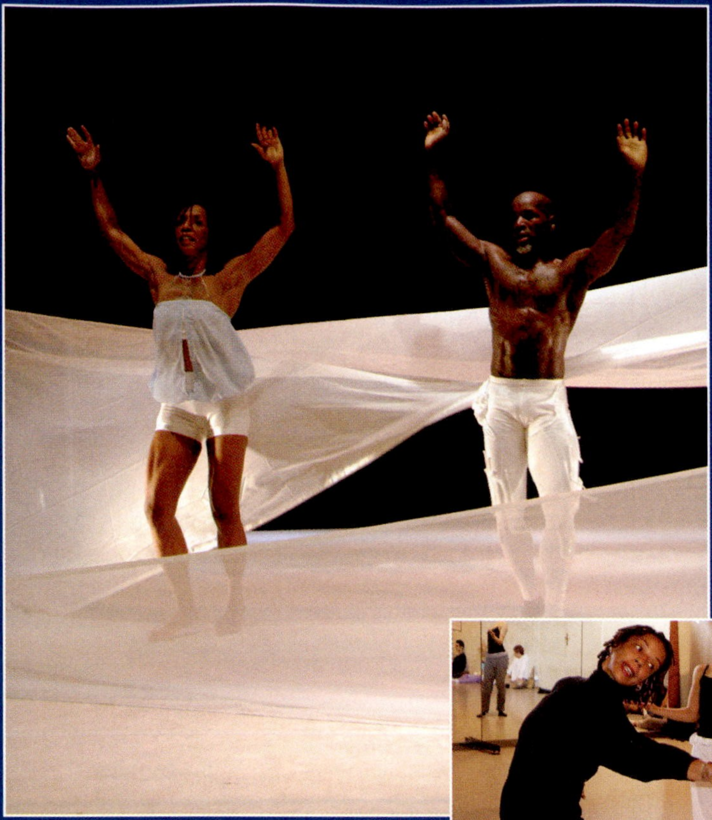

DANSE Léna Blou

Cette danseuse guadeloupéenne obtient plusieurs diplômes d'interprétation chorégraphique en jazz et en danse contemporaine. Elle perfectionne d'abord sa formation par des stages en Europe et aux États-Unis auprès d' (*with*) éminentes personnalités de cette discipline. Forte de son expérience, elle ouvre une école de danse à Pointe-à-Pitre, et en 1995, crée la troupe de danseurs Trilogie. Elle veut faire connaître et transmettre (*pass on*) l'esthétique chorégraphique traditionnelle des Caraïbes. Elle modernise même la danse traditionnelle guadeloupéenne, le Gwo-Ka, en créant (*by creating*) la technique de danse «Techni' Ka». Blou est ainsi une artiste à la fois (*both*) moderne et traditionnelle qui désire mettre la danse de son île au même rang de popularité que la salsa ou le tango. Pour cela, elle dirige des stages de Techni' Ka en Europe et aux États-Unis.

SUR INTERNET

Pour plus de renseignements sur ces créateurs et pour explorer des aspects précis de leurs créations, à l'aide d'activités et de projets de recherche, visitez **imaginez.vhlcentral.com**.

LITTÉRATURE

Aimé Césaire (1913–2008)

En 1934, ce Martiniquais, qui finit ses études à Paris, fonde le magazine *L'Étudiant noir* avec Léopold Sédar Senghor et Léon-Gontran Damas. Ces trois écrivains créent ensuite un grand mouvement littéraire et culturel, la Négritude. C'est Aimé Césaire qui invente ce nouveau mot. Puis en 1945, il décide de se consacrer à la politique et est élu maire de Fort-de-France. Il le restera jusqu'en 2001. Il est à l'origine de la création du concept des Départements d'Outre-Mer (DOM). Son *Discours sur le colonialisme* s'inscrit (*is engraved*) dans la lutte pour la reconnaissance de l'identité noire. Cette pensée révolutionnaire qui l'anime se reflète dans son œuvre littéraire: poésies, pièces de théâtre, essais… Aimé Césaire est resté une figure importante de la Martinique jusqu'à la fin de sa vie.

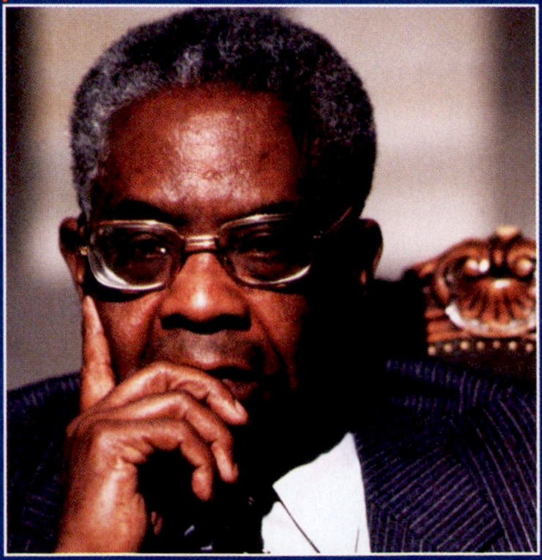

LITTÉRATURE **Paulette Poujol-Oriol (1926–)**

Paulette Poujol-Oriol est une Haïtienne aux multiples talents — professeur, metteur en scène et auteur. Elle écrit des romans et des nouvelles (*short stories*) qui présentent des personnages haïtiens, et elle enseigne le théâtre aux enfants. C'est aussi une femme très engagée qui milite (*is an activist*) dans plusieurs associations féministes. Elle connaît le succès dès qu'elle publie sa première œuvre, *Le Creuset*. Le style de Paulette Poujol-Oriol est caractéristique: elle mélange (*mixes*) depuis toujours le français et le créole haïtien. Pleins d'ironie, ses livres sont en général perçus comme des œuvres morales.

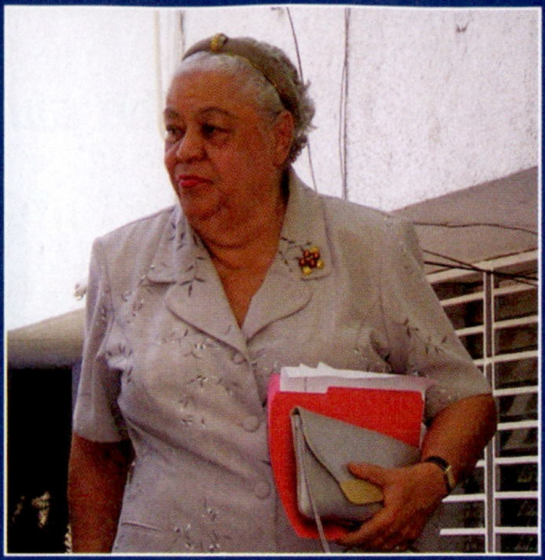

PEINTURE **Franky Amete (1966–)**

Ce peintre guyanais est spécialisé dans l'art «tembé» hérité des «Noirs marrons» des plateaux de Guyane. Les «Noirs marrons» sont des esclaves noirs qui ont fui dans la forêt, pendant la période de l'esclavage. Ils se servaient de cet art pour communiquer d'une plantation à l'autre. Comme eux, Franky Amete est le gardien de la culture africaine présente en Amérique du Sud. Tout est équilibre (*balance*) et harmonie dans l'art tembé. Amete travaille ses œuvres à l'aide de la règle (*ruler*) et du compas pour créer un art géométrique très riche en couleurs. Il est le premier à avoir utilisé des sables (*sands*) de couleurs différentes comme éléments artistiques. Ses tableaux peuvent mesurer jusqu'à plusieurs mètres de long.

4.1 The *plus-que-parfait*

—Eh oui, ***j'avais tourné***.

- The **plus-que-parfait** is used to talk about what someone *had done* or what *had occurred* before another past action, event, or state. Like the **passé composé**, the **plus-que-parfait** uses a form of **avoir** or **être** — in this case, the **imparfait** — plus a past participle.

The *plus-que-parfait*

voter	finir	perdre
j'avais voté	j'avais fini	j'avais perdu
tu avais voté	tu avais fini	tu avais perdu
il/elle avait voté	il/elle avait fini	il/elle avait perdu
nous avions voté	nous avions fini	nous avions perdu
vous aviez voté	vous aviez fini	vous aviez perdu
ils/elles avaient voté	ils/elles avaient fini	ils/elles avaient perdu

RECENT PAST	REMOTE PAST
Nous lui avons dit	**que Chirac avait gagné les élections.**
We told her	*that Chirac had won the election.*

RECENT PAST	REMOTE PAST
L'accusé souriait	**parce que les juges ne l'avaient pas mis en prison.**
The accused was smiling	*because the judges had not put him in prison.*

BLOC-NOTES

See **Fiche de grammaire 5.5, p. 408**, for a review of agreement with past participles.

- Recall that some verbs of motion, as well as a few others, take **être** instead of **avoir** as the auxiliary verb in the **passé composé**. Use the **imparfait** of **être** to form the **plus-que-parfait** of such verbs and make the past participle agree with the subject.

Les avocats ne savaient pas que vous **étiez** déjà **partie**.
The lawyers didn't know that you had already left.

On a découvert que les victimes **étaient mortes** à la suite de leurs blessures.
They discovered that the victims had died of their injuries.

- Use the **imparfait** of **être** as the auxiliary for reflexive and reciprocal verbs. Make agreement whenever you would do so for the **passé composé**.

Avant le dîner, le président et sa femme **s'étaient levés** pour recevoir les invités.
Before dinner, the president and his wife had gotten up to welcome the guests.

Il ne savait pas que nous **nous étions téléphoné** hier soir.
He didn't know that we had phoned each other last night.

M. Vartan a reçu une amende. Il ne **s'était** pas **arrêté** au feu.

- In all other cases as well, agreement of past participles in the **plus-que-parfait** follows the same rules as in the **passé composé**.

La police a trouvé les armes qu'il avait **cachées**.
The police found the weapons that he had hidden.

Le président a signé la loi que le congrès avait **approuvée**.
The president signed the law that the congress had passed.

- Use the **plus-que-parfait** to emphasize that something happened in the past before something else happened. Use the **passé composé** to describe completed events in the more recent past and the **imparfait** to describe conditions or habitual actions in the more recent past.

Action in remote past . . .	completed action in recent past

L'activiste n'**avait** pas **fini** de parler quand vous **avez coupé** le micro.
The activist hadn't finished talking when you cut off the microphone.

Condition in recent past . . .	action in remote past

Il y **avait** des drapeaux partout parce que le président **était arrivé** la veille.
There were flags everywhere because the president had arrived the day before.

- The **plus-que-parfait** is also used after the word **si** to mean *if only*... (*something else had taken place*). It expresses regret.

Si j'**avais su** que tu avais un plan!
If only I had known you had a map!

Si seulement il n'**était** pas **arrivé** en retard!
If only he hadn't arrived late!

- To say that something had *just* happened in the past, use a form of **venir** in the **imparfait** + **de** + the infinitive of the verb that describes the action.

Je **venais de raccrocher** quand le téléphone a sonné de nouveau.
I had just hung up when the phone rang again.

Le président **venait de signer** l'accord quand on a entendu l'explosion.
The president had just signed the treaty when we heard the explosion.

ATTENTION!

In informal speech, speakers of English sometimes use the simple past to imply the past perfect. In French, you still use the **plus-que-parfait**.

Le voleur a cherché les papiers que l'avocate avait posés sur son bureau.

The thief looked for the papers that the lawyer placed (had placed) on her desk.

BLOC-NOTES

Si clauses can also contain a verb in the present tense or **imparfait**. See **Structures 10.1, pp. 364–365**, to learn more about **si** clauses.

Mise en pratique

1 **Un prix Nobel** Pendant une interview, une militante de l'organisation «Un monde tranquille» parle de sa vie avant 1998, année où elle a reçu le prix Nobel de la paix. Employez le plus-que-parfait pour compléter ses phrases.

Quand j'étais petite, mes parents m' (1) ________ (apprendre) que les gens avaient besoin d'aide et j' (2) ________ (essayer) de nombreuses fois de me rendre utile. À l'université aussi, avant 1998, j' (3) ________ (combattre) l'injustice et j' (4) ________ (défendre) la liberté. Mes amis et moi, nous (5) ________ (se promettre) d'aider les opprimés. À cette époque, j' (6) ________ (penser) devenir avocate. Mais avant de prendre ma décision, la présidente de l'organisation (7) ________ (venir) me parler et elle (8) ________ (finir) par me convaincre de devenir militante.

2 **Dans le journal** Les phrases suivantes viennent d'un journal politique. Mettez-les au plus-que-parfait.

se consacrer	fuir	perdre
élire	gagner	retourner

Modèle La femme politique *avait eu* de l'influence dans son parti, mais au moment des élections, elle n'en avait plus.

1. Le candidat ________ les élections, et il ne le savait pas encore.
2. Les gouvernements ________ à la lutte contre l'inégalité.
3. Tu ________ un bon représentant, le meilleur depuis des années.
4. Les kidnappeurs du fils du président ________ à l'approche de la police.
5. Monsieur et Madame Duval, vous ________ au tribunal avant midi?
6. Je leur disais que nous ________ notre lutte contre la dictature.

3 **De cause à effet** Employez le plus-que-parfait pour expliquer pourquoi ces choses se sont passées.

Modèle **Je me suis réveillé dans la nuit. Le téléphone a sonné.**
Je me suis réveillé dans la nuit parce que le téléphone avait sonné.

1. Elle n'a pas pu rentrer chez elle le soir. Elle a perdu les clés de la maison le matin.
2. Nous avons voté dimanche. Nous avons regardé le débat politique à la télévision samedi.
3. Ma mère nettoyait la cuisine. Les invités sont partis.
4. Le parti conservateur a perdu les élections. Le peuple a voté pour le parti écologiste.
5. Elles sont sorties. Personne ne leur a dit que j'arrivais.
6. J'ai caché (*hid*) les confitures de fraises. Mon colocataire a mangé toutes les confitures de pêches.
7. Les activistes entraient dans la salle. Le maire a fini son discours.
8. La justice régnait. La démocratie a gagné.

Communication

4 **Vacances antillaises** Claire revient de ses vacances aux Antilles et raconte tout à son ami. À deux, créez le dialogue avec ces verbes. Employez le plus-que-parfait.

adorer	permettre
aller	préférer
apprécier	savoir
avoir de la chance	visiter
finir	voir

Modèle **JULIEN** Qu'est-ce que tu as apprécié à la Martinique?

CLAIRE J'ai vu des milliers de papillons dans un jardin. Jamais je n'avais eu la chance d'assister à un tel spectacle!

Note CULTURELLE

Le **Jardin des papillons** (*butterflies*), à l'**Anse Latouche**, en **Martinique**, est un parc dédié (*dedicated*) à l'élevage (*breeding*) des papillons du monde entier. Les plantes de ce jardin y créent un écosystème idéal. Les visiteurs ont la chance d'évoluer au milieu des innombrables (*countless*) insectes qui y vivent en toute liberté.

5 **À votre avis?** Que pensez-vous du gouvernement actuel? Est-il meilleur que le gouvernement précédent? À deux, donnez votre opinion et servez-vous du plus-que-parfait.

Modèle —Le gouvernement actuel a fait de bonnes choses jusqu'à maintenant.

—Peut-être, mais je pense que le gouvernement précédent avait réussi à…

6 **Avant la guerre** Une guerre a éclaté (*erupted*) dans un pays européen et le Conseil de l'Europe se réunit. Par groupes de trois, imaginez que chacun(e) de vous représente un pays différent. Utilisez le plus-que-parfait pour débattre du rôle du conseil avant la guerre. Consultez la carte de l'Europe au début du livre et servez-vous du vocabulaire suivant.

Modèle —Avant la guerre, nous avions déjà accusé votre président d'abus de pouvoir.

—Peut-être, mais c'est mon pays qui avait combattu pour les droits de tous les Européens.

—Tous nos pays avaient espionné leur armée, et personne n'avait rien dit!

abuser	espionner
approuver	faire du chantage
avoir de l'influence	juger
combattre	kidnapper
se consacrer à	sauver
défendre	voter

4.2 Negation and indefinite adjectives and pronouns

*—Nous sommes une espèce qui **n'a jamais** demandé à voir le jour.*

Negation

- To negate a phrase, you typically place **ne... pas** around the conjugated verb. If you are negating a phrase with a compound tense such as the **passé composé** or the **plus-que-parfait**, place **ne... pas** around the auxiliary verb.

Infinitive construction	Passé composé
Ça **ne** va **pas** faire un scandale, j'espère. *This won't cause a scandal, I hope.*	La famille **n'**a **pas** fui la ville pendant la guerre. *The family didn't flee the town during the war.*

- To be more specific, use variations of **ne... pas**, such as **ne... pas du tout** and **ne... pas encore**.

Le président **n'**aime **pas du tout** les brocolis.
The president doesn't like broccoli at all.

La voleuse **n'**a **pas encore** choisi sa victime.
The thief has not chosen her victim yet.

- Use **non plus** to mean *neither* or *not either*. Use **si**, instead of **oui**, to contradict a negative statement or question.

—Je n'aime pas la violence.
—I don't like violence.

—Moi **non plus**.
—I don't either.

—Tu n'aimes pas la démocratie?
—You don't like democracy?

—Mais **si**.
—Yes, I do.

- To say *neither... nor*, use **ne... ni... ni...** Place **ne** before the conjugated verb or auxiliary, and **ni** before the word(s) it modifies. Omit the indefinite and partitive articles after **ni**, but use the definite article when appropriate.

Il **n'**y a **ni** justice **ni** liberté dans une dictature.
There is neither justice nor liberty under a dictatorship.

Ni le juge **ni** l'avocat **ne** va juger l'accusé.
Neither the judge nor the lawyer will judge the accused.

- It is also possible to combine several negative elements in one sentence.

On **ne** fait **plus jamais rien**.
We never do anything anymore.

Personne n'a **plus rien** écouté.
No one listened to anything anymore.

ATTENTION!

When forming a question with inversion, place **ne** first, then any pronouns, then the verb. Place **pas** in last position.

Ne vous êtes-vous pas consacré à la lutte contre la criminalité?
Did you not dedicate yourself to the fight against crime?

BLOC-NOTES

To review commands and how to negate them, see **Fiche de grammaire 1.5**, **p. 392**. To learn how to negate an infinitive, see **Structures 8.1, pp. 286–287**.

Moi and **toi** are disjunctive pronouns. To learn more about them, see **Fiche de grammaire 6.4, p. 410**.

- Note how the placement of these expressions varies according to their function.

More negative expressions	
ne... aucun(e) *none (not any)*	Le congrès **n'**a approuvé **aucune** loi cette année. *The congress didn't approve any laws this year.*
ne... jamais *never (not ever)*	Tu **n'**as **jamais** voté? *You've never voted?*
ne... nulle part *nowhere (not anywhere)*	On **n'**a trouvé l'arme du crime **nulle part**. *They didn't find the crime weapon anywhere.*
ne... personne *no one (not anyone)*	**Personne ne** peut voter; les machines sont en panne. *No one can vote; the machines are broken.*
	Ils **n'**ont vu **personne**. *They didn't see anyone.*
ne... plus *no more (not anymore)*	Il **ne** veut **plus** être analphabète. *He doesn't want to be illiterate anymore.*
ne... que *only*	Je **n'**ai parlé **qu'**à Mathieu. *I only spoke to Mathieu.*
ne... rien *nothing (not anything)*	Les jurés **n'**ont **rien** décidé. *The jury members haven't decided anything.*
	Rien ne leur fait peur. *Nothing frightens them.*

Indefinite adjectives and pronouns

- Many indefinite adjectives and pronouns can also be used in affirmative phrases.

Indefinite adjectives	Indefinite pronouns
autre(s) *other*	**chacun(e)** *each one*
un(e) autre *another*	**la plupart** *most (of them)*
certain(e)(s) *certain*	**plusieurs** *several (of them)*
chaque *each, every single*	**quelque chose** *something*
plusieurs *several*	**quelques-un(e)s** *some, a few (of them)*
quelques *some*	**quelqu'un** *someone*
tel(le)(s) *such (a)*	**tous/toutes** *all (of them)*
tout(e)/tous/toutes (les) *every, all*	**tout** *everything*

- The adjectives **chaque**, **plusieurs**, and **quelques** are invariable.

Chaque élève a droit à des livres gratuits.
Each student is entitled to free books.

Plusieurs terroristes ont fui.
Several terrorists fled.

- The pronouns **la plupart**, **plusieurs**, **quelque chose**, **quelqu'un**, and **tout** are invariable.

Tout va bien au gouvernement.
Everything goes well in the government.

Il y a **quelqu'un** dehors?
Is there someone outside?

ATTENTION!

To negate a phrase with a partitive article, you usually replace the article with **de** or **d'**.

Il y a des activistes dans la capitale.

There are activists in the capital.

Il n'y a pas d'activistes dans la capitale.

There aren't any activists in the capital.

ATTENTION!

Note that the final **-s** of **tous** is pronounced when it functions as a pronoun, but silent when it functions as an adjective.

When you wish to modify **personne**, **rien**, **quelqu'un**, or **quelque chose**, add **de** + [*masculine singular adjective*].

Ce week-end, nous ne faisons rien d'intéressant.

This weekend, we aren't doing anything interesting.

Mise en pratique

1 **Une nouvelle loi** **Pendant un débat, un défenseur des droits de l'homme contredit les déclarations d'une avocate. Complétez leur dispute à l'aide des nouvelles structures.**

Modèle **AVOCATE** Il faut absolument approuver cette nouvelle loi!

DÉFENSEUR Mais non! Il ___ne faut pas___ approuver cette loi!

AVOCATE La loi donne le pouvoir au peuple de notre nation.

DÉFENSEUR Mais non! La loi (1) ______________ pouvoir au peuple, et tout le pouvoir au président.

AVOCATE Calmez-vous! Avec cette loi, nous serons toujours une démocratie.

DÉFENSEUR Mais non. Avec cette loi, nous (2) ______________ une démocratie.

AVOCATE Le gouvernement sera juste et puissant avec ces changements.

DÉFENSEUR Mais non. Il (3) ______________ avec ces changements.

AVOCATE Certains citoyens apprécient les choses que j'essaie de faire.

DÉFENSEUR Mais non. (4) ______________ ce que vous essayez de faire.

AVOCATE Une telle loi va réduire la menace du terrorisme partout dans le pays.

DÉFENSEUR Mais non. Elle (5) ______________ la menace du terrorisme.

AVOCATE (6) ______________ m'a dit que vous étiez désagréable, et maintenant je vois pourquoi.

2 **Voyager** **Imaginez que vous soyez un homme ou une femme politique qui voyage souvent avec un(e) collègue. Vous l'entendez parler de vos voyages, mais vous n'êtes pas d'accord.**

Modèle **Quand je voyage à l'étranger, je mange toujours des repas authentiques.**

Non, quand vous voyagez à l'étranger, vous ne mangez jamais de repas authentiques.

1. J'ai toujours aimé voyager en avion.
2. Tous sortent dîner avec moi le soir.
3. Toutes les villes que je visite sont dangereuses.
4. Je suis allé(e) partout dans le monde francophone.
5. Je n'ai pas encore vu de pays où il y avait une guerre civile.
6. Je m'intéresse encore à la politique des pays que je visite.

3 **Disputes** **À deux, imaginez les échanges qui provoqueraient ces réponses. Utilisez les adjectifs et les pronoms indéfinis. Ensuite, jouez l'un des dialogues devant la classe.**

Je ne ferai jamais ça!
Rien ne t'en empêchera!
Dommage, personne ne s'y intéresse.
Moi non plus.
Je ne devrais ni le voir ni lui parler.
Chacun de nous doit envoyer une lettre.
Un tel scandale ne détruit que la réputation.

Communication

4 **Vos idées** Avec un(e) camarade de classe, posez-vous ces questions à tour de rôle. Développez vos réponses et utilisez les nouvelles structures le plus possible. Ensuite, discutez de vos opinions respectives.

Modèle —As-tu déjà été juré(e)?

—Non, je n'ai jamais été juré(e).

Les gens

As-tu déjà été juré(e)?

Es-tu un(e) militant(e)? En connais-tu un(e)?

As-tu déjà été la victime d'un voleur?

Les lois

Approuves-tu toutes les lois?

Un prisonnier est-il toujours coupable?

L'égalité est-elle présente partout? Dans quelles circonstances ne l'est-elle pas?

La sécurité

As-tu l'impression d'être en sécurité? Pourquoi?

Y a-t-il beaucoup de violence où tu habites?

La menace terroriste te fait-elle peur?

5 **Débat politique** Vous participez à un débat politique. Votre adversaire est le président sortant (*outgoing*) et vous n'êtes pas d'accord avec ce qu'il a fait pendant son mandat. Jouez le dialogue devant la classe.

Modèle —Vous n'avez pas encore démontré que vous êtes le meilleur candidat.

—Je ne l'ai peut-être pas encore démontré, mais pendant ces dernières années, vous ne l'avez jamais démontré non plus.

Note CULTURELLE

Née en **Guyane**, **Christiane Taubira** est une femme politique qui a été candidate aux élections présidentielles françaises de 2002. Elle est surtout connue pour être à l'origine d'une loi de 2001 où la France reconnaît que la traite négrière (*slave trade*) transatlantique et l'esclavage (*slavery*) sont des crimes contre l'humanité.

4.3 Irregular *-ir* verbs

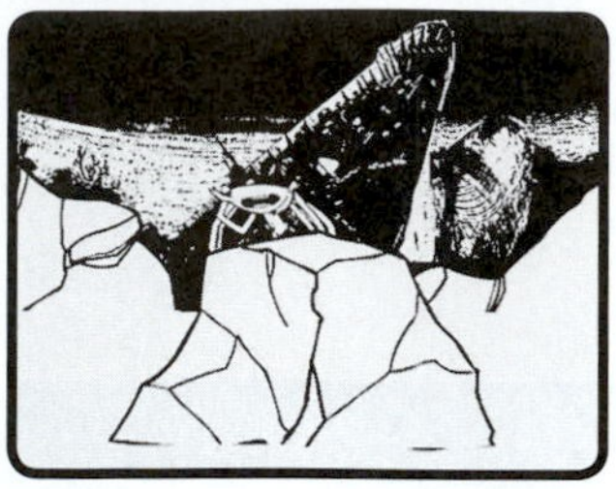

*—Le crabe **est devenu** philosophe.*

- Many commonly used **-ir** verbs are irregular.
- The following irregular **-ir** verbs have similar present-tense forms.

	courir	dormir	partir	sentir	sortir
je	cours	dors	pars	sens	sors
tu	cours	dors	pars	sens	sors
il/elle	court	dort	part	sent	sort
nous	courons	dormons	partons	sentons	sortons
vous	courez	dormez	partez	sentez	sortez
ils/elles	courent	dorment	partent	sentent	sortent

- The past participles of these verbs are, respectively, **couru**, **dormi**, **parti**, **senti**, and **sorti**. **Sortir** and **partir** take **être** as the auxiliary in the **passé composé** and **plus-que-parfait**.

Pourquoi est-ce que vous **avez dormi** au bureau hier soir?
Why did you sleep in the office last night?

Les armées **sont** définitivement **parties** en 1945, après la guerre.
The armies left for good in 1945, after the war.

- Use **sortir** to say that someone is leaving, as in exiting a building. Use **partir** to say that someone is leaving, as in departing. The preposition **de** often accompanies **sortir**, and the preposition **pour** often accompanies **partir**.

Nous ne **sortons** jamais **de** la salle avant la sonnerie.
We never leave the room before the bell rings.

Le premier ministre **part pour** l'Espagne demain.
The prime minister leaves for Spain tomorrow.

- **Mourir** (*to die*) also is conjugated irregularly in the present tense. Its past participle is **mort**, and it takes **être** as an auxiliary in the **passé composé** and **plus-que-parfait**.

Il fait chaud et je **meurs** de soif!
It's hot, and I'm dying of thirst!

En quelle année la présidente **est**-elle **morte**?
In which year did the president die?

mourir	
je meurs	nous mourons
tu meurs	vous mourez
il/elle meurt	ils/elles meurent

BLOC-NOTES

For a review of the present-tense conjugation of regular **-ir** verbs, see **Fiche de grammaire 1.4, p. 390**.

ATTENTION!

Sentir means *to sense* or *to smell*. The reflexive verb **se sentir** is used with an adverb to tell how a person feels.

Cette fleur sent très bon!
This flower smells very good!

Je sens qu'il t'aime, même s'il ne le dit pas.
I sense that he loves you, even if he doesn't say it.

Tu es rentrée parce que tu ne te sentais pas bien?
You went home because you didn't feel good?

BLOC-NOTES

To review formation of the **passé composé** with **être**, see **Structures 3.2, pp. 98–99**. To learn more about past participle agreement, see **Fiche de grammaire 5.5, p. 408**.

- These verbs are conjugated with the endings normally used for **-er** verbs in the present tense.

	couvrir	découvrir	offrir	ouvrir	souffrir
je	couvre	découvre	offre	ouvre	souffre
tu	couvres	découvres	offres	ouvres	souffres
il/elle	couvre	découvre	offre	ouvre	souffre
nous	couvrons	découvrons	offrons	ouvrons	souffrons
vous	couvrez	découvrez	offrez	ouvrez	souffrez
ils/elles	couvrent	découvrent	offrent	ouvrent	souffrent

- The past participles of the verbs above are, respectively, **couvert**, **découvert**, **offert**, **ouvert**, and **souffert**.

Qu'est-ce que les organisateurs vous **ont offert** comme boisson?
What did the organizers offer you to drink?

Le criminel **avait ouvert** la porte pour entrer dans le garage.
The criminal had opened the door to enter the garage.

- These verbs are conjugated similarly, with one stem for **je**, **tu**, **il/elle/on**, and **ils/elles**, and a different stem for **nous** and **vous**.

	devenir	maintenir	revenir	tenir	venir
je	deviens	maintiens	reviens	tiens	viens
tu	deviens	maintiens	reviens	tiens	viens
il/elle	devient	maintient	revient	tient	vient
nous	devenons	maintenons	revenons	tenons	venons
vous	devenez	maintenez	revenez	tenez	venez
ils/elles	deviennent	maintiennent	reviennent	tiennent	viennent

- The past participles of these verbs are, respectively, **devenu**, **maintenu**, **revenu**, **tenu**, and **venu**. **Venir** and its derivatives **devenir** and **revenir** take **être** as the auxiliary in the **passé composé** and **plus-que-parfait**.

Le criminel **a tenu** son arme à la main pendant quelques secondes.
The criminal held the weapon in his hand for a few seconds.

La juge **était revenue** de son bureau pour parler aux jurés.
The judge came back from her chambers to talk to the jury.

- The construction **venir** + **de** + [*infinitive*] means to have *just* done something. Use it in the present or **imparfait** to say that something happened in the very recent past.

Les militants **viennent de faire** un discours à l'ONU.
The activists just made a speech at the UN.

Je **venais** juste **de poser** mon sac par terre quand le voleur l'a pris.
I had just put my bag down on the ground when the thief took it.

BLOC-NOTES

Remember that a past participle usually agrees with its subject in number and gender for verbs that take **être** as an auxiliary. To learn more about past participle agreement, see **Fiche de grammaire 5.5, p. 408**.

SUPERSITE

Mise en pratique

1

À compléter Assemblez les éléments des colonnes pour former des phrases complètes. Chaque élément ne doit être utilisé qu'une fois.

_____ 1. Tous les enfants...	a. vient d'un journaliste.
_____ 2. Cet animal...	b. devenons avocats à la fin de l'année.
_____ 3. Tu...	c. tenez une conférence à quelle heure?
_____ 4. Mon ami et moi...	d. dorment paisiblement.
_____ 5. Le scandale...	e. sent toujours d'où vient le danger.
_____ 6. Vous...	f. souffres toujours d'un mal de tête.

2

Cuisine créole Stéphanie et Daniel parlent de leur expérience au restaurant hier soir. Choisissez le bon verbe et conjuguez-le au temps qui convient.

Note CULTURELLE

La **cuisine créole** raconte l'histoire des **îles antillaises**, qui sont marquées par l'empreinte du peuple **Caraïbe**, des **Africains**, des **Français** et des **Indiens**. Elle est à base de produits de la mer, souvent macérés (*marinated*) dans un assaisonnement pour qu'ils aient encore meilleur goût.

Vous savez que nous (1) _________ (devenir / découvrir) une cuisine exotique tous les mois. Eh bien, hier soir, Daniel et moi (2) _________ (sortir / sentir) manger dans ce nouveau restaurant créole que vous nous aviez suggéré. Il faut dire que je (3) _________ (dormir / mourir) d'envie d'y aller depuis que vous nous en aviez parlé. Nous (4) _________ (sentir / venir) la délicieuse odeur épicée depuis la rue. Nous avons essayé toutes sortes de plats traditionnels. Après ça, nous (5) _________ (ouvrir / revenir) enchantés de notre soirée. Finalement, nous (6) _________ (courir / partir) pour Saint-Martin la semaine prochaine!

3

À choisir Créez des phrases cohérentes avec les éléments du tableau. Faites attention au temps. N'utilisez chaque élément qu'une fois.

A	B	C
Les jurés	courir	me voir pendant les vacances d'été.
La victime	découvrir	son jugement.
Vous	maintenir	dans le tribunal pour prononcer la sentence il y a quelques secondes.
Les policiers	offrir	de l'hôpital, mais elle ne nous l'avait pas dit.
Tu	partir	mes compliments au nouveau président.
Le juge	revenir	une nouvelle île chaque fois que tu vas aux Antilles.
Nous	sortir	toujours après les voleurs.
Je/J'	venir	très bientôt pour Saint-Barthélemy.
?	?	?

Communication

4 **Votre personnalité** À deux, posez-vous des questions à tour de rôle. Utilisez des verbes irréguliers en **-ir** dans vos réponses.

- Tu dors jusqu'à quelle heure le week-end?
- Sors-tu souvent le week-end? Avec qui?
- Souffres-tu beaucoup de la chaleur en été? Du froid en hiver?
- Qu'offres-tu à tes parents pour leur anniversaire? À ton/ta meilleur(e) ami(e)?
- Est-ce que tu es devenu(e) la personne que tu rêvais de devenir?
- Pars-tu en vacances tous les ans? Où vas-tu?

5 **Saint-Barthélemy ou Marie-Galante?** Sandra et Timothée planifient leurs prochaines vacances. Sandra veut aller à Saint-Barthélemy, mais Timothée préfère visiter l'île de Marie-Galante.

A. À deux, décidez quelles phrases de la liste correspondent à chaque île, puis complétez le tableau.

- *Partir en randonnée*
- *Dormir sur la plage*
- *Devenir un(e) aventurier/aventurière*
- *Découvrir la nature luxuriante de l'île*
- *Sortir en boîte de nuit*
- *Revenir enchanté(e) de ses vacances*

Saint-Barthélemy	Marie-Galante

B. Sandra et Timothée reviennent de leur voyage. À l'aide des phrases ci-dessus, imaginez un dialogue où ils expliquent ce qu'ils ont fait. Faites-le pour chaque île.

Note CULTURELLE

Saint-Barthélemy est la Côte d'Azur des Antilles françaises. Par contre, loin d'être le paradis des milliardaires, **Marie-Galante** est une île de rêve pour les fous de nature, qui apprécient beaucoup ses plages. Elles appartiennent au département de la **Guadeloupe**.

Synthèse

L'Union pour la démocratie française

Vous avez voté pour Antoine Éraste en 2002

Sortez de chez vous et votez UDF!
Il faut réélire Antoine!

Le Parti socialiste guyanais
PSG
Personne n'a le droit d'être au chômage!
Tel est l'idéal de THÉLOR MADIN.
Pour ne plus souffrir, courez aux urnes°!

Le Front national (FN)
Pour maintenir une Cayenne en action et pour ne pas revenir en arrière°!
Votez pour Jean-Baptiste Pancrace, qui n'a jamais peur de prendre les bonnes décisions.

Le Parti écologique
LES VERTS
Pour ne plus jamais perdre face à la pollution,
FLEUR DESMARAIS
est la solution!
Chacun doit voter pour les Verts!

urnes *polls* **en arrière** *backward*

1 **Interview** En Guyane, c'est le moment d'élire un nouveau député. Lisez les slogans des différents partis politiques. Choisissez un slogan et imaginez un entretien entre le candidat et un journaliste. Utilisez le plus-que-parfait et d'autres structures de cette leçon.

2 **Reproches** Vous rencontrez l'ancien(ne) député(e) de la Guyane, dont vous n'êtes pas satisfait(e). À deux, imaginez la scène. Utilisez des expressions négatives, et des pronoms et des adjectifs indéfinis pour lui donner votre opinion.

Modèle Vous n'aviez jamais écouté la voix de certaines personnes avant de commencer votre campagne.

3 **Demandes** On demande beaucoup de choses aux hommes et aux femmes politiques, pendant la période des élections. Par petits groupes, imaginez qu'un(e) étudiant(e) soit le/la candidat(e) et inventez cinq questions que les gens lui poseraient. Utilisez le plus possible les structures et le vocabulaire de cette leçon.

4 **Élection** Avez-vous déjà pris part à une élection ou à sa préparation? Pour quel événement était-ce? Qu'avez-vous fait? Par groupes de quatre, expliquez à vos camarades les impressions positives et négatives que vous avez ressenties à cette occasion.

Préparation

Vocabulaire de la lecture

un colon *colonist*
l'esclavage (*m.*) *slavery*
évadé(e) *escaped*
renverser *to overthrow*
se révolter *to rebel*
vaincre (*irreg.*) *to defeat*

Vocabulaire utile

l'asservissement (*m.*) *enslavement*
la guerre de Sécession *the American Civil War*
une monarchie absolue *absolute monarchy*
la noblesse *nobility*
l'ordre (*m.*) public *public order*
un régime totalitaire *totalitarian regime*
la sûreté publique *public safety*
un système féodal *feudal system*
la traite des Noirs *slave trade*

1 **Un peuple révolté** Complétez ce petit résumé (*summary*) de la Révolution française à l'aide des mots de la liste de vocabulaire.

Avant la Révolution, la France était une (1) ________. La population était divisée en trois grandes classes: le peuple, le clergé et la (2) ________. En 1789, le peuple commence à (3) ________ contre l'injustice du (4) ________ qui existait en France depuis le Moyen Âge et qui perpétuait (5) ________ d'une grande partie de la population française au profit des nobles. Le 14 juillet 1789, le peuple prend la Bastille, un symbole de la tyrannie royale. Quelques années plus tard, le roi Louis XVI est (6) ________, la royauté est abolie en France et l'An I de la République française est proclamé.

2 **Colonisation et esclavage** Répondez aux questions et comparez vos réponses avec celles d'un(e) camarade.

1. Citez les différents types de régimes politiques. Quelles sont leurs caractéristiques?
2. Quels ont été les grands empires coloniaux? Pourquoi ces pays sont-ils devenus colonisateurs?
3. Pouvez-vous citer d'anciennes colonies françaises? Où sont-elles situées? Savez-vous quand et comment elles ont obtenu leur indépendance?
4. À quoi vous fait penser le terme «esclavage»? Expliquez.
5. Que savez-vous d'Haïti?

3 **Les droits de l'homme** Par groupes de quatre, discutez de ces deux extraits de la **Déclaration des droits de l'homme et du citoyen**. Puis, comparez vos idées avec celles d'un autre groupe.

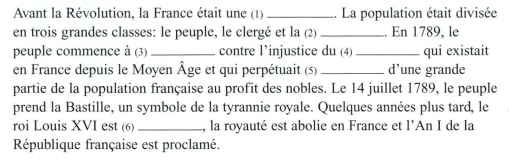

Article 1: Les hommes naissent et demeurent (remain) libres et égaux en droits.

Article 6: La loi est l'expression de la volonté générale [...] Elle doit être la même pour tous. [...]

- Êtes-vous d'accord avec les valeurs présentées par ces deux extraits?
- Connaissez-vous des pays où ces principes ne sont pas en vigueur?
- L'égalité existe-t-elle pour tout le monde aux États-Unis?

HAÏTI
soif de liberté

Haïti est réellement née le 1er janvier 1804, le jour de la proclamation de son indépendance. L'île devient alors le premier État noir indépendant. Comment y est-elle arrivée?

La société haïtienne, basée sur l'esclavage, était composée de Blancs, de libres°, d'esclaves et de Noirs marrons. Extrêmement prospère, l'île était le premier producteur mondial de sucre et la plus riche des colonies françaises. C'est la Déclaration des droits de l'homme en France (1789) qui constitue l'élément déclencheur° de la révolution.

free black men — *trigger*

En 1791, des esclaves noirs se révoltent contre les colons blancs: c'est le début de la Révolution haïtienne. Pierre Dominique Toussaint Louverture (1743–1803) est un ancien esclave et un des seuls Noirs révolutionnaires qui sachent lire et écrire. Il se joint aux Espagnols, qui occupent l'est de l'île, pour combattre les Français et l'esclavage. Il est fait prisonnier en 1802 et déporté en France, où il mourra en 1803. Avant de quitter Haïti, il dira: «En me renversant°, on n'a abattu° à Saint-Domingue que le tronc de l'arbre de la liberté, mais il repoussera° car ses racines° sont profondes et nombreuses.» Il a raison. Jacques Dessalines, son lieutenant, continue la lutte et finira par vaincre les Français en automne 1803. Il proclame l'indépendance en 1804.

By overthrowing me/ brought down — *will grow again/ roots*

«Cet achat de nègres, pour les réduire en esclavage, est un négoce° qui viole la religion, la morale, les lois naturelles, et tous les droits de la nature humaine.» Cette phrase est écrite en France en 1776, mais la France n'abolit l'esclavage qu'en 1794, par une loi qui ne sera jamais appliquée. Il faut attendre 1848 pour que la France l'abolisse vraiment. La fin de l'esclavage en Haïti est la conséquence de sa lutte pour l'indépendance et de la victoire du peuple haïtien sur les planteurs blancs.

trade

Aujourd'hui, Haïti a une culture où les arts français et africains fusionnent. La France a eu beaucoup d'influence en Haïti jusqu'au milieu du 20e siècle, et cela se ressent dans les textes, marqués par les courants° littéraires français. Puis, dans les années 1950, il y a une révolution de l'écriture. Les écrivains prennent conscience du sentiment d'être haïtiens et cessent de copier les auteurs français. Les racines africaines et la réalité sociale de l'île les inspirent. D'ailleurs°, le créole devient langue littéraire.

trends — *Moreover*

Mais en Haïti, c'est la peinture qui est le moyen d'expression artistique le plus courant. Elle est présente partout, et tout le monde a peint au moins une fois dans sa vie. C'est pourquoi le style artistique haïtien va d'un extrême à l'autre, du naïf au surréalisme. On y trouve les mêmes thèmes que dans la littérature: l'origine, les peines° et les espoirs de la société haïtienne.

sufferings

En 2006, après une période de grands troubles politiques, le peuple élit René Préval Président de la République. Depuis l'indépendance d'Haïti, il est le troisième président élu démocratiquement. On peut donc espérer un avenir meilleur pour cette société qui, ne l'oublions pas, est la première à s'être libérée de l'esclavage. ■

Des mots...

Gary Victor (1958–) l'un des écrivains les plus lus, est l'auteur de nouvelles,° de livres pour la jeunesse et de romans. **Kettly Mars** (1958–) décrit, dans ses poèmes, les émotions qu'elle ressent devant l'amour, la beauté de la nature et les objets quotidiens. Avec d'autres auteurs de l'île, qui écrivent en français ou en créole, ils sont garants d'une réelle littérature haïtienne.

short stories

Des couleurs...

La peinture haïtienne, c'est d'abord de la couleur, vive et généreuse. **Gérard Fortune** (vers 1930–) est l'un des peintres les plus importants de sa génération. Il commence à peindre en 1978, après avoir été cuisinier. Dans ses tableaux, il mélange le vaudou et le christianisme. **Michèle Manuel** (1935–) vient d'une famille riche et apprend à peindre à **Porto-Rico** et aux **États-Unis**. Ses scènes de marchés sont particulièrement appréciées.

SUPERSITE Analyse

1 **Compréhension** Répondez aux questions par des phrases complètes.

1. Décrivez brièvement la société haïtienne avant 1804.
2. Qu'est-ce que la Déclaration des droits de l'homme de 1789 a déclenché en Haïti?
3. Qu'est-ce que l'île d'Haïti a obtenu en 1804?
4. Qui était Pierre Dominique Toussaint Louverture?
5. Quelle différence y a-t-il entre la littérature haïtienne d'avant 1950 et celle d'aujourd'hui?
6. Quelle est la forme d'expression artistique la plus courante en Haïti?

2 **Réflexion** Répondez aux questions, puis comparez vos réponses avec celle d'un(e) camarade de classe.

1. Ce sont la **Déclaration des droits de l'homme de 1789** et la Révolution française qui ont été les éléments déclencheurs de la révolte des esclaves en Haïti. Pourquoi, à votre avis?
2. Commentez cette citation de Toussaint Louverture: «En me renversant, on n'a abattu à Saint-Domingue que le tronc de l'arbre de la liberté, mais il repoussera car ses racines sont profondes et nombreuses.»
3. En 1776, on pouvait lire que l'esclavage violait les droits de la nature humaine. Mais il a fallu plus de 70 ans à la France pour réellement abolir l'esclavage. Pourquoi, à votre avis?

3 **Perdu** Par groupes de trois, imaginez que vous soyez naufragé(e)s (*shipwrecked*) sur une île déserte des Antilles. Vous devez créer une nouvelle civilisation. Quels sont les dix droits principaux dont bénéficieront les citoyens de cette île? Comparez votre nouvelle déclaration des droits de l'homme avec celle des autres groupes.

4 **Sûreté publique ou liberté individuelle?** Les attentats terroristes de ce début de siècle ont déclenché un débat sur l'équilibre entre la sûreté publique et la liberté individuelle. À votre avis, est-il nécessaire de sacrifier certaines libertés individuelles pour assurer une plus grande sécurité? Par groupes de trois, discutez de ce sujet, puis présentez le résultat de votre discussion à la classe.

Préparation

À propos de l'auteur

L'écrivain antillais **Jean Juraver** (1945–) dit lui-même que ses œuvres ont un but didactique, tout comme des fables. «Que cessent les guerres, que cessent les injustices, que cesse la méchanceté, que cesse la duplicité, c'est tout ce que mes écrits signifient», déclare-t-il. Né à Pointe-à-Pitre, la plus grande ville de la Guadeloupe, Juraver a, dès l'enfance, un grand appétit d'apprendre. Il ne devient donc pas seulement écrivain, mais aussi journaliste, photographe, musicien et grand voyageur. Ayant (*Having*) habité dans beaucoup de pays différents, c'est chez lui, en Guadeloupe, qu'il exerce ses talents de professeur d'anglais et de musique, d'écrivain et de poète. On compte parmi (*among*) ses publications *Contes créoles*, *Le sang du cactus* et un essai, *Anse-Bertrand, une commune de Guadeloupe.*

Vocabulaire de la lecture

ça suffit *that's enough*
car *for; because*
la colère *anger*
une foule *crowd; mob*
gras(se) *fat, plump*
la haine *hatred*
un indice *clue, indication*
maigre *thin, scrawny*
une patte *paw*

Vocabulaire utile

une métaphore *metaphor*
la morale *moral*
personnifier *to personify*
une punition *punishment*
tuer *to kill*

1 **C'est le cas de le dire!** Faites correspondre les expressions aux situations.

Situations

_____ 1. Votre patron est très méchant.
_____ 2. Il y a beaucoup de monde au cinéma.
_____ 3. Le voisin a mystérieusement disparu.
_____ 4. Votre ami n'arrête pas de se plaindre.
_____ 5. Les apparences peuvent tromper.

Expressions

a. Ça suffit!
b. C'est la personnification du mal.
c. La morale de l'histoire est que l'habit ne fait pas le moine (*monk*).
d. Il est parti sans laisser d'indices.
e. Quelle foule!

2 **Discussion** Par groupes de trois, répondez aux questions.

1. Avez-vous déjà été traité(e) injustement? Par qui? Décrivez les circonstances.
2. Avez-vous déjà été injuste envers (*towards*) quelqu'un? Qui? Qu'avez-vous fait ou dit à cette personne?
3. Quand avez-vous été témoin (*witness*) d'une injustice? Que s'est-il passé? Décrivez les circonstances à vos camarades.

Chien maigre et chien gras

Jean Juraver

Un jour, le boucher du village fit du tapage° en ameutant° tout le quartier, car on lui avait dévoré un gros quartier de bœuf, et il ne lui restait que les os°. Tous les chiens des environs assistaient à la scène; au fond d'eux-mêmes°, ils savaient que le coupable était un des leurs°.

made a racket/by stirring up
bones
deep inside
one of their own

Mais dans la foule, on distinguait deux sortes de chiens: les chiens à collier et les chiens sans collier. Il y avait une véritable division sociale entre les premiers et les derniers: un chien à collier ne fréquentait pas un chien sans collier. Les chiens à collier étaient propres et gras; les chiens sans collier étaient sales et maigres. Bien sûr, le coupable ne pouvait pas être un chien à collier!

Tout le monde s'observait pour chercher un petit signe trahissant° le coupable. Mais aucun indice.

betraying

Un chien à collier ne fréquentait pas un chien sans collier.

Soudain, voilà qu'apparaît au détour du chemin, un petit chien sale, boueux°, maigre comme une lame° de couteau, le poil rare° et noir. Tous les regards convergent vers lui, des regards chargés de haine et de colère. Un cri jaillit° dans la foule: «À mort!», cri repris en chœur°: «À mort, qu'on le pende°, à bas le scélérat°!»

muddy/blade/sparse hair
burst out
in chorus/let's hang him/ down with the villain

Alors la foule en colère se jette sur le malheureux à coups de dents, à coups de pattes, à coups de griffes°; les éléments déchaînés° l'ont déjà pratiquement écorché vif°. Ils l'auraient fait passer de vie à trépas°, si le boucher, se sentant vengé, n'avait crié:

claws/unleashed
skinned alive
death

—Ça suffit pour aujourd'hui. Avec une telle leçon, j'espère qu'il ne recommencera pas.

Un chien à collier, énorme et propre, s'est écrié d'un air philosophe:

—Il y aura toujours une justice des riches et une justice des pauvres. ■

Analyse

1 **Compréhension** Répondez aux questions.

1. Pourquoi le boucher a-t-il ameuté tout le quartier?
2. Qu'est-ce que tous les chiens savaient déjà?
3. Quelles sortes de chiens y avait-il dans la foule?
4. Quelle apparence les chiens à collier et les chiens sans collier avaient-ils?
5. Qu'est-ce qui apparaît au détour du chemin?
6. Comment sont les regards des chiens dans la foule?
7. Quelle réaction violente la foule a-t-elle?
8. Pourquoi le petit chien sale ne meurt-il pas?

2 **Interprétation** À deux, répondez aux questions par des phrases complètes.

1. Pourquoi Jean Juraver a-t-il choisi des animaux pour raconter l'histoire?
2. Qu'est-ce que les chiens à collier symbolisent? Et les chiens sans collier?
3. Pourquoi le coupable ne pouvait-il pas être un chien à collier?
4. Pourquoi est-il pratique (*convenient*) d'accuser le petit chien sale?
5. À votre avis, le boucher est-il un homme ou un chien? Pourquoi?
6. Pourquoi est-ce un chien à collier qui dit: «Il y aura toujours une justice des riches et une justice des pauvres.»?

3 **Les animaux** Dans la littérature, le cinéma, la peinture et d'autres formes d'art, les personnages principaux sont parfois des animaux. Par groupes de trois, faites une liste de livres, de poèmes, de fables, de films ou d'autres œuvres artistiques où des animaux sont les personnages principaux. Expliquez leur fonction dans l'œuvre et puis comparez votre liste avec la classe.

4 **L'injustice** Par groupes de trois ou quatre, répondez aux questions.

1. Pourquoi la réaction de la foule envers le petit chien sale est-elle injuste?
2. Donnez des exemples dans le monde des humains de «chiens à collier» et de «chiens sans collier». Soyez précis.
3. La justice peut-elle être parfaite et absolue? Pourquoi?

5 **Rédaction** Suivez le plan de rédaction pour écrire une histoire didactique. Elle peut être vraie ou fictive. Employez le plus-que-parfait, la négation et des adjectifs et pronoms indéfinis.

Plan

1 **Réflexion** Pensez à la morale que vous voulez enseigner. Elle doit s'appliquer à un problème universel tel que l'injustice, la colère, la haine, la malhonnêteté, etc.

2 **Histoire** Écrivez une histoire où vous présentez le problème et où vous en montrez les conséquences. Les personnages peuvent être des humains ou des animaux.

3 **Morale** À la fin de l'histoire, résumez (*summarize*) le thème par une morale d'une seule phrase concise.

SUPERSITE La justice et la politique

Les lois et les droits

un crime *crime*
la criminalité *crime*
les droits (*m.*) de l'homme *human rights*
une (in)égalité *(in)equality*
une (in)justice *(in)justice*
la liberté *freedom*
un tribunal *court*

abuser *to abuse*
approuver une loi *to pass a law*
défendre *to defend*
emprisonner *to imprison*
juger *to judge*

analphabète *illiterate*
coupable *guilty*
(in)égal(e) *(un)equal*
(in)juste *(un)fair*
opprimé(e) *oppressed*

La politique

un abus de pouvoir *abuse of power*
une armée *army*
une croyance *belief*
la cruauté *cruelty*
la défaite *defeat*
une démocratie *democracy*
une dictature *dictatorship*
un drapeau *flag*
le gouvernement *government*
la guerre (civile) *(civil) war*
la paix *peace*
un parti politique *political party*
la politique *politics*
la victoire *victory*

avoir de l'influence (sur) *to have influence (over)*
se consacrer à *to dedicate oneself to*
élire *to elect*
gagner/perdre les élections *to win/lose elections*
gouverner *to govern*
voter *to vote*

conservateur/conservatrice *conservative*
libéral(e) *liberal*
modéré(e) *moderate*
pacifique *peaceful*
puissant(e) *powerful*
victorieux/victorieuse *victorious*

Les gens

un(e) activiste *militant activist*
un(e) avocat(e) *lawyer*
un(e) criminel(le) *criminal*
un(e) député(e) *deputy (politician); representative*
un homme/une femme politique *politician*
un(e) juge *judge*
un(e) juré(e) *juror*
un(e) président(e) *president*
un(e) terroriste *terrorist*
une victime *victim*
un voleur/une voleuse *thief*

La sécurité et le danger

une arme *weapon*
une menace *threat*
la peur *fear*
un scandale *scandal*
la sécurité *security, safety*
le terrorisme *terrorism*
la violence *violence*

combattre (*irreg.*) *to fight*
enlever/kidnapper *to kidnap*
espionner *to spy*
faire du chantage *to blackmail*
sauver *to save*

Court métrage

un bateau *boat*
un(e) esclave *slave*
les mœurs (*f.*) *customs, habits*
une tare *defect*
une trajectoire *path*

basculer *to tip over*
bifurquer *to turn off course, to change direction*
se casser *to scram*
se douter (de) *to suspect*
faire exprès *to do it on purpose*
se libérer *to free oneself*
rigoler *to laugh; to joke*

bête *stupid*
carré(e) *square*
déçu(e) *disappointed*
mangeable *edible*
passionnant(e) *exciting*

Culture

l'asservissement (*m.*) *enslavement*
un colon *colonist*
l'esclavage (*m.*) *slavery*
la guerre de Sécession *the American Civil War*
une monarchie absolue *absolute monarchy*
la noblesse *nobility*
l'ordre (*m.*) public *public order*
un régime totalitaire *totalitarian regime*
la sûreté publique *public safety*
un système féodal *feudal system*
la traite des Noirs *slave trade*

renverser *to overthrow*
se révolter *to rebel*
vaincre (*irreg.*) *to defeat*

évadé(e) *escaped*

Littérature

la colère *anger*
une foule *crowd; mob*
la haine *hatred*
un indice *clue, indication*
une métaphore *metaphor*
la morale *moral*
une patte *paw*
une punition *punishment*

personnifier *to personify*
tuer *to kill*

gras(se) *fat, plump*
maigre *thin, scrawny*

ça suffit *that's enough*
car *for; because*

LEÇON 5

La société en évolution

Dans un monde où les cultures se rencontrent de plus en plus, quel est le rôle du dialogue? Comment profiter des différences dans la manière de penser, de vivre et de voir le monde? Que devons-nous faire pour assurer l'harmonie et, en même temps, éliminer les conflits? Si la diversité donne l'occasion d'enrichir sa propre culture, qu'apporte-t-elle d'autre à une société?

La société aux multiples visages évolue constamment.

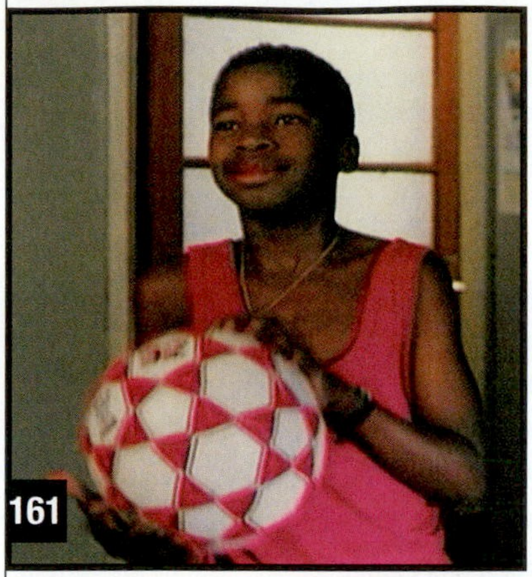
161

184

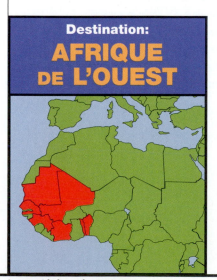

Destination: AFRIQUE DE L'OUEST

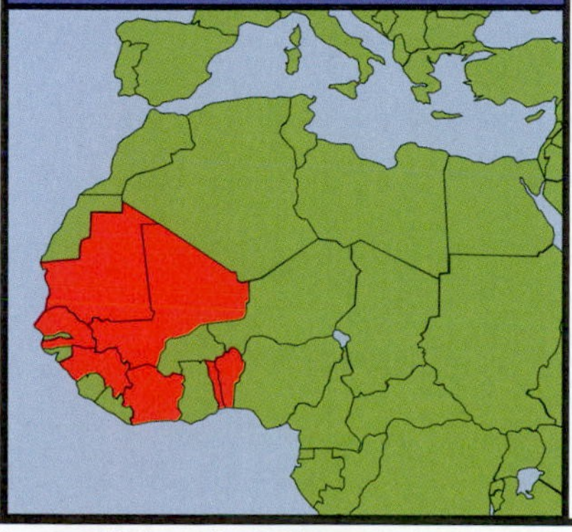

Crises et horizons

En mouvement

l'assimilation (*f.*) *assimilation*
un but *goal*
une cause *cause*
le développement *development*
la diversité *diversity*
un(e) émigré(e) *emigrant*
une frontière *border*
l'humanité (*f.*) *humankind*
l'immigration (*f.*) *immigration*
un(e) immigré(e) *immigrant*
l'intégration (*f.*) *integration*
une langue maternelle *native language*
une langue officielle *official language*
le luxe *luxury*
la mondialisation *globalization*
la natalité *birthrate*

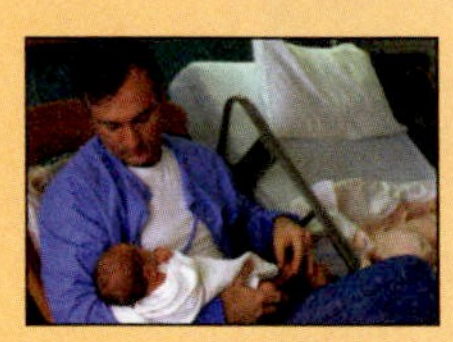

le patrimoine culturel *cultural heritage*
les principes (*m.*) *principles*

aller de l'avant *to forge ahead*
s'améliorer *to better oneself*
attirer *to attract*
augmenter *to grow; to raise*

baisser *to decrease*
deviner *to guess*
prédire (*irreg.*) *to predict*

exclu(e) *excluded*
(non-)conformiste *(non)conformist*

polyglotte *multilingual*
prévu(e) *foreseen*
seul(e) *alone*

Les problèmes et les solutions

le chaos *chaos*
la compréhension *understanding*
le courage *courage*
un dialogue *dialogue*

une incertitude *uncertainty*
l'instabilité (*f.*) *instability*
la maltraitance *abuse*
un niveau de vie *standard of living*
une polémique *controversy*
la surpopulation *overpopulation*
un travail manuel *manual labor*
une valeur *value*
un vœu *wish*

avoir le mal du pays *to be homesick*
faire sans *to do without*
faire un effort *to make an effort*
lutter *to fight; to struggle*

du/due à *due to*
surpeuplé(e) *overpopulated*

Les changements

s'adapter *to adapt*
appartenir (à) *to belong (to)*
dire au revoir *to say goodbye*

s'enrichir *to become rich*

s'établir *to settle*
manquer à *to miss*
parvenir à *to attain; to achieve*
projeter *to plan*
quitter *to leave behind*
réaliser (un rêve) *to fulfill (a dream)*
rejeter *to reject*

SUPERSITE Mise en pratique

1 **L'intrus** Dans chaque cas, indiquez le mot qui ne convient pas.

1. **diversité**
   a. immigration
   b. patrimoine
   c. mondialisation
   d. humanité
2. **population**
   a. habitants
   b. citoyens
   c. résidents
   d. touristes
3. **but**
   a. faire un effort
   b. incertitude
   c. projeter
   d. parvenir
4. **prévu**
   a. prédit
   b. exclu
   c. attendu
   d. deviné
5. **manquer**
   a. appartenir
   b. avoir le mal du pays
   c. quitter
   d. dire au revoir
6. **polémique**
   a. débat
   b. controverse
   c. cause
   d. contestation

2 **Dans le contexte** Écrivez le mot de la liste qui correspond le mieux au contexte de chaque phrase.

s'adapter	émigré	mal du pays	quitter
courage	faire sans	polyglotte	rejeter

1. Il est important de parvenir à se débrouiller (*to manage*) face à une nouvelle situation. ______________
2. Au travail, on me demande souvent de voyager parce que je parle plusieurs langues. ______________
3. Quand j'étais petit, ma famille n'était pas riche, mais on n'était pas malheureux non plus. ______________
4. Je n'hésite pas à dire «non» et je refuse les propositions qu'on me fait neuf fois sur dix. ______________
5. J'ai quitté le pays où je suis né pour trouver un meilleur travail, pas pour des raisons politiques. ______________
6. Voyager à l'étranger, c'est important et amusant en même temps, mais le problème, c'est que ma famille me manque. ______________

3 **Questions personnelles** Répondez à chaque question. Discutez de vos réponses avec un(e) camarade de classe.

1. Quelle est votre langue maternelle? Combien de langues parlez-vous?
2. Avez-vous déjà eu le mal du pays? Expliquez la situation.
3. Êtes-vous pour ou contre la mondialisation? Expliquez votre point de vue.
4. Êtes-vous plutôt conformiste ou non-conformiste? Citez trois exemples.
5. Quel est votre but dans la vie? Comment est-ce que vous espérez l'atteindre?
6. Comment décririez-vous votre niveau de vie? À quel point est-il différent de celui que vous espérez avoir dans dix ans?

4 **À l'avenir** Imaginez qu'en 2057, votre enfant trouve une capsule témoin (*time capsule*) que vous aviez préparée avec des amis, il y a cinquante ans. Elle contient des coupures de presse (*clippings*) et des souvenirs de la société de l'époque. À deux, dites ce que vous aviez mis dans cette capsule et expliquez pourquoi ces objets représentent votre génération.

SUPERSITE Préparation

Vocabulaire du court métrage

un(e) bavard(e) *chatterbox*
brûler *to burn*
un commissaire (de police) *(police) commissioner*
(un jour) férié *public holiday*
un flic *cop*
un(e) gamin(e) *kid*
un(e) môme *kid*
nombreux/nombreuse *numerous*

Vocabulaire utile

avoir des préjugés *to be prejudiced*
un châtiment *punishment*
défavorisé(e) *underprivileged*
supposer *to assume*
une supposition *assumption*
témoigner de *to be witness to*
un témoin *witness*
voler *to steal*

EXPRESSIONS

assurer une permanence *to be on duty*
Ce n'est pas grave. *That's okay/not a problem.*
C'est dingue! *It's/That's crazy!*
J'arrive. *I'll be right there./I'm coming.*
porter plainte *to file a complaint*

1 **À choisir** Parmi (*Among*) les phrases suivantes, choisissez celle qui exprime le mieux l'idée de la première phrase.

1. Je ne vais pas au travail lundi parce que c'est un jour férié.
   a. Je ne vais pas au travail lundi parce qu'on fait la grève.
   b. Je ne vais pas au travail lundi à cause des funérailles de ma grand-mère.
   c. Je ne vais pas au travail lundi parce que c'est le 14 juillet.
2. Thomas et sa copine sont tellement bavards.
   a. Thomas est très fâché contre sa copine.
   b. Thomas n'arrête pas de parler avec sa copine.
   c. Thomas et sa copine hésitent à se quitter.
3. La famille habite dans un quartier défavorisé.
   a. La famille habite une grande maison moderne.
   b. Les loyers des appartements du quartier ne sont pas chers.
   c. La famille s'amuse chaque été dans sa piscine privée.

2 **À assortir** À deux, associez logiquement les mots de la première et de la deuxième colonne. Ensuite, expliquez la différence entre les mots associés.

_____	1. un témoin	a. voler
_____	2. un commissaire	b. un(e) môme
_____	3. un(e) gamin(e)	c. témoigner de
_____	4. un châtiment	d. un flic

3 **Que feriez-vous si...?** À deux, répondez aux questions et expliquez vos réponses.

1. Vous êtes professeur et deux de vos étudiants ont séché (*skipped*) le cours. L'un est très studieux et l'autre ne travaille pas beaucoup. Les jugez-vous de la même manière ou favorisez-vous l'étudiant sérieux?

2. Une personne défavorisée et une personne privilégiée commettent le même crime. Devraient-elles recevoir la même punition? Recevraient-elles le même châtiment dans notre société actuelle?

3. Quand un voleur vole quelque chose, est-ce que la valeur de ce qu'il vole devrait être prise en compte au moment de le punir?

4. Votre frère/sœur aîné(e) vous a tourmenté(e) pendant toute votre enfance. Vous comportez-vous de la même manière envers votre frère/sœur cadet(te) ou, au contraire, vous entendez-vous bien avec lui/elle?

5. À la suite d'une erreur commise par votre université, on vous expulse pour des raisons financières. Est-ce que cette injustice vous donnerait le droit d'endommager (*damage*) votre résidence universitaire?

4 **Question d'opinion** À deux, répondez aux questions et expliquez vos réponses.

1. Vous est-il déjà arrivé de supposer certaines choses au sujet de quelqu'un qui est différent de vous?
2. Pensez-vous que l'immigration permette de mieux apprécier différentes cultures ou encourage-t-elle au contraire le recours aux stéréotypes?
3. Est-ce que quelqu'un vous a déjà jugé(e) sur votre apparence physique, votre nationalité ou votre ethnicité? Comment avez-vous réagi?

5 **Qui est-ce?** Regardez les images et imaginez la vie de ces personnages. Écrivez cinq phrases qui expliquent ce qu'ils aiment faire, qui ils sont et d'où ils viennent.

SUPERSITE Regardez le court métrage sur **imaginez.vhlcentral.com.**

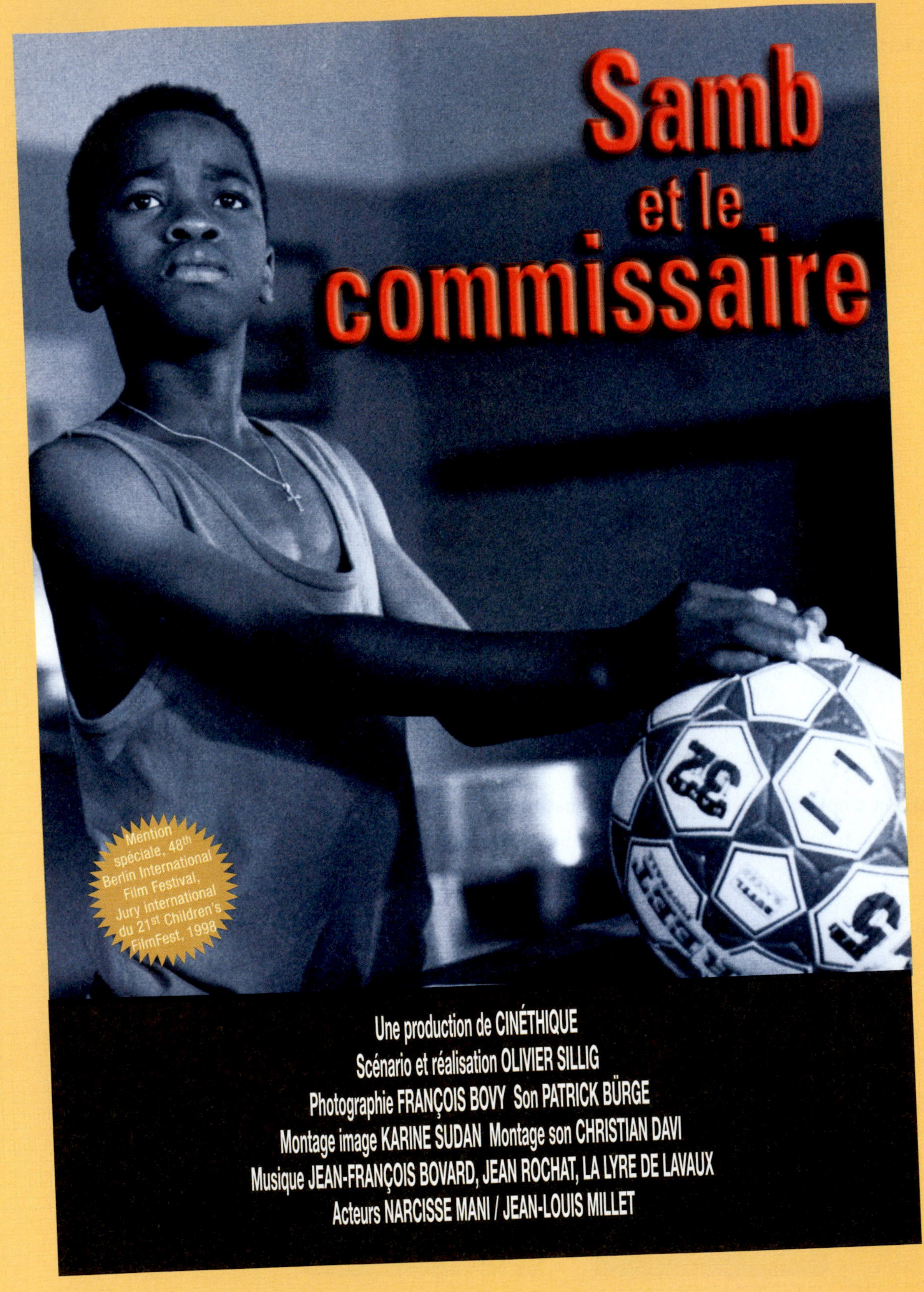

INTRIGUE *Le jour de la Fête nationale, en Suisse, un commissaire de police interroge un jeune garçon d'origine africaine qui vient de voler un ballon.*

OFFICIER Ils en ont marre, les gens, ils en ont marre.
COMMISSAIRE Je sais, ils sont toujours plus nombreux. Enfin, appeler les flics pour un gamin. Ces stations-service, ils… ils exagèrent, vraiment. Envoyez-le-moi.

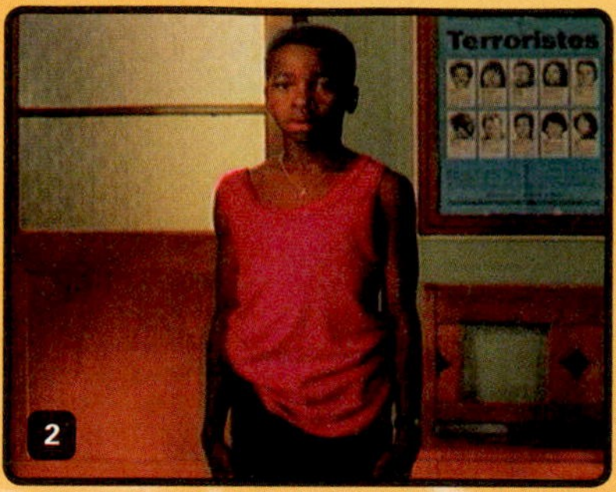

COMMISSAIRE Alors, c'est vrai ce qu'on dit? Vous êtes tous des voleurs. Incroyable! À ton âge, tu es déjà un voleur. Tu t'appelles comment? Ton nom?
SAMB S…
COMMISSAIRE Juste ton nom. Je vous connais, vous êtes des bavards terribles.

COMMISSAIRE Vingt francs. Vingt francs. Porter plainte pour vingt balles. Il faut vraiment que les gens en aient marre de vous. Et tes parents? Ils sont où aujourd'hui, tes parents? Ah, eux aussi, ils sont allés apprendre l'hymne° national?

SAMB Monsieur, je m'appelle Samb. Samb, et toi? Non, non. Juste votre nom.
COMMISSAIRE Knöbel.
SAMB Elle est en vie, votre maman?
COMMISSAIRE Ah oui. Bien sûr.
SAMB Et votre papa, aussi?
COMMISSAIRE Ah oui, aussi.

SAMB Vous avez de la chance.
COMMISSAIRE De la chance?
SAMB Oui. Mes parents à moi, ils sont morts. Kakachnikov! Ils se sont mis à tirer° sur moi, mais j'ai réussi à me cacher°. Quand je suis revenu, tout brûlait. Même mon ballon. Il n'y avait plus rien.

COMMISSAIRE Ah, c'est vous les parents? Ce n'est pas grave. C'est un môme. Bon, on laisse tomber la plainte, on écrase°.
Samb revient.
SAMB Eh, mon ballon!
COMMISSAIRE Ton ballon?

hymne *anthem* **tirer** *shoot* **me cacher** *hide* **écrase** oublie

Note CULTURELLE

La Fête nationale suisse

Célébrée le 1er août, la Fête nationale suisse commémore la naissance de ce pays en 1291. Les hommes politiques font des discours°. On voit des drapeaux sur toutes les façades. On allume° des feux de joie°. Les enfants défilent° dans les rues avec des lanternes en papier et les gens illuminent leurs fenêtres avec des bougies°. Enfin, on se réunit sur les places pour chanter ensemble l'hymne national. La journée se termine souvent par un feu d'artifice et par un barbecue en famille ou entre amis.

discours *speeches* **allume** *light* **feux de joie** *bonfires* **défilent** *parade* **bougies** *candles*

Analyse

1 **Compréhension** Répondez aux questions par des phrases complètes.

1. Quel jour sommes-nous dans le film? Que signifie cette date?
2. Comment s'appelle l'homme?
3. Qui est-il?
4. Qu'est-ce que le garçon a volé?
5. Pourquoi l'a-t-il volé?
6. Combien cet objet a-t-il coûté?
7. Qu'est-il arrivé aux parents du garçon?
8. Comment cela s'est-il passé?
9. Pourquoi le garçon dit-il que le commissaire a de la chance?
10. Avec qui part le garçon à la fin du film?

2 **Interprétation** À deux, répondez aux questions et expliquez vos réponses.

1. Pourquoi le commissaire est-il de mauvaise humeur au début du film?
2. De qui parle le commissaire quand il dit: «Vous êtes tous des voleurs»?
3. Pourquoi le commissaire pense-t-il que Samb ne mangera pas le hamburger?
4. Que veut dire le commissaire quand il dit que Samb «connaît» les bananes?
5. Que pense le commissaire quand on lui dit que les parents de Samb sont arrivés?
6. Pourquoi le commissaire met-il de l'argent sur son bureau à la fin du film?

3 **Stéréotypes**

A. Listez les commentaires du commissaire qui révèlent certains stéréotypes.

Vous êtes tous des voleurs.

B. Comparez votre liste avec celle d'un(e) camarade et discutez de chaque commentaire à l'aide de ces questions.

- Comment réagissez-vous à ce que dit le commissaire?
- Comment le jugez-vous? Pensez-vous que ce soit quelqu'un de bien?

4 **Rapports humains** Dans quel sens l'opinion du commissaire change-t-elle à propos de Samb? À deux, discutez-en et citez des exemples du film.

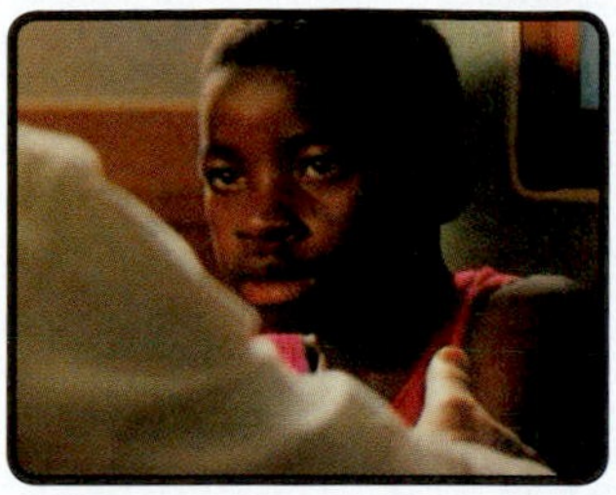

5 **Au tribunal** Imaginez que Samb soit jugé par un tribunal. Le jury n'est pas parvenu à un verdict, et vous êtes les jurés. Formez deux groupes et présentez cinq arguments pour ou contre Samb. Les injustices du passé excusent-elles ses actes d'aujourd'hui?

Pour	Contre

6 **Trois vœux** *Samb et le commissaire* témoigne des changements de la société actuelle et de la diversité culturelle de plus en plus grande dans les pays occidentaux (*western*). Par groupes de trois, imaginez les trois vœux qu'un génie vous accorde pour créer une société plus harmonieuse.

Vous avez droit à trois vœux. Que me demandez-vous?

7 **Intégration** Par groupes de trois, commentez cette déclaration. Dans une société multiculturelle, qui doit s'adapter? Les immigrés ou les habitants? Discutez de cette question et comparez votre point de vue avec la classe.

> **“Les musulmans ne mangent pas de porc. Vous devriez savoir ça. Faut s'adapter, nom de bleu.”**
>
> – COMMISSAIRE KNÖBEL

IMAGINEZ

Pour plus de renseignements et d'activités, visitez **imaginez.vhlcentral.com**.

L'AFRIQUE DE L'OUEST

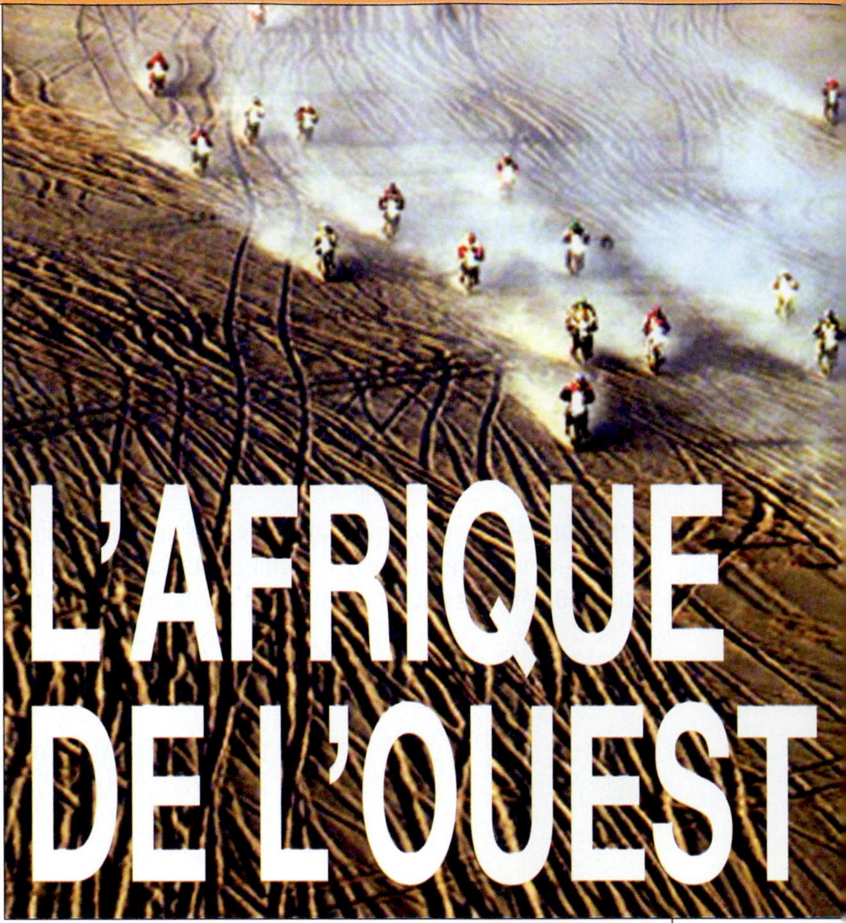

Des motocyclistes dans le désert pendant le Dakar

Destination: dunes!

En 1977, un coureur motocycliste français se perd dans le désert de Libye pendant une course entre **Abidjan**, en **Côte d'Ivoire** et **Nice**, en **France**. Cette expérience l'inspirera. En 1979, **Thierry Sabine** (1949–1986) crée le rallye **Paris-Dakar**, une course annuelle de véhicules (autos, motos, camions) qui traversera surtout des régions désertiques de l'Afrique, à partir de **Paris**, jusqu'à **Dakar**, capitale du **Sénégal**. Aujourd'hui, plus de 700 concurrents° y participent pour couvrir plus de 9.000 kilomètres de pistes°.

Aujourd'hui appelée **le Dakar** (depuis 1995, elle ne part pas toujours de Paris), cette course° est considérée comme le rallye le plus exigeant du monde. Le parcours° change chaque année, mais c'est l'**Afrique de l'Ouest** qui reçoit le plus grand nombre de visites.

Et si nous partions visiter ces pays d'Afrique? Voici un itinéraire possible. Nous traverserons d'abord le désert du **Sahara** en **Mauritanie**, et ses dunes magnifiques. Nous ferons une halte à l'oasis de **Terjit**, située au milieu d'un canyon et alimentée° par deux sources naturelles permanentes. Dans ce désert, cette oasis est un merveilleux havre° de fraîcheur. On peut même s'y baigner!

Nous quitterons la Mauritanie pour aller au **Mali**, mais nous ne quitterons pas le désert qui couvre les deux tiers° de ce pays au nord. Nous descendrons vers le sud et nous nous arrêterons à **Tombouctou**, ville mythique sur le **fleuve Niger**, fondée au 11e siècle et qui a gardé son style original. Encore plus au sud, à **Bandiagara**, nous admirerons les villages troglodytes perchés sur une étendue de 200 kilomètres de falaises. Une partie du peuple **Dogon** y habite encore.

Puis nous continuerons notre voyage vers le **Niger**. Nous n'irons pas jusqu'au **désert du Ténéré**, au nord-est du pays. C'est la partie la plus aride du **Sahara**, connue pour ses violentes tempêtes de sable°, où beaucoup de concurrents du Dakar ont abandonné la course. Mais nous continuerons vers le sud et traverserons le **parc national du W** (prononcez blay-way), site superbe où on voit une faune très diverse et des villages de pêcheurs.

Nous continuerons notre descente vers le sud pour arriver en **Côte d'Ivoire**, où, vers le centre, nous nous arrêterons à **Yamoussoukro**, la capitale depuis 1983. Nous y verrons la basilique Notre-Dame de la Paix, construite entre 1986 et 1989 et inspirée de la basilique Saint-Pierre de Rome. C'est la plus grande église du monde.

Ensuite nous irons en **Guinée**. Nous arriverons par l'est, où nous admirerons la plus belle forêt d'Afrique de l'Ouest, surmontée par le **mont Nimba** avec sa flore et sa faune uniques au monde. Puis nous passerons par la région

D'ailleurs...

Le fondateur du rallye, Thierry Sabine, avait conscience de la difficulté des **conditions de vie** en Afrique. En 1985, il crée, avec le chanteur **Daniel Balavoine**, le **Pari du Cœur**, une association dont le but était principalement d'apporter des pompes à eau au **Sahel**.

concurrents *competitors* **pistes** *trails* **course** *race* **parcours** *itinerary* **alimentée** *fed* **havre** *haven* **deux tiers** *two-thirds* **tempêtes de sable** *sandstorms* **cases** *huts*

habitée par les **Peulhs**, tribu d'Afrique dont les cases° sont de vraies œuvres d'art.

Nous arriverons enfin au **Sénégal**, et pour nous reposer de ce long voyage, nous visiterons une île près de **Dakar**: **Gorée**, où on peut visiter son ancien fort et admirer les maisons coloniales. À 37 km de la capitale, le très beau **lac Retba**, aussi appelé le **lac Rose** en raison de sa couleur, constituera notre dernière étape… comme pour le rallye.

Le français parlé en Afrique de l'Ouest

Au Sénégal

aller sénégalaisement bien	aller très bien
un(e) chéri(e)-coco	un(e) petit(e) ami(e)
un pain chargé	un sandwich
une tablette de chocolat	un nid-de-poule; *pothole*

En Côte d'Ivoire

un maquis	un restaurant, un café
mettre papier dans la tête	éduquer

En Afrique de l'Ouest

payer	acheter
un taxi-brousse	un taxi collectif; *shared taxi*

Découvrons l'Afrique de l'Ouest

La Casamance Située au sud du **Sénégal**, c'est la région agricole la plus riche du pays, grâce au **fleuve Casamance** et à une abondante saison des pluies. La **Basse-Casamance**, à l'ouest, en est la partie la plus touristique. On y trouve de nombreux villages installés au milieu de canaux appelés «bolongs». À l'est de la ville de **Cap-Skirring**, on peut admirer le **parc national de Basse-Casamance** avec ses buffles°, ses singes°, ses léopards, ses crocodiles et ses nombreuses espèces d'oiseaux.

Djenné C'est une ville du **Mali** à environ 570 km de **Bamako**, la capitale. Fondée au 9e siècle, elle devient un important centre d'échanges commerciaux° au 12e siècle. Cette ville est connue pour son architecture exceptionnelle. Ses bâtiments sont construits en «banco», ou terre crue°, avec des morceaux de bois appelés «terrons» qui traversent les murs. Le marché du lundi enchante le visiteur par ses couleurs et son animation.

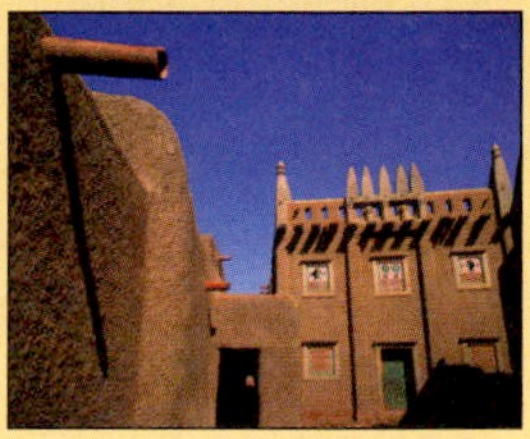

Les Touaregs On les appelle souvent «les hommes bleus», en raison de la couleur du turban, ou chèche, qu'ils portent sur la tête. C'est un peuple nomade d'origine berbère. Ils vivent en tribus dans une société très hiérarchisée. Leur territoire couvre la plus grande partie du désert du **Sahara** et une partie importante du **Sahel** central. C'est un peuple hospitalier° qui accueillent les visiteurs de passage avec le cérémonial du thé. Le thé est servi trois fois, et il est impoli de refuser de le boire.

Le cacao et le café ivoiriens La culture du café et du cacao constitue l'activité économique la plus importante de Côte d'Ivoire. En effet, la moitié de la population vit de cette culture. La **Côte d'Ivoire** est le premier producteur mondial de cacao (40% de la production mondiale) et le cinquième producteur de café (200.000 tonnes par an). Le café produit en Côte d'Ivoire est surtout de type «robusta». Près de 80% de la production est destinée à l'**Europe**.

buffles *buffalos* **singes** *monkeys* **commerciaux** *trade* **terre crue** *mud* **hospitalier** *hospitable*

Alpha Blondy

Une voix pour les «sans voix»

À FOND LA SONO

Pour plus de renseignements sur Alpha Blondy et sa musique, visitez **imaginez.vhlcentral.com**.

Sa famille voulait qu'il devienne professeur d'anglais, mais **Alpha Blondy**, de son vrai nom **Seydou Koné**, a toujours désiré être musicien. Fils aîné d'une famille de neuf enfants, Blondy est né en 1953, à **Dimbokro**, en **Côte d'Ivoire**. Sa grand-mère, qui a élevé cet enfant turbulent°, l'a vite surnommé «Blondy», résultat de sa façon bien particulière de prononcer le mot «bandit».

En 1972, il part au **Liberia** pour terminer ses études universitaires. Là, dans ce pays anglophone, il améliore son anglais, et en 1976, il arrive aux **États-Unis**, à **New York**. Il continue à étudier l'anglais à Hunter College et à Columbia University, mais ce qu'il désire vraiment, c'est réussir dans la musique. Il joue à Central Park et dans des clubs de Harlem, mais après quatre ans aux États-Unis, sans véritable succès, Blondy décide de rentrer en Côte d'Ivoire. En 1981, il passe à la télévision ivoirienne, dans l'émission «Première chance», un concours de jeunes talents. C'est à la suite de cette émission qu'on lui propose de produire son premier album, **Jah Glory**. La chanson *Brigadier Sabari,* qui parle d'une rafle° de la police ivoirienne opérée dans la rue, remporte un immense succès en Côte d'Ivoire. C'est la première fois qu'un artiste d'Afrique de l'Ouest dénonce publiquement la brutalité de la police.

Depuis, Alpha Blondy est devenu une star internationale avec son style de reggae africain et ses commentaires sociopolitiques parfois très controversés. Il a sorti plus de quinze albums, et avec son groupe, le **Solar System**, il donne des concerts dans le monde entier. Treizième titre de l'album *Masada*, *Ça me fait si mal* est une chanson engagée° qui exprime la douleur des peuples africains face à la guerre et à l'oppression.

Discographie sélective

2002 *Merci*
2001 *Paris Bercy*
1999 *Elohim*
1998 *Yitzhak Rabin*
1992 *Masada*
1987 *Révolution*
1986 *Jerusalem*
1984 *Cocody Rock*
1983 *Jah Glory*

turbulent *unruly* **rafle** *raid* **engagée** *with a political message*

Ça me fait si mal

Ça me fait si mal, si mal
Ça me fait beaucoup pleurer
Ça me fait si mal, si mal
L'Afrique doit se réveiller

Écartons° les fauteurs de trouble°
Et ces barrières qui nous entourent°
Faisons taire un peu les canons
S'entretuer° n'est pas la solution. Eh!!

Écartons *Let's push aside* **fauteurs de trouble** *troublemakers* **entourent** *surround* **S'entretuer** *Killing each other*

Qu'avez-vous appris?

1 **Vrai ou faux?** Indiquez si ces affirmations sont vraies ou fausses, et corrigez les fausses.

1. Seulement les voitures peuvent participer au rallye Dakar.
2. Les concurrents du rallye Dakar traversent plusieurs pays d'Afrique de l'Ouest.
3. Le Dakar se termine souvent au Niger.
4. La ville de Djenné est connue pour son architecture particulière.
5. La Côte d'Ivoire est le premier producteur mondial de café.
6. Alpha Blondy est originaire de Côte d'Ivoire.

2 **Questions** Répondez aux questions.

1. Qu'est-ce que le Dakar?
2. Pourquoi est-ce qu'un grand nombre de participants du Dakar abandonnent la course dans le Ténéré?
3. Qu'est-ce que Thierry Sabine et Daniel Balavoine ont créé? Dans quel but?
4. Qu'est-ce qu'on peut voir en Casamance?
5. Qui sont les Touaregs? De quelle origine sont-ils? Où vivent-ils?
6. Pourquoi peut-on dire qu'Alpha Blondy est «la voix des sans voix»?

Projet

Sur le Dakar

Choisissez une année depuis 1979 et faites des recherches sur le Dakar de cette année-là. Imaginez que vous soyez reporter. En neuf ou dix phrases, faites un reportage sur le Dakar, que vous présenterez à la classe. Incluez le nombre de concurrents, les pays traversés, les moments importants de la course et les gagnants. Pour plus de renseignements sur ce sujet, visitez **imaginez.vhlcentral.com**. À la fin, dites à la classe quel pays vous aimeriez visiter le plus, parmi ceux traversés pendant la course, et expliquez pourquoi.

ÉPREUVE

Trouvez la bonne réponse.

1. Thierry Sabine crée le Paris-Dakar en _____.
   a. 1975 b. 1979 c. 1980 d. 1986
2. Au Mali, Tombouctou est située sur _____.
   a. le Nil b. le fleuve Niger
   c. le Congo d. le fleuve Casamance
3. Le désert du Ténéré se trouve _____.
   a. en Côte d'Ivoire b. au Sénégal
   c. au Niger d. au Mali
4. Dans le centre de la Côte d'Ivoire, on trouve _____.
   a. Yamoussoukro b. un grand désert
   c. Abidjan d. Conakry
5. _____ vivent en Guinée.
   a. Les Peuhls b. Les Touaregs
   c. Les Berbères d. Les pêcheurs
6. _____ se trouve près de la ville de Dakar.
   a. L'île de Gorée b. L'île de Ngor
   c. Le lac Rose d. Bel Air
7. Les maisons de Djenné sont construites avec _____.
   a. de la terre cuite b. du banco
   c. du sable d. des pierres
8. La Côte d'Ivoire est le premier producteur mondial de _____.
   a. tissus b. riz c. cacao d. café
9. Les «bolongs» sont des _____.
   a. pirogues b. canaux
   c. villages de pêcheurs d. animaux
10. _____ sont souvent appelés «les hommes bleus».
    a. Les Peuhls b. Les Ivoiriens
    c. Les Maliens d. Les Touaregs
11. Le groupe d'Alpha Blondy s'appelle _____.
    a. les Sylvesters b. Dimbokro
    c. les Atomic Vibrations d. le Solar System
12. La carrière d'Alpha Blondy a vraiment démarré après _____.
    a. une émission de télé b. un voyage à Monrovia
    c. son séjour aux USA d. l'album *Masada*

GALERIE DE CRÉATEURS

SUR INTERNET

Pour plus de renseignements sur ces créateurs et pour explorer des aspects précis de leurs créations, à l'aide d'activités et de projets de recherche, visitez **imaginez.vhlcentral.com**.

LITTÉRATURE

Véronique Tadjo (1955–)

Véronique Tadjo est une poétesse et romancière (*novelist*) ivoirienne qui a beaucoup voyagé, mais sa source d'inspiration est sans aucun doute le continent africain. Elle trouve le sujet de ses livres dans l'histoire, parfois bouleversante (*disturbing*), de pays africains comme le Rwanda ou son propre pays. Elle décrit des émotions et des scènes de la vie quotidienne en Afrique. Auteur de romans et de contes pour adultes, elle est aussi l'auteur de livres pour enfants qu'elle illustre elle-même. Fille de la femme peintre Michèle Tadjo, Véronique Tadjo s'exprime aussi dans la peinture qui, pour elle, complète l'écriture.

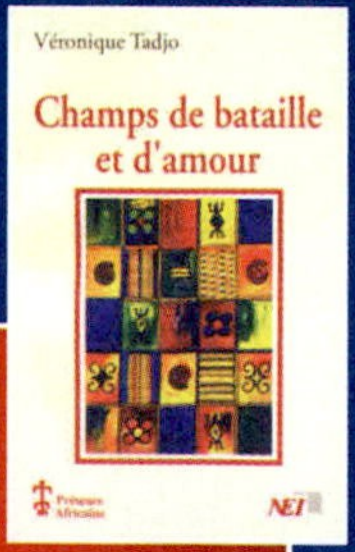

CINÉMA/LITTÉRATURE

Ousmane Sembène (1923–2007)

Ce réalisateur et écrivain sénégalais est d'abord soldat dans l'armée française, pendant la Seconde Guerre mondiale, puis il va travailler à Marseille et entre au Parti communiste français. Il milite alors contre la guerre d'Indochine et pour l'indépendance de l'Algérie. En 1956, il publie son premier livre, *Le docker noir*, qui a une connotation sociale, comme tous ses autres livres. Puis en 1960, l'année de l'indépendance du Sénégal, il rentre en Afrique où il décide de faire du cinéma. Ses films dénoncent tous des injustices, et deux d'entre eux sont censurés. Cependant (*However*), son œuvre est très appréciée. Il reçoit de nombreuses récompenses (*awards*). Il a parcouru les villages d'Afrique pour montrer ses films et transmettre son message.

PHOTOGRAPHIE Seydou Keïta (1921–2001)

Seydou Keïta était un photographe autodidacte (*self-taught*). Son thème préféré était le portrait en noir et blanc. En 1948, il crée un studio de photographie dans sa maison. Il y reçoit ses clients et les immortalise dans leurs vêtements traditionnels ou occidentaux. Quand le Mali devient indépendant en 1960, le gouvernement malien oblige Seydou Keïta à fermer son studio et à travailler comme photographe pour l'État. Il cache (*hides*) alors ses photographies dans son jardin, soit (*that is*) près de 7.000 négatifs. Un photographe français découvre cet artiste en 1990. L'art de Seydou Keïta est enfin révélé au public. Grâce à son œuvre, nous découvrons l'évolution des mœurs de la population malienne.

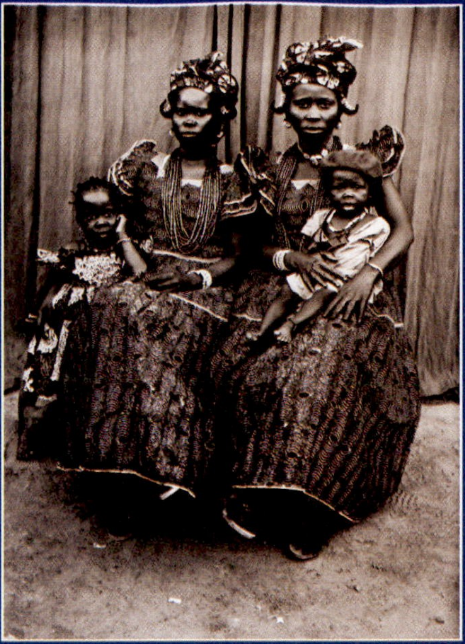

SCULPTURE Ousmane Sow (1935–)

Après une carrière d'infirmier et de kinésithérapeute (*physical therapist*), Ousmane Sow décide, à l'âge de 50 ans, de se tourner vers la sculpture, une passion de jeunesse. Jusque-là, il avait passé son temps libre à améliorer son style et sa technique. Celle-ci est très personnelle: il utilise une pâte (*paste*), dont lui seul connaît la composition, qu'il modèle sur une armature (*frame*). Ses sculptures sont d'un grand réalisme. Ce sont surtout des séries qui représentent des tribus africaines, mais l'une d'elle montre la bataille de Little Big Horn. Sow expose (*exhibits*) pour la première fois en 1988, à Dakar. Connu aujourd'hui dans le monde entier, il est considéré comme l'un des plus grands sculpteurs contemporains.

5.1 Partitives

BLOC-NOTES

For a review of definite and indefinite articles, see **Fiche de grammaire 2.4, p. 394.**

ATTENTION!

Unlike English contractions such as *don't* or *you're*, French contractions are *not* optional or considered informal.

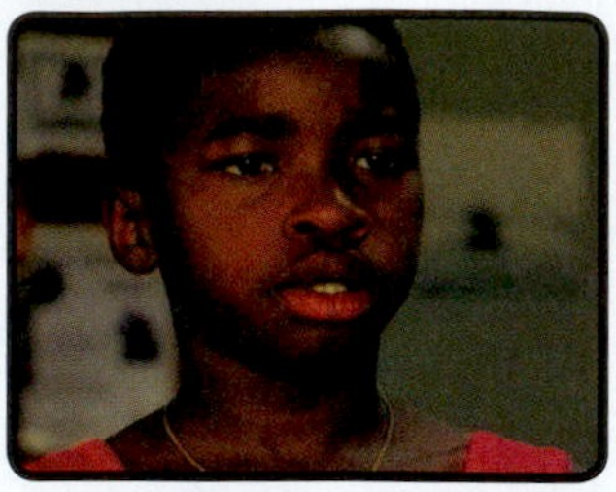

—*Vous avez* ***de la chance****.*

- You already know how to use the indefinite articles **un**, **une**, and **des**. They are used to refer to whole items. When you want to talk about *part* of something, use partitive articles.
- Partitive articles refer to uncountable items or mass nouns. They usually correspond to *some* or *any* in English.
- The partitive articles are formed by combining **de** with the definite articles **le**, **la**, **l'**, and **les**. Notice that **de** contracts with **le** and **les**.

de + le	**du**
de + la	**de la**
de + l'	**de l'**
de + les	**des**

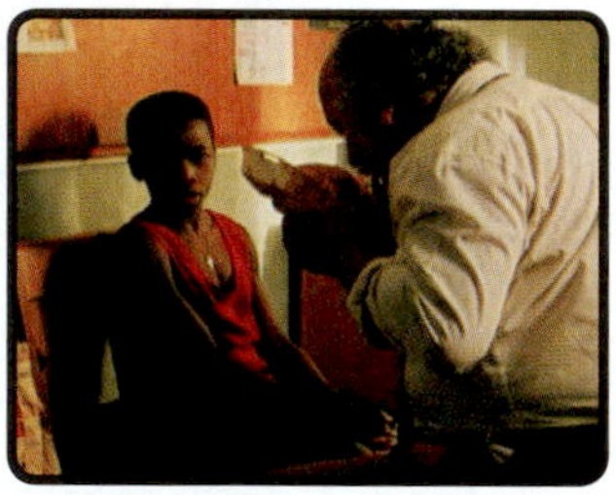

—*Il y a sans doute* ***du porc*** *là-dedans.*

- In English, sometimes the words *some* and *any* can be omitted. In French, the partitive *must* be used.

Cet écrivain a **du** courage.
That writer has (some) courage.

Elle lui a montré **de la** compréhension?
Did she show her (any) understanding?

- Some nouns can be countable or mass nouns, depending on the context. Compare these sentences.

Elle prend **un** café. ***but*** Elle prend **du** café.
She's having a (cup of) coffee. *She's having some coffee.*

- The article **des** can function as either a plural indefinite or plural partitive article, depending on whether the nouns can be counted.

Countable	Uncountable
Nous visiterons **des** musées à Dakar. *We will visit (some) museums in Dakar.*	Nous avons mangé **des** pâtes. *We ate (some) pasta.*

- In a negative sentence, all partitive articles become **de/d'**.

Les émigrés n'ont plus **de** travail.
The emigrants no longer have (any) work.

La météo n'a pas prédit **de** pluie.
The forecast didn't predict (any) rain.

- Use **de** with most expressions of quantity.

On va acheter **beaucoup de** viande.

- Here are some common expressions of quantity:

assez de *enough*	**un paquet de** *a package of*
beaucoup de *a lot of*	**(un) peu de** *few/(a) little of*
une boîte de *a can/box of*	**un tas de** *a lot of*
une bouteille de *a bottle of*	**une tasse de** *a cup of*
un kilo de *a kilogram of*	**trop de** *too much of*
un litre de *a liter of*	**un verre de** *a glass of*

- In a few exceptions, **des** is used with expressions of quantity:

bien des *many*
la moitié des *half of*
la plupart des *most of*

- No article is used with **quelques** (*a few*) or **plusieurs** (*several*).

Ils ont mentionné **quelques** incertitudes.
They mentioned a few uncertainties.

On utilise **plusieurs** langues officielles.
We use several official languages.

ATTENTION!

Remember that **des** changes to **de** before an adjective followed by a noun.

Ils préfèrent embaucher de jeunes travailleurs.

They prefer to hire young workers.

BLOC-NOTES

For more information about negation, see **Structures 4.2, pp. 136–137.**

Note CULTURELLE

French-speaking countries around the world use the metric system. Here are some conversions of metric liquid and dry measures:

25 centiliters = 1.057 cups
1 liter = 1.057 quarts
500 grams = 1.102 pounds
1 kilogram = 2.204 pounds

Mise en pratique

Note CULTURELLE

Lomé est la capitale du **Togo**. Cette ville maritime se situe le long du **Golfe de Guinée**. Lomé est une ville frontalière (*border*); son centre-ville n'est qu'à quelques centaines de mètres du Ghana, où se trouve une de ses banlieues.

1 **Un week-end à Lomé** Thibault écrit un e-mail de Lomé, où il suit une conférence. Complétez le texte à l'aide d'articles indéfinis, de partitifs et d'expressions de quantité.

De: Thibault <thibault44@email.fr>
Pour: Edwige <edwige.martin@email.fr>
Sujet: Un petit coucou de Lomé

Je passe (1) ________ jours à Lomé. C'est incroyable! Cette ville a (2) ________ grandes plages, (3) ________ petits restaurants où on sert (4) ________ nourriture très variée, et (5) ________ boîtes de nuit. J'ai (6) ________ temps le soir pour visiter un peu. Je suis sorti avec (7) ________ collègues hier soir. Il y avait (8) ________ monde. Nous avons commandé (9) ________ champagne! C'est surprenant à quel point il y a (10) ________ diversité dans cette ville.

Grosses bises,
Thibault

2 **Un peu d'ordre** Reconstituez ces phrases. Utilisez votre imagination pour en créer d'autres.

As-tu	**d'**	**respect de leur part.**
Nous demandons	**de**	**valeur à cet objet.**
J'ai acheté	**de l'**	**asperges dans le frigo.**
Il n'y a plus	**de la**	**courage dans votre vie!**
Ces personnes donnent	**des**	**argent dans ton sac?**
Vous n'avez jamais eu	**du**	**olives pour la salade de ce soir.**
...?		**...?**

1. ________
2. ________
3. ________
4. ________
5. ________
6. ________

3 **À finir** À deux, finissez les phrases à l'aide de partitifs et d'expressions de quantité.

1. Ce pays a beaucoup...
2. Je ne veux plus manger...
3. Je sais que la moitié...
4. Notre peuple a peu...
5. Veux-tu que je donne...
6. Mes amis ont manqué quelques...
7. La population de notre État a trop...
8. Nous sommes sortis pour acheter une boîte...

Communication

4 **Au supermarché** Vous rendez visite à un(e) ami(e) à Abidjan, en Côte d'Ivoire. Vous allez lui préparer un plat typique de votre pays, et vous êtes au supermarché pour acheter les ingrédients. À deux, créez un dialogue où vous expliquez ce qu'il vous faut, et puis échangez vos rôles. Utilisez les partitifs le plus possible.

Modèle —Il te faut des tomates?
—Non, mais je dois acheter de la crème.

5 **Le conseil** Le président du Bénin va parler à une conférence de presse. Vous préparez son discours sur les problèmes de son pays et sur leurs solutions. À deux, imaginez ce qu'il va dire. Servez-vous de la liste de vocabulaire. Ensuite, la classe choisira le meilleur discours.

s'améliorer	la mondialisation
augmenter	le niveau de vie
l'incertitude	parvenir à
l'intégration	la population
lutter	réaliser

6 **À votre avis?** La société a beaucoup de problèmes. Lesquels? Selon vous, que doit-on faire pour les résoudre (*solve*)? Par groupes de trois, discutez de ces problèmes et essayez de trouver des solutions.

Modèle —Il n'y a pas assez de compréhension entre les peuples.
—Il faut encourager le dialogue international.

Problèmes	Solutions

Note
CULTURELLE

Petit pays d'Afrique de l'Ouest, le **Bénin** a un régime démocratique et connaît la stabilité politique depuis plusieurs années. Il vit de la culture du coton et de son port (*harbor*), **Cotonou**, qui permet beaucoup d'échanges commerciaux avec le **Niger** et le **Burkina Faso**.

5.2 The pronouns *y* and *en*

- The pronoun **y** often represents a location. In this case, it usually means *there.*

Nous allons **en Côte d'Ivoire**.
We go to the Ivory Coast.

Nous **y** allons.
We go there.

Mon sac est **dans ma chambre**.
My purse is in my room.

Mon sac **y** est.
My purse is there.

J'habite **à Ouagadougou**.
I live in Ouagadougou.

J'**y** habite.
I live there.

- The pronoun **y** can stand for these common prepositions of location and their objects.

à *in or at*
chez *at the place or home of*
dans *in or inside*
derrière *behind*
devant *in front of*
en *in or at*
sur *on*

ATTENTION!

Remember, the indirect object pronouns **me**, **te**, **lui**, **nous**, **vous**, and **leur** stand for *human* objects of the preposition **à**.

—Avez-vous répondu à Danielle?

—Non, je ne lui ai pas encore répondu.

- **Y** can stand for *non-human* objects of the preposition **à**.

Tu penses toujours **à l'examen**?
Are you still thinking about the test?

Oui, j'**y** pense toujours.
Yes, I'm still thinking about it.

Il a répondu **à la question**?
Did he answer the question?

Oui, il **y** a répondu.
Yes, he answered it.

ATTENTION!

The prepositions used in English do not necessarily translate literally into French. Notice that sometimes no preposition is used at all in English.

—Réponds tout de suite à Danielle!

—Answer Danielle right away!

- You already know that the preposition **à** can be used in contractions. The pronoun **y** can represent the contraction and its object.

Vous assisterez **au cours de maths**?
Will you attend math class?

Oui, nous **y** assisterons.
Yes, we will attend.

Tu vas **aux États-Unis**?
Are you going to the U.S.?

Oui, j'**y** vais.
Yes, I'm going there.

BLOC-NOTES

For more information about object pronouns, see **Fiche de grammaire 5.4, p. 406.**

- The pronoun **en** stands for the preposition **de** and its object.

Ils n'ont pas **de villes surpeuplées**.	Ils n'**en** ont pas.
They don't have overpopulated cities.	*They don't have any.*

- **En** can replace a partitive article and its object.

Voudriez-vous **de la charcuterie?**	Nous **en** voudrions.
Would you like some cold cuts?	*We would like some.*

- **En** can replace a noun that follows an expression of quantity. In this case, omit the noun and the preposition **de/d'**, but retain the expression of quantity.

Les étudiants ont beaucoup **d'idéaux**.	Ils **en** ont beaucoup.
Students have a lot of ideals.	*They have a lot (of them).*

- **En** can replace a noun that follows a number. In this case, omit the noun, but retain the number.

Ils veulent **trois tomates**?	Non, ils **en** veulent **cinq**.
Do they want three tomatoes?	*No, they want five (of them).*

- In a negative sentence, the number is not retained.

Nathalie a acheté **deux litres de lait**?	Non, elle n'**en** a pas du tout acheté.
Did Nathalie buy two liters of milk?	*No, she didn't buy any at all.*

- **En** can represent **de** plus a location. In this case, it usually means *from there*.

Ils reviennent **de Lomé**.	Ils **en** reviennent.
They are returning from Lomé.	*They are returning from there.*

- **En** can also stand for a verbal expression with **de**. In this case, **en** often means *about it, for it,* or *from it.*

Avez-vous la force **de supporter ce chaos**?	Non, je n'**en** ai pas la force.
Are you strong enough to stand this chaos?	*No, I am not strong enough for it.*
Tu es capable **de manger tout le gâteau**?	Non, je n'**en** suis pas capable.
Are you capable of eating the whole cake?	*No, I am not capable of it.*

ATTENTION!

Remember, the indefinite articles **un** and **une** are also numbers.

J'ai un frère.

I have one brother.

You can use **en** to represent the object of **un** or **une**. In an affirmative sentence, retain the number.

J'**en** ai **un**.

I have one.

As with other numbers, in a negative sentence, the number is not retained.

Je n'**en** ai pas.

I don't have one.

Mise en pratique

Note CULTURELLE

Bien que le **français** soit la langue officielle de la **Côte d'Ivoire**, on y parle aussi d'autres langues. On compte plus d'une soixantaine de **dialectes locaux**, comme le **baoulé**, le **sénoufa** ou l'**agni**. Le **diaoula** est le dialecte choisi par les commerçants; il est parlé dans tout le pays.

1 **Combien y en a-t-il?** Écrivez une phrase avec les pronoms **y** et **en** pour indiquer le nombre de choses mentionnées.

Modèle **Pays francophones en Afrique de l'Ouest (8)**
Il y en a huit.

1. Couleurs du drapeau togolais (4)
2. Habitants de Bamako, au Mali, dans dix ans (2.000.000)
3. Langues couramment employées en Côte d'Ivoire (65)
4. Partis politiques en Guinée depuis 1992 (16)
5. Années de colonisation française au Niger dans le passé (60 environ)
6. Festivals du film à Ouagadougou, au Burkina-Faso (1)

2 **À compléter** Katie et Jabril se sont rencontrés aux États-Unis, dans un cours d'anglais pour étudiants étrangers. Complétez leur dialogue par le pronom qui convient: **y** ou **en**.

KATIE Salut, tu vas bien?
JABRIL Oui et non. J' (1) ________ ai marre des cours.
KATIE Moi aussi! Qu'est-ce qu'on fait?
JABRIL Je projette un voyage en Afrique. J'aime ce continent. Je m' (2) ________ intéresse beaucoup. Et toi?
KATIE Oui, beaucoup! Où comptes-tu aller?
JABRIL J'ai toujours voulu aller au Sénégal.
KATIE C'est vrai?! Pourquoi as-tu toujours voulu (3) ________ aller?
JABRIL En fait, ma grand-mère est née au Sénégal. Elle m'(4) ________ parle souvent.
KATIE Est-ce que tu prépares beaucoup de plats sénégalais?
JABRIL Non, je n' (5) ________ prépare pas beaucoup.
KATIE D'où vient ton grand-père? Du Sénégal aussi?
JABRIL Non, il n' (6) ________ est même jamais allé. Il est né en France.
KATIE En France? Moi aussi, j' (7) ________ suis née!
JABRIL Tu ne m' (8) ________ avais rien dit! Je croyais que tu avais grandi aux États-Unis.
KATIE Non, c'est ma mère qui a passé son enfance à New York.
JABRIL New York? J' (9) ________ suis allé une fois, pendant une semaine seulement. J' (10) ________ rêve souvent.

3 **Notre société** À deux, faites des phrases à propos de chaque idée donnée.

Modèle **aller chez mes parents** J'y vais quand j'ai le mal du pays.

- habiter aux États-Unis
- aller faire un séjour en Afrique
- avoir du courage face au danger
- réaliser beaucoup de rêves
- s'adapter à la mondialisation
- faire partie du monde des humains

Communication

4 **Sondage** Circulez parmi vos camarades de classe afin de leur poser ces questions. Essayez de trouver au moins une personne qui réponde oui à chaque question et une qui réponde non.

Modèle **aimer aller à la campagne pour les vacances**
—Aimes-tu aller à la campagne pour les vacances?
—Non, je n'aime pas y aller pour les vacances.
—Moi si, j'aime y aller pour les vacances.

Et vous?	Noms
1. faire des commérages	______
2. assister sans exception au cours de français	______
3. s'attendre à réussir tous ses examens ce semestre	______
4. aller chez le président de l'université	______
5. discuter souvent des polémiques	______
6. souhaiter travailler dans l'humanitaire	______
7. avoir beaucoup d'incertitudes	______
8. accepter trop d'inégalités dans la vie	______
9. être parvenu(e) à obtenir une bourse universitaire	______
10. connaître des personnes d'Afrique de l'Ouest	______

5 **Carte du monde** À deux, demandez-vous dans quels pays vous avez déjà voyagé, ce que vous y avez vu et si vous aimeriez y retourner.

Modèle —Es-tu déjà allé(e) au Sénégal?
—Non, je n'y suis pas allé(e). Mais j'ai fait un séjour en Guinée.
—Qu'est-ce que tu y as vu?
—J'y ai vu…

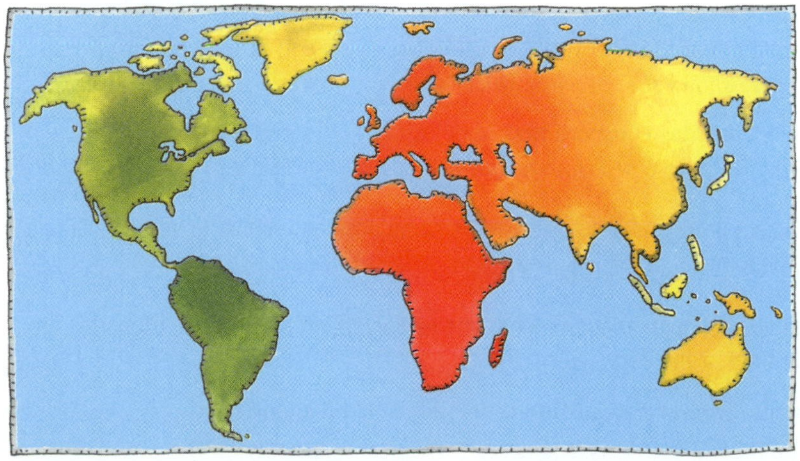

5.3 Order of pronouns

—*Envoyez-**le-moi**.*

- French sentences may contain more than one object.

	DIRECT OBJECT	INDIRECT OBJECT
Le politicien explique	**ses principes**	**au reporter.**
The politician explains	*his principles*	*to the reporter.*

- You can replace multiple objects with multiple object pronouns. Use the same pronouns you would use if there were only one object.

Il **les** explique au reporter.
He explains them to the reporter.

Il **lui** explique ses principes.
He explains his principles to him.

Il **les lui** explique.
He explains them to him.

ATTENTION!

The pronouns **me, te, se, le,** and **la** drop their vowel before other vowel sounds. This always occurs before **y** and **en** and frequently occurs in the **passé composé**.

—Nous t'avons parlé de la polémique?

—Did we talk to you about the controversy?

—Oui, vous m'en avez parlé.

—Yes, you talked to me about it.

- Where there is more than one object pronoun, they are placed in this order.

me / **te** / **se** / **nous** / **vous**	*before*	**le** / **la** / **les** / **l'**	*before*	**lui** / **leur**	*before*	**y**	*before*	**en**

Le guide montre **la sculpture aux touristes**.
The guide shows the sculpture to the tourists.

Il **la leur** montre.
He shows it to them.

Qui **s'**occupe **des réservations**?
Who is taking care of the reservations?

Hubert **s'en** occupe.
Hubert is taking care of them.

- Double object pronouns are placed in the same position relative to verbs as single object pronouns.

- In simple tenses, such as the present, the **imparfait**, and the future, pronouns are placed in front of the verb.

Il apporte **le courrier à Mme Delorme**.
He brings the mail to Mrs. Delorme.

Il **le lui** apporte.
He brings it to her.

J'attendrai **Jules à la gare**. — Je **l'y** attendrai.
I will wait for Jules at the station. — *I will wait for him there.*

- In compound tenses, such as the **passé composé** and the **plus-que-parfait**, pronouns are placed in front of the helping verb.

On **nous** a parlé **du patrimoine culturel**. — On **nous en** a parlé.
They spoke to us about the cultural heritage. — *They spoke to us about it.*

Vous aviez rendu **les passeports aux voyageurs**. — Vous **les leur** aviez rendus.
You had returned the passports to the travelers. — *You had returned them to them.*

- When there is more than one verb, the pronouns are usually placed in front of the second verb, typically an infinitive.

Tu vas offrir **un biscuit aux enfants**? — Tu vas **leur en** offrir un?
Are you going to buy the children a cookie? — *Are you going to buy them one?*

Je voudrais poser **cette question au prof**. — Je voudrais **la lui** poser.
I would like to ask the professor this question. — *I would like to ask it to her.*

- When negating sentences with pronouns in simple tenses, place **ne** in front of the pronouns and **pas** after the verb. In compound tenses, place **ne... pas** around the pronouns and the helping verb. When there is more than one verb, **ne... pas** is usually placed around the first one.

Il **ne** le lui apporte **pas**. On **ne** nous en a **pas** parlé. Je **ne** voudrais **pas** la lui poser.

- The order of object pronouns is different in affirmative commands. Notice that hyphens are placed between the verb and the pronouns.

		moi				
le		**toi**				
la	*before*	**lui**	*before*	**y**	*before*	**en**
l'		**nous**				
les		**vous**				
		leur				

Apportez **le courrier à Mme Delorme**! — Apportez-**le-lui**!
Bring the mail to Mrs. Delorme! — *Bring it to her!*

Racontez **l'histoire aux gamins.** — Racontez-**la-leur.**
Tell the story to the kids. — *Tell it to them.*

- Note that **me** and **te** become **moi** and **toi**. They revert to **m'** and **t'** before **y** or **en**.

Parle-**moi de ta vie**. — Parle-**m'en**.
Talk to me about your life. — *Talk to me about it.*

- The order of pronouns in negative commands is the same as in affirmative statements. Compare these sentences.

Dis-**le-lui**! — Ne **le lui** dis pas!
Tell it to him! — *Don't tell it to him!*

BLOC-NOTES

For a review of past participle agreement, see **Fiche de grammaire 5.5, p. 408.**

BLOC-NOTES

For a review of the imperative, see **Fiche de grammaire 1.5, p. 392.**

Mise en pratique

1 **À remplacer** Remplacez les mots soulignés (*underlined*) par des pronoms.

1. Ne faisons pas attendre cette personne à l'aéroport.
2. Les voisins ont apporté des cadeaux à mes parents.
3. Pouvez-vous nous emmener à la gare?
4. Laisse son ballon à ton frère!
5. Tu ne m'avais jamais dit que tu voulais y aller.

2 **À transformer** Faites des phrases avec les éléments et changez les objets en pronoms.

Modèle **je / parler / à vous / de mes cours**
Je vous parle de mes cours. Je vous en parle.

1. on / avoir / voir / émigrés / à la frontière / au sud de Sissako / hier soir
2. Matthieu / donner / toujours / des conseils / à ses amis
3. il faut / beaucoup / courage / à cet homme
4. Christine / ne / avoir / jamais / laisser / de pourboire / aux serveurs
5. ma mère / aller / présenter / deux nouveaux produits / au directeur du marketing

3 **Carte postale** Jérôme est en train de faire un trekking dans le désert mauritanien et raconte ses aventures à sa sœur. Trouvez les phrases qui ont deux objets et transformez-les en faisant attention à l'ordre des pronoms.

Un grand bonjour de l'oasis de Chinguetti où je passe des moments incroyables! Je rencontre souvent les nomades mauritaniens dans cette oasis. Je leur montrerai mes photos pendant mon prochain séjour ici. Des guides locaux m'ont fait visiter l'oasis hier. En ce moment, c'est la grande fête des dattes. Tout le monde les cueille° et on m'a offert des pâtisseries délicieuses faites avec ces dattes. Les gens chez qui je suis m'ont donné leurs recettes.

Quand je partirai, je dirai à mes nouveaux amis que j'ai beaucoup apprécié mon séjour. J'espère que tu recevras bien cette carte du bout du monde.

À bientôt,

Jérôme

Viviane Dubosc

28, rue des Lilas

Montpellier, France

cueille *picks*

1. ______
2. ______
3. ______
4. ______
5. ______
6. ______

Note CULTURELLE

Le désert du **Sahara** couvre une grande partie de la **Mauritanie**. Dans les oasis, le pays célèbre l'une des fêtes les plus importantes de l'année, la **«Guetna»**. Aux mois de juillet et d'août, on y récolte les **dattes** qui serviront de base à un grand nombre de plats mauritaniens. La musique, la danse et les festins (***feasts***) durent tout le temps de la fête.

Communication

4 **Qui fait quoi?** À tour de rôle, posez-vous des questions à partir de ces illustrations, répondez-y et employez des pronoms. Utilisez votre imagination. Attention à l'ordre des pronoms.

1. 

2. 

3. 

4. 

5. 

6. 

5 **À votre avis** Que pensez-vous de ces affirmations? Discutez-en par groupes de trois. Chaque membre du groupe donne son avis et les deux autres réagissent. Ensuite, imaginez d'autres affirmations.

- L'immigration est une bonne chose pour l'économie d'un pays.
- Il n'est pas nécessaire de connaître la langue officielle du pays dans lequel on vit pour y habiter.
- La mondialisation est la cause de certains problèmes dans le monde.
- Le travail manuel a beaucoup de valeur.
- La lutte des classes est encore une réalité pour certaines personnes.
- La surpopulation diminue le niveau de vie d'un pays.
- ...?

6 **Vos solutions** Vous n'êtes pas d'accord sur les solutions prévues par le gouvernement pour répondre aux problèmes que le pays connaît. Par groupes de trois, exprimez (*express*) votre mécontentement (*dissatisfaction*) par des verbes à l'impératif, à la forme affirmative et négative, avec des pronoms.

Modèle —Il faut que le gouvernement change de tactique immédiatement. Pourquoi ne pas lui envoyer une pétition?

—Oui, écrivons-lui une pétition!

—Et envoyons-la-lui dès que possible!

SUPERSITE Synthèse

Moussa est ivoirien et vit à Yamoussoukro. Il y a deux ans, il a décidé de quitter la campagne pour aller travailler en ville. Il vient d'une famille d'agriculteurs qui le lui a demandé, pour lui apporter une aide financière. Il lui a fallu du courage et de la ténacité pour faire face aux problèmes de la grande ville et pour réussir à atteindre son but.

Moussa est un homme parmi beaucoup d'autres qui ont fait le même choix. C'est une tendance qui s'est accélérée dans les années 1980 en Afrique de l'Ouest, mais surtout en Côte d'Ivoire. Beaucoup de villes ont connu une explosion démographique; le nombre des citadins s'est multiplié par dix. Plus d'une dizaine° de villes ont passé le cap du million d'habitants, alors qu'il n'y en avait qu'une dans les années 1960.

Mais ce phénomène d'«exode rural» n'en est pas vraiment un. En effet, si les villes ont bénéficié de la venue° des populations rurales, l'inverse est vrai aussi pour deux raisons principales. L'espace urbain a attiré les populations et empiété sur° l'espace rural où le nombre de villes, petites ou grandes, a augmenté, soit en élargissant un village, soit en créant une nouvelle ville. Mais au-delà de ces nouvelles villes, les campagnes existent toujours et continuent à nourrir les villes. Et celles-ci le leur rendent bien. Elles apparaissent comme un facteur de développement du monde rural. Donc tout le monde s'y retrouve. Et Moussa, comme tous les autres, prend part à cet échange. Mais il ne faudrait pas que la surpopulation de toutes ces villes en soit le résultat néfaste°.

dizaine° ten
venue° arrivée
empiété sur° *encroached upon*
néfaste° mauvais

1 **Qu'en pensez-vous?** Le phénomène d'exode rural existe-t-il ou a-t-il existé où vous habitez? Quelles sont les similarités et les différences de l'exode rural en Afrique de l'Ouest et dans votre région? Écrivez un paragraphe de cinq ou six phrases qui justifie votre opinion. Utilisez les structures de cette leçon.

2 **Conséquences** Par petits groupes, discutez des conséquences positives et négatives de l'exode rural dans votre pays, à l'aide des structures de cette leçon. Servez-vous de la liste pour regrouper vos idées.

Idées	Effets positifs	Effets négatifs
La surpopulation		
L'intégration		
Le développement		
?		

Préparation

Vocabulaire de la lecture

bouger *to move*
un collège *middle school*
l'enseignement (*m.*) *education*
la formation à distance *distance learning*
lancer *to launch*
un manque *lack*

Vocabulaire utile

bénéficier de *to enjoy*
un défi *challenge*
un écart *discrepancy, gap*
le partage des richesses *distribution of wealth*
un partisan *proponent*
la perte de l'individualité *loss of individuality*
revendiquer *to demand*

1 **Le mouvement altermondialiste** Complétez ce petit texte sur José Bové, une des figures du mouvement altermondialiste.

José Bové, un des (1) _________ les plus connus du mouvement *altermondialiste*, critique la mondialisation. Il (2) _________ un mode de développement plus respectueux à la fois de l'homme — entre autres en ce qui concerne le (3) _________ d'accès à l'éducation et à la santé dans les pays pauvres — et de l'environnement. Bové et les altermondialistes dénoncent l' (4) _________ grandissant entre les pays pauvres et les pays riches, qui est, selon eux, une conséquence de la mondialisation. Bové pense que «si l'on ne construit pas un monde de (5) ____________, c'est un monde de conflits multilatéraux qui nous attend». Créer un monde humaniste est devenu (6) _________ pour José Bové.

2 **L'éducation d'hier et d'aujourd'hui** Répondez aux questions et comparez vos réponses à celles d'un(e) camarade.

1. Pensez-vous que le développement d'Internet ait révolutionné les modes d'éducation traditionnels dans votre pays? Expliquez.
2. Quel rôle la technologie joue-t-elle dans le système éducatif de votre ville ou à votre université?
3. Est-ce que les étudiants bénéficient partout des mêmes technologies de l'information (Internet et autres)? Pourquoi ou pourquoi pas, à votre avis?
4. Que pensez-vous de la formation à distance? Est-ce un mode de formation populaire dans votre pays? Expliquez.

3 **L'université du futur** Imaginez le système éducatif du futur: Tout est virtuel et tout est à l'échelle (*scale*) mondiale. Il n'y a plus de salles de classe, plus de professeurs, plus de camarades, plus de livres. Seulement des ordinateurs avec accès à Internet et donc une fenêtre ouverte sur le village planétaire. Par groupes de trois, répondez aux questions.

- Quels seraient les avantages et les inconvénients de ce système?
- À votre avis, y aurait-il encore des universités?
- Auriez-vous envie d'étudier dans ces conditions? Pourquoi ou pourquoi pas?

La jeunesse africaine va à l'école sur Internet

La population du continent africain est très jeune: 60% ont moins de 25 ans. Un jour, ces jeunes seront responsables de l'avenir de l'Afrique. Mais aujourd'hui, le système éducatif n'y est pas encore assez développé. Beaucoup d'enfants n'ont pas accès à l'éducation. Il est donc temps que les choses bougent.

Et dans le domaine éducatif, les choses bougent en Afrique de l'Ouest. Depuis quelques années, plusieurs projets ont vu le jour dans différents pays, en particulier avec le soutien de l'ONU et de l'UNESCO. Tous les cycles° de l'enseignement sont concernés.

levels

Entre autres°, pour les lycéens, il s'est formé un réseau éducatif à distance basé sur Internet, le Réseau d'Appui° Francophone pour l'Adaptation et le Développement des technologies de l'information et de la communication en éducation (RESAFAD). Cette idée est née d'un accord entre les gouvernements locaux et le ministère français des Affaires étrangères, pour améliorer l'éducation en français, en Afrique. Le RESAFAD privilégie l'éducation de base et propose des espaces d'échanges et de travail sur Internet. Pour cela, chaque capitale d'Afrique de l'Ouest possède un centre multimédia qui a des ordinateurs, une salle de formation et un espace de production de ressources éducatives. L'élève a ainsi accès à l'école grâce au monde virtuel. Les cours mettent surtout l'accent sur les matières scientifiques.

Among other things

Support

Dans le domaine éducatif, les choses bougent en Afrique de l'Ouest.

Ces programmes sont de plus en plus nombreux. Par exemple, le Sénégal a lancé un site Internet (www.examen.sn) destiné aux élèves de dernière année de collège et de lycée. La Direction générale de l'enseignement secondaire y met à leur disposition les annales d'examens des cinq années précédentes en biologie, en physique et en mathématiques. Ainsi, les élèves peuvent consulter des sujets corrigés°. Ils ont aussi la possibilité d'y recevoir des conseils de rédaction et d'orientation.

questions with answers

L'éducation virtuelle s'est également développée au niveau universitaire, en Afrique de l'Ouest. Il existe deux grands programmes: l'Université Virtuelle Africaine (UVA) et l'Agence Universitaire de la Francophonie (AUF). Ces deux institutions ont mis en place des systèmes de formation universitaire à distance. Pour cela, elles utilisent Internet et les nouvelles technologies. L'UVA est un programme tourné essentiellement vers les formations scientifiques et techniques, dont les diplômes ont la même valeur que ceux des universités ordinaires. Les professeurs qui y participent viennent d'Afrique, d'Amérique du Nord et d'Europe.

Pour sa part, l'AUF propose des formations à distance dans le même esprit. Tous ses diplômes sont principalement axés sur le développement du continent africain. Par exemple, les étudiants peuvent choisir un Master en Éducation et promotion de la santé, un Doctorat en Sciences de l'éducation ou encore un Master en Ingénierie du système de santé. Ces programmes constituent une bonne alternative face au manque de moyens des universités africaines qui voient un afflux toujours plus important d'étudiants.

L'éducation est un des piliers° du développement, l'instrument d'un véritable progrès de la société et de l'économie. Internet rythme aujourd'hui la vie du monde entier. L'Afrique n'en est pas exclue et elle aussi peut enfin profiter du cyberespace. La construction d'une Afrique moderne est maintenant en marche. Son développement culturel, économique et social serait-il alors au bout du chemin? ■

pillars

Analyse

1 **Compréhension** Répondez aux questions par des phrases complètes.

1. Quel est le problème principal du système éducatif africain?
2. Qu'est-ce que le RESAFAD?
3. Où sont les centres du RESAFAD?
4. Quelle initiative le Sénégal a-t-il prise dans le domaine de l'éducation?
5. Qu'est-ce que les élèves peuvent y consulter?
6. Quel type de formation universitaire l'Université Virtuelle Africaine (UVA) et l'Agence Universitaire de la Francophonie (AUF) ont-elles mis en place récemment?
7. D'où viennent les professeurs qui participent à l'Université Virtuelle Africaine?
8. Quels sont les trois domaines de l'enseignement mentionnés dans l'article qui sont privilégiés par les programmes éducatifs?

2 **Citation à commenter** À deux, expliquez et commentez cette citation de Léopold Sédar Senghor (1906–2001), poète, homme politique et premier président du Sénégal.

> «Penser et agir par nous-mêmes et pour nous-mêmes, en Nègres..., accéder à la modernité sans piétiner (*trampling on*) notre authenticité.»

- Que dit Senghor dans cette citation? N'oubliez pas que Senghor faisait partie du mouvement appelé la Négritude, mentionné dans la **Galerie de créateurs** de la leçon 4.
- Êtes-vous d'accord avec ce qu'il dit? Expliquez.
- Quel lien voyez-vous entre cette citation et l'article que vous venez de lire?
- Senghor parle spécifiquement des Africains noirs, mais cette citation peut-elle s'appliquer à d'autres peuples dans le contexte de la mondialisation et de la modernisation?

3 **Pour ou contre la mondialisation?** Divisez la classe en deux groupes. Le premier est pour la mondialisation. Le deuxième est contre. Organisez un débat dans lequel chaque groupe explique et défend sa position. Trouvez au moins cinq arguments.

Préparation

À propos de l'auteur

Ghislaine Sathoud (1969–), née à Pointe-Noire, capitale économique et grand port de la République du Congo, est une femme écrivain et une poétesse qui défend la cause des femmes. Elle publie son premier recueil (*collection*) de poèmes à l'âge de 18 ans. Elle part faire des études supérieures en France et au Québec, où elle habite actuellement. Elle écrit pour de grands journaux et participe à des activités qui ont pour but d'améliorer les conditions de vie des femmes immigrées. En 2004, elle sort un premier roman intitulé *Hymne à la tolérance*. Elle a aussi écrit deux pièces de théâtre, *Les maux du silence* (2000), qui parle des difficultés d'une Africaine en occident et *Ici, ce n'est pas pareil chérie!* (2005), qui traite de la violence conjugale.

Vocabulaire de la lecture

une bande *gang*
une couche sociale *social level*
en vouloir (à) *to have a grudge*
s'installer *to settle*
se lancer *to launch into*
mener *to lead*
pareil(le) *similar; alike*
raffoler de *to be crazy about*
une règle *rule*
sourd(e) *deaf*
soutenir *to support*
un(e) tel(le) *such a(n)*

Vocabulaire utile

s'acharner sur *to persist relentlessly*
se décourager *to lose heart*
s'en vouloir *to be angry with oneself*
la persévérance *perseverance*
la vengeance *revenge*

1 **Syllabes** Combinez les syllabes du tableau pour former quatre mots du nouveau vocabulaire. Ensuite, écrivez quatre phrases avec ces mots en utilisant des pronoms.

me	dé	ra	sta
vou	se	s'a	ger
s'in	char	ner	ner
ra	cer	cou	ller

2 **Discussion** Avez-vous déjà vécu une tragédie? Connaissez-vous quelqu'un qui a été victime d'une tragédie? Comment explique-t-on ces tragédies qui surviennent (*happen*) dans notre vie ou dans le monde? Discutez-en par petits groupes.

3 **L'Afrique francophone** Que savez-vous de l'Afrique francophone et de son histoire? À deux, répondez à autant de questions de la liste que possible. Ensuite, comparez vos connaissances avec celles du reste de la classe.

- Combien de pays francophones y a-t-il en Afrique? Quels sont-ils?
- Quelles autres langues y parle-t-on?
- Quelles religions y pratique-t-on?
- Quels types de gouvernement y trouve-t-on?
- À quelle époque les Européens ont-ils commencé à coloniser le continent?
- Quels pays européens ont colonisé l'Afrique?
- Quels ont été les effets de la colonisation?

Le marché

Ghislaine Sathoud

Yaba était une femme au courage exceptionnel, une vraie légende. Il y a très longtemps de cela, elle avait décidé de se lancer dans la restauration. À l'époque, personne ne se serait imaginé qu'avec la vie luxueuse qu'elle avait menée du vivant de son mari°, elle en aurait été réduite à s'installer dans un coin de notre rue pour y vendre du poisson grillé. Faute de° moyens financiers, elle avait installé un petit marché de nuit dans un endroit proche de° son domicile. Une telle entreprise demandait beaucoup d'énergie et de courage, mais les clients accueillirent° favorablement l'idée et ses efforts furent° récompensés.

Elle travaillait fort, très fort pour subvenir aux° besoins de ses enfants et au fil des mois et des années° d'autres femmes étaient venues s'installer à côté d'elle pour y vendre leurs spécialités et faire du commerce. La clientèle augmenta° sans qu'on ait besoin de faire de publicité. Pas d'affiches. Pas de publicité dans les journaux. Pas de publicité à la télévision! Seulement du bouche à oreille. De fil en aiguille°, le marché de Yaba devint° un symbole de réussite: Jeunes, adultes, hommes et femmes se retrouvaient là le soir, après de longues journées de travail. Chacun y trouvait son compte à sa manière.

while her husband was alive
Lacking
près de
ont accueilli
étaient
to provide for
over the months and years
a augmenté
One thing leading to another / est devenu

de l'espoir

Les enfants couraient, criaient, jouaient. Les garçons avec des ballons. Les filles avec des cordes à sauter°. De nombreuses femmes vendaient du poisson cuit à la braise avec des bananes frites. Dieu° sait si les gourmands en raffolaient.

jump ropes / *God*

Les vendeuses s'installaient là tous les soirs pour vendre leurs produits, se faire un revenu et nourrir° leurs enfants. Chaque année, elles étaient plus nombreuses et les clients aussi. Des clients de toutes les couches sociales. Tout le monde aimait bien acheter du poisson auprès des femmes de notre rue. Certains venaient de loin. On disait que ces femmes avaient une touche spéciale pour l'apprêter°, une façon à nulle autre pareille. Nuit et jour, la rue était noire de monde. Les jeunes y trouvaient des occupations en assurant la sécurité des vendeuses. Les vieillards° discutaient en jouant à des jeux de cartes.

to nourish / *to prepare* / *old men*

Était-il vrai que le poisson vendu dans cette rue était meilleur que celui des cuisines? Était-ce l'ambiance de fête qui y régnait qui donnait l'illusion d'un goût toujours imité mais jamais égalé? Était-ce la présence des filles de Yaba superbement habillées avec des ensembles aux couleurs chatoyantes° et rayonnantes° qui donnait cette impression? Le poisson cuit à la braise servi dans des plats superbement

shimmering / radiant

colorés et accompagné de bananes faisait le bonheur des clients. Les filles qui servaient ces mets° succulents faisaient aussi la réputation de l'endroit et on aurait eu du mal à savoir ce qui attirait le plus la clientèle, de la bonne chère° ou des vendeuses. Les deux sans doute!

Le succès des uns s'accompagnant souvent de la jalousie des autres, des rumeurs commencèrent° à circuler sur les raisons du succès du marché de Yaba. On prétendit° que certaines vendeuses ne respectaient pas les règles élémentaires d'hygiène. On disait aussi que d'autres poussaient° des pères de famille à la débauche° en les exposant à la tentation. Jalouses, les épouses de quelques clients habitués s'inquiétaient. On faisait courir diverses balivernes° pour décourager les clients, de toutes les façons possibles! Mais les vendeuses avaient un moral d'acier° et Yaba qui tenait à son marché comme à la prunelle de ses yeux° affirmait dur comme fer que rien ne pouvait empêcher sa prospérité et celle de ses filles; qu'elles devaient continuer contre vents et marées° leurs activités, des activités qui faisaient par ailleurs° vivre de nombreuses familles élargies°! C'étaient des familles de quatre, cinq voire° six enfants sans compter les autres parents° au sens large du terme.

Sourde aux médisances°, une clientèle fidèle continuait à soutenir les vendeuses et à affluer°. Notre rue continuait à faire le bonheur des habitants de Dilalou. On y mangeait plus que jamais. On y riait. On y dansait. On y rencontrait aussi des amoureux...

Mais un jour, une bande de jeunes inconnus arrivèrent° au marché. Ils firent irruption° brusquement dans notre rue et tout se passa° très vite. Le coup avait certainement été préparé minutieusement°. Les vendeuses furent surprises. Les clients aussi. Et les assaillants devenus furieux cassèrent° tout ce qui pouvait l'être. Ils battirent° à mort les jeunes mères et les vieilles femmes. Ils battirent les clients. Et ceux qui furent les témoins de cette boucherie ne l'oublieront jamais. La radio annonça° plusieurs morts et de très nombreux blessés, mais il était impossible d'en donner le nombre exact. On ne savait pas qui se trouvait là, le jour de la tragédie. En haut lieu°, on ne voulut pas° vraiment savoir qui étaient les victimes ni pourquoi on s'était acharné ainsi° sur des innocents. Comment avait-on pu mettre autant de vies en péril? Pourquoi? Pourquoi?

Par solidarité, nous serrions les coudes°. Nous refusions de donner raison aux responsables de cette tragédie. On

delicacies · *good food* · ont commencé · *claimed* · *drove* · *debauchery* · *nonsense* · *steel* · *apple of her eye* · *against all odds* · *in addition* · *extended* · *or even* · *relatives*

slander · *to flock* · sont arrivés · *burst into* · s'est passé · consciencieusement · ont cassé · ont battu · a annoncé · *In high places* / n'a pas voulu · *thus* · *were sticking together* parlait de règlements de compte°... On parlait de guerre... Mais pourquoi notre marché? Qu'est-ce que notre rue avait fait? Notre marché avait-il vraiment quelque chose à voir dans cette impitoyable° tragédie qui transformait des enfants en véritables assassins? Comment pouvait-on en vouloir à notre marché? Personne ne comprenait pourquoi ce marché avait été l'objet d'une telle violence, d'actes de vandalisme si démesurés°, pourquoi il avait été la scène de toutes ces horreurs. Personne!

Traumatisés, les habitants avaient perdu leur joie de vivre et quand le ciel revêtait° son manteau noir, on se réfugiait dans les maisons. À la tombée de la nuit, notre rue était déserte. Pas un chat dehors. Nouvelles habitudes et repli° sur soi-même. C'était tout le contraire du mode de vie d'ici. Seules les bottes entonnaient° leur chant de désolation dans les rues et dans les esprits. Des soldats nouveaux modèles. Une jeunesse sacrifiée. Des soldats au sang frais. Des enfants soldats qui pillent°, qui tuent. Notre rue n'était plus ce qu'elle était. Pour sortir, on attendait impatiemment le chant du coq qui annoncerait un jour nouveau, mais les pauvres coqs, eux aussi terrorisés, oubliaient d'annoncer le jour.

Comme de nombreux habitants de Dilalou, Yaba se retrouvait sans rien. À la suite° des pillages, elle avait tout perdu. La confusion qui s'était abattue° sur nous dans cette période tumultueuse ne l'épargnait° pas. Mais comme à l'époque de ses débuts, elle refusait de se perdre dans une errance° éternelle, toujours à la recherche d'un refuge. Les souvenirs de la guerre la hantaient° et elle ne se sentirait jamais plus vraiment en sécurité. Mais elle refusait l'idée de déambuler° encore et toujours à la recherche d'un refuge qu'elle ne trouverait jamais parce que l'esprit des lieux qu'elle aimait avait été changé à tout jamais par la guerre. Rien n'était plus comme avant. Rien ne serait plus jamais comme avant. Mais elle était en vie.

> **Rien n'était plus comme avant. Rien ne serait plus jamais comme avant.**

Comme les autres rescapées° du marché, Yaba se remit° vaillamment° à la tâche. Elle remua° ciel et terre pour remettre les pendules à l'heure° et redonner vie à son marché. Elle espérait que la guerre était bel et bien finie, que le marché ne serait pas détruit à nouveau. Elle avait peur mais elle touchait du bois! Elle espérait que ces femmes dont elle était la doyenne° connaîtraient d'autres espaces de bonheur; que le souvenir des victimes innocentes de la tragédie serait associé à une nouvelle prospérité de son marché, rebaptisé° «Marché de l'espoir». Elle espérait, encore et toujours, car avec l'espoir ne dit-on pas que tout est possible? ■

settling of scores
merciless
excessive
donned
mouvement de retrait
commençaient à chanter
pillage
following
beat down
spared
restless wandering
haunted
to wander
survivors
s'est remise / courageusement
moved
to set the record straight
la plus âgée
renommé

Analyse

1 Compréhension Répondez aux questions.

1. Comment les clients ont-ils reçu l'idée du marché de Yaba?
2. Qui venait au marché?
3. Qu'est-ce qui faisait l'énorme succès du marché?
4. Quelles rumeurs ont commencé à circuler à propos du marché?
5. Qu'est-ce qu'une bande de jeunes a fait un jour?
6. Qu'est-ce que les habitants ont pensé de la tragédie?
7. Qu'est-ce que les habitants ont perdu à cause des pillages?
8. Pourquoi est-ce que le marché de Yaba a été rebaptisé «Le marché de l'espoir»?

2 Interprétation À deux, répondez aux questions par des phrases complètes.

1. Que représente la période de paix et de prospérité de Dilalou?
2. Qu'est-ce que les personnes qui ont fait circuler des rumeurs espéraient gagner par cette réaction de jalousie?
3. Après la tragédie, les habitants de Dilalou ont parlé de règlements de compte. Que pensez-vous de la vengeance?
4. Que veut dire Sathoud quand elle parle de jeunesse sacrifiée et de soldats au sang frais?
5. Qu'est-ce que les habitants de Dilalou avaient en commun avec toutes les victimes de guerre?
6. Que pensez-vous de la fin de cette histoire? Que révèle-t-elle sur la condition humaine?

3 La tragédie Par groupes de trois, discutez de la bande de jeunes assaillants qui ont terrorisé le marché. Répondez aux questions de la liste.

- Que voulaient-ils?
- Pourquoi ont-ils fait connaître leurs sentiments par la violence?
- Qui étaient-ils exactement? De quel groupe de la société faisaient-ils partie?
- Quel sentiment universel représentaient-ils?

4 Rédaction Imaginez que vous soyez journaliste et que vous ayez été témoin d'un acte de violence, réel ou fictif, contre un groupe de personnes. Suivez le plan de rédaction pour écrire un article sur cette tragédie. Employez des partitifs et des pronoms.

Plan

1. **Organisation** Organisez les faits que vous avez observés. Commencez par les plus importants.
2. **Historique** Décrivez le contexte historique des événements.
3. **Comparaison** Pour terminer, expliquez les répercussions possibles que cet événement pourrait avoir.

Crises et horizons

SUPERSITE

En mouvement

l'assimilation (*f.*) *assimilation*
un but *goal*
une cause *cause*
le développement *development*
la diversité *diversity*
un(e) émigré(e) *emigrant*
une frontière *border*
l'humanité (*f.*) *humankind*
l'immigration (*f.*) *immigration*
un(e) immigré(e) *immigrant*
l'intégration (*f.*) *integration*
une langue maternelle *native language*
une langue officielle *official language*
le luxe *luxury*
la mondialisation *globalization*
la natalité *birthrate*
le patrimoine culturel *cultural heritage*
les principes (*m.*) *principles*

aller de l'avant *to forge ahead*
s'améliorer *to better oneself*
attirer *to attract*
augmenter *to grow; to raise*
baisser *to decrease*
deviner *to guess*
prédire (*irreg.*) *to predict*

(non-)conformiste *(non)conformist*
exclu(e) *excluded*
polyglotte *multilingual*
prévu(e) *foreseen*
seul(e) *alone*

Les problèmes et les solutions

le chaos *chaos*
la compréhension *understanding*
le courage *courage*
un dialogue *dialogue*
une incertitude *uncertainty*
l'instabilité (*f.*) *instability*
la maltraitance *abuse*
un niveau de vie *standard of living*
une polémique *controversy*
la surpopulation *overpopulation*
un travail manuel *manual labor*
une valeur *value*
un vœu *wish*

avoir le mal du pays *to be homesick*
faire sans *to do without*
faire un effort *to make an effort*
lutter *to fight; to struggle*

dû/due à *due to*
surpeuplé(e) *overpopulated*

Les changements

s'adapter *to adapt*
appartenir (à) *to belong (to)*
dire au revoir *to say goodbye*
s'enrichir *to become rich*
s'établir *to settle*
manquer à *to miss*
parvenir à *to attain; to achieve*
projeter *to plan*
quitter *to leave behind*
réaliser (un rêve) *to fulfill (a dream)*
rejeter *to reject*

Court métrage

un(e) bavard(e) *chatterbox*
un châtiment *punishment*
un commissaire (de police) *(police) commissioner*
(un jour) férié *public holiday*
un flic *cop*
un(e) gamin(e) *kid*
un(e) môme *kid*
une supposition *assumption*
un témoin *witness*

avoir des préjugés *to be prejudiced*
brûler *to burn*
supposer *to assume*
témoigner de *to be witness to*
voler *to steal*

défavorisé(e) *underprivileged*
nombreux/nombreuse *numerous*

Culture

un collège *middle school*
un défi *challenge*
un écart *discrepancy, gap*
l'enseignement (*m.*) *education*
la formation à distance *distance learning*
un manque *lack*
le partage des richesses *distribution of wealth*
un partisan *proponent*
la perte de l'individualité *loss of individuality*

bénéficier de *to enjoy*
bouger *to move*
lancer *to launch*
revendiquer *to demand*

Littérature

une bande *gang*
une couche sociale *social level*
la persévérance *perseverance*
une règle *rule*
la vengeance *revenge*

s'acharner sur *to persist relentlessly*
se décourager *to lose heart*
en vouloir (à) *to have a grudge*
s'en vouloir *to be angry with oneself*
s'installer *to settle*
se lancer *to launch into*
mener *to lead*
raffoler de *to be crazy about*
soutenir *to support*

pareil(le) *similar; alike*
sourd(e) *deaf*
un(e) tel(le) *such a(n)*

LEÇON 6

Les générations qui bougent

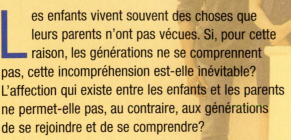

Les enfants vivent souvent des choses que leurs parents n'ont pas vécues. Si, pour cette raison, les générations ne se comprennent pas, cette incompréhension est-elle inévitable? L'affection qui existe entre les enfants et les parents ne permet-elle pas, au contraire, aux générations de se rejoindre et de se comprendre?

À chaque étape de la vie, les générations trouvent des points communs.

Destination:

AFRIQUE DU NORD ET LIBAN

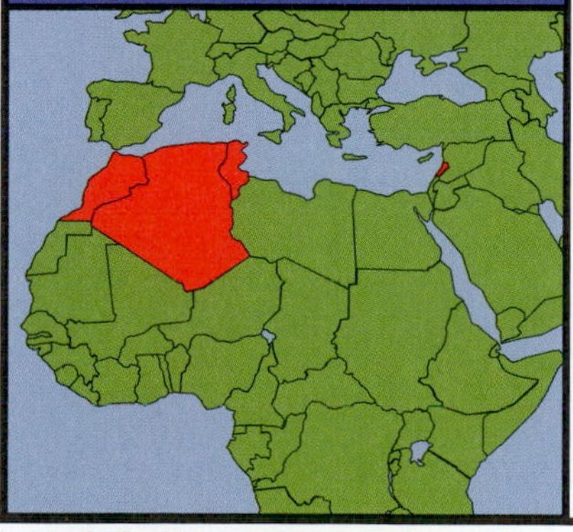

201

224

En famille

Les membres de la famille

un(e) arrière-grand-père/-mère *great-grandfather/grandmother*

un beau-fils/-frère/-père *son-/brother-/father-in-law; stepson/father*
une belle-fille/-sœur/-mère *daughter-/sister-/mother-in-law; stepdaughter/mother*
un(e) demi-frère/-sœur *half brother/sister*
un(e) enfant/fille/fils unique *only child*
un époux/une épouse *spouse; husband/wife*
un(e) grand-oncle/-tante *great-uncle/-aunt*
des jumeaux/jumelles *twin brothers/sisters*
un neveu/une nièce *nephew/niece*
un(e) parent(e) *relative*
un petit-fils/une petite-fille *grandson/granddaughter*

La vie familiale

déménager *to move*
élever (des enfants) *to raise (children)*
être désolé(e) *to be sorry*
gâter *to spoil*
gronder *to scold*

punir *to punish*
regretter *to regret*
remercier *to thank*
respecter *to respect*
surmonter *to overcome*

La cuisine

un aliment *(type or kind of) food*
une asperge *asparagus*
un citron *lemon*
un citron vert *lime*
un conservateur *preservative*
des épinards (*m.*) *spinach*
une fromagerie *cheese store*
un hypermarché *large supermarket*

un raisin (sec) *grape (raisin)*
le saumon *salmon*
une supérette *mini-market*
la volaille *poultry, fowl*

alimentaire *related to food*
bio(logique) *organic*

La personnalité

le caractère *character, personality*

autoritaire *bossy*
bien/mal élevé(e) *well-/bad-mannered*
égoïste *selfish*
exigeant(e) *demanding*

insupportable *unbearable*
rebelle *rebellious*
soumis(e) *submissive*
strict(e) *strict*
uni(e)/lié(e) *close-knit*

Les étapes de la vie

l'âge (*m.*) adulte *adulthood*
l'enfance (*f.*) *childhood*
la jeunesse *youth*
la maturité *maturity*
la mort *death*
la naissance *birth*

la vieillesse *old age*

Les générations

l'amour-propre (*m.*) *self-esteem*
le fossé des générations *generation gap*
la patrie *homeland*
une racine *root*
un rapport/une relation *relation/relationship*
un surnom *nickname*

hériter *to inherit*
ressembler (à) *to resemble, to look like*
survivre *to survive*

Mise en pratique

1 Les analogies Choisissez le meilleur terme pour compléter chaque analogie. Ajoutez l'article ou le partitif devant le nom quand c'est nécessaire.

alimentaire	gronder	jumelles	supérette
arrière-grand-mère	jeunesse	saumon	volaille

1. un grand-oncle : une grand-tante :: un arrière-grand-père : ______________
2. la mort : la naissance :: la vieillesse: ______________
3. la famille : familiale :: la nourriture : ______________
4. une fromagerie : du camembert :: une poissonnerie : ______________
5. un gratte-ciel : une maison :: un hypermarché : ______________
6. regretter : être désolé :: punir : ______________

2 Les devinettes Répondez à chaque devinette. Utilisez uniquement le nouveau vocabulaire de cette leçon.

1. Au début, j'étais fils unique. Mes parents ont divorcé et mon père s'est remarié avec une femme qui a deux filles. Qui suis-je pour ma nouvelle maman?
2. Je suis un légume vert, fin et long. Je suis une bonne source d'acide folique et de potassium. Que suis-je?
3. Nous sommes de petits fruits ronds. Nous pouvons être verts ou rouges et on a besoin de nous pour faire du vin. Que sommes-nous?
4. Je suis un produit naturel et sans conservateurs. Quelle sorte de produit suis-je?
5. Je ne pense qu'à moi. Je n'aide jamais les autres. Comment suis-je?
6. Je demande beaucoup à mes enfants: réussir à l'école, faire du sport, manger des fruits et des légumes et plein d'autres choses. Mais je ne suis pas trop stricte. Quelle sorte de mère suis-je?

3 Définissez et devinez Vous définissez six mots et un(e) camarade définit les six autres mots. Ensuite, à tour de rôle, essayez de deviner quel mot va avec chaque définition.

Étudiant(e) 1:

déménager	jumeau	soumis
hériter	petite-fille	surnom

Étudiant(e) 2:

beau-père	gâter	patrie
fille/fils unique	insupportable	surmonter

4 Un repas de famille Par groupes de cinq, imaginez que vous soyez un membre de la famille Lavelle. Regardez la photo et prenez quelques minutes pour organiser une conversation qui utilise autant de nouveau vocabulaire que possible.

SUPERSITE Préparation

Vocabulaire du court métrage

déranger *to bother, to disturb*
mépriser *to have contempt for*
la pension *benefits*
soûler *to bug; to talk to death*
traîner *to hang around; to drag*
un voyou *hoodlum*

Vocabulaire utile

chuchoter *to whisper*
une cité *low-income housing development*
un complexe d'infériorité *inferiority complex*
un foulard *headscarf*
la gêne *embarrassment*
un(e) intellectuel(le) *intellectual*
tendu(e) *tense*
traiter avec condescendance *to patronize*
un(e) travailleur/travailleuse manuel(le) *blue-collar worker*

EXPRESSIONS

comme d'hab' *as usual*
faire son cinéma *to show off*
Qu'est-ce que tu me racontes? *What are you talking about?*

1 **Le foulard islamique** Complétez à l'aide des mots de vocabulaire.

En France, les écoles publiques sont laïques (*secular*). Les élèves n'ont pas le droit de montrer leur religion. Donc, les musulmanes ne peuvent pas porter leur (1) __________ à l'école. Quand on parle de ce sujet, l'ambiance est (2) __________. C'est un problème qui (3) __________ beaucoup de gens. Certains (4) __________ ces filles, d'autres trouvent qu'elles devraient avoir le droit de le porter. Les filles ressentent de (5) __________, quand un professeur leur demande de l'enlever. C'est une situation difficile où les enfants se retrouvent coincés (*stuck*) entre deux opinions.

2 **Associez** Trouvez la fin logique de chaque phrase.

____ 1. Adolescente, Sophie avait un complexe d'infériorité…
____ 2. Tout le monde considère que Thomas est un voyou…
____ 3. Le père de Fatima touche aujourd'hui une très bonne pension…
____ 4. Sylvain a chuchoté pour ne pas déranger les gens…
____ 5. Éric me soûle chaque fois qu'il vient chez moi…

a. … parce qu'il était travailleur manuel et faisait partie d'un bon syndicat.
b. … parce que sa sœur était une grande intellectuelle.
c. … parce qu'il fait toujours son cinéma devant ma sœur.
d. … parce qu'il traîne tout le temps dans la rue avec ses amis.
e. … parce qu'il est arrivé à un moment assez tendu dans le film.

3 **Questions** À deux, répondez aux questions et expliquez vos réponses.

1. Vos parents s'inquiètent-ils beaucoup pour vous ou sont-ils heureux que vous soyez indépendant(e)?
2. Depuis que vous êtes à l'université, les relations que vous avez avec vos parents ont-elles changé? Si oui, dans quel sens?
3. Que ressentez-vous quand vous rentrez chez vos parents pour des congés?

4 **Changements** À deux, discutez des changements des cinquante dernières années. Comment vivait-on avant et comment vit-on aujourd'hui? Remplissez le tableau et comparez vos réponses avec celles des autres groupes.

	Il y a 50 ans	Aujourd'hui
les relations personnelles		
les relations professionnelles		
les relations familiales		
la recherche d'un emploi		
les maisons		
les villes		
l'université		
les moyens de transport		
les moyens de communication		

5 **L'évolution de la famille** Répondez aux questions par groupes de trois et comparez vos réponses avec celles des autres groupes.

1. Pourquoi avez-vous une vie plus facile que celle qu'ont eue vos parents? Pourquoi est-elle plus difficile?
2. Êtes-vous fier/fière des origines de votre famille? Pourquoi?
3. Connaissez-vous des gens qui ont honte de leur famille ou de leurs parents? Pourquoi en ont-ils honte?
4. Pensez-vous que les enfants doivent s'occuper de leurs parents quand ils sont âgés?

6 **Qui est-ce?** Par petits groupes, regardez les trois images. Imaginez les relations entre tous les personnages. Décrivez comment chacun passe la journée en général.

SUPERSITE Regardez le court métrage sur **imaginez.vhlcentral.com**.

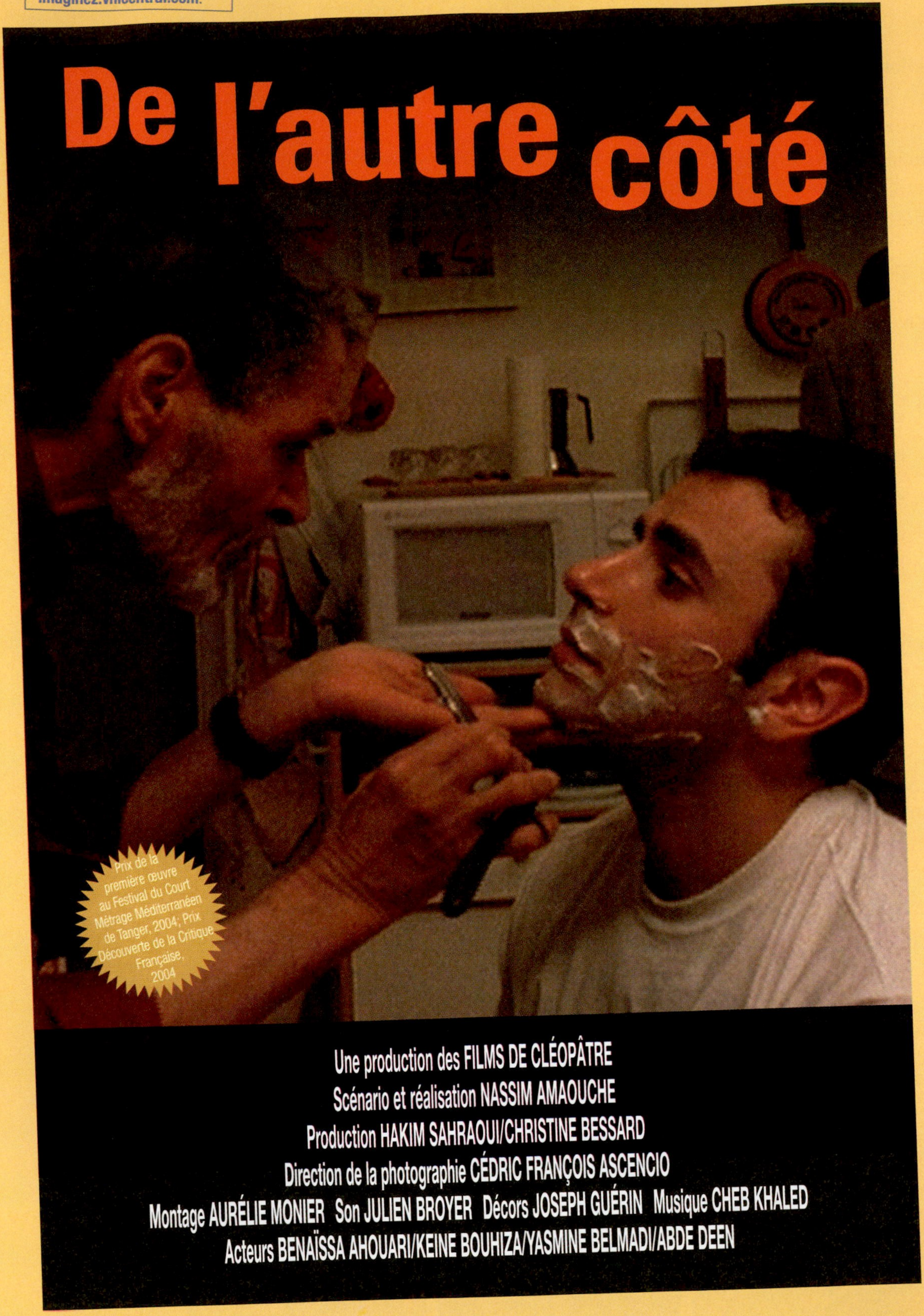
De l'autre côté
Prix de la première œuvre au Festival du Court Métrage Méditerranéen de Tanger, 2004; Prix Découverte de la Critique Française, 2004
Une production des FILMS DE CLÉOPÂTRE
Scénario et réalisation NASSIM AMAOUCHE
Production HAKIM SAHRAOUI/CHRISTINE BESSARD
Direction de la photographie CÉDRIC FRANÇOIS ASCENCIO
Montage AURÉLIE MONIER Son JULIEN BROYER Décors JOSEPH GUÉRIN Musique CHEB KHALED
Acteurs BENAÏSSA AHOUARI/KEINE BOUHIZA/YASMINE BELMADI/ABDE DEEN

INTRIGUE *Un jeune avocat d'origine algérienne retourne chez ses parents «de l'autre côté», pour la fête de circoncision de son petit frère.*

1

LA MÈRE Malik! Ton frère, il va arriver pour la fête. Il prend ta chambre.
MALIK Je vais dormir où, moi?
LA MÈRE Avec le petit.
MALIK S'il te plaît, ne me fais pas ça! Il va me soûler avec ses lapins... J'en ai marre!

2

SAMIR Ça n'a pas trop changé.
LA MÈRE Ah oui, on a fait un peu la peinture et tout ça.
SAMIR Et Malik, il est où?
LA MÈRE Oh, Malik, il traîne toujours... avec les voyous. Il ne change pas.

3

SAMIR Samedi, on va avoir une grande fête. Des gens que tu ne connais pas vont te donner plein d'argent, et tu pourras t'acheter plein de cadeaux!
LE PETIT Je sais, Malik m'a dit qu'avec cet argent je pourrai m'acheter une ferme°, des lapins, un coq°, et surtout des lapins!

4

LE PÈRE Allo? Je m'appelle BOUJIRA. Je vous téléphone au sujet d'un dossier°, là... Je me suis trompé...
LE FONCTIONNAIRE Mais quand même, faites un effort...
SAMIR Il te parle comme à un gamin... Il l'a sentie, ta honte.

5

MALIK Comment ça doit être dur de passer de l'autre côté... Avec tous ces cravatés°-là qui te regardent sûrement comme un objet exotique quand t'es avec eux. Tu crois que je vois pas?... Il [Le père] [n'] a pas gueulé° de la journée. J'ai été voir maman. Elle m'a tout raconté.

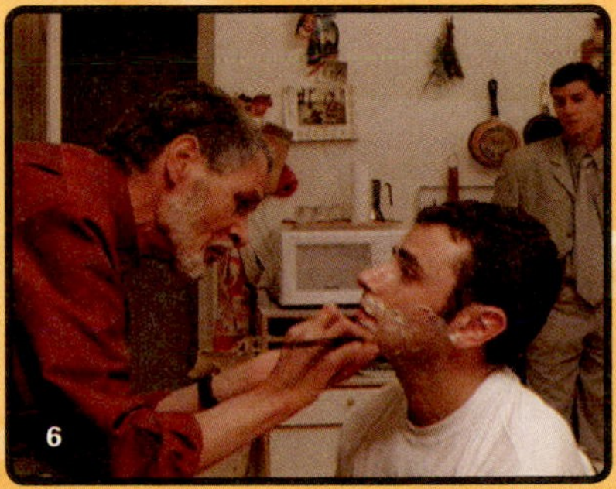

6

SAMIR Il n'y a que ça comme rasoir?
LE PÈRE Laisse, laisse... tu vas te couper. Tu sais, ton frère, il ne se rase pas. Il a la peau de bébé.
MALIK On y va quand vous voulez.

ferme *farm* **coq** *rooster* **dossier** *file*
cravatés *businesspeople (slang); "suits"*
gueulé *yelled*

Note
CULTURELLE

Les Algériens en France

En France, 31% des immigrés viennent du Maghreb. Et la moitié d'entre eux sont algériens. Ils ont commencé à venir en France dans les années 1960 pour des raisons économiques: la France avait besoin de travailleurs et ils avaient besoin de travail. La majorité vit dans la région parisienne et dans le sud-est de la France. Aujourd'hui, 25% d'entre eux font des études supérieures, mais ils doivent encore faire face à° des discriminations quand ils cherchent un travail ou un logement.

faire face à *cope with*

Analyse

1 **Compréhension** Répondez aux questions par des phrases complètes.

1. Pourquoi Malik est-il fâché contre sa mère au début du film?
2. Pour quelle raison Samir est-il revenu?
3. Comment les parents réagissent-ils face à Malik? Et face à Samir?
4. Comment sont Malik et le petit frère quand ils revoient Samir?
5. Pour qui la famille Boujira organise-t-elle une fête?
6. Pourquoi Samir est-il déçu après la conversation de son père avec le fonctionnaire?
7. Pourquoi Malik et ses copains passent-ils à la maison le samedi soir, avant la fête?
8. Quelle est la réaction de Malik quand Samir lui offre un emploi au cabinet où Samir travaille? Pourquoi Malik réagit-il de cette manière?

2 **Interprétation** À deux, répondez aux questions et expliquez vos réponses.

1. Pourquoi Samir est-il venu tout seul, sans son amie?
2. Malik est-il jaloux de son frère, Samir?
3. Samir et Malik respectent-ils leurs parents?
4. Quelle est la nature des relations entre la mère et le père?
5. À votre avis, quel membre de la famille Boujira est le plus heureux? Pourquoi?
6. Comment Samir est-il passé «de l'autre côté»? Et pourquoi passer de l'autre côté est-il difficile (comme le dit Malik)?
7. Pourquoi Malik emploie-t-il souvent des mots arabes, et Samir pas du tout?
8. Imaginez l'avenir du petit frère. Deviendra-t-il comme Samir ou comme Malik?

3 **Samir et Malik**

A. À deux, discutez des différences et des points communs qui existent entre Malik et Samir. Comment se comportent-ils? Qu'est-ce qui les intéresse dans la vie?

B. Remplissez les deux premières colonnes du tableau. Ensuite, cochez les points communs dans la troisième colonne.

Comment est Samir?	Comment est Malik?	Points communs

4 **Les thèmes du film** À deux, réfléchissez aux thèmes du film. À votre avis, quel est le thème principal? Écrivez un paragraphe qui explique ce thème et pourquoi vous l'avez choisi. Suggérez au moins deux thèmes secondaires. Quel est le rapport avec le thème principal?

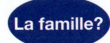

La famille? | *Le fossé des générations?* | La honte? | **L'immigration?**

5 **La fête** Regardez l'image ci-dessous et pensez à la scène de la fête, à la fin du film. Par petits groupes, décrivez la scène puis répondez aux questions.

- Pourquoi la scène de la fête est-elle différente de la vie quotidienne?
- Quel est le personnage dont le comportement est le plus différent, comparé à la vie de tous les jours? Pourquoi?
- Que ressent le petit frère? Et que ressentent ses parents?

6 **Les générations** À deux, écrivez un dialogue basé sur une de ces deux situations.

A

On vous offre la possibilité de travailler dans un pays étranger pendant un an, avant de terminer vos études. Vous devez en discuter avec vos parents. Votre père/mère préférerait que vous terminiez d'abord vos études.

B

Vous avez envie de retourner à l'université pour continuer vos études et vous devez en discuter avec votre fils/fille. Il/Elle ne pense pas que ce soit une bonne idée.

IMAGINEZ

L'AFRIQUE DU NORD

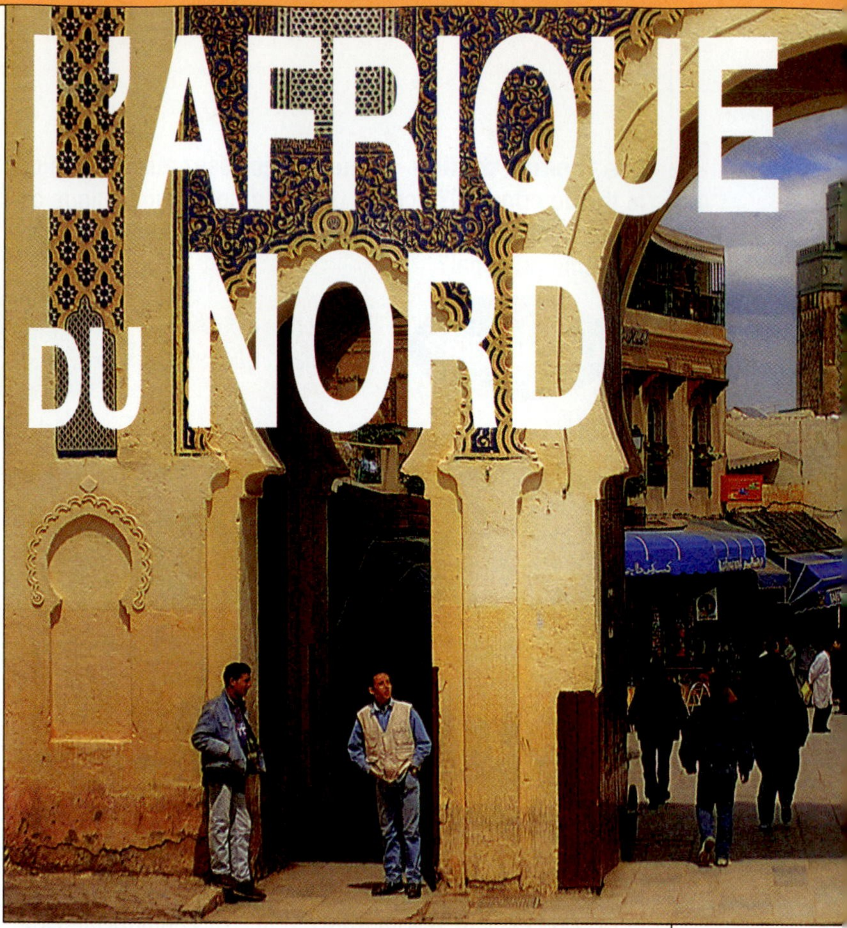

La porte Bab Bou Jeloud, à Fès, au Maroc

Pour plus de renseignements et d'activités, visitez **imaginez.vhlcentral.com.**

Voyage inoubliable!

Parti au **Proche-Orient**° et en **Afrique du Nord**, notre reporter, Jean-Michel Caron, nous fait part de ses impressions de voyage.

«Après un long voyage en avion avec deux escales°, je suis enfin arrivé au **Liban**, le pays du cèdre°, arbre majestueux, qui est devenu le symbole du pays et l'emblème du drapeau. J'ai voulu visiter **Beyrouth**, sa capitale, port de commerce et centre financier, qui est aussi connue pour son intense vie culturelle et nocturne. Cette vie culturelle renaît aujourd'hui et le couturier° à la mode **Elie Saab**, spécialisé dans les somptueuses robes du soir, en est un bel exemple. Comme j'y étais au printemps, je n'ai pas voulu manquer cette expérience unique dont on m'avait parlé: skier le matin dans les montagnes enneigées° de la **chaîne du Liban**, puis aller se baigner dans la **Méditerranée**. Génial!

«J'ai repris l'avion pour me rendre au **Maghreb**, et je me suis d'abord arrêté en **Tunisie**. J'ai choisi d'aller à **Matmata**, au sud-est, où j'ai trouvé un paysage lunaire°, formé de cratères. Saviez-vous que **George Lucas** y avait filmé un épisode de *La Guerre des Étoiles*? À **Carthage**, près de **Tunis**, la capitale du pays, j'ai visité un site archéologique majeur d'**Afrique du Nord**: les ruines d'une ville dont l'histoire a marqué l'**Antiquité**. Au 9e siècle avant J.-C. (*B.C.*), Carthage, qui veut dire *Nouvelle ville* en phénicien, était un empire tout-puissant. Après avoir été détruite une première fois, elle sera reconstruite et deviendra une grande rivale de **Rome**.

«Puis j'ai quitté la Tunisie pour aller en **Algérie**. **Alger** la blanche offre les charmes d'une capitale portuaire et une vue superbe sur la baie. Elle doit son surnom à la blancheur éclatante des murs de la **Casbah**. La Casbah… on ne peut pas visiter Alger sans passer par ce centre historique. C'est une ancienne forteresse magnifique qui domine la ville. Elle est entourée de petites rues et de maisons aux belles cours intérieures avec une fontaine en leur centre. On voit aussi beaucoup de vestiges° historiques dans la région d'**Oran**, ville côtière à l'ouest d'Alger. Cette ville a aussi inventé le **raï traditionnel**, qui a donné naissance au pop raï moderne et aux artistes comme **Khaled** et **Cheb Mami**.

«J'ai terminé mon voyage par le **Maroc**. Si **Rabat** en est la capitale, **Casablanca** est plus moderne. J'y ai admiré la **place Mohamed V**, avec son architecture de style art-déco des années 1930 et sa très belle fontaine, j'ai fait mes courses au marché central et je me suis promené dans le quartier des **Habous**. Construit dans les années 1920, mais dans le style d'une vieille médina, j'ai aimé ce quartier

D'ailleurs…

Le thé à la menthe est la boisson traditionnelle des pays du Maghreb. Il est aussi symbole d'hospitalité et ne peut se refuser. Contrairement à la cuisine préparée par les femmes, le thé est préparé et servi par les hommes, le chef de famille en général.

Dromadaires dans les dunes du Sahara, au Maroc

Proche-Orient *Near East* **escales** *layovers* **cèdre** *cedar* **couturier** *fashion designer* **enneigées** *snowy* **lunaire** *lunar* **vestiges** *remains*

ET LE LIBAN

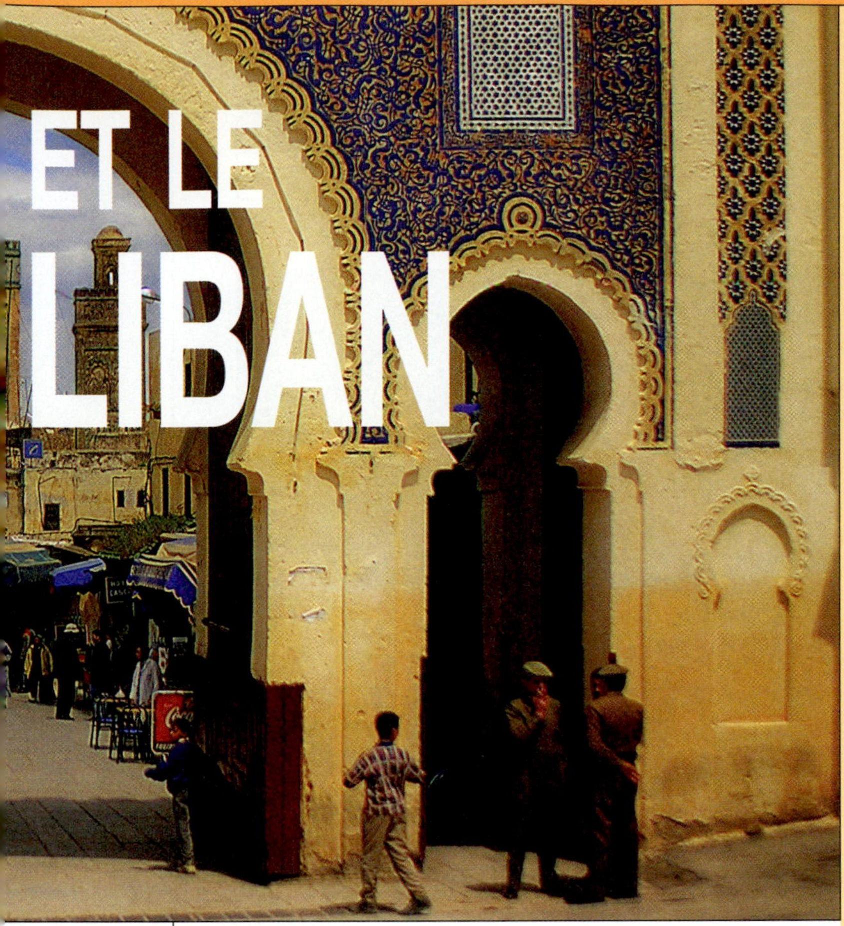

qui mélange le traditionnel et le moderne. À **Fès**, je suis tombé sous le charme de la **médina**, l'une des plus anciennes du monde. On se promène dans de petites rues étroites, on s'arrête pour regarder travailler les artisans. J'ai d'ailleurs rapporté en souvenir un magnifique service à thé en céramique bleue, spécialité de Fès. Et un petit thé à la menthe, maintenant, ça vous dirait?»

L'arabe dans le français

Mots

un bled	un village
une casbah	une maison
un chouïa	un peu
kiffer	aimer beaucoup
un riad	une villa traditionnelle
une smala	une famille
un souk	un désordre

Expressions

C'est pas bézef.	Ce n'est pas beaucoup.
C'est kif-kif.	C'est pareil.
faire fissa	se dépêcher
Il est maboul!	Il est fou!
Zarma!	Ma parole!; *No way!*

Découvrons le Maghreb!

Essaouira Essaouira est un petit port marocain connu pour la douceur de son climat et la gentillesse de ses habitants. Les touristes aiment aussi visiter ses fortifications, sa médina et ses «riads», maisons marocaines traditionnelles, car la ville possède un patrimoine architectural bien conservé. Ses rues, où se rencontrent petits pêcheurs, commerçants, artisans et artistes du monde entier, offrent une atmosphère unique.

Le site de Timgad Aux portes du désert en Algérie, c'est un site archéologique exceptionnel par sa beauté et son état de conservation remarquables, classé au Patrimoine mondial de l'humanité. C'est une ville romaine construite par l'**empereur Trajan**, en 100 après J.-C. Son architecture est unique car les artistes **numides** (qui habitaient cette région à l'époque des Romains) ont ajouté des détails qu'on ne trouve nulle part ailleurs.

Les Berbères Ils représentent le groupe ethnique le plus ancien d'**Afrique du Nord**. Nombreux au Maroc et en Algérie, ils vivent aussi en Mauritanie, en Tunisie, en Libye et dans le Sahara. Unifiés sous le terme *Imazighen*, «hommes libres», les **Berbères** se différencient par des dialectes locaux variés, comme le touareg ou le kabyle. Depuis l'an 2000, **Berbère Télévision** émet° à **Paris** et aide à promouvoir° cette culture.

Sidi Bou Saïd Ce petit village de pêcheurs, perché sur une falaise, a une vue superbe sur Carthage et sur la baie de Tunis. En 1912, l'arrivée du **baron** français **Rodolphe d'Erlanger**, peintre et musicologue spécialiste de la musique arabe, a transformé Sidi Bou Saïd. Le baron fait restaurer les anciennes maisons et y impose les couleurs **bleu** et **blanc**. Beaucoup d'artistes, comme **Paul Klee**, s'y sont installés pour profiter de la lumière et des couleurs fantastiques. **Camus**, **Hemingway** et **Flaubert** ont tous visité son mythique **Café des Nattes** et ses ruelles à l'ambiance exotique et ensorcelante°.

émet *broadcasts* **promouvoir** *promote* **ensorcelante** *captivating*

Natacha Atlas

SUPERSITE

La reine de la pop orientale

À FOND LA SONO

Pour plus de renseignements sur Natacha Atlas et sa musique, visitez **imaginez.vhlcentral.com**.

Son père vient du **Moyen-Orient**, sa mère d'**Angleterre**, et pourtant, **Natacha Atlas** est née à **Bruxelles**. Ses ancêtres sont entre autres égyptiens, palestiniens et marocains. En **Belgique**, Natacha grandit dans le **quartier marocain d'une banlieue bruxelloise**, où très jeune, elle apprend la danse et la musique orientales. Sa mère divorce et rentre en Angleterre avec ses trois enfants. C'est là que Natacha fera ses débuts d'artiste. Elle se définit par le mélange des cultures et l'union de la modernité avec la tradition. L'un de ses premiers projets se fera avec le groupe anglais **Transglobal Underground**, dont elle devient la chanteuse principale en 1994. Ensemble, ils produisent de la musique électronique enrichie de musiques plus traditionnelles, africaines, indiennes ou moyen-orientales. Cette collaboration deviendra un modèle pour le genre musical world-dance qu'on connaît aujourd'hui.

En 1995, le premier album solo de Natacha, *Diaspora*, est un beau succès critique et public. Depuis, Natacha Atlas mélange les cultures, les rythmes et les langues. Elle chante en **français**, en **arabe** ou en **anglais**. Elle aime aussi collaborer avec d'autres artistes, comme l'Américain **Peter Gabriel** ou le Français **Jean-Michel Jarre**. Avec le temps, la tradition arabe influence de plus en plus ses albums. On y entend des instruments et des airs° classiques nord-africains, égyptiens notamment. Natacha Atlas revisite ainsi tous les genres, le raï, la techno, la pop, le hip-hop, le rap et même la chanson française. Le titre *Mon amie la rose* est une bonne illustration de son style: c'est une version arabisée° d'une chanson des années 1960 de **Françoise Hardy**. Cette chanson est tirée de son album *Gedida* qui a eu un énorme succès et l'a vraiment fait connaître.

airs *tunes* **arabisée** *in an arabic style*

Discographie sélective

2006 *Mish Maoul*
2003 *Something Dangerous*
1998 *Gedida*
1995 *Diaspora*

Mon amie la rose

On est bien peu de chose
Et mon amie la rose
Me l'a dit ce matin
À l'aurore° je suis née
Baptisée de rosée°
Je me suis épanouie°
Heureuse et amoureuse

Aux rayons du soleil
Me suis fermée la nuit
Me suis réveillée vieillie

Pourtant j'étais très belle
Oui j'étais la plus belle
Des fleurs de ton jardin

aurore *dawn* **rosée** *dew* **épanouie** *bloomed*

Qu'avez-vous appris?

1 **Vrai ou faux?** Indiquez si ces affirmations sont vraies ou fausses. Corrigez les fausses.

1. Le Liban est aussi grand que la France.
2. Au Liban, vous pouvez, dans la même journée, faire du ski et vous baigner dans la mer.
3. George Lucas a filmé un épisode de *La Guerre des Étoiles* au Maroc.
4. Oran en Algérie est le lieu d'origine du raï traditionnel.
5. On peut admirer la place Mohamed V à Rabat.
6. Essaouira est connue pour la douceur de son climat et la gentillesse de ses habitants.

2 **Questions** Répondez aux questions.

1. Que représente le thé à la menthe au Maghreb?
2. Quel est le surnom de la ville d'Alger?
3. Que doit-on visiter à Casablanca?
4. Qui sont les Berbères?
5. Qu'est-ce qui caractérise les maisons de Sidi Bou Saïd?
6. Quels écrivains célèbres ont visité Sidi Bou Saïd?

Projet

La traversée du Maghreb

Organisez un voyage où vous traverserez entre trois et cinq villes du Maghreb. Pour créer votre itinéraire, faites des recherches sur **imaginez.vhlcentral.com**. Ensuite, préparez votre voyage d'après ces critères:

- Dans chaque ville, visitez un important site historique, naturel ou culturel.
- Faites une description de chaque visite dans votre journal.
- Racontez vos aventures à la classe et montrez des photos de chaque lieu visité. Expliquez à vos camarades ce que vous avez découvert et donnez vos impressions de voyage pour chaque destination.

ÉPREUVE

Trouvez la bonne réponse.

1. Le Liban est aussi appelé ______.
   a. le petit pays b. le Paris du Moyen-Orient
   c. le pays du cèdre d. le pays du ski
2. Eli Saab est un jeune ______ libanais qui est très à la mode.
   a. couturier b. sportif
   c. touriste d. voyageur
3. À Carthage, on peut visiter ______.
   a. des musées b. des ruines
   c. des oasis d. des riads
4. La Casbah est ______ d'Alger.
   a. le centre historique b. le palais
   c. la plage d. le marché
5. ______ est la capitale du Maroc.
   a. Essaouira b. Fès
   c. Rabat d. Casablanca
6. La Médina de ______ est l'une des plus anciennes du monde.
   a. Casablanca b. Rabat
   c. les Habous d. Fès
7. La ville d'Essaouira a un ______ architectural bien conservé.
   a. marché b. patrimoine
   c. palais d. musée
8. Le site de ______ est une ville romaine construite par l'empereur Trajan.
   a. Essaouira b. Sidi Bou Saïd
   c. Fès d. Timgad
9. Les Berbères vivent en Algérie, au Maroc, en Mauritanie, ______, en Tunisie et dans le Sahara.
   a. en Afrique du Nord b. en Égypte
   c. au Liban d. en Libye
10. Natacha Atlas, la reine de la pop orientale, chante en anglais, en français ______.
    a. et en arabe b. et seulement en Belgique
    c. mais jamais avec Peter Gabriel d. et en vietnamien

GALERIE DE CRÉATEURS

MUSIQUE **Djura**

D'origine berbère, cette chanteuse est aussi réalisatrice et femme écrivain. Elle s'oppose à sa famille, extrêmement traditionaliste, et décide de vivre sa vie comme elle le souhaite (veut). En 1977, à Paris, elle forme le groupe Djur Djura (nom d'une montagne d'Algérie) avec ses deux sœurs puis plus tard avec d'autres chanteuses. Le groupe mêle les rythmes et les sonorités d'Afrique du Nord aux instruments occidentaux. Dans ses chansons, Djura, qui chante en français et en kabyle, parle des femmes et de leur condition, de la liberté et de l'Algérie. Elle aime marier différentes influences musicales — le classique, l'électronique, le rock, la salsa... Elle débute enfin une carrière solo en 2002 avec l'album «Uni-vers-elles». La chanteuse veut faire de la musique un moyen de soulager (*relieve*) toutes les souffrances. Et elle dédie (*dedicates*) ses chansons à toutes les femmes qui ont été privées (*deprived*) d'amour, de connaissance (*knowledge*) et de liberté.

SUR INTERNET

Pour plus de renseignements sur ces créateurs et pour explorer des aspects précis de leurs créations, à l'aide d'activités et de projets de recherche, visitez **imaginez.vhlcentral.com**.

COUTURE

Azzedine Alaia (1939–)

Le couturier tunisien Azzedine Alaia a d'abord travaillé pour la maison Christian Dior puis pour d'autres couturiers. Il crée ensuite sa propre marque (*brand*), et présente son premier défilé (*fashion show*) en 1982, à New York. Son style cherche à mettre en valeur la silhouette féminine et son succès est tel que la presse l'appelle le *King of Cling*. Des célébrités comme Tina Turner, Raquel Welch ou Madonna portent ses créations. Ses vêtements peuvent avoir jusqu'à 40 pièces individuelles liées (*linked*) les unes aux autres. Son atelier (*workshop*) est à Paris, et c'est là qu'il organise des défilés, en toute simplicité, à son image.

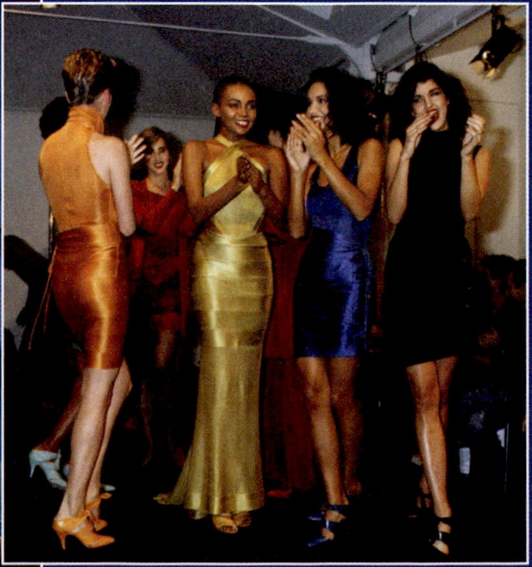

LITTÉRATURE Nadia Tuéni (1935–1983)

Nadia Tuéni était la fille d'un diplomate libanais et d'une mère française. En 1963, elle écrit son premier recueil (*collection*) de poèmes, *Les textes blonds,* à la suite d'un drame personnel, la mort de sa fille âgée de sept ans. Elle découvre que la poésie (*poetry*) est un merveilleux moyen d'exorciser ses douleurs. L'amour et la souffrance sont les thèmes principaux de ses œuvres. Son pays lui inspire aussi de magnifiques poèmes, et elle en évoque l'agonie dans *Archives sentimentales d'une guerre au Liban* (1982). À partir de 1967, elle écrit des articles littéraires pour le journal francophone libanais, *Le jour.* Avec d'autres grands poètes libanais et arabes, elle contribue au développement culturel de Beyrouth et crée un des cercles littéraires les plus actifs de son temps.

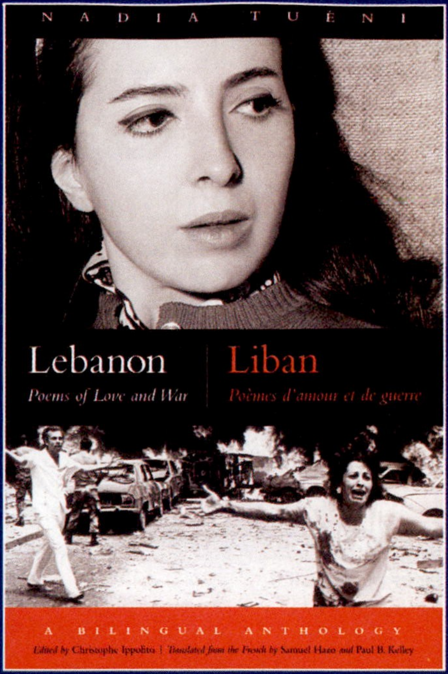

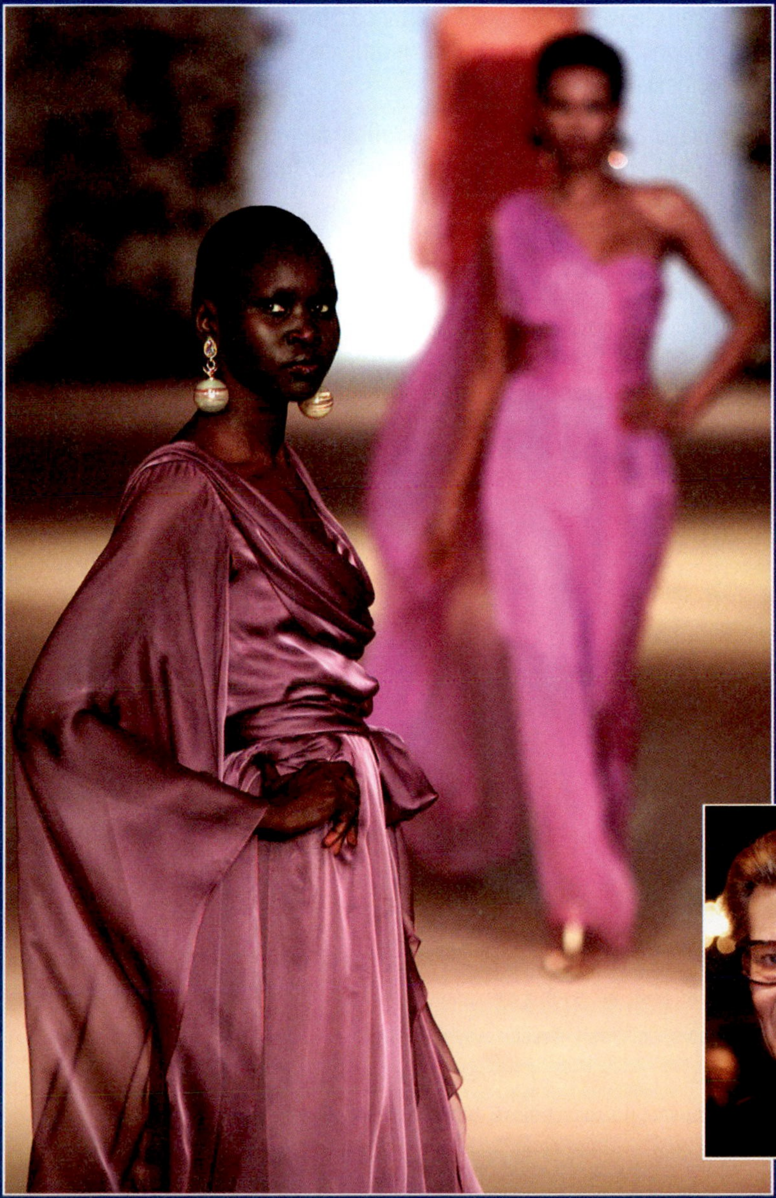

COUTURE

Yves Saint Laurent (1936–2008)

«Je n'ai qu'un regret, ne pas avoir inventé le jean», dira-t-il. Ce grand couturier est né à Oran, en Algérie, où il passe toute son enfance. Il commence sa carrière dans la haute couture comme styliste pour Christian Dior. À la mort de celui-ci en 1957, Yves Saint Laurent, alors âgé de 21 ans, est chargé (a la responsabilité) de sauver la maison Dior de la ruine. Il obtient un grand succès avec sa robe trapèze, contraste avec la mode serrée de l'époque, mais est remplacé à la tête de la maison. Il crée alors sa propre maison de couture en 1962. Saint Laurent est un innovateur à l'origine de nombreuses révolutions dans la mode comme la robe transparente, la saharienne (*safari jacket*) et le smoking (*tuxedo*) féminin. Il veut donner ainsi (de cette façon) plus de pouvoir (*power*) aux femmes en leur offrant la possibilité de porter des vêtements dits masculins comme le pantalon. Il introduit les couleurs vives (*bright*), le noir, qui n'est plus réservé aux cérémonies, et l'univers oriental. La simplicité et l'originalité caractérisent depuis le début la maison YSL.

6.1 The subjunctive: impersonal expressions; will, opinion, and emotion

*Samir ne veut pas que son père **ait** honte.*

BLOC-NOTES

To review imperfect forms, see **Fiche de grammaire 3.5, p. 400.**

Forms of the present subjunctive

- You have already been using verb tenses in the indicative mood. You can also use French verbs in the *subjunctive* mood, which is used to express an attitude, an opinion, or personal will, or to imply hypothesis or doubt.
- To form the present subjunctive of most verbs, take the **ils/elles** stem of the present indicative and add the subjunctive endings. For **nous** and **vous**, use their **imparfait** forms.

The present subjunctive

	parler	finir	attendre
	parl~~ent~~	finiss~~ent~~	attend~~ent~~
que je/j'	parle	finisse	attende
que tu	parles	finisses	attendes
qu'il/elle	parle	finisse	attende
que nous	parlions	finissions	attendions
que vous	parliez	finissiez	attendiez
qu'ils/elles	parlent	finissent	attendent

- Use the same pattern to form the subjunctive of verbs with spelling or stem changes.

acheter	achète, achètes, achète, achetions, achetiez, achètent
croire	croie, croies, croie, croyions, croyiez, croient
prendre	prenne, prennes, prenne, prenions, preniez, prennent
recevoir	reçoive, reçoives, reçoive, recevions, receviez, reçoivent

- Some verbs are unpredictably irregular in the present subjunctive.

aller	aille, ailles, aille, allions, alliez, aillent
avoir	aie, aies, ait, ayons, ayez, aient
être	sois, sois, soit, soyons, soyez, soient
faire	fasse, fasses, fasse, fassions, fassiez, fassent
pouvoir	puisse, puisses, puisse, puissions, puissiez, puissent
savoir	sache, saches, sache, sachions, sachiez, sachent
vouloir	veuille, veuilles, veuille, voulions, vouliez, veuillent

Impersonal expressions and verbs of will and emotion

- Sentences calling for the subjunctive fit the pattern [*main clause*] + **que** + [*subordinate clause*]. In each case, the subjects of the two clauses are different and **que** is used to connect the clauses. Note that although the word *that* is optional in English, the word **que** *cannot* be omitted in French.

MAIN CLAUSE	CONNECTOR	SUBORDINATE CLAUSE
Il est étonnant	**que**	**Thierry ne connaisse pas ses parents.**
It is surprising	*(that)*	*Thierry doesn't know his parents.*

- The subjunctive is used after many impersonal expressions that state an opinion.

Impersonal expressions followed by the subjunctive

Ce n'est pas la peine que... *It is not worth the effort...*	**Il est indispensable que...** *It is essential that...*
Il est bon que... *It is good that...*	**Il est nécessaire que...** *It is necessary that...*
Il est dommage que... *It is a shame that...*	**Il est possible que...** *It is possible that...*
Il est essentiel que... *It is essential that...*	**Il est surprenant que...** *It is surprising that...*
Il est étonnant que... *It is surprising that...*	**Il faut que...** *One must... / It is necessary that...*
Il est important que... *It is important that...*	**Il vaut mieux que...** *It is better that...*

- When the main clause of a sentence expresses will or emotion, use the subjunctive in the subordinate clause.

Expressions of will	Expressions of emotion
demander que... *to ask that...*	**aimer que...** *to like that...*
désirer que... *to desire that...*	**avoir peur que...** *to be afraid that...*
exiger que... *to demand that...*	**être content(e) que...** *to be happy that...*
préférer que... *to prefer that...*	**être désolé(e) que...** *to be sorry that...*
proposer que... *to propose that...*	**être étonné(e) que...** *to be surprised that...*
recommander que... *to recommend that...*	**être fâché(e) que...** *to be mad that...*
souhaiter que... *to hope that...*	**être fier/fière que...** *to be proud that...*
suggérer que... *to suggest that...*	**être ravi(e) que...** *to be delighted that...*
vouloir que... *to want that...*	**regretter que...** *to regret that...*

Notre grand-père **désire qu'**on lui **rende** visite cet été.
Our grandfather wants us to visit him this summer.

Je **suis ravie que** nous **allions** chez notre oncle.
I'm delighted that we're going to our uncle's house.

- Although the verb **espérer** expresses emotion, it does not trigger the subjunctive.

J'**espère** que le nouveau prof n'**est** pas trop strict.
I hope that the new professor isn't too strict.

Nous **espérons** qu'ils **ont** des citrons à la supérette.
We hope they have lemons at the mini-market.

BLOC-NOTES

If there is no change of subject in the sentence, an infinitive is used after the main verb and **que** is omitted. To learn more about using infinitives in place of the subjunctive, see **Structures 8.1, pp. 286–287.**

ATTENTION!

Some verbs used only in the third person singular, including some used in impersonal expressions, have irregular present subjunctive forms.

valoir (*to be worth it*): qu'il **vaille**

falloir (*to be necessary*): qu'il **faille**

pleuvoir (*to rain*): **qu'il pleuve**

Je ne pense pas que ça en vaille la peine.
I don't think it's worth the effort.

ATTENTION!

The verb **demander** is often used with an indirect object + **de** + [*infinitive*].

Papa nous demande de rentrer avant minuit.
Dad is asking us to come home before midnight.

Mise en pratique

1 **À lier** Reliez les éléments de chaque colonne pour former des phrases cohérentes.

____ 1. Ils sont étonnés que vous…	a. parler avec ton amie au téléphone?
____ 2. Il est impossible qu'ils…	b. mangions des épinards.
____ 3. Il est bon que nous…	c. finissent à temps.
____ 4. As-tu fini de…	d. sois si insupportable?
____ 5. Vous souhaitez que je/j'…	e. ayez encore vos arrière-grands-parents.
____ 6. Faut-il que tu…	f. apprenne plus de langues.

2 **Vacances à Djerba** Complétez l'e-mail que Géraldine écrit à son agent de voyages. Mettez au présent du subjonctif les verbes entre parenthèses.

De: Géraldine Lastricte <géraldine.lastricte@email.fr>
Pour: Marion Cantou <marion.cantou@email.fr>
Sujet: Recommandations

Madame,
J'espère que vous avez bien pris en considération les souhaits (*wishes*) que j'ai formulés pour mon voyage à Djerba. Je vous les rappelle, au cas où. Il est évidemment essentiel que je (1) ____________ (voyager) en première classe. Il faut que mon hôtel (2) ____________ (être) situé près de la plage et que ma chambre (3) ____________ (avoir) vue sur la mer. Je désire que tout le monde à l'hôtel (4) ____________ (connaître) mes goûts. Je préférerais que le quartier (5) ____________ (être) vivant, mais pas trop bruyant. Je veux, bien sûr, qu'une voiture (6) ____________ (venir) me chercher à l'aéroport, et dites à la compagnie de limousine qu'il vaut mieux pour elle que je n' (7) ____________ (attendre) pas. Je tiens à ajouter qu'il serait dommage pour votre avenir que vous ne (8) ____________ (pouvoir) pas répondre à ces simples souhaits.
Cordialement,
Géraldine Lastricte

3 **L'homme idéal** Ahmed, qui habite à Beyrouth, au Liban, est amoureux de Sarah et veut l'inviter à passer une journée à Byblos. Il veut faire bonne impression. Regardez les images et, avec les éléments de la liste, dites à Ahmed ce qu'il doit faire pour devenir l'homme idéal.

il est nécessaire que	il vaut mieux que	recommander que
il est possible que	préférer que	suggérer que
il faut que	proposer que	vouloir que

Ahmed

L'homme idéal

Note CULTURELLE

Djerba est une île au large des **côtes tunisiennes**. Connue dans le monde entier pour ses plages, elle est la première destination touristique du pays. Les touristes viennent surtout d'Italie, d'Allemagne et de France. Bien que (*Although*) très tournée vers le tourisme, l'île est restée traditionnelle: on y compte plus de 300 mosquées.

Note CULTURELLE

Byblos est la première ville construite par le **peuple phénicien.** Ce port envoyait le bois du **Liban** vers l'**Égypte** et le **papyrus** d'Égypte, ou «byblos» en grec, vers le reste du monde **méditerranéen.** La ville a alors hérité du nom qui, plus tard, sera à l'origine du mot «livre» en grec, et du mot «Bible». C'est à Byblos qu'est né l'ancêtre de l'alphabet occidental.

Communication

4 **Rêve et réalité** À deux, faites des comparaisons entre ce que vous avez et ce que vous rêvez d'avoir. Aidez-vous des éléments de la liste. N'oubliez pas d'utiliser le présent du subjonctif si nécessaire.

Modèle —As-tu un appartement?
—Oui, j'ai un appartement, mais j'aimerais qu'il soit plus grand.

aimer que	**parents**
appartement	**préférer que**
enfance	**regretter que**
être content(e) que	**relation**
frère(s)/sœur(s)	**souhaiter que**
ordinateur	**vouloir que**

5 **Recherche...** À deux, regardez les deux annonces et imaginez que vous soyez d'abord la personne qui vende le chiot, puis les touristes qui cherchent un guide. Écrivez la suite des annonces à l'aide du présent du subjonctif. Ensuite, présentez-les à la classe.

Modèle Il est indispensable que la famille adoptive soit gentille.
Il est important que notre guide habite à Alger.

La famille Ouagued vend un chiot (puppy) de la race des épagneuls. Voici une photo de sa mère...

Touristes français recherchent un guide pour leur séjour en Algérie...

6 **Dialogue parents-enfant** Par groupes de trois, imaginez une conversation entre des parents et leur enfant adolescent(e). Ensuite, jouez la scène devant la classe. Utilisez le plus possible le présent du subjonctif.

Modèle
MÈRE Il faut que tu comprennes que tu passes le bac cette année.
ENFANT Je veux que vous me laissiez tranquille avec mes amis!
PÈRE On préfère que tu ne sortes pas avec eux ce soir.

6.2 Demonstrative pronouns

—*Tu as vu comme il nous fait son cinéma,* ***celui-là****?*

- The demonstrative pronoun **celui** and its forms mean *this one/that one/the one* or *these/those/the ones.* Use them for pointing something out or indicating a preference.

Quel **gâteau** préférez-vous? Le **gâteau** au chocolat ou le **gâteau** aux cerises?
Which cake do you prefer? The chocolate cake or the cherry cake?

Quel **gâteau** préférez-vous? **Celui** au chocolat ou **celui** aux cerises?
Which cake do you prefer? The chocolate one or the cherry one?

- Demonstrative pronouns agree in number and gender with the noun to which they refer.

Demonstrative pronouns

	singular	plural
masculine	**celui** *this one; that one; the one*	**ceux** *these; those; the ones*
feminine	**celle** *this one; that one; the one*	**celles** *these; those; the ones*

Les deux **supérettes** de mon quartier sont nulles! Et **celles** de ton quartier?
My neighborhood's two mini-markets are lame! And the ones in your neighborhood?

Quels **raisins** est-ce que vous avez achetés hier, **ceux**-ci?
Which grapes did you buy yesterday, these here?

- As with demonstrative adjectives, **-ci** and **-là** can be added after a form of **celui** to distinguish between people or objects that are closer (**celle-ci**) or farther (**celui-là**).

- A form of **celui** can also be followed by a relative clause to mean *the one(s) that* or *the one(s) whose.*

On va à cet hypermarché-ci ou à **celui qui** ouvre plus tôt?
Are we going to this supermarket here or the one that opens earlier?

La pâtisserie Michèle, c'est **celle que** tu aimes bien?
Is the Michèle pastry shop the one you like?

Ces enfants sont **ceux dont** l'arrière-grand-père est né en 1910.
These children are the ones whose great-grandfather was born in 1910.

- A prepositional phrase can also follow a demonstrative pronoun.

Mes livres et **ceux de** Nathalie sont dans notre chambre.
My books and those of Nathalie are in our bedroom.

Cette jupe en coton est moins chère que **celle en** soie.
This cotton skirt is less expensive than the silk one.

BLOC-NOTES

To review using **-ci** and **-là** with demonstrative adjectives, see **Fiche de grammaire 4.4, p. 402.**

ATTENTION!

Use a demonstrative pronoun followed by **-ci** or **-là** to express, respectively, the English words *latter* and *former.*

Tu prends les épinards ou les asperges? Celles-ci sont plus fraîches que ceux-là.

Are you having spinach or asparagus? The latter is fresher than the former.

BLOC-NOTES

To review relative pronouns, see **Structures 9.1, pp. 326–327.**

- Adjectives that modify forms of **celui** must agree with them in number and gender. Past participles should agree with forms of **celui** when appropriate.

Ceux qui sont **beaux** ne sont pas toujours sympathiques.
Those that are beautiful are not always nice.

Leurs sœurs sont **celles** que nous avons **vues** ici hier?
Are their sisters the ones we saw here yesterday?

- You can use **celui-là** or **celle-là** to refer to someone in a familiar or scornful fashion.

Le petit ami de Samira? Ah, **celui-là**!
Samira's boyfriend? Oh, that one!

Elle croit qu'elle sait tout, **celle-là**?
Does she think she knows it all, that one?

- **Ceci** and **cela** are also demonstrative pronouns. Unlike other pronouns, they do not refer to any noun in particular, but rather to an idea. **Ceci** draws attention to something that is about to be said; **cela** refers to something that has already been said.

Je vous dis **ceci**: il ne faut rien regretter.
I say this to you: you must not regret anything.

On évite les préjugés. **Cela** va sans dire.
We avoid prejudices. That goes without saying.

- Both **ceci** and **cela** have a literary tone to them. In everyday French, use **ce** or **ça**. Use **ce** before forms of **être**; use **ça** before other verbs.

before a form of *être* beginning with a consonant	**Ce sont mes enfants, Abdel et Fatih.** *Those/They are my children, Abdel and Fatih.*
before a form of *être* beginning with a vowel	**C'est du saumon grillé?** *Is that grilled salmon?*
before any other verb	**Ça m'énerve!** *That annoys me!*

- **C'est** can be used in many constructions.

C'est + name ***identifies a person.***	**C'est Ségolène.** *That/She is Ségolène.*
C'est + article or adjective + noun ***identifies a person or thing.***	**C'est mon arrière-grand-mère.** *That/She is my great-grandmother.*
C'est + disjunctive pronoun ***identifies a person.***	**C'est toi qui as trouvé ce chat?** *Are you the one that found this cat?*
C'est + adjective ***describes an idea or expresses an opinion.***	**Trois semaines de vacances! C'est super.** *Three weeks of vacation! That's great.*
infinitive + c'est + infinitive ***draws an equivalency between two actions.***	**Partir, c'est mourir un peu.** *To leave is to die a little.*

ATTENTION!

Forms of **celui** cannot stand alone; they must always be followed by **-ci/-là**, a relative clause, or a prepositional phrase.

BLOC-NOTES

To review past participle agreement, see **Fiche de grammaire 5.5, p. 408.**

BLOC-NOTES

To review the distinction between **il/elle est** and **c'est**, see **Fiche de grammaire 2.5, p. 396**.

Mise en pratique

1 **À choisir** Choisissez le bon pronom démonstratif pour compléter ces phrases.

1. Je parle de la nièce de mon voisin, tu sais, _____ qui vient de se marier.
   a. ceux b. celles-là c. celle
2. Nous vous avions parlé de _____, mais vous ne nous aviez pas écouté.
   a. ça b. celui c. ceux
3. Ils ont l'habitude de faire leurs courses à cet hypermarché, _____ on voit depuis (*from*) l'autoroute.
   a. celui qu' b. celle dont c. celui qui
4. De quelle personne veux-tu te plaindre au patron? De _____.
   a. celle pour b. celle-là c. cela
5. J'avais plusieurs surnoms quand j'étais enfant. Voici _____ je me souviens: «le peintre», «le fou» et «le gourmet».
   a. ceux-ci b. celui dont c. ceux dont

2 **Fès** Le grand-père de Mohamed lui parle de sa jeunesse. Complétez l'histoire de sa rencontre avec la grand-mère de Mohammed à Fès.

c'est	cela	celle qui	celui où
ceci	celle dont	celles que	ceux dont

Fès est la quatrième ville du Maroc. C'est (1) _____________ m'est la plus chère parce que (2) _____________ là où je suis né. Ah, mais tu sais déjà (3) _____________. Ta grand-mère et moi, nous habitions dans cette petite rue, (4) _____________ je connais bien le marchand de journaux. Mes amis, (5) _____________ je t'ai parlé de nombreuses fois, travaillaient avec moi. Nous allions souvent dans ce petit café à la sortie du marché, tu sais, (6) _____________ nous jouions aux échecs tous les jours. Je me souviens d'un après-midi où j'ai vu un groupe de jeunes filles, (7) _____________ je voyais passer tous les jours à la même heure. Eh bien, je vais te dire (8) _____________: j'ai épousé l'une d'elles.

Note
CULTURELLE

Fès fait partie des quatre villes impériales du **Maroc** avec **Marrakech**, **Meknès** et **Rabat**. Elles ont toutes été capitale du Maroc au moins une fois dans leur histoire. On peut découvrir le palais royal et les tanneries à Fès, la grande place **Djema'a el-Fna** à Marrakech, les ruines d'une antique cité romaine dans la banlieue de Meknès et la grande mosquée **Hassan II** à Rabat.

3 **Lequel?** Répondez aux questions avec le bon pronom démonstratif.

Modèle **Les parents de quelle amie travaillent ensemble? (Salima // ceux de / ceux que)**
Ceux de Salima travaillent ensemble.

1. Quelle capitale Marc veut-il visiter? (Algérie // celle dont / celle de)
2. À quels jours heureux pensez-vous? (notre jeunesse // ceux que / ceux de)
3. Quel manteau avez-vous choisi pour votre femme? (j'ai vu dans le catalogue // celui que / celui pour)
4. Qui sont ces enfants? (Béatrice // ceux de / ceux qui)
5. Quelle voiture regardent-ils? (Ø // celle-ci / celle dont)

Communication

4 **Rencontres** Vous venez de rencontrer un(e) ami(e) d'enfance et vous le racontez à un(e) camarade. À deux, imaginez la conversation et écrivez-la à l'aide de pronoms démonstratifs. Ensuite, jouez la scène devant la classe.

Modèle —Je viens de voir Éric, celui qui posait toujours des questions au prof.
—Celui qui parlait toujours en cours d'histoire?
—Non, celui dont la sœur nous avait montré ses photos de vacances.

5 **Qui est qui?** La classe se divise en deux équipes. Un des membres de l'équipe A pense à un(e) camarade de classe et donne trois indices (*clues*) sur lui/elle. L'équipe B doit deviner de qui il est question. Elle gagne trois points si elle devine avec le premier indice, deux points si elle devine avec deux indices et un point si elle devine avec les trois indices. Ensuite, inversez les rôles.

Modèle Je pense à celui/celle qui est autoritaire... Je pense à celui/celle pour qui manger des épinards est une obligation... C'est celui/celle dont les parents viennent de faire un voyage en Tunisie.

6 **Enquête** Demandez à des camarades de classe de décrire les personnes de cette liste. Ils doivent répondre avec des pronoms démonstratifs. Ensuite, présentez vos résultats à la classe.

Modèle Ma cousine Sophie est celle dont tout le monde parle dans la famille.

- Vos parents
- Vos grands-parents
- Vos cousin(e)s
- Vos frères/sœurs
- Votre meilleur(e) ami(e)
- Votre professeur

6.3 Irregular *-re* verbs

—*Maman t'**a mis** des draps propres.*

- You can see patterns in irregular **-re** verbs, but it is best to learn each verb individually.

	boire	croire	dire	écrire
je/j'	bois	crois	dis	écris
tu	bois	crois	dis	écris
il/elle	boit	croit	dit	écrit
nous	buvons	croyons	disons	écrivons
vous	buvez	croyez	dites	écrivez
ils/elles	boivent	croient	disent	écrivent
past participle	bu	cru	dit	écrit

	lire	prendre	craindre (*to fear*)	se plaindre
je	lis	prends	crains	me plains
tu	lis	prends	crains	te plains
il/elle	lit	prend	craint	se plaint
nous	lisons	prenons	craignons	nous plaignons
vous	lisez	prenez	craignez	vous plaignez
ils/elles	lisent	prennent	craignent	se plaignent
past participle	lu	pris	craint	plaint(e)(s)

Mon neveu **a bu** trois verres de lait.
My nephew drank three glasses of milk.

Mais **dis** quelque chose!
Well, say something!

Mes petits-enfants ne m'**écrivent** jamais.
My grandchildren never write me.

Est-ce que vous **comprenez** votre oncle?
Do you understand your uncle?

Je **crains** qu'elle ne m'aime plus.
I'm afraid she doesn't love me anymore.

Nous **nous sommes plaints** du service.
We complained about the service.

- The verb **plaire** (*to please*) is often used in the third person and usually takes an indirect object. Its past participle is **plu**. The English verb *to like* is typically used to translate it.

Cette fromagerie **leur plaît**.
They like this cheese shop.

Les produits bio **vous plaisent**?
Do you like organic food?

Le repas **lui a plu**.
She liked the meal.

ATTENTION!

Croire à + [*noun*] means *to believe in something*; **croire en** + [*noun*] means *to believe in someone.*

Blaise Pascal croyait-il en Dieu?
Did Blaise Pascal believe in God?

Décrire and **s'inscrire** (*to enroll*) are conjugated like **écrire**.

Remember that **apprendre** and **comprendre** are conjugated like **prendre**.

	mettre	suivre	vivre
je	mets	suis	vis
tu	mets	suis	vis
il/elle	met	suit	vit
nous	mettons	suivons	vivons
vous	mettez	suivez	vivez
ils/elles	mettent	suivent	vivent
past participle	mis	suivi	vécu

	rire	conduire	connaître
je	ris	conduis	connais
tu	ris	conduis	connais
il/elle	rit	conduit	connaît
nous	rions	conduisons	connaissons
vous	riez	conduisez	connaissez
ils/elles	rient	conduisent	connaissent
past participle	ri	conduit	connu

Nous **avons mis** un pull pour sortir.
We put on sweaters to go out.

Mes ancêtres **ont vécu** à Abidjan.
My ancestors lived in Abidjan.

Mes petits-enfants me **sourient** quand je chante pour eux.
My grandchildren smile at me when I sing to them.

Mon grand-père ne **conduit** plus.
My grandfather no longer drives.

Vous ne me **reconnaissez** pas?
Do you not recognize me?

Mon grand-oncle **a disparu** pendant la guerre.
My great uncle disappeared during the war.

- **Se mettre**, when followed by **à** + [*infinitive*], means *to start* (doing something).

Elle **s'est mise à pleurer**!
She started crying!

À six heures, je **me mets à faire** la cuisine.
At 6 o'clock, I start cooking.

- Note the double **i** spelling in the **nous** and **vous** forms of **rire** and **sourire** in the **imparfait**.

Nous **riions** beaucoup à l'école.
We used to laugh a lot at school.

Vous **souriiez** quand votre tante téléphonait.
You used to smile when your aunt called.

- The verb **naître**, conjugated like **connaître** in the present, is rarely used in this tense. Remember that the past participle agrees with the subject in compound tenses such as the **passé composé** and **plus-que-parfait**.

Ma grand-mère est **née** en 1935.
My grandmother was born in 1935.

Les jumeaux étaient-ils **nés** à cette époque?
Had the twins been born at that time?

ATTENTION!

Remember that **permettre** and **promettre** are conjugated like **mettre**.

Survivre is conjugated like **vivre**.

Use the expression **suivre un/des cours** to say *to take a class.*

Je suis un cours d'histoire de l'art.

I'm taking a course in art history.

Sourire is conjugated like **rire**.

Remember that **construire**, **détruire**, **produire**, **réduire**, and **traduire** are conjugated like **conduire**.

Disparaître, **paraître**, and **reconnaître** are conjugated like **connaître**.

Paraître is often used in the third person with an indirect object to say that something seems a certain way.

Ça me paraît difficile.

That seems difficult to me.

BLOC-NOTES

For a review on how **connaître** differs from **savoir**, see **Fiche de grammaire 9.4, p. 422.**

Mise en pratique

1 **Un repas authentique** Claudia passe un semestre à Tunis, dans une famille. Ils voudraient préparer un repas traditionnel. Complétez la conversation logiquement.

apprendre	croire	plaire
comprendre	mettre	prendre
connaître	se plaindre	rire

MÈRE Alors, Claudia, quels plats tunisiens (1) ________-tu?
CLAUDIA Une fois, dans un resto maghrébin, je/j'(2) ________ du couscous.
PÈRE Je/J' (3) ________ que ça ferait un bon repas authentique.
GRAND-MÈRE Je ne/n' (4) ________ pas — j'adore le couscous!
Plus tard dans la cuisine…
CLAUDIA Je ne/n' (5) ________ pas cette recette. Peux-tu la traduire en anglais?
FILLE Non, moi non plus. Nous avons bien lu la recette. Nous (6) ________ tous les ingrédients dans le bol. Maman, ce n'est pas drôle! Pourquoi est-ce que tu (7) ________?
MÈRE Désolée, mais apparemment vous deux, vous ne/n' (8) ________ jamais ________ à cuisiner!

Note CULTURELLE

À **Tunis**, capitale et centre administratif de la **Tunisie**, la ville moderne et la **médina** (vieille ville) offrent un contraste saisissant (*striking*). D'un côté, on peut admirer les grandes villas des quartiers résidentiels. De l'autre, on peut entrer dans la médina par de vieilles portes, vestiges des fortifications qui entouraient autrefois la ville. On trouve dans la médina des souks (marchés) et des monuments historiques.

2 **Autrement dit** Réécrivez chaque phrase et remplacez le(s) mot(s) souligné(s) par un verbe irrégulier en **-re**. Ajoutez d'autres mots, si nécessaire.

1. Ma demi-sœur <u>est venue au monde</u> en 1998.
____
2. Tu n'aimes pas ton plat? Appelle le serveur et <u>dis-lui que tu n'es pas satisfait</u>!
____
3. <u>Avez-vous peur des</u> gens rebelles?
____
4. Ma famille <u>pense</u> que je n'ai pas assez d'amour-propre.
____

3 **Phrases logiques**

A. Écrivez cinq ou six phrases à l'aide des éléments de chaque colonne. Employez les verbes à des temps différents.

A	B	C
Mes parents	construire	une nouvelle maison…
Je	craindre	faire du mal à…
Le fossé des générations	disparaître	dans quelles circonstances?
Les gens bien élevés	écrire	des cartes de remerciement…
Mon arrière-grand-mère/père	naître	où et quand?
…?	survivre	…?

B. À deux, créez un dialogue qui inclut au moins trois de vos phrases de la partie A.

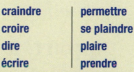

Communication

4

Questions spécifiques À deux, répondez aux questions par des phrases complètes.

1. Combien d'e-mails écris-tu chaque jour? Combien en lis-tu?
2. Écris-tu des cartes de vœux? Ça te plaît? Pourquoi?
3. Quel genre de littérature lis-tu le plus souvent?
4. Quel membre de ta famille se plaint le plus? Et qui rit le plus?
5. T'es-tu déjà plaint(e) de ton père ou de ta mère? Pourquoi?
6. Connais-tu quelqu'un qui vit dans une région francophone? Si oui, laquelle?
7. Quel âge avais-tu quand tu as conduit une voiture pour la première fois?
8. Tes parents te permettent-ils toujours de suivre les cours que tu veux?

5

Une famille unie Même les membres d'une famille unie ne s'entendent pas toujours parfaitement bien. À deux, posez des questions et décrivez cette scène à l'aide des verbes de la liste. Ensuite, imaginez une conversation entre les membres de la famille sur la photo.

Modèle —Où vivent-ils?
—Je crois qu'ils vivent aux États-Unis.

apparaître	craindre	permettre
boire	croire	se plaindre
(se) comprendre	dire	plaire
contredire	écrire	prendre

6

À votre santé! Imaginez que vous soyez une équipe de rédacteurs qui travaillent pour un magazine de santé. Par petits groupes, discutez de ce qu'il faut faire pour rester en bonne santé physique et mentale. Ensuite, écrivez un article qui comprend vos suggestions et au moins huit verbes irréguliers en **-re**.

Prenez en charge votre santé!

Pour rester en bonne santé, riez souvent! Ce qu'il faut faire pour ne pas être malade…

Synthèse

Mariage toujours

Recherchons organisateur/organisatrice de mariages rapide et efficace. Nous retiendrons celui ou celle qui ne craint pas les obstacles, qui plaît et sourit aux clients. Contactez Samira à samira.alhafta@mariage.toujours.tn

Petits anges à garder

Un(e) baby-sitter est demandé(e) pour garder° deux enfants. Ceux-ci sont bien élevés et obéissants°. Il est indispensable que cette personne connaisse au moins une langue étrangère pour la leur enseigner. Appelez le 62.74.02.16.

garder *to look after*

obéissants *obedient*

À TABLE!

Un restaurant trois étoiles recherche un chef cuisinier qui connaisse la gastronomie maghrébine. Il est nécessaire que le candidat sache accommoder viandes et poissons avec les saveurs orientales. Il est recommandé que la personne ne se plaigne jamais. Celui dont les qualités correspondent à ces critères doit téléphoner au 78.96.29.54.

Appart' à partager

Jeunes filles recherchent un(e) colocataire pour partager un appartement au centre-ville. Il est essentiel que celui/celle qu'on choisira ne soit pas égoïste et rie souvent. Toute personne stricte et insupportable s'abstenir! Contactez-nous au 96.08.21.17.

1 **Besoin de travail** Vous avez besoin de travailler ce semestre. Écrivez votre propre annonce dans laquelle vous expliquez les critères que vous cherchez dans un travail.

Modèle Il faut que je puisse travailler le soir après 18 heures...

2 **Des annonces** Votre ami(e) n'a pas pu acheter son journal aujourd'hui et vous demande de lui donner les détails des annonces. À deux, alternez les rôles.

Modèle Deux filles ont un appartement à partager. Elles veulent que leur colocataire rie souvent!

3 **Mise en scène** Vous avez répondu à l'une des quatre annonces ci-dessus et maintenant les choses vont mal. À deux, imaginez la scène pour une de ces situations et jouez les rôles. Utilisez le présent du subjonctif et des pronoms démonstratifs.

Situation A: Le couple pour qui vous organisez le mariage est insupportable.

Situation B: Les petits anges sont en fait de petits démons.

Situation C: Les aide-cuisiniers qui travaillent pour vous sont incompétents.

Situation D: Les jeunes filles font trop la fête et vous dérangent souvent.

Préparation

Vocabulaire de la lecture

les affaires (*f.*) *belongings*
affronter *to face*
confier *to confide; to entrust*
débuter *to begin*
se dérouler *to take place*
faire une demande en mariage *to propose*
les fiançailles (*f.*) *engagement*
une mariée *bride*
nécessiter *to require*

Vocabulaire utile

une alliance *wedding ring*
une bague de fiançailles *engagement ring*
le bouquet de la mariée *bouquet*
un marié *groom*
une robe de mariée *wedding gown*
un témoin *witness; best man; maid of honor*

1 **Le mariage** Vous allez vous marier et vous lisez un livre pour tout savoir sur les éléments-clés de la cérémonie. Trouvez le titre de chaque chapitre.

Sommaire

Chapitre 1: ______________ 7

Vous êtes fiancés? Félicitations! C'est pendant cette période que vous préparez votre mariage.

Chapitre 2: ______________ 15

C'est le symbole de votre union. Comment la choisir?

Chapitre 3: ______________ 21

Ils sont à côté de vous pendant la cérémonie. Qui choisir? Quel cadeau leur offrir? Tout ce qu'il faut faire.

Chapitre 4: ______________ 28

C'est la journée de la mariée! Les hommes seront beaux dans leur costume, mais tout le monde s'intéressera à ce qu'elle portera! Voici notre sélection.

Chapitre 5: ______________ 35

Qu'est-ce qu'un mariage sans fleurs? Il faut choisir avec soin cet accessoire très important pour la mariée! Lisez nos conseils.

2 **Célébrations** Répondez aux questions et comparez avec un(e) camarade.

1. Dans votre famille, les traditions du mariage sont-elles similaires à celles mentionnées dans l'activité 1? En avez-vous d'autres? Décrivez-les.
2. Vos traditions incluent-elles une demande en mariage officielle? Offre-t-on une bague de fiançailles?
3. Quelles sont les étapes de la cérémonie du mariage?
4. Célébrez-vous d'une manière particulière d'autres étapes marquantes de la vie? Lesquelles? Comment les célébrez-vous?

Jour de mariage

Hier, vendredi, j'étais invité au mariage d'un charmant couple algérien, Yasmina et Salim. Pour moi, Occidental, ce fut l'occasion d'ouvrir les yeux sur des traditions et un monde différents. Un peu perdu dans cette succession de cérémonies, j'ai posé des questions au jeune couple.

PAUL Quels ont été les grands moments de la journée?

SALIM Tout a commencé en fin d'après-midi. Yasmina est arrivée chez moi, où elle est restée dans une pièce avec ses amies. La fête a vraiment débuté quand je suis arrivé pour la cérémonie avec les hommes, en marchant° au rythme de la musique. Tu as vu que les hommes et les femmes, et notre couple, sont restés séparés pendant toute la fête. Tout était fait pour rendre plus intense le moment où Yasmina et moi nous retrouverions en fin de soirée. Après le repas, les hommes, les femmes âgées et les enfants ont dansé. D'ailleurs°, je t'ai vu danser avec eux. Tu avais l'air de bien t'amuser. Puis, plus tard dans la soirée, la hennayat a tatoué mon index° avec du henné° pour me porter bonheur°. J'ai reçu de l'argent des invités, et j'ai enfin pu rejoindre Yasmina.

PAUL On m'a dit que «le mariage d'une nuit nécessite une année de préparation». Est-ce que cela a été le cas pour le vôtre?

YASMINA À peu près°. Il y a une semaine, Salim et moi sommes allés à la mosquée pour recevoir la bénédiction de l'imam, puis à la mairie pour signer les documents officiels. Deux jours avant la cérémonie du vendredi, j'ai célébré la fête de l'«Outia» qui symbolise le début de la préparation de la mariée. C'est aussi «la nuit du henné», la troisième et dernière nuit où on m'a tatoué les mains au henné. Ce produit végétal a une valeur spirituelle et protectrice. Plus le tatouage est foncé, plus il est beau et plus il a de la valeur. Il faut que le produit soit appliqué° trois fois pour qu'il imprègne la peau. Jeudi, j'ai envoyé toutes mes affaires chez Salim, et j'ai passé la journée à me reposer, afin d'affronter le rythme effréné° du lendemain.

walking · *By the way* · *forefinger / henna* · *to bring happiness* · *Practically* · *applied* · *frantic*

Plus tard, on m'a expliqué que Salim avait fait une demande en mariage traditionnelle qu'on appelle la «shart». Il y a deux mois, il est venu demander la main de Yasmina à ses parents et leur a offert la somme habituelle, équivalente à 1.500 $. Une semaine après, ils ont fêté la «djeria», les fiançailles. La hennayat a appliqué du henné et un Louis d'or° sur la paume de la main de Yasmina, et Salim a offert à sa fiancée un tailleur° blanc pour le mariage.

Salim m'a confié que toute cette effervescence lui a rappelé la cérémonie de sa circoncision. Il avait six ans. Il a vécu là un moment capital de son existence: Il faut passer par ce rite pour devenir musulman. En général, un garçon est circoncis entre la naissance et l'âge de six ans. Quand le garçon est plus âgé, le rite prend plus d'importance, parce qu'il se rend compte de sa signification et il reçoit plein de cadeaux.

Ces fêtes maghrébines ont au moins un point commun. Toutes les femmes mariées de la famille se réunissent dans la maison où vont se dérouler les festivités. Elles procèdent toujours au même rituel: le roulage°, étape importante dans la préparation du couscous. C'est toujours le plat principal des fêtes familiales, en Afrique du Nord.

Je me souviendrai de l'ambiance et des odeurs envoûtantes° qui m'auront fait découvrir un autre univers. Pendant un moment, j'étais à l'autre bout de la Terre. Me voilà de retour. Dommage°... ■

gold Louis coin · *woman's suit* · *rolling* · *enchanting* · *Too bad*

Le henné

Le henné est une plante qu'on trouve au **Maghreb**. Les femmes, mais aussi les hommes, se servent de cette poudre comme produit de tatouage, après l'avoir mélangée avec de l'eau. La **«hennayat»**, ou tatoueuse, l'applique parfois avec de la dentelle pour créer de jolis motifs. C'est aussi une substance qui sert à la teinture des cheveux.

SUPERSITE Analyse

1 **Compréhension** Répondez aux questions par des phrases complètes.

1. À quelle cérémonie l'auteur a-t-il été invité?
2. Connaît-il bien les traditions de cette culture?
3. Les hommes et les femmes font-ils la fête ensemble dans la culture algérienne?
4. Où va le couple pour officialiser son union?
5. Qu'est-ce que le henné?
6. Quel est le rôle de la hennayat dans la cérémonie?
7. Qu'est-ce que la «shart»?
8. Comment appelle-t-on les fiançailles algériennes? Quand ont-elles lieu?
9. Quelle autre cérémonie traditionnelle le marié mentionne-t-il? Que signifie cette cérémonie?
10. En Afrique du Nord, quel plat fait toujours partie des fêtes familiales?

2 **Traditions** Dans l'article, vous avez vu qu'au Maghreb les fêtes sont basées sur un rituel qui peut durer plusieurs jours. Ces grandes cérémonies sont l'essence même de la société maghrébine. À deux, répondez à ces questions.

1. Ce genre de grande cérémonie existe-t-il dans votre famille? Si non, aimeriez-vous qu'elle joue un plus grand rôle dans votre vie?
2. Connaissez-vous d'autres cultures qui ont cette caractéristique?

3 **«Mariage pluvieux, mariage heureux»** Il paraît qu'il y a une erreur dans la transcription de ce proverbe et qu'il faudrait dire: «Mariage plus vieux, mariage heureux». Aujourd'hui, on se marie de plus en plus tard. Par groupes de trois, répondez aux questions.

- Comment expliquez-vous ce phénomène?
- Pensez-vous que si on se marie plus vieux, on a vraiment de meilleures chances d'avoir un mariage heureux?

4 **Les grands événements de la vie**

A. Quels sont les événements les plus importants de votre vie? Ajoutez quatre autres événements au tableau, puis classez-les (*rank them*) par ordre d'importance.

	Classement
Passer son permis de conduire	
Commencer ses études universitaires	
Habiter loin de ses parents pour la première fois	
?	
?	
?	
?	

B. Pensez-vous que vos parents, quand ils étaient jeunes, ont donné la même importance que vous à ces événements? Par groupes de trois, discutez-en.

Préparation

À propos de l'auteur

Né à Rufisque, près de Dakar, capitale du Sénégal, **Lamine Sine Diop** (1921–) est un homme aux passions et aux talents multiples: médecin, professeur et poète. Cependant c'est dans sa poésie qu'on retrouve les thèmes qui montrent sa grande connaissance des traits les plus humains: l'amour et la nostalgie aussi bien que la souffrance et la tragédie. Dans son œuvre, il cherche à employer des images accessibles à tous les lecteurs. Le poème que vous allez lire est extrait d'un recueil (*collection*) intitulé *Ciel de bas-fond* (1988). Le professeur Diop a aussi publié deux autres recueils de poèmes et deux romans.

Vocabulaire de la lecture

la bonté *kindness*
le front *forehead*
grandir *to grow up*
une larme *tear*
le sable *sand*
le soin *care*
tant de... *so many...*

Vocabulaire utile

accoucher *to give birth*
décédé(e) *deceased*
maternel(le) *maternal*
nourrir *to feed*
paternel(le) *paternal*
pleurer *to cry*
la tendresse *affection*
traiter *to treat*
vieillir *to grow old*

1 Vocabulaire Complétez ces phrases logiquement.

1. Une mère ____, et elle commence immédiatement à s'occuper de son bébé.
   a. maternelle b. accouche c. traite
2. Le bébé a besoin ____ de ses parents pour survivre.
   a. de la larme b. du front c. des soins
3. Au cours des années, l'enfant devient de plus en plus grand; il ____ vite!
   a. grandit b. pleure c. nourrit
4. Les parents ____ peu à peu; ils ne sont plus aussi jeunes qu'avant!
   a. vieillissent b. traitent c. grandissent
5. Mais ils n'arrêtent jamais de ressentir ____ pour leur enfant.
   a. des larmes b. du sable c. de la tendresse
6. La mort d'un père ou d'une mère provoque ____ de douleur.
   a. de la bonté b. des larmes c. des fronts

2 Discussion À deux, posez-vous ces questions et expliquez vos réponses.

1. Quelles relations avais-tu avec tes parents quand tu avais un an? Sept ans? Treize ans?
2. Voudrais-tu avoir des enfants un jour? Pourquoi?
3. Élèveras-tu tes enfants comme tes parents t'ont élevé(e)?
4. Y a-t-il des caractéristiques qu'on retrouve chez tous les bons parents?

père mère

Lamine Sine Diop

...tendres regards nos premiers miroirs

SUPER SITE

Père Mère
Premiers cris d'amour
Nous vîmes le jour
Père Mère
Des yeux noirs tendres regards nos premiers miroirs
Les premiers à nous émerveiller° de leur bonté profonde
Père tu apportas la sueur° noire de ton front
Mère tu donnas la source lactée° de ton sein°
Nous grandîmes dans le faisceau nourricier° de vos soins
Tant de sacrifices immensément désirés
À la base de notre première reconnaissance
Père tu nous gratifias de ton sourire permanent
Étincelant° de diastème° d'une rare noblesse
Mère tu offris la tiédeur° hospitalière de tes bras
D'un berceau° des cris perçants° des larmes des sanglots°
Menottes° tendues° impatiente agitation
Humbles manières de saluer votre divine patience
Père tu fis sentir l'autorité sans colère
Mère tu fis entendre ta douce voix
Tant de tacts respectés de douceur° aimée
Qui forcèrent à l'âge de raison notre première admiration
Père Mère
Plus de sueur noire le front s'est ridé°
Le sein flétri° la source tarie°
Les cheveux blancs sourient au dévouement° des cheveux noirs
Père Mère
Deux tombes° de sable fin côte à côte
Nos premières blessures profondes
Nos dernières larmes ■

to marvel
sweat
milky / breast
nurturing radiance
sparkling / a gap between two teeth
warmth
cradle / piercing / sobs
petites mains / *extended*
gentleness
wrinkled
shriveled / dried up
devotion
graves

Analyse

1 **Compréhension** Répondez aux questions.

1. Quels sont les premiers yeux qu'un(e) enfant voit? Qu'expriment-ils?
2. Qu'est-ce qui sort du front d'un père et du sein d'une mère?
3. Comment est le sourire d'un père? Qu'offrent les bras d'une mère?
4. Quels mots du poème montrent que les bébés mettent à l'épreuve la patience des parents?
5. Pourquoi admire-t-on les parents quand on arrive à l'âge de raison?
6. Quels mots du poème suggèrent la vieillesse des parents?

2 **Interprétation** À deux, répondez aux questions par des phrases complètes.

1. Quelles métaphores trouve-t-on dans ce poème? Que représentent-elles?
2. Peut-on dire que le père et la mère du poème représentent tous les parents du monde? Pourquoi?
3. À quoi sert la répétition de l'expression «Père Mère» dans le poème?
4. À quelles étapes de la vie le poème fait-il allusion?
5. À quelle étape de leur vie les parents en sont-ils au moment des «premières blessures profondes» et des «dernières larmes»? À quelle étape de leur vie les enfants en sont-ils?
6. Pourquoi ces blessures profondes ne sont-elles que les premières? Pourquoi ces larmes sont-elles les dernières?

3 **Qu'en dites-vous?** Par groupes de trois, dites si vous êtes d'accord ou pas avec ces déclarations et expliquez pourquoi. Ensuite, présentez vos idées à la classe.

	Oui	Non
1. Le poème est un hommage à l'amour entre parents et enfants.	☐	☐
2. Tous les parents ressentent pour leur enfant une affection comme celle des parents du poète.	☐	☐
3. Tous les enfants ressentent pour leurs parents une affection comme celle du poète.	☐	☐
4. Le poème donne une vision trop simpliste des relations entre parents et enfants.	☐	☐

4 **Rédaction** L'amour est un des thèmes principaux du poème. Suivez le plan de rédaction pour écrire un essai où vous expliquez comment et pourquoi le poète ne se concentre que sur les aspects positifs de l'amour entre parents et enfants. Employez le présent du subjonctif, des pronoms démonstratifs et des verbes irréguliers en **-re**.

Plan

1. **Thèse** Exposez votre thèse. Comment organiserez-vous vos arguments?
2. **Exemples** Citez le poème pour appuyer (*to support*) votre thèse.
3. **Conclusion** Pour terminer, résumez vos idées principales.

En famille

Les membres de la famille

un(e) arrière-grand-père/mère *great-grandfather/grandmother*
un beau-fils/-frère/-père *son-/brother-/father-in-law; stepson/father*
une belle-fille/-sœur/-mère *daughter-/sister-/mother-in-law; stepdaughter/mother*
un(e) demi-frère/-sœur *half brother/sister*
un(e) enfant/fille/fils unique *only child*
un époux/une épouse *spouse; husband/wife*
un(e) grand-oncle/-tante *great-uncle/-aunt*
des jumeaux/jumelles *twin brothers/sisters*
un neveu/une nièce *nephew/niece*
un(e) parent(e) *relative*
un petit-fils/une petite-fille *grandson/granddaughter*

La vie familiale

déménager *to move*
élever (des enfants) *to raise (children)*
être désolé(e) *to be sorry*
gâter *to spoil*
gronder *to scold*
punir *to punish*
regretter *to regret*
remercier *to thank*
respecter *to respect*
surmonter *to overcome*

La cuisine

un aliment *(type or kind of) food*
une asperge *asparagus*
un citron *lemon*
un citron vert *lime*
un conservateur *preservative*
des épinards (*m.*) *spinach*
une fromagerie *cheese store*
un hypermarché *large supermarket*
un raisin (sec) *grape (raisin)*
le saumon *salmon*
une supérette *mini-market*
la volaille *poultry/fowl*

alimentaire *related to food*
bio(logique) *organic*

La personnalité

le caractère *character, personality*

autoritaire *bossy*
bien/mal élevé(e) *well-/bad-mannered*
égoïste *selfish*
exigeant(e) *demanding*
insupportable *unbearable*
rebelle *rebellious*
soumis(e) *submissive*
strict(e) *strict*
uni(e)/lié(e) *close-knit*

Les étapes de la vie

l'âge (*m.*) adulte *adulthood*
l'enfance (*f.*) *childhood*
la jeunesse *youth*
la maturité *maturity*
la mort *death*
la naissance *birth*
la vieillesse *old age*

Les générations

l'amour-propre (*m.*) *self-esteem*
le fossé des générations *generation gap*
la patrie *homeland*
une racine *root*
un rapport/une relation *relation/relationship*
un surnom *nickname*

hériter *to inherit*
ressembler (à) *to resemble, to look like*
survivre *to survive*

Court métrage

une cité *low-income housing development*
un complexe d'infériorité *inferiority complex*
un foulard *headscarf*
la gêne *embarrassment*
un(e) intellectuel(le) *intellectual*
la pension *benefits*
un(e) travailleur/travailleuse manuel(le) *blue-collar worker*

un voyou *hoodlum*

chuchoter *to whisper*
déranger *to bother, to disturb*
mépriser *to have contempt for*
soûler *to bug; to talk to death*
traîner *to hang around; to drag*
traiter avec condescendance *to patronize*

tendu(e) *tense*

Culture

les affaires (*f.*) *belongings*
une alliance *wedding ring*
une bague de fiançailles *engagement ring*
le bouquet de la mariée *bouquet*
les fiançailles (*f.*) *engagement*
un marié *groom*
une mariée *bride*
une robe de mariée *wedding gown*
un témoin *witness; best man; maid of honor*

affronter *to face*
confier *to confide; to entrust*
débuter *to begin*
se dérouler *to take place*
faire une demande en mariage *to propose*
nécessiter *to require*

Littérature

la bonté *kindness*
le front *forehead*
une larme *tear*
le sable *sand*
le soin *care*
la tendresse *affection*

accoucher *to give birth*
grandir *to grow up*
nourrir *to feed*
pleurer *to cry*
traiter *to treat*
vieillir *to grow old*

décédé(e) *deceased*
maternel(le) *maternal*
paternel(le) *paternal*
tant de... *so many...*

LEÇON 7

Les sciences et la technologie

Depuis la naissance de l'humanité, les sciences et la technologie ont tellement progressé qu'on se demande s'il y a des limites à ce que les humains peuvent faire dans ce domaine. Et aujourd'hui, quelle place la technologie a-t-elle dans notre société? Les nouvelles technologies et les découvertes scientifiques ouvrent de nouveaux horizons. Mais que penser de leur mise en application? Est-elle vraiment toujours celle que les scientifiques avaient prévue?

La technologie, produit du cerveau humain

Destination:
BELGIQUE, SUISSE ET LUXEMBOURG

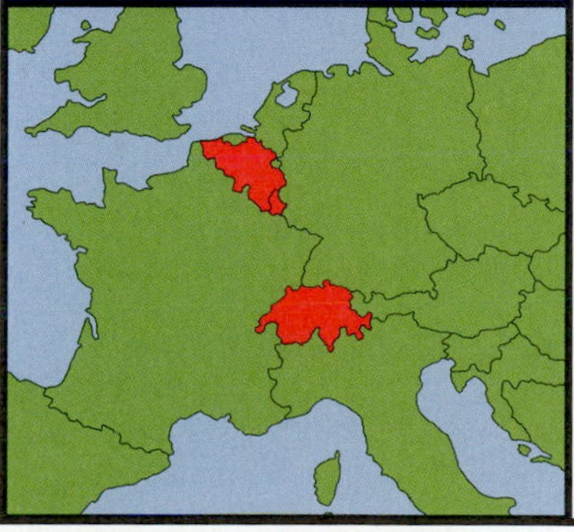

Le progrès et la recherche

La technologie

une adresse e-mail *e-mail address*
un appareil (photo) numérique *digital camera*
un CD-ROM *CD-ROM*
un correcteur orthographique *spell check*
le cyberespace *cyberspace*
l'informatique (*f.*) *computer science*
un lecteur de DVD *DVD player*
un mot de passe *password*
un moteur de recherche *search engine*
un ordinateur portable *laptop*

un outil *tool*
un (téléphone) portable *cell phone*

une puce (électronique) *(electronic) chip*

effacer *to erase*
graver (un CD) *to burn (a CD)*
sauvegarder *to save*
télécharger *to download*

avancé(e) *advanced*
innovant(e) *innovative*
révolutionnaire *revolutionary*

Les inventions et la science

l'ADN (*m.*) *DNA*
un brevet d'invention *patent*
une cellule *cell*

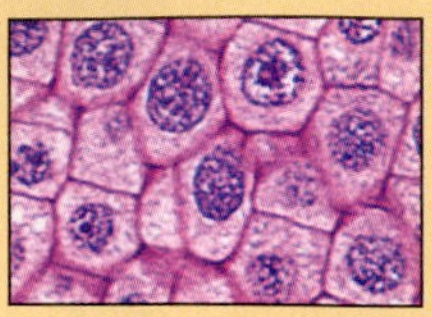

une découverte (capitale) *(breakthrough) discovery*
une expérience *experiment*
un gène *gene*
la génétique *genetics*
une invention *invention*
la recherche *research*
une théorie *theory*

cloner *to clone*
contribuer (à) *to contribute*
créer *to create*
guérir *to cure; to heal*
inventer *to invent*
prouver *to prove*
soigner *to treat; to look after (someone)*

biochimique *biochemical*
contraire à l'éthique *unethical*
éthique *ethical*
spécialisé(e) *specialized*

L'univers et l'astronomie

l'espace (*m.*) *space*

une étoile (filante) *(shooting) star*
un(e) extraterrestre *alien*
la gravité *gravity*
un ovni *U.F.O.*

la survie *survival*
un télescope *telescope*

atterrir *to land*
explorer *to explore*

Les gens dans les sciences

un(e) astrologue *astrologer*
un(e) astronaute *astronaut*
un(e) astronome *astronomer*
un(e) biologiste *biologist*
un(e) chercheur/chercheuse *researcher*

un(e) chimiste *chemist*

un(e) ingénieur *engineer*
un(e) mathématicien(ne) *mathematician*
un(e) scientifique *scientist*

SUPERSITE Mise en pratique

1 **Associations** Trouvez le mot de la colonne de droite qui est associé aux termes de la colonne de gauche. Soyez logique!

_____ 1. un extraterrestre, l'espace, atterrir	a. révolutionnaire
_____ 2. une astronome, un biologiste, une chimiste	b. une découverte
_____ 3. télécharger, sauvegarder	c. des scientifiques
_____ 4. une nouveauté, une invention, une création	d. un ovni
_____ 5. avancé, innovant	e. ADN
_____ 6. la génétique, un gène	f. graver

2 **Mots mélangés** Cherchez les mots qui correspondent aux définitions et qui sont cachés dans la grille. Puis entourez-les (*circle them*).

1. Personne qui dirige un projet industriel.
2. Force qui attire les corps vers le centre de la Terre.
3. Établir la vérité d'un fait.
4. Ensemble des informations que l'on trouve sur Internet.
5. S'occuper de quelqu'un pour le guérir.

C	H	E	R	C	H	E	U	S	E
O	O	Q	P	Y	T	É	A	O	É
N	N	I	C	B	P	P	A	I	F
T	I	A	T	E	G	R	S	G	Y
R	N	V	R	R	R	O	T	N	G
I	G	É	N	E	I	U	R	E	R
B	É	T	T	S	N	V	O	R	A
U	N	H	S	P	G	E	L	É	V
E	I	I	E	A	E	R	O	S	I
R	E	Q	U	C	V	B	G	D	T
T	U	U	C	E	U	R	U	U	É
I	R	E	C	L	O	N	E	R	E

6. Femme qui fait de la recherche scientifique.
7. Relatif à la morale.
8. Créer un être qui est identique à l'original.
9. Participer à un travail fait en commun.
10. Personne qui étudie les étoiles pour prédire les événements futurs.

3 **Que faut-il pour...?** À deux, dites ce qu'il vous faut dans chaque cas.

adresse e-mail	correcteur orthographique	moteur de recherche
appareil numérique	étoile filante	ordinateur portable
brevet d'invention	mot de passe	télescope

1. Pour recevoir des messages électroniques, il faut _______________.
2. Pour que votre rêve se réalise, il faut regarder _______________ et faire un vœu.
3. Pour surfer sur le web à la plage, il faut _______________.
4. Pour taper (*type*) sans faire d'erreurs, il faut _______________.
5. Pour entrer sur un site web protégé, il faut _______________.
6. Pour prendre des photos que vous pouvez télécharger plus tard, il faut _______________.
7. Pour observer les étoiles et les planètes, il faut _______________.
8. Pour obtenir le droit exclusif de vendre sa dernière nouveauté, il faut _______________.

Préparation

Vocabulaire du court métrage

s'associer à *to join forces with*
avouer *to admit*
une console de jeux *game console*
écraser *to crush; to run over*
envahir *to invade*
il s'agit de *it's a matter of; it's about*
un lancement *launch*
le lendemain *next day*
un parcours *career*
puisque *since*

Vocabulaire utile

la fierté *pride*
une fusée *rocket*
une hégémonie *hegemony*
une navette spatiale *space shuttle*
un programme spatial *space program*
une sortie dans l'espace *space walk*
une station spatiale *space station*
un trajet *trip, journey*

EXPRESSIONS

par-ci, par-là *here and there*
pour de bon *for real*
sur le coup *on the job*
Tu es fada! *You're crazy!*

1 **L'espace** Complétez ce court reportage sur un voyage dans l'espace à l'aide des mots de la liste de vocabulaire.

«Bonsoir! Au menu, ce soir, des images extraordinaires du voyage de (1) ________. Les astronautes sont maintenant arrivés à (2) ________. Malgré la pluie, (3) ________ s'était bien passé, mais les scientifiques nous ont (4) ________ que tout s'était compliqué par la suite, (5) ________ un ovni a (6) ________ un panneau de la navette en vol. Plusieurs astronautes ont dû se préparer pour (7) ________. Heureusement, (8) ________ entre la porte et le panneau n'est pas long. Les voici en plein travail. Il (9) ________ remplacer la partie abîmée. L'opération a été un succès, et ils peuvent maintenant reprendre le programme prévu. Bravo à ces femmes et à ces hommes courageux qui font notre (10) ________ à tous!»

2 **Les technologies** Choisissez le bon mot de vocabulaire pour compléter chaque phrase.

1. Les chercheurs ont décidé de ____ pour construire le prototype.
   a. s'associer b. se décourager c. s'avouer
2. ____ aura lieu le jour prévu si la météo le permet.
   a. Le programme spatial b. Le lancement c. Le parcours
3. Ce professeur de mathématiques va partir ____ si l'administration ne réagit pas.
   a. par-ci, par-là b. puisque c. pour de bon
4. Il ____ qu'ils n'ont pas suffisamment de moyens informatiques.
   a. s'agit de b. avoue c. envahit
5. Une comète ____ sur Jupiter il y a douze ans.
   a. a envahi b. a été lancée c. s'est écrasée

3 **À finir** À deux, reliez les éléments de chaque colonne pour former des phrases logiques. Puis, imaginez vos propres fins de phrases.

_____ 1. Ce programme spatial fait…	a. son erreur de manipulation.
_____ 2. Il s'agit de…	b. le marché des loisirs.
_____ 3. Les consoles de jeux ont envahi…	c. complètement fada!
_____ 4. Mais ce scientifique est…	d. à notre laboratoire.
_____ 5. Le technicien a avoué…	e. ne pas répéter nos erreurs.
_____ 6. Cette biologiste est associée…	f. leur fierté.

4 **La science en images** Regardez les trois images. À deux, posez-vous des questions et décrivez ces scènes à l'aide des mots de la liste. Est-ce qu'elles vous paraissent réalistes? Pourquoi? Quel genre de film vous attendez-vous à voir?

un décor de cinéma	un lancement	planter
un drapeau	la Lune	une sortie dans l'espace
envahir	les mathématiques	une surface
faire des gestes	une navette spatiale	un tableau
il s'agit de	la physique	un technicien

5 **Questions** Répondez aux questions suivantes.

1. Pourquoi les progrès technologiques sont-ils importants pour un pays?
2. Est-ce toujours une question de fierté nationale? Pourquoi?
3. Connaissez-vous des réussites scientifiques pour lesquelles il y a eu beaucoup de compétition entre certains pays? Citez des exemples.
4. Quelles devraient être les motivations des gouvernements pour se lancer dans la recherche scientifique?

6 **À quoi pensent-ils?** Par petits groupes, regardez les trois images. Décrivez la situation des personnages. Imaginez à quoi ils pensent et quelles émotions ils ressentent.

SUPERSITE Regardez le court métrage sur **imaginez.vhlcentral.com.**

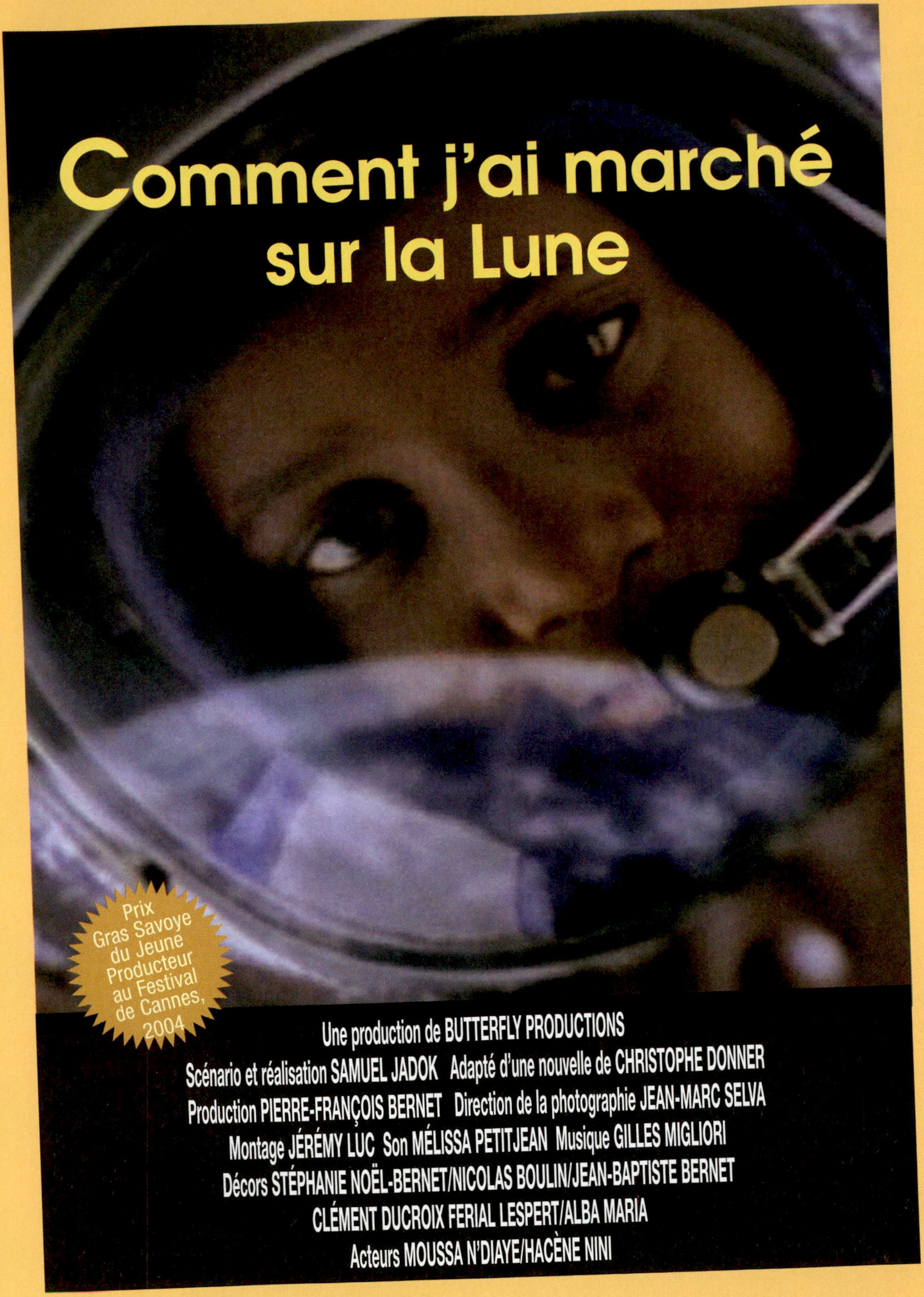
Comment j'ai marché sur la Lune
Prix Gras Savoye du Jeune Producteur au Festival de Cannes, 2004
Une production de BUTTERFLY PRODUCTIONS
Scénario et réalisation SAMUEL JADOK Adapté d'une nouvelle de CHRISTOPHE DONNER
Production PIERRE-FRANÇOIS BERNET Direction de la photographie JEAN-MARC SELVA
Montage JÉRÉMY LUC Son MÉLISSA PETITJEAN Musique GILLES MIGLIORI
Décors STÉPHANIE NOËL-BERNET/NICOLAS BOULIN/JEAN-BAPTISTE BERNET
CLÉMENT DUCROIX FERIAL LESPERT/ALBA MARIA
Acteurs MOUSSA N'DIAYE/HACÈNE NINI

SCÈNES

INTRIGUE *La France veut envoyer quelqu'un sur la Lune, mais qui va-t-elle choisir?*

MOUSSA Le jour où les Américains ont marché sur la Lune, toute l'humanité était super contente. Mais le lendemain, ceux qui n'étaient pas américains ont été super jaloux.

MOUSSA Les Français veulent toujours faire aussi bien que les Américains. Ils ont mis plein d'ingénieurs sur le coup. Après ils ont commencé à faire la sélection de celui qui irait sur la Lune.

MOUSSA Et c'est tombé sur le mari de ma cousine, Gérard Mixetout. Il n'avait pas envie de partir. Il était bien sur la Terre. Que faire? Les gardes allaient venir d'une seconde à l'autre…
GARDE C'est vous Gérard Mixetout?
MOUSSA Oui, c'est moi…

MOUSSA J'avais un petit boulot à faire, placer les thermomètres, prendre des photos par-ci, par-là et ramasser° des cailloux. Mais tout d'un coup, j'ai eu un problème d'oxygène.

VOIX Le drapeau! Il faut planter le drapeau! Plantage de drapeau… résultat négatif. Échec lors du plantage de drapeau.
MOUSSA Ils étaient furieux à cause du drapeau perdu. Pourtant, c'était vachement mieux que le drapeau américain, bêtement planté dans le sol.

MOUSSA Le problème c'est que pendant ce temps, les Français m'ont complètement oublié. Voilà comment j'ai marché sur la Lune, et tout le monde s'en fout°.

ramasser *gather* **tout le monde s'en fout** *nobody cares*

SUPERSITE

Note CULTURELLE

Le CNES

Le Centre national d'études spatiales a été créé en 1961. Il est divisé en quatre centres: Paris, Evry, Toulouse, où la fusée Ariane est construite, et Kourou en Guyane où ont lieu les lancements. Le CNES travaille sur cinq grands thèmes, l'accès à l'espace, le développement durable, les applications au grand public, la sécurité et la défense, la recherche et l'innovation. Aujourd'hui, la recherche spatiale est un secteur où il y a une très forte concurrence entre les pays. Pour rester une puissance spatiale, la France a donc intégré le programme commun à l'Union européenne, dirigé par l'Agence spatiale européenne.

SUPERSITE Analyse

1 **Compréhension** Répondez aux questions par des phrases complètes.

1. Que s'est-il passé quand les Américains ont marché sur la Lune?
2. Qu'ont fait les Français après avoir décidé d'aller sur la Lune eux aussi?
3. Quel était leur plus gros problème?
4. Pourquoi Gérard Mixetout était-il le parfait astronaute pour la France?
5. Est-ce que Gérard Mixetout était content de partir?
6. Qui est parti à sa place?
7. Est-ce que Moussa part avec une équipe d'astronautes?
8. Quelles missions lui avait-on données?
9. Est-ce que tout s'est bien passé sur la Lune?
10. Est-ce que Moussa est revenu en héros?

2 **Interprétation** À deux, répondez aux questions et expliquez vos réponses.

1. Comment sont triés (*sorted*) les candidats au voyage sur la Lune?
2. Que pensez-vous des lettres de motivation des Français qui veulent partir?
3. Quelle a été la réaction des Français quand les autorités ont dit qu'elles enverraient le meilleur candidat? La trouvez-vous normale?

—Il n'y en aura qu'un seul qui ira sur la Lune. Celui qui sera le plus savant (learned) *et le plus fort.*

—Faudrait pas rêver, ils prendront pas un Arabe.

4. Est-ce que Gérard Mixetout se rend compte de la chance extraordinaire qu'il a de pouvoir partir dans l'espace?
5. Pourquoi l'enfant a-t-il dit qu'il était Gérard Mixetout?
6. Cet enfant montre-t-il beaucoup de maturité pour son âge? Expliquez.

3 **Enquête** Demandez à des camarades de classe ce que deviendra le jeune astronaute quand il sera grand. Notez leurs raisons. Ensuite, présentez vos résultats à la classe.

- un scientifique
- un poète
- un joueur de foot
- un politicien
- un aventurier
- ?

4 **Scientifiques**

A. Listez les répliques (*lines*) du film qui ont un rapport avec la science et les problèmes scientifiques.

ils ont mis plein
d'ingénieurs sur le coup

B. Listez les répliques du film qui ont un rapport avec les voyages dans l'espace.

C. Comparez votre liste avec celle d'un(e) camarade et discutez de l'image de la science dans ce film à l'aide des questions suivantes.

- Reconnaissez-vous des clichés culturels liés à la recherche scientifique?
- La recherche scientifique est-elle prise au sérieux? Donnez des exemples.
- Dans l'ensemble, quel est l'effet recherché?

5 **Citation** Par groupes de trois, commentez cette célèbre citation sur la science, de François Rabelais, humaniste et écrivain français du 16e siècle.

Science sans conscience n'est que ruine de l'âme.

- Que veut dire Rabelais?
- Êtes-vous d'accord avec lui ou pas? Expliquez.
- Cette citation date de 1532. Est-elle toujours d'actualité (*relevant today*)?

6 **Science et politique** Dans *Comment j'ai marché sur la Lune,* la réalisation d'un projet scientifique dépend du programme politique du moment, du prestige de cette réalisation et de l'opinion publique. Par petits groupes, réfléchissez au fonctionnement de la recherche scientifique à l'aide de ces questions.

1. Pensez-vous que ce soient de bonnes raisons pour faire de la recherche? Dans quelles mesures peut-on les justifier? Voyez-vous de meilleures raisons?
2. Comment peut-on élaborer autrement (*differently*) un programme de recherche scientifique national ou international?
3. Comment est-ce que la recherche scientifique fonctionne dans votre pays?

IMAGINEZ

LA BELGIQUE, LA SUISSE ET LE LUXEMBOURG

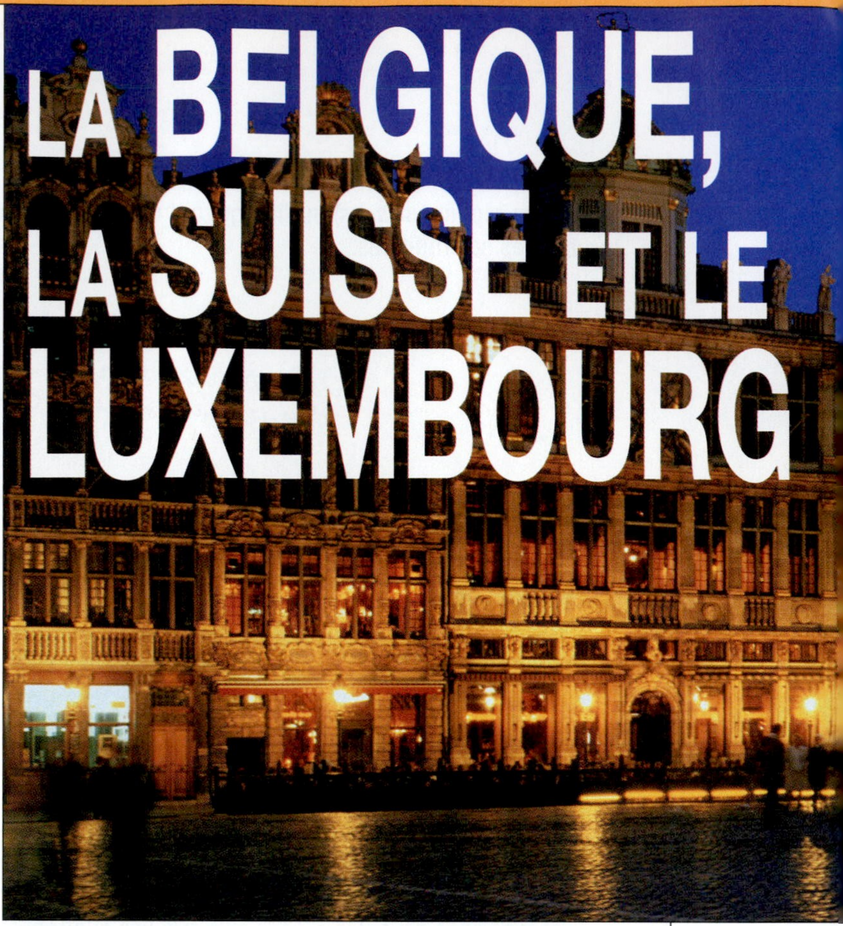

La Grand-Place, à Bruxelles, vue de nuit

Pour plus de renseignements et d'activités, visitez **imaginez.vhlcentral.com**.

Des cités cosmopolites

Découvrir l'**Europe** francophone, c'est aussi partir à la rencontre de la **Belgique**, du **Luxembourg** et de la **Suisse**.

En Belgique, on parle le français dans la partie sud du pays, dans la région de la **Wallonie**, et à **Bruxelles**, qui est la capitale du royaume°. Elle abrite° le siège du **Conseil**, de la **Commission** et du **Parlement européens**. Des gens de toute l'Europe viennent donc vivre et travailler à Bruxelles. Cette partie-là de la ville est très moderne. Tout autour de la **Grand-Place**, Bruxelles a aussi une partie historique. Le **Manneken-Pis** et l'**Atomium** en sont sans doute les deux plus grandes attractions. Le Manneken-Pis est le **Belge** le plus célèbre du monde: c'est la petite statue en bronze d'un jeune garçon qui urine dans une fontaine. Il représente l'indépendance d'esprit des Bruxellois. L'**Atomium** est une construction géante de 102 mètres de haut, en forme de molécule de fer° qui a été assemblée pour l'**Exposition universelle** de 1958. De son «atome» le plus élevé, on peut admirer le panorama de la ville entière.

Plus au sud, il y a le **Luxembourg** et sa capitale qui porte le même nom. À l'image de Bruxelles, la population y est très cosmopolite: on dit que 60% seulement des habitants sont luxembourgeois d'origine. La ville, mondialement connue pour son système bancaire, est aussi réputée pour le shopping de luxe et ses magasins. Il y a également beaucoup de musées dédiés à l'art, à la culture, à l'industrie ou à la nature. La partie historique de Luxembourg et les fortifications sont classées au patrimoine mondial de l'**UNESCO**. Pour aller au café ou au restaurant, il faut se diriger vers sa splendide **place d'Armes**. Après avoir bien profité des terrasses, on peut se balader dans les rues piétonnes et admirer l'architecture.

Un horloger travaille sur une montre suisse.

Certains de ces traits se retrouvent aussi à **Genève**, la plus grande ville francophone de **Suisse**. C'est le siège de nombreuses multinationales et d'organisations internationales et non gouvernementales, dont l'**ONU**° et la **Croix-Rouge**°. C'est également un grand centre bancaire, comme Luxembourg. La rade° est connue pour son jet d'eau° illuminé, mais aussi pour ses quais° fleuris, ses jardins botaniques et ses maisons historiques. Les bains publics des **Pâquis** sont une véritable institution. Tous s'y réunissent dans une atmosphère typiquement genevoise pour profiter de la plage, des saunas et des plongeoirs°. Sur la rive gauche de la rade, il y a aussi le **Jardin anglais** et sa célèbre **horloge° fleurie**, en référence à la spécialité d'horlogerie° de luxe de la ville. Enfin, Genève est la capitale culinaire de la Suisse. Sa spécialité: le filet de perche° du **lac Léman**.

En somme, ces trois métropoles marient parfaitement leur art de vivre traditionnel et leur grande modernité.

royaume *kingdom* **abrite** *houses* **fer** *iron* **ONU** *UNO* **Croix-Rouge** *Red Cross* **rade** *harbor* **jet d'eau** *fountain* **quais** *wharves* **plongeoirs** *diving boards* **horloge** *clock* **horlogerie** *clock- and watch-making* **perche** *perch*

Découvrons
la Belgique, le Luxembourg et la Suisse

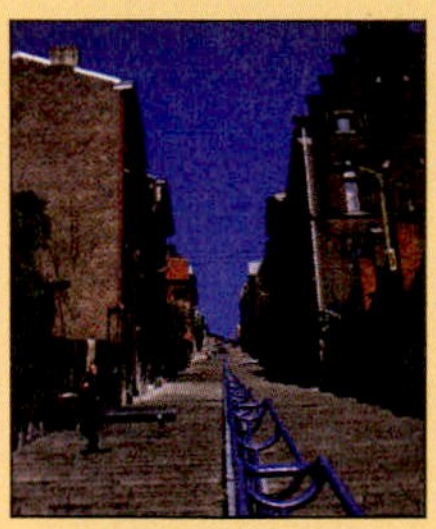

La montagne de Bueren Ce n'est pas une montagne, mais un escalier monumental, à **Liège,** en Belgique. Ses **373 marches°** ont été construites en 1875 pour faciliter l'ascension des soldats vers la citadelle et on leur a donné le nom d'un défenseur historique de Liège, **Vincent de Bueren**. La montée est dure, mais on peut se reposer sur les bancs installés sur des paliers°, et en haut, la vue est magnifique!

Le chocolat belge Qualité et tradition ont fait la réputation du chocolat belge. L'histoire commence avec **Jean Neuhaus** en 1857, qui vendait du chocolat amer° dans sa pharmacie, à **Bruxelles**. Avec son fils, il invente ensuite les **confiseries°**. En 1912, son petit-fils crée la **praline**, le premier chocolat fourré° puis le **ballotin°** à offrir. Aujourd'hui, cette tradition belge est bien vivante. C'est une compagnie belge, **Léonidas**, qui est le leader mondial de la vente de pralines.

Banques luxembourgeoises Le Luxembourg est un paradis bancaire. On compte plus de **217 banques** sur le territoire, et le secret bancaire y est garanti par la constitution. Environ 30% de l'économie du pays dépend des banques et de leur rôle financier international. Résultat: le PNB° par habitant est l'un des plus élevés du monde, et les **Luxembourgeois** bénéficient d'un excellent niveau de vie.

Bertrand Piccard C'est un homme remarquable! Ce fils et petit-fils d'inventeurs suisses a en effet réalisé en 1999 le premier tour du monde en ballon°. Avec **Brian Jones**, son coéquipier°, ils ont mis 20 jours. C'est un aventurier qui a aussi du cœur. Il a financé une campagne de lutte° en **Afrique** contre le **noma**, une maladie qui touche les enfants. Son dernier projet en date? Construire un avion solaire!

marches *steps* **paliers** *landings* **amer** *bitter* **confiseries** *confectioneries* **fourré** *filled* **ballotin** *box of chocolates* **PNB** *GNP* **ballon** *hot air balloon* **coéquipier** *teammate* **lutte** *fight*

Le français parlé en Belgique et en Suisse

Les belgicismes

le bassin de natation	la piscine
blinquer	briller; *shine*
un essuie	une serviette
une heure de fourche	une heure de libre
octante	quatre-vingts
savoir	pouvoir

La Suisse

c'est bonnard!	c'est sympa!
un cheni	un désordre
une chiclette	un chewing-gum
un cornet	un sac plastique
fais seulement!	je t'en prie!
huitante	quatre-vingts
un linge	une serviette de bain
un natel	un téléphone portable
poutser	nettoyer

En Suisse et en Belgique

le déjeuner	le petit-déjeuner
le dîner	le repas de midi
nonante	quatre-vingt-dix
septante	soixante-dix

Indochine

SUPERSITE

Un groupe culte

À FOND LA SONO

Pour plus de renseignements sur Indochine et sa musique, visitez **imaginez.vhlcentral.com**.

Au cours des années, **Indochine** a connu une grande évolution. Il est à la fois un groupe phare° de la jeunesse française des années 1980 et un groupe très à la mode aujourd'hui.

À l'origine, il y a deux amis, **Nicola Sirkis** et **Dominique Nicolas**, qui sont fans de **Depeche Mode** et de **The Cure**. Pour obtenir un contrat dans une maison de disques, ils doivent se produire° sur scène. Ils demandent donc à **Dimitri Bodianski**, un ami, et à **Stéphane**, le frère jumeau de Nicola, de les rejoindre. Indochine est né.

Leur tout premier concert est un triomphe. Le groupe va ensuite connaître le succès pendant dix ans. Leurs textes simples font référence à l'univers de la BD, à la littérature et à l'exotisme. Leur musique touche les jeunes qui aiment danser sur son rythme. Avec ses nombreux tubes°, l'album *3* les propulse au sommet°. En 1989 pourtant, le groupe est fatigué. Dimitri s'en va le premier. Les concerts ont encore du succès, mais les disques se vendent de moins en moins. Dominique part à son tour en 1995, seuls les deux frères restent. Leur style évolue et se rapproche° de la pop anglaise. Ils écrivent ensemble *Wax*, puis *Dancetaria*. Malheureusement, en plein enregistrement de cet album, Stéphane meurt subitement°. Nicola se retrouve seul, mais veut continuer à faire vivre° Indochine. Il s'entoure° de nouveaux musiciens et leur tournée° est un succès. Les critiques sont unanimes: les dernières compositions de Stéphane sont ses meilleures.

Discographie sélective

2005 *Alice & June*
2002 *Paradize*
1999 *Dancetaria*
1996 *Wax*
1991 *Le Birthday Album*
1985 *3*
1982 *L'aventurier*

Depuis, Indochine connaît une seconde vie. *Satellite* est tirée de *Wax*, l'un des albums qui a permis le retour du groupe. Le personnage de la chanson s'imagine qu'il est un satellite flottant dans l'espace.

phare *leading* **se produire** *perform* **tubes** *hits* **les propulse au sommet** *sends them to the top* **se rapproche** *gets closer* **subitement** *soudain* **faire vivre** *keep alive* **s'entoure** *surrounds himself* **tournée** *tour*

Satellite

Passer son temps la tête en l'air
À contempler le ciel à l'envers°
Ailleurs Ailleurs
Tourner tout autour de la Terre
À rechercher dans quel univers
Meilleur Meilleur

Là-haut sur la mer étoilée°
Sur mon bateau j'observerai
Dans l'espace et les galaxies
Où poser° mon satellite

à l'envers *upside down* **étoilée** *starry* **poser** *land*

Qu'avez-vous appris?

1 **Vrai ou faux?** Indiquez si ces affirmations sont vraies ou fausses. Corrigez les fausses.

1. La Belgique, le Luxembourg et la Suisse font partie de l'Europe francophone.
2. Bruxelles abrite le siège du Conseil, de la Commission et du Parlement européens.
3. L'Atomium est une petite statue en bronze d'un jeune garçon qui urine dans une fontaine.
4. Le quartier historique et les fortifications de Bruxelles sont classés au patrimoine mondial de l'UNESCO.
5. La montagne de Bueren est un grand escalier de 373 marches.
6. Le chocolat belge est réputé pour sa qualité.

2 **Complétez** Complétez chaque phrase logiquement.

1. L'Atomium est… qui a été assemblée pour l'Exposition universelle de 1958.
2. En référence à sa spécialité d'horlogerie de luxe, …
3. La famille Neuhaus de Bruxelles a inventé…
4. Le Luxembourg est un paradis bancaire car…
5. Avec Brian Jones, Bertrand Piccard est le premier homme à…
6. Le dernier projet de Piccard est…

Projet

Les chocolats

Imaginez que vous soyez journaliste et que vous vouliez faire un reportage sur l'importance du chocolat à Bruxelles. Visitez **imaginez.vhlcentral.com** pour trouver toutes les informations dont vous avez besoin. Ensuite préparez votre reportage d'après les critères suivants et présentez-le à la classe.

- Choisissez des lieux à visiter à Bruxelles pour mieux connaître l'histoire et la culture du chocolat.
- Trouvez des photos montrant (*showing*) sa fabrication.
- Choisissez une compagnie en particulier dont vous allez faire un portrait.
- Trouvez la recette d'une ou deux spécialités de Bruxelles.

ÉPREUVE

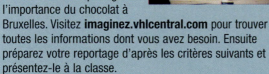

Trouvez la bonne réponse.

1. De l'atome le plus haut de l'Atomium, on peut admirer ______.
   a. le Jardin anglais b. la place d'Armes
   c. la campagne d. le panorama de Bruxelles
2. La capitale du Luxembourg s'appelle ______.
   a. Luxembourg b. Genève
   c. Bueren d. Piccard
3. ______ seulement des habitants de Luxembourg sont luxembourgeois d'origine.
   a. 40 % b. 50 %
   c. 60 % d. le tiers
4. Le symbole de la rade de Genève est ______.
   a. son jet d'eau b. son horloge fleurie
   c. sa buvette d. ses restaurants
5. Genève est connue pour la fabrication ______.
   a. de montres de luxe b. de ballons
   c. de fusées d. d'ordinateurs
6. Genève est ______ de la Suisse.
   a. le centre financier b. la capitale
   c. le port d. la capitale culinaire
7. Quand on monte les marches de la montagne de Bueren, on ______.
   a. doit se dépêcher
   b. peut s'arrêter sur des paliers pour se reposer
   c. ne voit rien de spécial
   d. est suivi par des soldats
8. Léonidas est le leader mondial de la vente de ______.
   a. ballotins b. confiseries
   c. chocolats d. pralines
9. Bertrand Piccard est non seulement un aventurier, mais il a aussi ______.
   a. une sœur b. des enfants
   c. un avion d. du cœur
10. Les textes des chansons d'Indochine font souvent référence ______.
    a. à la télévision b. à la politique
    c. à la littérature d. à l'astrologie

GALERIE DE CRÉATEURS

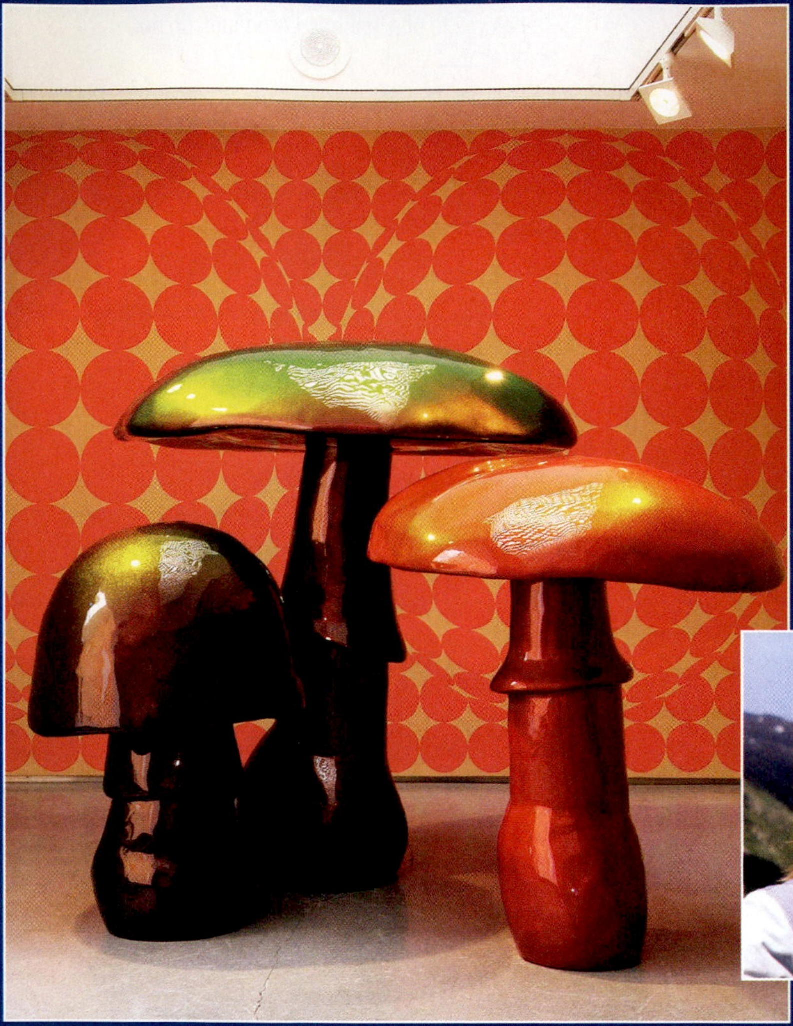

SUR INTERNET

Pour plus de renseignements sur ces créateurs et pour explorer des aspects précis de leurs créations, à l'aide d'activités et de projets de recherche, visitez **imaginez.vhlcentral.com**.

ART Sylvie Fleury (1961–)

Née à Genève où elle habite, Sylvie Fleury est une artiste contemporaine suisse, une plasticienne (*visual artist*) du pop art qui s'intéresse surtout au monde de l'élégance et au consumérisme. Elle crée ses œuvres autour d'objets de luxe, souvent liés (*linked*) à la femme. Elle désire mettre ces objets en valeur (*highlight*) et dépasser (*go beyond*) la simple représentation publicitaire. En effet, elle les montre tels qu'ils sont vraiment et révèle leur pouvoir de séduction. Pour Sylvie Fleury, tout ce qui représente le monde du luxe est source d'inspiration: les flacons (*bottles*) de parfum, les crèmes cosmétiques coûteuses, les sacs, les chaussures ou les voitures… Elle leur confère une valeur artistique au même titre qu'un tableau ou une sculpture.

POLITIQUE Robert Schuman (1886–1963)

Robert Schuman, allemand de naissance, est né au Luxembourg, d'un père français de nationalité allemande originaire de Lorraine et d'une mère luxembourgeoise. Après la Première Guerre mondiale, la Lorraine redevient française, et Robert Schuman acquiert la nationalité française. Cette multi-nationalité influencera sa vision d'une Europe unie. Il fait des études de droit pour devenir avocat. Puis, à la fin de la Seconde Guerre mondiale, il se lance dans la politique. Il devient le grand négociateur de tous les traités majeurs de l'après-guerre. Persuadé de la nécessité d'une paix stable en Europe, Schuman est à l'origine de la création de la Communauté Européenne du Charbon (*Coal*) et de l'Acier (*Steel*) (CECA) qui regroupait la Belgique, la France, l'Italie, la République fédérale d'Allemagne, le Luxembourg et les Pays-Bas (*Netherlands*). Cette communauté deviendra plus tard l'Union européenne. En 1960, le Parlement européen, dont il est le premier président, lui donne le titre de «Père de l'Europe».

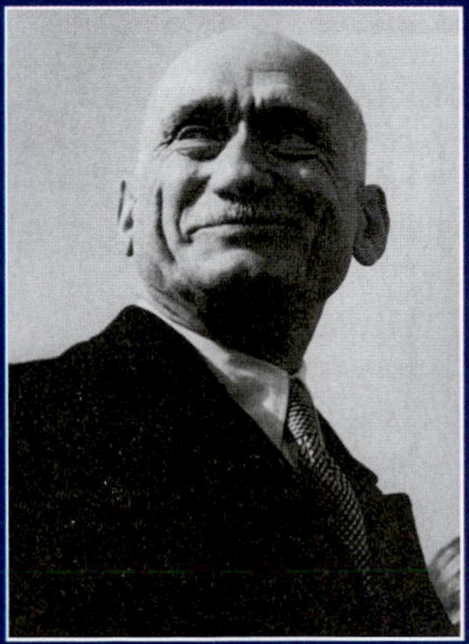

LITTÉRATURE **Amélie Nothomb (1967–)**

Amélie Nothomb est née au Japon. Elle a été profondément marquée par la culture japonaise, même si, enfant, elle a suivi son père, ambassadeur de Belgique, aux États-Unis et en Asie du Sud-Est. En 1984, lors de son arrivée en Europe, à Bruxelles, Amélie Nothomb, âgée de 17 ans, subit (souffre) un choc culturel qu'elle vit assez mal, et qui la pousse à écrire. Elle publie alors son premier livre en 1992, *Hygiène de l'assassin*, qui est aussi son premier succès. Depuis, elle écrit environ (*about*) trois livres par an, mais décide de n'en publier qu'un chaque année. Elle a un style romanesque (*romantic*) et décalé (*out of step*), toujours caractérisé par un humour subtil, parfois noir. Certains de ses livres ont été adaptés au cinéma, comme *Hygiène de l'assassin* et *Stupeur et tremblements*. Dans celui-ci, paru en 1999, elle parle de son retour au Japon où elle était partie travailler comme interprète.

CINÉMA

Jean-Pierre (1951–) et Luc (1954–) Dardenne

Jean-Pierre et Luc Dardenne ont grandi dans une banlieue industrielle de Liège, grande ville économique et culturelle de Belgique. C'est dans cette banlieue qu'ils tourneront la plupart de leurs films. Jean-Pierre étudie l'art dramatique et Luc la philosophie. En 1974, Luc et Jean-Pierre unissent leurs talents pour faire du cinéma. Ils tourneront d'abord des documentaires à caractère social. Puis ils passent à la réalisation de fictions avec le film *Falsch* en 1987, toujours engagés socialement. D'autres œuvres suivront. Mais ils connaissent la consécration (*recognition*) en gagnant (*by winning*) la Palme d'or au Festival de Cannes en 1999, avec *Rosetta*. Ce succès est doublé d'une deuxième Palme d'or en 2005 avec le film *L'enfant*. Excellents représentants du cinéma-vérité, leurs films ont un style proche du documentaire: peu de dialogues, peu ou pas de musique et beaucoup de gros plans (*close-ups*).

7.1 The comparative and superlative of adjectives and adverbs

—On peut faire ***aussi bien que*** *les Américains.*

ATTENTION!

Remember that **que** becomes **qu'** before a vowel sound.

Caroline est plus jeune qu'Ousmane.

Adjectives

- To make comparisons between people or things, place **plus** (*more*), **moins** (*less*), or **aussi** (*as*) before the adjective, and **que** (*than* or *as*) after it.

Cette invention est **plus** innovante **que** la précédente.
This invention is more innovative than the previous one.

Les planètes Uranus et Neptune sont **moins** lumineuses **que** les étoiles.
The planets Uranus and Neptune are less bright than stars.

Ce moteur de recherche est **aussi** efficace **que** celui-là.
This search engine is as efficient as that one.

- Form the superlative by using the appropriate definite article along with the comparative form.

C'est **l'**ordinateur **le plus rapide** de la faculté de médecine.
It is the fastest computer in the medical school.

C'est elle qui a proposé **la** théorie **la plus révolutionnaire.**
She proposed the most revolutionary theory.

- The preposition **de** following the superlative means *in* or *of.*

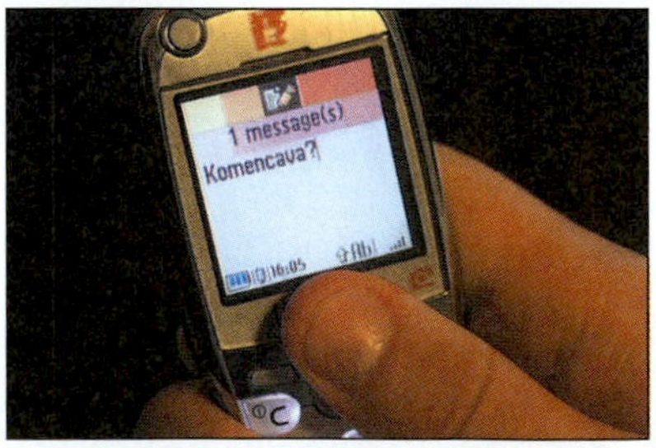

Voici ***la meilleure*** *invention* ***du*** *monde.*

BLOC-NOTES

For a review of adjectives that are placed in front of the nouns they modify, see **Structures 2.2, pp. 60–61.**

- When using the superlative of an adjective that precedes the noun it modifies, the superlative form also precedes the noun as well.

Vous travaillez sur **le plus petit** ordinateur de la fac.
You're working on the smallest computer on campus.

As-tu visité **les plus beaux** monuments de la ville?
Did you visit the most beautiful monuments in town?

- The adjectives **bon** and **mauvais** have irregular comparative and superlative forms.

Adjective	Comparative	Superlative
bon(ne)(s) *good*	**meilleur(e)(s)** *better*	**le/la/les meilleur(e)(s)** *the best*
mauvais(e)(s) *bad*	**pire(s)** *or* **plus mauvais(e)(s)** *worse*	**le/la/les pire(s)** *or* **le/la/les plus mauvais(e)(s)** *the worst*

Djamel a acheté un télescope de **meilleure** qualité.
Djamel bought a better quality telescope.

Charlotte a écrit **le plus mauvais** discours de la classe.
Charlotte wrote the worst speech in the class.

Adverbs

- When comparing adverbs, place **plus**, **moins**, or **aussi** before the adverb and **que** after it.

Romane surfe sur le web **plus** rapidement **qu'**Émilie.
Romane surfs the Web faster than Émilie.

Ce moteur de recherche va **moins** vite **que** l'autre.
This search engine works less quickly than the other one.

- Because adverbs are invariable, the definite article used in the superlative is always **le**.

C'est Laure et moi qui travaillons **le plus sérieusement**.
Laure and I work the most seriously.

C'est mon frère qui conduit **le moins patiemment**.
My brother drives the least patiently.

- The adverbs **bien** and **mal** have irregular comparative and superlative forms.

Adverb	Comparative	Superlative
bien *well*	**mieux** *better*	**le mieux** *the best*
mal *badly*	**plus mal** *or* **pis** (seldom used) *worse*	**le plus mal** *or* **le pis** (seldom used) *the worst*

Cet outil-ci marche **mieux que** celui-là.
This tool works better than that one.

C'est cet outil-là qui marche **le plus mal**.
That tool works the worst.

*C'est Léonie qui joue **le mieux** du violon.*

BLOC-NOTES

To review adverbs, see **Structures 2.3, pp. 64–65.**

ATTENTION!

Be careful not to confuse the adjectives **bon** (*good*) and **mauvais** (*bad*) with the adverbs **bien** (*well*) and **mal** (*badly*).

La chanson est bonne/mauvaise.
The song is good/bad.

Elle chante bien/mal.
She sings well/badly.

Mise en pratique

Note CULTURELLE

La compagnie aérienne nationale belge, la **Sabena**, est créée en 1923 et disparaît en 2001. **Swissair** était la compagnie aérienne nationale suisse. Elle est créée en 1931 et fusionne avec Crossair en 2002, sous le nom de **Swiss**. En 1934, Swissair est la première à engager (*hire*) des hôtesses de l'air.

1 **Le meilleur** Patricia et Fabrice parlent des moyens de transport et ils ne sont pas d'accord. Complétez leur dialogue à l'aide des éléments de la liste.

aussi	le pire	mieux que	plus
la plus	le plus	moins	que

PATRICIA Je refuse de prendre l'avion. J'ai trop peur.

FABRICE Mais l'avion est le transport (1) __________ sûr du monde!

PATRICIA Peut-être, mais c'est (2) __________ agréable de prendre le train, parce que tu peux regarder le paysage. Et puis, le train est (3) __________ cher.

FABRICE Mais voler, c'est la façon de voyager (4) __________ avantageuse! Tu peux regarder des films et on te sert à manger.

PATRICIA Et l'attente à l'aéroport? C'est (5) __________ moment du voyage.

FABRICE Eh bien, je trouve qu'attendre à l'aéroport est toujours (6) __________ passer des jours à voyager pour arriver à la même destination.

PATRICIA Je t'assure que je ne suis toujours pas convaincue que l'avion soit (7) __________ pratique (8) __________ le train. Alors, je propose que tu prennes l'avion et moi le train, et on se retrouve à l'hôtel.

2 **À former**

A. Utilisez le superlatif pour faire des phrases complètes avec les éléments proposés.

Modèle L'avion est le mode de transport le plus sûr du monde.

l'avion	le mode de transport	sûr	du monde
Einstein	scientifique	connu	du 20e siècle
Genève	ville	cosmopolite	de Suisse
Jacques Brel	chanteur	célèbre	de Belgique
Harry Potter	livre	populaire	du moment

B. Maintenant, faites des phrases avec le comparatif.

Modèle L'avion est plus sûr que la voiture.

3 **Rendez-vous** Hier soir, vous aviez rendez-vous avec un(e) inconnu(e) (*blind date*). À deux, employez des comparatifs et des superlatifs pour parler du rendez-vous. Aidez-vous des mots de la liste.

Modèle C'était le pire rendez-vous de ma vie!

blagues	film	vêtements
cheveux	restaurant	viande
conversation	salade	voiture

Communication

4

Plus ou moins Avec un(e) camarade de classe, comparez ces éléments à tour de rôle. Soyez inventifs.

Modèle —L'écran de mon ordinateur fait 17 pouces.
—Le mien fait 15 pouces. Il est moins grand que le tien.
—Ton écran est le moins grand des deux.

- votre appareil (photo) numérique
- votre voiture
- votre téléphone portable
- votre maison/appartement
- votre ordinateur
- vos parents
- votre vie nocturne
- votre film préféré
- votre connexion Internet
- ?

5

Au musée des Sciences Vos camarades et vous êtes au musée des Sciences où vous découvrez les progrès technologiques des derniers siècles. Par groupes de trois, imaginez la vie aux périodes proposées et faites trois comparaisons pour chacune.

Modèle Au Moyen Âge, la vie était plus difficile sans le radiateur.

au Moyen Âge (*Middle Ages*)	à la création des États-Unis	au début du 20e siècle	il y a vingt ans

6

Et votre vie à vous? Par groupes de trois, discutez des aspects de votre vie quotidienne qui bénéficient des progrès technologiques. Comment était votre vie avant l'arrivée de ces technologies? Comment est-elle aujourd'hui? Employez des comparatifs et des superlatifs.

7.2

The *futur simple*

—*Il n'y en* ***aura*** *qu'un seul qui* ***ira*** *sur la lune. Celui qui* ***sera*** *le plus savant et le plus fort. Ce* ***sera*** *lui qui* ***partira****.*

BLOC-NOTES

To review the **futur proche**, see **Structures 1.2, pp. 22–23**.

- You have learned to use **aller** + [*infinitive*] to say that something is going to happen in the immediate future (the **futur proche**). To talk about something that will happen further ahead in time, use the **futur simple**.

Futur proche	Futur simple
Je **vais effacer** la dernière phrase avant de sauvegarder mon essai. *I'm going to erase the last sentence before saving my essay.*	Nous **effacerons** les photos de l'appareil après les avoir imprimées. *We will erase the pictures on the camera after printing them.*

- Form the simple future of regular **-er** and **-ir** verbs by adding these endings to the infinitive. For regular **-re** verbs, take the **-e** off the infinitive before adding the endings.

	parler	réussir	attendre
je/j'	parler**ai**	réussir**ai**	attendr**ai**
tu	parler**as**	réussir**as**	attendr**as**
il/elle	parler**a**	réussir**a**	attendr**a**
nous	parler**ons**	réussir**ons**	attendr**ons**
vous	parler**ez**	réussir**ez**	attendr**ez**
ils/elles	parler**ont**	réussir**ont**	attendr**ont**

- Spelling-change **-er** verbs undergo the same change in the future tense as they do in the present.

je me prom**è**ne	je me prom**è**nerai
j'emplo**i**e	j'emplo**i**erai
j'essa**i**e *or* j'essa**y**e	j'essa**i**erai *or* j'essa**y**erai
j'appe**ll**e	j'appe**ll**erai
je proje**tt**e	je proje**tt**erai

- Verbs with an **é** before the infinitive ending, such as **espérer**, **préférer**, and **répéter**, do not undergo a spelling change in the future tense.

Nous **suggérerons** à Fatih qu'il reste chez nous. *We will suggest to Fatih that he stay with us.*

- Many common verbs have an irregular future stem. Add the future endings to these stems.

infinitive	stem	future	infinitive	stem	future
aller	ir-	j'irai	pleuvoir	pleuvr-	il pleuvra
avoir	aur-	j'aurai	pouvoir	pourr-	je pourrai
courir	courr-	je courrai	recevoir	recevr-	je recevrai
devoir	devr-	je devrai	savoir	saur-	je saurai
envoyer	enverr-	j'enverrai	tenir	tiendr-	je tiendrai
être	ser-	je serai	valoir	vaudr-	il vaudra
faire	fer-	je ferai	venir	viendr-	je viendrai
falloir	faudr-	il faudra	voir	verr-	je verrai
mourir	mourr-	je mourrai	vouloir	voudr-	je voudrai

- Verbs in the simple future are usually translated with *will* or *shall* in English.

Nous **aurons** un lecteur de DVD dans notre chambre.
We will have a DVD player in our room.

Un jour, on **pourra** se promener sur la planète Mars.
One day, we will be able to walk on Mars.

- Use the future tense instead of the imperative to make a command sound more forceful.

Tu **viendras** au restaurant avec nous ce soir.
You will come to the restaurant with us tonight.

Vous **ferez** passer le message à votre professeur.
You'll pass along the message to your professor.

- After **dès que** (*as soon as*) or **quand** put the verb in the future tense if the action takes place in the future. The verb in the main clause should be in the future or the imperative.

	FUTURE	MAIN CLAUSE: FUTURE OR IMPERATIVE
Dès que	**vous aurez un brevet,**	**vous pourrez vendre votre invention.**
Quand	**tu seras dans l'ovni,**	**pose des questions aux extraterrestres!**

- The same kind of structure can be used with the conjunctions **aussitôt que** (*as soon as*), **lorsque** (*when*), and **tant que** (*as long as*). Note that in English, the verb following them is most often in the present tense.

Nous vous recevrons **aussitôt que** vous arriverez au laboratoire.
We will welcome you as soon as you arrive at the laboratory.

Tant qu'ils seront curieux, les astronomes étudieront l'origine de l'univers.
As long as they're curious, astronomers will study the universe's origin.

- To talk about events that might occur in the future, use a **si...** (*if...*) construction. Use the present tense in the **si** clause and the **futur proche**, **futur simple**, or imperative in the main clause. Remember that **si** and **il** contract to become **s'il**.

S'il y **a** un film intéressant à la télé ce soir, **dis**-le-moi.
If there's an interesting movie on TV tonight, tell me.

Si Aïcha **achète** un appareil numérique, elle me **donnera** son appareil traditionnel.
If Aïcha buys a digital camera, she'll give me her traditional camera.

ATTENTION!

Apercevoir has a future stem like that of **recevoir**. Similarly, **devenir** and **revenir** are like **venir**, and **maintenir** and **retenir** are like **tenir**.

J'apercevrai.

Vous reviendrez.

Ils maintiendront.

ATTENTION!

In spoken French, the present tense is used sometimes to express future actions.

Nous nous retrouvons au cybercafé.

We're meeting at the cybercafé.

Use the present tense of **devoir** + [*infinitive*] to express an action that you suppose will happen.

Benoît doit arriver dans les prochains jours.

Benoît must be arriving in the next few days.

BLOC-NOTES

To learn how to use **si** clauses to express contrary-to-fact situations, see **Structures 10.1, pp. 364–365**.

Mise en pratique

1 **Horoscope chinois** Lisez les prédictions de l'horoscope chinois pour le signe du dragon. Mettez les verbes au futur simple.

TRAVAIL Cette semaine, vous (1) ________ (devoir) travailler dur. Vous ne (2) ________ (pouvoir) pas vous reposer, parce que votre patron (3) ________ (être) très exigeant. Mais ça (4) ________ (valoir) la peine. On vous (5) ________ (donner) une augmentation et vos collègues (6) ________ (être) jaloux.

ARGENT Dès que vous (7) ________ (comprendre) qu'il ne faut pas trop dépenser, votre situation financière (8) ________ (aller) mieux. Pour devenir millionnaire, il vous (9) ________ (falloir) beaucoup de volonté et de patience. Mais vous (10) ________ (tenir) bon. Peut-être que vous (11) ________ (recevoir) l'héritage d'une tante éloignée.

SANTÉ Vous (12) ________ (avoir) des problèmes respiratoires. Mais vous (13) ________ (savoir) y faire face. Des membres de votre famille vous (14) ________ (suggérer) sûrement des moyens de combattre ce trouble.

AMOUR Quelqu'un (15) ________ (vouloir) faire votre connaissance et (16) ________ (réussir) à vous rendre heureux/heureuse.

2 **Un autre horoscope** À deux, écrivez l'horoscope de votre camarade de classe. Utilisez les éléments de la liste. Ensuite, comparez vos horoscopes à ceux du reste de la classe.

aller	devoir	finir	quand	si
créer	être	maintenir	réussir	tant que
dès que	faire	prouver	savoir	venir

Dragon: 1940-1952-1964-1976-1988

Serpent: 1941-1953-1965-1977-1989

Cheval: 1942-1954-1966-1978-1990

Chèvre: 1943-1955-1967-1979-1991

Singe: 1944-1956-1968-1980-1992

Coq: 1945-1957-1969-1981-1993

Chien: 1946-1958-1970-1982-1994

Cochon: 1947-1959-1971-1983-1995

Rat: 1948-1960-1972-1984-1996

Buffle: 1949-1961-1973-1985-1997

Tigre: 1950-1962-1974-1986-1998

Chat: 1951-1963-1975-1987-1999

3 **Vos projets** Comment passerez-vous l'été? Répondez à ces questions avec des verbes au futur simple. Expliquez vos réponses à un(e) camarade de classe.

1. Est-ce que vous travaillerez? Où?
2. Sortirez-vous le soir et le week-end?
3. Suivrez-vous des cours à la fac?
4. Partirez-vous en vacances? Où?

Communication

4 **Invention**

A. Avec un(e) camarade de classe, vous devez vous préparer pour une conférence de presse où vous présenterez votre invention. À l'aide du tableau, imaginez ce que vous direz à la presse. Employez le futur simple.

Titre de l'invention	
À quoi servira-t-elle?	
À qui sera-t-elle destinée?	
Comment fonctionnera-t-elle?	
Améliorera-t-elle la vie quotidienne?	

B. Ensuite, présentez votre invention à la classe, sans dire exactement ce que c'est. Vos camarades doivent poser des questions pour deviner de quelle sorte d'objet il s'agit. Utilisez le futur simple.

Modèle À quel moment de la journée s'en servira-t-on?

5 **Que se passera-t-il?** Tout change avec le temps. À deux, discutez de l'avenir des éléments suivants.

- la télévision
- New York
- Internet
- les livres
- la génétique
- le clonage
- la conquête spatiale
- l'humanité
- l'ADN
- la religion

6 **Dans 20 ans** Par petits groupes, faites une liste de cinq personnes ou compagnies célèbres dans le domaine de la science et la technologie, et imaginez comment elles seront dans 20 ans.

7 **Situations** À deux, choisissez un de ces thèmes et inventez une conversation au futur simple entre les deux personnes décrites.

1. Deux étudiant(e)s viennent d'obtenir leur diplôme scientifique et parlent de ce qu'ils/elles feront pour devenir riches et célèbres.
2. Deux astronautes se dirigent vers la planète Mars. Ils/Elles sont les premiers/premières à faire ce voyage et discutent de ce qu'ils/elles feront une fois sur place.
3. Deux chercheurs/chercheuses scientifiques viennent de faire une découverte capitale et parlent de ce qu'elle apportera au monde.
4. Deux informaticien(ne)s créent un site web et parlent de ses avantages comparé à celui de la concurrence (*competition*).

Note
CULTURELLE

La **Belgique** et la **Suisse** sont à l'origine de certains objets qui font partie de notre quotidien: de Belgique, les patins à roulette de **Jean-Joseph Merlin** et le saxophone d'**Adolphe Sax**; de Suisse, le velcro de **Georges de Mestral** et le moteur à explosion de **François Isaac de Rivaz**. Cette dernière invention a révolutionné notre monde parce qu'on s'en sert tous les jours pour faire fonctionner nos moyens de transport.

7.3

The subjunctive with expressions of doubt and conjunctions; the past subjunctive

*On **ne croit pas** qu'il **ait perdu** le drapeau!*

The subjunctive with expressions of doubt and conjunctions

- Use the subjunctive in subordinate clauses after expressions of doubt or uncertainty.

Il est peu probable qu'il **soit** astronaute.
It's unlikely that he's an astronaut.

Il est possible qu'on **atterrisse** en avance.
It's possible that we're landing early.

- These expressions of doubt or uncertainty are typically followed by the subjunctive.

douter que...	*to doubt that...*	**Il n'est pas évident que...**	*It's not obvious that...*
Il est douteux que...	*It's doubtful that...*	**Il n'est pas sûr que...**	*It's not sure that...*
Il est impossible que...	*It's impossible that...*	**Il n'est pas vrai que...**	*It's not true that...*
Il est peu probable que...	*It's unlikely that...*	**Il semble que...**	*It seems that...*
Il est possible que...	*It's possible that...*	**Il se peut que...**	*It's possible that...*

- Some expressions call for the subjunctive in the negative, but take the indicative in the affirmative. This is because only the negative statements express uncertainty or doubt.

Indicative	Subjunctive
Je suis sûr qu'elle **vient** aujourd'hui. *I'm sure she's coming today.*	Je ne suis pas sûr qu'elle **vienne** demain. *I'm not sure she's coming tomorrow.*

- The verbs **croire, espérer,** and **penser** in negative statements or in questions also require the subjunctive in the subordinate clause. In affirmative statements, the verb in the subordinate clause is in the indicative.

Indicative	Subjunctive	Subjunctive
Je crois qu'elle **part**. *I believe she's leaving.*	Je ne crois pas qu'elle **parte**. *I don't believe she's leaving.*	Croyez-vous qu'elle **parte**? *Do you believe she's leaving?*

BLOC-NOTES

To review other expressions that are used with the subjunctive, see **Structures 6.1, pp. 210–211**.

ATTENTION!

In a negative question containing **penser, croire,** or **espérer**, the subordinate clause takes the indicative.

Ne penses-tu pas que c'est une découverte capitale?

Don't you think it's a breakthrough discovery?

- The subjunctive is also required after these conjunctions.

à condition que	*on the condition that*	**en attendant que**	*waiting for*
à moins que	*unless*	**jusqu'à ce que**	*until*
afin que	*in order that*	**pour que**	*so that*
avant que	*before*	**pourvu que**	*provided that*
bien que	*although*	**quoique**	*although*
de peur que	*for fear that*	**sans que**	*without*

Bien que ses intentions **soient** bonnes, elle se trompe souvent.
Although her intentions are good, she is often mistaken.

Ils expliquent leur recherche pour que nous en **connaissions** les conséquences.
They explain their research so that we know the consequences.

The past subjunctive

- If the verb in a subordinate clause following a subjunctive trigger took place in the past, use the past subjunctive.
- Like the **passé composé** and the **plus-que-parfait**, the past subjunctive is formed by combining a helping verb (**avoir** or **être**) with a past participle. In the past subjunctive, the helping verb is in the present subjunctive.

Il se peut qu'ils **aient oublié** la réunion de neuf heures.
It's possible that they forgot the 9 o'clock meeting.

Nous ne sommes pas certains qu'elle **soit arrivée** avant nous.
We are not certain that she arrived before us.

- If a verb takes the helping verb **avoir** in the **passé composé** or **plus-que-parfait**, it also takes **avoir** in the past subjunctive.

j'**ai téléchargé**	que j'**aie téléchargé**
tu **as téléchargé**	que tu **aies téléchargé**
il/elle **a téléchargé**	qu'il/elle **ait téléchargé**
nous **avons téléchargé**	que nous **ayons téléchargé**
vous **avez téléchargé**	que vous **ayez téléchargé**
ils/elles **ont téléchargé**	qu'ils/elles **aient téléchargé**

- If a verb takes the helping verb **être** in the **passé composé** or **plus-que-parfait**, it also takes **être** in the past subjunctive.

je me **suis adapté(e)**	que je me **sois adapté(e)**
tu t'**es adapté(e)**	que tu te **sois adapté(e)**
il/elle s'**est adapté(e)**	qu'il/elle se **soit adapté(e)**
nous nous **sommes adapté(e)s**	que nous nous **soyons adapté(e)s**
vous vous **êtes adapté(e)(s)**	que vous vous **soyez adapté(e)(s)**
ils/elles se **sont adapté(e)s**	qu'ils/elles se **soient adapté(e)s**

ATTENTION!

If the subject of the main clause is the same as the subject of the subordinate clause, these conjunctions are followed by the infinitive instead of the subjunctive: **à condition de**, **à moins de**, **afin de**, **avant de**, **de peur de**, **en attendant de**, **pour**, and **sans**.

Il est entré sans parler.
He came in without speaking.

On arrivera en retard à moins de prendre le train.
We'll arrive late unless we take the train.

ATTENTION!

The expressions **à moins que, de peur que, de crainte que, sans que,** and **avant que** are often accompanied by the **ne explétif**. The word **ne** is placed before the subjunctive form of the verb; it is not a negation and adds no meaning to the statement.

Les étudiants arrivent avant que le professeur ne commence son cours.
The students arrive before the professor starts his class.

Mise en pratique

1 **À choisir** Choisissez la forme correcte du verbe pour compléter les phrases.

1. Il est évident qu'il ______________ (n'est pas venu / ne soit pas venu) nous voir.
2. Il faut y croire jusqu'à ce qu'on ______________ (réussit / réussisse).
3. Nous sommes sûrs que tu ______________ (vas mettre au point / ailles mettre au point) ton invention.
4. Vous avez visité toute la ville sans qu'elles ______________ (se soient reposées / se sont reposées) une seule fois?
5. Il est impossible que vous ______________ (avez vu / ayez vu) ce film; il n'est pas encore sorti.
6. Va dire à ta mère que Lucie ______________ (dort / dorme) toujours.
7. Quoique nous ne leur ______________ (ayons pas rendu / avons pas rendu) visite, nous avons beaucoup pensé à eux.
8. Ils vont m'aider pour que je ______________ (finis / finisse) plus tôt.

2 **Le Thalys** Complétez cet e-mail avec les formes correctes des verbes entre parenthèses.

De: Caroline <caroline.romain@email.fr>

Pour: Stéphane <stéphane.Bertaud@email.fr>

Sujet: Qu'en penses-tu?

Je prévois d'aller à Bruxelles la semaine prochaine. Avant que je ne (1) ______________ (confirmer) ma réservation sur le Thalys, je veux m'assurer que c'est une bonne idée. J'ai écrit un e-mail à un ami qui habite là-bas, mais il est peu probable qu'il l' (2) ______________ (lire). Je sais qu'il (3) ______________ (être) très occupé et je crois qu'il n' (4) ______________ (avoir) jamais le temps de répondre à ses e-mails. Alors il se peut que j'y (5) ______________ (arriver) sans que sa famille et lui le (6) ______________ (savoir). Alors, de peur que je ne (7) ______________ (visiter) cette ville toute seule, pourrais-tu m'y accompagner pour que je ne me (8) ______________ (sentir) pas isolée?
Réponds-moi vite!
Caroline

Note CULTURELLE

Thalys est le nom du train qui relie (*links*) **Paris** à **Bruxelles**. Le voyage dure (*lasts*) en général une heure et 20 minutes, pour une distance d'environ 300 km. Il est le prolongement du système ferroviaire (*railway*) français qui utilise le **TGV**. Bien que Bruxelles soit la principale gare du Thalys, cette ville n'est pas sa seule destination depuis Paris. Le train va jusqu'à **Amsterdam**, aux Pays-Bas, et jusqu'à **Cologne**, en Allemagne.

3 **Logique ou illogique?** Par groupes de trois, dites si les phrases sont logiques ou illogiques et employez le subjonctif, si nécessaire, pour justifier votre opinion.

Modèle **Il n'est pas certain que la technologie rende la vie plus facile.**
C'est illogique! Il est sûr que la technologie rend la vie plus facile.

	Logique	Illogique
1. Il est évident que les voyages sur la Lune sont inutiles.	☐	☐
2. Il est douteux qu'on puisse améliorer les ordinateurs.	☐	☐
3. Il est vrai que les humains ont marché sur la planète Vénus.	☐	☐
4. Il est possible que les scientifiques aient commencé à cloner des humains.	☐	☐
5. Il est peu probable que nous connaissions les conséquences de la recherche génétique.	☐	☐

Communication

4 **Conseils** Voici Bernard. Il déteste les sciences, mais il veut quand même devenir astronaute. À deux, utilisez ces éléments pour lui dire ce que vous en pensez.

Modèle —Il est possible que tu deviennes astronaute, mais tu devras d'abord avoir de meilleures notes en maths.

—Tu y arriveras, à condition que tu fasses tes devoirs tous les jours.

à condition que	Il est vrai que
afin que	Il se peut que
croire	jusqu'à ce que
(ne pas) douter que	penser
Il est possible que	pour que

5 **L'avenir** Par groupes de trois, imaginez comment sera l'avenir en 2050 et en 2100. Utilisez le plus possible des expressions du subjonctif et présentez vos idées à la classe.

Modèle Il est peu probable que les pays arrêtent de faire la guerre.

- la population
- les relations internationales
- la technologie
- la conquête de l'espace

6 **Voyage dans l'espace** Imaginez que vous fassiez un voyage dans l'espace pour fonder une nouvelle civilisation sur une autre planète. Par groupes de trois, employez le subjonctif pour discuter de vos craintes et des nouvelles possibilités.

Craintes concernant la survie	Nouvelles possibilités

SUPERSITE Synthèse

Pascal va bientôt hériter d'une grande fortune. Il se rend compte qu'il pourra réaliser ses rêves les plus fous. Cependant°, son seul rêve est de devenir immortel. D'après lui, le seul procédé° capable de répondre à cette demande, c'est le clonage. Mais le clonage reproductif, ou humain, est interdit dans de nombreux pays. Il décide d'en parler à un ami, Gérard, qui est scientifique. Celui-ci va alors tout faire pour convaincre Pascal de ne pas se lancer dans cette entreprise, qui est l'idée la moins intelligente qu'il ait eue.

However

technique

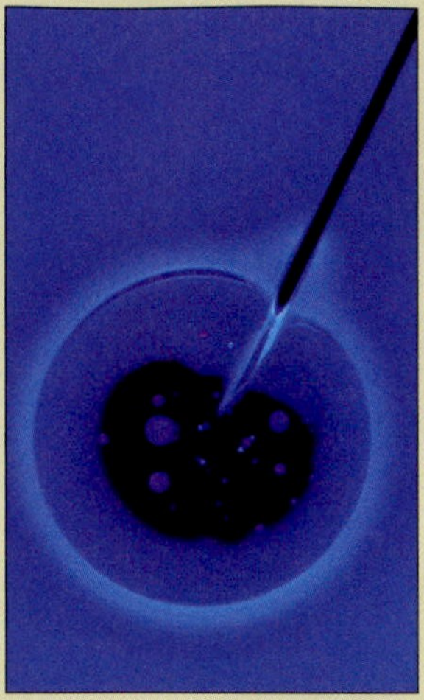

GÉRARD D'un point de vue éthique, c'est un concept qui dérange°. L'ONU et l'UNESCO ont déclaré la manipulation de l'ADN à des fins reproductives contraire à l'éthique. De plus, être cloné ne rend pas immortel. Ensuite, du point de vue scientifique, l'expérience a montré que ces progrès avaient leurs limites. Les cellules clonés des animaux présentaient des tares. Il n'est donc pas évident que le clonage d'un humain puisse marcher. Je doute que cela soit possible un jour.

disturbs

PASCAL Mais il est possible qu'ils aient fait des erreurs. Et le clonage n'est pas forcément mauvais; il sert aussi à soigner.

GÉRARD Il est vrai que, d'un autre côté, les chercheurs qui ont fait cette découverte capitale ont permis d'inventer d'autres moyens de guérir. Mais ce dont tu rêves est différent. En résumé, la génétique n'est pas une chose à prendre à la légère. Tu réussiras mieux ta vie si tu arrêtes de penser à ça.

Finalement, bien que cela ait été son désir le plus cher, Pascal se rend compte que c'était une excentricité de sa part. Il décide d'oublier l'idée du clonage et de dépenser son argent autrement. ■

1 **Compréhension** Répondez aux questions à l'aide des nouvelles structures.

1. Quel est le rêve le plus cher de Pascal?
2. Qu'est-ce que Gérard va essayer de faire?
3. Gérard pense-t-il que le clonage humain soit possible?
4. D'après Gérard, comment Pascal réussira-t-il mieux sa vie?

2 **Votre double** À deux, imaginez que votre camarade et vous ayez été cloné(e)s. À deux, créez une conversation où vous essayez de vérifier si l'autre est vraiment «l'original(e)». Utilisez les nouvelles structures de cette leçon.

Modèle —Il est impossible que tu sois l'original(e), il/elle est plus aimable que toi.
—Je serai toujours l'original(e).

3 **Pour ou contre?** Êtes-vous pour ou contre le clonage? Par groupes de trois, discutez de ce sujet a l'aide des structures de cette leçon. Considérez ces éléments:

- l'aspect éthique
- l'aspect biologique
- l'aspect économique
- l'aspect pratique

Préparation

Vocabulaire de la lecture

s'appuyer sur *to rely on*
un atout *asset*
cependant *yet*
un cerveau *brain*
disposer de *to have at one's disposal*
en outre *in addition*
incontournable *to be reckoned with*
une matière première *raw material*
miser sur *to count on*

Vocabulaire utile

faire une expérience *to carry out an experiment*
un fonds *funds*
un laboratoire *laboratory*
un matériau *material*
un procédé *process*
la recherche appliquée *applied research*
la recherche fondamentale *basic research*

1 **L'économie de la Suisse** Utilisez les mots de vocabulaire qui conviennent pour compléter ce petit paragraphe.

Malgré l'absence de (1) ______________ comme les minéraux ou le pétrole, l'économie suisse est très prospère. Elle (2) ______________ sur les services, sur la mécanique de précision et sur deux types de recherche: (3) ______________ et (4) ______________. La stabilité et la neutralité du pays sont des (5) ______________ incontournables. La Suisse attire, en effet, bon nombre d'investisseurs — elle (6) ______________ capitaux étrangers importants — et de (7) ______________ venus du monde entier.

2 **Les sciences dans le monde** Répondez aux questions et comparez vos réponses avec celles d'un(e) camarade.

1. Quels sont les pays connus pour avoir développé de nouvelles technologies?
2. Un pays devrait-il être ouvert à la coopération internationale dans le domaine de la recherche scientifique, ou devrait-il plutôt garder le secret?
3. À quoi voyez-vous que la recherche scientifique améliore votre vie quotidienne?
4. Est-ce qu'il arrive que la technologie vous complique la vie?
5. Aimez-vous les sciences? Aimeriez-vous être scientifique?
6. Les scientifiques utilisent toujours le raisonnement scientifique dans leur travail. Vous servez-vous parfois de ce raisonnement dans votre vie quotidienne?

3 **Une invention révolutionnaire** L'article que vous allez lire parle de la recherche suisse, dont celle faite par l'entreprise Nestlé dans le domaine de l'alimentation. Par groupes de trois, imaginez que vous soyez ingénieurs chez Nestlé et que vous deviez inventer un nouvel aliment ou tout autre produit ou procédé qui a une application dans le domaine de l'alimentation. Présentez votre idée aux chercheurs de Nestlé (vos camarades) qui choisiront la meilleure!

- Comment s'appelle votre aliment, produit ou procédé?
- En quoi consiste-t-il? Décrivez votre nouvelle idée.
- Expliquez pourquoi tout le monde aimerait l'acheter.

LA RECHERCHE, une priorité en Suisse

«Un pour tous. Tous pour un.» La devise° de la Suisse s'applique parfaitement bien à sa politique de recherche scientifique extrêmement dynamique. Qui se douterait que ce pays est le plus performant du monde dans ce domaine?

La Suisse n'a pas un sol° riche en matières premières. Elle a donc donné la priorité à la recherche et à l'innovation. Des liens étroits° se sont alors créés entre l'économie et la recherche scientifique.

Ainsi Nestlé, célèbre multinationale suisse, s'appuie énormément sur la recherche. Depuis sa fondation, en 1857, elle a toujours placé la création et l'innovation au centre de sa stratégie. Sa première grande innovation sera, en 1867, la farine lactée, un aliment pour nourrissons° à base de farine de blé°, de sucre et de lait. En pleine crise économique, il va permettre à de nombreuses mères de mieux nourrir leurs bébés.

Aujourd'hui, Nestlé possède le plus grand centre de recherche du monde dans le domaine de la nutrition et des sciences de l'alimentation. Ce centre compte 650 employés de 50 nationalités différentes, dont 300 scientifiques. La multinationale collabore aussi étroitement avec les universités. Elle a investi 300 millions de francs suisses (environ 195 millions de dollars) dans la recherche. En outre, elle a créé, à l'école Polytechnique de Zurich, un département consacré à la nutrition.

En Suisse, ce sont les établissements d'enseignement supérieur qui constituent les principaux centres de recherche. Ils ont tous accès aux nouvelles technologies et bénéficient tous d'un soutien financier. Aucun établissement n'a le monopole de la recherche, ce qui crée une atmosphère de compétition. Cependant, soucieux de° préserver la qualité des travaux d'étude, les différents centres n'hésitent pas à échanger leurs résultats.

La migration vers la Suisse de ceux qui étudient les matières scientifiques apporte une grande fraîcheur d'idées.

À cela s'ajoute une politique d'ouverture et d'échanges internationaux. La migration vers la Suisse de ceux qui étudient les matières scientifiques apporte une grande fraîcheur° d'idées. En effet, le pays occupe la deuxième place dans le monde par le nombre d'étudiants étrangers. Près de 32% d'entre eux font des études scientifiques. Cette richesse culturelle est une chance pour la recherche helvétique°.

La recherche est un travail d'équipe qui peut aussi regrouper plusieurs nations. À cette fin, un Espace européen de la recherche est en train de se développer. Il est prévu qu'il devienne une sorte de marché européen de la recherche, comme il en existe déjà un pour la monnaie et le commerce. La création de ce marché ne pourra que dynamiser encore plus la recherche scientifique suisse, qui en sera d'ailleurs un atout incontournable. En outre, l'accent sera mis sur une plus grande collaboration internationale en dehors de l'Europe. Avec l'aide de nouveaux partenaires, la Suisse aura accès à de nouveaux types de recherche. Cette collaboration existe déjà, notamment avec la Chine et l'Inde, des pays en plein développement scientifique.

Enfin, la Suisse mise sur la recherche de pointe° et la formation de futurs chercheurs. Elle parie° ainsi sur l'avenir, et pour ne pas perdre sa place de leader mondial, met tout de son côté dans l'esprit de la devise du pays: unité et solidarité. ■

motto · *soil* · *close links* · *bébés* · *wheat flour* · *anxious to* · *freshness* · *suisse* · *advanced* · *bets*

Analyse

1 Compréhension Répondez aux questions par des phrases complètes.

1. Pourquoi la Suisse donne-t-elle la priorité à la recherche et à l'innovation?
2. Quelle a été la première innovation de la multinationale suisse Nestlé? Expliquez son importance.
3. Décrivez le centre de recherche de Nestlé.
4. Avec quelles autres institutions l'entreprise Nestlé travaille-t-elle souvent?
5. Quelles institutions constituent les principaux centres de recherche en Suisse?
6. Quelle est l'attitude de la Suisse concernant la collaboration internationale dans le domaine de la recherche?
7. Quel réseau concernant les sciences est en train de se développer en Europe?
8. Quelle place occupe la Suisse pour ce qui est du nombre d'étudiants étrangers?

2 La devise de la Suisse Comme vous l'avez lu dans le texte, la devise de la Suisse est «Un pour tous. Tous pour un.» Commentez cette devise avec un(e) camarade. Qu'est-ce qu'elle veut dire au juste? Citez des exemples du texte pour expliquer pourquoi cette devise s'applique particulièrement bien à la politique de recherche de la Suisse.

3 D'autres domaines La Suisse n'est pas uniquement connue pour ses recherches dans le domaine de l'alimentation. Pouvez-vous citer d'autres choses pour lesquelles la Suisse est célèbre? Et les autres pays francophones que vous avez étudiés, quelles sont leurs spécialités? Par petits groupes, essayez d'établir une liste objective des domaines pour lesquels chacun est réputé. Comparez votre liste avec celles des autres groupes.

4 Sciences et technologies Choisissez une invention ou un projet scientifique ou technologique important qui est associé à un pays francophone. Par petits groupes, préparez une présentation où vous montrez les atouts de l'invention et mettez l'accent sur ce qu'elle a apporté de positif à la société. Vous pouvez choisir une des options suivantes ou une autre innovation.

- le TGV (Train à Grande Vitesse) (France)
- le cinématographe (France)
- l'anti-histamine (Suisse)
- le Velcro® (Suisse)
- la montre automatique (Belgique)
- le moteur à combustion interne (Belgique)
- la motoneige (*snowmobile*) (Québec)

SUPERSITE Préparation

À propos de l'auteur

Didier Daeninckx (1949–) est né à Saint-Denis, banlieue parisienne, dans une famille modeste. En 1984, son deuxième roman, *Meurtres pour mémoire*, le fait connaître. Porte-drapeau (*Flag bearer*) du roman noir, Daeninckx place toujours ses œuvres dans la réalité sociale et politique de leur époque. Il écrit aussi des bandes dessinées, des livres pour la jeunesse, des pièces de théâtre et des nouvelles. Aujourd'hui, il travaille pour un journal en ligne, amnistia.net, où il dénonce ce qu'il appelle le négationnisme: la tendance à oublier certains événements historiques.

Vocabulaire de la lecture

un abonnement *subscription*
s'adresser la parole *to speak to one another*
couper de *to cut off from*
le désespoir *despair*
une échelle *ladder*
hurler *to shout*
un loyer *rent*
numérique *digital*
une parabole *satellite dish*
régler *to adjust*
une retransmission *broadcast*
se taire (*irreg.*) *to be quiet*

Vocabulaire utile

agir *to take action*
contrarier *to thwart*
obsédé(e) *obsessed*

1 **Labyrinthe** À deux, trouvez la sortie du labyrinthe et alternez les rôles pour faire des phrases complètes avec les mots que vous rencontrez sur le chemin.

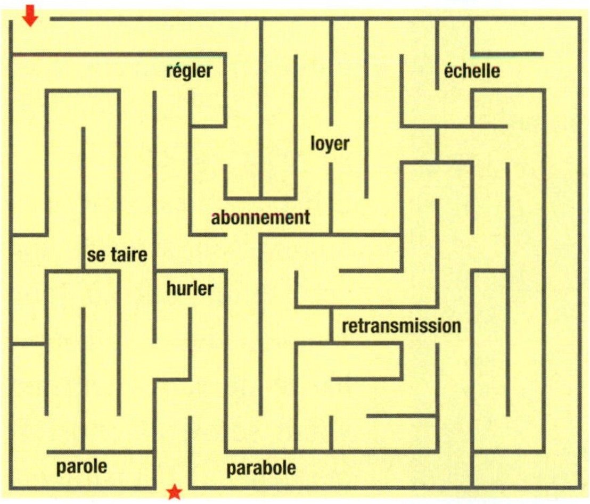

2 **Discussion** À votre avis, que veut dire le titre *Solitude numérique*? Discutez-en à deux puis présentez vos idées à la classe.

3 **La vie quotidienne et la technologie** Par groupes de trois, répondez aux questions.

1. Quelle invention électronique particulière utilisez-vous le plus souvent?
2. Votre vie serait-elle différente sans cette invention? Expliquez.
3. Combien de temps par jour passez-vous à regarder la télé, à surfer sur Internet, à parler au téléphone ou à écouter de la musique?
4. Quelle influence l'utilisation d'appareils électroniques a-t-elle sur vos rapports avec les autres?

solitude NUMÉRIQUE

Didier Daeninckx

Le pire, si Martine y réfléchissait, c'est que c'était elle qui avait enclenché° le processus en lui offrant tout le matériel° et l'abonnement à Gold-Sport, deux ans plus tôt pour son anniversaire... Et quand elle voulait être sincère, elle arrivait à s'avouer° qu'elle avait une idée derrière la tête en choisissant ce cadeau: le retenir à la maison, samedis soir et dimanches après-midi tout au long de la saison footballistique. Le couper de toute cette bande de supporters assoiffés° qui lui volait ses week-ends. Elle le revoyait qui déballait° la parabole, plus heureux encore que le gamin qu'elle imaginait, agenouillé° près du sapin de Noël° devant son premier vélo. Ils avaient passé deux jours entiers à déterminer le meilleur angle de la réception, puis à installer la coupole° sur le toit° du pavillon°, à régler la monture° polaire motorisée afin de capter° aussi bien le satellite

enclenché: had set in motion
matériel: equipment
s'avouer: to admit to oneself
assoiffés: thirsty
déballait: was unpacking
agenouillé/sapin de Noël: kneeling/Christmas tree
coupole/toit/pavillon: dome/roof/house
monture: mounting
capter: to pick up (a signal)

turned out to be
outstanding
fluctuating signals
Equivalent Radiated Isotropic Powers/ clamp circuits
decyphering grid
flexible heaters
filled
moving
events
couch
to keep informed
penalty shots/in the farthest reaches
devoted to
to store
overflowing
last attempt/to resume
meal on a tray
slow-motion
Platini's shot in a top corner of the net
to lean

Astra qu'Eutelstat. Régis, qui déprimait dès qu'il fallait changer le sac de l'aspirateur ou nettoyer le filtre du lave-vaisselle, se révéla° un pilote hors pair° dans la conduite du numérique. Les caractéristiques des décodeurs Vidéocrypt et Syster n'eurent plus de secrets pour lui, de même que les signaux oscillants°, les angles d'azimut satellitaires, les Puissances Isotropes Rayonnées Équivalentes° ou l'activation des circuits de clamp°! Il se mit à parler une langue dont elle perdit rapidement la grille de décryptage°, où il était question de «source duo-bloc», de «réchauffeurs souples°», de «doublement de câble coaxial», de «polariseur mécanique», sans même tenir compte des «Low Noise Block» et autres «Duobinaire Multiplexed Analog Components»! Ils ne s'adressèrent plus la parole qu'en de rares occasions, entre deux retransmissions. Le plus souvent elle dormait, quand il venait se coucher, gavé° d'émotions. Un an plus tard, c'est lui qui lui fit un cadeau: la première parabole fut rejointe par sa sœur presque jumelle afin de détecter les signaux d'autres satellites évoluant° plus à l'est ou plus à l'ouest. Au lieu de suivre les péripéties° d'un match P.S.G.-Auxerre sur le plastique froid des fauteuils du Parc, Régis pouvait assister, confortablement installé sur son canapé°, en direct aux matchs de championnat d'Indonésie, de Colombie, de Chine, se tenir au courant°, heure par heure, du goal-average de la troisième division camerounaise, vibrer aux tirs au but° d'une finale amateur disputée au fin fond° de la Finlande. Le budget consacré° aux abonnements atteignait maintenant celui du loyer. Le quatrième décodeur, une merveille permettant également de compresser les images, de les stocker° sur vidéodisques tout en regardant un autre programme, arriva dans le salon débordant° d'électronique pour le deuxième anniversaire de l'abonnement à Gold-Sport. Martine fit une ultime tentative° pour renouer° le dialogue avec Régis en lui apportant son habituel plateau-repas°. Il lui fit signe de se taire, de la main, absorbé par le ralenti° séquentiel qu'il venait de programmer sur une antique lucarne de Platini° dans un but italien. Elle traversa le jardin, sortit l'échelle double du garage pour aller l'appuyer° contre l'arrière du pavillon. Parvenue sur le toit, elle vint se placer à genoux entre les deux paraboles dans lesquelles, pour qu'il l'entende enfin, elle se mit à hurler son désespoir. ■

Ils ne s'adressèrent plus la parole qu'en de rares occasions...

Analyse

1 **Compréhension** Répondez aux questions.

1. Qui sont les deux personnages principaux de cette lecture? Quelles relations ont-ils?
2. Quel cadeau Martine a-t-elle offert à Régis?
3. Quelle idée Martine avait-elle en tête en lui offrant ce cadeau?
4. Quelle est la réaction de Régis en recevant le cadeau?
5. Est-ce que Martine est contente de la réaction de Régis? Pourquoi?
6. Qu'est-ce que Martine fait à la fin de l'histoire? Pourquoi réagit-elle comme ça?

2 **Les événements** À deux, mettez les événements de l'histoire dans l'ordre chronologique. Ensuite, comparez vos résultats avec ceux des autres groupes.

_____ Régis passe deux jours à déterminer le meilleur angle de réception.
_____ Régis achète une deuxième parabole.
_____ Régis déballe la parabole.
_____ Martine va sur le toit et hurle.
_____ Martine essaie de parler à Régis.
_____ Martine offre à Régis un abonnement à Gold-Star.

3 **Les rapports** Par groupes de trois, discutez des rapports entre Régis et Martine.

1. Décrivez les rapports entre Régis et Martine.
2. Comment sait-on que tout ne va pas bien entre eux? Citez des exemples.
3. Cette lecture contient beaucoup de vocabulaire technique. Pourquoi l'utilisation de ces mots vous aide-t-elle à vous mettre dans la peau de Martine?
4. À votre avis, quelle est la cause des problèmes entre Martine et Régis?

4 **Jeu de rôles** Par groupes de trois, jouez les rôles de Régis, de Martine et d'un conseiller matrimonial. À tour de rôle, Martine et Régis expliquent leur point de vue sur la situation, puis le conseiller leur dit ce qu'ils devraient faire. Jouez la scène devant la classe.

5 **Rédaction** Imaginez une technologie qui est peut-être pratique aujourd'hui, mais qui, à votre avis, deviendra bientôt obsolète. Suivez le plan de rédaction pour écrire un article qui explique pourquoi. Employez des comparatifs et des superlatifs, le futur simple et le subjonctif.

Plan

1 **Organisation** Faites une liste des avantages et des inconvénients de cette technologie.

2 **Une technologie** Dans un paragraphe, décrivez cette technologie. Dans un autre paragraphe, explorez les problèmes qui lui sont associés.

3 **Conclusion** Pour terminer, décrivez la technologie qui la remplacera.

Le progrès et la recherche

La technologie

une adresse e-mail *e-mail address*
un appareil (photo) numérique *digital camera*
un CD-ROM *CD-ROM*
un correcteur orthographique *spell check*
le cyberespace *cyberspace*
l'informatique (*f.*) *computer science*
un lecteur de DVD *DVD player*
un mot de passe *password*
un moteur de recherche *search engine*
un ordinateur portable *laptop*
un outil *tool*
un (téléphone) portable *cell phone*
une puce (électronique) *(electronic) chip*

effacer *to erase*
graver (un CD) *to burn (a CD)*
sauvegarder *to save*
télécharger *to download*

avancé(e) *advanced*
innovant(e) *innovative*
révolutionnaire *revolutionary*

Les inventions et la science

l'ADN (*m.*) *DNA*
un brevet d'invention *patent*
une cellule *cell*
une découverte (capitale) *(breakthrough) discovery*
une expérience *experiment*
un gène *gene*
la génétique *genetics*
une invention *invention*
la recherche *research*
une théorie *theory*

cloner *to clone*
contribuer (à) *to contribute*
créer *to create*
guérir *to cure; to heal*
inventer *to invent*
prouver *to prove*
soigner *to treat; to look after (someone)*

biochimique *biochemical*
contraire à l'éthique *unethical*
éthique *ethical*
spécialisé(e) *specialized*

L'univers et l'astronomie

l'espace (*m.*) *space*
une étoile (filante) *(shooting) star*
un(e) extraterrestre *alien*
la gravité *gravity*
un ovni *U.F.O.*
la survie *survival*
un télescope *telescope*

atterrir *to land*
explorer *to explore*

Les gens dans les sciences

un(e) astrologue *astrologer*
un(e) astronaute *astronaut*
un(e) astronome *astronomer*
un(e) biologiste *biologist*
un chercheur/une chercheuse *researcher*
un(e) chimiste *chemist*
un(e) ingénieur *engineer*
un(e) mathématicien(ne) *mathematician*
un(e) scientifique *scientist*

Court métrage

une console de jeux *game console*
la fierté *pride*
une fusée *rocket*
une hégémonie *hegemony*
un lancement *launch*
le lendemain *next day*
une navette spatiale *space shuttle*
un parcours *career*
un programme spatial *space program*
une sortie dans l'espace *space walk*
une station spatiale *space station*
un trajet *trip, journey*

s'associer à *to join forces with*
avouer *to admit*
écraser *to crush; to run over*
envahir *to invade*

il s'agit de *it's a matter of; it's about*
puisque *since*

Culture

un atout *asset*
un cerveau *brain*
un fonds *funds*
un laboratoire *laboratory*
un matériau *material*
une matière première *raw material*
un procédé *process*
la recherche appliquée *applied research*
la recherche fondamentale *basic research*

s'appuyer sur *to rely on*
disposer de *to have at one's disposal*
faire une expérience *to carry out an experiment*
miser sur *to count on*

incontournable *to be reckoned with*

cependant *yet*
en outre *in addition*

Littérature

un abonnement *subscription*
le désespoir *despair*
une échelle *ladder*
un loyer *rent*
une parabole *satellite dish*
une retransmission *broadcast*

s'adresser la parole *to speak to one another*
agir *to take action*
contrarier *to thwart*
couper de *to cut off from*
hurler *to shout*
régler *to adjust*
se taire (*irreg.*) *to be quiet*

numérique *digital*
obsédé(e) *obsessed*

S'évader et s'amuser

Les îles ont toujours fait rêver. Elles donnent au visiteur le sentiment d'être libre. Est-ce parce qu'elles ne sont rattachées à aucune terre? Est-ce pour cela aussi qu'on aime y pratiquer des sports extrêmes? Pourquoi des gens risquent-ils leur vie pour s'amuser? D'autres prennent leur sport préféré très au sérieux. Mais quand le jeu n'est plus qu'une compétition, quand un loisir devient une raison de vivre, que se passe-t-il?

L'évasion et l'amusement sont des besoins fondamentaux.

Destination:
OCÉAN INDIEN

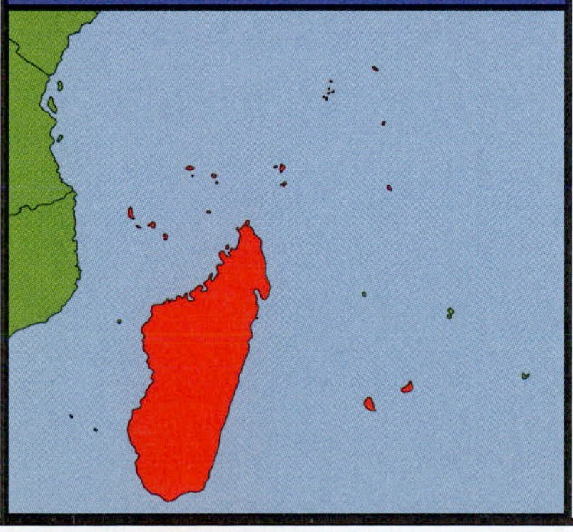

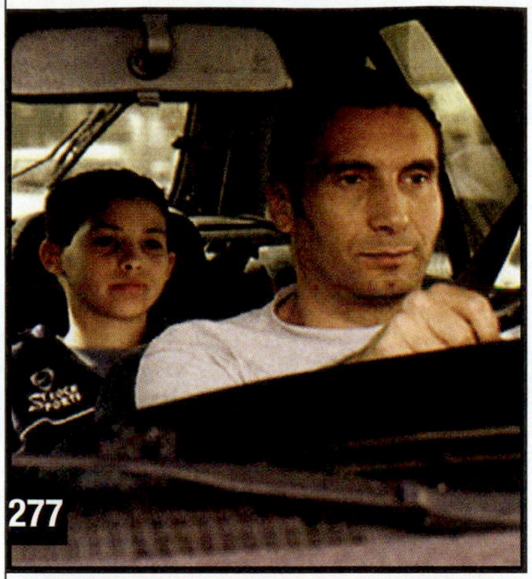

277

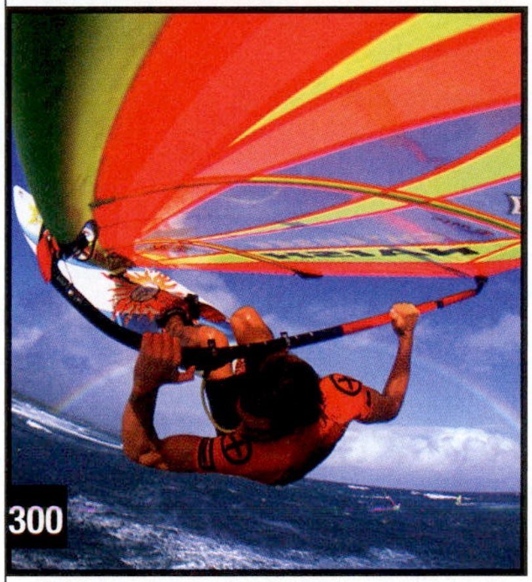

300

Les passe-temps

Le sport

l'alpinisme (*m.*) *mountain climbing*

un arbitre *referee*
un club sportif *sports club*
une course *race*
un(e) fan (de) *fan (of)*
un pari *bet*
une patinoire *skating rink*
le saut à l'élastique *bungee jumping*
le ski alpin/de fond *downhill/cross-country skiing*

un supporter (de) *fan; supporter (of)*

admirer *to admire*
(se) blesser *to injure (oneself); to get hurt*
s'étonner *to be amazed*
faire match nul *to tie (a game)*
jouer au bowling *to go bowling*
marquer (un but/un point) *to score (a goal/a point)*
siffler *to whistle (at)*

Le temps libre

le billard *pool*

les boules (*f.*)/la pétanque *petanque*
les cartes (*f.*) (à jouer) *(playing) cards*
les fléchettes (*f.*) *darts*

un jeu vidéo/de société *video/board game*

des loisirs (*m.*) *leisure; recreation*
un parc d'attractions *amusement park*
un rabat-joie *killjoy; party pooper*

bavarder *to chat*
célébrer/fêter *to celebrate*
se divertir *to have a good time*
faire passer *to spread (the word)*
porter un toast (à quelqu'un) *to propose a toast*
prendre un verre *to have a drink*
se promener *to take a stroll/walk*
valoir la peine *to be worth it*

Les arts et le théâtre

un billet/ticket *ticket*
une comédie *comedy*
une exposition *exhibition; art show*
un groupe *musical group/band*
un(e) musicien(ne) *musician*
une pièce (de théâtre) *(theater) play*
un spectacle *show; performance*
un spectateur/une spectatrice *spectator*
un tableau *painting*
un vernissage *art exhibit opening*

applaudir *to applaud*
faire la queue *to wait in line*

obtenir (des billets) *to get (tickets)*

complet *sold out*
divertissant(e) *entertaining*
émouvant(e) *moving*

Le shopping et les vêtements

des baskets (*f.*)/des tennis (*f.*) *sneakers/tennis shoes*
un bermuda *(a pair of) bermuda shorts*
une boutique de souvenirs *gift shop*
un caleçon *boxer shorts*
une culotte *underpants (for females)*
une garde-robe *wardrobe*
un gilet *sweater/sweatshirt (with front opening)*
une jupe (plissée) *(pleated) skirt*
un magasin de sport *sporting goods store*
un nœud papillon *bow tie*
une robe de soirée *evening gown*
un slip *underpants (for males)*
des souliers (*m.*) *shoes*
des talons (*m.*) (aiguilles) *(stiletto) heels*

Mise en pratique

1 **Les catégories** Mettez chaque mot de la liste dans la bonne catégorie. N'oubliez pas de rajouter l'article qui convient.

alpinisme	course	jeu de société	pièce	souliers
caleçon	gilet	musicien(ne)	se promener	tableau
comédie	groupe	pétanque	saut à l'élastique	vernissage

Les sports extrêmes (1) ______________, (2) ______________, (3) ______________

Les loisirs (4) ______________, (5) ______________, (6) ______________

Le théâtre (7) ______________, (8) ______________

La musique (9) ______________, (10) ______________

Les beaux-arts (11) ______________, (12) ______________

Les vêtements (13) ______________, (14) ______________, (15) ______________

2 **Conversation** Complétez la conversation entre ces trois amis.

GAVIN Alors, qu'est-ce que vous faites cet été? Du sport?

JOCELYNE Lundi prochain, je pars à la montagne pour faire de (1) ______________ toute la semaine!

COLLINE Toute seule?

JOCELYNE Mais non, je préfère en faire avec des amis. Je vous invite. Faites (2) ______________! Parlez-en aux copains.

COLLINE Moi, je ne peux pas y aller. Mercredi, mon ami le sculpteur va avoir son premier (3) ______________ au musée d'Art moderne.

GAVIN Et moi aussi, j'ai un engagement: mon (4) ______________ donne un concert jeudi soir.

COLLINE Génial! Comment est-ce que j'obtiens (5) ______________?

GAVIN Tu ne peux plus en (6) ______________. C'est (7) ______________ en fait.

COLLINE Dommage… mais tant mieux pour ton (8) ______________!

JOCELYNE Allons prendre (9) ______________ à la brasserie. Il faut porter un toast et (10) ______________ tous ces événements!

3 **Conversez** À deux, posez-vous ces questions. Ensuite, discutez de vos réponses.

1. À quoi préfères-tu occuper ton temps libre? Quels sont tes loisirs préférés?
2. De quels sports es-tu fan? Lequel aimes-tu le mieux?
3. T'es-tu déjà blessé(e) quand tu pratiquais un sport ou une autre activité?
4. Quel est le spectacle que tu as trouvé le plus émouvant récemment? Pourquoi?
5. Est-ce que quelqu'un t'a déjà traité(e) de (*called*) rabat-joie? Pour quelle raison?
6. Décris ta garde-robe. Que portes-tu quand tu pratiques ton sport préféré ou pendant tes heures de loisirs?

4 **Du temps libre** Imaginez que vous et un groupe de vos amis ayez une semaine de libre. Pour en profiter autant que possible, vous faites des projets. Quelles activités pratiquerez-vous? Où irez-vous? Discutez de vos idées avec trois camarades de classe.

Préparation

Vocabulaire du court métrage

un capitaine *captain*
un centre de formation *sports training school*
un club *team*
un coup franc *free kick*
un duel *one-on-one*
en pointe *forward, up front*
une faute *foul*
lâcher *to let go*
une revanche *revenge*
la veille *day before*

Vocabulaire utile

un entraîneur *coach*
un maillot *jersey*
un terrain (de foot) *(soccer) field*
les vestiaires (*m.*) *locker room*
vivre quelque chose par l'intermédiaire de quelqu'un *to live something vicariously through someone*
vivre (quelque chose) par procuration *to live (something) vicariously*

EXPRESSIONS

avoir les jambes coupées *to have legs like lead*
bourrer le crâne à quelqu'un *to fill someone's head*
faire un dessin à quelqu'un *to spell it out for someone*
sortir du lot *to stand out*

1 **Logique ou illogique?** Décidez si ces phrases sont logiques ou illogiques et corrigez celles qui sont illogiques.

1. J'ai les jambes coupées d'avoir couru si vite.
2. Leur entraîneur est un enfant de trois ans.
3. Ce terrain de foot est en mauvais état.
4. Le match de demain aura lieu dans les vestiaires.
5. Il a bourré le crâne à son maillot.
6. C'est le capitaine qui va tirer le coup franc.
7. Voilà! Vous avez enfin réalisé votre rêve de vous battre en duel!
8. Tu vas la lâcher, la faute, oui ou non?

2 **Vivre par procuration** Lisez les phrases suivantes et décidez si oui ou non elles décrivent des situations où les gens vivent par procuration.

	oui	non
1. En ce moment, mes amis d'enfance vivent des choses formidables et j'adore entendre parler de ce qui leur arrive.	☐	☐
2. Toute la famille a fait une partie (*game*) de foot ensemble.	☐	☐
3. Michel lit beaucoup de magazines de voyage, mais ne part jamais.	☐	☐
4. Elle vit devant son poste de télévision.	☐	☐
5. Mme Vendel voulait devenir joueuse professionnelle de tennis, et aujourd'hui, elle est heureuse, car son fils a peut-être une carrière devant lui dans ce sport.	☐	☐
6. Nous avons toujours rêvé de vivre ailleurs, et maintenant, c'est fait.	☐	☐

3 **Enquête** Demandez à des camarades quels sont leurs loisirs ou quels sports ils pratiquent et pourquoi. À deux, discutez des résultats. Y a-t-il une activité qui est pratiquée plus que les autres? Pour quelles raisons vos camarades la pratiquent-ils?

Loisirs	Sports

4 **Préparation** À deux, discutez des questions et répondez-y par des phrases complètes.

1. Avez-vous les mêmes goûts que vos parents en matière de sports ou de loisirs?
2. Quel âge aviez-vous quand vous avez commencé votre sport préféré ou votre activité préférée?
3. Pourquoi avez-vous décidé d'arrêter ou de continuer cette activité?
4. Qu'est-ce qui vous influence le plus dans le choix d'une activité?

5 **Devenir pro** Par groupes de quatre, répondez aux questions suivantes.

1. Peut-on faire des études et du sport, sans sacrifier l'un ou l'autre?
2. Les parents doivent-ils soutenir leurs enfants coûte que coûte (*at all costs*)? Vaut-il mieux qu'ils soient réalistes et les encouragent à choisir une autre voie?
3. Parfois, les parents cherchent à vivre un rêve par l'intermédiaire de leurs enfants. Que pensez-vous de cette attitude?

6 **Que se passe-t-il?** Par petits groupes, regardez les images du film et décrivez ce que vous voyez. Ensuite, imaginez ce qui va se passer.

1. 2. 3. 4.

SUPERSITE Regardez le court métrage sur **imaginez.vhlcentral.com.**

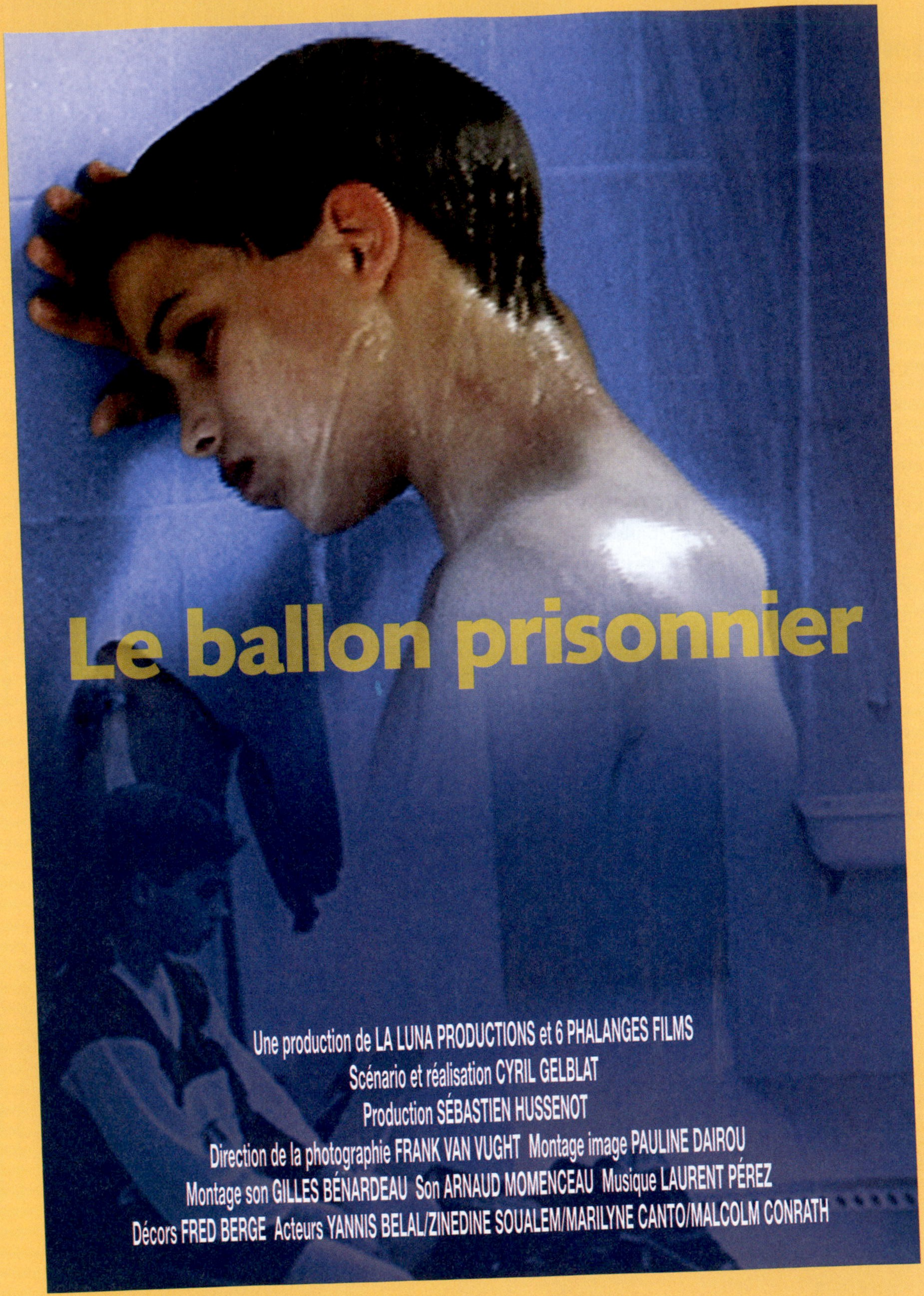

INTRIGUE *Le jeune Dylan souhaite réaliser le rêve de son père et devenir footballeur professionnel.*

1

DYLAN Il a le ballon... Zidane qui passe à Dylan Belgazi... qui accélère et... but! *(Il imite un commentateur)* ... — Dylan, Dylan... on parle de vous dans les plus grands clubs. — Oui, c'est vrai. Il y a des contacts...

2

DYLAN Maman, je peux avoir du poulet?
PÈRE Tu fais exprès ou quoi? Les veilles de matchs, c'est féculents° et sucres lents°, sinon tu as les jambes coupées. Demain, c[e n]'est pas des rigolos° en face.

3

MÈRE Tu ne veux pas arrêter de lui bourrer le crâne avec ça? Il y en a combien, un sur cent qui finit professionnel.
PÈRE Je n'ai pas dit que je voulais qu'il soit professionnel, j'ai juste dit qu'on allait tout faire pour, c'est tout. Demain, il y aura tous les recruteurs.

4

ENTRAÎNEUR Salut les gars! Vous savez contre qui on joue aujourd'hui. Dylan, tu joues en pointe. Leur libero°, il est pour toi. Il monte souvent sur les corners. Tu [ne] le lâches pas, Dylan.

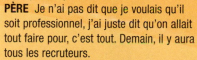

5

ENTRAÎNEUR Dylan, tu le prends!
PÈRE Allez! Allez! Allez!... Mets le pied°! Cours! Cours! Dylan! Ne le lâche pas! Qu'est-ce que tu fais? Tu regardes!

6

ENTRAÎNEUR Qu'est-ce qui se passe en attaque, là? Il faut provoquer! Bon, Jeff, tu vas remplacer Dylan en pointe. Allez, on y va! On se motive, là!

féculents *starches* **sucres lents** *carbohydrates*
rigolos *jokers* **libero** *sweeper*
Mets le pied! *Get your foot in there!*

SUPERSITE

Note CULTURELLE

L'argent dans le foot

Pour beaucoup, le foot est un ascenseur social. C'est le sport qui reste de loin le mieux payé de France. Au plus haut niveau, le salaire moyen des joueurs est de 400.000 euros par an. Les meilleurs joueurs gagnent tous des salaires supérieurs au million d'euros. Bientôt, les amateurs de foot pourront investir en bourse dans leurs clubs préférés. Plusieurs clubs européens ont déjà tenté l'expérience, mais rares sont ceux qui sont prouvés rentables. Cela n'arrêtera sans doute pas les investisseurs français: quand on aime, on ne compte pas!

Analyse

1 **Compréhension** Répondez aux questions par des phrases complètes.

1. Qu'est-ce que Dylan imagine quand il joue tout seul au foot?
2. Qu'est-ce que Dylan imagine quand il s'arrête de jouer?
3. Pendant le repas, qu'est-ce que son père conseille à Dylan?
4. Que fait Dylan avec sa mère après le dîner?
5. Le père croit connaître la vraie raison pour laquelle Djibrill est numéro dix. Quelle est cette raison?
6. Que font les joueurs avant que l'entraîneur arrive dans les vestiaires?
7. À quel poste joue Dylan?
8. Qu'est-ce que Dylan doit faire pendant le match?
9. Qui remplace Dylan sur le terrain?
10. Qui gagne le match?

2 **Interprétation** À deux, répondez aux questions et expliquez vos réponses.

1. Pourquoi la mère n'est-elle pas contente quand le père offre à Dylan des photos de joueurs pour son album?
2. Est-ce que Dylan écoute les conseils de son père? Donnez des exemples.
3. Quelle est l'attitude du père pendant le match?
4. Comprenez-vous la réaction de Dylan quand il est remplacé?
5. Que ressent le père quand il voit Dylan pleurer?

6. Que ressent chaque personnage à la fin, dans la voiture?

3 **Et les parents?** Par petits groupes, répondez aux questions.

1. Que pensez-vous du père et de la mère? D'après vous, lequel des deux a la meilleure approche? Justifiez votre réponse.
2. Avez-vous déjà été témoin ou avez-vous déjà entendu parler d'une situation comme celle qui est présentée dans le film? Où cela?
3. Comment les parents devraient-ils se comporter pendant une compétition à laquelle leur enfant participe?
4. Pensez-vous que les enfants soient motivés par l'attitude des parents?
5. Quelles devraient être les raisons pour lesquelles un enfant pratique un sport ou participe à une activité?

4 **Les thèmes du film** Par groupes de trois, réfléchissez aux thèmes du film. Choisissez chacun un thème et expliquez ce qui le relie à l'histoire. Ensuite, décidez quel est le thème principal du film. N'hésitez pas à en suggérer d'autres.

- La fascination pour le monde du football
- Vivre par procuration
- Réaliser un rêve
- Pousser un enfant à la compétition
- Donner à quelqu'un la possibilité de réussir

5 **Monologues** À deux, écrivez un petit monologue où chaque personnage du film se présente et raconte son histoire.

Modèle Bonjour. Je m'appelle Dylan…

6 **Moi, si…** Et si vous pouviez changer l'histoire? À deux, pensez à deux ou trois scènes du film et modifiez-les en fonction de vos envies. Comparez votre nouveau scénario avec celui d'un autre groupe.

Modèle

DYLAN Maman, je peux avoir du poulet?

PÈRE Tu peux, Dylan, mais rappelle-toi que tu as un match demain. Il y aura tous les recruteurs.

7 **La conversation** À deux, imaginez la conversation entre Dylan et son père une fois qu'ils sont arrivés à la maison. Présentez votre dialogue à la classe.

- Qui parle le premier?
- Quel est le ton de la conversation?
- Que font-ils à la fin de la conversation?

IMAGINEZ L'OCÉAN INDIEN

SUPERSITE Pour plus de renseignements et d'activités, visitez **imaginez.vhlcentral.com**.

Des danseuses de séga

Dépaysement garanti!

Les îles francophones de l'**océan Indien** ont tout pour charmer le voyageur qui recherche l'exotisme.

Madagascar, la «**perle de l'océan Indien**», située à 400 km à l'est du **Mozambique**, est la plus grande île de cette région du monde. Les habitants, les **Malgaches**, vous saluent d'un «tonga soa» qui signifie «bienvenue» en malgache. L'île est connue pour ses parcs naturels, mais elle vit aussi de la production d'épices comme la cannelle°, le poivre et la **vanille**, dont elle est le premier producteur mondial. À l'origine la vanille vient du Mexique. Les conquistadors espagnols en ont rapporté en Espagne. Et ce sont des colons français qui l'ont importée à Madagascar. La vanille est en fait le fruit d'une orchidée grimpante°, la seule qui produise des fruits.

Dans le **canal du Mozambique**, qui sépare Madagascar du continent africain, on trouve **Mayotte**, collectivité d'outre-mer française, et l'archipel des **Comores**. Le **lagon de Mayotte**, qui entoure l'île, est l'un des plus grands du monde avec plus de 200 espèces de coraux° et 100 espèces de mollusques. Et seulement 4% des récifs° ont été explorés! Aux **Comores**, à l'ouest de Mayotte, on trouve l'ilang-ilang, plante dont on se sert en parfumerie. L'archipel en est le premier producteur du monde. On peut y voir aussi une faune unique: les makis, de grands lémuriens venus de Madagascar, et les margouillats, petits lézards de couleur crème dévoreurs de moustiques. Faire de la voile° aux **Seychelles** est le meilleur moyen de découvrir les 115 îles qui composent cet archipel, situé au nord-est de Madagascar. Réputées pour leur climat tropical et leurs plages idylliques, les Seychelles vivent essentiellement du tourisme.

L'**île de la Réunion**, à l'est de Madagascar, se distingue par ses paysages volcaniques époustouflants°. Pour vraiment l'apprécier, il faut l'explorer à pied et faire de longues randonnées autour de ses pitons° volcaniques et de ses cirques. Après l'effort, les visiteurs pourront déguster un cari° au son du **séga** et du **maloya**, chants° et danses typiques de l'océan Indien dont le rythme varie d'une île à l'autre. À 250 kilomètres de la Réunion, on trouve l'**île Maurice**. La **colline° de Chamarel**, mosaïque bleue, verte, jaune et rouge, est une curiosité de la nature à voir absolument. Ces couleurs étonnantes seraient dues à l'érosion de roches volcaniques.

Oui, pour celui qui est prêt à faire le voyage, l'exotisme sera au rendez-vous.

La colline de Chamarel, à l'île Maurice

D'ailleurs...

Madagascar produit plus de 700 tonnes de vanille par an. Comme la fleur n'est pas originaire de cette île, il n'existe pas d'insecte capable de la féconder°. La culture de la vanille se fait donc entièrement à la main.

cannelle *cinnamon* **grimpante** *climbing* **coraux** *coral* **récifs** *reefs* **Faire de la voile** *Sailing* **époustouflants** *breathtaking* **pitons** *peaks* **cari** *curry* **chants** *songs* **colline** *hill* **féconder** *pollinate*

Découvrons des merveilles de la nature

Le piton de la Fournaise Il appartient à un grand massif volcanique qui couvre le sud-est de l'île de la Réunion. Son sommet° est à 2.631 m. À côté, se trouve le piton des Neiges à 3.070 m. Le piton de la Fournaise est moins haut, mais c'est le volcan actif de l'île. Malgré ses éruptions régulières, il n'est pas considéré comme dangereux car ses laves° sont liquides.

L'île d'Aldabra C'est un îlot° très sec° et sauvage des Seychelles, et c'est un véritable paradis terrestre pour les tortues géantes. Des espèces qui vivaient à la Réunion, à Madagascar ou sur l'île Maurice ont disparu, mais sur Aldabra, on compte plus de 150.000 individus. Ces tortues sont les plus grosses du monde: elles peuvent peser jusqu'à 300 kg, et vivre jusqu'à 150 ans!

Le jardin de Pamplemousse Pierre Poivre, botaniste royal, a créé ce jardin sur l'île Maurice en 1767. Avec ses 85 variétés de palmiers°, ce jardin est une invitation au voyage. Le jardin de Pamplemousse° abrite° de vrais trésors botaniques, comme de nombreuses plantes tropicales, des nénuphars° géants et le tallipot, un palmier aux feuilles immenses qui fleurit une fois tous les 60 ans.

Le dodo Gros oiseau gris, le dodo est proche du pigeon, avec un bec recourbé°. Il pesait 20 kg et pouvait vivre jusqu'à 30 ans. Le dodo habitait l'île Maurice à l'époque de sa découverte par le Portugais Alfonso de Albuquerque, en 1598. Comme il ne volait° pas, les marins° le chassaient° pour le manger et il a été rapidement exterminé. Aujourd'hui, on peut en voir une reproduction au musée d'Histoire naturelle de Port-Louis, la capitale.

sommet *summit* **laves** *lava* **îlot** *petite île* **sec** *dry* **palmiers** *palm trees* **Pamplemousse** *Grapefruit* **abrite** *houses* **nénuphars** *lili pads* **bec recourbé** *curved beak* **volait** *fly* **marins** *sailors* **chassaient** *hunted*

Le français parlé dans l'océan Indien

Mots

un baba	un bébé
une eau sucrée	une boisson au citron
un gazon	une boule de riz ou de maïs *(corn)* froide
l'île rouge	Madagascar
la langue zoreille	le français
une magination	une pensée; *thought*
une tortue bon-dieu	une coccinelle; *ladybug*

Expressions

à coup de main	à la main
débasculer une porte	ouvrir une porte
ouvrir le linge	étendre le linge; *to hang out the laundry*
partager un grain de sel	se connaître, avoir une relation
prendre pied	s'installer chez quelqu'un

Junior Falcone

SUPERSITE

Du boys band au R&B

À FOND LA SONO

Pour plus de renseignements sur Junior Falcone et sa musique, visitez **imaginez.vhlcentral.com**.

Junior Falcone a fait danser et chanter la France entière durant l'été 2001 avec son titre *Tout le monde chante*. Pourtant, peu de gens savent vraiment qui est cet artiste, car il travaille maintenant sous un autre nom, son vrai nom, **David Kelly**. David a commencé sa carrière dans les années 1990 avec le boys band «Influence». En compagnie de Nordine, de Thierry et d'Emmanuel, il a connu un gros succès en 1997 avec leur chanson *Déchaîne-toi*°. En 1999, David décide de continuer sa carrière solo, puis sort un single sous le pseudonyme de Junior Falcone qui s'intitule *Les hauteurs de Naples*. Le morceau° mélange le rap et la chanson italienne, le tout avec humour. Ce même concept est décliné° en 2001, dans son album intitulé *1977*, comme l'année de sa naissance. Le tube *Tout le monde chante* reprend la mélodie d'une chanson italienne de **Toto Cutugno**, *Lasciate mi cantare*, sortie en 1983. La première chanson, qui s'appelle *1977* comme l'album, est, elle, une version rap de *Colombina* écrite par le groupe italien **Rondo Veneziano**, en 1980. Dans l'ensemble, l'album se caractérise par un rap plutôt positif et humoristique. En 2005, David abandonne complètement son ancien pseudonyme et sort *Pas le temps*, un single très R&B. Il dit que **Justin Timberlake** et **Craig David** l'ont beaucoup inspiré. En somme, un nouvel artiste R&B est né, avec qui tout le monde saura chanter.

Quelques chansons de l'album 1977

1977
Tout le monde chante
Soleil en décembre
La main dans la main

Déchaîne-toi *Go wild* **morceau** *piece* **décliné** *developed*

Tout le monde chante

J'aimerais que chaque jour
soit un jour de vacances
Une vie décontractée°, tous
les jours on y pense
Que le soleil brille° dans nos
vies, on est du même avis
Doigts de pieds en éventail°,
entouré de jolies filles
Du plaisir dans l'travail, du
repos dans l'effort
Siroter° d'la boisson, éternel
réconfort…

Et tout le monde chante
Aux quatre coins du monde
L'amour est une histoire qui
se raconte à tous les âges
Et tout le monde chante aux
quatre coins du monde
L'amour est une histoire
Qui ne finira jamais

décontractée *relaxed* **brille** *shines*
en éventail *fanned out* **Siroter** *Sip*

SUPERSITE Qu'avez-vous appris?

1 **Associez** Faites correspondre les mots et les noms avec les définitions.

1. ______ Séga et maloya
2. ______ Les Comores
3. ______ Le lagon de Mayotte
4. ______ Les colons français
5. ______ L'île Maurice
6. ______ L'île d'Aldabra

a. Ce sont eux qui ont importé la vanille à Madagascar.
b. On y trouve des makis et des margouillats.
c. Un îlot sec qui est un véritable paradis terrestre pour les tortues géantes.
d. Les chants et danses typiques de l'océan Indien.
e. Une île où se trouve le jardin de Pamplemousse.
f. On y recense plus de 200 espèces de coraux et 100 espèces de mollusques.

2 **Questions** Répondez aux questions.

1. Que faut-il faire pour vraiment apprécier la Réunion?
2. Quel est le produit principal de Madagascar?
3. Combien de kilomètres séparent la Réunion de l'île Maurice?
4. Où se trouve le piton de la Fournaise?
5. Qui a créé le jardin de Pamplemousse et quand?
6. À quoi ressemblait le dodo?

Projet SUPERSITE

Une croisière dans l'océan Indien

Organisez une croisière dans l'océan Indien. Recherchez sur **imaginez.vhlcentral.com** toutes les informations dont vous avez besoin pour créer votre itinéraire. Ensuite, préparez votre voyage d'après les critères suivants:

- Choisissez quatre destinations et explorez un port ou un lieu par île.
- Écrivez une description de chaque visite dans votre journal.
- Racontez vos aventures à la classe et montrez des photos de chaque lieu visité. Expliquez à vos camarades où vous êtes allé, ce que vous avez vu et parlez de ce que vous avez aimé.

ÉPREUVE

Trouver la bonne réponse.

1. ______ est la «perle de l'océan Indien».
   a. La Réunion b. Madagascar
   c. Le Mozambique d. Les Seychelles

2. Sur l'île Maurice, ______ est une curiosité de la nature.
   a. la colline de Chamarel b. le canal du Mozambique
   c. Aldabra d. la plage

3. ______ est un plat typique de la cuisine réunionnaise.
   a. La salade b. Le riz froid
   c. Le cari d. Le malayo

4. Seulement ______ des récifs de Mayotte ont été explorés.
   a. 4% b. 6%
   c. 20% d. 14%

5. ______ est originaire du Mexique.
   a. Le dodo b. La vanille
   c. L'ilang-ilang d. Junior Falcone

6. «Tonga soa» veut dire ______ en malgache.
   a. «bonjour» b. «comment ça va?»
   c. «merci» d. «bienvenue»

7. ______ entoure l'île de Mayotte.
   a. Un Malgache b. Un lagon
   c. Madagascar d. L'océan Atlantique

8. Le dodo habitait ______.
   a. Madagascar b. les Seychelles
   c. les Comores d. l'île Maurice

9. Les Seychelles est un archipel de ______ îles.
   a. 2 b. 7
   c. 100 d. 115

10. Le piton de la Fournaise n'est pas dangereux car ______.
    a. c'est un volcan actif
    b. il est à côté du piton des Neiges
    c. il ne mesure que 2.631 mètres
    d. ses laves sont liquides

11. La musique de ______ a beaucoup inspiré Junior Falcone.
    a. David Kelly et Toto Cutugno
    b. Naples et Rondo Veneziano
    c. Justin Timberlake et Craig David
    d. Gnarls Barkley et Outkast

GALERIE DE CRÉATEURS

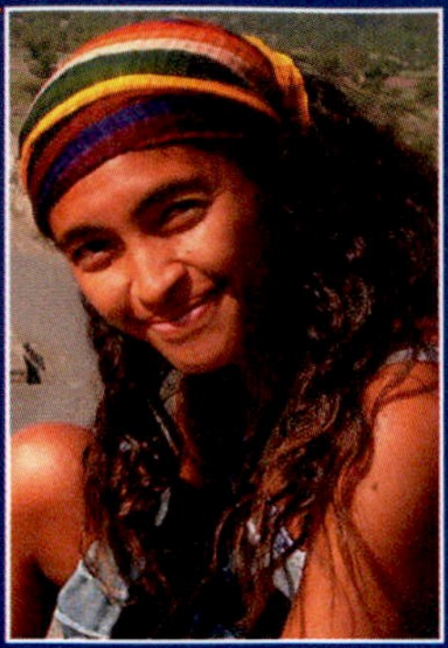

PEINTURE/PHOTOGRAPHIE

Heritina «R..Tine» Andriamamory (1979–)

«R..Tine» Andriamamory est une jeune peintre et photographe née sur l'île de Madagascar. Elle fait des études d'arts plastiques en France, mais obtient sa véritable formation artistique dans ses voyages. Dans sa découverte du monde, elle s'imprègne de (*immerses herself in*) l'univers qui l'entoure (*surrounds*) pour ensuite recréer ses sensations sur la toile (*canvas*). Parfois, elle y incorpore du tissu (*fabric*), du sable (*sand*) ou d'autres matériaux naturels pour donner plus de vie à ses créations. Le sujet de ses peintures est basé sur les peuples des différents pays qu'elle visite. Son art, aussi diversifié que coloré, est une fenêtre sur le monde.

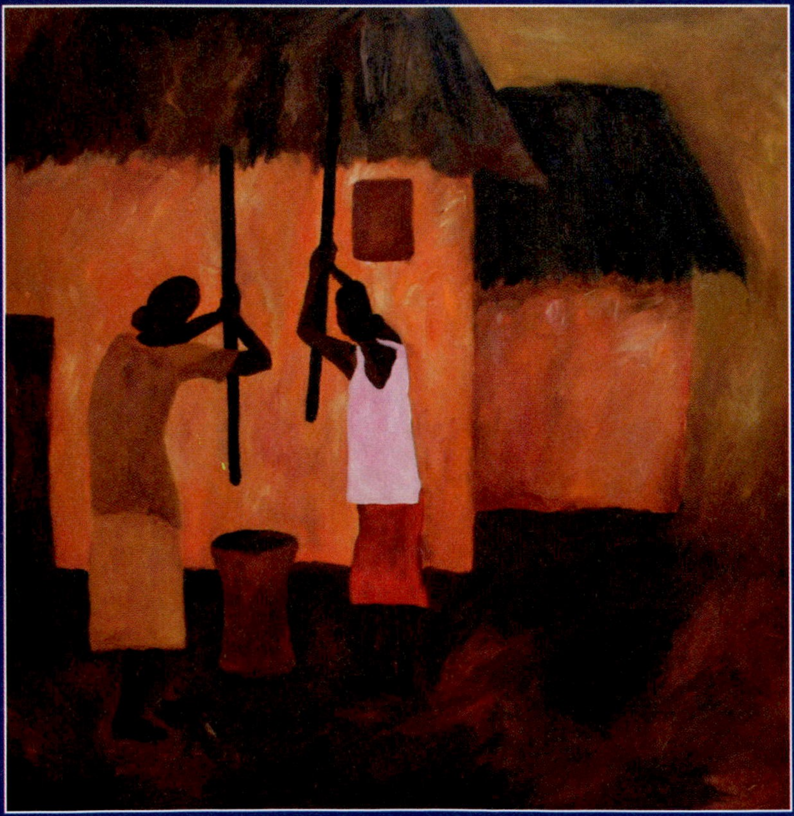

SUPERSITE **SUR INTERNET**

Pour plus de renseignements sur ces créateurs et pour explorer des aspects précis de leurs créations, à l'aide d'activités et de projets de recherche, visitez **imaginez.vhlcentral.com**.

LITTÉRATURE/CINÉMA

Khaleel «Khal» Torabully (1956–)

Né à l'île Maurice, Khal Torabully est un poète et un réalisateur qui a étudié en France. Son œuvre abondante raconte l'histoire de son île et de la population mauricienne. Il aime jouer avec les rythmes et les mots. Il révèle dans sa poésie son concept de la «coolitude», le fait de voir au-delà de (*beyond*) l'époque colonialiste et de créer des ponts entre les peuples, entre les continents et entre les cultures. Il se base sur l'histoire de son peuple pour s'interroger (*wonder*) sur le monde contemporain. Avec deux autres auteurs, Khal Torabully est à l'origine de la fondation d'une association littéraire, l'Internationale des Poètes. L'idée de cette association est née au moment de la parution de *La Cendre des mots*, recueil de poèmes écrits à la suite de l'incendie qui a détruit la bibliothèque de Bagdad, pendant la guerre en Irak, en 2003.

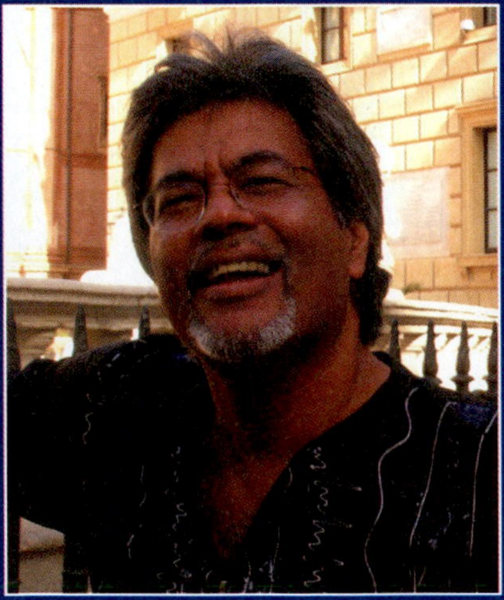

ÉCOLOGIE **Kantilal Jivan Shah (1924–)**

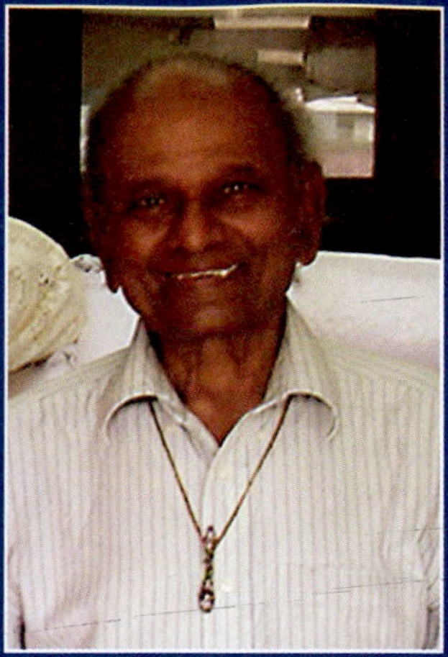

Kantilal Jivan Shah, «Kanti», né aux Seychelles, est un homme aux connaissances (*knowledge*) multiples, comme Léonard de Vinci en son temps. Il a fait beaucoup de choses dans sa vie: gourou, historien, expert en histoire naturelle, cuisinier végétarien, photographe, sculpteur, agronome… Des personnalités comme la reine d'Angleterre Élisabeth II ou Mère Térésa l'ont rencontré, impressionnées par son savoir (*body of knowledge*). Âgé de plus de 80 ans, il s'occupe encore aujourd'hui de l'entreprise d'import-export que son père avait créée en 1895. Mais depuis les trente dernières années, il est surtout connu comme pionnier de l'écologie et de l'écotourisme. Il a en effet contribué à la création de réserves marines et de réserves naturelles. Il est aussi membre de diverses organisations comme l'Alliance Française ou le Fonds (*Fund*) des Seychelles pour l'environnement.

DANSE
Jeff Mohamed Ridjali (1966–)

Jeff Mohamed Ridjali, danseur et chorégraphe né à Mayotte, est un adepte de la danse contemporaine. Il découvre le monde de la danse à Paris où il est fasciné par ce langage du corps. Après avoir étudié cet art, il crée une école de danse à Marseille, l'Institut de Cultures Chorégraphiques. Cet institut a pour but d'aider les jeunes de la rue, grâce à l'enseignement de la danse. Certains de ces jeunes sont maintenant des danseurs professionnels qui font partie de sa compagnie, Urban Concept Danse Cie. Mais la plus grande entreprise de sa carrière, c'est la fondation du Ballet de Mayotte, une troupe professionnelle avec une école de danse mahoraise (*from Mayotte*). Il désire faire connaître cette danse bien particulière dans le monde, et lui donner sa place parmi les styles existants.

8.1

Infinitives

*—Je ne veux rien **voir passer!***

ATTENTION!

Remember that **aller** + [*infinitive*] describes actions occurring in the near future and **venir de** + [*infinitive*] describes actions that have or had *just* occurred.

Ils vont marquer un but!
They're going to score a goal!

Il venait de fêter son 100e anniversaire quand il est mort.
He had just celebrated his 100th birthday when he died.

BLOC-NOTES

The **faire causatif**, formed with **faire** + [*infinitive*], means *to have* (*someone*) *do something.* For an explanation of this construction, see **Fiche de grammaire 9.5, p. 424.**

BLOC-NOTES

For a list of verbs accompanied by a preposition and an infinitive, see **Fiche de grammaire 8.4, p. 418.**

- An infinitive can follow many conjugated verbs directly. To negate the conjugated verb, place **ne… pas** (**jamais**, etc.) around it.

aimer *to like to*	**devoir** *to have to/must*	**prétendre** *to claim to*
compter *to expect to*	**espérer** *to hope to*	**regarder** *to watch*
croire *to believe to be (doing something)*	**laisser** *to allow to*	**savoir** *to know how to*
désirer *to want to*	**oser** *to dare to*	**sembler** *to appear to*
détester *to hate to*	**paraître** *to seem to*	**souhaiter** *to wish to*
écouter *to listen to*	**penser** *to intend to*	**venir** *to come to*
entendre *to hear*	**pouvoir** *to be able to/can*	**voir** *to see*
	préférer *to prefer to*	**vouloir** *to want to*

Nous **comptons obtenir** des billets.
We're expecting to get tickets.

Il **ne prétend pas être** un fan de l'équipe.
He doesn't claim to be a fan of the team.

- Many verbs are used with a preposition, usually **à** or **de**, before the infinitive.

Les meilleurs athlètes **arrivent à finir** la course.
The best athletes manage to run the whole race.

Ils **n'oublient jamais de siffler** pendant le match.
They never forget to whistle during the game.

- Remember to place any pronouns before either the conjugated verb or the infinitive, depending on which one they are the objects of. Do not contract the prepositions **à** and **de** with the direct object pronouns **le** and **les**.

Je **l'ai entendue chanter** une fois.
I heard her sing once.

Tu n'**oublieras** pas **de le faire**.
You won't forget to do it.

- To negate an infinitive after a conjugated verb, place both **ne** *and* **pas** directly before the infinitive. Place **ne** and **pas** directly before any pronouns that accompany the infinitive.

Le prof a décidé de **ne pas venir**.
The prof decided not to come.

Vous préférez **ne pas leur en parler**?
You prefer not to speak to them about it?

- Impersonal expressions of the type **Il est…** + [*adjective*] are followed by **de** + [*infinitive*] to describe a general opinion. **Il faut…** and **Il vaut mieux…** can be followed directly by an infinitive to express obligation.

Il est important de faire de la gym.
It is important to work out.

Il faut se détendre après le travail.
One has to relax after work.

- Some verbs usually take an indirect object before **de** + [*infinitive*]. Such verbs include **commander**, **conseiller**, **demander**, **dire**, **permettre**, **promettre**, and **suggérer**.

Maman **lui a demandé d'acheter** des épinards.
Mom asked him to buy spinach.

Nous **leur permettons de rentrer** à onze heures.
We let them come home at 11 o'clock.

- The present participle can act as the subject of a verb in English, but in this case French uses the infinitive.

Être un enfant n'est pas toujours facile.
Being a child is not always easy.

Voir, c'est **croire**.
Seeing is believing.

- The infinitive is often used to give instructions or commands, as in recipes or on public signs.

Mettre au four pendant 15 minutes.
Put in the oven for 15 minutes.

Ne pas **toucher**!
Do not touch!

- The past infinitive is formed with the infinitive of **avoir** or **être** plus the past participle of the verb. The past infinitive is often used with **après**.

Après avoir crié pendant deux heures au match, j'avais mal à la gorge.
After shouting for two hours at the game, my throat hurt.

Hier soir, ils ont décidé de voir une pièce **après être sortis**.
Last night, they decided to see a play after going out.

- A past participle used with the past infinitive agrees just as it would if the helping verb were conjugated. Place object pronouns before the helping verb.

On n'aimait plus la comédie **après l'avoir vue** cinq fois.
We didn't like the comedy any more after seeing it five times.

Après s'être promenée sous la pluie, elle a attrapé un rhume.
After walking in the rain, she caught a cold.

- Use an infinitive instead of the subjunctive when there is no change of subject between clauses or with impersonal expressions that have a general meaning and no true subject.

Subjunctive: subject change between clauses	Infinitive: no subject change between clauses
Papa désire que **nous allions** à la plage. *Dad wants us to go to the beach.*	**Papa désire aller** à la plage. *Dad wants to go to the beach.*
Stéphanie et Lionel préfèrent que **leurs enfants ne regardent pas** trop la télévision. *Stéphanie and Lionel prefer that their children do not watch too much television.*	**Stéphanie et Lionel préfèrent ne pas trop regarder** la télévision. *Stéphanie and Lionel prefer to not watch too much television.*
Il vaut mieux qu'**elle mette** un anorak pour faire du ski. *She should wear a parka to go skiing.*	**Il vaut mieux mettre** un anorak pour faire du ski. *It's best to wear a parka to go skiing.*

BLOC-NOTES

To review past participle agreement, see **Fiche de grammaire 5.5, p. 408.**

BLOC-NOTES

To review the use of **il est/c'est** + [*adjective*] + **de/à** + [*infinitive*], see **Fiche de grammaire 2.5, p. 396.**

Mise en pratique

Note CULTURELLE

Les Jeux des îles de l'océan Indien, ou les **JIOI**, sont des jeux «olympiques» exclusivement réservés aux habitants des îles de l'**océan Indien**. C'est l'**île de la Réunion** qui en est à l'origine. Elle a organisé les premiers jeux en 1979.

1 **À compléter** Décidez si le verbe entre parenthèses doit rester à l'infinitif ou être conjugué.

1. Veux-tu ______________ (venir) avec moi à la plage?
2. Il croit qu'il ______________ (avoir) toujours raison.
3. Nous aimons ______________ (regarder) les gens qui ______________ (marcher) dans la rue.
4. Nathalie ne veut pas ______________ (lire) ce livre; il est trop difficile à ______________ (comprendre).
5. Vous désirez ______________ (participer) aux Jeux des îles de l'océan Indien?
6. J'ai besoin que tu ______________ (faire) les courses aujourd'hui.
7. L'agent de voyage m'a suggéré d' ______________ (attendre) un peu avant de ______________ (réserver) une chambre d'hôtel.
8. Il semble que vous ______________ (avoir peur de) peu de choses.

2 **À relier** Formez des phrases complètes à l'aide des éléments donnés.

1. les enfants / aimer / manger / des glaces
2. nous / venir de / participer / à une course nautique
3. tu / ne pas / oser / jouer / aux fléchettes
4. mes parents / avoir l'intention de / prendre / des vacances / à l'île Maurice
5. je / ne pas / avoir / vouloir / sortir / hier soir
6. il / désirer / vous / aller / voir / le spectacle
7. le guide / souhaiter / faire / visiter / les maisons coloniales
8. vous / aller / prendre un verre / après le travail

3 **Projets de week-end** Mathilde et Chloé se racontent ce qu'elles prévoient de faire le week-end prochain. Complétez la conversation à l'aide des éléments de la liste.

compter faire	falloir faire	paraître	préférer rester
à découvrir	avoir l'intention de	penser faire	à préparer
entendre dire	laisser bouillir	avoir peur de	vouloir

CHLOÉ Alors? Tu (1) ______________ quoi ce week-end?

MATHILDE Eh bien, je/j' (2) ______________ faire un tour à la campagne.

CHLOÉ Et tu sais où exactement?

MATHILDE Je/J' (3) ______________ que la forêt de l'Est est (4) ______________. On y trouve pleins de lémuriens (*lemurs*).

CHLOÉ Oui, c'est vrai. Il (5) ______________ qu'il y en a beaucoup.

MATHILDE Et toi? Que (6) ______________ -tu ______________?

CHLOÉ Oh, je/j' (7) ______________ à la maison. J'ai une tonne de choses (8) ______________ pour la fête de samedi soir et je/j (9) ______________ ne pas avoir le temps de tout faire.

MATHILDE Eh! (10) ______________ , c'est pouvoir! Bon. Maintenant, il (11) ______________ ce gâteau. Que dit la recette?

CHLOÉ «(12) ______________ pendant 5 minutes.»

Communication

4 **Achats de vêtements** Vous êtes dans un grand magasin de vêtements. À deux, créez un dialogue où votre camarade et vous êtes le client/la cliente et le vendeur/la vendeuse. Utilisez l'infinitif. Ensuite, jouez la scène devant la classe.

Modèle —Que désirez-vous?
—Je souhaite acheter une robe noire que j'ai vue la semaine dernière, mais elle semble ne plus être dans votre magasin.

5 **Votre opinion** Que pensez-vous de ces formes de loisirs? À deux, faites part de votre opinion à l'aide de l'infinitif.

- fêter le Nouvel An à Paris
- le saut à l'élastique
- l'alpinisme
- le ski de fond
- sortir tous les soirs
- aller à un concert de hard rock
- le ski nautique
- faire une croisière (*cruise*)

6 **Vos projets** Que souhaitez-vous faire la prochaine fois qu'il y aura un long week-end? Par petits groupes, expliquez vos projets à vos camarades de classe qui vont vous poser des questions pour en savoir plus. Utilisez l'infinitif le plus possible.

8.2 Prepositions with geographical names

*Dylan et ses parents habitent **à Nice**.*

ATTENTION!

In French, **Mexico** is a false cognate. It means Mexico City, not Mexico.

- Like other French nouns, geographical place names have gender.
- Countries that end in **-e** are feminine, except for **le Belize**, **le Cambodge**, **le Mexique**, **le Mozambique**, and **le Zimbabwe**, which are masculine.
- Countries that do not end in **-e** are masculine, except for **la Guyana**.

Masculine countries		Feminine countries	
l'Afghanistan	*Afghanistan*	**l'Algérie**	*Algeria*
le Brésil	*Brazil*	**l'Allemagne**	*Germany*
le Cambodge	*Cambodia*	**l'Angleterre**	*England*
le Canada	*Canada*	**l'Argentine**	*Argentina*
le Danemark	*Denmark*	**la Belgique**	*Belgium*
l'Iran	*Iran*	**la Colombie**	*Colombia*
l'Irak	*Iraq*	**la Côte d'Ivoire**	*Ivory Coast*
le Japon	*Japan*	**l'Espagne**	*Spain*
le Luxembourg	*Luxemburg*	**la France**	*France*
le Maroc	*Morocco*	**la Grèce**	*Greece*
le Mexique	*Mexico*	**l'Italie**	*Italy*
le Pérou	*Peru*	**la Russie**	*Russia*
le Sénégal	*Senegal*	**la Suisse**	*Switzerland*
le Viêt-nam	*Vietnam*	**la Turquie**	*Turkey*

- Some country names are plural: **les États-Unis** and **les Pays-Bas** (*the Netherlands*).
- Masculine islands like **Cuba**, **Haïti**, **Madagascar**, and **Maurice** never take an article. The same is true of small European islands like **Malte** and **Chypre**.
- Provinces and regions generally follow the same rules as countries: **la Bretagne**, **le Manitoba**, **la Normandie**, **la Provence**, **le Québec**.
- States that end in **-e** are usually feminine: **la Floride**, **la Louisiane**, **la Géorgie**, **la Virginie (occidentale)**, **la Californie**, **la Pennsylvanie**, and **la Caroline du Nord/du Sud**. **Le Maine**, **le Tennessee**, and **le Nouveau-Mexique** are exceptions.
- States that do not end in **-e** are masculine: **le Kansas**, **le Michigan**, **l'Oregon**, **le Texas**, etc.
- Do not use an article with a city unless the article is a part of the name, such as **Le Caire**, **Le Havre**, **Le Mans**, **La Nouvelle-Orléans**, and **La Rochelle**.
- All of the continents are feminine: **l'Afrique**, **l'Amérique du Nord**, **l'Amérique du Sud**, **l'Antarctique**, **l'Asie**, **l'Australie**, and **l'Europe**.

- The gender of a place name usually determines the preposition you use. Use this chart to determine which preposition to use to say *to*, *in*, or *at*.

With...	use:
Cities	**à**
Continents	**en**
feminine countries and provinces	**en**
masculine countries and provinces	**au**
masculine countries and provinces that begin with a vowel	**en**
plural countries	**aux**
feminine states	**en**
most masculine states	**dans le/l'** *or* **dans l'état de/d'/du/de l'**

Vous allez **à** Londres?
Are you going to London?

Lucie va **en** Côte d'Ivoire.
Lucie is going to the Ivory Coast.

Je vais **au** Maroc.
I'm going to Morocco.

La France est **en** Europe.
France is in Europe.

Ils sont **aux** Pays-Bas.
They are in the Netherlands.

Mon cousin est **en** Irak.
My cousin is in Iraq.

- Use this chart to determine which preposition to use to say *from*.

With...	use:
Cities	**de/d'**
Continents	**de/d'**
feminine countries and provinces	**de/d'**
masculine countries and provinces	**du**
masculine countries and provinces that begin with a vowel	**d'**
plural countries	**des**
feminine states	**de/d'**
masculine states	**du/de l'**

Nous arrivons **de** New York.
We are arriving from New York.

Tu es **d'**Asie?
Are you from Asia?

Nous sommes **des** États-Unis.
We are from the United States.

Elle est **du** Japon.
She is from Japan.

- The prepositions used with certain islands are exceptions to these rules.

With...	to say *to, in,* or *at,* use:	to say *from,* use:
Cuba	**à**	**de**
Haïti	**en**	**d'**
Madagascar	**à**	**de**
Martinique	**à la**	**de** *or* **de la**

Elle rêve d'aller **à la Martinique.**

ATTENTION!

To say someone is *in, at,* or going *to* a masculine state, you can use either **dans le** or **dans l'état de/du/de l'**. With **Texas** and **Nouveau-Mexique**, use **au**.

Chicago est dans (l'état de) l'Illinois.

Chicago is in (the state of) Illinois.

but

Nous sommes au Texas.

We are in Texas.

ATTENTION!

If the definite article is part of a city name, include the article along with the preposition. In this case, form the usual contractions with **à** and **de**.

Ils sont au Caire.

They are in Cairo.

Il vient de la Nouvelle-Orléans.

He is from New Orleans.

Mise en pratique

1 **Où?** Choisissez la bonne réponse parmi celles proposées.

1. _____ Alaska est à l'ouest _____ Canada.
   a. La... de b. L'... du c. Le... de la
2. Dans quelle ville es-tu? _____ Saint-Denis?
   a. En b. À c. Au
3. Je vais souvent _____ Madagascar et _____ La Réunion pour mes vacances.
   a. à... à b. en... à c. au... au
4. _____ Groenland appartient _____ Danemark.
   a. Le... au b. Le... en c. La... dans le
5. Mes parents habitent _____ Pierre, _____ Dakota du Sud.
   a. en... en b. à... dans le c. à... au
6. Il s'est perdu quelque part _____ Pérou, _____ Amérique du Sud.
   a. dans le... dans l' b. dans le... à l' c. au... en

2 **L'océan Indien** Louis envoie une carte postale à son frère. Choisissez les bonnes prépositions pour compléter le texte.

Salut Juju!

Mercredi soir, nous avons fêté notre anniversaire de mariage (1) _____ Port-Louis. Au bout de quelques jours, nous avons pris l'avion pour aller (2) _____ La Réunion. Ensuite, nous avons pu admirer la somptueuse île de Madagascar, et surtout l'art de la marqueterie, (3) _____ Ambositra, une ville située (4) _____ province de Fianarantsoa. Et voilà! Aujourd'hui, nous sommes (5) _____ Seychelles où le temps est magnifique. Nous sommes arrivés hier matin (6) _____ Madagascar. L'archipel des Seychelles est merveilleux. Demain, nous avons prévu d'aller (7) _____ Mahé, l'île principale. L'année prochaine, nous souhaitons aller (8) _____ Afrique. Quand nous pensons au temps pluvieux qu'il doit faire (9) _____ Havre, nous n'avons pas envie de rentrer (10) _____ France.

À +
Louis et Carole

Julien Lacour
74, rue Vendôme
76600 Le Havre
France

Note CULTURELLE

Des personnalités françaises du 18e siècle sont à l'origine du nom de certains endroits, dans l'océan Indien. **Jean Moreau de Séchelles**, contrôleur des finances sous Louis XV, a donné son nom à l'archipel des **Seychelles**, et le navigateur **Bertrand-François Mahé de La Bourdonnais** à son île principale, **Mahé**, après que les Français ont découvert l'archipel en 1756. Les noms sont restés depuis, même sous domination britannique.

3 **À vous d'écrire** Créez des phrases complètes à l'aide des éléments de chaque colonne. Ensuite, à deux, imaginez une conversation avec les phrases que vous venez d'écrire.

aller	à	Caire
arriver	au(x)	Europe
se divertir	dans le/l'	Massachusetts
être	de(s)/d'	Portugal
se promener	de l'	Saint-Pétersbourg
venir	du	Seychelles
?	en	?

Communication

4 **Votre rêve** Passez dans la classe et demandez à dix camarades à quel endroit précis de la planète ils rêvent d'habiter. Collectez les informations sur une feuille de papier, puis présentez-les à la classe. N'oubliez pas d'écrire les prépositions correspondantes.

	Ville	Pays	Continent
Delphine	à Florence	en Italie	en Europe

5 **Un tour du monde** À deux, créez l'itinéraire d'un fabuleux tour du monde. Donnez les détails de la localisation de chaque étape: la ville, la région ou l'état (si c'est le cas), le pays et le continent.

Modèle Jour 1: départ d'Albany, dans l'état de New York, aux États-Unis, en Amérique du Nord et arrivée à Mexico, au Mexique.

Jour 2: départ de Mexico, au Mexique, en Amérique du Nord et arrivée à Buenos Aires, en Argentine, en Amérique du Sud.

6 **Et vous?** Racontez vos dernières vacances. À quel endroit êtes-vous allé(e)? Quel était votre itinéraire? Montrez-le sur une carte pour aider vos camarades de classe à visualiser votre voyage. Ensuite, vos camarades vous posent des questions pour savoir ce que vous avez fait.

Modèle Je suis allé(e) à San Diego, en Californie, pour voir mes grands-parents. Ensuite, je suis allé(e) à Tijuana, au Mexique…

8.3

The *conditionnel*

*—Il y en a combien, un sur cent qui finit professionnel. Pourquoi ce **serait** lui?*

- The **conditionnel** is used to soften a request, to indicate that a statement might be contrary to reality, or to show that an action was going to happen at some point in the past. It is often translated into English as *would*... or *could*...
- The **conditionnel** is formed with the same stems as the **futur simple**. The endings for the **conditionnel** are the same as those for the **imparfait**.

The **conditionnel** of regular verbs

	parler	réussir	attendre
je/j'	parlerais	réussirais	attendrais
tu	parlerais	réussirais	attendrais
il/elle	parlerait	réussirait	attendrait
nous	parlerions	réussirions	attendrions
vous	parleriez	réussiriez	attendriez
ils/elles	parleraient	réussiraient	attendraient

- Any **-er** verbs with spelling changes in their **futur simple** stem have the same changes in the **conditionnel**.

je me promènerai	›	**je me promènerais**
j'emploierai		**j'emploierais**
j'essaierai *or* **j'essayerai**		**j'essaierais** *or* **j'essayerais**
j'appellerai		**j'appellerais**
je projetterai		**je projetterais**

- Verbs that have an irregular stem in the **futur simple** have the same stem in the **conditionnel**.

Nous **irions** au cinéma s'il y avait des films intéressants à voir.
We would go to the cinema if there were interesting movies to see.

Qu'est-ce que tu **ferais**, toi, dans les circonstances actuelles?
What would you do under the present circumstances?

- Use the **conditionnel** to describe hypothetical events.

Vous **pourriez** venir à cinq heures.
You could come at 5 o'clock.

Un jour, j'**aimerais** visiter les Seychelles.
One day, I'd like to visit the Seychelles.

BLOC-NOTES

To review formation of the **futur simple**, see **Structures 7.2, pp. 252–253.**

ATTENTION!

Remember that the English *would* can be translated with the **imparfait** or the **conditionnel**. To express ongoing or habitual actions in the past in French, use the **imparfait**.

Pépé parlait souvent de son enfance.
Gramps would (used to) talk often about his childhood.

but

Pépé parlerait de son enfance s'il était là.
Gramps would talk about his childhood if he were here.

- The hypothetical aspect of the **conditionnel** makes it useful in polite requests and propositions. The verbs most often used in phrases of this type are **aimer**, **pouvoir**, and **vouloir**.

Nous **aimerions** vous poser des questions.
We would like to ask you some questions.

Je **voudrais** porter un toast.
I would like to make a toast.

Est-ce que je **pourrais** parler à Bertrand?
May I speak to Bertrand?

Pardon, monsieur, **auriez**-vous l'heure, s'il vous plaît?
Pardon, sir, would you have the time, please?

- Conditional forms of **devoir** followed by an infinitive tell what *should* or *ought to* happen. Conditional forms of **pouvoir** followed by an infinitive tell what *could* happen.

Tu **devrais sortir** plus souvent avec nous.
You should go out more often with us.

On **pourrait passer** la matinée au parc.
We could spend the morning at the park.

- Another use for the **conditionnel** is in a clause after **au cas où** (*in case*). Note that English uses the indicative for these phrases.

Apportez de l'argent **au cas où** il y **aurait** encore des tickets à vendre.
Bring some money in case there are still tickets for sale.

Je mettrai des baskets **au cas où** on **irait** à pied au vernissage.
I'll wear sneakers in case we go to the art opening on foot.

- In some cases, the **conditionnel** is used to express uncertainty about a fact.

Selon le journal, il y **aurait** plus de 100 parcs d'attractions au Texas.
According to the newspaper, there are more than 100 amusement parks in Texas.

Le film dit que nous n'**aurions** plus le temps de sauver la planète.
The movie is saying that we don't have any more time to save the planet.

- The **conditionnel** is used sometimes in the context of the past to indicate what was to happen in the future. This usage is called the *future in the past*.

Pépé a dit qu'il **fêterait** son 95e anniversaire dans un parc d'attractions.
Gramps said he would celebrate his 95th birthday at an amusement park.

Je pensais que maman **mettrait** mes affaires dans ma chambre, mais elle les a mises dehors.
I thought Mom would put my things in my room, but she put them outside.

- Form contrary-to-fact statements about what *would happen* if something else *were to occur* by using the **imparfait** and the **conditionnel**.

Si j'**étais** toi, je **mettrais** des baskets pour aller me promener.
If I were you, I would put on sneakers to take a walk.

On **pourrait** arriver avant l'ouverture **si** Jean-Yves **faisait** la queue pour nous.
We could arrive before the opening if Jean-Yves stood in line for us.

ATTENTION!

To indicate that an event was going to happen in the past, you can also use the verb **aller** in the **imparfait** plus an infinitive.

M. LeFloch a dit qu'il allait bavarder avec un ami.

Mr. LeFloch said he was going to chat with a friend.

BLOC-NOTES

To review **si** clauses, see **Structures 10.1, pp. 364–365.**

Mise en pratique

1 **À compléter** Complétez la conversation qu'Aurélie a avec ses copains. Employez le conditionnel du verbe le plus logique. Vous pouvez utiliser certains verbes plus d'une fois.

aller	avoir	dire	être	hurler	pouvoir
appeler	devoir	se divertir	faire	mettre	vouloir

GAVIN Qu'est-ce que tu (1) __________ faire pour fêter ton anniversaire?

AURÉLIE Je ne sais pas... Que (2) __________-vous à ma place?

LEENA Moi, j' (3) __________ jouer au bowling avec des copains.

AURÉLIE Je suis nulle au bowling. Je ne me (4) __________ pas.

GAVIN Nous (5) __________ passer une journée au parc d'attractions!

AURÉLIE Non, mes parents m'ont dit que j' (6) __________ si peur des montagnes russes (*roller coasters*) que je (7) __________ sans arrêt. Mes amis ne (8) __________ rien faire pour me calmer.

GAVIN Je vois. Je (9) __________ que tu n'en as pas de bons souvenirs.

LEENA Faisons un pique-nique—ce (10) __________ plus simple.

AURÉLIE Quelle bonne idée! Au cas où il (11) __________ frais, on (12) __________ apporter un gilet.

2 **Si vous étiez là...** Quelle activité pratiqueriez-vous si vous étiez à ces endroits?

Modèle **jouer**
Si j'étais dans un gymnase, je jouerais au basket.

1. **regarder**

2. **prendre**

3. **acheter**

4. **patiner**

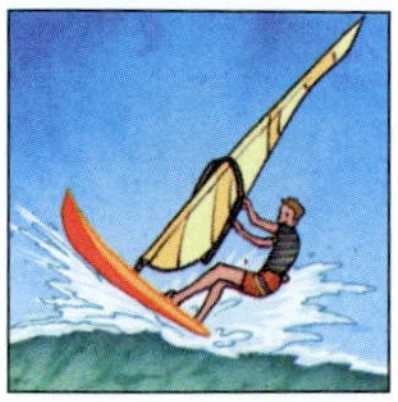

5. **faire**

6. **aller voir**

3 **Le loto** Imaginez que vous gagniez à la loterie. Que feriez-vous avec cet argent? Expliquez votre réponse en huit à dix phrases. Utilisez le conditionnel dans chaque phrase.

Communication

4

Un voyage

A. Un de vos amis projette de faire avec sa famille un voyage à Madagascar, que vous avez visité l'an dernier. Il vous demande des conseils sur le logement, la meilleure date de départ et sur les activités possibles là-bas. À deux, jouez les rôles à l'aide des éléments ci-dessous et des informations données dans la Note culturelle.

Modèle —Où devrions-nous rester?
—Je pense que vous devriez rester à Antananarivo.

aimer	aller au musée	prendre une chambre à l'hôtel
devoir	faire une randonnée	visiter des sites historiques
pouvoir	faire du camping	?
vouloir	nager en piscine/dans l'océan	

Ma sœur, Julie, adore les animaux sauvages et les sciences, surtout la biologie.

Moi, c'est Mike, j'adore l'histoire, l'art, et j'aime aussi beaucoup lire et écrire.

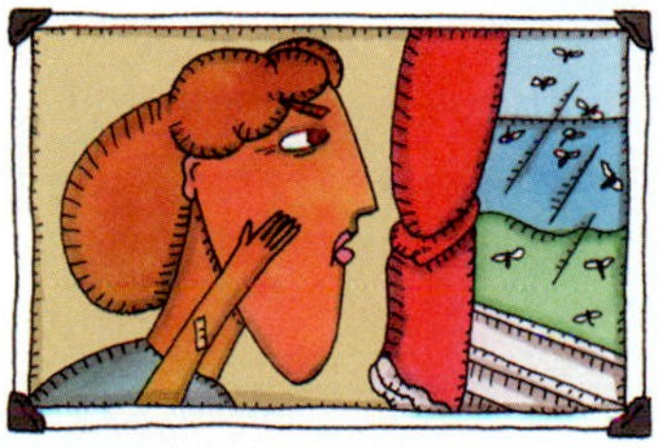

Ma mère, Suzanne, n'aime pas rester dehors trop longtemps parce qu'elle déteste les insectes.

B. Imaginez que d'autres membres de la famille voyagent avec Mike, sa sœur et sa mère. Qu'aiment-ils faire? Qu'aimeraient-ils faire et voir à Madagascar?

5

Que feriez-vous? Pensez à ce que vous feriez dans ces situations. Discutez de chacune par petits groupes.

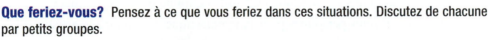

Note CULTURELLE

Le meilleur moment pour venir visiter **Madagascar**, c'est en hiver et au printemps, entre juillet et octobre. Pendant cette période, il ne fait pas trop chaud et il pleut moins. Avec sa faune et sa flore uniques au monde, on y appréciera les randonnées, le camping, les parcs nationaux et les réserves naturelles. Pour ceux qui préfèrent l'art et l'histoire, il y a le **Palais de la reine** à **Antananarivo**, la capitale. On peut y visiter plusieurs autres musées et sites historiques, par exemple, le **Musée d'art et d'archéologie** et le **Palais de justice**.

SUPERSITE Synthèse

1 Sport ou loisir? Quand un loisir devient-il un sport? Certains, comme en Russie et dans d'autres pays d'Europe, considèrent que la gymnastique et le patinage artistique sont des sports, et ils aimeraient voir cette idée plus généralement acceptée. Pour d'autres, ce sont des loisirs. De même, le poker, le golf et le bowling peuvent être vus comme de simples passe-temps ou des sports à part entière.

2 Légitime ou illégitime? Depuis plusieurs années, aux États-Unis comme ailleurs, la copie illégale de musique sur Internet a eu un impact néfaste° sur l'industrie des CD et des DVD. D'après certains défenseurs de cette pratique, la raison en est que les produits originaux sont devenus trop chers. D'autres disent que la piraterie est inévitable, parce que tout le monde peut copier de la musique et des films, confortablement installé chez lui.

harmful

3 Violence et divertissement La violence dans les médias est de plus en plus choquante. Beaucoup de personnes sont préoccupées par l'impact que ces divertissements peuvent avoir sur les enfants et les adultes, et voudraient que leur utilisation ait des limites. Leurs créateurs veulent se défendre en disant que ces produits n'influencent ni le comportement de l'utilisateur ni celui du spectateur.

4 L'argent et le jeu Dans la plupart des états d'Amérique du Nord, on peut acheter des tickets de grattage°, jouer au loto et faire des paris. D'un autre côté, il est illégal de jouer aux jeux d'argent, comme on le ferait dans les casinos. Quelle est la différence entre les jeux de hasard des établissements spécialisés et ceux auxquels on peut jouer chez soi?

scratch

1 Qu'avez-vous compris? **Répondez aux questions par des phrases complètes.**

1. Que voudraient certaines personnes concernant la violence dans les médias?
2. Que peut-on faire chez soi avec Internet?
3. Dans la plupart des états d'Amérique du Nord, à quoi ne peut-on pas jouer?
4. Qu'aimeraient certaines personnes pour la gymnastique et le patinage artistique?

2 À votre avis? **Par groupes de trois, donnez votre opinion sur les sujets traités dans le texte. Ensuite, défendez-la à l'aide des structures de cette leçon.**

3 Vos suggestions **Avec le même groupe, choisissez un de ces sujets. Créez trois personnages: deux d'entre eux ont une opinion différente, le troisième est indécis. Ensuite, jouez la scène devant la classe qui choisira le groupe le plus convaincant.**

Modèle —Pour moi, toutes les activités qui font bouger sont des sports.

—Non, je ne suis pas d'accord. Beaucoup trop d'activités deviendraient des sports, alors.

—Je dois dire que je ne sais pas quoi penser.

Préparation

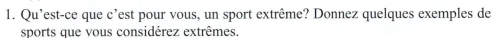

Vocabulaire de la lecture

escalader *to climb, to scale*
glisser *to glide*
grimper à *to climb*
le parapente *paragliding*
parcourir *to go across*
la roche *rock*
sauter *to jump*
tenter *to attempt; to tempt*
un(e) vacancier/ère *vacationer*
voler *to fly*
un VTT (vélo tout terrain) *mountain bike*

Vocabulaire utile

un casse-cou *daredevil*
se dépasser *to go beyond one's limits*
un frisson *thrill*
lézarder au soleil *to bask in the sun*
une montée d'adrénaline *adrenaline rush*
vaincre ses peurs *to confront one's fears*

1 **Journal de vacances** Patrick, un jeune Français qui est en vacances à La Réunion avec des amis, tient un journal (*keeps a diary*). Complétez cet extrait à l'aide des mots de vocabulaire.

mercredi 12 juillet

Nous voici à La Réunion depuis une semaine. C'est assez calme car il n'y a pas trop de (1) ____________ en ce moment. L'île est tellement belle qu'en arrivant, nous avons abandonné l'idée de voyager en bus. Nous avons décidé de (2) ____________ l'île en (3) ____________ pour mieux profiter des paysages. Véritable (4) ____________ qui n'a peur de rien, Gilles a voulu tenter (5) ____________ et il a réussi à me convaincre d'essayer aussi. Quelle expérience! On a vraiment l'impression de (6) ____________ comme un oiseau. Demain, nous allons escalader le piton de la Fournaise, un des volcans les plus actifs du monde! Après tout ça, je pense qu'on va avoir envie d'aller sur la plage pour (7) ____________!

2 **Les sports extrêmes** Répondez aux questions et comparez vos réponses avec celles d'un(e) camarade.

1. Qu'est-ce que c'est pour vous, un sport extrême? Donnez quelques exemples de sports que vous considérez extrêmes.
2. Avez-vous déjà essayé ou bien pratiquez-vous régulièrement un sport extrême? Si oui, lequel? Si non, aimeriez-vous essayer? Expliquez.
3. Connaissez-vous des endroits dans le monde qui sont réputés pour la pratique des sports extrêmes? Lesquels? Quels sports y pratique-t-on?

3 **À l'écran** Vous regardez la télé? Vous allez souvent au cinéma? Par groupes de trois, listez quatre films ou émissions de télé et le sport extrême qui y est pratiqué. Comparez vos idées avec celles des autres groupes.

La Réunion, île intense

Aaah! La plage! Les cocotiers°! Les bains de soleil! Des vacances de rêve sur une île de l'océan Indien! Qui ne serait pas tenté? Mais… et s'il y avait autre chose à faire sur l'île de la Réunion? Si vous aimez marcher, grimper, escalader, sauter, glisser, voler… c'est bien à la Réunion, à 800 kilomètres à l'est de Madagascar, qu'il faut aller passer vos prochaines vacances. D'ailleurs, ce n'est certainement pas par hasard qu'on la surnomme «l'île intense».

Il ne fait aucun doute que l'Indiana Jones qui sommeille° en vous aura envie de pratiquer les nombreuses activités sportives, souvent extrêmes, présentes sur l'île. Il y en a pour tous les goûts.

> **Ce n'est certainement pas par hasard qu'on la surnomme «l'île intense».**

L'océan, les rivières, les cascades… l'eau est omniprésente. Côté océan, le fly surf ou kite surf est devenu très à la mode. On se sert d'un immense cerf-volant° pour surfer autant sur l'eau que dans les airs. Côté rivières et cascades, les aventuriers trouveront leur bonheur avec le canyoning. Il existe sur l'île plus de 70 canyons praticables. Certains diront que le canyon du Trou blanc, situé à l'ouest de l'île, est celui qu'il faut absolument essayer. C'est ce qu'on appelle un aqualand naturel, fait de nombreux toboggans° formés dans la roche. Par contre, les intrépides tenteront de descendre le Trou de Fer, canyon grandiose, situé dans la partie nord de l'île. Il faut deux à trois jours pour le parcourir.

La Réunion est aussi un vrai paradis pour les amateurs de courses d'endurance. Depuis quelques années, elle est le théâtre de plusieurs courses à pied extrêmes. La plus impressionnante est sans aucun doute le Grand Raid, surnommée la Diagonale des Fous. Il s'agit de traverser l'île de part en part°. Le parcours équivaut à° huit marathons classiques. Les 2.000 concurrents doivent «survivre» à un dénivelé° de 8.000 mètres formé par cinq sommets dont le plus haut atteint 2.411 mètres. Les trois quart des participants finissent la course et gagnent alors le fameux t-shirt jaune, «J'ai survécu».

La Mégavalanche est une autre épreuve sportive° qui est de plus en plus en vogue. Imaginez plus de 400 concurrents qui descendent à grande vitesse une montagne en VTT. Le départ est à 2.200 mètres d'altitude et l'arrivée au bord de la mer.

L'île est un lieu idéal pour ceux qui rêvent de voler. Il y a plusieurs choix possibles, dont le parapente, le saut à l'élastique et la tyrolienne. Celle-ci compte de plus en plus d'amateurs. Les gens aiment la sensation que leur procure° la traversée d'un ravin à 100 km/h (*65 m/h*), attachés à un câble. Ils ont le sentiment extraordinaire de voler.

Enfin, les fous de vulcanologie, aussi bien que les vacanciers en manque de sensations fortes, seront ravis° de leur ascension du piton de la Fournaise. Mais attention aux éruptions! C'est l'un des quatre volcans les plus actifs du monde et l'un des plus impressionnants.

Les 2.500 km^2 de l'île, soit deux fois la taille de la ville de New York, offrent une succession de paysages aussi divers que ceux d'un continent. Cela explique le grand nombre d'activités sportives et de sports extrêmes qu'on peut y pratiquer. Alors, cette petite île perdue au milieu de l'océan Indien mérite le détour, non? Allez! Patience! Plus que quelques heures d'avion, et vous y serez! ■

- cocotiers: *coconut palms*
- sommeille: *lies dormant*
- cerf-volant: *kite*
- toboggans: *slides*
- de part en part / équivaut à: *straight through*/ est égal à
- dénivelé: *difference in altitude*
- épreuve sportive: *sports event*
- procure: donne
- ravis: très heureux

Analyse

1

Compréhension Répondez aux questions par des phrases complètes.

1. Où se trouve l'île de la Réunion?
2. Pourquoi l'île de la Réunion est-elle surnommée «l'île intense»?
3. Quelle activité mélange l'escalade et l'eau?
4. Quel sport extrême se fait avec un énorme cerf-volant?
5. Qu'est-ce que c'est, le Grand Raid?
6. À quelle course les fans de VTT peuvent-ils participer? Décrivez-la en une phrase.
7. Pour quel sport faut-il utiliser un câble? Décrivez-le.
8. Si on s'intéresse à la vulcanologie, qu'est-ce qu'on peut faire à la Réunion?

2

En voyage Répondez aux questions et comparez vos réponses avec celles d'un(e) camarade.

1. L'article vous donne-t-il envie de visiter l'île de la Réunion? Pourquoi?
2. Quand vous voyagez, préférez-vous pratiquer des activités sportives — qu'elles soient extrêmes ou non — ou lézarder au soleil? Pourquoi?
3. Quelles sont les trois choses qui déterminent le plus le choix de votre destination (le climat, l'histoire, les musées, les logements, les restaurants, la vie nocturne, les prix, les magasins, etc.)? Expliquez.

3

Le sport en évolution? La pratique des sports extrêmes est un phénomène grandissant. Aujourd'hui en effet, ils sont de plus en plus populaires, surtout auprès (*with*) des jeunes, et on peut en pratiquer presque partout. Pourquoi, à votre avis? Par petits groupes, discutez de cette évolution.

4

Pourquoi visiter... Par petits groupes, choisissez un endroit que vous connaissez et qui offre un grand choix d'activités (sportives ou non). Faites une liste de tout ce qu'on peut y faire et écrivez un article de trois paragraphes. Puis, présentez ce lieu à la classe et expliquez pourquoi il est, à votre avis, l'endroit idéal.

Endroit idéal	Activités
____________	1. ____________
	2. ____________
	3. ____________
	4. ____________

Préparation

À propos des auteurs

Jean-Jacques Sempé (1932–) est né à Bordeaux, en France. En 1954, il crée avec René Goscinny une bande dessinée, *Les aventures du Petit Nicolas*. Ensemble, ils écriront cinq romans du petit Nicolas. Depuis 1960, Sempé publie ses propres recueils de dessins humoristiques, comme *Les musiciens* en 1979. C'est aussi en 1979 qu'il commence à dessiner régulièrement pour la couverture du magazine *The New Yorker*. Depuis plus de 40 ans, Sempé crée des œuvres à l'humour subtil pour les enfants et pour les adultes.

René Goscinny (1926–1977) est né à Paris, mais a passé toute son enfance à Buenos Aires, en Argentine. En 1945, il est allé s'installer avec sa mère, aux États-Unis où il a travaillé comme traducteur. Pendant sa carrière, en collaboration avec plusieurs artistes, il a écrit les scénarios de bandes dessinées célèbres, comme *Lucky Luke* avec Morris, *Le Petit Nicolas* avec Jean-Jacques Sempé, *Astérix et Obélix* avec Albert Uderzo. C'est un des scénaristes les plus connus d'Europe. Il est mort à Paris, à l'âge de 51 ans.

Vocabulaire de la lecture

s'apercevoir *to realize, to notice*
le ballon *ball*
se battre (*irreg.*) *to fight*
chouette *great, cool*
déchirer *to tear*
de nouveau *again*
dedans *inside*
un mouchoir *handkerchief*
une partie *game, match*
sauf *except*
un sifflet *whistle*
souffler *to blow*
surveiller *to keep an eye on*

Vocabulaire utile

la concurrence *competition*
le personnage *character (in a story or play)*

1 **Définitions** Faites correspondre chaque mot à sa définition.

_____ 1. se rendre compte
_____ 2. un objet dont se sert l'arbitre
_____ 3. un match
_____ 4. regarder de près
_____ 5. encore une fois
_____ 6. super, excellent

a. surveiller
b. de nouveau
c. s'apercevoir
d. une partie
e. un sifflet
f. chouette

2 **Préparation** À quels jeux jouiez-vous avec vos ami(e)s quand vous étiez petit(e)? Quelles sortes de problèmes se présentaient pendant le jeu? Discutez-en avec un(e) camarade de classe.

3 **Discussion** Quel sera le thème de cette lecture? Par groupes de trois, discutez de vos idées.

- Réfléchissez au titre.
- Regardez les illustrations.
- Donnez votre opinion sur ce qui va se passer.

Note CULTURELLE

Il y a 80 aventures du **Petit Nicolas** illustrées par 259 dessins de **Sempé**. Pour écrire ces histoires, **Goscinny** s'est servi du langage plein de charme des enfants. D'ailleurs, beaucoup de jeunes Français connaissent le petit Nicolas et ses aventures. Ils connaissent aussi: Alceste, son meilleur copain; Agnan, le chouchou de la maîtresse (*teacher's pet*); Geoffroy, dont le papa est très riche; Rufus, fils d'un agent de police; Eudes; Clotaire et les autres.

Le football

Sempé-Goscinny

SUPERSITE

Il a fallu décider comment former les équipes, pour qu'il y ait le même nombre de joueurs de chaque côté.

Alceste nous a donné rendez-vous, à un tas de° copains de la classe, pour cet après-midi dans le terrain vague°, pas loin de la maison. Alceste c'est mon ami, il est gros, il aime bien manger, et s'il nous a donné rendez-vous, c'est parce que son papa lui a offert un ballon de football tout neuf° et nous allons faire une partie terrible°. Il est chouette, Alceste.

Nous nous sommes retrouvés sur le terrain à trois heures de l'après-midi, nous étions dix-huit. Il a fallu décider comment former les équipes, pour qu'il y ait le même nombre de joueurs de chaque côté.

Pour l'arbitre, ça a été facile. Nous avons choisi Agnan. Agnan c'est le premier de la classe, on ne l'aime pas trop, mais comme il porte des lunettes on ne peut pas lui taper dessus°, ce qui, pour un arbitre, est une bonne combine°. Et puis, aucune équipe ne voulait d'Agnan, parce qu'il est pas très fort pour le sport et il pleure trop facilement. Là où on a discuté, c'est quand Agnan a demandé qu'on lui donne un sifflet. Le seul qui en avait un, c'était Rufus, dont le papa est agent de police.

«Je ne peux pas le prêter, mon sifflet à roulette, a dit Rufus, c'est un souvenir de famille°.» Il n'y avait rien à faire. Finalement, on a décidé qu'Agnan préviendrait° Rufus et Rufus sifflerait à la place d'Agnan.

«Alors? On joue ou quoi? Je commence à avoir faim, moi!» a crié Alceste.

Mais là où c'est devenu compliqué, c'est que si Agnan était arbitre, on n'était plus que dix-sept joueurs, ça en faisait un de trop pour le partage. Alors, on a trouvé le truc: il y en a un qui serait arbitre de touche° et qui agiterait un petit drapeau, chaque fois que la balle sortirait du terrain. C'est Maixent qui a été choisi. Un seul arbitre de touche, ce n'est pas beaucoup pour

tas de: beaucoup de
terrain vague: *vacant lot*
neuf: nouveau
terrible: fantastique
taper dessus: frapper
combine: *clever trick*
souvenir de famille: *heirloom*
préviendrait: *would tell*
arbitre de touche: *linesman*

surveiller tout le terrain mais Maixent court très vite, il a des jambes très longues et toutes maigres, avec de gros genoux sales. Maixent, il ne voulait rien savoir, il voulait jouer au ballon, lui, et puis il nous a dit qu'il n'avait pas de drapeau. Il a tout de même accepté d'être arbitre de touche pour la première mi-temps°. Pour le drapeau, il agiterait son mouchoir qui n'était pas propre, mais bien sûr, il ne savait pas en sortant de chez lui que son mouchoir allait servir de drapeau.

half-time period

«Bon, on y va?» a crié Alceste.

Après, c'était plus facile, on n'était plus que seize joueurs.

Il fallait un capitaine pour chaque équipe. Mais tout le monde voulait être capitaine. Tout le monde sauf Alceste, qui voulait être goal, parce qu'il n'aime pas courir. Nous, on était d'accord, il est bien, Alceste, comme goal; il est très large et il couvre bien le but. Ça laissait tout de même quinze capitaines et ça en faisait plusieurs de trop.

«Je suis le plus fort, criait Eudes, je dois être capitaine et je donnerai un coup de poing° sur le nez de celui qui n'est pas d'accord!

punch

—Le capitaine c'est moi, je suis le mieux habillé!» a crié Geoffroy, et Eudes lui a donné un coup de poing sur le nez.

C'était vrai, que Geoffroy était bien habillé, son papa, qui est très riche, lui avait acheté un équipement complet de joueur de football, avec une chemise rouge, blanche et bleue.

«Si c'est pas moi le capitaine, a crié Rufus, j'appelle mon papa et il vous met tous en prison!»

Moi, j'ai eu l'idée de tirer au sort° avec une pièce de monnaie. Avec deux pièces de monnaie, parce que la première s'est perdue dans l'herbe et on ne l'a jamais retrouvée. La pièce, c'était Joachim qui l'avait prêtée et il n'était pas content de l'avoir perdue; il s'est mis à la chercher, et pourtant Geoffroy lui avait promis que son papa lui enverrait un chèque pour le rembourser. Finalement, les deux capitaines ont été choisis: Geoffroy et moi.

to draw lots

«Dites, j'ai pas envie d'être en retard pour le goûter, a crié Alceste. On joue?»

Après, il a fallu former les équipes. Pour tous, ça allait assez bien, sauf pour Eudes. Geoffroy et moi, on voulait Eudes, parce que, quand il court avec le ballon, personne ne l'arrête. Il ne joue pas très bien, mais il fait peur. Joachim était tout content parce qu'il avait retrouvé sa pièce de monnaie, alors on la lui a demandée pour tirer Eudes au sort, et on a perdu la pièce de nouveau. Joachim s'est remis à la chercher, vraiment fâché, cette fois-ci, et c'est à la courte paille° que Geoffroy a gagné Eudes. Geoffroy l'a désigné comme gardien de but, il s'est dit que personne n'oserait s'approcher de la cage et encore moins° mettre le ballon dedans. Eudes se vexe facilement. Alceste mangeait des biscuits, assis entre les pierres qui marquaient son but. Il n'avait pas l'air

by drawing straws

much less

content. «Alors, ça vient, oui?» il criait.

On s'est placés sur le terrain. Comme on n'était que sept de chaque côté, à part les gardiens de but, ça n'a pas été facile. Dans chaque équipe on a commencé à discuter. Il y en avait des tas qui voulaient être avant-centres°. Joachim voulait être arrière-droit°, mais c'était parce que la pièce de monnaie était tombée dans ce coin et il voulait continuer à la chercher tout en jouant°.

Tout le monde criait, courait. On s'amusait vraiment bien, c'était formidable!

Dans l'équipe de Geoffroy ça s'est arrangé très vite, parce que Eudes a donné des tas de coups de poing et les joueurs se sont mis à leur place sans protester et en se frottant° le nez. C'est qu'il frappe dur, Eudes!

Dans mon équipe, on n'arrivait pas à se mettre d'accord°, jusqu'au moment où Eudes a dit qu'il viendrait nous donner des coups de poing sur le nez à nous aussi: alors, on s'est placés.

Agnan a dit à Rufus: «Siffle!» et Rufus, qui jouait dans mon équipe, a sifflé le coup d'envoi°. Geoffroy n'était pas content. Il a dit: «C'est malin°! Nous avons le soleil dans les yeux! Il n'y a pas de raison que mon équipe joue du mauvais côté du terrain!»

Moi, je lui ai répondu que si le soleil ne lui plaisait pas, il n'avait qu'à fermer les yeux, qu'il jouerait peut-être même mieux comme ça. Alors, nous nous sommes battus. Rufus s'est mis à souffler dans son sifflet à roulette.

«Je n'ai pas donné l'ordre de siffler, a crié Agnan, l'arbitre c'est moi!» Ça n'a pas plu à Rufus qui a dit qu'il n'avait pas besoin de la permission d'Agnan pour siffler, qu'il sifflerait quand il en aurait envie, non mais tout de même. Et il s'est mis à siffler comme un fou. «Tu es méchant, voilà ce que tu es!» a crié Agnan, qui a commencé à pleurer.

«Eh, les gars!°» a dit Alceste, dans son but.

Mais personne ne l'écoutait. Moi, je continuais à me battre avec Geoffroy, je lui avais déchiré sa belle chemise rouge, blanche et bleue, et lui il disait: «Bah, bah, bah! Ça ne fait rien! Mon papa, il m'en achètera des tas d'autres!» Et il me donnait des coups de pied°, dans les chevilles. Rufus courait après Agnan qui criait: «J'ai des lunettes! J'ai des lunettes!» Joachim, il ne s'occupait de personne, il cherchait sa monnaie, mais il ne la trouvait toujours pas. Eudes, qui était resté tranquillement dans son but, en a eu assez et il a commencé à distribuer des coups de poing sur les nez qui se trouvaient le plus près de lui, c'est-à-dire sur ceux de son équipe. Tout le monde criait, courait. On s'amusait vraiment bien, c'était formidable!

«Arrêtez, les gars!» a crié Alceste de nouveau.

Alors Eudes s'est fâché. «Tu étais pressé de jouer, il a dit à Alceste, eh! bien, on joue. Si tu as quelque chose à dire, attends la mi-temps!»

«La mi-temps de quoi? a demandé Alceste. Je viens de m'apercevoir que nous n'avons pas de ballon, je l'ai oublié à la maison!» ■

center forwards; *right back*; *while still playing*; *while rubbing*; *to come to an agreement*; *kick-off*; *Nice going!*; *guys*; *kicks*

Analyse

1 **Compréhension** Répondez aux questions.

1. Pourquoi les enfants sont-ils allés sur le terrain vague? Qu'est-ce qui leur a donné cette idée?
2. Qui ont-ils choisi pour arbitre? Pourquoi?
3. Qu'est-ce qui servait de drapeau? Comment était cet objet?
4. Qui voulait être capitaine?
5. Pourquoi Alceste ne voulait-il pas être capitaine?
6. Comment ont-ils choisi les deux capitaines?
7. Quels garçons ont été choisis pour être capitaines?
8. Pourquoi les garçons n'ont-ils pas pu faire une partie de football après tout?

2 **Les personnages** À deux, décrivez le caractère de ces personnages de l'histoire. Comment sont-ils? Qu'est-ce qui les distingue les uns des autres? Ensuite, comparez vos descriptions avec celles de la classe.

1. Alceste
2. Agnan
3. Maixent
4. Geoffroy
5. Eudes
6. Nicolas

3 **Interprétation** À deux, racontez l'essentiel de cette histoire en huit à dix phrases. Utilisez au moins huit verbes de la liste. Comparez votre résumé avec ceux de la classe.

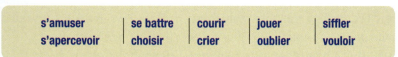

s'amuser	se battre	courir	jouer	siffler
s'apercevoir	choisir	crier	oublier	vouloir

4 **Discussion** Par groupes de trois, répondez aux questions suivantes pour donner votre opinion sur les personnages principaux.

1. Quel est le personnage que vous aimez le mieux? Pourquoi vous plaît-il?
2. Quel est le personnage que vous aimez le moins? Pourquoi ne vous plaît-il pas?
3. Avez-vous connu des personnes qui ressemblaient aux personnages de cette histoire? Étaient-ce des enfants ou des adultes? Expliquez.
4. Avec quel personnage de l'histoire vous identifiez-vous? Pourquoi?

5 **Rédaction** Racontez une histoire drôle de votre enfance. Suivez le plan de rédaction.

Plan

1 **Organisation** Choisissez l'histoire que vous allez raconter. Faites une liste des événements et mettez-les dans l'ordre chronologique.

2 **Histoire** Racontez les événements dans un paragraphe. Utilisez le discours direct (*direct quotations*) pour ajouter de l'humour à votre histoire.

3 **Conclusion** Terminez votre histoire par une phrase qui en sera la chute (*punch line*).

Les passe-temps

Le sport

l'alpinisme (*m.*) *mountain climbing*
un arbitre *referee*
un club sportif *sports club*
une course *race*
un(e) fan (de) *fan (of)*
un pari *bet*
une patinoire *skating rink*
le saut à l'élastique *bungee jumping*
le ski alpin/de fond *downhill/cross-country skiing*
un supporter (de) *fan; supporter (of)*

admirer *to admire*
(se) blesser *to injure (oneself); to get hurt*
s'étonner *to be amazed*
faire match nul *to tie (a game)*
jouer au bowling *to go bowling*
marquer (un but/un point) *to score (a goal/a point)*
siffler *to whistle (at)*

Le temps libre

le billiard *pool*
les boules (*f.*)/la pétanque *petanque*
les cartes (*f.*) (à jouer) *(playing) cards*
les fléchettes (*f.*) *darts*
un jeu vidéo/de société *video/board game*
des loisirs (*m.*) *leisure; recreation*
un parc d'attractions *amusement park*
un rabat-joie *killjoy; party pooper*

bavarder *to chat*
célébrer/fêter *to celebrate*
se divertir *to have a good time*
faire passer *to spread (the word)*
porter un toast (à quelqu'un) *to propose a toast*
prendre un verre *to have a drink*
se promener *to take a stroll/walk*
valoir la peine *to be worth it*

Les arts et le théâtre

un billet/ticket *ticket*
une comédie *comedy*
une exposition *exhibition; art show*
un groupe *musical group/band*
un(e) musicien(ne) *musician*
une pièce (de théâtre) *(theater) play*
un spectacle *show; performance*
un spectateur/une spectatrice *spectator*
un tableau *painting*
un vernissage *art exhibit opening*

applaudir *to applaud*
faire la queue *to wait in line*
obtenir (des billets) *to get (tickets)*

complet *sold out*
divertissant(e) *entertaining*
émouvant(e) *moving*

Le shopping et les vêtements

des baskets (*f.*)/des tennis (*f.*) *sneakers/tennis shoes*
un bermuda *(a pair of) bermuda shorts*
une boutique de souvenirs *gift shop*
un caleçon *boxer shorts*
une culotte *underpants (for females)*
une garde-robe *wardrobe*
un gilet *sweater/sweatshirt (with front opening)*
une jupe (plissée) *(pleated) skirt*
un magasin de sport *sporting goods store*
un nœud papillon *bow tie*
une robe de soirée *evening gown*
un slip *underpants (for males)*
des souliers (*m.*) *shoes*
des talons (*m.*) (aiguilles) *(stiletto) heels*

Court métrage

un capitaine *captain*
un centre de formation *sports training school*
un club *team*
un coup franc *free kick*
un duel *one-on-one*
un entraîneur *coach*
une faute *foul*
un maillot *jersey*
une revanche *revenge*
un terrain (de foot) *(soccer) field*
la veille *day before*
les vestiaires (*m.*) *locker room*

lâcher *to let go*
vivre quelque chose par l'intermédiaire de quelqu'un *to live something vicariously through someone*
vivre (quelque chose) par procuration *to live (something) vicariously*

en pointe *forward, up front*

Culture

un casse-cou *daredevil*
un frisson *thrill*
une montée d'adrénaline *adrenaline rush*
le parapente *paragliding*
la roche *rock*
un(e) vacancier/ère *vacationer*
un VTT (vélo tout terrain) *mountain bike*

se dépasser *to go beyond one's limits*
escalader *to climb, to scale*
glisser *to glide*
grimper à *to climb*
lézarder au soleil *to bask in the sun*
parcourir *to go across*
sauter *to jump*
tenter *to attempt; to tempt*
vaincre ses peurs *to confront one's fears*
voler *to fly*

Littérature

le ballon *ball*
la concurrence *competition*
un mouchoir *handkerchief*
une partie *game, match*
le personnage *character (in a story or play)*
un sifflet *whistle*

s'apercevoir *to realize, to notice*
se battre (*irreg.*) *to fight*
déchirer *to tear*
souffler *to blow*
surveiller *to keep an eye on*

chouette *great, cool*
de nouveau *again*
dedans *inside*
sauf *except*

LEÇON 9

Perspectives de travail

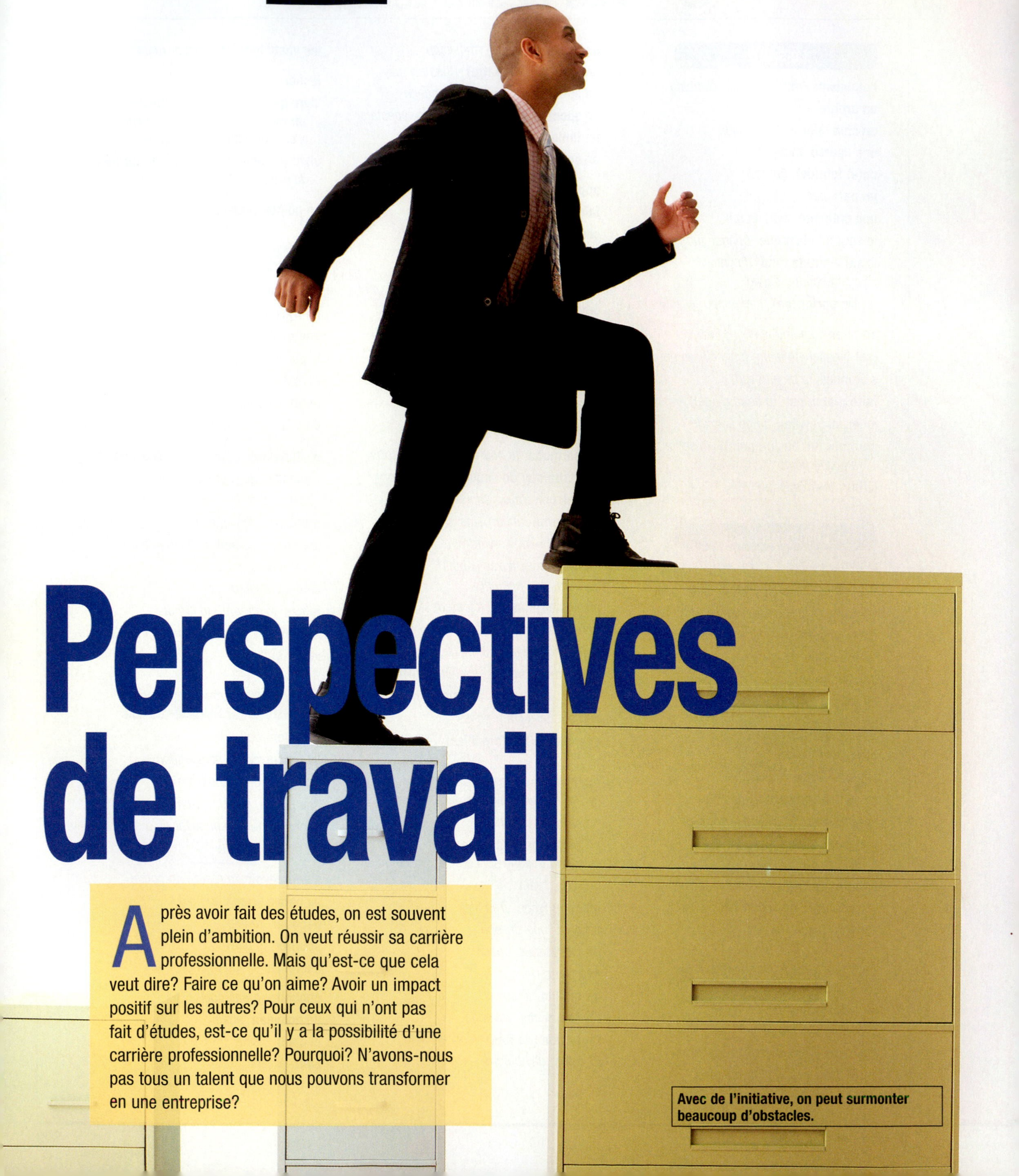

Après avoir fait des études, on est souvent plein d'ambition. On veut réussir sa carrière professionnelle. Mais qu'est-ce que cela veut dire? Faire ce qu'on aime? Avoir un impact positif sur les autres? Pour ceux qui n'ont pas fait d'études, est-ce qu'il y a la possibilité d'une carrière professionnelle? Pourquoi? N'avons-nous pas tous un talent que nous pouvons transformer en une entreprise?

Avec de l'initiative, on peut surmonter beaucoup d'obstacles.

SOMMAIRE

Destination:
AFRIQUE CENTRALE

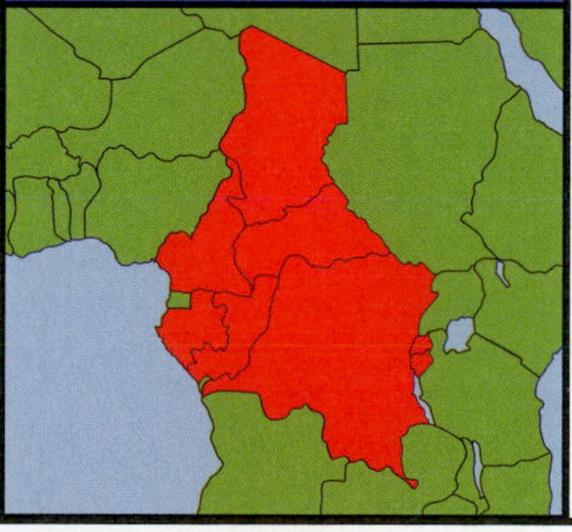

317

340

Le travail et les finances

Le monde du travail

une augmentation (de salaire) *raise (in salary)*
un budget *budget*
le chômage *unemployment*
un(e) chômeur/chômeuse *unemployed person*
un entrepôt *warehouse*
une entreprise (multinationale) *(multinational) company*
un(e) fainéant(e) *lazybones*

une formation *training*
un grand magasin *department store*

un poste *position, job*
une réunion *meeting*
le salaire minimum *minimum wage*
un syndicat *labor union*
une taxe *tax*
le temps de travail *work schedule*

avoir des relations (*f.*) *to have connections*
démissionner *to quit*
embaucher *to hire*
être promu(e) *to be promoted*
être sous pression (*f.*) *to be under pressure*

exiger *to demand*
gagner sa vie *to earn a living*
gérer/diriger *to manage; to run*
harceler *to harass*
licencier *to lay off; to fire*
poser sa candidature à *to apply for*
solliciter un emploi *to apply for a job*

au chômage *unemployed*
(in)compétent(e) *(in)competent*
en faillite *bankrupt*

Les finances

la banqueroute *bankruptcy*
une carte de crédit/de retrait *credit/ATM card*
un chiffre *figure; number*
un compte de chèques *checking account*
un compte d'épargne *savings account*
la crise économique *economic crisis*
une dette *debt*
un distributeur automatique *ATM*
des économies (*f.*) *savings*
un marché (boursier) *(stock) market*
la pauvreté *poverty*

les recettes (*f.*) et les dépenses (*f.*) *receipts and expenses*

avoir des dettes *to be in debt*
déposer *to deposit*
économiser *to save*
investir *to invest*
profiter de *to take advantage of; to benefit from*
toucher *to get; to receive (a salary)*

à court/long terme *short-/long-term*
disposé(e) (à) *willing (to)*
épuisé(e) *exhausted*

financier/financière *financial*
prospère *successful; flourishing*

Les gens au travail

un cadre *executive*
un(e) comptable *accountant*
un(e) conseiller/conseillère *advisor*
un(e) consultant(e) *consultant*
un(e) employé(e) *employee*
un(e) gérant(e) *manager*
un homme/une femme d'affaires *businessman/woman*

un membre/un(e) adhérent(e) *member*
un(e) propriétaire *owner*
un(e) vendeur/vendeuse *salesman/woman*

Mise en pratique

1 **Au travail** Choisissez le meilleur terme pour compléter chaque phrase.

adhérent	compte d'épargne	fainéant	licencier	promu
comptable	dettes	gérant	pression	syndicats

1. Je suis ____________ d'un magasin, je le dirige.
2. Ma patronne m'a ____________, je suis donc au chômage.
3. Je dépense plus d'argent que je n'en touche, alors j'ai des ____________.
4. Pour économiser, mon ami dépose souvent de l'argent sur son ____________.
5. Je veux devenir ____________ parce que j'aime travailler avec les chiffres.
6. J'étais heureux d'être ____________ avec augmentation de salaire.
7. Je l'ai licencié parce que c'était un ____________.
8. Une femme d'affaires est souvent sous ____________.

2 **Mots croisés** Complétez la grille par les mots qui correspondent aux définitions.

Horizontalement

A. Un rendez-vous entre collègues
C. Calcul des recettes et des dépenses
F. Décider d'abandonner son emploi
J. Elle peut être de crédit ou de retrait
M. Somme à payer au gouvernement sur le prix des objets achetés

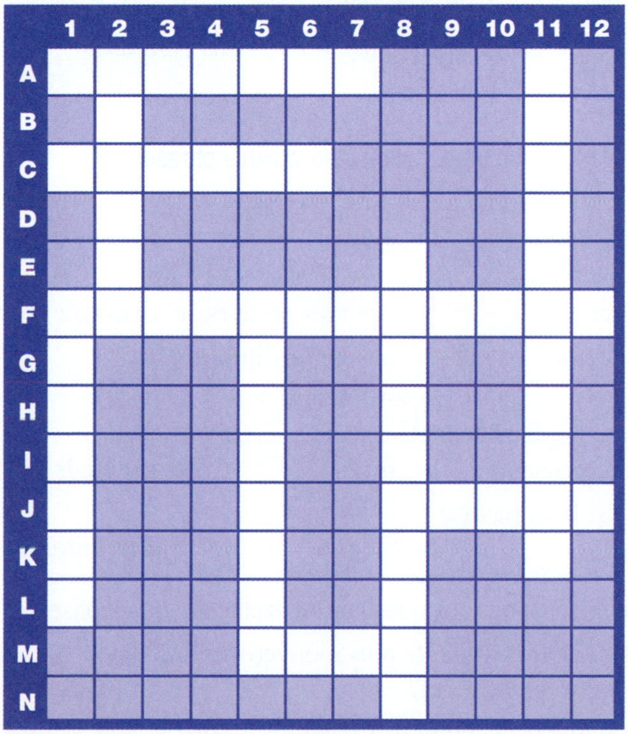

Verticalement

1. Prêt à faire quelque chose
2. Très fatigué
5. Association qui défend les intérêts professionnels communs
8. Poser sa candidature
11. Ce qu'on déclare quand on est en faillite

3 **Les solutions** Discutez de ces problèmes à deux. Ensuite, trouvez des solutions.

A. Après avoir terminé mes études de finances, j'ai obtenu mon premier emploi à la bourse. J'ai perdu ce travail et j'ai de plus en plus de dettes. Je sollicite toutes sortes d'emplois, mais personne ne m'embauche. Faut-il avoir des relations bien placées?

B. Je dirige une entreprise très prospère, et j'ai donc beaucoup d'argent sur mon compte d'épargne. J'ai envie de faire des investissements, mais je ne comprends pas comment ça fonctionne. Quels profits pourrais-je en tirer?

Préparation

Vocabulaire du court métrage

un boulot *job*
capter *to get a signal*
une carie *cavity*
se débrouiller *to figure it out, to manage*
un entretien d'embauche *job interview*
un(e) formateur/formatrice *trainer*
une gamme de produits *line of products*
un(e) patron(ne) *boss*
une prime *bonus*
rémunérer *to pay*
reprendre *to pick up again; to resume*
virer *to fire*

Vocabulaire utile

un argument de vente *selling point*
convaincre *to convince*
s'investir *to put oneself into*
un stage (rémunéré) *(paid) training course*
un(e) stagiaire *trainee*
une stratégie commerciale *marketing strategy*

EXPRESSIONS

Ça va lui faire les pieds. *That will teach him/her a lesson.*
convenir d'un rendez-vous *to agree on an appointment*
être à court de *to lack, to be out of*
faire ses preuves *to prove oneself/itself*
Il faut que vous y mettiez un peu du vôtre. *You need to make an effort.*
On est logé à la même enseigne. *We are in the same boat.*

1 **Complétez** Faites le bon choix pour compléter chaque phrase.

1. Notre __________ est la meilleure.
   a. gamme de produits b. patron c. formateur
2. Aujourd'hui, j'ai décidé de __________ avec mon chef.
   a. me débrouiller b. faire mes preuves c. convenir d'un rendez-vous
3. Nous sommes à court de __________ pour l'imprimante.
   a. papier b. prime c. stage
4. M. André de la comptabilité a été __________ hier.
   a. logé à la même enseigne b. viré c. les pieds
5. __________ s'est bien passé.
   a. Son formateur b. Sa carie c. Son entretien d'embauche

2 **Préparation** À deux, répondez aux questions et expliquez vos réponses.

1. Un(e) jeune employé(e) est-il/elle plus motivé(e) qu'un(e) employé(e) plus âgé(e)?
2. Un(e) jeune employé(e) cherche-t-il/elle plus à faire ses preuves qu'un(e) employé(e) plus âgé(e)?
3. Est-ce que l'âge et l'expérience sont des avantages dans le monde du travail?
4. Pourriez-vous travailler avec des gens beaucoup plus âgés ou beaucoup plus jeunes que vous?
5. Peut-on réussir sa carrière professionnelle sans s'investir complètement?

3 **Personnellement...** Dites comment vous réagiriez dans chaque situation.

1. Si j'étais patron(ne) et si j'avais un problème avec un(e) nouvel(le) employé(e)...
   a. je le/la virerais tout de suite.
   b. je lui donnerais le temps de s'habituer avant de prendre une décision.
2. Pour être un(e) bon(ne) employé(e)...
   a. je suivrais toujours les instructions de mon/ma patron(ne).
   b. je poserais des questions et exprimerais mon point de vue et mes inquiétudes.
3. Pour être un(e) bon(ne) patron(ne)...
   a. je garderais mes distances avec mes employés pour rester objectif/objective.
   b. j'essaierais de connaître mes employés pour mieux les comprendre.
4. Je préférerais...
   a. ne pas avoir de contacts avec mes collègues en dehors du travail.
   b. avoir des contacts avec mes collègues en dehors du travail pour créer une meilleure atmosphère au bureau.
5. Quand j'ai un boulot à faire...
   a. je ne fais que le minimum.
   b. je m'investis complètement.

4 **Une formation** À deux, lisez cette citation du film et répondez aux questions.

> **«Je vais vous apprendre à devenir de bons représentants. Or, pour ce faire, il va vous falloir intégrer tout un nouveau système de communication, déployer toute une batterie d'arguments ainsi qu'un vocabulaire spécifique qui vous permettront de vous tirer des situations les plus critiques. Parce que votre objectif, c'est de vendre. Vendre, vendre, vendre.»**
>
> – MÉLANIE

- Que pensez-vous de ce type de formation?
- Comment réagiriez-vous devant un(e) formateur/formatrice qui vous parlerait ainsi?
- Comment les personnages du film vont-ils réagir?

5 **Qui est-ce?** Par petits groupes, imaginez la vie de ces deux femmes. Expliquez ce qu'elles font dans la vie, ce qu'elles aiment faire et qui elles sont.

SUPERSITE Regardez le court métrage sur **imaginez.vhlcentral.com**.

Bonbon au Poivre
Prix d'interprétation féminine (Chantal Banlier), Festival du court métrage de Grenoble, 2006
Une production d'AVENUE B PRODUCTIONS
Scénario et réalisation MARC FITOUSSI Production CAROLINE BONMARCHAND
Direction de la photographie PÉNÉLOPE POURRIAT Montage SERGE TURQUIER Son BENOÎT OUVRARD
Musique ANTOINE DUHAMEL Décors CÉDRIC ACHENZA/ÉRIC PROVENZANO
Acteurs AURE ATIKA/CHANTAL BANLIER/ANNE BOUVIER/ANNIE MERCIER/FRANCIS LEPLAY/
OLIVIER CLAVERIE/MARIE GILI-PIERRE

INTRIGUE *Les circonstances de la vie et une soirée passée ensemble vont changer beaucoup de choses entre une stagiaire et sa formatrice…*

1

MÉLANIE Comme les diamants, les bonbons sont éternels. C'est un produit profondément inscrit dans les penchants de l'être humain. Vous avez été sélectionnés parce que vous disposez des qualités requises pour devenir représentants.

2

MÉLANIE Dis-moi, tu sais qui a fait passer l'entretien d'embauche à Annick Perrotin?
THIERRY C'est moi. Il y a un problème?
MÉLANIE Oui. Elle ne fait rien, elle n'a pas du tout le profil.
THIERRY Tu veux la virer?

3

MÉLANIE (*À Annick*) On va dans mon bureau.
M. MALAQUAIS Mélanie? Votre petit copain a téléphoné.
(Elle appelle son petit copain.)
MÉLANIE (*À Annick*) Il m'a dit que c'était fini. Vous voulez bien me déposer? Je ne veux pas rentrer chez moi.
ANNICK Bon, suivez-moi.

4

MÉLANIE Pourquoi est-ce que vous donnez l'impression de vous ennuyer pendant mes cours?
ANNICK Parce que je n'ai pas envie qu'on me bassine° avec des phrases du style «les bonbons sont comme des diamants».

5

(Chez la copine d'Annick)
MÉLANIE Je pourrais essayer vos santiags°?
ANNICK Ça risque d'être petit.
MÉLANIE Je ne peux pas me pointer° comme ça demain au boulot!
ANNICK Ce n'est pas si ridicule que ça. Avec une jupe droite, ça passe très bien.

6

M. MALAQUAIS Je peux voir un petit peu ce que donnent les simulations?
(Annick et Mélanie simulent une vente.)
M. MALAQUAIS C'est bien.
ANNICK Ça va? Je n'en ai pas trop fait?
MÉLANIE Non, non, c'était parfait.

bassine *annoy* **santiags** *cowboy boots*
me pointer *to show up*

Note CULTURELLE

Le Far West en France

Les cow-boys, les westerns, le Far West ont toujours fait rêver les Français en général. Et pour ceux qui adorent les États-Unis, les santiags sont un symbole de l'Amérique. On les porte avec un jean et parfois même avec la veste à franges et un bollo tie pour les hommes. La musique country a aussi beaucoup d'amateurs. La France compte d'ailleurs plusieurs fédérations de danse country. Que font ces associations? Elles donnent des cours de danse et organisent des soirées, des spectacles et des compétitions.

Analyse

1 **Compréhension** Répondez aux questions par des phrases complètes.

1. Quel est le but du stage?
2. Quelle est la première activité que Mélanie propose au groupe?
3. Que dit Mélanie à Thierry à propos d'Annick?
4. Que décide Mélanie à la fin de la conversation avec Thierry?
5. Que fait Annick pendant la pause?
6. Que se passe-t-il quand Mélanie emmène Annick dans son bureau?
7. Pourquoi Annick fait-elle de la danse country?
8. Comment Mélanie se sent-elle après le cours de danse?
9. Où vont les deux femmes après avoir dîné?
10. Qui Annick aime-t-elle?
11. Le lendemain, Mélanie a-t-elle changé d'avis à propos de la présence d'Annick au stage?
12. Qu'est-ce que M. Malaquais, le patron, demande à Mélanie de faire à la suite de la simulation de vente?

2 **Interprétation** À deux, répondez aux questions et expliquez vos réponses.

1. Pourquoi Mélanie est-elle gênée par les réponses des stagiaires quand ils citent les mots qui leur viennent à l'esprit à propos des bonbons?
2. Qu'est-ce qui change dans les rapports entre Mélanie et Annick, quand elles sont dans le bureau de Mélanie?
3. Que pense Mélanie sur cette image?

4. Que se passe-t-il pendant la simulation de vente entre Mélanie et Annick à la fin du film? Y voyez-vous de l'ironie?
5. Comment expliquez-vous le fait que Mélanie se sente obligée de mentir à Annick le deuxième soir quand elle dit que tout s'est arrangé avec son copain?
6. Comment interprétez-vous la fin quand Mélanie danse seule dans sa cuisine? Que ressent-elle?
7. Pensez-vous que Mélanie et Annick deviennent amies ou réagissent-elles simplement face aux circonstances?
8. Pensez-vouz que le déroulement des événements entre Mélanie et Annick soit réaliste? Citez des exemples.

3 **Quel désordre!** Mettez les événements du film dans le bon ordre. Attention! Il y en a un qui n'a pas eu lieu dans le film.

_____ a. Annick et Mélanie dansent en groupe.
_____ b. Annick et Mélanie dînent dans une cafétéria.
_____ c. Le patron de Mélanie la surveille de loin.
_____ d. Mélanie décide qu'il faut virer Annick.
_____ e. Mélanie demande à Annick si celle-ci peut la déposer en voiture.
_____ f. Mélanie emmène Annick dans son bureau.
_____ g. Annick passe un entretien d'embauche.
_____ h. Annick montre des photos à Mélanie.
_____ i. Annick et Mélanie font une simulation de vente.
_____ j. Mélanie s'inquiète pour sa prime.
_____ k. Estelle apprend qu'elle ne sera peut-être pas rémunérée pour sa journée de formation.
_____ l. Le patron apprécie beaucoup la simulation de vente d'Annick.
_____ m. Mélanie demande à Annick si elle peut essayer ses santiags.

4 **Les personnages** À deux, réfléchissez aux différences qui existent entre Annick et Mélanie. Ensuite, comparez votre liste à celle d'un autre groupe. Pensez-vous que leurs différences soient plus importantes que leurs similarités?

- dans leurs traits de caractère
- dans leur vie personnelle
- dans leur vie professionnelle
- dans leurs goûts

5 **Imaginez** Et si les rôles étaient inversés? Annick est la formatrice et Mélanie une stagiaire. Par petits groupes, imaginez leur comportement dans chaque situation.

- en cours, pendant la formation
- quand M. Malaquais, le patron, vient voir comment le stage se passe
- quand Estelle, une stagiaire, dit qu'elle n'a pas de voiture
- avec Thierry, le collègue

6 **Le titre** Qu'est-ce qu'un bonbon au poivre? vous demandez-vous peut-être. C'est un bonbon au goût de poivre dont se servent ceux qui aiment jouer des tours (*play jokes*) aux autres. À deux, discutez du titre du film. Pourquoi le film s'appelle-t-il *Bonbon au poivre*? Quel rapport voyez-vous entre ce genre de farce et ce qui se passe dans le film?

7 **La conversation** À deux, imaginez la conversation entre Annick et Mélanie qui se rencontrent par hasard un mois plus tard. Présentez votre dialogue à la classe.

IMAGINEZ L'AFRIQUE

Pour plus de renseignements et d'activités, visitez **imaginez.vhlcentral.com**.

Brazzaville et Kinshasa

Imaginez un fleuve majestueux en plein cœur° de l'Afrique et deux cités qui se dressent° fièrement, de part et d'autre°. Ce fleuve, c'est le **Congo**, et ces villes, ce sont **Brazzaville** et **Kinshasa**. Sur la rive droite, Brazzaville, la capitale de la **République du Congo**. Sur la rive gauche, Kinshasa, la capitale de la **République démocratique du Congo** ou **RDC**. Pour différencier ces deux pays, on les appelle souvent **Congo-Brazzaville** et **Congo-Kinshasa**. Leur histoire est parallèle, mais pas identique: durant la période coloniale, le Congo-Brazzaville appartenait à la **France**, alors que le Congo-Kinshasa était **belge**. À l'époque, la capitale du Congo-Kinshasa se nommait **Léopoldville**. Pendant une quinzaine d'années, le Congo-Kinshasa s'est aussi appelé **Zaïre**. Brazzaville et Kinshasa ont donc en commun leur culture francophone. Elles sont aussi réunies par le Congo, qu'on peut facilement traverser en bateau. Les jeunes **Brazzavillois** par exemple préfèrent souvent étudier à Kinshasa. Comme les **Kinois** sont six fois plus nombreux, beaucoup font aussi le trajet en sens inverse.

Brazzaville a été fondée en 1880 par un explorateur français et a su préserver son patrimoine architectural historique. Pensez à visiter la **basilique sainte Anne du Congo**, dont la toiture° verte change de couleur avec la lumière, la **Case des messageries fluviales**, une très belle case° coloniale sur pilotis° qui abritait les bureaux des messageries fluviales, et le **port des pêcheurs de Yoro**, le site du village précolonial. Brazzaville est aussi intéressante pour ses marchés très animés. Près de la poste, vous trouverez de l'artisanat: sculptures en cuivre° ou en bois, vannerie°, bijoux... Goûtez aussi à un plat typique, comme le **saka-saka**, à base de feuilles de manioc°, ou le poulet en sauce à la noix de palme°.

La ville de Brazzaville

Une vendeuse d'huile de palmier, sur le Congo

D'ailleurs...

Ensemble, Brazzaville et Kinshasa forment la plus grande agglomération urbaine d'Afrique subsaharienne. Cette grande métropole totalise environ 9.500.000 habitants, ce qui en fait aussi le deuxième centre urbain du monde francophone, après Paris.

De l'autre côté du fleuve, Kinshasa offre plusieurs points de vue splendides sur le Congo. La **promenade de la Raquette**, promenade plantée d'arbres qui borde le fleuve, est réputée pour ses magnifiques couchers de soleil°. Un autre quartier agréable est celui de la résidence présidentielle, sur le **Mont Ngaliema**. On peut y voir des jardins fleuris, des fontaines, un théâtre de verdure° et même un zoo. Tout près, toujours dans la commune de **Ngaliema**, se trouve le quartier du **Mont Fleury**, qui doit° son nom de «**Beverly Hills de Kinshasa**» à ses riches villas. Parmi les sites historiques de Kinshasa, citons le «**Wenge» de Selembau**, un arbre plusieurs fois centenaire°. Si vous aimez l'art, rendez-vous à l'**Académie des beaux-arts**, fondée en

cœur centre **se dressent** *stand* **de part et d'autre** de chaque côté **toiture** *roofing* **case** maison **pilotis** *stilts* **cuivre** *copper* **vannerie** *basketry* **feuilles de manioc** *cassava leaves* **noix de palme** *palm nut* **couchers de soleil** *sunsets* **théâtre de verdure** théâtre en plein air **doit** *owes* **centenaire** âgé de cent ans

CENTRALE

1943, où les artistes vendent leurs œuvres. Mais que vous passiez par Kinshasa ou par Brazzaville, surtout ne limitez pas votre visite à ces deux villes: beaucoup de surprises vous attendent aussi aux alentours°!

alentours *surroundings*

Le français parlé en Afrique Centrale

Brazzaville

À tout moment!	À la prochaine!
une coiffe	une coupe de cheveux; *haircut*
méchant	fort
mystique	bizarre
la neige	une pluie très fine
varier	s'énerver

Kinshasa

un américain	un original, non-conformiste
casser le bic	ne plus faire d'études
un chiklé	un chewing-gum
griffé(e)	bien habillé(e)
le palais	la maison
le radio-trottoir	la rumeur
le retour	la monnaie

Découvrons l'Afrique Centrale

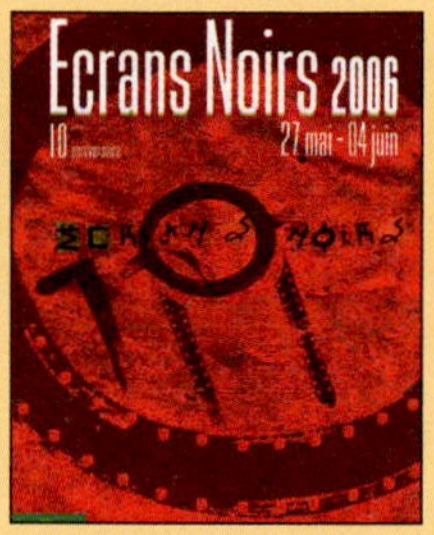

Écrans noirs Depuis sa création à **Yaoundé**, au **Cameroun**, en 1997, le festival **Écrans noirs** est devenu une manifestation importante pour les cinéphiles d'**Afrique Centrale**. Il contribue surtout à la promotion et à la diffusion du cinéma francophone africain, mais aussi de films venant° d'autres pays francophones, non africains. Cette rencontre est également l'occasion de séminaires et de débats. Chaque année, l'**Écran d'honneur** est attribué à un jeune réalisateur africain prometteur°.

BDEAC La **Banque de développement des États de l'Afrique Centrale** a été créée en 1975 par le Cameroun, la Centrafrique, le Congo, le Gabon, la Guinée-Équatoriale et le Tchad. La banque finance aussi parfois les projets d'États africains non membres. Sa mission est d'aider au développement social et économique de ces pays. Elle intervient donc dans des secteurs très variés, aussi bien publics que privés, comme les infrastructures, l'agriculture ou l'industrie.

Les forêts tropicales du Gabon Le **Gabon** a de vastes forêts tropicales. Malgré une exploitation intensive, les deux tiers° des forêts existent encore. L'arbre le plus exploité de cette forêt est l'**okoumé**, qui ne pousse° qu'au Gabon, en Guinée et au Congo. On l'a utilisé dans la construction de la **Bibliothèque nationale de Paris** et du train **Eurostar**, et on en fait aussi du contreplaqué°.

Esther Kamatari C'est une femme à plusieurs facettes°. Elle est née et a grandi au **Burundi**. En 1964, son père, le prince, est assassiné et elle s'exile en France à la fin de ses études, en 1970. À Paris, elle sera le premier mannequin° noir à travailler en France. Mais la princesse Kamatari ne s'arrête pas là: elle participe activement à plusieurs associations humanitaires et en 2004, elle se présente aux élections présidentielles du Burundi.

venant *coming* **prometteur** *promising* **tiers** *third* **pousse** *grows* **contreplaqué** *plywood* **à plusieurs facettes** *multi-faceted* **mannequin** *model*

Beausoleil

SUPERSITE

Le soleil cajun

À FOND LA SONO

Pour plus de renseignements sur Beausoleil et leur musique, visitez **imaginez.vhlcentral.com**.

Beausoleil est un groupe venu de **Louisiane** qui s'est fait connaître dans le monde entier. Il est spécialisé dans la **musique cajun** influencée par d'autres styles comme le zydeco, le blues, le folk, le jazz de la **Nouvelle-Orléans**, la country ou encore le Tex-Mex. Fondé en 1975, Beausoleil a sorti son premier disque en 1977. Depuis sa création, le groupe se produit° très souvent en concerts, aux États-Unis et dans d'autres pays.

Qui se cache° derrière Beausoleil? En priorité, **Michael Doucet**, le membre fondateur, et son frère **David**, qui jouent ensemble de plusieurs instruments et chantent la plupart des chansons. L'accordéoniste **Jimmy Breaux**, les percussionnistes **Billy Ware** et **Tommy Alesi** et le bassiste **Al Tharp** les accompagnent. Michael Doucet en particulier est un musicien très actif. Comme **B.B. King**, **John Lee Hooker** ou **Doc Watson**, il a reçu les prix° les plus prestigieux dans le domaine de la musique et des arts populaires traditionnels. Beausoleil est aussi l'un des rares groupes de musique traditionnelle à avoir obtenu un **Grammy Award**. Dans leurs très nombreux albums, ils chantent à la fois en **anglais** et en **français cajun**. Ils explorent aussi les répertoires cajun et créole. La chanson *Travailler, c'est trop dur* en est l'une des plus fameuses. Adaptée par le musicien cajun **Zachary Richard**, à partir d'une vieille chanson populaire, elle a aussi été reprise° par le chanteur français **Julien Clerc** en 1978 et a conquis° le monde francophone.

Discographie sélective

2004 *Gitane Cajun*
1999 *Cajunization*
1997 *The Best of BeauSoleil*
1986 *Bayou Boogie*
1976 *The Spirit of Cajun Music*

se produit *plays* **se cache** *hides* **prix** *awards* **reprise** *covered* **conquis** *conquered*

Travailler, c'est trop dur

Travailler, c'est trop dur, et voler, c'est pas beau.
D'mander la charité, c'est quéqu' chose j'peux pas faire.
Chaque jour de ma vie, on m' demande de quoi j'vis.
Je dis que j' vis sur l'amour, et j'espère de viv' vieux!

SUPERSITE Qu'avez-vous appris?

1 **Associez** Indiquez quelles définitions de la colonne de droite correspondent aux mots et aux noms de la colonne de gauche.

1. ____ Kinshasa
2. ____ Brazzaville
3. ____ Brazzaville et Kinshasa
4. ____ Écrans noirs
5. ____ la BDEAC
6. ____ l'okoumé

a. l'arbre le plus exploité de la forêt gabonaise
b. le deuxième centre urbain du monde francophone
c. une institution qui aide au développement social et économique des pays d'Afrique Centrale
d. la capitale de la République du Congo
e. la capitale de la République démocratique du Congo
f. une manifestation importante pour les cinéphiles d'Afrique Centrale

2 **Complétez** Complétez chaque phrase logiquement.

1. Les deux capitales Brazzaville et Kinshasa ont en commun...
2. À Brazzaville, les sites historiques à visiter sont...
3. ... sont des plats congolais typiques.
4. Pour se promener à Kinshasa, il faut aller...
5. Parmi les sites historiques de Kinshasa, il y a...
6. Le festival Écrans noirs contribue à...

Projet SUPERSITE

Un reportage photo

Imaginez que vous soyez photographe pour une grande revue géographique. Recherchez sur **imaginez.vhlcentral.com** toutes les informations dont vous avez besoin pour écrire un article sur la nature en Afrique Centrale.

- Choisissez trois sites naturels exceptionnels.
- Trouvez des photos qui représentent le patrimoine naturel de ces sites.
- Montrez ces photos à la classe et expliquez pourquoi vous les avez choisies.

ÉPREUVE

Trouvez la bonne réponse.

1. ______ sépare Kinshasa et Brazzaville.
   a. Un grand lac
   b. Une forêt tropicale
   c. Le Congo
   d. Zaïre

2. Le Zaïre est l'ancien nom ______.
   a. du Congo-Brazzaville
   b. de Léopoldville
   c. du fleuve Congo
   d. du Congo-Kinshasa

3. Kinshasa a ______ d'habitants que Brazzaville.
   a. six fois plus
   b. autant
   c. six fois moins
   d. un peu plus

4. Brazzaville a été fondée en ______ par un explorateur français.
   a. 1800 b. 1900 c. 1880 d. 1770

5. Kinshasa offre plusieurs ______ sur le Congo.
   a. ponts
   b. opinions
   c. ports
   d. points de vue splendides

6. Chaque année, ______ est attribué à un jeune réalisateur africain prometteur.
   a. l'Écran noir
   b. l'Écran d'honneur
   c. le film d'honneur
   d. le festival

7. La BDEAC peut parfois financer les projets de ______.
   a. pays africains non membres
   b. banques étrangères
   c. pays non africains
   d. membres européens

8. Les ______ de la forêt du Gabon existent encore.
   a. trois quarts
   b. un quart
   c. trois tiers
   d. deux tiers

9. Esther Kamatari est une femme à plusieurs facettes car ______.
   a. c'est une princesse
   b. elle vit au Burundi et en France
   c. elle a travaillé dans la mode, la politique et l'humanitaire
   d. elle est mannequin

10. ______ est un groupe bien connu de la Louisiane.
   a. L'okoumé
   b. Beausoleil
   c. Écrans noirs
   c. La princesse Kamatari

GALERIE DE CRÉATEURS

LITTÉRATURE

Benjamin Sehene (1959–)

Benjamin Sehene est né au Rwanda, mais vit en exil depuis son enfance. Pour échapper aux premiers massacres, sa famille, d'origine tutsi, quitte le pays en 1963, pour s'installer en Ouganda puis au Kenya. Sehene part faire des études de français à Paris, à la Sorbonne, puis en 1984 va habiter au Canada. Aujourd'hui, il vit à Paris. Il concentre son œuvre littéraire sur son pays natal, et tout particulièrement sur le génocide dont les Tutsis ont été victimes en 1994. Cette année-là, l'auteur retourne au Rwanda pour comprendre et témoigner de ce qui s'y passe. Il en résulte plusieurs livres, dont un essai, *Le piège ethnique*, et un roman, *Le feu sous la soutane,* qui dénoncent l'horreur quotidienne et la tentative d'exterminer tout un peuple. Benjamin Sehene devient ainsi l'écho d'un pays oublié. Il est membre actif du Pen Club, une association internationale d'auteurs qui a pour but de «rassembler des écrivains de tous pays attachés aux valeurs de paix, de tolérance et de liberté sans lesquelles la création devient impossible».

SUPERSITE **SUR INTERNET**

Pour plus de renseignements sur ces créateurs et pour explorer des aspects précis de leurs créations, à l'aide d'activités et de projets de recherche, visitez **imaginez.vhlcentral.com**.

LITTÉRATURE/PEINTURE

Aida Touré

L'origine de la Création a toujours fait réfléchir Aida Touré, poétesse et peintre gabonaise. Et en 1995, pendant ses études de musique à New York, elle découvre l'Islam. C'est ce qui lui donne l'envie d'écrire des poèmes spirituels. Aida Touré trouve l'inspiration dans le soufisme, doctrine et pratique mystique de l'Islam. En 2004, cette poétesse se tourne vers (*towards*) la peinture. Elle choisit l'art abstrait pour retranscrire sa spiritualité. Sa peinture est un prolongement (*outcome*) de sa poésie. Elle est faite de couleurs vives (*bright*), de lignes et de formes circulaires. Chaque élément a une signification précise. Il émane de chaque tableau un sentiment d'harmonie des formes et des couleurs. Ce n'est jamais chaotique, même quand elle aborde des sujets graves, comme les enfants martyrs ou les ghettos. Par sa peinture, elle désire transmettre «la noblesse des émotions spirituelles et la richesse innée de l'âme humaine».

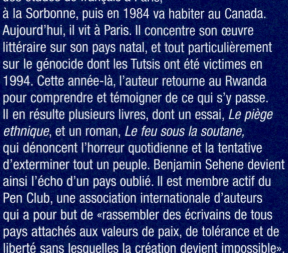

PHOTOGRAPHIE **Angèle Etoundi Essamba (1962–)**

Photographe camerounaise de grand talent, qui vit et travaille aux Pays-Bas (*Netherlands*), Angèle Etoundi Essamba fait ressortir (*brings out*) la beauté de la peau noire. L'artiste prend surtout pour thème la femme africaine et veut montrer que ces femmes sont fières de leurs origines. Par la photographie, elle leur apporte la liberté et l'égalité. L'effet clair-obscur (*chiaroscuro*) de ses œuvres, en noir et blanc pour la plupart, est obtenu par le contraste entre un fond noir et la lumière qui éclaire une peau d'ébène (*ebony*) et en révèle la luminosité. La composition de ses photographies est toujours pensée. Tout est question d'équilibre. Angèle Essamba aime insister sur le lien entre le corps humain et la terre. Elle incorpore aussi des objets de la culture africaine. «La photographie est pour moi un besoin, le besoin d'expression et de communication. Aussi longtemps que ce besoin existera, je créerai», affirme-t-elle.

PEINTURE **Chéri Samba (1956–)**

Le peintre congolais Chéri Samba est avant tout un dessinateur. Il ouvre son premier atelier (*studio*) en 1975, à Kinshasa. Son style, apparemment naïf, rappelle beaucoup celui de la bande dessinée. Il observe avec beaucoup d'attention la société dans laquelle il vit. Dans ses tableaux, qui représentent la vie quotidienne, il aborde les problèmes auxquels le continent africain fait face, comme le SIDA, le manque d'unité, le développement économique. Chéri Samba accompagne ses peintures de textes écrits sur la toile (*canvas*) comme dans une bande dessinée. Cela donne au public une information complémentaire qui l'aide à comprendre le message de l'artiste. Samba participe à de nombreuses expositions, principalement dans son pays, la République démocratique du Congo, et en Europe. Un réalisateur a tourné un film sur cet artiste et a gagné un prix au Festival panafricain du cinéma et de la télévision de Ouagadougou (FESPACO).

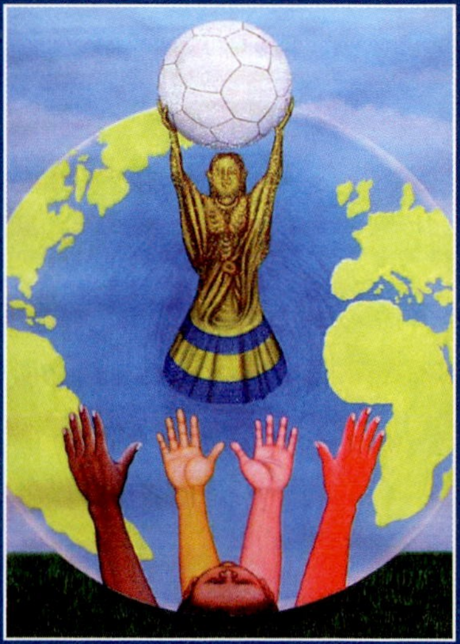

9.1 Relative pronouns

—*Moi, **ce que** je vais vous apprendre, c'est à devenir de bons représentants.*

- Relative pronouns are used to link two ideas containing a common element into a single, complex sentence, thereby eliminating the repetition of the common element. The relative pronoun to use is determined by the part of speech of the word it represents, called the *antecedent*.
- In the sentences below, the common element, or antecedent, is **l'employé**. Because **l'employé** is the subject of the second sentence, the relative pronoun **qui** replaces it.

On a licencié **l'employé**. *They fired the employee.*	**L'employé** était un **fainéant**. *The employee was lazy.*	On a licencié l'employé **qui** était un **fainéant**. *They fired the employee who was lazy.*

- The relative pronoun **que** replaces a direct object.

Le poste est excellent. *The job is excellent.*	J'ai trouvé **le poste**. *I found the job.*	Le poste **que** j'ai trouvé est excellent. *The job that I found is excellent.*

- A past participle that follows the relative pronoun **que** agrees in gender and number with its antecedent.

La tarte **que** tu as **faite** était délicieuse.
The pie that you made was delicious.

- The relative pronoun **où** can stand for a place or a time, so it can mean *where* or *when*.

C'est un musée **où** on peut voir de l'art moderne.
It's a museum where you can see modern art.

Téléphone-moi au moment **où** elle arrive.
Call me the moment that (when) she arrives.

Musée des Beaux Arts à Montréal

ATTENTION!

In English, relative pronouns can sometimes be omitted. Relative pronouns cannot be omitted in French.

Le chat que j'ai perdu est noir et blanc.

The cat (that) I lost is black and white.

- The relative pronoun **dont** replaces an object of the preposition **de**.

On a eu **la réunion**. *We had the meeting.*	Je t'ai parlé **de la réunion**. *I talked to you about the meeting.*	On a eu la réunion **dont** je t'ai parlé. *We had the meeting (that) I talked to you about.*

- Since the preposition **de** can indicate possession, **dont** can mean *whose*.

La femme **dont** le mari est soldat est arrivée en avance.
The woman, whose husband is a soldier, arrived early.

- Use **lequel** as a relative pronoun to represent the object of a preposition. Note that the preposition is retained in the clause containing the relative pronoun.

J'ai un outil **avec lequel** je peux réparer ta voiture.
I have a tool with which I can fix your car.

C'est la raison **pour laquelle** je suis venu.
This is why (the reason for which) I came.

- Remember that **lequel** and its forms **laquelle**, **lesquels**, and **lesquelles** agree in gender and number with the objects they represent. Remember, too, that when **lequel** combines with **à** or **de**, contractions may be formed.

With *à*	With *de*
auquel	**duquel**
auxquels	**desquels**
auxquelles	**desquelles**

- The relative pronoun **lequel** usually does not refer to people. If the object of the preposition is human, use the relative pronoun **qui** along with the preposition.

C'est l'ordinateur **sur lequel** je travaille.
This is the computer on which I work.

but

C'est la femme **avec qui** je travaille.
This is the woman with whom I work.

- If a relative pronoun refers to an unspecified antecedent, use **ce que**, **ce qui**, or **ce dont**, which often mean *what*.

Le problème **qui** m'inquiète, c'est le chômage. *The problem that worries me is unemployment.*	**Ce qui** m'inquiète, c'est le chômage. *What worries me is unemployment.*
Le sport **que** je préfère, c'est le ski. *The sport that I prefer is skiing.*	**Ce que** je préfère, c'est le ski. *What I prefer is skiing.*
Le chien **dont** elle a peur, c'est un caniche. *The dog that she's afraid of is a poodle.*	**Ce dont** elle a peur, c'est un caniche. *What she's afraid of is a poodle.*

BLOC-NOTES

To review all the forms of **lequel**, see **Structures 1.3, pp. 26–27**.

Mise en pratique

1 **À choisir** Choisissez le bon mot pour compléter la phrase.

1. Je viens de voir le chef d'entreprise ____ a le plus d'employés dans la ville.
   a. qui b. que c. dont
2. La banque ____ j'avais mis toutes mes économies a brûlé!
   a. laquelle b. dont c. où
3. Le directeur commercial ____ l'entreprise a embauché est incompétent.
   a. que b. duquel c. auquel
4. C'est la réunion pendant ____ Paulette a parlé de son projet.
   a. qui b. que c. laquelle
5. Nous avons dépensé l'argent ____ nous devions payer le loyer.
   a. que b. avec lequel c. lequel
6. Cette femme cadre ____ on nous a parlé avant-hier sera bientôt licenciée.
   a. dont b. laquelle c. qui

2 **À compléter** Complétez le paragraphe à l'aide des pronoms relatifs de la liste. Un des pronoms est utilisé deux fois.

auquel	dont	où	que
avec qui	duquel	pour laquelle	qui

Notre compagnie, (1) ____________ s'occupe d'import-export, nous a demandé d'aller voir un client à Kinshasa. Le patron souhaitait que nous fassions connaissance avec ce client. C'est la raison (2) ____________ il nous a envoyés à Kinshasa, le mois dernier. Après avoir travaillé, nous avons fait un tour de bateau sur le fleuve Congo. Les collègues (3) ____________ je suis monté sur le bateau ont eu peur de tomber à l'eau. Mais nous avons tous été enchantés de cette journée en plein air. L'hôtel (4) ____________ nous étions descendus avait un restaurant (5) ____________ la cuisine était délicieuse. J'ai choisi le plat (6) ____________ mon amie congolaise m'avait recommandé avant le départ. Le meilleur moment, (7) ____________ nous pensons encore mes collègues et moi, est celui (8) ____________ nous avons tous été pris en photo, au restaurant, avec notre client congolais.

Note CULTURELLE

Le **fleuve Congo**, qui prend sa source à 1.435 mètres d'altitude, est le deuxième fleuve d'**Afrique** par sa longueur, après le **Nil**. Il est aussi le deuxième du monde par son débit (*flow rate*), après l'**Amazone**. Il traverse six pays d'Afrique Centrale: principalement le Congo et la RDC, mais aussi l'Angola, le Cameroun, la République centrafricaine, la Zambie et la Tanzanie.

3 **À lier** Liez (*Connect*) les deux phrases avec le bon pronom relatif.

Modèle **L'entreprise est prospère. Je dirige l'entreprise.**
L'entreprise que je dirige est prospère.

1. J'ai beaucoup d'économies. J'ai gardé mes économies à la maison.
2. La vendeuse a déménagé hier. Elle habitait à côté de chez moi.
3. Mes collègues ont suivi une formation en informatique. J'avais envie de suivre cette formation.
4. Le poste est encore libre. Je rêve de ce poste.
5. Cette entreprise est en faillite. Ils s'occupent de cette entreprise.
6. Ce projet est un succès. J'ai travaillé sur ce projet.

Communication

4 **Une rencontre** Imaginez que vous rencontriez un(e) ancien(ne) camarade de classe dans la rue. Vous parlez de ce qui est arrivé depuis votre dernière rencontre. À deux, créez la conversation à l'aide des éléments de la liste.

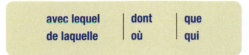

avec lequel	dont	que
de laquelle	où	qui

Modèle —Tu te souviens de Richard? Il est propriétaire d'une entreprise dont les profits n'arrêtent pas d'augmenter!
—Et as-tu revu Sabrina? Elle est gérante du grand magasin qui vient d'ouvrir au centre-ville.

5 **Vos camarades** Sur une feuille de papier, notez les noms de quelques camarades de classe. Pour chacun(e), écrivez une phrase pour le/la décrire à l'aide d'un pronom relatif. Ensuite, comparez vos phrases avec la classe.

Valérie	Valérie appartient au groupe d'étudiants avec lesquels je sors souvent.

6 **Votre premier travail** Par petits groupes, décrivez comment était votre premier travail à l'aide de ces éléments. Vos camarades de classe vous poseront des questions qui contiennent des pronoms relatifs.

Modèle —Quelle est la personne dont tu te souviens le mieux?
—Mon patron. C'était la personne avec qui je m'entendais le mieux.

- votre patron(ne)
- vos collègues
- votre temps de travail
- vos clients

9.2 The present participle

*—Je comprends très bien que vous soyez souvent sollicitée par des **représentants**.*

BLOC-NOTES

To find the **nous** forms of the present tense of other verbs, consult the verb tables at the end of the book.

- To form the present participle, drop the **-ons** ending from the **nous** form of the present tense of a verb and replace it with **-ant**.

Present participles of some common verbs

Infinitive	*Nous* form	Present participle
aller	all~~ons~~	allant
boire	buv~~ons~~	buvant
choisir	choisiss~~ons~~	choisissant
dire	dis~~ons~~	disant
écrire	écriv~~ons~~	écrivant
faire	fais~~ons~~	faisant
lire	lis~~ons~~	lisant
parler	parl~~ons~~	parlant
prendre	pren~~ons~~	prenant
vendre	vend~~ons~~	vendant
venir	ven~~ons~~	venant

- There are only three irregular present participles in French. They are considered irregular because they are *not* based upon the **nous** forms of the present tense.

Infinitive	Present participle
être	étant
avoir	ayant
savoir	sachant

***Étant** très sociable, elle a présenté son cousin à son petit ami.*

- When used as verbs, present participles are usually the equivalent of English verbs ending in *-ing*. They are typically preceded by the preposition **en**, meaning *while* or *by*.

  Il lui a indiqué le chemin **en regardant** le plan du quartier.
  He gave her directions while looking at the map of the neighborhood.

- Use the present participle to say what caused something or how something occurred.

  Gérard s'est cassé le bras **en tombant** du toit.
  Gérard broke his arm by falling off of the roof.

- **En** + [*present participle*] can also mean that something is done *as soon as* something else happens. In this case, it is often the equivalent of the English expression *upon* + the *-ing* form of a verb.

  Il va téléphoner **en arrivant** à la gare.
  He's going to call upon arriving at the station.

- Use the expression **tout en** to emphasize that two actions occur simultaneously, sometimes when they are not usually done at the same time.

  Il conduit **tout en mangeant** un sandwich.
  He's driving while eating a sandwich.

- When a present participle is used as an adjective, it agrees in gender and number with the noun it modifies.

  Nous n'avons pas d'eau **courante**!
  We don't have any running water!

  Ces filles sont **charmantes**.
  These girls are charming.

- Like present participles used as verbs, the adjective forms usually correspond to English words ending in *-ing*. Depending on the interpretation of the adjective, however, this is not always the case.

  Nous avons vu un film **amusant**.
  We saw a funny (amusing) movie.

- Present participles can sometimes be used as nouns. These nouns are often professions or other words that refer to a person who engages in a particular activity.

  consulter (*to consult*) > **un(e) consultant(e)** (*consultant*)
  gérer (*to manage*) > **un(e) gérant(e)** (*manager*)

ATTENTION!

The present participle does not correspond to all *-ing* forms of English verbs. Remember, the present tense in French can have several meanings.

Je parle.

I speak. / I do speak. / I am speaking.

To say that something is happening in the present time, use the present tense, not a present participle.

Mise en pratique

1 **À choisir** Mettez au participe présent les verbes entre parenthèses.

1. Charlotte a mangé son repas tout en ____________ (lire) son livre.
2. Mon père a fêté sa retraite en ____________ (danser) toute la nuit.
3. ____________ (Avoir) eu le temps d'arriver à la gare, Mamadou attend le prochain train pour Yaoundé.
4. En ____________ (écouter) ce qu'il a à dire, nous trouverons de meilleurs arguments.
5. Antoine gagne sa vie en ____________ (investir).
6. En ____________ (demander) une augmentation de salaire, j'aimerais améliorer ma situation financière.
7. Il vient d'être licencié. ____________ (Être) maintenant au chômage, il a le temps de jouer sur son ordinateur toute la journée.
8. Nous finirons le projet tout en ____________ (savoir) que nous ne serons pas toujours d'accord!

2 **À trouver** Complétez les phrases. Servez-vous du participe présent des verbes de la liste comme adjectifs ou comme noms. Faites tous les changements nécessaires.

amuser	émigrer	gagner	tomber
charmer	exiger	imposer	toucher

1. En France on peut voir de grands monuments ____________.
2. La classe a lu des histoires ____________ sur des enfants malades.
3. Cette ville est remplie de beaux princes ____________.
4. On n'a pas encore annoncé les ____________ du concours (*contest*).
5. La formation que vous faites est très ____________, mais elle est indispensable.
6. Nous avons passé deux journées ____________ au parc d'attractions.
7. Les ____________ ont quitté leur pays pour commencer une nouvelle vie.
8. Nous sommes rentrés à la maison, à la nuit ____________.

3 **Autrement dit** Liez (*Connect*) ces phrases à l'aide d'un participe présent.

Modèle **Magali prend sa douche. Elle chante *La vie en rose*.**
Magali prend sa douche tout en chantant *La vie en rose*.

1. La secrétaire parle au téléphone. Elle écrit rapidement.
2. Ces hommes d'affaires préparent le budget de l'année prochaine. Ils discutent des investissements.
3. Ces femmes achètent ce qui leur plaît. Elles dépensent sans compter.
4. Je travaille beaucoup. Je profite des vacances que l'entreprise offre.
5. Ma collègue me raconte son week-end. Elle sait que je ne l'écoute pas.
6. Le nouveau retraité pleure. Il finit son discours d'adieu (*farewell*).

Communication

4 **Première journée de travail** Aujourd'hui, c'était la première journée de travail de Magali. Par groupes de trois, imaginez ce qu'elle a fait. Employez le participe présent des verbes de la liste.

Modèle Magali est restée calme tout en étant sous pression.

assister à une réunion	être sous pression
découvrir son bureau	profiter de sa pause
déjeuner avec des collègues	rencontrer le syndicat
écouter des conseils	répondre au téléphone
être épuisée	?

5 **Qu'est-il arrivé?** Par groupes de quatre, choisissez trois événements de la liste et, pour chacun, racontez quelque chose qui est arrivé pendant que vous y étiez. Comment avez-vous réagi? Utilisez le participe présent dans vos discussions.

Modèle Tout en conduisant pendant l'examen du permis, je me suis aperçu que je n'avais pas attaché ma ceinture.

- un bal de lycéens/d'étudiants (*prom*)
- une cérémonie de remise de diplômes (*graduation*)
- un accident que vous avez eu ou auquel vous avez assisté
- un entretien d'embauche
- une réunion d'anciens élèves
- le moment où vous avez reçu une lettre d'acceptation
- l'examen du permis de conduire
- un anniversaire mémorable

6 **Entretien d'embauche** Kemajou sollicite un poste à la banque du Cameroun. Il passe un entretien avec la chef du personnel, Madame Koua. À deux, imaginez la conversation en employant le participe présent.

Modèle —Connaissez-vous l'équivalence en euros pour gérer des comptes en francs CFA?

—Oui, madame. Dans mon ancien emploi, j'ai appris à gérer les équivalences en travaillant avec des clients étrangers.

Note CULTURELLE

D'abord appelé le franc des «Colonies Françaises d'Afrique» (CFA) en 1945, **la monnaie** des pays africains francophones devient, en 1958, le franc de la «Communauté Française d'Afrique». Il existe deux sortes de francs **CFA**: le franc de la Communauté Financière d'Afrique pour les pays d'**Afrique de l'Ouest** et le franc de la Coopération Financière en **Afrique Centrale** pour les pays d'Afrique Centrale, les deux monnaies étant distinctes l'une de l'autre.

9.3 Irregular *-oir* verbs

*—Vous **voulez** que je vous raccompagne?*

- French verbs that end in **-oir** are irregular. They do not all follow the same pattern.
- The verbs **vouloir** and **pouvoir** follow a similar pattern. Note the stem change in the **nous** and **vous** forms.

pouvoir (*to be able*)		**vouloir** (*to want*)	
je **peux**	nous **pouvons**	je **veux**	nous **voulons**
tu **peux**	vous **pouvez**	tu **veux**	vous **voulez**
il/elle **peut**	ils/elles **peuvent**	il/elle **veut**	ils/elles **veulent**
past participle: **pu**		past participle: **voulu**	

ATTENTION!

Because the verb **valoir** means *to be worth* (*money, effort, etc.*), its subject is most often an inanimate object rather than a human being. The most common forms encountered are the third-person singular and plural forms.

- Like **pouvoir** and **vouloir**, the singular forms of **valoir** end in **-x**, **-x**, and **-t**. Note the stem in the plural forms.

valoir (*to be worth*)	
je **vaux**	nous **valons**
tu **vaux**	vous **valez**
il/elle **vaut**	ils/elles **valent**
past participle: **valu**	

*Ces bijoux **valent** beaucoup d'argent.*

ATTENTION!

The prefix **re-** usually means *to do something again*. For example, the verb **revoir** means *to see again*. **Revoir** is conjugated like **voir**.

J'ai revu le film.

I saw the film again.

- The verbs **voir** and **devoir** follow similar patterns. They also have stem changes in the **nous** and **vous** forms.

voir (*to see*)		**devoir** (*to have to, must; to owe*)	
je **vois**	nous **voyons**	je **dois**	nous **devons**
tu **vois**	vous **voyez**	tu **dois**	vous **devez**
il/elle **voit**	ils/elles **voient**	il/elle **doit**	ils/elles **doivent**
past participle: **vu**		past participle: **dû**	

- Like **voir** and **devoir**, the singular forms of **savoir** end in **-s**, **-s**, and **-t**. Note the different stems in the singular and plural forms.

savoir (*to know*)	
je **sais**	nous **savons**
tu **sais**	vous **savez**
il/elle **sait**	ils/elles **savent**
past participle: **su**	

Ils ***savent*** *danser.*

- The verbs **recevoir**, **apercevoir**, and **percevoir** follow the same pattern. Note the **ç** in all forms except for **nous** and **vous**.

recevoir (*to receive*)		**apercevoir** (*to perceive*)	
je **reçois**	nous **recevons**	j'**aperçois**	nous **apercevons**
tu **reçois**	vous **recevez**	tu **aperçois**	vous **apercevez**
il/elle **reçoit**	ils/elles **reçoivent**	il/elle **aperçoit**	ils/elles **aperçoivent**
past participle: **reçu**		past participle: **aperçu**	

- Due to their meanings, the verbs **pleuvoir** and **falloir** have only third-person singular forms.

pleuvoir (*to rain*)	**falloir** (*to be necessary, to have to, must*)
il **pleut**	il **faut**
past participle: **plu**	past participle: **fallu**

Il **pleut** souvent au printemps.
It often rains in the spring.

Il **faut** prendre le train.
It's necessary to take the train.

- The verb **s'asseoir** is very irregular. Like other reflexive verbs, it is accompanied by a reflexive pronoun and takes the helping verb **être** in the **passé composé**.

s'asseoir (*to sit*)	
je **m'assieds**	nous **nous asseyons**
tu **t'assieds**	vous **vous asseyez**
il/elle **s'assied**	ils/elles **s'asseyent**
past participle: **assis(e/es)**	

Ils ***se sont assis*** *par terre.*

BLOC-NOTES

Remember that French has two different verbs that mean *to know*: **savoir** and **connaître**. To review their different uses, see **Fiche de grammaire 9.4, p. 422.**

ATTENTION!

The verbs **apercevoir** and **percevoir** both mean *to perceive*, but they are not interchangeable. **Apercevoir** usually refers to visual perception, as in *to see* or *to notice*. **Percevoir** usually refers to more general perception, as in *to detect* or *to sense*.

ATTENTION!

You can use **il faut** to refer to a variety of subjects. Depending upon the context, it can mean *I must, you must, one must, they must*, and so on. Regardless of meaning, the subject is always **il**.

Mise en pratique

1

Mini-dialogues Complétez logiquement chaque dialogue à l'aide des verbes de la liste.

s'asseoir	pleuvoir	savoir	voir
falloir	recevoir	valoir	vouloir

—J'aime sortir par tous les temps: quand il fait soleil, quand il y a du vent… même quand il (1) ______________!

—Pas vrai! Je te/t' (2) ______________ hier quand ton parapluie s'est cassé. Tu étais vraiment de mauvaise humeur.

—(3) ______________-tu qu'on a changé la date de la réunion?

—Non, je ne le savais pas. (4) ______________-il choisir une nouvelle date?

—Est-ce que nous (5) ______________ le coup de téléphone de notre entrepôt en Chine?

—Oui, ils disent que, si on détruit les marchandises, on sera en faillite. Elles (6) ______________ trop cher.

—(7) ______________-toi sur cette chaise. Il faut que je te parle.

—D'accord, de quoi (8) ______________-tu me parler?

2

Un nouveau règlement L'entreprise pour laquelle vous travaillez vient de changer de direction (*management*). Voici quelques règles que votre nouveau patron veut mettre en application. Complétez ses phrases à l'aide de verbes en **-oir**.

Nouveau règlement:

1. Vous ne ______________ plus varier votre temps de travail.
2. Il ______________ absolument arriver à neuf heures, au plus tard.
3. Tous les employés ______________ déjeuner entre midi et 13h00.
4. Sur le marché boursier, il ______________ mieux investir dans l'entreprise.
5. Si quelqu'un ______________ un collègue qui en harcèle un autre, dites-le-moi tout de suite.
6. Si vous ______________ téléphoner à un(e) ami(e), attendez 17h00.
7. Même si nous ______________ des salaires différents, il faut nous respecter mutuellement.
8. Pour être promu, un employé ______________ suivre toutes ces règles.

3

Conseils Yves est sous pression au bureau et sa vie privée est un désastre. À deux, trouvez huit conseils à lui donner en utilisant des verbes en **-oir**.

Modèle Vous pouvez démissionner et chercher un autre emploi.

Communication

4 **Questions personnelles** À deux, posez-vous ces questions et soyez créatifs pour expliquer vos réponses.

La vie étudiante

Que doivent faire les étudiants pour réussir à la fac?

Qu'as-tu fait la dernière fois qu'il a plu?

Les relations personelles

Que reçois-tu d'habitude pour ton anniversaire? De la part de qui? Qu'as-tu reçu pour ton dernier anniversaire? De la part de qui?

Quand quelqu'un s'intéresse à toi, t'en aperçois-tu facilement?

L'argent et le travail

À qui peux-tu emprunter de l'argent? Dois-tu de l'argent à quelqu'un en ce moment?

Combien vaut ton bien (*possession*) le plus précieux?

Sais-tu quel travail tu auras après tes études? Lequel?

Faut-il toucher un salaire élevé pour se sentir riche?

5 **Au syndicat** À deux, imaginez que vous soyez des travailleurs membres du même syndicat. Jouez les rôles de ces deux collègues qui ne sont jamais d'accord, en utilisant des verbes en **-oir**.

Modèle —Il faut demander une augmentation de salaire.

—On ne doit pas en demander une. Tu sais qu'ils ne peuvent pas nous la donner.

6 **À propos de vos camarades** Par groupes de quatre, devinez pour quel membre de votre groupe ces observations sont vraies. Si vous n'êtes pas d'accord avec l'opinion que vos camarades ont de vous, expliquez-leur votre point de vue.

Modèle **vouloir: devenir cadre**

—Dave, tu veux devenir cadre d'une entreprise après l'université, non?

—Pas du tout! Je voulais l'année dernière, mais je ne sais plus. C'est toi, Jessica, qui devrais être cadre. Tu peux diriger un groupe.

1. s'apercevoir: que la richesse ne remplace pas forcément le bonheur
2. s'asseoir: au premier rang
3. devoir: poser sa candidature pour un poste à la bibliothèque
4. ne pas pouvoir: économiser d'argent
5. recevoir: du courrier tous les jours
6. revoir: son film préféré plus de trois fois

Synthèse

Le philosophe français, Alain (1868–1951), né sous le nom d'Émile-Auguste Chartier, est connu pour ses idées pacifistes et libérales. Profondément marqué par les horreurs de la Première Guerre mondiale, il écrit des articles en faveur du pacifisme tout en combattant les autoritarismes. Étant professeur, il exerce une grande influence sur ses élèves, dont certains deviennent célèbres et lui doivent leur carrière de philosophe. Dans les citations suivantes on voit que ses idées sur le travail sont assez révolutionnaires pour l'époque°.

time

Ce qui console d'un travail difficile,
c'est qu'il est «difficile».

La loi suprême de l'invention humaine
est que l'on n'invente qu'en travaillant.

La vie est un travail
qu'il faut faire debout°.

Alain

standing up

1 **Compréhension** Répondez à ces questions.

1. Quel travail faisait Alain tout en gagnant sa vie comme professeur?
2. Que faisait Alain en même temps qu'il écrivait des articles sur le pacifisme?
3. Que peut-on dire de ses idées sur le travail?
4. Comment Alain décrit-il la vie dans une de ses citations?

2 **Réactions** Que pensez-vous des trois citations d'Alain? Discutez de chacune avec un(e) camarade, en réfléchissant aux idées ci-dessous.

- Pensez à trois situations dans lesquelles chaque citation vous inspirerait.
- Trouvez des liens entre les pensées d'Alain sur le travail et celles sur la liberté et le pacifisme.
- Dites si vous êtes d'accord ou pas avec chaque citation. Expliquez pourquoi.

3 **À vous de citer** Par petits groupes, imaginez que vous soyez philosophe (si vous ne l'êtes pas déjà!). Écrivez une phrase qui explique vos pensées sur le travail et sur l'influence qu'il exerce sur la vie du travailleur. Pour vous aider, utilisez votre imagination, les citations d'Alain et les structures de cette leçon.

Préparation

Vocabulaire de la lecture	Vocabulaire utile
un chef d'entreprise *head of a company*	**demander un prêt** *to apply for a loan*
l'entraide (*f.*) *mutual aid*	**l'encadrement (*m.*)** *supervisory staff*
entreprendre *to undertake*	**s'entourer de** *to surround oneself with*
évoquer *to make think of*	**faire un emprunt** *to take out a loan*
inhabituel(le) *unusual*	**rembourser** *to reimburse*
monter une entreprise *to create a company*	**retirer (un profit, un revenu) de** *to get (benefit, income) out of*
obtenir un prêt *to secure a loan*	
la précarité *insecurity of income*	
un revenu *income*	

1 **Le bon leader** **Complétez ce petit texte à l'aide des mots de la liste de vocabulaire.**

Qu'est-ce qui caractérise (1) ______________ exceptionnel? D'abord ses qualités personnelles, car il doit avoir ambition et volonté. Un bon leader saura aussi s'entourer d' (2) ______________ performant et de haut niveau. Il prendra soin de l'ensemble de ses employés pour les protéger de (3) ______________ et les motiver. Il encouragera (4) ______________ au sein de l'entreprise. Il aura aussi de bonnes relations avec sa banque, pour pouvoir faire (5) ______________ quand c'est nécessaire. Un bon dirigeant saura (6) ______________ ses dettes à temps. Grâce à lui, l'entreprise se développera et (7) ______________ des profits de son activité.

2 **Aux enfants** **Vous devez expliquer ces concepts à des enfants. À deux, trouvez des définitions simples et utilisez des exemples.**

Concepts	Définitions/Exemples
le chef d'entreprise	
entreprendre	
la précarité	
un prêt	
retirer un profit	
un revenu	

3 **À votre avis?** **Que pensez-vous de ces affirmations? Discutez-en par groupes de trois. Puis choisissez les trois plus utiles pour réussir sa carrière professionnelle.**

- Il est nécessaire d'entreprendre pour espérer et de persévérer pour réussir.
- Il n'y a pas un caractère d'entrepreneur, mais il faut du caractère pour en être un.
- La raison d'être d'une entreprise est de trouver des clients et de les garder.
- Les entreprises qui réussissent sont celles qui ont une âme.
- Travailler, c'est bon pour ceux qui n'ont rien à faire.
- Rien de plus simple que de vieillir jeune (*stay young*): il suffit de travailler dans la joie.

Des **Africaines** entrepreneuses

Les confitures d'Afrique

Dans certains pays, la fabrication de confitures pour l'exportation existe depuis plus de cinquante ans. Elles sont à l'ananas, à la banane, à la goyave (*guava*), à la papaye. Leur goût exotique est très apprécié dans les pays occidentaux.

La confiote. Qu'est-ce que c'est? Pour certains, ce mot familier évoque simplement de la confiture. Mais posez la question à Robertine Bounkeu, et elle vous répondra que c'est toute sa vie. «Les Confiotes» est le nom de l'entreprise qu'elle a récemment montée au Cameroun. Une entreprise alléchante°: la fabrication de produits haut de gamme° à base de fruits, comme des sirops, des confitures ou «confiotes» et des liqueurs. Mais pour celui qui connaît la société camerounaise, y voir une femme devenir chef d'entreprise est inhabituel. En Afrique centrale, comme sur tout le continent africain, la précarité touche tout particulièrement les femmes, pour des raisons sociales, économiques et juridiques. Quel est donc le secret de la réussite de Robertine Bounkeu? L'Association pour le Soutien et l'Appui à la Femme Entrepreneur ou ASAFE. Cette association en est une parmi beaucoup d'autres du même genre qui fleurissent° au Cameroun depuis les années 1990. Les organisations non gouvernementales participent à cet effort, principalement au moyen d'aides financières.

alléchante: appétissante
haut de gamme: *top of the line*
fleurissent: se multiplient

Ces associations ont pour but d'améliorer la condition des femmes en les rendant maîtresses de leur destinée. Elles leur proposent donc une aide financière à court terme, des conseils et une formation comme des cours d'informatique. C'est un concept révolutionnaire dans une Afrique où la majorité des femmes reste encore dépendante de l'homme. Dans le cas de Robertine Bounkeu, c'est le programme «Femme Crédit Épargne» (FCE) qui lui a permis d'obtenir un prêt. Ce système encourage l'entraide entre les femmes: celles-ci forment de petits groupes de soutien pour améliorer leurs chances de succès. Robertine Bounkeu dit que «c'est difficile de se lancer dans une telle activité avec peu de moyens et seulement la rage de réussir». Adhérer à l'ASAFE lui a donc «permis de passer progressivement du stade° de hobby épisodique° à la petite entreprise de plus en plus structurée».

stade: *stage*; épisodique: *occasional*

Comme elle, beaucoup de femmes se lancent dans la fondation d'entreprise. L'agriculture est leur principale occupation, mais les revenus ne sont pas suffisants. Elles se tournent alors vers d'autres possibilités. C'est là qu'entrent en scène les organisations et associations destinées à aider les femmes en quête de réussite sociale. Parmi ces organisations, les instituts de microfinance forment la base fondamentale du lancement° d'un projet. D'ailleurs, le microfinancement s'est rapidement propagé sur le continent. L'Africa Microfinance Network (AFMIN) regroupe plus de 800 organisations qui participent quotidiennement à la création d'entreprises. Grâce à leur collaboration, des femmes courageuses font naître une Afrique nouvelle.

lancement: *launching*

Robertine Bounkeu ne compte pas s'arrêter là. Elle a pour ambition de développer son entreprise, et elle a déjà amélioré son matériel pour répondre à la demande qui s'amplifie. Ses «confiotes» n'ont pas fini de faire des heureux ni des émules°. On ne peut décidément pas arrêter un esprit qui aime entreprendre.

émules: imitateurs

Dans tous les pays d'Afrique, les femmes sont essentielles à la vie de la communauté. Elles éduquent et nourrissent. Quoi de mieux pour l'avenir de l'Afrique que leur émancipation et l'élargissement de leurs pouvoirs? ■

SUPERSITE Analyse

1 **Compréhension** Répondez aux questions par des phrases complètes.

1. Quelles sortes de confitures sont faites en Afrique?
2. Que fabrique l'entreprise «Les Confiotes»?
3. L'exemple de Robertine Bounkeu est-il typique de la société camerounaise?
4. Robertine Bounkeu a-t-elle réussi toute seule?
5. Que propose ce genre d'association aux femmes africaines?
6. Comment fonctionne le programme «Femme Crédit Épargne»?
7. Pourquoi beaucoup de femmes se lancent-elles dans la fondation d'entreprise?
8. Le micro-financement est-il important pour l'Afrique? Pourquoi?
9. Robertine Bounkeu a-t-elle déjà réalisé tous ses projets?
10. Pourquoi les femmes chefs d'entreprises sont-elles une bonne chose pour l'Afrique?

2 **Citation à commenter** À deux, expliquez et commentez cette citation d'Alphonse Allais, écrivain et humoriste français du 19e siècle.

> On ne prête qu'aux riches, et on a raison, les pauvres remboursent plus difficilement.

1. Que dit Alphonse Allais dans cette citation? Y voyez-vous une forme d'humour?
2. Quels liens y a-t-il entre cette citation et l'article que vous venez de lire?
3. Êtes-vous d'accord avec ce que dit Alphonse Allais? Expliquez.

3 **Le slogan** À deux, inspirez-vous de la citation ci-dessus pour créer un slogan en faveur du (*in favor of*) micro-financement. Servez-vous du vocabulaire de la lecture. Puis la classe choisira le meilleur slogan.

4 **Création d'entreprise** Par groupes de trois, choisissez une idée d'entreprise dans la liste ci-dessous ou créez votre propre idée. Imaginez une conversation entre un jeune entrepreneur et deux banquiers. Utilisez les mots du vocabulaire pour décrire votre projet et demander un prêt. Ensuite, jouez la scène devant la classe.

- un café-laverie
- un service de transport en bateau
- une entreprise de fabrication de snowboards
- un restaurant spécialisé dans les desserts
- un service de décoration d'intérieur
- ?

Modèle

Étudiant(e) 1: Jevoudrais faire un emprunt pour développer ma nouvelle idée: un café-laverie.

Étudiant(e) 2: Vous allez vous entourer de serveurs sympathiques?

Étudiant(e) 3: Il faudra rembourser le prêt d'ici trois ans.

Préparation

À propos de l'auteur

Marie Le Drian (1949–) est née dans le Morbihan, en Bretagne, une région au nord-ouest de la France. Aujourd'hui elle vit toujours en Bretagne, dans la région du Finistère sud. Dans ses livres, elle parle de la vie quotidienne et des gens ordinaires. Elle prend souvent pour thème des femmes qui se trouvent dans des situations où elles souffrent, mais l'humour est presque toujours présent dans ses œuvres. Le Drian a publié des recueils de nouvelles et plusieurs romans. Son livre *Le petit bout du L,* paru (*published*) en 1992, a obtenu le Prix des écrivains bretons.

Vocabulaire de la lecture

- **abîmé(e)** *damaged*
- **un(e) abonné(e)** *subscriber*
- **un bénéfice** *profit*
- **une camionnette** *small truck or van*
- **causer** *to chat*
- **épais(se)** *thick*
- **un horaire** *schedule*
- **une perte** *loss*
- **une revendication** *demand*
- **un sou** *penny*

Vocabulaire utile

- **un(e) entrepreneur/entrepreneuse** *entrepreneur*
- **fascinant(e)** *fascinating*
- **ingrat(e)** *thankless*
- **la réussite** *success*
- **stimulant(e)** *challenging*

1 **Qu'est-ce que c'est?** Trouvez les mots qui correspondent aux définitions.

1. l'argent que perd une entreprise: ______________
2. une demande: ______________
3. l'argent que gagne une entreprise: ______________
4. parler: ______________
5. quelqu'un qui reçoit régulièrement le même journal: ______________
6. une pièce de monnaie: ______________

2 **Préparation** Répondez individuellement à ces questions, puis discutez-en à deux.

1. Quelle profession voudriez-vous exercer un jour?
2. Quels avantages offre le fait de travailler pour une entreprise multinationale?
3. Quels avantages offre le fait d'être entrepreneur?
4. Quelles sortes de problèmes se présentent entre les employés et les patrons?
5. Quels sont les avantages et les inconvénients que présentent les syndicats?

3 **Débat** Réfléchissez individuellement à la déclaration suivante. Puis, défendez votre point de vue dans un groupe composé d'étudiants aux opinions diverses.

Il est préférable d'être entrepreneur que de travailler pour une entreprise.

- Prenez position pour ou contre cette déclaration.
- Préparez-vous à défendre votre position.
- Préparez des arguments contre la position opposée.
- Pensez à des exemples qui soutiennent votre point de vue.

Note CULTURELLE

Les professions libérales sont des professions à caractère intellectuel qu'on exerce de manière indépendante. Les avocats, les experts-comptables (*certified public accountants*), les architectes, les ingénieurs, les pharmaciens exercent une profession libérale. Ces professions sont toutes contrôlées par des organisations professionnelles.

PROFESSION

Marie Le Drian

Il voulait que j'exerce une profession libérale. Lui: mon père.

– T'es capable. Avec une profession libérale, disait mon père, ils te demanderont sûrement d'aller sur la liste. Tu choisis la bonne et ton avenir est assuré.

J'ai fait mon possible.

Au journal, ils m'ont dit:

– Vous avez le statut de profession libérale.

J'ai signé.

– Tu verras, t'as pas de patron sur le dos. Pas de femme de patron non plus! C'est les pires... Le patron, il a parfois le dos tourné°, vraiment tourné, disait mon père, sa femme, elle, a les yeux partout. Elle voit même où on pose les nôtres. T'as pas de syndicat qui tienne le coup avec une femme de patron. Choisis donc une profession libérale. T'es capable. T'as tes propres horaires. T'arrives quand tu veux. T'as pas de sirène. T'as tes pauses. S'il y a du bénéfice, c'est tout pour toi. Au moins, t'en vois la couleur.

– Et s'il y a perte?

– Y'aura pas perte. T'es capable.

Il m'a tout expliqué, mon père. Nous sommes sortis en ville plusieurs samedis. Tous les deux, côte à côte dans les rues. Depuis, je sais reconnaître à vu d'œil une femme de patron: rien qu'à son rouge à lèvres°, à sa manière de demander du feu°, son chemin ou même l'heure. À l'entendre, grâce à mon père, je la devine.

– Profession libérale sans employé surtout, disait mon père, dès que t'embauches, ta femme devient femme de patron. Les pires!

J'ai écouté mon père. J'ai une profession libérale. C'est ce qu'ils ont dit au journal:

–Vous avez le statut de profession libérale. Vous êtes votre propre chef.

Je le suis. J'habite une petite chambre meublée à l'entrée de la cité. Indépendante totalement. C'est préférable avec une profession libérale.

La camionnette freine devant ma porte à 2 h 30 du matin. Le chauffeur jette le paquet de journaux. C'est juste le moment où je finis mon café dans mon coin de cuisine. Je ne sors pas causer avec le type° de la camionnette. Je préfère éviter les contacts. J'entends le bruit du paquet sur le ciment. Encore une petite lampée°: c'est ma liberté cette resucée° de

is not looking

lipstick

ask for a light

guy

gulp/a drop more

LIBÉRALE

café avant de commencer. Je sors. Le type de la camionnette a déjà filé°. Il est minuté°, lui. Moi aussi, je suis minuté, mais j'organise. Rien à voir! Je prends le paquet et j'enlève les ficelles° sur ma table de cuisine. Je ne regarde rien. Les gros titres° ne m'ont jamais intéressé. Je remplis ma carriole° et mes sacoches°.

Il est pile° 3 heures. Je démarre. Profession libérale de la nuit. J'ai un vélo à sacoches et une carriole derrière. On m'a déconseillé la Mobylette. La Mobylette réveille. À 3 heures du matin, tout le quartier dort. Il paraît que même à vélo certains m'entendent dans la nuit. Je ne vois pas comment mes freins huilés chaque soir pourraient réveiller quelqu'un. Ma dynamo° est silencieuse. Je l'ai changée. D'être en profession libérale occasionne des frais°, mais, côté bruit, j'ai pris mes précautions, alors qu'on ne vienne pas me raconter d'histoires: ceux qui croient m'entendre freiner étaient déjà debout° dans leur cuisine allumée. Pas pour me surprendre, non! Pour deviner mon passage. Savoir que je suis là.

On ne se voit pas. Je n'ai, la nuit, rencontré aucun abonné. Pas plus d'abonnés à boîtes que d'abonnés à tubes. Des tubes exprès. Pour ceux-là, je dois rouler les nouvelles. Elles sont certainement moins abîmées que dans les boîtes. Au journal, on m'a expliqué que je devais préparer mes petites affaires—plier°, rouler—chez moi. Je n'aime pas. Je préfère arranger le journal devant la boîte ou devant le tube. Boîte: je plie. Tube: je roule. J'ai alors vraiment l'esprit de décision de la profession libérale.

Le samedi, le journal sort un supplément télévision. Le supplément est imbriqué°. Ils me l'ont dit:

– Nous imbriquons le supplément du samedi. L'ensemble est plus épais. Vous aurez du mal avec les tubes.

Je m'en débrouille°, du mal. L'épaisseur

sped away/timed
strings
headlines
cart/saddlebags
on the dot
electrical generator for bicycle light
expenses
up
to fold
inserted
manage

fait partie des difficultés de la profession libérale.

Par contre, le supplément sportif du lundi n'est pas imbriqué. Le type de la camionnette jette deux paquets le lundi matin à 2 h 30 et je n'ai qu'une demi-heure pour insérer le supplément sportif avec les résultats de première et de deuxième division dans le journal ordinaire. J'imbrique deux cent quatre-vingts suppléments sportifs en me levant de temps en temps pour boire une petite resucée de café.

Ils n'ont sans doute pas de personnel au central pour imbriquer dans la nuit du dimanche au lundi. Ils ne m'ont pas demandé de le faire. J'ai pris l'initiative. Les initiatives sont la base de la profession libérale.

Grâce à moi, chaque lundi matin, les deux cent quatre-vingts foyers de la cité ont les résultats sportifs imbriqués dans les nouvelles régionales. Je ne sais pas comment ils font dans les autres cités. Nous n'avons pas de contacts. Pas de réunions. Pas de syndicat.

Je n'ose pas réclamer° au central qu'ils imbriquent eux-mêmes le lundi. Ce serait une revendication.

– Dans une profession libérale, mon grand, pas de revendication. Si ça ne va pas, tu t'en prends° qu'à toi-même. T'es payé à l'acte°, disait mon père.

L'acte, ici, c'est le pli. Je suis payé au pli. Pas un sou de plus le jour de l'imbrication. C'est ma faute. Je n'avais qu'à prévoir le jour où j'ai signé ce contrat de profession libérale.

Il est 3 heures. Je sors dans la nuit. Libre.

Mon père serait fier. Pas de sirène. Pauses à volonté. Pas de syndicat. On ne m'a pas encore demandé d'aller sur la liste des municipales°, mais c'est pour bientôt. J'ai déjà été pressenti°. Je dirai oui. Je suis libre de mes actes. Je n'ai pas de patron sur le dos.

Sa femme, je ne l'ai jamais vue. Elle ne sait même pas qui je suis. ■

to complain
take it out on
by the job
elections for mayor
approached

Analyse

1 **Compréhension** Répondez aux questions.

1. Quelle profession exerce le narrateur?
2. Quelle sorte de profession son père lui a-t-il conseillé de choisir?
3. Pourquoi est-ce que son père n'aime pas les femmes de patron?
4. Où habite le narrateur?
5. Qu'est-ce que fait le chauffeur de la camionnette à 2 h 30 du matin?
6. Pourquoi est-ce que le narrateur ne parle pas au chauffeur de la camionnette?
7. Qu'est-ce que fait le narrateur avec le paquet de journaux?
8. Pourquoi est-ce que le narrateur doit être silencieux?
9. Qu'est-ce qu'il fait le lundi? Qui en a eu l'idée?
10. Pourquoi est-ce qu'il ne veut pas présenter de revendication?

2 **Interprétation** À deux, répondez à ces questions par des phrases complètes.

1. Selon le père du narrateur, quels sont les avantages d'une profession libérale?
2. De quels avantages le narrateur profite-t-il dans sa profession?
3. Quels sont les avantages dont il ne profite pas dans sa profession?
4. À votre avis, est-ce que le narrateur a choisi une profession libérale? Pourquoi?
5. Que pensez-vous de son choix? Croyez-vous que le narrateur en soit satisfait? Pourquoi?

3 **Imaginez** Le père du narrateur serait-il fier de son fils? Que se diraient-ils? À deux, écrivez une conversation entre eux à l'aide d'au moins six mots de la liste.

arriver	embaucher	horaires	patron
choisir	employé	libre	profession

4 **Discussion** Par groupes de trois, discutez des thèmes de l'histoire.

- Discutez du thème de la solitude. Citez des exemples du texte.
- Discutez du thème de la liberté. Citez des exemples du texte.
- Y a-t-il de l'ironie dans cette histoire? Expliquez.

5 **Rédaction** Explorez une profession de votre choix. Suivez le plan de rédaction.

Plan

1. **Organisation** Pensez à une profession. Faites une liste des avantages et des inconvénients de ce travail. Cherchez des mots dans un dictionnaire, si nécessaire.
2. **Point de vue** Écrivez deux paragraphes. Dans le premier paragraphe, expliquez les avantages de la profession. Dans le deuxième paragraphe, expliquez ses inconvénients.
3. **Conclusion** Expliquez s'il y a plus d'avantages que d'inconvénients ou vice versa. Aimeriez-vous exercer cette profession? Pourquoi?

Le travail et les finances

Le monde du travail

une augmentation (de salaire) *raise (in salary)*
un budget *budget*
le chômage *unemployment*
un(e) chômeur/chômeuse *unemployed person*
un entrepôt *warehouse*
une entreprise (multinationale) *(multinational) company*
un(e) fainéant(e) *lazybones*
une formation *training*
un grand magasin *department store*
un poste *position, job*
une réunion *meeting*
le salaire minimum *minimum wage*
un syndicat *labor union*
une taxe *tax*
le temps de travail *work schedule*

avoir des relations (f.) *to have connections*
démissionner *to quit*
embaucher *to hire*
être promu(e) *to be promoted*
être sous pression (f.) *to be under pressure*
exiger *to demand*
gagner sa vie *to earn a living*
gérer/diriger *to manage; to run*
harceler *to harass*
licencier *to lay off; to fire*
poser sa candidature à *to apply for*
solliciter un emploi *to apply for a job*

au chômage *unemployed*
(in)compétent(e) *(in)competent*
en faillite *bankrupt*

Les finances

la banqueroute *bankruptcy*
une carte de crédit/de retrait *credit/ATM card*
un chiffre *figure; number*
un compte de chèques *checking account*
un compte d'épargne *savings account*
la crise économique *economic crisis*
une dette *debt*
un distributeur automatique *ATM*
des économies (f.) *savings*
un marché (boursier) *(stock) market*
la pauvreté *poverty*
les recettes (f.) et les dépenses (f.) *receipts and expenses*

avoir des dettes *to be in debt*
déposer *to deposit*
économiser *to save*
investir *to invest*
profiter de *to take advantage of; to benefit from*
toucher *to get/receive (a salary)*

à court/long terme *short-/long-term*
disposé(e) (à) *willing (to)*
épuisé(e) *exhausted*
financier/financière *financial*
prospère *successful; flourishing*

Les gens au travail

un cadre *executive*
un(e) comptable *accountant*
un(e) conseiller/conseillère *advisor*
un(e) consultant(e) *consultant*
un(e) employé(e) *employee*
un(e) gérant(e) *manager*
un homme/une femme d'affaires *businessman/woman*
un membre/un(e) adhérent(e) *member*
un(e) propriétaire *owner*
un(e) vendeur/vendeuse *salesman/woman*

Court métrage

un argument de vente *selling point*
un boulot *job*
une carie *cavity*
un entretien d'embauche *job interview*
un(e) formateur/formatrice *trainer*
une gamme de produits *line of products*
un(e) patron(ne) *boss*
une prime *bonus*
un stage (rémunéré) *(paid) training course*
un(e) stagiaire *trainee*
une stratégie commerciale *marketing strategy*

capter *to get a signal*
convaincre *to convince*
se débrouiller *to figure it out, to manage*
s'investir *to put oneself into*
rémunérer *to pay*
reprendre *to pick up again; to resume*
virer *to fire*

Culture

un chef d'entreprise *head of a company*
l'encadrement (m.) *supervisory staff*
l'entraide (f.) *mutual aid*
la précarité *insecurity of income*
un revenu *income*

demander un prêt *to apply for a loan*
s'entourer de *to surround oneself with*
entreprendre *to undertake*
évoquer *to make think of*
faire un emprunt *to take out a loan*
monter une entreprise *to create a company*
obtenir un prêt *to secure a loan*
rembourser *to reimburse*
retirer (un profit, un revenu) de *to get (benefit, income) out of*

inhabituel(le) *unusual*

Littérature

un(e) abonné(e) *subscriber*
un bénéfice *profit*
une camionnette *small truck or van*
un(e) entrepreneur/entrepreneuse *entrepreneur*
un horaire *schedule*
une perte *loss*
la réussite *success*
une revendication *demand*
un sou *penny*

causer *to chat*

abîmé(e) *damaged*
épais(se) *thick*
ingrat(e) *thankless*
fascinant(e) *fascinating*
stimulant(e) *challenging*

LEÇON 10

Les richesses naturelles

On ne parle sans doute jamais assez des richesses naturelles de la planète et de leur préservation. On pourrait se demander s'il reste encore des paysages intacts. Et si c'est le cas, est-il encore possible de les préserver? Certains parlent de créer des réserves marines dans les océans. Utopie ou réalisme? Ne faut-il pas en effet beaucoup de réalisme pour sauver la planète? Mais ne faut-il pas aussi croire profondément en ce qu'on fait pour parvenir à un résultat?

Plage de rêve ou paysage en voie d'extinction?

Destination:
ASIE ET OCÉANIE

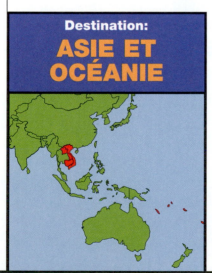

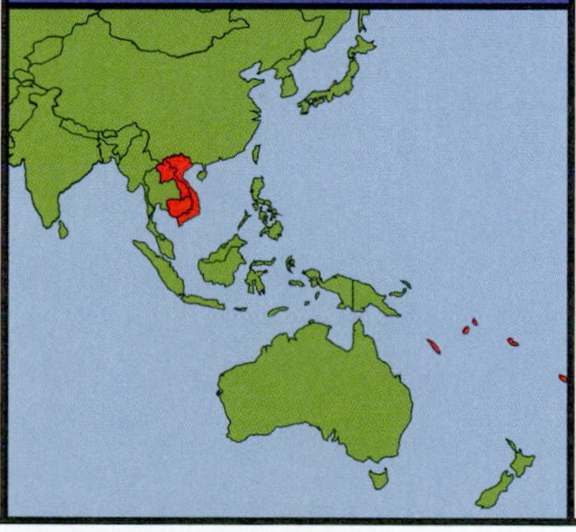

Notre monde

La nature

un arc-en-ciel *rainbow*

un archipel *archipelago*
une barrière/un récif de corail *barrier/coral reef*
une chaîne montagneuse *mountain range*
un fleuve/une rivière *river*
une forêt (tropicale) *(rain) forest*
la Lune *Moon*

la mer *sea*
un paysage *landscape; scenery*
le soleil *sun*
une superficie *surface area; territory*
une terre *land*

---

en plein air *outdoors*
insuffisant(e) *insufficient*
potable *drinkable*
protégé(e) *protected*
pur(e) *pure; clean*
sec/sèche *dry*

Les animaux

une araignée *spider*
un cochon *pig*
un lion *lion*
un mouton *sheep*
un ours *bear*
un poisson *fish*
un singe *monkey*
un tigre *tiger*

Les phénomènes naturels

l'érosion (*f.*) *erosion*
un incendie *fire*
une inondation *flood*
un ouragan *hurricane*
une pluie acide *acid rain*
le réchauffement climatique *global warming*
la sécheresse *drought*
un tremblement de terre *earthquake*

Se servir de la nature ou la détruire

le bien-être *well-being*
un combustible *fuel*
la consommation d'énergie *energy consumption*
la couche d'ozone *ozone layer*
un danger *danger*
les déchets (*m.*) *trash*

la déforestation *deforestation*
l'environnement (*m.*) *environment*
le gaspillage *waste*
un nuage de pollution *smog*

la pollution *pollution*
une ressource *resource*
une source d'énergie *energy source*

chasser *to hunt*
empirer *to get worse*
épuiser *to use up*
être contaminé(e) *to be contaminated*
gaspiller *to waste*
jeter *to throw away*
menacer *to threaten*
nuire à *to harm*
polluer *to pollute*

préserver *to preserve*
prévenir *to prevent*
protéger *to protect*
résoudre *to solve*
respirer *to breathe*
supporter *to put up with*
tolérer *to tolerate*
urbaniser *to urbanize*

---

en voie d'extinction *endangered*
jetable *disposable*
nuisible *harmful*
renouvelable *renewable*
toxique *toxic*

Mise en pratique

1 **Vrai ou faux?** Indiquez si chaque phrase est vraie ou fausse. Ensuite, corrigez les phrases fausses.

1. Le désert est un endroit très humide.
2. Un paysage est une petite superficie que l'on regarde de près.
3. Il ne faut pas boire de l'eau potable parce qu'elle est nuisible à la santé.
4. On dit que l'ours est le roi des animaux.
5. Une trop grande consommation d'énergie nuit à l'environnement.
6. Une sécheresse est une longue période où il pleut beaucoup.
7. Un problème est quelque chose à résoudre.
8. Le gaspillage des sources d'énergie diminue le réchauffement climatique.

2 **Un bonjour de la Polynésie** Complétez cette carte postale que Viana a écrite à son copain Loïc. Mettez l'article qui convient et faites les accords nécessaires.

araignée	bien-être	en voie d'extinction	insuffisant	protéger	soleil
archipel	déforestation	inondation	préserver	singe	tropicale

Cher Loïc,

Comment vas-tu? J'espère qu'il fait bon chez toi. Ici, il fait un temps merveilleux! Je suis bien bronzée parce que (1) ______________ est brûlant. Par contre, on a eu des pluies torrentielles la semaine dernière et j'ai eu peur qu'il y ait (2) ______________.

Hier, j'ai enfin réalisé mon rêve de faire une randonnée près de Mangaréva, l'île principale de (3) ______________ des Gambier. J'ai observé toutes sortes d'animaux dans la forêt (4) ______________: différentes espèces de (5) ______________, comme des orangs-outans et des chimpanzés, et j'ai vu une grosse (6) ______________ de six centimètres! Ce n'était pas grave parce que je n'ai pas peur des arachnides. Malheureusement, quelques espèces sont (7) ______________, alors il faut bien (8) ______________ la biodiversité! Le guide m'a dit que (9) ______________ risque de détruire la forêt et que les animaux risquent de disparaître. J'ai envie de me joindre au groupe de gens qui veulent (10) ______________ cette belle région, riche en ressources naturelles.

Écris-moi une lettre ou un e-mail pour me donner de tes nouvelles, dès que tu auras un instant. Tu me manques!

Gros bisous,
Viana

Loïc Duperray
2 bis, rue de la Tannerie
40990 St-Paul les Dax
France

3 **Soyons proactifs!** Imaginez qu'une usine locale pollue la région dans laquelle vous habitez. Par petits groupes, écrivez aux responsables un e-mail dans lequel vous expliquez le problème, faites part de votre inquiétude et donnez des conseils pour améliorer la situation et protéger la nature et les animaux concernés.

SUPERSITE Préparation

Vocabulaire du court métrage

l'acharnement (*m.*) *determination*
un(e) berger/bergère *shepherd(ess)*
un bûcheron *lumberjack*
le charbon (de bois) *(char)coal*
un chêne *oak tree*
déblayer *to clear away*
un gland *acorn*
jadis *formerly, in the past*
une pépinière *nursery*
pousser *to grow*
une ruche *beehive*
un ruisseau *stream*
se soucier (de quelque chose) *to care (about something)*
un troupeau *flock*

Vocabulaire utile

le feuillage *foliage*
une source *(aquatic) spring*
tenace *tenacious*

EXPRESSIONS

À tout hasard... *Just in case...*
en vase clos *cut off from the outside world*
Il avait été entendu que... *It was understood that...*
L'ambition irraisonnée s'y démesure. *Irrational ambition runs wild.*
Les femmes mijotent des rancœurs. *Rancor simmers among the women.*
lever le camp *to break camp, to leave*

1 **Définitions** Associez chaque mot ou expression avec sa définition.

_____ 1. un combustible obtenu à partir du bois	a. une source
_____ 2. là où vivent les abeilles	b. l'acharnement
_____ 3. le fruit du chêne	c. un bûcheron
_____ 4. une personne qui coupe du bois dans les forêts	d. une pépinière
_____ 5. de l'eau qui sort de terre	e. un berger
_____ 6. endroit où on fait pousser des arbres	f. une ruche
_____ 7. une personne qui garde des moutons	g. le charbon de bois
_____ 8. le contraire de la tendance à vouloir abandonner	h. un gland

2 **Complétez** Complétez les phrases et faites les accords nécessaires.

1. ______________, la région était déserte et sans âme.
2. Chaque année, les fleurs de ton jardin ______________ de plus en plus abondamment.
3. Nous avons passé nos vacances ______________, éloignés de la ville et de nos amis.
4. ______________ qu'on mangerait tous ensemble pour son anniversaire.
5. Ils sont passés ______________ pour voir si on était là.
6. Dans cette horrible famille, les cousins se battent et leurs femmes ______________.
7. Quand vous vous serez assez reposés, ______________ pour repartir.
8. Maréva est beaucoup plus ______________ que son frère.

3 **Comparez** À deux, décrivez et comparez ces deux illustrations montrant la même région à 35 ans d'intervalle.

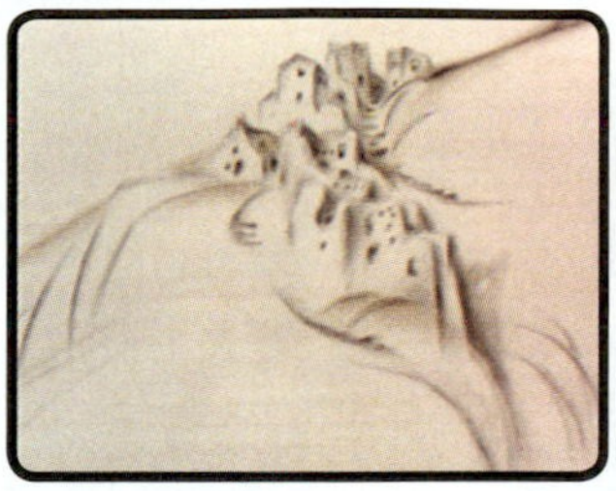

4 **Préparation** À deux, répondez aux questions et expliquez vos réponses.

1. La ténacité est-elle une qualité importante dans la vie?
2. Est-ce qu'un être humain peut agir efficacement sans technologie?
3. La solitude rend-elle les hommes heureux ou malheureux?
4. Est-il rare de trouver des gens qui offrent spontanément leur hospitalité?
5. Quelles sont les raisons pour lesquelles des gens veulent habiter un endroit précis?
6. Quelles sont les caractéristiques d'une terre fertile et prospère?
7. Participez-vous à la protection de l'environnement? Que faites-vous?
8. Est-il possible qu'une seule personne ait un impact sur la qualité de l'environnement?

5 **Enquête** Demandez à des camarades de décrire le personnage le plus extraordinaire qu'ils aient rencontré dans leur vie. Par petits groupes, discutez des résultats. Parmi les personnes mentionnées, qui aimeriez-vous rencontrer et pourquoi?

6 **Décrivez** Par groupes de trois, décrivez les images et dites ce que font les gens. Quels sentiments ces images vous inspirent-elles?

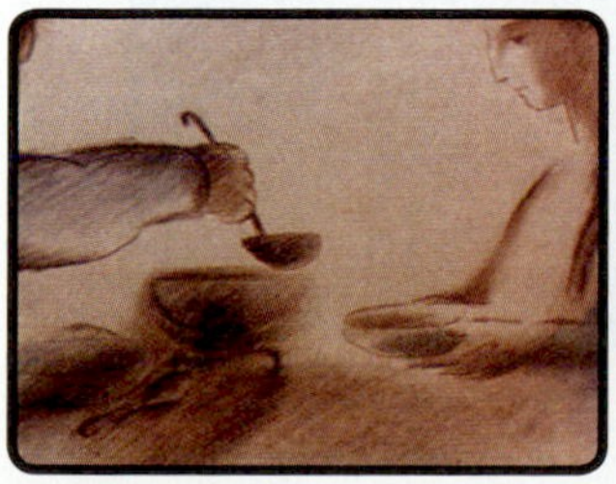

SUPERSITE Regardez le court métrage sur **imaginez.vhlcentral.com**.

L'homme qui plantait des arbres
Oscar du meilleur film d'animation, 1988; Grand prix et Prix du public, Festival international du cinéma d'animation d'Annecy, 1987
Une production de RADIO-CANADA
Réalisation FRÉDÉRIC BACK Scénario JEAN GIONO
Production FRÉDÉRIC BACK/HUBERT TISON Montage NORBERT PICKERING
Son HERVÉ BIBEAU/MICHEL DESCOMBES/ANDRÉ GAGNON
Musique DENIS L. CHARTRAND/NORMAND ROGER
Narration PHILIPPE NOIRET

INTRIGUE *Un berger transforme une région entière.*

SUPERSITE

NARRATEUR Il y a bien des années, je faisais une course à pied° dans cette région des Alpes qui pénètre en Provence, dans une désolation sans exemple. Il me sembla apercevoir dans le lointain une petite silhouette noire. Je me dirigeai vers elle. C'était un berger.

NARRATEUR Il me conduisit à sa bergerie. Le berger déversa° sur la table un tas de glands. Il plantait des chênes. Il s'appelait Elzéard Bouffier. Il avait jugé que ce pays mourait par manque d'arbres. Il avait résolu de remédier à cet état de choses.

NARRATEUR L'année d'après, il y eut la guerre de 14. Sorti de la guerre, je repris le chemin de ces contrées désertes. Il avait continué à planter. Les chênes de 1910 avaient dix ans et étaient plus hauts que moi et que lui. Je vis couler° de l'eau dans des ruisseaux qui avaient toujours été à sec.

NARRATEUR À partir de 1920, je ne suis jamais resté plus d'un an sans rendre visite à Elzéard Bouffier. En 1935, une véritable délégation administrative vint examiner la *«forêt naturelle»*. Il était impossible de n'être pas subjugué° par la beauté de ces jeunes arbres en pleine santé.

NARRATEUR J'ai vu Elzéard Bouffier pour la dernière fois en 1945. Je ne reconnaissais plus les lieux de mes premières promenades. Les maisons neuves étaient entourées de jardins où poussaient les légumes et les fleurs. C'était désormais° un endroit où l'on avait envie d'habiter.

NARRATEUR Quand je pense qu'un homme seul, réduit à ses simples ressources physiques et morales, a suffi pour faire surgir du désert ce pays de Canaan, je trouve que, malgré tout, la condition humaine est admirable.

faisais une course à pied *was hiking*
déversa *poured* **couler** *running*
subjugué *enthralled* **désormais** *from then on*

Note CULTURELLE

Vergons

Aujourd'hui, Vergons existe toujours. C'est un charmant petit village de montagne, d'une centaine d'habitants, situé à 1.000 mètres d'altitude, dans une partie encore très sauvage du département des Alpes de Haute Provence, pas très loin de Nice. On y voit des collines plantées d'arbres. Si Vergons est bien réel, le personnage d'Elzéard Bouffier, lui, est imaginaire.

Analyse

1 Compréhension Répondez aux questions par des phrases complètes.

1. Où l'histoire se passe-t-elle?
2. Que cherche le narrateur après trois jours de marche?
3. Comment est la maison d'Elzéard Bouffier?
4. Comment sont les villages de la région que le narrateur connaît bien?
5. Pourquoi Elzéard examine-t-il les glands?
6. Que fait-il du petit sac de glands, juste avant de partir avec son troupeau le matin?
7. Comment sont les chênes de 1910 quand le narrateur revient après la guerre?
8. Quelle est l'espèce principale qu'Elzéard a plantée depuis dix ans?
9. Comment était Vergons en 1913?
10. Combien de personnes doivent leur bonheur à Elzéard?

2 Les arbres

A. Les personnages de l'histoire ont des rapports très différents avec les arbres et la forêt de Vergons. Pour chaque personnage, faites une liste des citations qui lui correspondent:

Modèle
- Elzéard Bouffier
  «Je [le] pris pour le tronc d'un arbre solitaire. Il plantait des chênes.»

- les villages, quand le narrateur passe pour la première fois
  ____
  ____
- la délégation de 1935
  ____
  ____
- le député
  ____
- le capitaine forestier, ami du narrateur
  ____
  ____
- la guerre de 1939
  ____
  ____
- les gens de Vergons après 1945
  ____
  ____

B. Comparez votre liste avec celle d'un(e) camarade et répondez aux questions.
- Est-ce que l'auteur Jean Giono aime les arbres et la nature? Expliquez.
- Connaissez-vous d'autres artistes (écrivains, musiciens, peintres…) pour lesquels la nature a beaucoup d'importance?

3 **Interprétation** À deux, répondez aux questions et expliquez vos réponses.

1. Pourquoi le narrateur a-t-il du mal à trouver de l'eau?
2. Que veut dire le narrateur quand il déclare: «La société de cet homme donnait la paix»?
3. Pourquoi Elzéard Bouffier plante-t-il des arbres?
4. Pourquoi le narrateur veut-il rester une journée de plus?
5. Pourquoi Elzéard a-t-il changé de métier quand le narrateur revient après la guerre?
6. Pourquoi les gens parlent-ils d'une «forêt naturelle»?
7. Que veut dire le garde forestier par cette phrase à propos d'Elzéard: «Il en sait beaucoup plus que tout le monde»?
8. Que pense le narrateur d'Elzéard?

4 **Le symbole** Que représente pour vous le geste, souvent symbolique, de planter un arbre? Discutez-en par petits groupes.

- Donnez des exemples précis et expliquez la signification du geste.
- Connaissez-vous d'autres cultures où planter un arbre est un symbole important?
- Avez-vous déjà planté un arbre? Expliquez.

5 **Le résumé** Par groupes de trois, résumez en une dizaine lignes l'histoire d'Elzéard Bouffier. Puis, comparez votre texte à celui d'un autre groupe.

6 **L'adaptation** Elzéard Bouffier est un homme simple qui poursuit un but généreux dans l'anonymat et la solitude. À deux, réfléchissez à une adaptation de son histoire transposée dans un autre contexte. Ensuite, présentez votre version à la classe.

- Quelle est l'action extraordinaire et anonyme de votre personnage?
- Comment s'appelle-t-il/elle?
- Où et comment vit-il/elle, et quels obstacles doit-il/elle surmonter?

IMAGINEZ

LA POLYNÉSIE LA NOUVELLE-L'ASIE

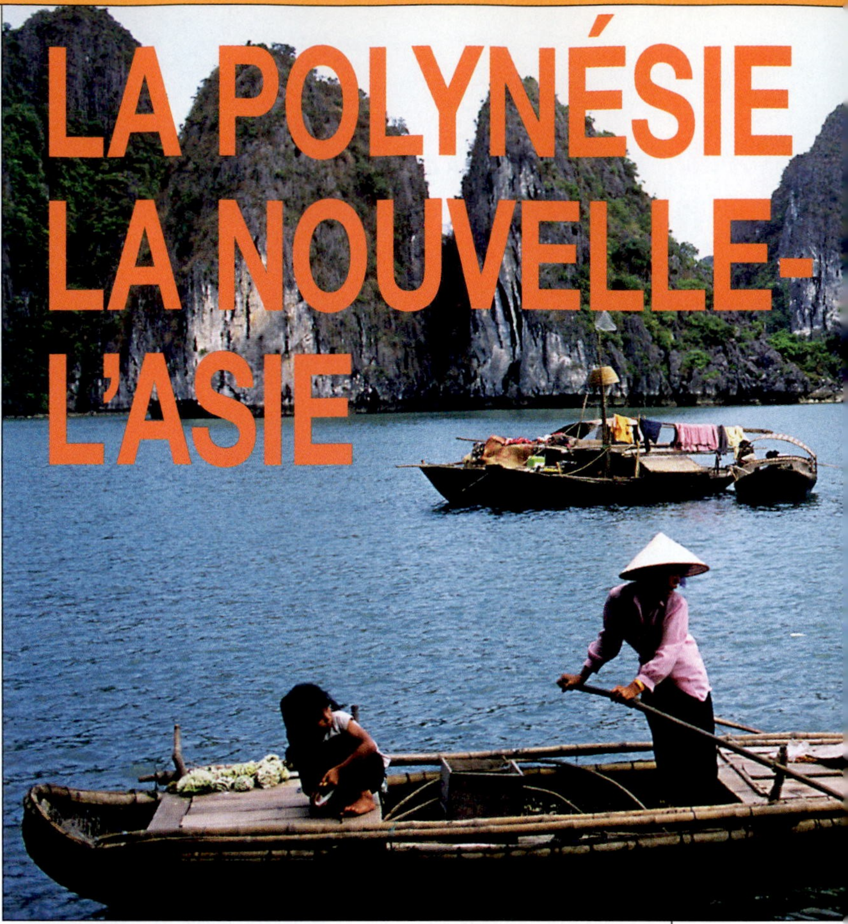

La baie d'Along, au Viêt-nam

SUPER SITE Pour plus de renseignements et d'activités, visitez **imaginez.vhlcentral.com**.

Fascinante Asie

«Un jour, j'irai là-bas, un jour, dire bonjour à mon âme Un jour, j'irai là-bas, te dire bonjour, Viêtnam»

Ces vers sont tirés de la chanson *Bonjour Vietnam* que **Marc Lavoine** (1962–), auteur interprète français, a écrite pour la chanteuse belge d'origine vietnamienne, **Pham Quynh Anh** (1987–). Avec ses paroles émouvantes, cette chanson, qui a été diffusée sur Internet au début de l'année 2006, a su toucher le cœur de milliers de Vietnamiens.

Le Viêt-nam, le Cambodge et le Laos composaient l'**Indochine française**, colonie de l'**Asie du Sud-Est** continentale de 1887 à 1954. Durant cette période, la population d'origine française n'a jamais été très nombreuse, 35.000 personnes au maximum. La France s'intéressait surtout à l'**exploitation économique** du territoire, et non à son peuplement°. Dans les années 1930, les colons français possédaient encore d'immenses plantations et la société était très divisée. Malgré ce passé douloureux, des relations d'amitié se sont créées et des liens culturels se sont tissés°.

Si comme Pham Quynh Anh vous rêvez d'aller un jour au Viêt-nam, il y a plusieurs endroits à ne pas manquer. La **baie d'Along**, dans le **golfe du Tonkin**, au nord du pays, est connue pour sa beauté, avec ses 2.000 îles et îlots de calcaire° qui émergent des eaux couleur émeraude. Elle doit aussi son charme à ses villages de pêcheurs et à leurs maisons flottantes.

Un tour en cyclopousse° du vieux quartier ou de l'un des nombreux petits lacs bordés° de pagodes révélera tout le charme d'**Hanoï**, capitale du Viêt-nam. Fondée il y a trois mille ans, Hanoï est le centre culturel du Viêt-nam. Le **delta du Mékong** et **Hô Chi Minh-Ville**, anciennement **Saïgon**, la capitale coloniale, sont aussi des étapes incontournables. La moitié des produits agricoles du pays proviennent du delta. Et à Hô Chi Minh-Ville, de nombreux monuments rappellent la présence française, comme la Grande poste conçue par **Gustave Eiffel**.

Les voyageurs francophones connaissent moins bien le **Laos** et le **Cambodge**, mais c'est en train de changer. Au Laos, les visiteurs doivent s'arrêter à **Vientiane**, la capitale fondée au 16e siècle, dont certains monuments rappellent la France, comme le **Patouxai** qui ressemble à l'**Arc de Triomphe**. **Luang Prabang**, magnifique cité royale avec sa trentaine de temples bouddhistes, est un exemple remarquable de fusion entre architecture traditionnelle et urbanisme européen. Le Cambodge, «pays du sourire», est réputé pour son hospitalité. On y trouve **Angkor**, célèbre site de la culture **Khmer**, dont les merveilles d'architecture

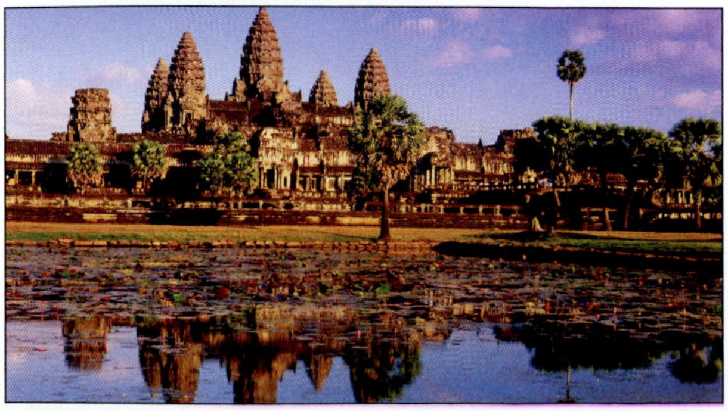

Angkor Vat, le plus grand temple d'Angkor, au Cambodge

D'ailleurs...

Les paysages du Viêt-nam, du Laos et du Cambodge sont très variés, mais les rizières° sont partout présentes. Au Cambodge, elles occupent 70% des terres cultivées, au Viêt-nam 75% et au Laos 80%. Les espèces de riz du Laos sont les plus diverses: On en recense entre 3 et 4.000! Il y a même des rizières au centre de Vientiane, sa capitale.

peuplement *population* **se sont tissés** *were forged* **calcaire** *limestone* **cyclopousse** *rickshaw pulled by a bicycle* **bordés** *lined* **rizières** *rice fields*

occupent plus de 400 km². Dans ces deux pays, la francophonie a moins d'influence qu'au Viêt-nam, mais le français y est encore parlé.

Ces dernières années, des classes bilingues ont été créées dans cette partie de l'Asie, pour assurer l'enseignement de la langue aux jeunes générations. Alors, si en visite là-bas, on vous accueille avec un «Bonjour et bienvenue», ne soyez pas étonnés!

En Asie et en Océanie

Des mots utilisés au Viêt-nam, au Cambodge et au Laos

une jonque	une barque; *boat*
une pagode	un temple
un pousse-pousse	*rickshaw*
un sampan	une barque en bois

Le français parlé en Nouvelle-Calédonie

avoir la boulette	être en forme; *to feel great*
C'est choc!	C'est super!
les claquettes	les tongs; *flip-flops*
feinter	blaguer; *to joke*
Il est bon?	Ça va?
pète-claquettes	ennuyeux, casse-pieds; *bore*
Va baigner!	Va-t-en!; *Go away!*

Découvrons l'Asie francophone et les DROM

Heiva C'est la fête populaire la plus importante de **Tahiti**. Elle a lieu en juillet et on y organise beaucoup de concours sportifs traditionnels: courses de pirogues° ou de porteurs de fruits, lancer du javelot°, lever de pierre, tressage°, préparation du coprah à base de noix de coco° et montée de cocotier. Il y a aussi beaucoup de costumes, de danses et de chants traditionnels.

Pondichéry et Chandernagor Au 17e siècle, la France a colonisé une partie de l'Inde. **Pondichéry** et **Chandernagor** étaient ses deux comptoirs° les plus importants et ce, jusque dans les années 1950. Chandernagor, sur les rives° du **Gange**, et Pondichéry, sur la côte sud-est, sont aujourd'hui des villes indiennes où on peut voir des traces de la présence française. Par exemple à Pondichéry, certains noms de rues sont indiqués en français et les policiers portent des képis° rouges.

Le nickel Le nickel est rare sur terre et les gisements° de la **Nouvelle-Calédonie** constituent entre 20 et 40% de la production mondiale. C'est la plus grande richesse de l'île, environ 80% de ses exportations. Excellent conducteur°, le nickel résiste bien aux produits chimiques et s'oxyde peu. Il est donc très utile dans les industries chimique, navale ou automobile, le bâtiment et l'électroménager°. Il sert aussi à fabriquer les pièces de 1 et 2 euros.

Tahiti Pearl Regatta La Tahiti Pearl Regatta est le rendez-vous annuel des amateurs de voile° en **Polynésie**. C'est d'abord une course de trois jours, où les participants naviguent en pleine mer° ou dans des lagons et doivent traverser des passes°. Mais c'est aussi une vraie fête. Plongée, pirogues, jeux polynésiens et pétanque sont au programme. Le soir, les participants se retrouvent autour du tamaara'a géant, un grand repas traditionnel.

courses de pirogues *canoe races* **javelot** *spear* **tressage** *weaving* **noix de coco** *coconut* **comptoirs** *trading posts* **rives** *banks* **képis** *French military caps* **gisements** *deposits* **conducteur** *conductive* **électroménager** *home appliances* **voile** *sailing* **pleine mer** *deep sea* **passes** *channels*

MC Solaar

SUPERSITE

Le rappeur poète

À FOND LA SONO

Pour plus de renseignements sur MC Solaar et sa musique, visitez **imaginez.vhlcentral.com**.

MC Solaar est le rappeur français le plus connu à l'étranger et l'un des fondateurs° du **mouvement hip-hop** en France. **Claude M'Barali** est né à **Dakar** en 1969, mais il ne grandit pas au **Sénégal**. Sa famille déménage dans la banlieue parisienne de **Villeneuve-Saint-Georges** où il passe toute sa jeunesse. Cette expérience nourrit beaucoup de ses textes. Son amour des mots se révèle vite, et à la fac il étudie les langues, puis la philosophie. Le rap outre-atlantique l'inspire, mais il cherche à se démarquer° des clichés. Ses textes sont **pacifistes**, **poétiques** et riches en **jeux de mots**, et ses musiques s'inspirent du **jazz**. En 1991, le public adore son premier album *Qui sème le vent récolte le tempo*, qui se vend à plus de 400.000 exemplaires. Un grand nombre de gens pensent que c'est encore aujourd'hui un album essentiel du rap français.

Le flow du rappeur, son groove fluide, et ses textes très travaillés, qui sont sa vraie marque de fabrique°, séduisent les fans de Solaar. L'artiste sait aussi décrire les problèmes de son époque, comme dans *Victime de la mode*, où il dénonce le matérialisme. Les thèmes qu'il aborde sont souvent philosophiques, par exemple, le temps qui passe dans *Obsolète* ou la guerre et la mort dans *Concubine de l'hémoglobine.* La chanson *Sauvez le monde* est extraite de son album, *Mach 6*. On y retrouve son lyrisme, son pacifisme engagé° et son art de jouer avec les mots.

Discographie sélective

2003 *Mach 6*
2001 *Cinquième as*
1997 *Paradisiaque*
1994 *Prose combat*
1991 *Qui sème le vent récolte le tempo*

fondateurs *founders* **se démarquer** *differentiate himself*
marque de fabrique *trademark* **engagé** *socially-conscious*

Sauvez le monde

Il était une fois, un monde merveilleux
Une planète bleue façonnée par les cieux
Un monde où l'on vénérait l'astre solaire
Pour ses bienfaits de Katmandou aux
cercles polaires

J'aurais aimé porter la lampe, la torche et
le flambeau
Aimé changer le monde par le poids des mots
Apporter l'étincelle au plus grand nombre
Mais quoi que je fasse°, je ne pourrai pas
sauver le monde.

quoi que je fasse *whatever I do*

SUPERSITE Qu'avez-vous appris?

1 **Vrai ou faux?** Indiquez si les affirmations sont vraies ou fausses, et corrigez les fausses.

1. Marc Lavoine a écrit la chanson *Bonjour Vietnam* pour Pham Quynh Anh.
2. Au Laos, la cité royale de Luang Prabang possède une trentaine de temples bouddhistes.
3. La francophonie a moins d'influence au Viêt-nam qu'au Cambodge.
4. Des classes bilingues ont été récemment créées pour assurer l'enseignement du français aux jeunes Vietnamiens, Laotiens et Cambodgiens.
5. Le Heiva est fêté en Inde.
6. La Nouvelle-Calédonie est un gros producteur d'argent.

2 **Questions** Répondez aux questions.

1. Quels pays composaient l'Indochine française?
2. Quand l'Indochine française a-t-elle disparu?
3. À quoi s'intéressait surtout la France en Indochine?
4. Quelles sortes de concours sont organisés pour le Heiva?
5. Où se trouve Chandernagor?
6. Qu'est-ce que La Tahiti Pearl Regatta?

Projet SUPERSITE

Voyage culinaire

Imaginez que vous soyez guide et que vous organisiez un circuit à la découverte de la cuisine vietnamienne, laotienne ou cambodgienne. Faites des recherches sur **imaginez.vhlcentral.com** pour créer votre itinéraire. Ensuite, préparez votre circuit d'après les critères suivants:

- Choisissez trois ou quatre lieux à visiter en rapport avec votre sujet.
- Sélectionnez des plats typiques ou des ingrédients locaux.
- Trouvez des photos des plats, des ingrédients et des lieux que vous avez choisis.
- Montrez les photos et décrivez votre circuit à la classe. Expliquez pourquoi vous avez choisi ces étapes.

ÉPREUVE

Trouvez la bonne réponse.

1. À Hanoï, il faut faire le tour ______.
   a. d'un des nombreux petits lacs b. de la baie
   c. d'une de ses 2.000 îles d. du temple bouddhiste

2. Angkor est un célèbre site ______.
   a. bouddhiste b. du vieux Saigon
   c. de la culture Khmer d. du Viêt-nam

3. Le Laos possède environ ______ espèces de riz.
   a. 3.500 b. 1.500
   c. 10.500 d. 35.000

4. À Tahiti, le Heiva a lieu ______.
   a. le lundi b. en juillet c. tous les cinq ans d. en juin

5. ______ fait partie des concours organisés pour le Heiva.
   a. Le lancer de pierre b. Le tatouage
   c. Le ramassage de noix de coco d. La course des porteurs de fruits

6. Pondichéry et Chandernagor étaient des comptoirs français ______.
   a. en Inde b. en Asie continentale
   c. au Cambodge d. au Viêt-nam

7. Le nickel représente ______ des exportations de Nouvelle-Calédonie.
   a. la moitié b. 80%
   c. les trois quarts d. 90%

8. Le nickel ______.
   a. n'est pas utile
   b. résiste bien aux produits chimiques
   c. s'oxyde beaucoup
   d. est abondant sur terre

9. Les participants de la Tahiti Pearl Regatta se retrouvent le soir autour ______.
   a. d'une partie de pétanque
   b. d'un grand repas traditionnel
   c. d'un concert
   d. d'un barbecue sur la plage

10. MC Solaar est connu pour ______.
    a. ses textes poétiques b. ses textes légers
    c. son style de country-pop d. ses arguments en faveur de la guerre

GALERIE DE CRÉATEURS

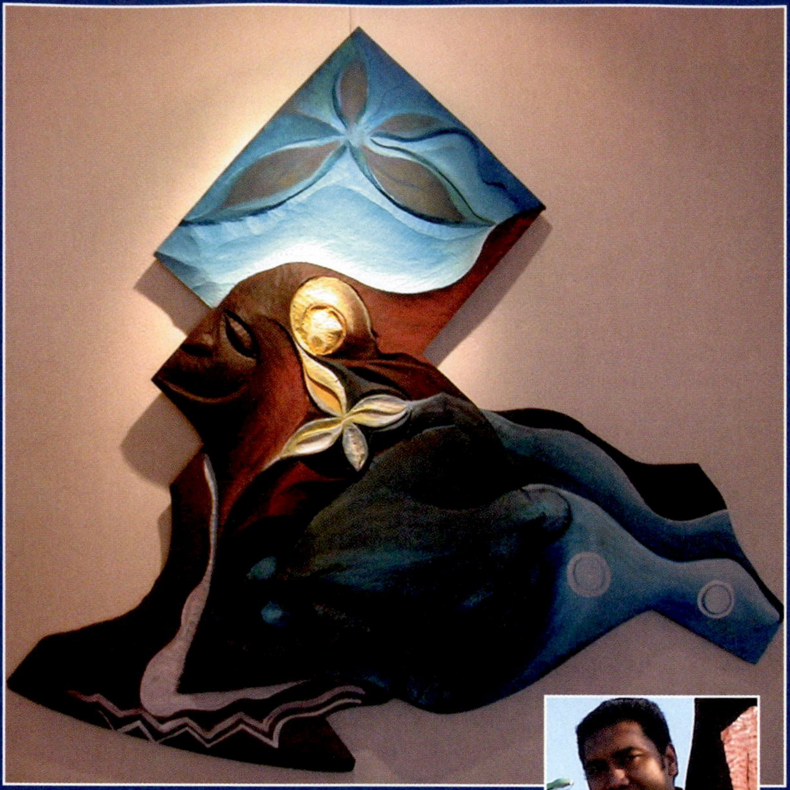

MUSIQUE/ARTS PLASTIQUES

Patrice Kaikilekofe (1972–)

Patrice Kaikilekofe est un artiste aux talents multiples. Il est à la fois plasticien (*visual artist*) et musicien. Il est né en Nouvelle-Calédonie, mais sa famille est originaire de Wallis et Futuna, en Polynésie, et il est très attaché à ses origines. Il affirme que «le 21e siècle appartient au Pacifique». Les cultures polynésiennes, principalement maori, constituent une source d'inspiration pour l'ensemble (*whole*) de son art. Il participe à des expositions en Nouvelle-Calédonie, en Nouvelle-Zélande et en Australie. Il aime collaborer avec d'autres artistes. À Nouméa, capitale de la Nouvelle-Calédonie, il anime des ateliers (*workshops*) artistiques et culturels où il forme des jeunes. De plus, il a fondé à Dumbéa, sa ville natale, la Maison du temps libre. C'est un centre qui a pour but de rendre l'art accessible aux jeunes défavorisés. Concernant la musique, il joue de la guitare et il est le leader du groupe néo-calédonien *Kalaga'la*. Le style du groupe est un mélange (*mix*) de genres occidentaux et de rythmes traditionnels polynésiens, le tout chanté en wallisien. *Kalaga'la* a sorti deux albums en 2003 et en 2005.

SUR INTERNET

Pour plus de renseignements sur ces créateurs et pour explorer des aspects précis de leurs créations, à l'aide d'activités et de projets de recherche, visitez **imaginez.vhlcentral.com**.

PEINTURE

Nguyen Dieu Thuy (1962–)

Nguyen Dieu Thuy est née à Saigon (aujourd'hui Hô Chi Minh-Ville). Elle a fait des études de musique au Conservatoire de musique de sa ville natale. Elle a aussi étudié la peinture. En 1988, elle devient professeur de violon et joue dans l'orchestre symphonique du Conservatoire. Puis, en 1991, elle se lance dans une carrière de peintre. Nguyen Dieu Thuy utilise la peinture à l'huile, mais ses tableaux donnent l'étrange impression d'être des aquarelles (*watercolors*). Ils sont délicats et paisibles (*peaceful*), représentant souvent une jeune femme en robe traditionnelle, des bols de riz, des personnages au bord de (*by*) l'eau. Sa palette est pratiquement monochrome et elle se sert surtout de couleurs pastel. Les œuvres de cette artiste vietnamienne sont européennes par la technique mais très vietnamiennes par le choix des sujets. L'art de Nguyen Dieu Thuy est empreint (*imbued*) de simplicité et de sérénité. Il y règne une atmosphère où le temps s'est arrêté. Elle expose son travail en Asie, en Europe et en Amérique du Nord.

SCULPTURE Steeve Thomo (1980–)

Steeve Thomo vit et travaille à Nouméa, capitale de la Nouvelle-Calédonie. Quand il était petit, il essayait d'imiter son grand-père qui était sculpteur. Il se passionne pour la sculpture et en particulier pour l'art du peuple kanak, le peuple autochtone (*native*) de Nouvelle-Calédonie. Cet art s'inspire des ancêtres, de leurs légendes et de la nature. Thomo y ajoute une touche moderne, avec des éléments de la vie actuelle comme des routes et des avions. Pour sculpter, il se sert de tous les types de bois qu'il trouve sur son île, le houp, le gaïak, le tamarou… Avec *La goutte d'eau*, une de ses sculptures, il fusionne les arts traditionnel et contemporain: traditionnel par le symbole et moderne par sa représentation. Le sculpteur explique son approche moderne de l'art traditionnel kanak ainsi: «Je veux qu'on voie une évolution du peuple kanak à travers (*through*) son Art.»

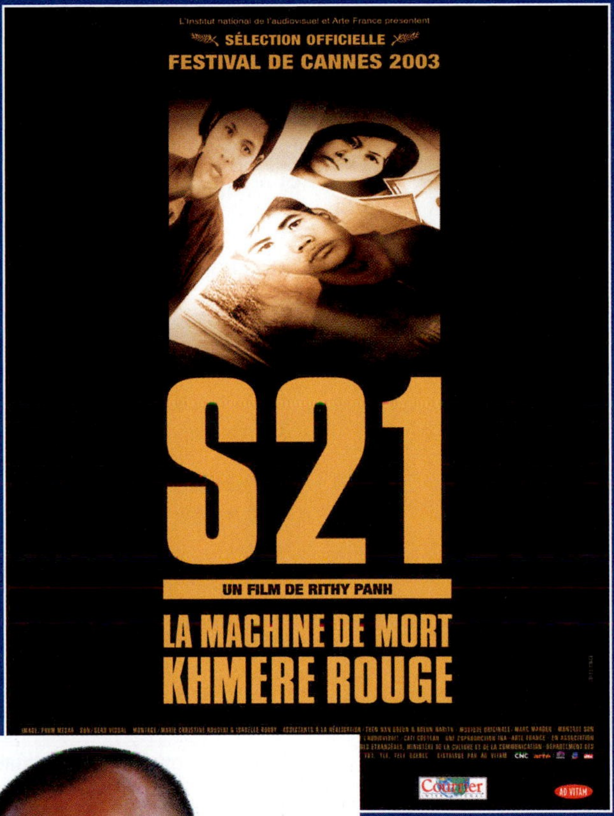

CINÉMA Rithy Panh (1964–)

En 1975, les Khmers rouges exilent Rithy Panh et sa famille de Phnom Penh, la capitale du Cambodge. Puis, en 1980, Rithy Panh se réfugie à Paris où il suit des études de cinéma et obtient son diplôme. Le génocide, dans lequel une partie de sa famille a péri (*perished*), forge depuis le début l'inspiration de ce réalisateur cambodgien. En 1994, *Le Peuple du riz* raconte la lutte pour la survie d'une famille rurale cambodgienne, après le génocide. Plus récemment, en 2002, dans le documentaire *S21, la machine de mort khmère rouge*, Rithy Panh met en scène des gardiens de prison et les trois survivants du S21, centre de détention, de torture et d'exécution jusqu'en 1979. Des années après la fermeture du camp, il a demandé à ces gardiens de refaire les gestes mécaniques qu'ils faisaient. Par ces images, le réalisateur arrive à rendre présents tous les prisonniers qui sont absents du film. Aujourd'hui, il travaille à la création d'un Centre de ressources audiovisuelles du Cambodge. À l'aide de ses films et de ce centre, Rithy Panh s'efforce (*tries hard*) de ressusciter la culture de son pays.

10.1 Si clauses

—***Si*** *on* ***compte*** *l'ancienne population . . . et les nouveaux venus, plus de dix mille personnes* ***doivent*** *leur bonheur à Elzéard Bouffier.*

ATTENTION!

If the word following **si** is **il** or **ils**, make the contraction **s'il** or **s'ils**.

- **Si** (*If*) clauses express a condition or event upon which another condition or event depends. The **si** clause is the subordinate clause, and the result clause is the main clause.

- To talk about possible future events, use the present tense in the **si** clause to say that if something occurs, something else will result. Use the present, **futur proche**, **futur simple**, or imperative in the main clause.

Si clause: present tense		Main clause
Si tu te dépêches, *If you hurry,*	PRESENT	**ils t'emmènent au bureau.** *they'll take you to the office.*
Si l'ouragan arrive ce soir, *If the hurricane arrives tonight,*	*FUTUR PROCHE*	**on va rester chez nous demain.** *we're going to stay home tomorrow.*
S'il continue à pleuvoir, *If it keeps raining,*	*FUTUR SIMPLE*	**il y aura des inondations.** *there will be floods.*
S'il y a des déchets par terre, *If there is trash on the ground,*	IMPERATIVE	**jetez-les dans la poubelle.** *throw it in the garbage.*

BLOC-NOTES

To learn how to use **si** clauses to speculate on what would have happened if a condition or event *had occurred*, see **Structures 10.3, pp. 372–373**.

- A **si** clause can speculate on what *would happen* if a condition or event *were to occur*. For such contrary-to-fact statements, use a verb in the **imparfait** in the **si** clause and a verb in the **conditionnel** in the main clause.

Si clause: imparfait	Main clause: conditionnel
Si on donnait à manger aux animaux du zoo, *If we fed the zoo animals,*	**on mettrait leur vie en danger.** *we would put their lives in danger.*
Si nous ne nous servions plus de papier, *If we didn't use paper anymore,*	**nous préviendrions la déforestation.** *we would prevent deforestation.*

- **Si** clauses with the **imparfait** are often used without a main clause to make a suggestion or to express a wish or regret. The main clause may also be omitted in English in these types of expressions.

Suggestion	**Si on allait au zoo demain?** *What if we went to the zoo tomorrow?*
Expression of wish or regret	**Si j'étais plus grand, plus beau, plus riche!** *If only I were taller, more handsome, richer!*

- To make a contrary-to-fact statement about a condition or event that occurred in the past, use the **plus-que-parfait** in the **si** clause and the **conditionnel** in the main clause.

Si clause: plus-que-parfait	Main clause: conditionnel
Si nous n'avions pas gaspillé l'eau potable, *If we hadn't wasted the drinking water,*	**il y en aurait encore.** *there would still be some.*
Si vous étiez arrivés dix minutes plus tôt, *If you had arrived ten minutes earlier,*	**le prof ne serait pas en colère.** *the professor wouldn't be angry.*

Si vous **étiez passés** par la pâtisserie, on **aurait** des éclairs pour le dessert.
If you had stopped by the pastry shop, we would have éclairs for dessert.

- When **si** does not mean *if*, use the tense called for by the meaning of the sentence.

Ils ne savent pas **si** les singes **aiment** vraiment les bananes.
They do not know whether monkeys really like bananas.

Mais **si**, je t'ai dit que ce produit était nuisible à l'environnement.
But yes, I told you that product was harmful to the environment.

Summary of si clauses

	Subordinate clause	Main clause
Possible future events	si + present	present futur proche futur simple imperative
Contrary-to-fact events	si + imparfait si + plus-que-parfait	conditionnel

*Si les villages **étaient** moins dispersés, le narrateur ne **serait** pas obligé de marcher autant.*

ATTENTION!

The order of the subordinate and main clauses can vary in any **si** construction.

Si on allait au zoo, on pourrait voir les tigres.

If we went to the zoo, we could see the tigers.

Restez à la maison si l'ouragan passe demain.

Stay at home if the hurricane comes tomorrow.

BLOC-NOTES

To review . . .

- the **futur proche**, see **Structures 1.2, pp. 22–23**.
- the **imperative**, see **Fiche de grammaire 1.5, p. 392**.
- the **imparfait**, see **Fiche de grammaire 3.5, p. 400**.
- the **conditionnel**, see **Structures 8.3, pp. 294–295**.
- the **plus-que-parfait**, see **Structures 4.1, pp. 132–133**.

SUPERSITE

Mise en pratique

1 **Situations** Complétez les phrases.

A. Situations possibles dans le futur

1. Si Thérèse n'____________ (arriver) pas bientôt, nous devrons faire la queue.
2. Si vous ____________ (continuer) à chasser les ours, cette espèce va finir par être en voie d'extinction.

B. Situations hypothétiques du présent

3. Le trou dans la couche d'ozone ____________ (être) encore plus grand si on utilisait encore certains produits nuisibles.
4. Si les gens ____________ (recycler) plus souvent, il n'y aurait pas autant de déchets par terre (*on the ground*).

C. Situations hypothétiques du passé

5. S'il ____________ (ne pas pleuvoir), nous ne verrions pas cet arc-en-ciel.
6. Le prix des combustibles ____________ (baisser) si nous avions choisi d'utiliser d'autres sources d'énergie.

2 **Il faut être optimiste** Carole et Laëtitia travaillent pour Sauveterre, une organisation environnementale. Employez les temps qui conviennent pour compléter le dialogue.

CAROLE Si nous (1) ____________ (travailler) jusqu'à dix heures ce soir, nous pourrons finir les nouvelles brochures sur le réchauffement de l'atmosphère.

LAËTITIA Penses-tu que les gens vont les jeter à la poubelle? S'ils s'inquiétaient vraiment pour l'environnement, les fleuves (2) ____________ (être) moins pollués et nous ne (3) ____________ (gaspiller) pas autant d'énergie.

CAROLE C'est vrai. Mais si le public ne (4) ____________ (s'intéresser) pas du tout à l'environnement et ne (5) ____________ (faire) pas d'efforts pour le protéger, nous respirerions un air encore plus impur et les forêts (6) ____________ (disparaître) plus vite.

LAËTITIA Tu as raison. Je ne me pose plus de questions. Alors si nous (7) ____________ (voir) quelqu'un jeter sa brochure à la poubelle, recyclons-la et (8) ____________ (être) optimistes!

3 **Si j'étais** À deux, imaginez votre vie si vous étiez une de ces célébrités. Ensuite, à tour de rôle, présentez vos idées à la classe.

Modèle **Scarlett Johansson**
Si j'étais Scarlett Johansson, je travaillerais avec un réalisateur français.

- Justin Timberlake
- Madonna
- Chris Rock
- Lindsay Lohan
- Mike Myers
- Avril Lavigne
- ?

Communication

4 **Que feriez-vous?** À deux, regardez ces scènes et demandez-vous ce que vous feriez si vous étiez dans ces situations-là. Soyez créatifs!

Modèle —Qu'est-ce que tu ferais si quelqu'un te payait un voyage en Polynésie?

—Si quelqu'un me payait un voyage en Polynésie, je prendrais le premier avion.

5 **Que se passerait-il?** Par groupes de trois, dites à vos camarades, à tour de rôle, ce que vous feriez dans les situations suivantes.

Modèle **Si tu étais un(e) athlète célèbre**

Si j'étais un(e) athlète célèbre, je donnerais une partie de mon salaire à mon ancien lycée.

1. Si tu étais un(e) chanteur/chanteuse célèbre
2. Si tu gagnais à la loterie
3. Si les cours étaient annulés pendant une semaine
4. Si tu trouvais une valise pleine d'argent
5. Si tu pouvais devenir invisible

6 **Trop peu!** Vous parlez à un expert en écologie, qui vous explique pourquoi l'environnement est en danger malgré (*despite*) tous les efforts faits pour le protéger. À deux, dites ce que vous ferez s'il est vrai que certains problèmes existent encore.

Modèle Si la déforestation est encore un problème, je n'achèterai plus le journal, mais je le lirai sur Internet.

10.2 The future perfect

*Elzéard Bouffier **aura planté** des hectares et des hectares d'arbres avant sa mort en 1947.*

- Use the future perfect (**le futur antérieur**) tense to describe an action that *will have occurred* before another action in the future.

Quand il arrivera au restaurant, Martine **sera** déjà **partie**.
When he arrives at the restaurant, Martine will have already left.

Je prendrai une décision quand vous m'**aurez donné** plus d'informations.
I'll make a decision when you (will) have given me more information.

BLOC-NOTES

To review the forms of the **futur simple**, see **Structures 7.2, pp. 252–253**.

- Verbs in the future perfect are formed with a **futur simple** form of **avoir** or **être** and the past participle of the main verb. Use the same helping verb as for other compound tenses, such as the **passé composé** and the **plus-que-parfait**.

	faire	partir	se lever
je/j'	aurai fait	serai parti(e)	me serai levé(e)
tu	auras fait	seras parti(e)	te seras levé(e)
il/elle	aura fait	sera parti(e)	se sera levé(e)
nous	aurons fait	serons parti(e)s	nous serons levé(e)s
vous	aurez fait	serez parti(e)(s)	vous serez levé(e)(s)
ils/elles	auront fait	seront parti(e)s	se seront levé(e)s

BLOC-NOTES

To review . . .

- negation, see **Structures 4.2, pp. 136–137**.
- pronoun order, see **Structures 5.3, pp. 178–179**.
- past participle agreement, see **Fiche de grammaire 5.5, p. 408.**

- Verbs in the future perfect follow the same patterns as they do in other compound tenses for negation, adverb and pronoun placement, and past participle agreement.

Negation	**Cette espèce n'aura pas entièrement disparu en 2040, j'espère.** *This species won't have completely disappeared by 2040, I hope.*
Adverb placement	**Il aura déjà passé deux jours à Papeete quand il viendra nous chercher à l'aéroport.** *He will have already spent two days in Papeete when he comes to pick us up at the airport.*
Pronoun placement	**Nous lui aurons déjà parlé quand nous arriverons en classe demain.** *We will have already talked to her when we get to class tomorrow.*
Past participle agreement	**À minuit, elles se seront déjà couchées.** *By midnight, they will have already gone to bed.*

- You may contrast two clauses — one with a verb in the future perfect and one with a verb in the **futur simple** — in order to establish that one event will happen before another.

First event	Second event
Quand tu auras fait tes courses,	**je viendrai te chercher en voiture.**
When you've run your errands,	*I'll come pick you up in the car.*

Dès qu'elle **sera arrivée** à Paris,	elle **s'installera** à son hôtel.
As soon as she has arrived in Paris,	*she'll settle in at her hotel.*

- You learned that you can use the **futur simple** after the conjunctions **aussitôt que** (*as soon as*), **dès que** (*as soon as*), **lorsque** (*when*), **quand** (*when*), and **tant que** (*as long as*), if they describe a future event. They can also be followed by a verb in the future perfect, which is the tense almost always used after **après que** (*after*) and **une fois que** (*once*).

Il partira **après qu'**on **aura mangé**.
He'll leave after we've eaten.

Tu m'appelleras **dès que** tu **seras rentré**?
Will you call me as soon as you've returned?

Aussitôt qu'elle **aura trouvé** un nouvel appartement, elle nous invitera.
As soon as she's found a new apartment, she'll invite us over.

Vous visiterez le zoo **une fois qu'**on **aura ouvert** l'exposition sur les ours.
You'll visit the zoo once they've opened the bear exhibit.

- When connecting two clauses, note the subtle distinction in meaning between a sentence that uses the **futur simple** after one of these conjunctions and one that uses the future perfect. In neither case are the English equivalents of these conjunctions followed by *will*.

Quand j'**aurai** des nouvelles, je vous **écrirai**.
When I get some news, I'll write you.

but

Quand j'**aurai eu** des nouvelles, je vous **écrirai**.
When I've gotten some news, I'll write you.

- Use **après que** with a conjugated verb when the subject of a subordinate clause is different from that of the main clause. Use **après** with the past infinitive when the subjects of both clauses are the same.

Different subjects	Same subjects
Mémé viendra nous rendre visite après qu'on aura fait le ménage.	**Nous sortirons, mais seulement après avoir fait le ménage.**
Grandma will come visit us after we've done the housework.	*We'll go out, but only after having done the housework.*

ATTENTION!

In the main clause, an imperative can appear in the place of a verb in the **futur simple**.

Quand tu auras fait les courses, téléphone-moi.

When you've run your errands, call me.

BLOC-NOTES

To review the use of the **futur simple** with certain conjunctions, see **Structures 7.2, pp. 252–253**.

BLOC-NOTES

To review formation and use of the past infinitive, see **Structures 8.1, pp. 286–287**.

Mise en pratique

1

À compléter... Mettez les verbes entre parenthèses au futur antérieur.

1. Quand le soleil ____________ (réapparaître) après l'inondation, le niveau des eaux commencera à baisser.
2. Mesdames et messieurs, vous pourrez admirer la chaîne montagneuse lorsque vous ____________ (arriver) au bout du sentier.
3. Le réchauffement de la planète, s'il continue, ____________ (tuer) beaucoup de récifs de corail.
4. Après que nous ____________ (finir) de sauver les forêts tropicales, les températures de la planète se stabiliseront.
5. Dès que le nuage de pollution ____________ (se lever), je ferai du jogging.
6. On consommera moins de combustibles quand les habitants des grandes villes ____________ (apprendre) à se servir des transports en commun.
7. Grâce aux nouveaux styles de construction, les tremblements de terre ____________ (détruire) moins de bâtiments au cours de ce siècle.
8. Je dépenserai beaucoup d'argent pour l'électricité tant que je ____________ (ne pas jeter) mon vieux chauffe-eau (*water heater*), qui gaspille trop d'énergie.

Note CULTURELLE

Nouméa, capitale de la **Nouvelle-Calédonie**, collectivité française d'outre-mer (*overseas*), est une des villes les plus industrialisées du Pacifique Sud. La ville prend pourtant des mesures pour préserver les richesses naturelles, et est aujourd'hui un exemple de l'harmonie entre nature et urbanisation.

2

Avant le départ Monsieur Arnal et sa famille vont partir demain pour Nouméa. Mettez les verbes entre parenthèses au futur antérieur ou à l'infinitif passé.

Demain, ma famille et moi devons partir tôt pour l'aéroport, et nous n'aurons pas de temps à perdre. Après que ma femme (1) ____________ (se lever), j'irai réveiller les enfants. Ils devront s'habiller rapidement après (2) ____________ (prendre) leur petit-déjeuner. Moi, après (3) ____________ (se brosser) les dents, je ferai la vaisselle. Ma femme prendra sa douche aussitôt que je (4) ____________ (sortir) de la salle de bains. Après (5) ____________ (s'habiller), nous téléphonerons à mes parents pour leur dire au revoir. Enfin, après (6) ____________ (chercher) les passeports, ma femme donnera la clé de la maison aux voisins, qui vont la surveiller pendant notre absence.

3

Dialogue Pascal énerve souvent Kamil, son camarade de chambre, parce qu'il fait beaucoup de promesses, mais ne fait jamais rien. À deux, terminez le dialogue.

KAMIL Mais quand est-ce que tu vas ranger tes livres?
PASCAL Aussitôt que je/j' (1) ____________, je rangerai mes livres.
KAMIL Tes amis ont mangé dans la cuisine et sont partis sans la nettoyer.
PASCAL D'accord! Ils la nettoieront dès qu'ils (2) ____________.
KAMIL Et mes CD? Pourquoi est-ce que vous les avez pris?
PASCAL Nous te les rendrons une fois que nous (3) ____________.
KAMIL Ah, et il n'y a plus rien à manger dans le frigo.
PASCAL Je passerai au supermarché demain quand tu (4) ____________.
KAMIL Et j'en ai marre de tes vêtements sales par terre.
PASCAL Je ferai ma lessive aussitôt que je/j' (5) ____________.
KAMIL Des promesses, toujours des promesses!

Communication

4 **En 2025** À deux, dites comment ces problèmes écologiques auront évolué en 2025. Ensuite, présentez vos prédictions à la classe.

Modèle **la pluie acide**
Nous aurons résolu le problème de la pluie acide en 2025. Les usines auront arrêté de polluer l'atmosphère.

- le réchauffement de la planète
- les sécheresses
- la consommation d'énergie
- la diminution de la couche d'ozone
- la déforestation
- ?

5 **Et vous en 2025?** Par groupes de trois, dites ce qui aura changé dans votre vie personnelle, en 2025. Ensuite, expliquez à la classe ce qui aura changé dans la vie de vos camarades.

Modèle **vos relations avec vos parents**
Mes parents et moi, nous aurons appris à mieux nous entendre en 2025.

- vos finances
- votre carrière
- vos loisirs
- vos relations avec vos amis
- vos connaissances en français
- ?

6 **Les plus brillant(e)s** Deux écologistes, chacun(e) se croyant plus brillant(e) que l'autre, parlent de ce qu'ils/elles auront fait à la fin de leur carrière pour sauver l'environnement et recevoir le prix Nobel de la paix. À deux, inventez le dialogue à l'aide du futur antérieur et des éléments donnés.

Votre pays d'origine	
Le problème sur lequel vous aurez travaillé	
La solution que vous aurez proposée	
Le moyen que vous aurez trouvé pour financer votre recherche	
Les procédures que vous aurez mises en place (*implemented*)	

10.3

The past conditional

*—Qui **aurait pu** imaginer... une telle obstination dans la générosité la plus magnifique?*

BLOC-NOTES

To review formation and use of the **conditionnel**, see **Structures 8.3, pp. 294–295**.

- Use the past conditional (**le conditionnel passé**) to express an action that *would have occurred* in the past.

Conditionnel	Past conditional
Sans les nuages de pollution, on respirerait mieux. *Without smog, we'd breathe better.*	**Sans les nuages de pollution, on aurait mieux respiré.** *Without smog, we would have breathed better.*

- The past conditional is formed with a **conditionnel** form of **avoir** or **être** and the past participle of the main verb. Use the same helping verb as you would for any other compound tense, such as the **passé composé**, the **plus-que-parfait**, or the future perfect.

	faire	partir	se lever
je/j'	aurais fait	serais parti(e)	me serais levé(e)
tu	aurais fait	serais parti(e)	te serais levé(e)
il/elle	aurait fait	serait parti(e)	se serait levé(e)
nous	aurions fait	serions parti(e)s	nous serions levé(e)s
vous	auriez fait	seriez parti(e)(s)	vous seriez levé(e)(s)
ils/elles	auraient fait	seraient parti(e)s	se seraient levé(e)s

- Verbs in the past conditional follow the same patterns as they do in other compound tenses for negation, adverb and pronoun placement, and past participle agreement.

Normalement, **personne ne** nous aurait parlé de la pluie acide.
Normally, no one would have talked to us about acid rain.

Nathalie aurait **bien** ri si elle avait entendu cette blague.
Nathalie would have laughed a lot if she had heard that joke.

Je ne trouve pas **les clés que** vous auriez **vues** hier dans la cuisine.
I'm not finding the keys that you would have seen in the kitchen yesterday.

Nous serions **déjà** partis si c'était possible.
We would have already left if it were possible.

- Use the past conditional with certain verbs to express regret or reproach. In the past conditional, **aimer** + [*infinitive*] means *would have liked to*; **devoir** + [*infinitive*] means *should have*; **pouvoir** + [*infinitive*] means *could have*; and **vouloir** + [*infinitive*] means *would have liked to.*

Vous **auriez dû étudier** un peu plus longtemps.
You should have studied a little longer.

Nous **aurions aimé regarder** un film différent.
We would have liked to see a different film.

Tu **aurais** quand même **pu** m'**appeler** hier soir.
You could have at least called me last night.

J'**aurais voulu lire** l'article sur les sources d'énergie.
I would have liked to read the article about energy sources.

- Use the **conditionnel** or the past conditional with the expression **au cas où** (*in case*).

Prends ton portable **au cas où** le train **arriverait** en retard.
Bring your cell phone in case the train arrives late.

Prends ton portable **au cas où** le train ne **serait** pas **arrivé** à l'heure.
Bring your cell phone in case the train didn't arrive on time.

- You have learned that the **conditionnel** can express a future action when talking about the past. The past conditional can act as a *future perfect in the past*, describing events that were to have taken place at a later point.

Maman nous a dit qu'elle **rentrerait** avant minuit.
Mom told us that she would come home before midnight.

Maman nous a dit qu'elle **serait rentrée** avant minuit.
Mom told us that she would have come home before midnight.

- Just as the **conditionnel** can express uncertainty about events in the present, the past conditional can express uncertainty about events in the past.

Selon le journal, il y **aurait** une centaine d'habitants dans ce village.
According to the newspaper, there are a hundred or so inhabitants in this town.

Selon le journal, il y **aurait eu** une centaine de manifestants samedi.
According to the newspaper, there were a hundred or so protesters on Saturday.

- Use the past conditional in the main clause of a contrary-to-fact **si** construction to speculate about what *would have happened* if something else *were to occur* or *had occurred.*

Si clause: imparfait	Main clause: past conditional
Si nous avions plus de jours de congé, *If we had more vacation days,*	**nous serions allés à Tahiti pour les vacances.** *we would have gone to Tahiti for vacation.*

Si clause: plus-que-parfait	Main clause: past conditional
S'il avait plu le mois dernier, *If it had rained last month,*	**il aurait fait moins chaud.** *it would have been less hot.*

BLOC-NOTES

To review the *future in the past* use of the **conditionnel**, see **Structures 8.3, pp. 294–295**.

BLOC-NOTES

To review **si** clauses, see **Structures 10.1, pp. 364–365**.

ATTENTION!

In expressions of regret, the main clause with a verb in the conditional is sometimes omitted.

Si j'avais su!

If only I had known!

Mise en pratique

1 **À compléter** Employez le conditionnel passé des verbes entre parenthèses.

1. L'ouragan ____________ (détruire) plus de bâtiments si le vent avait soufflé plus fort.
2. Les journaux ont annoncé qu'à cause d'une demande inhabituelle, nous ____________ (épuiser) nos réserves de combustibles.
3. Si elle ne nuisait pas à l'environnement, je ____________ (s'acheter) la plus grande voiture.
4. Vous ____________ (voir) moins de pollution si vous n'étiez pas restés aussi longtemps dans la capitale.
5. Tu as dit aux représentants de la société de recyclage que tu ____________ (ne pas gaspiller) les produits non-renouvelables.

2 **Y est-il vraiment allé?** Michel a passé des vacances à Tahiti, et ses amis lui demandent comment ça s'est passé. Mais il leur répond évasivement. Employez le conditionnel passé pour répondre comme Michel. Soyez créatifs/créatives.

Modèle **Tu as visité les quartiers intéressants de Papeete?**
Je les aurais visités, mais je n'avais pas le plan de la ville.

1. Alors, tu es allé à la plage?
2. On t'a servi de délicieux fruits tropicaux?
3. Est-ce que les habitants t'ont parlé français?
4. T'es-tu fait de nouveaux amis?
5. Alors, tu as découvert d'autres îles de l'archipel de la Société?
6. L'île évoque au moins les tableaux de Gauguin?

Note CULTURELLE

Tahiti est la plus grande des **îles de la Société**, un des cinq archipels qui constituent la **Polynésie française**. De nombreux personnages célèbres sont passés par la Polynésie française, pour des raisons assez diverses. Le peintre français **Paul Gauguin** y a vécu à la fin du 19e siècle, jusqu'à sa mort en 1903. L'écrivain américain **Herman Melville**, par contre (*on the other hand*), a été emprisonné à Papeete en 1842.

3 **Qu'a-t-elle fait?** Employez le conditionnel passé pour dire ce que Malika voulait faire et ce qu'elle a fait finalement.

Modèle **penser / manger**
Malika a pensé qu'elle aurait mangé avec sa copine Aude, mais Aude n'avait pas faim.

1. penser / retrouver
2. dire / ranger
3. soupçonner (*to suspect*) / avoir
4. écrire / venir
5. me raconter / vouloir
6. supposer / faire
7. expliquer / sortir
8. répéter / être

Communication

4 **Qu'auriez-vous fait?** À deux, regardez les illustrations et, à tour de rôle, dites ce que vous auriez fait si vous aviez été chacune de ces personnes. Servez-vous des mots de la liste, si nécessaire.

Modèle Si j'avais trébuché, je me serais relevé(e) immédiatement.

un costume	une glace	salir
crier	un marteau (*hammer*)	se taper (*to hit oneself*)
se fâcher	un médecin	trébucher (*to trip*)

5 **Le cours de l'histoire** Qu'est-ce qui aurait changé dans l'histoire, si ces personnages avaient fait les choses différemment? Discutez-en avec un(e) camarade de classe. Ensuite, présentez vos idées à la classe.

Modèle Si George Washington n'avait pas traversé le Delaware, les Anglais auraient gagné la guerre.

1. Napoléon Bonaparte
2. Jeanne d'Arc
3. Jules César
4. Martin Luther King, Jr.
5. Neil Armstrong
6. ?

6 **Des regrets?** Qu'est-ce que vous n'avez pas fait dans la vie parce que vous avez choisi de faire autre chose? Le regrettez-vous? Par groupes de trois, employez le conditionnel passé des verbes **aimer**, **devoir**, **pouvoir** et **vouloir** pour parler de vos choix à vos camarades.

Modèle J'aurais pu visiter l'Europe l'été dernier, mais j'ai choisi de passer deux semaines chez ma grand-mère, qui fêtait son 80e anniversaire.

Qu'auriez-vous...

- aimé faire?
- dû faire?
- pu faire?
- voulu faire?

Qu'avez-vous fait à la place?

SUPERSITE

Synthèse

La météo

	Aujourd'hui	Demain	Après-demain
Bruxelles	 Max. / Min. 4° C / –1° C	 Max. / Min. 8° C / 5° C	 Max. / Min. 6° C / 4° C
Dakar	 Max. / Min. 22° C / 22° C	 Max. / Min. 24° C / 21° C	 Max. / Min. 26° C / 23° C
Montréal	 Max. / Min. –2° C / –8° C	 Max. / Min. 0° C / –4° C	 Max. / Min. 4° C / 1° C
Nouméa	 Max. / Min. 30° C / 25° C	 Max. / Min. 28° C / 24° C	 Max. / Min. 31° C / 22° C
Papeete	 Max. / Min. 28° C / 24° C	 Max. / Min. 26° C / 22° C	 Max. / Min. 30° C / 25° C

1 **Les prévisions météo** Vous partez en vacances avec un(e) camarade et vous choisissez un endroit parmi (*among*) les villes présentées dans ces prévisions météo. Employez des phrases avec **si** pour dire vos préférences.

Modèle —J'irais bien à Nouméa, s'il ne pleuvait pas autant.
—S'il y fait moins chaud la semaine prochaine, partons pour Papeete.

2 **Quelle impatience!** Votre camarade et vous avez fait vos choix, et vous partez demain. Maintenant vous comptez impatiemment les secondes avant le départ. À tour de rôle, employez le futur antérieur pour dire dix choses que vous aurez faites dans une semaine.

Modèle Dans une semaine, nous aurons déjà nagé dans l'océan Pacifique.

3 **Catastrophe!** Vous et votre camarade venez de rentrer. Vos vacances se sont très mal passées! Dites chacun cinq choses qui auraient pu les améliorer.

Modèle S'il n'avait pas plu tous les jours, nous serions sortis de l'hôtel.

Préparation

Vocabulaire de la lecture

abriter *to provide a habitat for*
un caillou (des cailloux) *pebble(s)*
l'épanouissement (*m.*) *development*
une ferme *farm*
une huître *oyster*
un lagon *lagoon*
une perle *pearl*
récolter *to harvest*
un requin *shark*
une tortue *turtle*

Vocabulaire utile

un dauphin *dolphin*
une éolienne *wind turbine*
un filet (de pêche) *(fishing) net*
pêcher *to fish*
la plongée (sous-marine/ avec tuba) *diving; snorkeling*
une récolte *harvest*

1 **La rencontre** Un journaliste faisant un reportage en Nouvelle-Calédonie rencontre un pêcheur sur la plage. Complétez leur dialogue à l'aide du vocabulaire fourni dans le tableau.

JOURNALISTE Ça fait longtemps que vous êtes pêcheur?
PÊCHEUR Depuis tout petit. Mon père (1) ______________ au harpon sur la barrière de corail. Moi, je préfère utiliser (2) ______________.
JOURNALISTE C'est un métier difficile et dangereux?
PÊCHEUR Difficile, oui, dangereux, pas tellement. De temps en temps, on entend parler d'une attaque de (3) ______________, mais c'est plutôt rare.
JOURNALISTE Vous travaillez dans ce grand (4) ______________?
PÊCHEUR Oui, il (5) ______________ une grande variété d'espèces. Et puis, mon frère a (6) ______________ marine où il élève des (7) ______________ pour les perles. Cette année, (8) ______________ a été très abondante.
JOURNALISTE Bon, je vous remercie, et bonne continuation.

2 **Les fautes** Vous avez fait un voyage à Tahiti avec un(e) ami(e). Maintenant vous êtes à une soirée où il/elle explique tout ce qui s'est passé. Corrigez ses fautes de vocabulaire.

Modèle — Nous avons mangé des *cailloux*. C'était délicieux.
— Non, nous avons mangé des huîtres! C'était délicieux.

1. — J'ai passé toute la journée dans un *filet de pêche* à étudier la vie marine.
   — ____
2. — Nous avons vu deux fois des *dauphins* marcher sur la plage.
   — ____
3. — Les Tahitiens élèvent les huîtres pour leurs *cailloux*.
   — ____
4. — Les lagons *récoltent* des milliers d'espèces de poissons.
   — ____

3 **La nature et vous** À deux, répondez aux questions et expliquez vos réponses.

1. Aimez-vous la nature? Pourquoi?
2. Quels endroits naturels sont connus pour leurs diverses flore ou faune?
3. Avez-vous déjà visité un de ces endroits? Si oui, comment était-ce? Si non, aimeriez-vous en visiter un?
4. Faut-il s'inquiéter de ce qui menace l'environnement dans une autre région du monde?

Les richesses DU PACIFIQUE

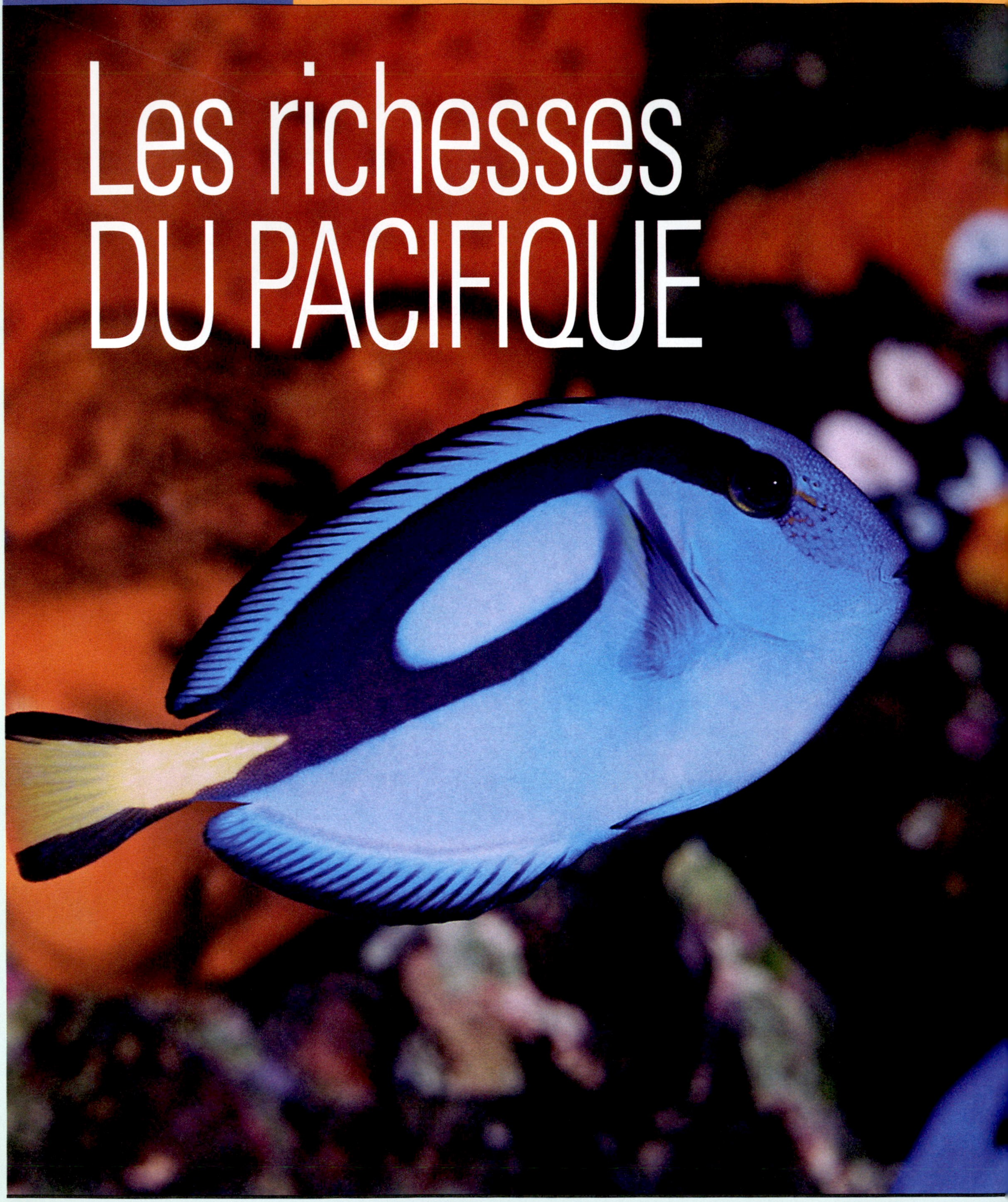

SUPERSITE

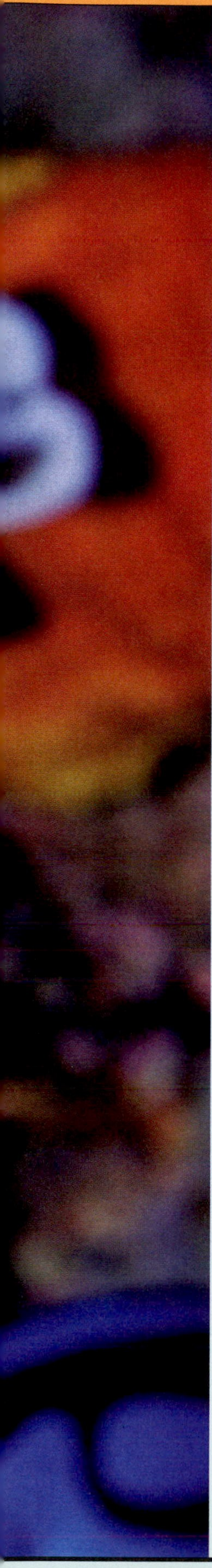

Vous avez sans doute entendu parler de la «grande barrière de corail», en Australie. Mais vous ne savez peut-être pas qu'il en existe une autre, très belle aussi, autour de la Nouvelle-Calédonie. Cette île de l'Océanie peut se vanter° d'avoir le lagon le plus vaste du monde. Ce trésor inestimable est connu pour être le deuxième plus grand ensemble corallien du monde. Il mesure 1.600 kilomètres (*1.000 miles*) de long et abrite 15.000 espèces végétales et animales. C'est l'un des temples de la biodiversité marine mondiale. On n'a identifié que 20% des espèces représentées, et de nouvelles espèces y sont régulièrement découvertes. La barrière de corail est aussi l'un des principaux habitats de la tortue verte, la tortue marine la plus rapide. Elle peut nager à plus de 30 km/h (*20 m/h*).

De nombreux dangers menacent le plein épanouissement de la barrière corallienne, en particulier la pollution et la vente de coraux. Cependant, la barrière autour de la Nouvelle-Calédonie est encore en très bon état de préservation. C'est pour protéger cette richesse écologique que le Ministère français de l'aménagement du territoire° et de l'environnement a proposé que la barrière corallienne soit classée au patrimoine mondial de l'UNESCO en 2008. Ce site serait ainsi le premier du domaine de l'Outre-mer français° à obtenir cette reconnaissance.

Et Tahiti? Quel est à votre avis le premier produit d'exportation de cette île paradisiaque? Les fruits de mer? Pas du tout! C'est la perle noire de culture qui arrive en tête des exportations de la Polynésie française, où on compte aujourd'hui près de 800 fermes perlières. Environ 5.000 personnes vivent de cette industrie. La perliculture connaît un développement prodigieux depuis les années 1980. Les exportations sont passées de 86 kilogrammes par an en 1980 à plus de 10 tonnes en 2003, en générant un profit de 85 millions d'euros. Les «richesses» du patrimoine océanique sont donc aussi des richesses au sens propre du terme°.

Les beautés naturelles sous-marines sont encore mal connues du grand public. C'est pourquoi il existe des endroits en Polynésie française où l'on fait découvrir aux touristes la faune et la flore d'un lagon. Ce sont les lagoonariums, des réserves aquatiques en milieu naturel. Dans l'archipel de la Société, il en existe deux, à Tahiti et à Bora Bora. Ces aquariums géants ont des bassins° dans lesquels évoluent presque toutes les espèces aquatiques de cette région du monde. On a la possibilité d'assister au repas des requins donné à la main. Si on veut vivre une expérience inoubliable, le lagoonarium de Bora Bora propose même à ses visiteurs de nager parmi la faune marine.

«L'émerveillement° est le premier pas vers le respect», affirme l'écologiste Nicolas Hulot, président de la fondation écologique qui porte son nom. Il est essentiel de comprendre notre environnement aquatique pour l'admirer et le respecter. Jacques-Yves Cousteau fut un pionnier dans ce domaine en nous faisant découvrir ce monde du silence, dès les années 1950. Préservons notre patrimoine naturel. N'est-ce pas notre plus grande richesse? ■

se vanter boast; *aménagement du territoire* town and country planning; *Outre-mer français* French overseas; *au sens propre du terme* literally; *bassins* pools; *émerveillement* wonder

Les étapes de la perliculture

La perliculture compte six étapes. Ce sont des procédés très complexes et très délicats. Une fois que l'huître est fécondée° et greffée°, on l'élève pendant dix-huit mois pour qu'elle produise des perles qui sont ensuite récoltées.

fécondée / greffée fertilized/grafted

Analyse

1 **Compréhension** Répondez aux questions par des phrases complètes.

1. Quelles sont les deux plus grandes barrières de corail du monde?
2. Quelle est la caractéristique du lagon de la Nouvelle-Calédonie?
3. Pourquoi le lagon de la Nouvelle-Calédonie est-il considéré comme un temple de la biodiversité marine?
4. Que sait-on de la tortue verte?
5. Quelles sont les deux choses qui menacent la barrière corallienne de la Nouvelle-Calédonie?
6. Quelle initiative le gouvernement français a-t-il prise pour aider à sa préservation?
7. Quel est le premier produit d'exportation de Tahiti?
8. La perliculture est-elle facile?
9. Comment obtient-on une perle?
10. Qu'est-ce qu'un lagoonarium et que peut-on y faire?

2 **Les citations** À deux, lisez ces deux citations et répondez aux questions.

> La terre n'est pas un don de nos parents, ce sont nos enfants qui nous la prêtent.
>
> **— Proverbe indien**

> Après moi, le déluge (*flood*).
>
> **— attribué à Louis XV, roi de France de 1715 à 1774.**

- Que veut dire le proverbe indien? Est-ce un concept qui vous est familier?
- Que dit Louis XV? Pensez-vous qu'il soit sérieux?
- Êtes-vous d'accord avec ces citations? Expliquez.
- D'après vos observations, les gens autour de vous vivent-ils plutôt en accord avec le proverbe indien ou à la Louis XV?

3 **Nos richesses naturelles** À deux, faites la liste des richesses naturelles de votre région et dites si vous les considérez comme menacées. Pensez aux animaux, aux plantes, aux paysages, aux richesses du sous-sol (*subsoil*), etc. Puis, comparez votre liste avec celle d'un autre groupe.

4 **Enquête** Demandez à des camarades de classe quelle est, d'après eux/elles, la source d'énergie du futur et celle qui devrait être développée le plus rapidement. Notez leurs arguments. Ensuite, présentez vos résultats à la classe.

- l'énergie solaire
- l'huile végétale
- l'hydrogène
- l'énergie hydraulique
- le nucléaire
- l'énergie éolienne

SUPERSITE

Préparation

À propos de l'auteur

Jean-Baptiste Tati-Loutard (1938–) est né dans la région de Pointe-Noire, en République du Congo. Il a fait des études à Bordeaux, en France, puis il a enseigné la littérature à l'Université de Brazzaville. Il a écrit plusieurs recueils de poèmes, dont *Les feux de la planète* (1977), et des nouvelles, comme *Nouvelles chroniques congolaises* (1980). Il a obtenu plusieurs prix, y compris le Grand Prix littéraire de l'Afrique Noire en 1987. C'est un style simple et classique qui caractérise ses œuvres, dans lesquelles il parle du contact de son pays avec la modernité. En 1975, Tati-Loutard est devenu homme politique. Aujourd'hui il est ministre des Hydrocarbures.

Vocabulaire de la lecture

agiter *to shake*
se balancer *to swing*
doucement *gently*
exhorter *to urge*
faiblir *to weaken*
mêler *to mix*
noueux/noueuse *gnarled*
puiser *to draw from*
raffermi(e) *strengthened*
remuer *to move*
se retourner *to turn over*

Vocabulaire utile

la modernité *modernity*
la nostalgie *nostalgia*
un sens figuré/littéral *figurative/literal sense*
le ton *tone*

1 **Vocabulaire** Combinez les syllabes du tableau pour former sept mots du nouveau vocabulaire. Ensuite, écrivez sept phrases originales avec ces mots.

douce	re	a	ment
pui	gi	mê	nou
mu	ser	er	fai
eux	blir	ler	ter

2 **La République du Congo** Que savez-vous de la République du Congo? À deux, répondez à autant de questions de la liste que possible. Ensuite, comparez vos connaissances avec celles de la classe.

- Où, en Afrique, se trouve la République du Congo?
- Quels pays l'entourent?
- Quelle est sa capitale?
- Quelles langues y parle-t-on?

3 **Préparation** Pour parler de poésie, il faut être sensible aux symboles qui permettent la représentation abstraite d'objets ou de concepts. Dans la littérature, les écrivains emploient parfois des symboles pour enrichir leurs poèmes ou leur prose et en élargir l'interprétation. Réfléchissez à ces symboles. Que représentent-ils pour vous? Comparez vos idées avec celles de vos camarades de classe.

1. un drapeau
2. une croix (*cross*)
3. une colombe (*dove*)
4. une ampoule électrique (*light bulb*)
5. un serpent
6. une balance (*scales*)
7. un cygne (*swan*)
8. une étoile

Baobab

Jean-Baptiste Tati-Loutard

Et je me sens raffermi quand ton sang fort Passe dans mon sang.

Baobab!° Je suis venu replanter mon être près de toi
Et mêler mes racines à tes racines d'ancêtre;
Je me donne en rêve tes bras noueux
Et je me sens raffermi quand ton sang° fort
Passe dans mon sang.
Baobab! «l'homme vaut ce que valent ses armes°».
C'est l'écriteau° qui se balance à toute porte de ce monde.
Où vais-je puiser tant de forces° pour tant de luttes
Si à ton pied je ne m'arc-boute°?
Baobab! Quand je serai tout triste
Ayant perdu l'air° de toute chanson,
Agite pour moi les gosiers° de tes oiseaux
Afin qu'à vivre ils m'exhortent.
Et quand faiblira le sol° sous mes pas°
Laisse-moi remuer la terre à ton pied:
Que doucement sur moi elle se retourne! ■

Baobab: a broad-trunked tree found primarily in Africa
sang: blood
armes: weapons
écriteau: small sign
forces: strength
m'arc-boute: brace myself against
air: tune
gosiers: gullets
sol/pas: ground/steps

Analyse

1 **Compréhension** Répondez aux questions.

1. Ce poème s'adresse à qui ou à quoi?
2. Le narrateur s'identifie avec quoi dans le poème?
3. À quoi sert le baobab pour le narrateur?
4. Que veut dire «l'homme vaut ce que valent ses armes»?
5. Qu'est-ce que le narrateur demande au baobab?

2 **Interprétation** À deux, regardez cette liste de symboles utilisés dans le poème puis discutez de ce qu'ils représentent.

- le baobab
- les racines
- le sang
- l'écriteau
- la chanson

3 **Expliquez** Quels sentiments ce poème évoque-t-il? Faites-en une liste d'au moins cinq. Ensuite, écrivez un paragraphe qui explique les sentiments exprimés dans ce poème.

4 **Discussion** D'après Tati-Loutard, «Le poète ne regarde jamais les choses; il se regarde dans les choses.» Par groupes de trois, discutez de la façon dont cette idée s'applique à ce poème. Ensuite présentez vos idées à la classe.

5 **Rédaction** Écrivez un poème. Suivez le plan de rédaction.

Plan

1 **Organisation** Pensez à un élément de la nature:

- un animal
- une plante
- une formation géographique
- ?

À quoi vous fait-il penser? Faites une liste de vos idées. Ensuite, faites une liste d'adjectifs qui le décrivent. Utilisez un bon dictionnaire, si nécessaire.

2 **Votre poème** Écrivez un poème sur le sujet que vous avez choisi selon cette formule.

Premier vers:	Nommez votre sujet.
Deuxième vers:	Décrivez-le à l'aide de trois adjectifs.
Troisième vers:	Décrivez-le à l'aide de deux verbes.
Quatrième vers:	Décrivez-le à l'aide d'une phrase complète.
Cinquième vers:	Décrivez-le à l'aide d'un seul mot.

3 **Conclusion** Donnez un titre à votre poème puis lisez-le à la classe.

Notre monde

La nature

un arc-en-ciel *rainbow*
un archipel *archipelago*
une barrière/un récif de corail *barrier/coral reef*
une chaîne montagneuse *mountain range*
un fleuve/une rivière *river*
une forêt (tropicale) *(rain) forest*
la Lune *Moon*
la mer *sea*
un paysage *landscape; scenery*
le soleil *sun*
une superficie *surface area; territory*
une terre *land*

en plein air *outdoors*
insuffisant(e) *insufficient*
potable *drinkable*
protégé(e) *protected*
pur(e) *pure; clean*
sec/sèche *dry*

Les animaux

une araignée *spider*
un cochon *pig*
un lion *lion*
un mouton *sheep*
un ours *bear*
un poisson *fish*
un singe *monkey*
un tigre *tiger*

Les phénomènes naturels

l'érosion (*f.*) *erosion*
un incendie *fire*
une inondation *flood*
un ouragan *hurricane*
une pluie acide *acid rain*
le réchauffement climatique *global warming*
la sécheresse *drought*
un tremblement de terre *earthquake*

Se servir de la nature ou la détruire

le bien-être *well-being*
un combustible *fuel*
la consommation d'énergie *energy consumption*
la couche d'ozone *ozone layer*
un danger *danger*
les déchets (*m.*) *trash*
la déforestation *deforestation*
l'environnement (*m.*) *environment*
le gaspillage *waste*
un nuage de pollution *smog*
la pollution *pollution*
une ressource *resource*
une source d'énergie *energy source*

chasser *to hunt*
empirer *to get worse*
épuiser *to use up*
être contaminé(e) *to be contaminated*
gaspiller *to waste*
jeter *to throw away*
menacer *to threaten*
nuire à *to harm*
polluer *to pollute*
préserver *to preserve*
prévenir *to prevent*
protéger *to protect*
résoudre *to solve*
respirer *to breathe*
supporter *to put up with*
tolérer *to tolerate*
urbaniser *to urbanize*

en voie d'extinction *endangered*
jetable *disposable*
nuisible *harmful*
renouvelable *renewable*
toxique *toxic*

Court métrage

l'acharnement (*m.*) *determination*
un(e) berger/bergère *shepherd(ess)*
un bûcheron *lumberjack*
le charbon (de bois) *(char)coal*
un chêne *oak tree*
le feuillage *foliage*
un gland *acorn*
une pépinière *nursery*
une ruche *beehive*
un ruisseau *stream*
une source *(aquatic) spring*
un troupeau *flock*

déblayer *to clear away*
pousser *to grow*
se soucier (de quelque chose) *to care (about something)*

tenace *tenacious*

jadis *formerly, in the past*

Culture

un caillou (des cailloux) *pebble(s)*
un dauphin *dolphin*
une éolienne *wind turbine*
l'épanouissement (*m.*) *development*
une ferme *farm*
un filet (de pêche) *(fishing) net*
une huître *oyster*
un lagon *lagoon*
une perle *pearl*
la plongée (sous-marine/avec tuba) *diving; snorkeling*
une récolte *harvest*
un requin *shark*
une tortue *turtle*

abriter *to provide a habitat for*
pêcher *to fish*
récolter *to harvest*

Littérature

la modernité *modernity*
la nostalgie *nostalgia*
un sens figuré/littéral *figurative/literal sense*
le ton *tone*

agiter *to shake*
se balancer *to swing*
exhorter *to urge*
faiblir *to weaken*
mêler *to mix*
puiser *to draw from*
remuer *to move*
se retourner *to turn over*

noueux/noueuse *gnarled*
raffermi(e) *strengthened*

doucement *gently*

FICHES de GRAMMAIRE

Supplementary Grammar Coverage for IMAGINEZ

The **Fiches de grammaire** section is an invaluable tool for both instructors and students of intermediate French. It contains additional grammar concepts not covered within the core lessons of **IMAGINEZ**, as well as practice activities. For each lesson in **IMAGINEZ**, two additional grammar topics are offered with corresponding practice.

These concepts are correlated to the lessons in **Structures** by means of the **Bloc-notes** sidebars, which provide the exact page numbers where new concepts are taught in the **Fiches**.

This special supplement allows for great flexibility in planning and tailoring your course to suit the needs of whole classes and/or individual students. It also serves as a useful and convenient reference tool for students who wish to review previously learned material.

Table des matières

1.4 Present tense of regular *-er*, *-ir*, and *-re* verbs

- Most French verbs that end in **-er** follow the same pattern.

parler	
je parle	nous parlons
tu parles	vous parlez
il/elle parle	ils/elles parlent

Elle **parle** au téléphone.

BLOC-NOTES

The present tense of spelling-change **-er** verbs is explained in **Structures 1.1, pp. 18–19.**

- Hundreds of verbs follow this pattern. Here are some more regular **-er** verbs.

aimer	(*to like, to love*)	donner	(*to give*)	oublier	(*to forget*)
arriver	(*to arrive*)	écouter	(*to listen to*)	penser	(*to think*)
chercher	(*to look for*)	habiter	(*to live in*)	regarder	(*to watch*)
compter	(*to count*)	inviter	(*to invite*)	travailler	(*to work*)

BLOC-NOTES

A handful of **-ir** verbs are irregular. To find out more about irregular **-ir** verbs, see **Structures 4.3, pp. 140–141.**

- Most verbs that end in **-ir** follow this pattern.

finir	
je finis	nous finissons
tu finis	vous finissez
il/elle finit	ils/elles finissent

Elle **finit** ses devoirs.

- Here are some more regular **-ir** verbs.

choisir	(*to choose*)	maigrir	(*to lose weight*)	réfléchir	(*to think (about)*)
grossir	(*to gain weight*)	obéir (à)	(*to obey*)	réussir (à)	(*to succeed*)

BLOC-NOTES

Irregular **-re** verbs are explained in **Structures 6.3, pp. 218–219.**

- Most verbs that end in **-re** follow this pattern.

vendre	
je vends	nous vendons
tu vends	vous vendez
il/elle vend	ils/elles vendent

Il **vend** un appareil photo.

- Here are some more regular **-re** verbs.

attendre	(*to wait (for)*)	descendre	(*to go down*)	perdre	(*to lose*)
défendre	(*to defend*)	entendre	(*to hear*)	répondre	(*to answer*)

Mise en pratique

1 **À compléter** Employez la forme correcte des verbes entre parenthèses.

1. Tu ______________ (jouer) au tennis samedi après-midi?
2. Mon cousin ______________ (obéir) toujours à ses parents.
3. Nous ______________ (habiter) à New York.
4. On ______________ (grossir) quand on mange trop de pâtes.
5. Mes frères ______________ (partager) un bel appartement.
6. Vous ______________ (vendre) votre vélo?
7. Ces étudiants ______________ (s'entendre) bien.
8. Je ______________ (compter) sur ma meilleure amie.

2 **À choisir** Choisissez les verbes qui complètent logiquement ces paragraphes. Faites tous les changements nécessaires. Chaque verbe n'est utilisé qu'une seule fois.

agacer	écouter	finir	quitter
aimer	énerver	oublier	réussir
attendre	entendre	perdre	rêver
se disputer	étudier	poser	téléphoner

A. Nicolas, avant d'aller au cinéma, tu (1) ______________ tes devoirs. D'accord? Tu (2) ______________ toujours la dernière minute. Tu (3) ______________ ton temps et ça m' (4) ______________! Je ne suis pas contente. Est-ce que tu m' (5) ______________? Pourquoi est-ce que tu ne m' (6) ______________ jamais? Les élèves qui n' (7) ______________ pas ne (8) ______________ pas au bac, tu sais!

B. J'en ai marre de mon petit ami.Il est charmant, mais il (9) ______________ toujours nos rendez-vous. Je ne peux pas vous dire combien il m' (10) ______________! Nous (11) ______________ souvent parce qu'il me (12) ______________ des lapins et qu'il ne me (13) ______________ pas. Je l' (14) ______________ toujours, mais je (15) ______________ d'un petit ami plus sensible. Alors, c'est décidé. Ce week-end, je le (16) ______________.

3 **Assemblez** Assemblez les éléments des trois colonnes pour créer des phrases. Ajoutez tous les mots nécessaires.

A	B	C
je	aimer	appartement
le prof	arriver	chocolat
mon/ma camarade de chambre	choisir	cours
ma sœur	descendre	devoirs
mon ami(e)	écouter	gare
mon frère	finir	hôtel
mes parents	habiter	montre
mon/ma petit(e) ami(e)	perdre	musique
nous	répondre	sac
tu	rester	question
?	vendre	voiture
	?	?

1.5

The imperative

- Use the imperative to give a command or make a suggestion.

Attends le bus!	**Attendons** le bus!	**Attendez** le bus!
Wait for the bus!	*Let's wait for the bus!*	*Wait for the bus!*

- The imperative forms of **-ir** and **-re** verbs are the same as the present tense forms.

finir		répondre	
Present	Imperative	Present	Imperative
Tu finis.	Finis!	Tu réponds.	Réponds!
Nous finissons.	Finissons!	Nous répondons.	Répondons!
Vous finissez.	Finissez!	Vous répondez.	Répondez!

ATTENTION!

Although **aller** is irregular, like other **-er** verbs, it has no **-s** on the **tu** command form.

Va au marché!

Go to the market!

ATTENTION!

Do not drop the **-s** from the **tu** form of a command when it is followed by a pronoun that begins with a vowel.

Vas-y!

Go (there)!

Manges-en!

Eat some!

BLOC-NOTES

To review pronoun order, see **Structures 5.3, pp. 178–179.**

- Form the **tu** command of **-er** verbs by dropping the **-s** from the present tense form. The **nous** and **vous** forms are the same as the present tense forms.

danser	
Present	Imperative
Tu danses.	Danse!
Nous dansons.	Dansons!
Vous dansez.	Dansez!

- The imperative forms of **être**, **avoir**, and **savoir** are irregular.

avoir:	aie	ayons	ayez
être:	sois	soyons	soyez
savoir:	sache	sachons	sachez

Sois sage!	**Ayons** de la patience!	**Sachez** que nous fermons.
Be good!	*Let's have patience!*	*Be advised that we're closing.*

- In negative commands, place **ne... pas** around the verb.

Ne sois **pas** nerveux!	**N'**oubliez **pas** notre rendez-vous!
Don't be nervous!	*Don't forget our date!*

- In affirmative commands, object pronouns and reflexive pronouns follow the verb and are joined by a hyphen. In negative commands, pronouns are placed in front of the verb with no hyphen.

Donnez-**les-moi**!	Ne **me les** donnez pas!
Give them to me!	*Don't give them to me!*
Lève-**toi**!	Ne **te** lève pas!
Get up!	*Don't get up!*

Mise en pratique

1 **Que fait-on?** Employez l'impératif pour donner des ordres ou pour faire des suggestions.

Modèle **Vous parlez à votre fiancé(e): vous téléphoner**

Téléphone-moi!

Vous parlez à...		
votre fiancé(e):	**de nouveaux étudiants:**	**un(e) ami(e) de ce que vous pouvez faire ensemble:**
1. aller à la bibliothèque ________	6. faire attention aux profs ________	11. aller au cinéma ________
2. compter sur vous ________	7. se lever tôt ________	12. prendre un verre ________
3. écrire souvent ________	8. aller aux cours ________	13. écouter de la musique ________
4. me donner la main ________	9. avoir confiance ________	14. nager à la piscine ________
5. vous attendre après le cours ________	10. ne pas sortir le samedi ________	15. ne pas rester à la maison ________

2 **De bons conseils** Que dites-vous dans ces situations? Utilisez l'impératif.

1. Votre frère cadet refuse de boire son jus d'orange.
2. Vous étudiez et vos camarades de chambre parlent très fort.
3. Vous demandez à vos parents de vous envoyer de l'argent.
4. Votre meilleur ami part en vacances.
5. Il est dix heures du soir et votre petite sœur ne veut pas se coucher.
6. Vous et votre ami(e) avez faim.

3 **Que disent-ils?** Écrivez une phrase à l'impératif qui convient à chaque image.

1. 

2. 

3. 

4. 

2.4 Nouns and articles

- Definite and indefinite articles agree in gender and number with the nouns they modify.

	Definite articles		Indefinite articles	
	singular	**plural**	**singular**	**plural**
masculine	**le** musicien	**les** musiciens	**un** musicien	**des** musiciens
feminine	**la** musicienne	**les** musiciennes	**une** musicienne	**des** musiciennes

- The gender of nouns that refer to people typically matches the gender of the person: **un garçon** / **une fille**; **un chanteur** / **une chanteuse**; **un enfant** / **une enfant**.
- Certain noun endings provide clues to their gender.

Typical masculine endings

-age	le voyage	**-asme**	le sarcasme	**-if**	le tarif
-ail	le travail	**-eau**	le bureau	**-in**	le bassin
-ain	l'écrivain	**-ent**	l'argent	**-isme**	le surréalisme
-al	le journal	**-et**	le bonnet	**-ment**	le dépaysement
-as	le repas	**-ier**	le clavier	**-oir**	le pouvoir

Typical feminine endings

-ace	la place	**-ère**	la boulangère	**-sion**	l'expression
-ade	la charade	**-esse**	la tristesse	**-té**	la responsabilité
-aine	la laine	**-ette**	l'assiette	**-tié**	l'amitié
-ance	la chance	**-euse**	la chanteuse	**-tion**	l'addition
-ée	la journée	**-ie**	la pâtisserie	**-trice**	l'actrice
-ence	la compétence	**-ière**	la cuisinière	**-ture**	la rupture

- To form the plural of most French nouns, add an **-s**. If a singular noun ends in **-s**, **-x**, or **-z**, its plural form remains the same: **le gaz** → **les gaz; le pays** → **les pays; la voix** → **les voix.**
- If a singular noun ends in **-au**, **-eau**, **-eu**, or **-œu**, its plural form usually ends in **-x**. If a singular noun ends in **-al**, drop the **-al** and add **-aux**.

le **chapeau**	le **jeu**	le **cheval**
les **chapeaux**	les **jeux**	les **chevaux**

- A few nouns have very irregular plural forms: **l'œil** → **les yeux**; **le ciel** → **les cieux**; **le monsieur** → **les messieurs**.

ATTENTION!

There are several exceptions to these gender rules. When in doubt, use a dictionary.

l'eau (*f.*)	**la fin**
le génie	**le lycée**
la main	**le musée**
la peau	**la plage**

ATTENTION!

Here are a few exceptions.

le bijou (*jewel*)	**les bijoux**
le caillou (*pebble*)	**les cailloux**
le carnaval	**les carnavals**
le festival	**les festivals**
le récital	**les récitals**
le pneu	**les pneus**
le travail	**les travaux**

Mise en pratique

1 **Masculin ou féminin?** Ajoutez les articles indéfinis.

1. _____ acteur	11. _____ tarif
2. _____ charcuterie	12. _____ changement
3. _____ appartement	13. _____ animal
4. _____ nation	14. _____ lundi
5. _____ parade	15. _____ chance
6. _____ cahier	16. _____ coiffeuse
7. _____ pharmacienne	17. _____ compétition
8. _____ adresse	18. _____ idée
9. _____ château	19. _____ million
10. _____ miroir	20. _____ mariage

2 **Les pluriels** Dans les phrases suivantes, mettez au pluriel les noms soulignés. Faites tous les autres changements nécessaires.

1. On a volé <u>mon bijou</u>!
   ____
2. <u>Ce mois</u> passe rapidement.
   ____
3. L'aspirine n'est pas bonne pour <u>son mal</u> de ventre.
   ____
4. Hélène aime <u>son</u> nouveau <u>chapeau</u>.
   ____
5. <u>Le chat</u> a fait beaucoup de bruit.
   ____
6. C'est papa qui a préparé <u>le repas</u>.
   ____
7. Tu as acheté <u>la chemise</u> noire?
   ____
8. <u>La couleur</u> de cet arbre est très belle en automne.
   ____
9. As-tu connu <u>le fils</u> de Monsieur Sévigny?
   ____
10. <u>Le feu</u> a commencé à cause d'une allumette.
   ____

3 **Ma ville idéale** Employez des articles définis et indéfinis pour parler de votre ville idéale. Utilisez le vocabulaire de la Leçon 2 autant que possible.

Modèle Les embouteillages ne me gênent pas, mais la vie nocturne doit être animée.

2.5 *Il est* and *c'est*

- **C'est** and **il/elle est** can both mean *it is* or *he/she is*. **Ce sont** and **ils/elles sont** mean *they are*. All of these expressions can refer to people or things.

- Use **c'est** and **ce sont** to identify people or things.

C'est mon stylo.
It's my pen.

Ce sont mes amis.
They are my friends.

C'est la famille Delorme.

- Use **il/elle est** and **ils/elles sont** to describe specific people or things that have been previously mentioned.

Essayez ce pain au chocolat!
Il est vraiment délicieux!
Try this chocolate croissant.
It's really delicious!

Voici Madame Duval et sa fille.
Elles sont bilingues.
Here are Mrs. Duval and her daughter.
They are bilingual.

- When stating a person's nationality, religion, political affiliation, or profession, **il/elle est** and **c'est un/une**, and their respective plural forms **ils/elles sont** and **ce sont des**, are both correct. If you include an adjective, you can only use **c'est un/une** or **ce sont des**.

Il est journaliste.
He's a journalist.

C'est un journaliste.
He's a journalist.

C'est un journaliste célèbre.
He's a famous journalist.

- To describe an idea or concept expressed as an infinitive rather than a noun, use the impersonal construction **il est** + [*adjective*] + **de** (**d'**) + [*infinitive*].

Il est important de se brosser les dents après les repas.
It is important to brush one's teeth after meals.

Il est essentiel d'apprendre une langue étrangère à l'école.
It is essential to learn a foreign language at school.

- Use **c'est** + [*adjective*] + **à** + [*infinitive*] if the object of the infinitive is not stated immediately after it or not stated at all. Compare these sentences.

Il est facile de vendre une maison.
It's easy to sell a house.

Une maison, **c'est facile à vendre**.
A house is easy to sell.

C'est facile à vendre!
It's easy to sell!

- Use **c'est** + [*adjective*] to describe an idea or concept that has already been mentioned or stated earlier in a sentence.

Se brosser les dents après les repas, **c'est** important.
Brushing one's teeth after meals is important.

J'apprends une langue étrangère à l'école. **C'est** vrai!
I'm learning a foreign language at school.
It's true!

ATTENTION!

Note that no definite article is used with **il/elle est** and **ils/elles sont**.

Il est médecin.

He is a doctor.

Elles sont socialistes.

They are socialists.

ATTENTION!

Because infinitives and concepts typically have no gender, use only **il est** or **c'est** with them, never **elle est**. An adjective following **il est** or **c'est** is always in the masculine singular form.

Mise en pratique

1 **À compléter** Complétez les phrases suivantes à l'aide des expressions de la liste.

c'est	il est	ils sont
ce sont	elle est	elles sont

1. ______________ mon ami, Jacques. ______________ étudiant. ______________ un très bon ami.
2. ______________ les parents de Jean-Marc. ______________ canadiens. Son père, ______________ infirmier et sa mère, ______________ avocate.
3. ______________ notre chien, Rufus. ______________ un berger allemand (*German shepherd*). ______________ génial!
4. ______________ Louise et Michèle. ______________ camarades de chambre. Louise, ______________ timide et tranquille. Michèle, ______________ plutôt mélancolique.
5. ______________ mon bureau. ______________ grand et confortable. ______________ facile d'y travailler.

2 **Descriptions** Répondez aux questions. Ensuite, présentez vos descriptions à la classe.

1. Votre meilleur(e) ami(e): Qui est-ce? Comment est-il/elle physiquement? Quel genre de personnalité a-t-il/elle?
2. Une personne célèbre: Qui est-ce? Que fait-il/elle dans la vie? Comment est-il/elle physiquement? Est-ce que vous l'aimez bien? Pourquoi?
3. Une personne que vous admirez: Qui est-ce? Que fait-il/elle dans la vie? Quel genre de personalité a-t-il/elle? Pourquoi l'admirez-vous?
4. La voiture de vos rêves: Qu'est-ce que c'est? Comment est-elle? Pourquoi vous plaît-elle?

3 **Qui est-ce?** Inventez une identité pour chaque personne. Identifiez-les et décrivez-les. Écrivez au moins trois phrases par photo.

Modèle C'est Francine. Elle est reporter. Elle est très professionnelle.

1. 

2. 

3.4 Possessive adjectives

- Possessive adjectives are used to express ownership or possession.

English meaning	masculine singular	feminine singular	plural
my	**mon**	**ma**	**mes**
your (familiar and singular)	**ton**	**ta**	**tes**
his, her, its	**son**	**sa**	**ses**
our	**notre**	**notre**	**nos**
your (formal or plural)	**votre**	**votre**	**vos**
their	**leur**	**leur**	**leurs**

- Possessive adjectives are placed before the nouns they modify.

C'est **ta** radio?
Is that your radio?

Non, mais c'est **ma** télévision.
No, but that's my television.

- Unlike English, French possessive adjectives agree in gender and number with the object owned rather than the owner.

mon magazine
my magazine

ma bande dessinée
my comic strip

mes journaux
my newspapers

- **Notre** and **votre** are used with singular nouns whether they are masculine or feminine.

notre neveu
our nephew

notre nièce
our niece

votre oncle
your uncle

votre tante
your aunt

- Regardless of gender, the plural forms of **notre** and **votre** are **nos** and **vos**.

nos cousins
our cousins

nos cousines
our (female) cousins

vos frères
your brothers

vos sœurs
your sisters

- The possessive adjectives **son**, **sa**, and **ses** reflect the gender and number of the noun possessed, not the owner. Context should tell you whether they mean *his* or *her*.

son père
his/her father

sa mère
his/her mother

ses parents
his/her parents

- Use **mon**, **ton**, and **son** before a feminine singular noun or adjective that begins with a vowel sound.

mon amie Nathalie
my friend Nathalie

but

ma meilleure amie Nathalie
my best friend Nathalie

son ancienne publicité
his/her/its former advertisement

but

sa publicité
his/her/its advertisement

ATTENTION!

Remember, you cannot use *'s* to express relationship or to show possession in French. Use **de** or **d'** along with the noun instead.

la maison de ma mère

my mother's house

Mise en pratique

1

À choisir Pour chaque phrase, choisissez l'adjectif possessif qui convient.

1. Le photographe a perdu (son /sa /ses) appareil photo!
2. Est-ce que c'est (ton / ta / tes) ordinateur?
3. Je vous présente (mon / ma / mes) parents.
4. Ils ont oublié (leur / leurs) parapluie?
5. Vous aimez ce magazine? Ma sœur adore (son / ses / sa) rubrique société.
6. Cette annonce est nulle! Voilà (mon / ma / mes) opinion!
7. (Votre / Vos) amis sont sympathiques.
8. La vedette n'a pas assisté à la première de (son / sa / ses) film.
9. Les critiques ont beaucoup aimé (notre / nos) documentaire.
10. Tu es sorti avec (ton / ta / tes) petite amie?

2

À compléter Trouvez le bon adjectif possessif.

1. (my) ______________ copain habite un grand immeuble en ville.
2. (his) ______________ femme est critique de cinéma.
3. (her) ______________ opinion est toujours impartiale.
4. (their) ______________ cousins sont arrivés hier soir.
5. (your, fam.) ______________ cours sont intéressants?
6. (our) ______________ moyens de communication sont modernes.
7. (its) ______________ sous-titres sont en anglais.
8. (your, formal) ______________ voisin est animateur de radio?

3

C'est ton...? Pour chaque groupe de mots, écrivez la question et répondez-y par oui ou par non. Employez les adjectifs possessifs qui correspondent.

Modèle **tu / cahier / elle**
—C'est ton cahier?
—Non, c'est son cahier.

1. vous / parents / nous
____
____
2. ils / voiture / nous
____
____
3. je / devoirs / tu
____
____
4. elle / télévision / je
____
____
5. tu / vedette préférée / il
____
____
6. nous / professeur / vous
____
____

3.5

ATTENTION!

The **imparfait** and the **passé composé** are both used to talk about the past, but they are not interchangeable. Use the **passé composé** to talk about completed actions or events in the past. To review the **passé composé** vs. the **imparfait**, see **Structures 3.3, pp. 102–103.**

ATTENTION!

Verbs that end in **-ger** add an **e** before all endings except in the **nous** and **vous** forms. Similarly, the **c** in verbs that end in **-cer** becomes **ç** before all endings except in the **nous** and **vous** forms.

je mangeais *but* **nous mangions**

il commençait *but* **vous commenciez**

The *imparfait*: formation and uses

- The **imparfait** is used to talk about what used to happen or to describe conditions in the past.

Ils **regardaient** le feuilleton tous les jours.
They used to watch the soap opera every day.

Ce journaliste **avait** une bonne réputation.
This journalist had a good reputation.

- To form the **imparfait**, drop the **-ons** from the **nous** form of the present tense, and add these endings.

	penser (nous pens~~ons~~)	**finir** (nous finiss~~ons~~)	**vendre** (nous vend~~ons~~)
je	**pensais**	**finissais**	**vendais**
tu	**pensais**	**finissais**	**vendais**
il/elle	**pensait**	**finissait**	**vendait**
nous	**pensions**	**finissions**	**vendions**
vous	**pensiez**	**finissiez**	**vendiez**
ils/elles	**pensaient**	**finissaient**	**vendaient**

- Irregular verbs, too, follow this pattern: **j'allais**, **j'avais**, **je buvais**, **je faisais**, **je sortais**, etc.
- Only the verb **être** is irregular in the **imparfait**.

The imparfait of être	
j'**étais**	nous **étions**
tu **étais**	vous **étiez**
il/elle **était**	ils/elles **étaient**

Elle **était** fatiguée.

- The **imparfait** is used to talk about actions that took place repeatedly or habitually.

Nous **faisions** du jogging le matin.
We went jogging every morning.

Je **lisais** toujours mon horoscope.
I always used to read my horoscope.

- When narrating a story in the past, the **imparfait** is used to set the scene, such as describing the weather, what was going on, the time frame, and so on.

Il **faisait** froid.
It was cold.

Il n'y **avait** personne dans le parc.
There was no one in the park.

- The **imparfait** is used to describe states of mind that continued over an unspecified period of time in the past.

Nous **avions** peur.
We were afraid.

Je **voulais** partir.
I wanted to leave.

Mise en pratique

1 **À compléter** Mettez les verbes à l'imparfait pour compléter ce paragraphe.

Quand j' (1) ______________ (être) petit, j' (2) ______________ (avoir) beaucoup de copains. Nous (3) ______________ (faire) du vélo et nous (4) ______________ (jouer) dans le parc, en face de notre école. J' (5) ______________ (être) un élève assez sérieux. L'après-midi, mon meilleur ami et moi, nous (6) ______________ (étudier) ensemble. Je ne (7) ______________ (regarder) pas trop la télé parce que mes parents (8) ______________ (penser) que les publicités (9) ______________ (être) mauvaises pour les enfants. Mais j' (10) ______________ (aimer) aller au cinéma avec mon frère. Il (11) ______________ (être) plus fort que moi. Il me (12) ______________ (protéger) contre les garçons trop agressifs et il me (13) ______________ (permettre) de sortir avec lui quelquefois. Il n' (14) ______________ (être) pas toujours gentil, mais je l' (15) ______________ (adorer) quand même.

2 **Il y a dix ans** Comparez ces deux scènes. C'était comment il y a dix ans? C'est comment aujourd'hui?

Il y a dix ans

Aujourd'hui

3 **Quand j'avais huit ans** Utilisez les éléments donnés pour dire comment vous étiez à l'âge de huit ans.

Modèle **avoir peur des monstres sous son lit**
J'avais peur des monstres.
J'appelais mes parents au milieu de la nuit!

1. avoir peur des monstres sous son lit
2. manger beaucoup de bonbons
3. jouer au football
4. offrir des cadeaux à ses parents
5. lire des bandes dessinées
6. ranger souvent sa chambre
7. aider sa mère ou son père
8. embêter son frère ou sa sœur
9. jouer à des jeux vidéo
10. faire du vélo

4.4 Demonstrative adjectives

- Demonstrative adjectives specify a noun to which a speaker is referring. They mean *this/these* or *that/those*. They can refer to people or things.

Ce cadeau est pour toi.

Demonstrative adjectives

	singular	plural
masculine (before a consonant)	**ce**	
masculine (before a vowel sound)	**cet**	**ces**
feminine	**cette**	

Ce drapeau est bleu, blanc et rouge.
This (That) flag is blue, white, and red.

Cette croyance est absurde, à mon avis.
That (This) belief is absurd, in my opinion.

Ces droits sont très importants.
These (Those) rights are very important.

- A noun must be masculine singular and begin with a vowel sound in order to use **cet**.

Cet homme politique était victorieux.
This (That) politician was victorious.

Cet avocat défend les minorités.
This (That) lawyer defends minorities.

- **Ce**, **cet**, **cette**, and **ces** can refer to a noun that is near (*this/these*) or far (*that/those*). Context will usually make the meaning clear.

- To distinguish between two different nouns of the same kind, add **-ci** (*this/these*) or **-là** (*that/those*) to the noun.

Ce parti politique**-ci** est libéral.
This political party is liberal.

Ce parti politique**-là** est conservateur.
That political party is conservative.

- The suffixes **-ci** and **-là** can also be used together to distinguish between similar items that are near and far.

Je voudrais **ce** gâteau**-ci**, s'il vous plaît, pas **ce** gâteau**-là**.
I would like this cake (here), please, not that cake (there).

On a lu **ces** magazines**-ci** et **ces** magazines**-là** aussi.
We read these magazines (here) and those magazines (there) too.

ATTENTION!

Use **cet** before an adjective that begins with a vowel sound and precedes a masculine singular noun.

cet ancien professeur de littérature

this former literature professor

Do not use **cet** before an adjective that begins with a consonant, even if the noun is masculine singular and begins with a vowel sound.

ce jeune homme

this young man

These exceptions occur with adjectives that are placed before the nouns they modify. Most adjectives go after the noun.

Mise en pratique

1 **À remplacer** Remplacez le singulier par le pluriel et vice versa.

Modèle **Cette voiture est vieille.**
Ces voitures sont vieilles.

1. Ces hommes politiques sont puissants.

____

2. Ce juge est juste.

____

3. Ces criminels sont analphabètes.

____

4. Ces voleuses veulent fuir.

____

5. Ce terroriste désire faire la guerre.

____

6. Ces activistes sont fâchés.

____

2 **Je déteste mon quartier!** Ajoutez les adjectifs démonstratifs qui conviennent.

Je déteste habiter dans (1) ____________ quartier. On entend toujours du bruit à cause de (2) ____________ commissariat de police et de (3) ____________ caserne de pompiers. Et regardez (4) ____________ place! (5) ____________ palais de justice est trop moderne, à mon avis. (6) ____________ autres édifices sont vraiment laids! (7) ____________ jardin public n'est jamais propre parce que (8) ____________ poubelle est trop petite. Vous voyez (9) ____________ circulation et (10) ____________ embouteillages? Quelle horreur! En plus, (11) ____________ rue n'a même pas de trottoir et (12) ____________ arrêt de bus n'a pas d'abri.

3 **Préférences** À l'aide du vocabulaire de la liste, dites quelles sont vos préférences et expliquez pourquoi. Employez des adjectifs démonstratifs.

Modèle J'aime le musée du Louvre. J'aime ce musée parce que...

chiens	passe-temps
dessert	réalisateur/réalisatrice
film	restaurant
jardin public	saison
légumes	sports
magasin	station de radio
musée	voiture
parti politique	?

4.5

The *passé simple*

- The **passé simple** is the literary equivalent of the **passé composé**. Like the **passé composé**, it denotes actions and events that have been completed in the past.

Passé composé		Passé simple	
Elle a lu le livre.	*She read the book.*	**Elle lut le livre.**	*She read the book.*

- To form the stem of the **passé simple**, you usually drop the **-er**, **-re**, or **-ir** ending from the infinitive. Then add these endings for regular verbs.

-er verbs: donner		**-ir verbs: choisir**		**-re verbs: rendre**	
je	donnai	je	choisis	je	rendis
tu	donnas	tu	choisis	tu	rendis
il/elle	donna	il/elle	choisit	il/elle	rendit
nous	donnâmes	nous	choisîmes	nous	rendîmes
vous	donnâtes	vous	choisîtes	vous	rendîtes
ils/elles	donnèrent	ils/elles	choisirent	ils/elles	rendirent

- Here are the **passé simple** forms of some common irregular verbs.

	être	**avoir**	**faire**	**venir**
je/j'	**fus**	**eus**	**fis**	**vins**
tu	**fus**	**eus**	**fis**	**vins**
il/elle	**fut**	**eut**	**fit**	**vint**
nous	**fûmes**	**eûmes**	**fîmes**	**vînmes**
vous	**fûtes**	**eûtes**	**fîtes**	**vîntes**
ils/elles	**furent**	**eurent**	**firent**	**vinrent**

- The **passé simple** stems of many irregular verbs are based on their past participles.

	boire (bu)	**lire (lu)**	**partir (parti)**	**rire (ri)**
je	bus	lus	partis	ris
tu	bus	lus	partis	ris
il/elle	but	lut	partit	rit
nous	bûmes	lûmes	partîmes	rîmes
vous	bûtes	lûtes	partîtes	rîtes
ils/elles	burent	lurent	partirent	rirent

ATTENTION!

Because the **passé simple** is a literary tense, it is not usually spoken unless a person is reading a text aloud. It is most important that readers be able to recognize and understand it.

ATTENTION!

Although **aller** is an irregular verb, in the **passé simple** it is like other **-er** verbs.

j'allai	**nous allâmes**
tu allas	**vous allâtes**
il/elle alla	**ils/elles allèrent**

ATTENTION!

Several verbs have very irregular forms in the **passé simple**, such as **naître**: **naqui-** and **mourir**: **mouru-**. Look verbs up in a dictionary or use the verb conjugation tables in the appendix until you learn to recognize them.

ATTENTION!

The **passé simple** stems of these verbs are also based on their past participles: **connaître**, **croire**, **devoir**, **fuir**, **mettre**, **plaire**, **pouvoir**, **savoir**, **sortir**, and **vivre**.

Mise en pratique

1 **À identifier** Identifiez l'infinitif de ces verbes puis donnez leur passé composé.

Modèle **je vendis**
vendre: j'ai vendu

1. nous fîmes
2. vous eûtes
3. je chantai
4. il alla
5. tu vins
6. Michel finit
7. je dus
8. elles connurent
9. vous rendîtes
10. elle fut

2 **À transformer** Mettez ces phrases au passé composé.

1. Ils allèrent en Asie.

____

2. Je mangeai une pizza et je bus un coca.

____

3. Vous fîtes un voyage en Australie.

____

4. Nous vînmes avec Stéphanie et Paul.

____

5. Il eut un accident de voiture.

____

6. Tu vendis ta maison.

____

7. Lise et Luc finirent leurs devoirs.

____

8. Catherine fit sa valise.

____

3 **Un scandale** Remplacez le passé simple par le passé composé.

Un homme kidnappa la femme d'un député. Il téléphona au député au milieu de la nuit et le menaça. Il demanda la liberté de quelques terroristes emprisonnés. Heureusement, le criminel était plutôt bête parce qu'on sut tout de suite son numéro de téléphone et on l'arrêta le lendemain. Quand il se présenta devant le tribunal, le juge prononça une sentence assez sévère. L'homme passa 15 ans en prison.

5.4 Object pronouns

- Direct and indirect object pronouns generally precede the verbs of which they are objects. In a simple tense, such as the present, the **futur**, or the **imparfait**, the object pronoun is placed in front of the verb.

Philippe **me** téléphone quelquefois.

Direct object pronouns		Indirect object pronouns	
me / m'	**nous**	**me / m'**	**nous**
te / t'	**vous**	**te / t'**	**vous**
le / la / l'	**les**	**lui**	**leur**

- Direct object pronouns directly receive the action of a verb.

Je **l'**aime.
I love him/her.

Elles **nous** voient.
They see us.

- Indirect object pronouns identify *to* whom or *for* whom an action is done.

Tu **me** parles?
Are you speaking to me?

Elle **vous** a acheté une robe bleue?
She bought a blue dress for you?

- When a pronoun is the object of a compound tense, such as the **passé composé**, it is placed in front of the helping verb.

Vous **l'**avez attendu?
Did you wait for him/it?

Je **lui** ai envoyé une lettre.
I sent him/her a letter.

- When a pronoun is the object of an infinitive, it is placed in front of the infinitive.

Nous voudrions **t'**inviter chez nous.
We would like to invite you to our place.

Elle va **leur** écrire une carte postale.
She is going to write them a postcard.

ATTENTION!

In the third person, singular direct object pronouns have gender. The indirect object pronoun **lui** does not. **Lui** and **leur** refer only to people and animals. Direct object pronouns **le**, **la**, and **les** refer to people, animals, or things.

Nous le voyons.

We see him/it.

Nous la voyons.

We see her/it.

Nous lui parlons.

We are speaking to him/her.

ATTENTION!

In most negative sentences, place **ne... pas** around the object pronoun and the conjugated verb.

Il ne m'aime pas.

He doesn't like me.

Je ne t'ai pas vu(e).

I didn't see you.

In sentences with infinitives, **ne... pas** goes around the conjugated verb, but the object pronoun usually goes before the infinitive.

Tu ne vas pas l'écouter.

You are not going to listen to it.

Mise en pratique

1 **À réécrire** Réécrivez ces phrases et remplacez les mots soulignés par des pronoms d'objet direct ou indirect.

1. Nous avons répondu <u>au professeur</u>.

   ____

2. J'ai perdu <u>mon sac</u>.

   ____

3. Vous avez regardé <u>le film</u> avec Aurélie?

   ____

4. Elle parle <u>à ses parents et à moi</u>.

   ____

5. Ils ont modifié <u>les frontières</u> après la guerre.

   ____

2 **À compléter** Remplacez l'objet par un pronom d'objet direct ou indirect.

1. —Tu as pris l'autobus?
   —Oui, je ______________ ai pris.
2. —Nous allons expliquer la situation à ses parents?
   —Oui, vous allez ______________ expliquer la situation.
3. —Vous m'avez invité à votre fête?
   —Oui, nous ______________ avons invité.
4. —Il va nous attendre à la gare?
   —Non, il va ______________ attendre chez lui.
5. —Elle a parlé à Jules?
   —Oui, elle ______________ a parlé ce matin.

3 **À l'aéroport** Utilisez les verbes de la liste et des pronoms d'objet direct ou indirect pour décrire ce que font les personnages et expliquer pourquoi.

Modèle Sylvie lit le livre. Elle le lit parce qu'elle s'ennuie.

acheter	avoir	demander	écouter	parler	trouver
apporter	chercher	donner	lire	porter	?

5.5

Past participle agreement

- Past participle agreement occurs in French for several different reasons.

Vous êtes **allés** au théâtre.

- When the helping verb is **être**, the past participle agrees with the *subject*.

Anne est **partie** à six heures. *Anne left at 6 o'clock.*	Nous sommes **arrivés** en avance. *We arrived early.*

- Verbs that take **être** as the helping verb usually do not have direct objects. When they do, they take the helping verb **avoir**, in which case there is no past participle agreement.

Elle **est sortie**. *She went out.*	Elle **a sorti** la poubelle. *She took out the trash.*

- Reflexive verbs take the helping verb **être** in compound tenses such as the **passé composé** and **plus-que-parfait**. The past participle agrees with the reflexive pronoun if the reflexive pronoun functions as a direct object.

Nous **nous** sommes **habillées**. *We got dressed.*	Michèle **s'**était **réveillée**. *Michèle had woken up.*

- If a direct object *follows* the past participle of a reflexive verb, no agreement occurs.

Nadia s'est **coupée**. *Nadia cut herself.*	***but***	Nadia s'est **coupé** le doigt. *Nadia cut her finger.*

- If an object pronoun is indirect, rather than direct, the past participle does not agree. This also means there is no past participle agreement with several common reciprocal verbs, such as **se demander**, **s'écrire**, **se parler**, **se rendre compte**, and **se téléphoner**.

Elle nous a **téléphoné**. *She called us.*	Nous nous sommes **téléphoné**. *We called each other.*

- In compound tenses with **avoir**, past participles agree with preceding direct object pronouns. No agreement occurs with a direct object that is a noun rather than a pronoun.

J'ai **mis** les fleurs sur la table. *I put the flowers on the table.*	Je **les** ai **mises** sur la table. *I put them on the table.*

- In structures that use the relative pronoun **que**, past participles agree with their direct objects.

Voici les pommes **que** j'ai **achetées**. *Here are the apples that I bought.*	Il parle des buts **qu'**il a **atteints**. *He's talking about the goals he reached.*

BLOC-NOTES

To review the **passé composé** with **être** and with reflexive and reciprocal verbs, see **Structures 3.2, pp. 98–99**.

ATTENTION!

While the rules pertaining to past participle agreement may seem complex, just keep these two general points in mind: Past participles agree with direct objects when the object is placed in front of the verb for *any* reason. Past participles do not agree with indirect objects.

Mise en pratique

1 **À compléter** Faites les accords, si nécessaire. S'il n'y a pas d'accord, mettez un X.

1. Marie est né_____ en Belgique.
2. Voici les hommes que j'ai vu_____ en ville.
3. Céline a visité_____ le musée du Louvre.
4. Mon ami et moi, nous sommes resté_____ à l'hôtel.
5. Nos tantes se sont écrit_____ beaucoup de lettres.
6. Sa copine et sa colocataire sont allé_____ au Canada.
7. Je me suis lavé_____ les mains.
8. Grégoire et Inès se sont couché_____ tôt hier soir.
9. Ces poires? Je les ai acheté_____ au marché.
10. Tu as passé_____ l'examen de français?

2 **Mini-dialogues** Reconstituez les questions et inventez les réponses. Employez le passé composé et faites les accords nécessaires.

Modèle **où / vous / naître**
—Où est-ce que vous êtes né(e)?
—Je suis né(e) à Dakar.

1. à quelle heure / tu / se coucher / samedi
____
____
2. quand / le président Kennedy / mourir
____
____
3. pourquoi / vous / ne pas sortir
____
____
4. avec quoi / elle / se brosser / les dents
____
____
5. chez qui / ils / rester
____
____

3 **Mon enfance** Écrivez au passé composé un paragraphe sur votre enfance. Utilisez au moins huit verbes de la liste. Faites tous les accords nécessaires.

aller	habiter	rester
arriver	finir	se trouver
avoir	naître	venir
faire	rentrer	voyager

6.4 Disjunctive pronouns

- Disjunctive pronouns correspond to subject pronouns. Compare their meanings:

Subject pronouns	Disjunctive pronouns	Subject pronouns	Disjunctive pronouns
je (*I*)	**moi** (*me*)	nous (*we*)	**nous** (*us*)
tu (*you*)	**toi** (*you*)	vous (*you*)	**vous** (*you*)
il (*he*)	**lui** (*him*)	ils (*they*)	**eux** (*them*)
elle (*she*)	**elle** (*her*)	elles (*they*)	**elles** (*them*)

- Disjunctive pronouns have several uses. For example, they are used after most prepositions.

Ma nièce dîne chez **lui**.
My niece has dinner at his house.

Tu veux jouer au tennis avec **eux**?
Do you want to play tennis with them?

- Use them with **être** when identifying people and after **que** in comparisons.

Qui sonne à la porte? C'est **toi**?
Who is at the door? Is it you?

Ma belle-mère est plus âgée que **vous.**
My stepmother is older than you.

- Use disjunctive pronouns to express contrast.

Moi, j'ai peur des chiens, mais **lui**, il n'en a pas peur.
Me, I'm afraid of dogs, but he isn't afraid of them.

Mamie ne vous parle pas à **vous**. Elle nous parle à **nous**.
Grandma is not talking to you. She's talking to us.

- When **-même(s)** is added to a disjunctive pronoun, it means *myself*, *yourself*, etc.

Mon neveu la répare **lui-même**.
My nephew repairs it himself.

Elles remercient leur tante **elles-mêmes**.
They thank their aunt themselves.

- Normally, indirect object pronouns take the place of **à** + [*person*]. With certain verbs, however, disjunctive pronouns are typically used instead.

s'adresser à (*to address*)	s'habituer à (*to get used to*)
être à (*to belong to*)	s'intéresser à (*to be interested in*)
faire attention à (*to pay attention to*)	penser à (*to think about, to have on one's mind*)

Cette montre est à **moi**.
This watch belongs to me.

Personne ne s'intéresse à **elle**.
No one is interested in her.

- Whereas indirect object pronouns are placed in front of the verb and replace both the preposition and the noun, disjunctive pronouns follow the preposition and replace only the noun.

Indirect object pronoun	Disjunctive pronoun
Je vous ai téléphoné.	**J'ai pensé à vous.**
I called you.	*I thought about you.*

ATTENTION!

In English, to emphasize the subject or object of a verb, you can pronounce the pronoun with added stress. In French, add a disjunctive pronoun.

Tu n'en sais rien, **toi**!
You don't know anything about it.

On ne les a pas punis, **eux**.
We didn't punish them.

ATTENTION!

Penser de means *to think of*, as in *to have an opinion.* It is not interchangeable with **penser à**. Use disjunctive pronouns after **penser de**.

Qu'est-ce que tu penses d'eux?
What do you think of them?

Mise en pratique

1 **À compléter** Trouvez les pronoms disjoints correspondants pour compléter les phrases.

1. Olivier a visité le musée avec ____________ (*them*).
2. Maman est allée à la pharmacie pour ____________ (*her*).
3. Ma copine connaît ce quartier mieux que ____________ (*me*).
4. Je me suis assis derrière ____________ (*them*, fem.).
5. Ma nièce a couru après ____________ (*him*).
6. C'est ____________ (*you*, fam.) qui as préparé les tartes, n'est-ce pas?
7. Voici Robert et Lise. Vous vous souvenez d'____________ (*them*)?
8. Caroline est française, mais ____________ (*us*), nous sommes suisses.
9. Est-ce qu'on va aller chez ____________ (*you*, formal)?
10. Ma demi-sœur n'a que trois ans, mais elle peut s'habiller ____________ (*herself*).

2 **À remplacer** Remplacez les mots soulignés par des pronoms disjoints.

1. Je suis allée à la fête avec <u>Jean-Pierre</u>.
2. Tu as étudié chez <u>Denise</u>?
3. Qui vient avec <u>ton époux et toi</u>?
4. Elle partage un appartement avec <u>ses sœurs jumelles</u>.
5. C'est <u>Paul</u> qui n'a plus vingt ans.
6. Il faut faire attention à <u>tes parents</u>.
7. Ces chiens sont à <u>Michèle et à moi</u>.
8. Mon beau-fils s'intéresse à <u>Mireille</u>.

3 **Votre famille** Parlez de votre famille à l'aide des prépositions de la liste et des pronoms disjoints.

Modèle Ma mère est toujours occupée, alors je fais souvent des courses pour elle.

à	entre
à côté de	pour
avec	sans
chez	?
de	

6.5 Possessive pronouns

- Whereas possessive adjectives modify nouns, possessive pronouns replace them.

Possessive adjective	Possessive pronoun
—C'est mon frère qui t'a téléphoné?	**—Non, c'est le mien qui m'a téléphoné.**
—Is it my brother who called you?	*—No, it's mine who called me.*

Tu m'as déjà donné mon cadeau. Voici **le tien**.

ATTENTION!

Notice the **accent circonflexe** on **nôtre(s)** and **vôtre(s)**, which indicates that the **ô** is pronounced as a closed **o**, like **-eau** in the word **beau**. The **o** in the possessive adjectives **votre** and **notre**, however, is pronounced as an open **o**, like the **o** in the word **donne**.

- Possessive pronouns agree in gender and number with the nouns they replace. Like possessive adjectives, they also change forms according to the possessor.

	singular		plural	
	masculine	**feminine**	**masculine**	**feminine**
mine	**le mien**	**la mienne**	**les miens**	**les miennes**
yours	**le tien**	**la tienne**	**les tiens**	**les tiennes**
his, hers, its	**le sien**	**la sienne**	**les siens**	**les siennes**
ours	**le nôtre**	**la nôtre**	**les nôtres**	**les nôtres**
yours	**le vôtre**	**la vôtre**	**les vôtres**	**les vôtres**
theirs	**le leur**	**la leur**	**les leurs**	**les leurs**

- **Le sien**, **la sienne**, **les siens**, and **les siennes** can mean *his*, *hers*, or *its*. The form is determined by the gender and number of the noun possessed, not the possessor.
- Notice that possessive pronouns include definite articles. When combined with the prepositions **à** and **de**, the usual contractions must be formed.

Mme Michelin a parlé à mes parents et **aux tiens**.	Je me souviens de mon premier chien. Vous souvenez-vous **du vôtre**?
Mme Michelin spoke to my parents and to yours.	*I remember my first dog. Do you remember yours?*

- Possessive pronouns can also replace possessive structures with **de**.

Les voitures des voisins sont belles.	**Les leurs** sont belles.
The neighbors' cars are beautiful.	*Theirs are beautiful.*
La grand-mère d'Ahmed a 92 ans.	**La sienne** a 92 ans.
Ahmed's grandmother is 92 years old.	*His is 92 years old.*

Mise en pratique

1 **À transformer** Donnez le pronom possessif qui correspond.

Modèle **le beau-frère de Suzanne**
le sien

1. les parents de mes cousins
2. mon enfance
3. votre caractère
4. tes ancêtres
5. nos neveux
6. l'épouse de Franck
7. mes jumelles
8. leur voiture

2 **À compléter** Employez des pronoms possessifs pour compléter ces phrases.

Modèle **J'habite avec mes grands-parents, mais tu n'habites pas avec ______________.**

1. Tu as ton vélo et j'ai ______________.
2. Elle s'occupe de ses enfants et nous nous occupons ______________.
3. On peut prendre mon camion ou vous pouvez prendre ______________.
4. Nous avons besoin de nos congés et eux, ils ont besoin ______________.
5. Je m'entends bien avec ma famille. Tu t'entends bien avec ______________?
6. Moi, j'aime bien mon professeur, mais Valérie, elle n'aime pas ______________.

3 **À qui est...?** Écrivez des questions et répondez-y par oui ou par non à l'aide des éléments donnés. Utilisez des pronoms possessifs.

Modèle **vous / disques compacts / elle**
—Ces disques compacts sont à vous?
—Non, ce sont les siens.

1.

tu / photos / je
____
____

2.

nous / ordinateur / elles
____
____

3.

je / voiture / tu
____
____

4.

ils / valises / nous
____
____

7.4 Past participles used as adjectives

- You may have noticed that the past participles of verbs can function as adjectives.

Nous sommes **mariés**.

- When a past participle is used as an adjective, it agrees in gender and number with the noun it modifies. Notice the different adjective forms based on the past participle of **construire**.

Cet immeuble est **construit** en briques.
This building is built out of bricks.

Ces immeubles sont **construits** en briques.
These buildings are built out of bricks.

Cette maison est **construite** en briques.
This house is built out of bricks.

Ces maisons sont **construites** en briques.
These houses are built out of bricks.

- Like other adjectives, past participles may follow a form of the verb **être** or they may be placed after the noun they modify.

La porte est **ouverte**.
The door is open.

Fermez cette porte **ouverte**.
Close that open door.

- Compare the meanings of these verbs with their past participles when used as adjectives. Notice that past participles often correspond to English words ending in *-ed*.

Infinitive		Past participle	
s'agenouiller	*to kneel*	**agenouillé(e)**	*kneeling*
s'asseoir	*to sit*	**assis(e)**	*seated*
couvrir	*to cover*	**couvert(e)**	*covered*
décevoir	*to disappoint*	**déçu(e)**	*disappointed*
écrire	*to write*	**écrit(e)**	*written*
fatiguer	*to tire*	**fatigué(e)**	*tired*
fermer	*to close*	**fermé(e)**	*closed*
se fiancer	*to become engaged*	**fiancé(e)**	*engaged*
se marier	*to marry*	**marié(e)**	*married*
ouvrir	*to open*	**ouvert(e)**	*open*
payer	*to pay*	**payé(e)**	*paid*
peindre	*to paint*	**peint(e)**	*painted*
prendre	*to take*	**pris(e)**	*taken*
préparer	*to prepare*	**préparé(e)**	*prepared*
réparer	*to repair*	**réparé(e)**	*repaired*
terminer	*to finish*	**terminé(e)**	*finished*

ATTENTION!

In certain expressions, some past participles are used as prepositions. In this case, they are placed in front of the noun and are invariable.

attendu	*considering*
étant donné	*given*
excepté	*except*
passé	*past, beyond*
vu	*given, in view of*
y compris	*including*

Vu toutes les solutions possibles, on atteindra le but.
Given all the possible solutions, we'll reach the goal.

Mise en pratique

1 **À compléter** Utilisez le participe passé des verbes entre parenthèses pour compléter ces phrases. Faites les accords nécessaires.

1. Pardon, madame, est-ce que cette chaise est ____________ (prendre)?
2. Quand Mylène a entendu les nouvelles, elle a été ____________ (décevoir).
3. Après la tempête, nos maisons étaient ____________ (couvrir) de neige.
4. Delphine et Rachid sont ____________ (marier).
5. Il est sept heures et le magasin est ____________ (fermer).
6. Cette lettre est ____________ (écrire) à la main.
7. Marc était ____________ (s'agenouiller) quand il lui a proposé de l'épouser.
8. Je suis heureux parce que toutes mes dettes sont ____________ (payer)!

2 **Descriptions** Décrivez ces photos à l'aide du participe passé des verbes suivants.

s'asseoir	se fiancer	réparer
fatiguer	préparer	terminer

1. Ces étudiants sont ________.

2. Cet homme et cette femme sont ________.

3. Il est 10h00. Ce cours est ________.

4. Micheline est très ________.

5. Les plats ont été ________ et sont sur la table.

6. Votre voiture est ________, monsieur.

7.5

ATTENTION!

Note that unlike English, to talk about something that *has gone on* or *has been going on* in the past and is *still* going on, French uses the present tense.

Expressions of time

- To say someone has been doing something *for* an amount of time or *since* a certain point in time, you can use the present tense along with **depuis**.

Leyla étudie le français **depuis** un an.
Leyla has been studying French for one year.

Nous habitons Nice **depuis** 2005.
We have lived in Nice since 2005.

- When combined with **que**, these expressions can be used instead of **depuis** to convey similar meanings. Notice the different word order.

Ça fait deux semaines **que** Chantal est serveuse.
Il y a deux semaines **que** Chantal est serveuse.
Voilà deux semaines **que** Chantal est serveuse.
Chantal has been a waitress for two weeks.

- When talking about the past, **il y a** + [*time expression*] means *ago*.

Corinne a visité Paris **il y a six mois**.
Corinne visited Paris six months ago.

Il y a 20 ans, cette frontière n'existait pas.
Twenty years ago, this border didn't exist.

- To talk about something that occurred in the past *for* a certain amount of time, but is no longer occurring, use **pendant** + [*time expression*].

Elle a habité chez Karine **pendant six mois**.
She lived at Karine's for six months.

Pendant neuf ans ils ont étudié ces étoiles.
For nine years they studied those stars.

ATTENTION!

The prepositions **depuis**, **pendant**, and **pour** can each mean *for*, but they are not interchangeable. Use **pour** with the present tense to talk about the planned duration of an action.

Il part pour six mois.

He's leaving for six months.

- To ask for how long something that is no longer going on took place in the past, use **pendant combien de temps?** (*for how long?*). In this case, the verb is in the **passé composé**.

Pendant combien de temps a-t-il travaillé pour vous?
For how long did he work for you?

Il est resté dans le laboratoire **pendant combien de temps**?
For how long did he stay in the lab?

- To ask for how long something *has gone on* or *has been going on* that is *still going on*, use **depuis quand?** (*since when?*) or **depuis combien de temps?** (*for how long?*). The verb should be in the present tense.

Depuis quand est-ce que tu as cet ordinateur portable?
Since when have you had that laptop?

Depuis combien de temps assistes-tu à ce cours?
For how long have you attended this class?

- The **passé composé** may be used with **depuis** to say that something has *not* occurred for an amount of time.

Mon copain ne m'a pas téléphoné **depuis** quatre jours.
My friend has not called me for four days.

Nous n'avons pas regardé la télé **depuis** le week-end dernier.
We haven't watched TV since last weekend.

Mise en pratique

1 **À compléter** Complétez ces phrases. Employez les expressions **depuis**, **pendant**, **il y a** ou **pour**.

1. ____________ un an que j'ai cet appareil photo numérique.
2. Mes parents ont acheté des vêtements ____________ mon frère et moi.
3. Calista a vécu en France ____________ cinq ans.
4. ____________ son arrivée, Florent est déprimé.
5. Nous avons écouté de la musique ____________ trois heures, hier soir.
6. Manger léger (*light*), c'est bon ____________ la santé.
7. Ma fille n'a pas été malade ____________ un an!
8. Cet été, je pars à Bruxelles ____________ trois mois.

2 **Depuis quand?** Parlez des thèmes suivants à l'aide des expressions de la liste.

Modèle **habiter cette ville**
Ça fait trois ans que j'habite cette ville.

il y a   ça fait   voilà

1. habiter cette ville
2. être étudiant(e) ici
3. avoir un permis de conduire
4. connaître son/sa meilleur(e) ami(e)
5. étudier le français

3 **Et hier?** Parlez des activités suivantes. Utilisez le mot **pendant** dans vos réponses.

Modèle **étudier**
J'ai étudié pendant deux heures.

1. étudier
2. être sur le portable
3. regarder la télévision
4. surfer sur le web
5. faire du sport

4 **Et quoi d'autre?** Quels sont vos passe-temps? Depuis quand? Qu'avez-vous fait par le passé? Pendant combien de temps? Parlez de vos centres d'intérêt.

Modèle **jouer au football**
Je joue au football depuis six ans.

1. jouer au football, au basket, au volley...
2. chanter dans un chœur
3. jouer du piano, du violon, de la guitare...
4. se spécialiser dans...
5. sortir avec...

8.4

Prepositions with infinitives

BLOC-NOTES

To review verbs that can be followed directly by an infinitive, see **Structures 8.1, pp. 286–287**.

- You are already familiar with many verbs that can be followed directly by another verb. Only the first verb in a clause is conjugated. The rest are in the infinitive form.

J'**aime jouer** à la pétanque.
I like to play petanque.

Tu **vas aller faire** un bowling?
Are you going to go bowling?

- Several verbs require the preposition **à** before an infinitive.

Marithé **apprend à** faire de l'alpinisme.
Marithé learns to mountain climb.

Ils **se mettent à** jouer aux fléchettes.
They begin to play darts.

- These verbs take the preposition **à** before an infinitive.

aider à	*to help to*	**s'habituer à**	*to get used to*
s'amuser à	*to pass time by*	**hésiter à**	*to hesitate to*
apprendre à	*to learn to; to teach to*	**inviter à**	*to invite to*
arriver à	*to manage to*	**se mettre à**	*to begin to*
commencer à	*to begin to*	**réussir à**	*to succeed in*
continuer à	*to continue to*	**tenir à**	*to insist on*
encourager à	*to encourage to*		

ATTENTION!

Do not confuse the preposition **à** that precedes indirect objects with the prepositions **à** and **de** required before an infinitive.

On apprend à nager à Claude.

We're teaching Claude to swim.

Mes parents défendent à mon frère de conduire.

My parents forbid my brother to drive.

- Several verbs require the preposition **de** before an infinitive.

accepter de	*to accept to*	**finir de**	*to finish*
arrêter de	*to stop*	**s'occuper de**	*to take care of*
choisir de	*to choose to*	**oublier de**	*to forget to*
conseiller de	*to advise to*	**permettre de**	*to permit to*
décider de	*to decide to*	**promettre de**	*to promise to*
demander de	*to ask to*	**refuser de**	*to refuse to*
dire de	*to tell to*	**rêver de**	*to dream about*
empêcher de	*to prevent from*	**risquer de**	*to risk*
essayer de	*to try to*	**se souvenir de**	*to remember to*
être obligé(e) de	*to be required to*	**venir de**	*to have just*

Il **refuse de s'arrêter de** fumer.
He refuses to stop smoking.

Attention! Vous **risquez de** tomber!
Careful! You risk falling!

- Several expressions with **avoir** also take the preposition **de** before an infinitive.

avoir besoin de	*to need to*	**avoir peur de**	*to be afraid to*
avoir envie de	*to feel like*	**avoir raison de**	*to be right to*
avoir hâte de	*to be impatient to*	**avoir tort de**	*to be wrong in (doing something)*
avoir l'intention de	*to intend to*		

Mise en pratique

1 **À compléter** Complétez ce paragraphe. Ajoutez les prépositions qui conviennent. S'il ne faut pas de préposition, mettez un X.

La semaine dernière, ma cousine Julie a reçu un appel de Florence, sa copine mauricienne. Florence l'a invitée (1) ____________ venir visiter l'île Maurice. Mon oncle et ma tante lui ont permis (2) ____________ y aller et Julie n'a pas hésité (3) ____________ accepter l'invitation. Elle s'est tout de suite mise (4) ____________ faire des projets pour le voyage. Elle adore (5) ____________ voyager et elle rêve (6) ____________ visiter un pays francophone depuis longtemps. Maintenant, elle n'arrête pas (7) ____________ parler de son voyage. Elle m'a promis (8) ____________ me rapporter un beau souvenir. Alors, j'essaie (9) ____________ être compréhensive, mais je commence (10) ____________ en avoir marre! J'aimerais bien (11) ____________ aller en vacances, moi aussi. Je suis peut-être un peu jalouse, mais il faut (12) ____________ penser aux autres quand même!

2 **À inventer** Faites des phrases originales à l'aide des éléments de chaque colonne. N'oubliez pas d'ajouter des prépositions, s'il le faut.

A	B	C
je	apprendre	aller au parc d'attractions
tu	avoir peur	applaudir
les étudiants	essayer	bavarder
mes amis et moi	finir	faire de l'alpinisme
mes parents	rêver	faire de la sculpture
mon/ma meilleur(e) ami(e)	réussir	prendre un verre
?	souhaiter	se promener
	vouloir	siffler
	?	voyager à l'étranger
		?

3 **Questions** Répondez à ces questions.

1. Qu'est-ce que vos parents vous encouragent à faire?
2. Qu'est-ce que vous avez promis à vos parents de ne jamais faire?
3. Qu'est-ce que vos professeurs vous ont demandé de faire cette semaine?
4. Qu'est-ce qu'on vous a invité(e) à faire ce week-end?
5. Qu'est-ce que vous rêvez de faire un jour?
6. Qu'est-ce que vous avez appris à faire récemment?
7. Qu'est-ce que vous êtes obligé(e) de faire la semaine prochaine?
8. Qu'est-ce que vous allez commencer à faire ce week-end?

> **ATTENTION!**
>
> Remember that an antecedent is a noun that another sentence element, such as a pronoun, follows and to which it refers.
>
> **Ces joueurs de foot? Je les admire.**
>
> *Those soccer players? I admire them.*
>
> In this example, **Ces joueurs de foot** is the antecedent of the direct object pronoun **les**.

8.5

The subjunctive after indefinite antecedents and in superlative statements

The subjunctive after indefinite antecedents

- Use the subjunctive in a subordinate clause when the antecedent in the main clause is unknown or nonexistent. If the antecedent is known and specific, use the indicative.

Subjunctive: non-specific		Indicative: specific
Je cherche un ordinateur qui puisse ouvrir mes documents plus vite. *I'm looking for a computer that can open my documents faster.*	*but*	**Voici l'ordinateur qui peut ouvrir mes documents plus vite.** *Here's the computer that can open my documents faster.*
L'équipe a besoin de joueurs qui aient déjà été professionnels. *The team needs players who have already been professionals.*	*but*	**L'équipe vient de trouver cinq joueurs qui ont déjà été professionnels.** *The team just found five players who have already been professionals.*

- The subjunctive is used in indefinite structures that correspond to several English words ending in *-ever.*

quoi que...	*whatever...*
où que...	*wherever...*
qui que...	*who(m)ever...*

Quoi que tu fasses, n'oublie pas d'obtenir des billets.
Whatever you do, don't forget to get tickets.

Qui que ce soit au téléphone, ne répondez pas encore.
Whoever it is on the phone, don't answer it yet.

The subjunctive in superlative statements

- In subordinate clauses following superlative statements, use the subjunctive when expressing an opinion. When stating a fact, use the indicative.

L'île de la Réunion a les plages **les plus agréables que nous ayons visitées**.
Reunion Island has the most pleasant beaches that we visited.

but

La tour Eiffel est **le plus grand** monument **qu'on a construit** à Paris.
The Eiffel Tower is the tallest monument ever built in Paris.

- Some absolute statements are considered superlatives. Use the subjunctive in the subordinate clause after a main clause containing one of these expressions: **le/la/les seul(e)(s)** (*the only*), **ne... personne** (*nobody*), **ne... rien** (*nothing*), and **ne... que** (*only*).

Il **n'**y a **personne qui puisse** m'étonner.
There's nobody who can surprise me.

Houda est **la seule qui fasse** du ski.
Houda is the only one who skis.

Mise en pratique

1 **À compléter** Complétez les phrases à l'aide des expressions de la liste.

où que (qu') **qui que (qu')** **quoi que**

1. ______________ ce soit qui sonne à la porte, n'ouvrez pas!
2. ______________ nous cherchions, nous ne trouvons pas nos clés.
3. ______________ il fasse, son chien ne vient pas quand il l'appelle.
4. ______________ tu dises, il ne faut pas porter de bermuda au restaurant.
5. ______________ vous alliez au Louvre, vous verrez toujours de grandes œuvres d'art.

2 **Subjonctif ou indicatif?** Choisissez la forme du verbe qui convient le mieux.

1. «Papa» est le seul mot que ma fille (a / ait) dit jusqu'à maintenant.
2. Nous aimons bien le nouvel hypermarché qui (vend / vende) une plus grande variété de légumes.
3. La Suisse est le pays le plus propre qu'il y (a / ait) en Europe.
4. Elles cherchent un restaurant qui (sert / serve) de la cuisine japonaise.
5. Mon frère Henri est la seule personne qui me (comprend / comprenne).
6. Tu vas lire le roman d'Alexandre Jardin qui (est / soit) sorti cette semaine?
7. Vous voudriez élire un maire qui (sait / sache) prendre de bonnes décisions pour votre ville.
8. Il n'y a personne qui (connaît / connaisse) la bonne réponse.

3 **Mon opinion** Donnez votre opinion pour compléter chaque phrase.

Modèle ______________ **est le meilleur plat (que / qu' / qui)** ______________**.**
Le poisson est le meilleur plat qu'on serve au restaurant.

1. ______________ est le plus mauvais film (que / qu' / qui) ______________.
2. ______________ est la seule personne (que / qu' / qui) ______________.
3. ______________ est le cours le moins intéressant (que / qu' / qui) ______________.
4. ______________ est la plus jolie actrice (que / qu' / qui) ______________.
5. ______________ sont les vêtements les plus confortables (que / qu' / qui) ______________.
6. ______________ est le plus beau pays (que / qu' / qui) ______________.
7. ______________ est le meilleur professeur (que / qu' / qui) ______________.
8. ______________ sont les voitures les plus rapides (que / qu' / qui) ______________.
9. ______________ est le styliste le plus chic (que / qu' / qui) ______________.
10. ______________ est la plus forte équipe de basket (que / qu' / qui) ______________.

9.4 *Savoir* vs. *connaître*

- **Savoir** and **connaître** both mean *to know*, but they are used differently.

savoir	
je **sais**	nous **savons**
tu **sais**	vous **savez**
il/elle **sait**	ils/elles **savent**

Mon oncle est vendeur dans une épicerie, tu **sais**.

connaître	
je **connais**	nous **connaissons**
tu **connais**	vous **connaissez**
il/elle **connaît**	ils/elles **connaissent**

Vous **connaissez** Natifah? Elle est propriétaire de ce restaurant.

- **Savoir** means *to know a fact* or *to know how to do something.*

Il **sait** économiser.
He knows how to save.

Savez-vous où se trouve le distributeur?
Do you know where the ATM is located?

- **Connaître** means *to know* or *to be familiar with a person, place, or thing.*

Marc **connaît** un bon comptable.
Marc knows a good accountant.

Nous **connaissons** bien ce grand magasin.
We know this department store well.

- In the **passé composé**, **se connaître** means *met for the first time.*

Ils **se sont connus** en mai.
They met in May.

Nous **nous sommes connues** au bureau.
We met at the office.

- In the **passé composé**, **savoir** means *found out.*

Nous **avons su** qu'il avait beaucoup de dettes.
We found out that he had a lot of debts.

Elles **ont su** que leur père était au chômage.
They found out their father was unemployed.

- Note the meaning of **savoir** when it is negated in the **conditionnel**. In this context, **ne** is often used without **pas**.

Il **ne saurait** vivre sans toi!
He wouldn't know how to live without you!

Je **ne saurais** vous le dire.
I couldn't tell you.

ATTENTION!

The verb **reconnaître** (*to recognize*) is conjugated like **connaître**: **je reconnais, tu reconnais, il/elle reconnaît, nous reconnaissons, vous reconnaissez, ils/elles reconnaissent**. Its past participle is **reconnu**.

Mise en pratique

1 **À compléter** Décidez s'il faut employer **savoir** ou **connaître**.

1. Est-ce que vous ______________ où se trouve la bibliothèque?
2. François ______________ conduire.
3. Nous nous sommes ______________ il y a deux ans.
4. ______________-tu la date de son anniversaire?
5. Ils ______________ jouer à la pétanque.
6. Nous ______________ où Marc habite.
7. Vous ______________ bien la ville?
8. Tu ne ______________ pas pourquoi il est venu?
9. Christian ______________ bien Bruxelles.
10. Quand est-ce qu'elle a ______________ ce qui s'était passé?
11. Est-ce que tu ______________ quelqu'un qui habite en Afrique?
12. Mon frère ne ______________ pas passer l'aspirateur.

2 **À assembler** Faites des phrases en assemblant les éléments des colonnes.

A	B	C
je	connaître	parler français
tu	ne pas connaître	la ville de Washington
mon prof de français	savoir	faire une mousse au chocolat
mon/ma meilleur(e) ami(e)	ne pas savoir	faire le ménage
mon/ma camarade de chambre		jouer de la guitare
le président		nager
mes parents		bien chanter
?		une personne célèbre
		naviguer sur Internet
		ce quartier
		?

3 **Qui et quoi** Choisissez la forme de **savoir** ou de **connaître** qui convient pour décrire votre famille, vos amis ou des personnes célèbres.

Modèle **faire la cuisine**
Mes frères savent faire la cuisine.

1. faire du ski
2. parler une langue étrangère
3. réparer une voiture
4. une actrice célèbre
5. un homme politique
6. danser
7. un bon restaurant
8. cette ville
9. jouer au billard
10. où se trouve un centre commercial
11. à quelle heure ferme la bibliothèque
12. bien étudier

9.5

Faire causatif

- The verb **faire** is often used as a helping verb along with an infinitive to mean *to have something done*.

J'**ai fait réparer** ma voiture.
I had my car repaired.

- **Faire causatif** can also mean *to cause something to happen* or *to make someone do something*.

Ce film me **fait pleurer**.
This movie makes me cry.

Nous vous **faisons perdre** votre temps?
Are we making you lose your time?

- When the infinitive that follows the verb **faire** takes only one object, it is always a direct object. Note, however, that pronouns are placed before the form of **faire**, rather than the infinitive.

Le propriétaire **fait travailler son fils**.
The owner makes his son work.

Tu **fais manger la soupe à tes enfants**.
You make your children eat the soup.

Le propriétaire **le fait travailler**.
The owner makes him work.

Tu **la leur fais manger**.
You make them eat it.

ATTENTION!

In the **faire causatif** construction, the infinitive phrase introduced by **faire** functions as its direct object. Therefore, the past participle **fait** never agrees with a preceding direct object pronoun.

Il a fait licencier les employés.

He had the employees laid off.

Il les a fait licencier.

He had them laid off.

- The reflexive verb **se faire** means *to have something done for* or *to oneself*.

Tu **t'es fait couper** les cheveux!
You had your hair cut!

- **Faire causatif** often has idiomatic meanings that do not translate literally as *to do* or *to make*.

faire bouillir	*to boil*	**faire savoir**	*to inform*
faire circuler	*to circulate*	**faire sortir**	*to show someone out*
faire cuire	*to cook*	**faire suivre**	*to forward*
faire entrer	*to show someone in*	**faire tomber**	*to drop*
faire fondre	*to melt*	**faire venir**	*to summon*
faire remarquer	*to point out*	**faire voir**	*to show, to reveal*

- While **faire** is used with verbs to mean *to make someone do something*, it is not used with adjectives. Use **rendre** with adjectives.

Cette crise économique me **rend** triste.
This economic crisis makes me sad.

Les dettes **rendent** la vie difficile.
Debts make life difficult.

Mise en pratique

1 **Les phrases** Assemblez les éléments pour faire des phrases.

Modèle **Nous étudions. / le professeur**
Le professeur nous fait étudier.

1. Leurs employés travaillent. / les gérants
2. Je pleure. / Élodie
3. L'entreprise signe des contrats. / la consultante
4. Mes sœurs font la cuisine. / mes parents
5. Nous avons vu ses photos. / Séverine
6. Tu as remarqué le problème. / Daniel
7. Je suis entré dans le salon. / tu
8. Il tape des lettres. / le cadre
9. Je suis venu. / la présidente de l'université
10. Tu fais la vaisselle. / ta mère

2 **À compléter** Décidez s'il faut employer **faire** ou **rendre.**

1. Les films romantiques me ______________ heureuse.
2. Les histoires tristes me ______________ pleurer.
3. Leur patron les ______________ furieux.
4. Cet article me ______________ réfléchir.
5. Cette bande dessinée me ______________ rire.
6. Toi, tu me ______________ fou!

3 **Questions** Répondez à ces questions.

1. Qui vous fait étudier?
2. Qu'est-ce qui vous fait rire?
3. Qu'est-ce qui vous rend triste?
4. Qu'est-ce qui vous fait éternuer?
5. Qu'est-ce qui vous rend malade?
6. Qu'est-ce qui vous fait perdre patience?
7. Qu'est-ce qui vous rend heureux/heureuse?
8. Vous coupez-vous les cheveux vous-même ou les faites-vous couper?
9. Réparez-vous votre voiture vous-même ou la faites-vous réparer?
10. Si vous en aviez la possibilité, que feriez-vous faire à votre professeur de français?

10.4 Indirect discourse

- To tell what someone else says or said, you can use a direct quote or you can use indirect discourse.

Direct discourse	Indirect discourse
Marc dit: «Je ne veux pas chasser.»	**Marc dit qu'il ne veut pas chasser.**
Marc says, "I don't want to hunt."	*Marc says that he doesn't want to hunt.*

- Indirect discourse usually includes a verb related to speech, such as **crier**, **demander**, **dire**, **expliquer**, **répéter**, or **répondre**.

Solange **explique** que l'ouragan a causé des inondations.
Solange is explaining that the hurricane caused flooding.

- When relating what someone said *in the past*, the tense of the verb in the indirect statement differs from that of the verb in the direct statement.

Direct: present tense	Indirect: **imparfait**
Abdel a dit: «La rivière **est** polluée.»	Abdel a dit que la rivière **était** polluée.
Abdel said, "The river is polluted."	*Abdel said that the river was polluted.*

Direct: **passé composé**	Indirect: **plus-que-parfait**
Tu as crié: «Un singe **a pris** mon appareil photo!»	Tu as crié qu'un singe **avait pris** ton appareil photo.
You yelled, "A monkey took my camera!"	*You yelled that a monkey had taken your camera.*

Direct: **futur simple**	Indirect: **conditionnel**
Ils ont répété: «Une sécheresse **menacera** les poissons.»	Ils ont répété qu'une sécheresse **menacerait** les poissons.
They repeated, "A drought will threaten the fish."	*They repeated that a drought would threaten the fish.*

- Even when the introductory statement is in the past, if the **imparfait** or the **plus-que-parfait** is used in the direct statement, then it is also used in the indirect statement.

Direct: **imparfait**	Indirect: **imparfait**
Houda a dit: «J'**utilisais** des produits renouvelables.»	Houda a dit qu'elle **utilisait** des produits renouvelables.
Houda said, "I used to use renewable products."	*Houda said that she used to use renewable products.*

Direct: **plus-que-parfait**	Indirect: **plus-que-parfait**
Nous avons demandé: «Vous **aviez vu** des lions?»	Nous avons demandé si vous **aviez vu** des lions.
We asked, "Had you seen lions?"	*We asked if you had seen lions.*

ATTENTION!

If the introductory statement is in the present, the **futur simple**, the imperative, or the **conditionnel**, the tense of the verb in the indirect statement is the same as that of the verb in the direct statement.

Vous direz: «L'ouragan est imminent.»

You will say, "The hurricane is imminent."

Vous direz que l'ouragan est imminent.

You will say that the hurricane is imminent.

ATTENTION!

Note that a question reported through indirect discourse includes a clause that begins with **si** instead of **que**.

On demande toujours: «Économisez-vous de l'énergie?»

People always ask, "Do you save energy?"

On demande toujours si nous économisons de l'énergie.

People always ask if we save energy.

Mise en pratique

1 **Direct ou indirect?** Ces phrases sont-elles écrites au discours direct ou indirect?

1. Samuel répond toujours que tout va bien.
2. Caroline répétait: «Je ne comprends pas la question.»
3. Le prof nous a dit que le cours commencerait à une heure.
4. Tante Habiba a crié: «Bonjour les enfants!»
5. Coralie m'a demandé si j'avais dix euros.

2 **À transformer** Transformez ces phrases en les mettant au discours indirect.

Modèle **Michèle dit: «Je suis malade.»**
Michèle dit qu'elle est malade.

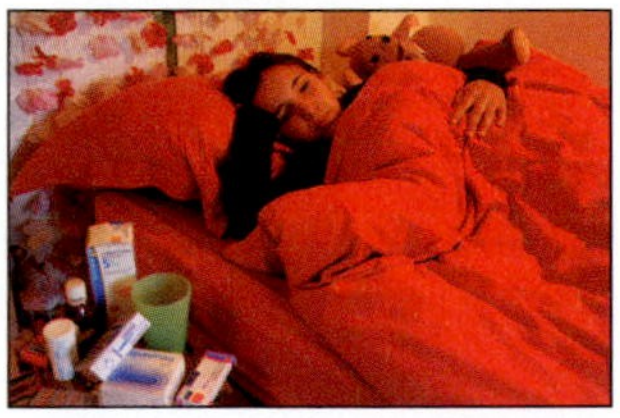

1. Françoise dit: «Je vois une araignée!»
2. Mariam me demande: «Tu gardes ta sœur?»
3. Louise expliquera: «Ces singes habitaient dans la forêt tropicale.»
4. Édouard dit: «Vous n'aurez pas faim.»
5. Mes parents répondront: «Tu as fait attention à la consommation d'énergie.»
6. Nadège répète: «Je n'aime pas les cochons.»

3 **Au passé** Transformez ces phrases en les mettant au discours indirect.

Modèle **Michèle a dit: «Je suis malade.»**
Michèle a dit qu'elle était malade.

1. Françoise a dit: «J'ai vu une araignée!»
2. Mariam m'a demandé: «Tu gardes ta sœur?»
3. Louise a expliqué: «Ces singes habitent dans la forêt tropicale.»
4. Édouard a dit: «Vous n'aurez pas faim.»
5. Mes parents ont répondu: «Tu as fait attention à la consommation d'énergie.»
6. Nadège a répété: «Je n'aimais pas les cochons.»

10.5 The passive voice

- The passive voice consists of a form of **être** followed by a past participle which agrees in gender and number with the subject.

Active voice	Passive voice
Les ours **mangent** les poissons. *Bears eat fish.*	Les poissons **sont mangés** par les ours. *Fish are eaten by bears.*

- In the active voice, word order is normally [*subject*] + [*verb*] + [*object*].

SUBJECT	VERB	OBJECT
L'incendie	**a détruit**	**les forêts.**
The fire	*destroyed*	*the forests.*

- The passive voice places the focus on what happened rather than on the agent (the person or thing that performs an action). Word order changes to [*subject*] + [*verb*] + [*agent*], and the direct object of an active sentence becomes the subject in the passive voice.

SUBJECT	VERB	AGENT
Les forêts	**ont été détruites**	**par l'incendie.**
The forests	*were destroyed*	*by the fire.*

- The verb **être** can be used in different tenses with the passive voice. Note that the past participle always agrees with the subject of **être**.

L'eau **est contaminée** par l'usine.
The water is contaminated by the factory.

L'eau **a été contaminée** par l'usine.
The water was contaminated by the factory.

L'eau **sera contaminée** par l'usine.
The water will be contaminated by the factory.

- In a passive sentence, the agent is not necessarily mentioned at all.

La forêt **a été détruite**.
The forest was destroyed.

Les poissons **seront mangés**.
The fish will be eaten.

- If you want to mention the agent, you usually use **par** (*by*).

La couche d'ozone est menacée **par** la pollution.
The ozone layer is threatened by pollution.

- With certain verbs that convey a state resulting from an event or that express a feeling or a figurative sense, use **de** instead of **par**. Such verbs include **admirer**, **aimer**, **couvrir**, **craindre**, **détester**, and **entourer**.

Le toit était couvert **de** neige.
The roof was covered with snow.

Les peintures sont admirées **des** visiteurs.
The paintings are admired by the visitors.

ATTENTION!

The passive voice is not appropriate in some types of formal writing. Nevertheless, it has some useful applications, such as when you want to place emphasis on the event rather than on the agent or when the agent is unknown. Journalists and scientists often use the passive voice.

ATTENTION!

You can avoid mentioning an agent without using the passive voice by using the pronoun **on**.

On protège l'environnement.

The environment is protected (by someone).

Mise en pratique

1 Voix active ou passive? Ces phrases sont-elles à la voix active ou passive?

1. Le village a été détruit par un tremblement de terre.
2. Les policières ont prévenu le public.
3. Les pluies acides sont causées par la pollution.
4. Les hommes ont chassé les lions.
5. La forêt est protégée par les écologistes.
6. Jamel et Philippe ont vu le film.
7. Le château est entouré d'un mur.
8. On chasse les ours.

2 À transformer Transformez ces phrases en les mettant à la voix passive.

1. Tom Selleck interprète Dwight Eisenhower dans un film.
2. Léonard de Vinci a peint ces magnifiques tableaux.
3. On a détruit le mur de Berlin en 1989.
4. Alexander Fleming a découvert la pénicilline.
5. On a célébré le bicentenaire des États-Unis en 1976.
6. Jonas Salk a mis au point un vaccin contre la polio.

3 Et les femmes? Transformez ces phrases en les mettant à la voix active.

1. La Résistance a été soutenue par l'action de Joséphine Baker.
2. Certains avions ont été pilotés par Amelia Earhart.
3. La série Harry Potter est écrite par J. K. Rowling.
4. Helen Keller a été aidée par Anne Sullivan.
5. Beaucoup de matchs ont été gagnés par Billie Jean King.
6. Des thèmes vietnamiens sont choisis par Nguyen Dieu Thuy pour ses peintures.

Dialogues des courts métrages

LEÇON 1

Court métrage: *Le télégramme*

Réalisatrice: Coralie Fargeat
Pays: France

PIERRETTE Encore un peu de thé?
BLANCHE S'il vous plaît, oui… Alors, vous avez eu des nouvelles?
PIERRETTE Non, depuis sa dernière permission, toujours pas. Et vous?
BLANCHE Oh, moi, mon fils, il n'a jamais aimé écrire… De toute manière, ça ne veut rien dire, le courrier met tellement de temps pour venir jusqu'ici… C'est tellement désorganisé.
PIERRETTE Sauf pour les télégrammes. Voilà MacLaurie.
BLANCHE Dieu sait chez qui il va aujourd'hui.
PIERRETTE Ne vous inquiétez pas, Blanche, ça ne peut pas être pour vous. Félix est parti il y a si peu.
BLANCHE Vous dites ça à chaque fois, vous ne pouvez pas savoir. Personne ne peut savoir. Oh, bien sûr, pour vous, c'est différent. Votre fils est officier.
PIERRETTE Ah oui, et pourquoi ça serait différent?
BLANCHE Tout le monde sait que… c'est plus facile pour eux… Ils mangent mieux, ils ont des meilleurs vêtements aussi. Enfin, une vie plus facile quoi…
PIERRETTE Ça ne les dispense pas du champ de bataille, ni de mourir comme les autres.
BLANCHE Oui, peut-être… Votre fils a quand même fait des études.
PIERRETTE Soit… Encore un peu de thé?
BLANCHE Ce n'est pas pour Marthe. J'avais pourtant espéré qu'…
PIERRETTE Enfin, Blanche!
BLANCHE Oh, je vous en prie, hein! Pas tant de manières! Je suis sûre que, vous aussi, vous espériez qu'il s'arrête chez elle. C'est humain après tout. Vous savez, je suis sûre qu'il va chez Renée… ou chez Juliette.
PIERRETTE Vraiment?
BLANCHE Leur fils, il fait partie des bataillons spéci[aux]. Alors, forcément, il y a plus de risques… Il est fier de ce qu'il fait. Il est fier de savoir avant tout le monde.
PIERRETTE C'est vrai que ça lui donne un certain pouvoir.
BLANCHE D'ailleurs, moi, je ne l'ai jamais beaucoup aimé… même avant la guerre. Ce MacLaurie, ça se voit qu'il n'est pas d'ici… Toujours à se tenir à l'écart, à garder ses distances… On dit que sa femme a encore eu une crise d'hystérie.
PIERRETTE Encore un petit gâteau, peut-être?
BLANCHE C'est incroyable que ce soit cet estropié qui apporte les télégrammes militaires. Mais regardez-moi ça, il avance si lentement qu'on dirait que c'est pour faire durer le supplice! Mon Dieu, faites qu'il s'arrête chez Juliette!
PIERRETTE Blanche, ça ne sert à rien…
BLANCHE Mais vous ne voyez pas que c'est notre dernière chance! Oh, c'est atroce, cette attente. Je ne veux même plus regarder. Il veut nous fait mourir à petit feu ce… ce… ce sadique. Il faut que ce soit pour Juliette! Mais enfin, dites quelque chose!
PIERRETTE Il arrive à sa maison.
BLANCHE Frappe… frappe… Alors, c'est sûrement pour moi… J'ai fait ce rêve… Félix… mon Félix. Il était en train de s'enfoncer dans la boue. Il criait. J'étais juste à côté de lui et puis, et puis, il s'enfonçait… il continuait à s'enfoncer… Non… ce n'est pas possible… Ce n'est pas possible… Dieu ne peut pas me prendre mon fils comme ça… Et pourquoi ça ne serait pas pour vous, d'abord? Je n'ai rien fait de mal, moi. J'ai toujours été une bonne mère… une bonne chrétienne… Oh, mon Dieu, sauvez mon fils, mon Dieu, sauvez mon fils…
PIERRETTE Il a passé votre maison.
BLANCHE Pierrette!
PIERRETTE Taisez-vous. Il n'y a plus rien à dire.
BLANCHE Bonté du ciel!

BUREAU DES AFFAIRES MILITAIRES – À L'ATTENTION DE MONSIEUR MACLAURIE – VOTRE FILS – MORT AU COMBAT – SINCÈRES CONDOLÉANCES

LEÇON 2

Court métrage: *J'attendrai le suivant…*

Réalisateur: Philippe Orreindy
Pays: France

ANTOINE Mesdames, Mesdemoiselles… Messieurs, bonsoir. Excusez-moi de vous déranger... Je sais bien que vous êtes énormément sollicités à l'heure actuelle. Tout d'abord, je m'en excuse… et puis, je me présente. Je m'appelle Antoine et j'ai 29 ans. Rassurez-vous, je ne vais pas vous demander d'argent. Ce qui m'amène à vous ce soir, eh bien, c'est que j'ai lu récemment, dans un magazine qu'il y avait en France près de 5 millions de femmes célibataires. Où sont-elles? Ça fait bientôt trois ans et demi que je suis tout seul. Je n'ai pas honte de le dire… Mais j'en ai marre! Pour passer ses soirées devant son micro-onde, pour regarder ses programmes débiles à la télé, ce n'est pas une vie. Minitel, Internet… pour se faire poser des lapins… Ça ne m'intéresse pas! Je suis informaticien... je gagne bien ma vie… 2.600 euros par mois… je suis assez sportif… je fais bien la cuisine… Vous pouvez rire, vous pouvez rire… Moi, je crois au bonheur. Je cherche simplement une femme, ou bien une jeune femme… de 18 à 55 ans, voilà, qui aurait, elle aussi, du mal à rencontrer quelqu'un… par les voies normales… et qui voudrait, pourquoi pas… partager quelque chose de sincère avec quelqu'un. Voilà… Si l'une d'entre vous se sent intéressée… eh bien, elle peut descendre discrètement à la station suivante… Je la rejoindrai sur le quai.

HOMME Mais arrêtez vos salades, là! Restez célibataire! Moi, ça fait cinq ans que je suis marié avec une emmerdeuse! Si vous voulez, je vous donne son numéro de téléphone au boulot... Elle est coiffeuse. Vous l'appelez, vous voyez avec elle… Mais il ne faudra pas venir vous plaindre après, hein!...

ANTOINE C'est très aimable à vous, Monsieur, mais je ne cherche pas la femme d'un autre. Ou alors, il faudrait peut-être lui demander son avis, non?

HOMME Mais non! Elle est d'accord, j'en suis sûr! Il n'y a que l'argent qui l'intéresse! Et je crois que vous en avez, vous, non?

ANTOINE Je cherche l'amour, moi, Monsieur, je ne cherche pas un marché!

HOMME Oh là là, eh, vous êtes mal barré dans la vie, vous, hein! Il va falloir que vous en fassiez des rames de métro!

ANTOINE Excusez ce monsieur, qui, je pense, ne connaîtra jamais l'amour.

HOMME Abruti!

ANTOINE C'est ça... C'est ça... Mesdemoiselles, je réitère ma proposition. S'il y en a une parmi vous qui est sensible à ma vision de l'amour, eh bien, qu'elle descende... Mademoiselle, c'était un sketch.

ANTOINE Si le spectacle vous a plu...

HOMME …une petite pièce sera la bienvenue.

LEÇON 3

Court métrage: *Émilie Muller*

Réalisateur: Yvon Marciano
Pays: France

ASSISTANT Bonjour… Émilie.
RÉALISATEUR Merci.
ÉMILIE Bonjour.
RÉALISATEUR Bonjour, asseyez-vous. Vous vous appelez comment?
ÉMILIE Émilie Muller.
RÉALISATEUR C'est votre vrai nom?
ÉMILIE Oui.
RÉALISATEUR Vous êtes comédienne?
ÉMILIE J'ai joué un petit rôle une fois au théâtre, il y a très longtemps, mais on ne peut pas appeler ça comédienne.
RÉALISATEUR C'est tout?
ÉMILIE Oui.
RÉALISATEUR Pas de films?
ÉMILIE Non, jamais.
RÉALISATEUR Des auditions?
ÉMILIE Non, c'est la première fois.
RÉALISATEUR Pas d'école? Pas de cours d'art dramatique?
ÉMILIE Heu… non, je suis désolée.
RÉALISATEUR Comment vous avez appris qu'on cherchait une comédienne?
ÉMILIE C'est une amie, elle voulait que je l'accompagne. Elle a beaucoup insisté. Puis, finalement, c'est elle qui n'est pas venue.
RÉALISATEUR Vous êtes venue quand même.
ÉMILIE Oui, à cause de l'histoire, enfin le scénario. Cet homme coincé dans une pièce et cette femme qui court le monde à sa place, ça m'a… ça m'a beaucoup touchée.

RÉALISATEUR Est-ce que vous pourriez me montrer ce qu'il y a dans votre sac, dans votre sac à main?
ÉMILIE Dans mon sac?
RÉALISATEUR Oui.
ÉMILIE Mais je…
RÉALISATEUR Vous ne voulez pas? Allez-y, allez-y!
ÉMILIE Ah si, d'accord.
RÉALISATEUR Vous trouvez peut-être ça indiscret?
ÉMILIE Non. Non, pas du tout. En fait, vous voulez que je vide mon sac.
RÉALISATEUR Mmm…
ÉMILIE Je fais comment?
RÉALISATEUR Vous tirez un objet au hasard, et puis vous me racontez ce que ça fait dans votre sac, ce que ça vous évoque. D'accord, on va tourner. Tout le monde est prêt? Moteur!

(Des assistants: Ça tourne! Annonce! Émilie Muller, première!)

ÉMILIE Bon, j'y vais, là? Vous savez, il n'y a rien d'extraordinaire. Un porte-monnaie. Un poudrier. Ce matin, en venant ici, j'ai traversé un marché. Il y avait des fruits de toutes les couleurs et des pommes… des pommes rouges et vertes. Comme je m'étais arrêtée pour les regarder, le marchand en a pris une et me l'a donnée, voilà.
RÉALISATEUR C'est quoi?
ÉMILIE Ça? Des petites annonces.
RÉALISATEUR Vous cherchez quelque chose?
ÉMILIE En ce moment, rien. Mais ça m'arrive de chercher du travail, oui.
RÉALISATEUR Quel genre de travail?

ÉMILIE En fait, j'en change tout le temps. Femme de chambre, baby-sitter, serveuse dans un bar, documentaliste… En ce moment, je suis correctrice dans une maison d'édition. Ça me plaît beaucoup. Le défaut, c'est que dans un texte, je ne vois plus que les défauts, justement. C'est fou, quand on est un peu curieux, ce qu'on peut trouver dans les petites annonces. Et puis, je trouve que c'est tellement formidable de… de savoir que quelques mots dans un journal peuvent changer une vie. J'aime bien lire les annonces de maisons aussi, parce que je rêve d'avoir une maison à moi. Oh, pas grand-chose, une petite maison, tout au fond d'une forêt, ça me suffirait. Mais, une maison où je pourrais aller quand j'en ai envie, où je pourrais amener des amis, où l'on pourrait boire, écouter de la musique jusque très tard dans la nuit. Quand je lis l'annonce d'une maison, j'imagine aussitôt la vie que je pourrais y mener parce que, bon, une maison, c'est forcément le début d'une nouvelle vie; je veux dire des odeurs différentes, des couleurs nouveaux… nouvelles? Ou alors la solitude. Totale. Rien, personne à qui parler. Je rêve de ça quelquefois.
RÉALISATEUR Ça ne vous fait pas peur?
ÉMILIE Oh non, pas du tout. Très tôt, mes parents m'ont appris à rester seule. Ils me laissaient des après-midi entières, avec un livre, oui. Mais je n'ai pas le souvenir d'avoir eu peur, non jamais. Ah, une bague. C'est un très vieil ami qui me l'a donnée. C'était… c'était à sa mère qui est morte. Je n'ai jamais pu la mettre.
RÉALISATEUR Pourquoi?
ÉMILIE C'est trop lourd à porter. Un billet d'avion.
RÉALISATEUR Un vieux billet?
ÉMILIE Non, un billet neuf qu'un ami m'a envoyé. Paris-Nice aller-retour. Je ne sais pas si j'irai.
RÉALISATEUR Et pourquoi ça?
ÉMILIE Il m'a dit qu'il avait là-bas un appartement tout blanc qui donne sur la mer. Comme dans un tableau de… Non, en fait, ce serait pour aller voir une tombe.
RÉALISATEUR Une…?
ÉMILIE Une tombe. Vous savez, une tombe. Parce que tout au bout de la ville, il y a un cimetière paraît-il, tout blanc. Matisse, le peintre Matisse, est enterré là. Sa tombe est nue, avec un bouquet de fleurs rouges, toujours les mêmes. Quelqu'un, on ne sait pas qui, une femme peut-être, vient les changer tous les jours. Quand il m'en a parlé, je lui ai dit que j'avais très envie de voir cette tombe, alors voilà, hier, j'ai reçu ce billet. Mais bon, si je pars, j'ai peur de ne pas revenir. Un petit carnet, pour noter.
RÉALISATEUR Pour noter quoi?
ÉMILIE Une histoire, un bout de rêve, une phrase que j'ai lue dans un livre. Je passe mon temps à noter, c'est une manie absurde.
RÉALISATEUR Pourquoi absurde?
ÉMILIE Parce que ça ne sert à rien. Ce qui compte vraiment, c'est inutile de le noter, on s'en souvient.
RÉALISATEUR Et c'est votre journal aussi?
ÉMILIE Ça, oui. J'écris tous les jours, je m'oblige à écrire tous les jours. C'est comme un travail. J'écris ce que je vois, ce que je fais, les gens que je rencontre, tout.
RÉALISATEUR Et vous n'avez pas peur qu'on le lise?
ÉMILIE Oh si! L'autre jour, j'ai perdu un de mes carnets. heu, carnet…
RÉALISATEUR Car-net.
ÉMILIE Oui, carnet. Depuis ça, je n'arrête pas de faire des cauchemars. Je rêve qu'on le retrouve, qu'on vient me demander des comptes sans arrêt. Il y a des choses terribles, des choses que je n'ai jamais dites à personne.
RÉALISATEUR Vous pourriez me lire quelque chose comme ça, enfin, au hasard?
ÉMILIE Lundi 7 juillet : «J'ai connu le bonheur, mais ce n'est pas ce qui m'a rendue la plus heureuse.» C'est joli, non?
RÉALISATEUR C'est de vous?
ÉMILIE Non, de Jules Renard. J'ai lu ça dans son journal. Attendez, il y a une phrase très drôle que j'ai notée l'autre jour, il faudrait que je la retrouve.
RÉALISATEUR Est-ce que vous voulez un petit peu de café?
ÉMILIE Non, non merci.
RÉALISATEUR Dites-moi, est-ce que vous aimez séduire?
ÉMILIE Franchement, je ne crois pas.
RÉALISATEUR Mais on aime tous séduire, non?
ÉMILIE Moi… moi, c'est plutôt le désir de l'autre qui me séduit.
RÉALISATEUR C'est-à-dire?

ÉMILIE Oui, dès qu'on me montre un peu d'intérêt, un peu d'attention, je ne résiste pas. Je voudrais faire autrement, mais je ne peux pas, c'est plus fort que moi.
RÉALISATEUR Mais les hommes doivent en profiter, non?
ÉMILIE Alors, je les laisse tomber. C'est très inattendu parfois.
RÉALISATEUR Par exemple?
ÉMILIE Je ne sais pas, il peut suffire d'un mot, d'un geste. Pour eux c'est sans importance, mais pour moi, c'est suffisant. Ça suffit pour que je me rende compte que… qu'il n'y a rien de commun entre nous.
RÉALISATEUR Et après, vous ne les revoyez plus?
ÉMILIE Ah non, ça je ne peux pas. Les gens que j'ai aimés, je cherche toujours à les revoir. J'ai toujours besoin de savoir ce qu'ils font, ce qu'ils sont devenus, même si je ne les vois pas pendant des mois. Le fait simplement de savoir qu'ils sont là, quelque part, que là où ils sont, ils sont bien, et qu'il suffit d'un signe pour qu'on se retrouve, vous ne pouvez pas imaginer, c'est important. En cherchant à effacer quelqu'un de sa vie, c'est finalement un peu de sa vie qu'on efface. Et puis la vie fait déjà tout pour séparer les gens, alors… Un… un stylo… pour… C'est un cadeau de mon ami, pour son anniversaire.
RÉALISATEUR Pour son anniversaire?
ÉMILIE Oui, il a toujours préféré faire des cadeaux plutôt qu'en recevoir. Une carte postale d'une amie. Ça fait très, très longtemps que je n'avais pas eu de ses nouvelles. Elle vit au Brésil, à São Paulo. Depuis cinq ans, elle est bonne sœur. Là, elle m'écrit pour me dire qu'elle a tout abandonné, et qu'elle vient de se marier avec un prêtre. Si je pouvais, je prendrais le premier avion.
RÉALISATEUR Il reste des choses?
ÉMILIE Qu'est-ce qu'il y a encore… Oui… Une carte de bibliothèque. Une carte de donneur d'organes.
RÉALISATEUR De…?
ÉMILIE Oui, de donneur d'organes. Si je meurs, je fais don de mes organes. Ça, je n'en prends presque jamais, mais je l'ai toujours sur moi, à cause de… à cause des insomnies. Le plus terrible, c'est entre quatre et cinq heures du matin, quand on n'a rien prévu, qu'on n'a même pas un bon livre, ou quelques biscuits à grignoter. Un paquet de cigarettes.
RÉALISATEUR Vous fumez beaucoup?
ÉMILIE Moi? Moi, je ne fume pas. C'est pour les amis.
RÉALISATEUR Et vous avez beaucoup d'amis?
ÉMILIE Non. J'ai un ami justement qui a une théorie là-dessus. Il dit que… que l'être humain a une capacité limitée d'avoir des amis. Que si vous en ajoutez un nouveau, il en chasse un que vous aviez déjà. Je suis d'accord, je crois que dans une vie, on ne peut avoir que deux ou trois amis… et encore!
RÉALISATEUR Mais quelles sont les qualités qui vous touchent le plus chez un homme?
ÉMILIE Qui me touchent le plus? Qu'il puisse être touché, justement. Qu'il puisse admirer aussi. C'est important d'admirer. Mais bon, ce n'est pas valable seulement pour les hommes. Je crois que j'aime encore plus quelqu'un s'il est capable d'être ému, c'est vrai.
RÉALISATEUR Et votre ami? Il a cette qualité?
ÉMILIE Mais je crois, oui.
RÉALISATEUR Et quels sont ses défauts?

(Un assistant: Émilie Muller, deuxième!)

RÉALISATEUR On est obligé de reprendre parce qu'on n'avait plus de pellicule. Donc, on parlait de votre ami et je vous demandais quels étaient ses défauts.
ÉMILIE Ah oui, ses défauts… Je ne lui en connais qu'un, un seul, mais il est terrible.
RÉALISATEUR Lequel?
ÉMILIE Tout le monde l'aime et… et lui, il n'aime personne.
RÉALISATEUR Continuez.
ÉMILIE Un canif. Tiens, un harmonica. On dit «un» ou «une» harmonica?
RÉALISATEUR Un, je crois.
ÉMILIE Une épingle à nourrice. Un vieil agenda.
RÉALISATEUR Vous avez un livre sur vous?
ÉMILIE Un livre? Oui, toujours.
RÉALISATEUR Vous pouvez me le montrer? C'est quoi?

ÉMILIE C'est un… c'est un livre de souvenirs. Je ne lis plus que ça. Et des biographies, des journaux intimes, aussi. Il faut que je sois sûre que ce que je lis a été vécu par quelqu'un, sans ça, le livre me tombe des mains. Là, ça, c'est un livre d'un écrivain américain. À un moment donné, il explique que sa mère est morte sans avoir jamais rien lu de lui. Vous savez pourquoi? Parce qu'à chacun de ses livres, il se disait que le prochain serait meilleur, donc plus digne d'elle. C'est magnifique, non? En fait, je lis très peu de livres en entier, je saute toujours de l'un à l'autre, d'une page à l'autre, tout le temps.
RÉALISATEUR Mais pourquoi?
ÉMILIE Est-ce que vous avez déjà rencontré la femme de votre vie?
RÉALISATEUR Pardon?
ÉMILIE Oui, la femme, celle qui, au premier regard, remplace toutes les autres. Bon, imaginons que vous la cherchiez, que vous ne la connaissiez pas. Vous êtes sûr seulement d'une seule chose: quand cette femme sera là devant vous, pour la première fois, eh bien, il n'y aura aucun doute, ce sera elle que vous avez cherchée. Eh bien, la lecture, c'est pareil. En lisant, on cherche tous quelque chose d'unique. Mais cette chose, bien sûr, reste toujours introuvable.
RÉALISATEUR Et si vous la trouviez, cette chose?
ÉMILIE Eh bien, alors là, ça me bouleverserait la vie, tout simplement.

(Un assistant: Émilie Muller, troisième!)

RÉALISATEUR Allez-y.
ÉMILIE Je crois que c'est fini, là. Ah non, il y a encore une petite poche. Là, c'est mon ami, il dort. C'est le seul moment où il accepte d'être photographié. Là, c'est ma mère. Quand elle était jeune. J'ai trouvé cette photo il y a quelques jours dans une malle et je ne l'avais jamais vue. J'aime bien le regard de ma mère, son sourire surtout. C'est la première fois que je la vois dans les bras d'un autre homme que mon père. Ils ont l'air très amoureux. Je suis contente qu'avant nous, avant mon père, elle a pu être heureuse.
RÉALISATEUR Ils comptent beaucoup vos parents?
ÉMILIE Oui, ils sont tout pour moi. L'idée qu'un jour ils… Voyez, j'en tremble.
RÉALISATEUR Et vous pouvez me parler de vous, petite fille?
ÉMILIE Pendant longtemps, je suis restée petite.
RÉALISATEUR Pourquoi?
ÉMILIE Je ne voulais pas grandir. J'étais tellement bien! Je ne sais plus quel est l'écrivain qui dit que, quand il était jeune, enfin petit, il ne se souvient pas d'avoir touché terre, tellement il passait de bras en bras. Moi, c'est pareil. J'avais des parents très rassurants qui m'ont beaucoup protégée.
RÉALISATEUR Vous êtes de quelle origine?
ÉMILIE Je suis… hongroise.
RÉALISATEUR Vous pourriez me dire quelque chose, comme ça, en hongrois? Un poème, par exemple.
ÉMILIE Vous n'allez pas comprendre grand-chose.
RÉALISATEUR Pas grave.

(Elle dit un court poème en hongrois.)

RÉALISATEUR D'accord.
ÉMILIE Voilà.
RÉALISATEUR Et quand vous étiez petite, est-ce que vous saviez ce que vous vouliez faire plus tard?
ÉMILIE Heu, oui… Avec mon frère, on voulait être astronautres… astronautes, oui. On passait notre temps à observer le ciel. On nous aurait proposé de partir pour Vénus ou Mars ou Jupiter, on aurait été fous de joie, on serait partis tout de suite.
RÉALISATEUR Et ça ne s'est pas fait?
ÉMILIE Non, allez savoir pourquoi.

RÉALISATEUR Bon, on peut couper, c'est fini. Voilà, les quinze minutes sont passées.
ÉMILIE Déjà?
RÉALISATEUR Eh bien, merci beaucoup.
ÉMILIE Au revoir.
RÉALISATEUR Au revoir. Vous n'oublierez pas de… de vérifier les coordonnées dehors auprès du jeune homme qui est dans le couloir, comme ça, on vous rappellera dans une semaine.
ÉMILIE D'accord, d'accord.

RÉALISATEUR Est-ce que je pourrais avoir un petit peu d'eau, s'il vous plaît, parce que là, …
ASSISTANT Il nous en reste quatre. Tu veux la suivante maintenant?
RÉALISATEUR J'aimerais bien faire une petite pause, là. Tu leur dis que ce ne sera pas long, dix minutes, un quart d'heure.
ASSISTANT Ouais, OK, je vais les faire patienter.
RÉALISATEUR Merci.
ASSISTANT Bon, je vais en face.
RÉALISATEUR Hé! Olivier! Elle a oublié son sac, Émilie! Tu la rattrapes tout de suite!
ASSISTANT Oh mais ce sac-là? Mais, ce n'est pas le sien!
RÉALISATEUR Oui, oui, attends Olivier, on vient de tourner avec!
ASSISTANT Ce n'est pas le sien, je t'assure! Elle n'avait pas de sac!
RÉALISATEUR Mais c'est le sac de qui, alors?
ASSISTANT Alice! Alice!
ALICE Oui?
ASSISTANT Alice, dis-moi, c'est à qui, ce sac?
ALICE C'est le mien! C'est le mien, pourquoi?
RÉALISATEUR Non!?
ALICE Mais si, c'est le mien!

LEÇON 4

Court métrage: *La révolution des crabes*

Réalisateur: Arthur de Pins
Pays: France

CRABE NARRATEUR Dans les eaux marronâtres de l'estuaire de la Gironde, entre les rochers repeints au fuel et le sable vaseux qui abrite les meilleures huîtres du monde, personne ne se doute de la tragédie qui nous frappe depuis 120 millions d'années: nous, les Pachygrapsus marmoratus, appelés communément «chancres mous» ou plus souvent, «crabes dépressifs». Vous savez, nous sommes les crabes carrés, les pas beaux, même pas bouffables, ceux que les gamins s'amusent à attraper afin de leur arracher les pattes. Les crabes qui puent, les crabes qui donnent des maladies. Bref, une espèce qui n'a jamais demandé à voir le jour.
CRABE 1 Bon, ben… ce n'est pas tout ça, mais il faut que j'y aille. Tu pars par où?
CRABE 2 Par là. Et toi?
CRABE 1 Ah, moi, je vais par là.
CRABE 2 Bon, à la revoyure!
CRABE 1 Tchao.
CRABE 2 Tchao.
CRABE 1 Et merde!

CRABE NARRATEUR Car notre tragique destin est bien pire que tout cela. Si la nature nous a permis de nous déplacer sur le côté, comme nos cousins les étrilles ou les tourteaux, elle ne nous a pas, en revanche, accordé le droit de pouvoir tourner. Une tare génétique qui nous condamne à marcher toute notre vie suivant la même ligne droite.
CRABE 3 Alors, poupée, toujours dans le droit chemin?
CRABE 4 Ouais, c'est ça. Casse-toi!

CRABE NARRATEUR Notre destin est tracé dès notre naissance en fonction de l'emplacement de notre ponte. Certains ont de la chance, d'autres moins. Certains ont une vie passionnante, d'autres moins. Malgré toutes ces inégalités, nous finissons tous par devenir fonctionnaires. Mais certains peuvent voir leur destin changer d'une minute à l'autre.
CRABE 5 Eh! Qu'est-ce qui se passe? On dirait que c'est mon jour de chance! Ouais! Super! Je change de trajectoire! Tchao, mon pote!
CRABE 6 Veinard!
CRABE 5 À moi la nouvelle vie! Brazil!

CRABE NARRATEUR De qui tenons-nous ce handicap? Je ne saurais même pas vous dire où nous nous trouvons dans l'échelle de l'évolution. Je crois qu'on est par là. Ou alors, euh, non, peut-être quelque part par là. Je ne sais pas. Un jour, un gamin a arraché les pattes de l'un d'entre nous. Le pauvre a tourné en rond pendant des mois. Mais à quelque chose, malheur est bon. Et à mesure qu'il tournait, le crabe réfléchissait. Et il est devenu philosophe; enfin, disons un peu moins bête que les autres. Il a compris beaucoup de choses sur notre condition. Ses pattes ayant repoussé, il est monté sur un rocher et on l'a écouté.
CRABE PHILOSOPHE Mes frères, nous sommes esclaves de notre carapace!
CRABE NARRATEUR Et il nous a dit ceci:
CRABE PHILOSOPHE Les tourteaux savent tourner, mais ne vont nulle part. Nous, on va tout droit, mais au moins, on va quelque part!
CRABE NARRATEUR Alors, qu'est-ce qui a changé? D'accord, on ne peut toujours pas tourner. Mais maintenant, on est fier d'être des Pachygrapsus marmoratus. Mais attendez de savoir ce qui m'est arrivé bien des années plus tard, à la suite d'une catastrophe, comme vous seuls, les humains, savez les faire. J'allais me faire aplatir par un ferry de 200 mètres de long qui recouvrait toute ma trajectoire. J'étais foutu. Eh oui, j'avais tourné, et compris du même coup que si on ne tournait pas, ce n'était pas à cause de notre carapace, c'est parce qu'on était trop cons. Mais déjà les miens me regardaient avec un drôle d'air.

CRABE 7 Mais il est fou!
CRABE NARRATEUR ...disaient-ils.
CRABE 8 Il a bifurqué!
CRABE 9 Mais où est donc passé sa dignité?
CRABE NARRATEUR Oui, chez les crabes, on ne rigole pas avec les mœurs. Je me suis donc remis dans mon axe et j'ai poursuivi mon destin. Mais un jour peut-être, se souviendra-t-on qu'à cet endroit précis, un Pachygrapsus marmoratus a délibérément changé de direction.

LEÇON 5

Court métrage: *Samb et le commissaire*

Réalisateur: Olivier Sillig
Pays: Suisse

Depuis 1994, suite à une décision du peuple suisse, le 1er août, jour de la fête nationale, est férié. Évidemment certains services assurent une permanence.

VOIX C'est normal, les gens, ils en ont marre. Il faut toujours que ce soit eux.
COMMISSAIRE Mais je sais! Ils sont de plus en plus nombreux. Mais enfin! appeler les flics pour un gamin! Non! À cette station-service, ils... ils exagèrent! Vraiment! Tiens! Envoyez-le-moi! Entrez!
VOIX Voilà le client, Commissaire.
COMMISSAIRE Oui, merci. Alors, c'est vrai ce qu'on dit? Vous êtes tous des voleurs? Incroyable! Incroyable! À ton âge, tu es déjà un voleur! Eh ben! vous êtes jolis! Assieds- toi! Assieds-toi, nomdebleu! Bon! Alors? Tu t'appelles comment? Ton nom? Non! non! non! non! Te, te, te, te! Te! Juste ton nom. Je vous connais, vous êtes des bavards terribles, vous! Alors, ton nom? Comment t'appelles-tu? Tu t'appelles comment? Tu ne veux pas parler? Quel âge as-tu? Il ne sait pas son âge! Écoute! Tu vois, moi, je m'appelle Knöbel, Commissaire Knöbel. Et toi? tu ne sais pas dire ton nom. C'est dingue! Vingt francs. Vingt francs! Porter plainte pour vingt balles! Il faut vraiment que les gens en aient marre de vous, hein! Et tes parents? Ils sont où aujourd'hui, tes parents? Ah! eux aussi, ils sont allés apprendre l'hymne national! Alors quoi?
VOIX Ça ne répond nulle part. C'est férié aujourd'hui.
COMMISSAIRE Férié! Férié! Mais ce que les gens sont patriotes aujourd'hui! Alors, c'est comment, ton nom? Hein? Ben, attends! Je ne veux pas te manger! Je veux juste voir s'il y a ton nom sur le collier! Je roque. Knöbel! Oui, oui! petit roque. Nimzo-Indienne? Je... Oui, oui, je crois, oui! Salut! Knöbel. Des carottes. Oui. Trois citrons. De la «Saint-Marc». Du pain. Oui. Ah! Ben oui, maman, oui, c'est jour férié, tout est fermé. Mais non, ce n'est pas grave. Oui, à tout à l'heure, maman. Mais, dis donc! tu dois avoir faim, toi! Apportez à manger au gamin!
VOIX Tout est fermé.
COMMISSAIRE Tout est fermé, tout est fermé! Et alors, en face?

COMMISSAIRE Mange! Mais mange! Il y a sans doute du porc là-dedans! Les musulmans ne mangent pas de porc! Vous devriez savoir ça! Il faut s'adapter, nomdebleu! Les Africains sont musulmans! L'Islam! Ah! C'est tout ce que j'ai trouvé! Mais enfin au moins, tu connais!
SAMB Monsieur! Je m'appelle Samb. Samb. Et toi? Non! non! Juste votre nom!
COMMISSAIRE Knöbel. Commissaire Knöbel.
SAMB Non! non! votre nom! votre vrai nom!
COMMISSAIRE Aah! Hugo. Avec un H.
SAMB Et votre papa?
COMMISSAIRE François, Louis.
SAMB En un seul mot ou en deux mots?
COMMISSAIRE François, virgule, Louis. Ouais, c'est... c'est presque ça.
SAMB Et le nom de votre maman?
COMMISSAIRE Louise, Irène, Augustine, née Roulet.
SAMB Roulet?
COMMISSAIRE Oui, c'est son nom de jeune fille. Ça veut dire qu'avant, elle s'appelait Roulet. Et maintenant, elle s'appelle Knöbel. Comme mon père, comme mon papa. Comme moi.
SAMB Parce qu'elle est encore en vie, votre maman?
COMMISSAIRE Ben ouais, bien sûr!
SAMB Et votre papa aussi?
COMMISSAIRE Ben oui! aussi.
SAMB Vous avez de la chance.
COMMISSAIRE De la chance?

SAMB Oui, mes parents à moi, ils sont morts! Kakachnikov! Et puis... mon oncle, ma tante, Bassala, Anny, Isamfam. Ils se sont mis à tirer sur moi. Mais j'ai réussi à me cacher. Quand je suis revenu, ils avaient foutu le feu à tout! Tout brûlait. Même mon ballon! Il n'y avait plus rien!

COMMISSAIRE Les parents! Quels parents? Bon! j'arrive. Ah! c'est vous les parents? Messieurs dames! Bon, ce n'est pas grave. Ce n'est pas grave du tout! Ce n'est qu'un gamin, nomdebleu! C'est, c'est un môme, hein?... Bon! Pour ce qui est de la plainte, là, on laisse tomber, on écrase!
SAMB Eh! mon ballon!
COMMISSAIRE *Ton* ballon!

LEÇON 6

Court métrage: *De l'autre côté*

Réalisateur: Nassim Amaouche
Pays: Algérie/France

PÈRE Le bouchon! Tu as compris? Je vais t'expliquer. Soulève le bouchon et baisse le bouchon! Regarde! Toc, toc, toc, toute la nuit, elles restent, les gouttes! Toc, toc, toc, il y en a marre! Tu as compris? Il y en a marre! Regarde! Monte et descend toute la nuit!
MALIK Ah, c'est ça qui fait toc, toc, toc! Tu vois, je le savais. Je l'ai entendu, tout ça! hop! hop! toc! toc! Mais bientôt, je vais le faire bien! hop! hop! hop!

MÈRE Malik!
MALIK Ouais, ouais! Qu'est-ce qu'il y a? Qu'est-ce qu'il y a encore?
MÈRE Ton frère, il va arriver pour la fête.
MALIK Il n'est pas encore mort, celui-là?
MÈRE Il t'a pris la chambre, aussi.
MALIK Et je vais dormir où, moi?
MÈRE Avec le petit!
MALIK Non, s'il te plaît! Ne me fais pas ça! Il va me soûler encore avec ses lapins! Je veux un jaune, je veux un rouge, un lapin vert, un lapin…! En plus, il pue, ton môme! J'en ai marre!
PÈRE Tu as compris?
(Malik: Vas-y, toi, avec tes toc, toc, toc chelous, là!)

MÈRE Samir!
SAMIR Tu es toute seule?
MÈRE Ton père, il est sorti. Il va acheter le pain, il va arriver, hein... Ça va?
SAMIR Mmm… Ça va, ça n'a pas trop changé.
MÈRE Ah oui. On a fait un peu la peinture et tout ça.
SAMIR Et Malik, il est où?
MÈRE Oh, Malik il traîne toujours au café, avec les voyous! Il ne change pas! Je suis contente, mon fils...
SAMIR Et le petit, ça va?
MÈRE Oui, il dort. Il est fatigué un petit peu. Tu as maigri.
SAMIR Bah, je mange plus comme avec toi!
MÈRE Mais j'ai téléphoné chez toi. Je suis tombée sur une fille qui était très gentille.
SAMIR Ouais, elle m'a dit que tu avais appelé.
MÈRE Comment elle s'appelle?
SAMIR Julie.
MÈRE Julie! Oh! Amène-la, s'il te plaît, amène-la!
SAMIR Ouais, je la ramènerai, un jour.
MÈRE Amène-la!
SAMIR Tiens, c'est pour la fête. Vous faites ça où?
MÈRE Chez Farida. On fait une petite fête entre les amis, la famille, un petit orchestre. C'est bien.
SAMIR Je la ramènerai. Mais…
MÈRE Attends, attends! Ça, le jour où elle vient, Julie, on fait ça. Moi, j'achète une belle robe et pour ton père, un beau costume, cravate. Mais Malik, il sort!
SAMIR Qu'est-ce que tu me racontes là? Je ne te demande pas de te déguiser ni de cacher Malik!
MÈRE J'ai dit qu'il faut aller au centre!
PÈRE Je sais, je sais, le centre, il est fermé! Il y a rien que ça, il n'y a pas le choix!
SAMIR Non, mais, ça va. Il est très bien, celui-là!
PÈRE Ça va, toi?
SAMIR Ça va bien, papa?
PÈRE Oui, ça va, oui.
SAMIR C'est la forme?
PÈRE Ouais, ça va… ça va…

SAMIR Ça va mieux, ta jambe?
PÈRE Ça va, ça va… L'hiver, quand il fait froid, ça me fait mal… Mais l'été, ça va…
MÈRE Ils vont lui couper la pension parce qu'il traîne, il traîne, il traîne avec les papiers! Tu ne peux pas l'aider, ton père?
SAMIR Mais si, bien sûr.
PÈRE Arrête un peu, toi, avec les papiers! Toujours pension! Papiers! Pension! Oh! Arrête. Je vais les faire, ces papiers, ça va!
SAMIR Non, mais, je peux t'aider si tu veux, ça ne me dérange pas.
PÈRE Non, non. Ça va, merci. Alors, tu as mis la robe pour aider les voyous, maintenant?
SAMIR Ben ouais, hein. Je commence… Je suis stagiaire et… je suis commis d'office…
PÈRE Ouais, ouais, d'office.
SAMIR Tu sais, quand les gens, ils n'ont pas d'argent pour…
PÈRE Je sais, je sais, je sais qu'est-ce que c'est «d'office». Je sais.
SAMIR Bon. Je vais aller voir le petit.

ABDEL Non! Le retour! Samir! Bien?
SAMIR Tu as changé ton carrosse?
ABDEL Ben, ouais, dis donc. Ils me l'ont explosé, les petits, à monter dessus tout le temps!
SAMIR Comment ça va, Abdel?
ABDEL Ça va? Bien? Et toi, tranquille?
SAMIR Tranquille, ouais.
ABDEL Ça me fait plaisir! Tu es frais, là! Je parie que tu as pris un appart' et tout?
SAMIR Oui, un petit truc. Il faudrait que vous passiez.
ABDEL On va passer, dès qu'on aura le temps. Tu sais, en ce moment… Tu as appris pour Stéphane?
SAMIR Je sais. Sa mère, elle m'a donné son numéro d'écrou. Je vais m'occuper de son dossier.
ABDEL Ne t'occupe de rien! Franchement, les mecs, ils font n'importe quoi! Ils croient que…
MANU Alors, Samir, tu vas bien? La forme?
SAMIR Alors, Manu?
MANU Ça va, la petite… Alors, Abdel, ça va? La forme?
SAMIR Comment tu vas, toi? Tu as grandi, toi. Oh! Elle a poussé, hein!
MANU Tu as vu, elle grandit tous les jours, trois centimètres, je sais pas! Alors, tu es là pour la fête!
ABDEL Manu, explique-moi un truc… Ta fille, à chaque fois qu'elle me voit, elle a le syndrome fauteuil! J'ai mal au pied!
MANU Abdel, tu la connais.
ABDEL Tu as mal au pied?
MANU Elle a une entorse! Allez, c'est bon.
ABDEL Allez, arrête le cinéma et monte! Bon, Manu je te l'embarque!
MANU Tu essaies de ne pas être trop long, Abdel!
ABDEL Tranquille. Comme d'hab'!
MANU Mais non, pas comme d'hab', pas comme d'hab'! Là, ce coup-ci, il y a sa mère qui l'attend! Je compte sur toi!
ABDEL Pas de problème. Samir, je te vois après, le jeune homme, à la soirée. [Ne] t'inquiète [pas]! Bon, Manu! [Ne] t'inquiète [pas]! Ça va, les gars? Bien?
JEUNE Eh! Abdel! Fais attention au virage du 37!
ABDEL Rentre chez toi avec tes blagues à deux francs!
JEUNE C'est pour ton bien!
PETITE FILLE Toboggan!

MALIK Oh! Le grand frère! Ça va? Tu vas bien?
SAMIR Comment tu vas?
MALIK Maman, elle t'a mis des draps propres…
SAMIR J'aurais pu dormir avec le petit.
MALIK Non, mais attends, tu rigoles! C'est encore ta chambre! Je prends juste une chemise et je m'en vais! En plus, si tu pues toujours autant des pieds, tu vas le tuer, le môme! Allez, à tout à l'heure!
SAMIR Bonne nuit, Malik.

SAMIR Salut crapule!
GARÇON Samir!
SAMIR Comment ça va?
GARÇON Ils m'ont coupé la zézette!
SAMIR Non! En entier?
GARÇON Non, il m'en reste un peu, quand même! Pourquoi ils m'ont fait ça?
SAMIR Ben, je ne sais pas. Maintenant, tu deviens un homme!
GARÇON Et à l'école, ils ne sont pas des hommes alors?
SAMIR Si, mais un peu moins que toi... Mais ne t'inquiète pas. Le plus dur, il est passé. Maintenant, samedi, il va y avoir une grande fête avec des gens que tu ne connais pas qui vont te donner plein d'argent! Tu pourras t'acheter plein de cadeaux.
GARÇON Je sais. Malik, il m'a dit. Avec cet argent, je vais pouvoir m'acheter une ferme, des lapins, des coqs, et puis surtout des lapins! Mais je vais quand même prendre un lion parce que Malik, il a dit que son chien, il allait bouffer mes lapins!
SAMIR N'écoute pas Malik! Mais le lion, c'est une très bonne idée pour te défendre! Allez, au lit! Va te coucher! À demain!

MÈRE Laisse, laisse, laisse, laisse, laisse-moi faire! Donne! Donne!
PÈRE Qu'est-ce qui te fait rire, toi? Pourquoi tu rigoles? Allez, dis-moi, pourquoi tu rigoles?
MALIK Ce n'est pas moi qui rigole!
PÈRE Si, tu rigoles!
MALIK Arrête de rigoler, toi!
PÈRE Allez, dis-moi pourquoi tu rigoles.
SAMIR Non, mais, tu peux laisser. Ça ne me dérange pas.
PÈRE Non, de toute façon, ça sert à rien de le voir. C'est idiot, ça.
SAMIR Si, j'aime bien. Je regarde de temps en temps, ce n'est pas mal.
PÈRE Ah, oui? Tu t'intéresses à ça?
SAMIR Ben, de temps en temps, je regarde à la maison, quand j'ai le temps.
PÈRE De toute façon, moi, ça ne m'intéresse pas.
SAMIR Il s'est passé quoi depuis la dernière fois, là, depuis la semaine dernière?
PÈRE Ben, la blonde a laissé tomber son mari… elle est partie avec un autre.
MALIK Mais qu'est-ce que tu racontes! Elle est toujours avec le grand du premier épisode!
PÈRE Quel grand?
MALIK Le grand du premier épisode!
PÈRE Ah, oui?
MALIK Il ne regarde pas! Tu as vu comme il nous fait son cinéma, celui-là! Tu fais ton cinéma parce qu'il est là!
PÈRE Qu'est-ce tu parles [racontes], toi?
MALIK Tu es un malin, toi!
PÈRE Qu'est-ce tu parles [racontes]?
MALIK En vérité, sur la tête de ma mère, il kiffe sur elle! Il kiffe! Il kiffe! Tu aimes bien les bonnes…
PÈRE Allez! Va, va! Hier soir, tu as encore oublié le bouchon! Va, va! Il ne faut pas l'écouter, lui! Il est malade!

PÈRE Allô?
FONCTIONNAIRE Oui, j'écoute.
PÈRE Bonjour, monsieur. Voilà, je m'appelle Boujira. Je vous téléphone au sujet d'un dossier. Voilà, j'ai retrouvé la feuille… Elle est là!
FONCTIONNAIRE Oui. Attendez, attendez… Vous avez dû avoir mon collègue… C'est pour une pension d'invalidité?
PÈRE Voilà, c'est ça, oui.
FONCTIONNAIRE Rappelez-moi votre nom?
PÈRE Boujira.
FONCTIONNAIRE Une minute, s'il vous plaît… Ah! Ben oui. Effectivement, il manque la B110.
PÈRE Oui, parce que je me suis trompé. Au lieu de vous envoyer la bleue, je vous ai envoyé la rouge.

FONCTIONNAIRE Mais non, mais, la rouge, vous la conservez! Dites-moi, votre dossier, vous l'avez rempli vous-même?
PÈRE Oui, oui, moi-même, oui.
FONCTIONNAIRE Eh ben, vous avez de la chance d'être tombé sur mon collègue! Les dossiers comme celui-ci, moi, je les renvoie à l'expéditeur! Non, mais, vous vous rendez compte qu'on passe parfois une heure à déchiffrer l'écriture? On reçoit vingt dossiers par jour! Faites le calcul! Bon, que vous ne sachiez pas très bien écrire, je comprends tout à fait. Mais quand même, faites un effort! Appliquez-vous un minimum ou faites-vous aider!
PÈRE Oui, parce que voilà, j'ai fait les cases avec un stylo blanc à la fin.
FONCTIONNAIRE Allez, ce n'est pas grave. Renvoyez-moi l'attestation… et la feuille bleue cette fois, hein?
PÈRE Oui, monsieur, oui. Merci.
FONCTIONNAIRE Au revoir.
PÈRE Au revoir, monsieur, bonne journée.
SAMIR C'était la sécu?
PÈRE Oui.
SAMIR Et ils te reçoivent toujours comme ça?
PÈRE Ah! Ils sont braves avec moi.
SAMIR Ah, tu trouves? Ils te parlent comme à un gamin et ça ne te pose pas de problèmes?
PÈRE Non, mais ils sont sympas. De toute façon, c'est moi qui ai rempli tout ça avec le blanc…
SAMIR Et alors? Ce n'est pas ton professeur, et tu n'as pas 10 ans pour qu'il te parle comme ça, celui-là!
PÈRE Ce n'est pas grave…
SAMIR Bientôt, il va te donner des devoirs à faire, c'est ça?
PÈRE Mais non, ce n'est pas grave!
SAMIR Bien sûr que c'est grave! Mais si, c'est grave! Tu te fais humilier et en plus, tu le remercies! Pourquoi tu rampes toujours comme ça! D'où elle vient, ta honte? Explique-moi, papa! D'où elle vient? Tu sais pourquoi il te parle comme ça, ce mec-là? Parce qu'il l'a sentie, ta honte! Tu commences à me respecter comme tu respectes cet abruti au téléphone! Mais je n'en veux pas de ce respect-là, papa! C'est quoi votre truc, là? Vous croyiez que j'allais vous mépriser, c'est ça?

JEUNE Ça va, Samir?
SAMIR Ça va?

MALIK Il est là, le petit?
SAMIR Non, il est à la salle avec les parents.
MALIK Dépêche-toi! Dépêche-toi! Dépêche-toi!
SAMIR Qu'est-ce que c'est que ça?
MALIK C'est [Ce sont] des lapins pour le petit. Comme ça, il me casse plus les…! Ah! Voilà! Je veux des lapins! Je veux des lapins! Comme ça, il me casse plus les pieds! Je suis content! Hein, ma caille? Quoi, qu'est-ce qu'il y a?
SAMIR Ben, rien.
MALIK Comme tu m'as parlé! Tu es comme ça. Tu ne te reconnais pas? Non, mais, il croit qu'on les a tapés! On ne les a pas tapés! Hein?
SAMIR J'ai dit ça, moi?
MALIK Tu me regardais comme ça! Attends! On a frappé, on a frappé [chez le] mec! Tu crois qu'on les a tapés?
AMIS Mais, bien sûr qu'on les a volés!
MALIK Ah ouais, on les a volés… Vous êtes graves, vous! Eh! Samir! Viens voir, je te dis!

ABDEL Moi, je suis d'accord avec toi là-dessus. Franchement, il n'y a pas de problème. Mais lui, il…
MALIK Allez, il faut y aller, maintenant.
ABDEL Ouais. On se voit tout à l'heure, de toute façon.
MALIK Eh! Mets une chemise, mets un costume, un truc bien!
ABDEL Ça va! On n'est pas des sauvages, quand même! On sait s'habiller!
MALIK N'oublie pas les tunes pour le petit!
ABDEL C'est à lui qu'il faut le dire pour la tune!
MALIK Il faut des tunes, ce soir! Et mets une chemise, et enlève-moi ton blouson.

SAMIR Sinon, tu es toujours avec Stéphanie?
MALIK Ouais. Mais elle me soûle en ce moment, grave. Mais bon, je crois que c'est ce que je kiffe. Et toi?
SAMIR Bof.
MALIK Quoi, bof? Arrête de mentir. Maman m'a dit qu'elle avait eu une meuf au téléphone.
SAMIR Tu connais maman… elle s'emballe vite.
MALIK Arrête! Un avocat, ça peut bander! Je n'aurais jamais cru!
SAMIR Espèce de bouffon! Et le boulot, alors, comment ça se passe?
MALIK Ça va. Toujours dans les inventaires. En plus, là, c'est la période, il y a beaucoup de boulot. Mais bon, ça va. Pas très intéressant, mais au moins, je ne m'encroute pas dans la même boîte… ça, c'est bien.
SAMIR Il doit y avoir un truc pour toi au cabinet, je crois… coursier. Bon, ça va, c'est tranquille et en plus, ce n'est pas très, très compliqué.
MALIK Parce que si c'était compliqué, tu ne me l'aurais jamais proposé… con comme je suis!
SAMIR Qu'est-ce que tu me racontes là!
MALIK Rien. Ne te retourne pas, Samir! Fonce! Tu ne dois rien à personne. Moi, ça va. La dernière fois chez le boucher, papa a fait tomber ta photo par terre, tu sais, celle où tu es sapé comme une gonzesse, avec ta robe. Maman m'a dit que ce n'est pas la première fois, en plus, qu'il fait tomber son portefeuille devant les gens. Regardez mon fils comme il est beau! Il a mis 30 ans à construire sa vengeance. Et je crois qu'elle ressemble beaucoup à ta gueule. Comment ça doit être dur de passer de l'autre côté… Lourd à porter… Avec tous ces cravatés qui te regardent sûrement comme un objet exotique quand tu es avec eux. Tu crois que je ne vois pas? Et les parents… Quand tu reviens, qu'ils ne savent même plus comment te prendre… Eh ouais. Mais, dis-toi que c'est un luxe de te prendre la tête dessus! Tu sais, ça? Maintenant, tu y es, de l'autre côté. Que tu le veuilles ou pas, tu y es et tu n'as pas mille questions à te poser! Il n'a pas gueulé de la journée. J'ai été voir maman, elle m'a tout raconté…

PÈRE Il faut vous dépêcher! Il y a la mère qui attend!
MALIK Ouais, c'est bon! Vas-y! Dépêche-toi, toi! Il n'est pas beau, ton fils?
PÈRE Ton père, il est beau. Moi, je suis l'original. Toi, tu n'es rien que la photocopie!
MALIK Ah bon. Je ne suis pas beau, moi?
PÈRE Ah! Tu es beau.
MALIK C'est toi le plus beau!
PÈRE Où il est, ton frère?
MALIK Dans la salle de bain, là-bas. Vas-y! Dépêchez-vous, on y va!

PÈRE Samir, il faut se dépêcher. Il y a ta mère qui nous attend.
SAMIR Je sais… mais il n'y a que ça comme rasoir?
PÈRE Laisse, laisse! Tu vas te couper! Tu sais, ton frère, il ne se rase pas. Il a la peau de bébé.
MALIK On y va quand vous voulez!

LEÇON 7

Court métrage: *Comment j'ai marché sur la Lune*

Réalisateur: Samuel Jadok
Pays: France

MOUSSA Le jour où les Américains ont marché sur la Lune, toute l'humanité était super contente. Mais le lendemain, ceux qui n'étaient pas américains ont été super jaloux. Ils regrettaient de ne pas être allés sur la Lune. Les Russes ont dit...
RUSSE Puisque les Américains essaient de nous ridiculiser, envoyons des astronautes sur... Jupiter!
MOUSSA Alors les Japonais ont réagi très rapidement...
JAPONAIS Les Russes nous écrasent avec leur records, envahissons le marché avec des consoles de jeux!
MOUSSA Quant aux Italiens, ils se sont mis à construire des décors de cinéma.
ITALIEN 1 Nous avons réussi, Flavio.
ITALIEN 2 Bravo, Antonio!
MOUSSA En voyant ça, les Français ont dit...
FRANÇAIS Puisque c'est comme ça, nous, on va y aller pour de bon, sur la Lune. On peut faire aussi bien que les Américains.
MOUSSA Les Français veulent toujours faire aussi bien que les Américains, même si les Américains font des trucs complètement débiles. Les Français, ils veulent faire pareil. Alors ils ont mis plein d'ingénieurs sur le coup. À la puissance *n* ... *y* ... nous donne... Si on soustrait le théorème de Tiporus multiplié par l'alternatif tridimensionnel considéré comme fuel et notre espace topologique... Vous me suivez?

MOUSSA Après, ils ont commencé à faire la sélection de celui qui irait sur la Lune.

(Lettres lues: Actuellement à la recherche d'un emploi, j'aimerais vivement devenir cosmonaute et aller sur la Lune pendant le mois de juillet. Je suis jeune, dynamique, social. Je fais du sport et de la plongée sous-marine... Je n'ai pas un parcours très diplômé, mais je crois pouvoir donner une bonne ambiance pendant tout le voyage... Je suis poète et la Lune m'inspire depuis mes quatorze ans, tel Apollon, je ne cesse de contempler... Marin pêcheur de profession, je pourrais...)

MOUSSA En fait, le plus gros travail, c'était de décourager les Français d'aller sur la Lune... Alors les responsables ont dit...
PRÉSIDENT FRANÇAIS Il n'y en aura qu'un seul qui ira sur la Lune, celui qui sera le plus savant et le plus fort. Ce sera lui qui partira.
MOUSSA Du coup, les Arabes ont dit...
HOMME 1 Faudrait pas rêver, ils ne prendront pas un Arabe.
HOMME 2 De toute façon, ils ne prendront pas un Marseillais, tu es fada!
HOMME 3 Ils ne prendront pas un Noir, non plus.
FEMME Et encore moins une femme.
MOUSSA Et puis les Chinois, les Juifs, les Corses, les Grecs, les Parisiens, oui, même les Parisiens ont dit...
HOMME 4 Ils ne prendront pas un Parisien.
MOUSSA Tous les Français voulaient aller sur la Lune, mais ils étaient persuadés qu'ils n'iraient pas, à cause de l'injustice en France. Ils ont fait des manifs un peu partout. Les Bretons musulmans se sont associés aux Juifs antillais pour lutter contre les Chinois d'Afrique, les Beurs chrétiens se sont associés aux femmes corses pour les droits de l'homme. C'était franchement la panique. Alors il a fallu trouver vite celui qui irait sur la Lune.

HOMME POLITIQUE FRANÇAIS Messieurs, l'heure est grave. Nous avons le choix entre arrêter tout de suite le projet d'aller sur la Lune, ou bien désigner un astronaute d'urgence. Est-ce suffisamment clair?

(En même temps: La situation est très grave, messieurs. Je compte sur vous et sur vos compétences.)

MOUSSA Mais il ne pouvait s'agir que d'un astronaute qui avait tous les critères de sélection exigés par le peuple français, à la fois Noir et Breton, homme et femme, jeune et vieux, Arabe et Savoyard. Et c'est tombé sur le mari de ma cousine, Gérard Mixetout. Il nous a avoué qu'il n'avait pas envie de partir, qu'il était bien sur la Terre, avec sa famille, son chien et sa télé. Bien tranquille. Que la Lune, ça lui suffisait de la voir d'en bas, et qu'il n'a pas besoin d'aller marcher dessus, qu'on avait voulu faire comme les Américains, mais qu'on n'avait pas la technique suffisante.
GÉRARD MIXETOUT On aurait dû embaucher de bons ingénieurs allemands ou suédois, mais on préfère prendre des poètes. Les poètes, c'est bien pour parler du clair de Lune. En plus, ils ne savent même pas la distance qu'il y a entre la Terre et le Soleil. C'est sûr, on va exploser en vol. C'est certain.
MOUSSA Le départ était prévu dans deux heures… Que faire? Toutes les conditions de la météo étaient là, les réacteurs étaient en marche, les télévisions du monde entier attendaient le premier Français dans l'espace. En plus de ça, les gardes, en bas, allaient venir d'une seconde à l'autre…
GARDE C'est vous, Gérard Mixetout?
MOUSSA Oui, c'est moi.

INGÉNIEUR Le décompte dans quatre périodes… Nous allons lancer le décompte. Trois périodes contrôle température nul. Deux périodes. OK, Mixetout. Prêt pour le lancement? 10…9…8…7…6…5…4…3…2…1. Mise à feu.
MOUSSA J'ai eu peur de mourir. Mais ce n'est pas très grave d'avoir peur de mourir. Tant qu'on ne meurt pas. C'est comme si on était déjà mort, comme si on suivait son âme quand elle va au ciel. Tous les problèmes deviennent tous petits, comme la Terre… On ne les voit plus… On ne les sent plus. J'avais un petit boulot à faire, placer les thermomètres, prendre des photos par-ci, par-là et ramasser des cailloux. Je serais bien rester plus longtemps sur la Lune, mais tout d'un coup, j'ai eu un problème d'oxygène.
INGÉNIEUR 1 Ne paniquez pas… Le drapeau! N'oubliez pas le drapeau! Il faut planter le drapeau!
INGÉNIEUR 2 Amorçage du plantage de drapeau… plantage de drapeau… résultat négatif.
INGÉNIEUR 1 Qu'est-ce que vous faites? Qu'est-ce que vous faites?
INGÉNIEUR 2 Inconvenue circonstancielle; échec lors du plantage de drapeau.

(En même temps: Rattrapez-le! Vous êtes devenu fou! Qu'est-ce qu'il fait? L'honneur de la France, Mixetout! C'est l'honneur de la France que vous avez abandonné! Ce n'est pas vrai! Quel abruti!)

MOUSSA Ils étaient furieux à cause du drapeau perdu. Pourtant, c'était vachement mieux que le drapeau américain, bêtement planté dans le sol. Le problème, c'est que pendant ce temps, les Français m'ont complètement oublié.
JOURNALISTE Les chiens d'une trop grosse corpulence sont au régime…

MOUSSA C'est dans l'indifférence générale que je suis revenu sur Terre. Voilà comment j'ai marché sur la Lune, et tout le monde s'en fout.

LEÇON 8

Court métrage: *Le ballon prisonnier*

Réalisateur: Cyril Gelblat
Pays: France

DYLAN 1, 2, 3, 4… 1, 2, 3, 4, 5, 6, 7, 8, 9, 10, 11, 12, 13
(À lui-même: Ouais, il a le ballon… Il en dribble 1, 2. Ouais. Il continue son action, il déborde. Zidane qui passe à Dylan Belgazi… Talonnade… Thierry Henry… qui accélère et But! Ouais!)
Ouais! Ouais!
Eh, Dylan, Dylan! Qu'est ce que vous ressentez après cette victoire? Oui, euh, je suis très content, mais c'est avant tout la victoire d'un groupe, et à partir de là, on a répondu présent dans les duels, et voilà, quoi… On parle de vous dans les plus grands clubs. Oui, c'est vrai, il y a des contacts, mais, euh… je suis encore sous contrat avec l'ASPTT Nice et rien n'est fait.
MÈRE Dylan! Tu rentres, on va dîner!

DYLAN Maman, je peux avoir du poulet?
PÈRE Mais tu fais exprès ou quoi? Qu'est-ce que je t'ai dit? Les veilles de match, c'est féculents et sucres lents, sinon tu as les jambes coupées et tu ne cours pas.
MÈRE Enfin, ça va, il peut quand même manger une cuisse de poulet la veille d'un match!
PÈRE Ne fais pas l'idiot, Dylan, demain c'est [ce ne sont] pas des rigolos en face, si tu sors du lot, ils vont te contacter. Alors, tu manges tes pâtes.

MÈRE Translate in English. Caterpillar.
DYLAN Mille-pattes.
MÈRE Très bien. Goat.
DYLAN Euh… Contrarié.
MÈRE Ah non, ça, c'est chèvre. Alors, vas-y, contrarié.
DYLAN Euh… Worri-ed.
MÈRE Non. Wooorried.
DYLAN Worried.
MÈRE Worried.
DYLAN Worried.
MÈRE Très bien. Bon allez, finis tes mots et commence les verbes.
PÈRE Eh! Dylan, Dylan, dans quelle main? Gagné. Si tu marques un but demain, tu en auras 5 de plus. OK?
MÈRE Bon, Dylan, va réviser tes verbes dans ta chambre, mon cœur. Non, mais, tu ne veux pas un peu arrêter de lui bourrer le crâne avec ça? Il y en a combien, un sur cent qui finit professionnel. Pourquoi ça serait lui?
PÈRE Oui, c'est ça, vas-y, décourage-le, toi. Je n'ai pas dit que je voulais qu'il soit professionnel, j'ai juste dit qu'on allait tout faire pour, c'est tout. Demain, il y aura tous les recruteurs, c'est l'OGC Nice en face. Dans 3 ans, il a l'âge du centre de formation, c'est maintenant que ça se joue.
MÈRE Et qu'est-ce qu'il fera de ses 10 doigts si ça se passe pas comme tu le dis?
PÈRE Mais arrête de parler de ce que tu ne connais pas! Attends, dans tous les centres de formation, ils étudient maintenant. Qu'est ce que tu crois, toi? C'est [Ce ne sont] plus des débiles mentaux, les joueurs. C'est fini, ça.
MÈRE Ah bon?
PÈRE Ben ouais. Puis, de toute façon, il n'est pas question qu'il en sorte avec rien dans la tête. À 35 ans, il est fini, le joueur de foot. Regarde les joueurs, quand ils arrêtent, ils sont tous, je ne sais pas moi, commentateurs à CANAL+ ou euh…
MÈRE Ou quoi? Non mais, ou quoi?
PÈRE Eh ben, tout ça, quoi.
Allez, Dylan. 9 heures. Tu te couches.
DYLAN Mais je ne suis pas fatigué.
PÈRE Ce n'est pas le problème que tu sois fatigué ou pas, petit bonhomme. C'est l'heure. Allez. Au dodo. Bon, on reprend. Tu mets le pied, hein? Dans tous les duels et agressif, hein? Et sur tous les ballons. Et s'il y a un coup franc ou un penalty, ben, tu t'imposes pour le tirer.

MÈRE Mais puisqu'il te dit que c'est Djibrill qui joue les coups-francs.
PÈRE Attends, tu frappes mieux que Djibrill. Attends, je ne vois pas pourquoi c'est toujours lui qui les tire. Ça va, Djibrill il est capitaine, il est numéro 10, il ne veut pas jouer tout seul aussi.
MÈRE C'est vrai! Pourquoi ce n'est pas toi qui est le numéro 10?
DYLAN Parce que je suis attaquant et l'attaquant, il a le 9.
PÈRE Ouais, c'est ça. Je vais te dire, moi, pourquoi il ne l'a pas. C'est parce que le père de Djibrill, il est pote avec l'entraîneur, c'est tout. Hein, depuis 10 ans qu'ils bossent ensemble au tri. C'est même lui qui l'a fait rentrer à la CGT, le père à Djibrill.

ENTRAÎNEUR 1 Salut, les gars!
ENFANTS Salut!
ENTRAÎNEUR 1 Bon, allez! Les photos, les albums, on arrête, là, maintenant, hein. Et on se concentre. Bon, je n'ai pas besoin de vous faire un dessin, vous savez contre qui on joue, aujourd'hui, hein? Entre les Postes et l'OGC NICE, c'est trente ans de concurrence derrière. C'est un peu les pros contre les amateurs, là. Alors, si vous avez une revanche à prendre, c'est maintenant.
ENTRAÎNEUR 2 Allez, les gars! De l'agressivité! On va au charbon!
ENTRAÎNEUR 1 Bon, ce n'est pas compliqué, ils sont plus grands que vous, alors surtout, vous ne jouez pas en l'air, sinon ils vont vous bouffer, les gars. Leur point faible, c'est leur gardien, alors je veux que vous provoquiez des fautes, d'accord? Djibrill, c'est toi qui tire les coups francs. Hein, petit? Allez! Yazid, Julien, costauds en défense, je ne veux rien voir passer, d'accord? Dylan, tu joues en pointe. Alors, devant, tu pivotes, tu percutes et tu provoques des fautes. OK? Leur libero, le grand noir, là, c'est un tout bon, lui. Il est pour toi. Il monte souvent sur les corners, alors tu ne le lâches pas, Dylan. Ce n'est pas compliqué, quand il va pisser, tu vas pisser avec lui. OK? Bon, allez! De l'énergie, là! Oh! Réveillez-vous un peu, là! Oh! Qu'est-ce que c'est que ça?
PÈRE Dylan, tu as compris? S'il va pisser, tu vas pisser avec lui. Allez, Dylan!

PÈRE Regarde-le. Le type, là, il mesure combien?
AUTRE PÈRE Oh, il est grand.
PÈRE Il mesure 1m60 déjà.
AUTRE PÈRE Non, mais c'est bon, on va y arriver.
ENTRAÎNEUR 1 Djibrill, à l'extérieur! Yazid, tu montes. Ouais, voilà. Très bien. Monte! Monte! Mets le pied! Julien, monte! Allez! Va, va, va! Tu gardes le ballon! Allez! Va! C'est bien! Garde le ballon! Dylan, tu le prends!
PÈRE Reviens, reviens, reviens! Allez, allez, allez! Mets le pied, mets le pied!
AUTRE PÈRE Mais, vas-y!
ENTRAÎNEUR 1 C'est bien! Djibrill, monte!
PÈRE Voilà, cours, cours! Dylan! Ne le lâche pas! Ne le lâche pas, on te dit! Reste en pointe, reste en pointe! Mais qu'est-ce que tu fais?
ENTRAÎNEUR 1 Dylan! Qu'est-ce que tu fais?
PÈRE Tu regardes!
ENTRAÎNEUR 1 Bon, allez les gars, corner! Allez! Chacun le sien, les gars! Voilà! Dylan!
PÈRE Ne le lâche pas! Dylan!

ENTRAÎNEUR 1 Allez asseyez-vous, tranquille, tranquille… On se détend, on se relaxe… Venez boire un peu. Voilà. On n'est mené que 1-0, hein? C'est rattrapable. Ce n'est pas très grave. Alors on ne se laisse pas aller, les gars! D'accord? Jouez davantage sur les ailes, jouez davantage sur Julien. OK? Et pressez-moi les défenseurs latéraux. Hein, ils ne savent pas jouer au ballon, ces deux-là. Bon, eh! Et qu'est ce qu'il se passe en attaque, là! Hein? Franchement. Il faut provoquer! On dirait des gonzesses avec un ballon, là. Je ne comprends pas très bien! Parce que c'est [ce sont] des hommes en face, comme vous. Alors, montrez-moi ce que vous avez dans le ventre! Bon, Jeff, tu vas remplacer Dylan en pointe. Tu joues en pivot. Libère les espaces pour Djibrill. D'accord? Et le grand black, tu ne me le lâches pas d'une semelle. OK? On a compris? c'est bon? Allez, on y va! C'est pour l'avenir qu'on se motive! Allez, les gars! Allez! On se motive, là!

ÉQUIPE On a gagné! On a gagné! Pour Djibrill Hip hip hip hourra! Hip hip hip hourra! A tchic, a tchic, a tchic, aïe aïe aïe! A tchic aïe, a tchic aïe!

LEÇON 9

Court métrage: *Bonbon au poivre*

Réalisateur: Marc Fitoussi
Pays: France

MÉLANIE Comme les diamants, les bonbons sont éternels. Ils nous relient aux générations passées. On les associe à la découverte du goût, du plaisir, de la célébration. Leurs couleurs vives évoquent manèges, fêtes foraines de notre enfance. Ils font partie des petites consolations pas chères, agréables et amusantes. C'est un produit profondément inscrit dans les penchants de l'être humain. N'ayons pas peur des mots… les bonbons sont nos meilleurs compagnons. Bien. Donc, vous avez été sélectionnés parce que vous disposez des qualités requises pour pouvoir, un jour, devenir représentants. Moi, ce que je vais vous apprendre, c'est à devenir de bons représentants. Or, pour ce faire, il va vous falloir intégrer tout un nouveau système de communication, déployer toute une batterie d'arguments, ainsi qu'un vocabulaire spécifique qui vous permettront de vous tirer des situations les plus critiques. Parce que votre objectif, c'est de vendre. Vendre, vendre, vendre. Face à vos futurs clients, vous n'aurez pas droit à l'erreur, il faudra toujours employer le mot juste. Alors, on va essayer quelque chose… on va faire un petit jeu. Vous allez me citer tous les mots qui vous viennent à l'esprit lorsque vous entendez prononcer le mot «bonbon». N'ayez pas peur. On est entre nous. Vous pouvez dire tout ce qui vous passe par la tête. Sophie, vous voulez bien commencer? Puis après, on enchaîne. Il faut que ça aille vite.
SOPHIE Confiserie.
MÉLANIE Confiserie. Très bien.
ESTELLE Douceur.
MÉLANIE Douceur.
FAIZA Onctueux.
MÉLANIE Comment?
FAIZA Onctueux.
MÉLANIE Onctueux.
HERVÉ Acidulé.
MÉLANIE Acidulé. Bien. Annick. Ne soyez pas timide. Qu'est-ce que vous évoquent les bonbons?
ANNICK Les caries.
MÉLANIE Oui… pourquoi pas.
SOPHIE Crise de foie.
MÉLANIE Oui.
(Chacun son tour: Obésité. Calorie. Diabète. Indigestion. Chimique. Cellulite. Colorant. Écœurant. Surcharge pondérale.)
MÉLANIE S'il vous plaît. On va reprendre cet exercice un petit peu plus tard. Je crois qu'il est temps de vous faire goûter les spécialités de nos chefs confiseurs.

SOPHIE Bonjour.
ANNICK Bonjour.
SOPHIE Voilà, je viens vous voir parce que je représente la célèbre marque de confiserie du Lutin Gourmand et j'aurais aimé vous parler de notre nouvelle gamme de produits.
ANNICK J'ai tout ce qu'il faut, je vous remercie. Je ne suis pas intéressée.
SOPHIE Non, mais attendez, je… je comprends très bien que vous soyez souvent sollicitée par des représentants mais là, notre marque propose des produits exclusifs que vous ne pourrez pas trouver ailleurs.
ANNICK Peut-être, mais j'ai du travail et je n'ai pas…
SOPHIE Écoutez, si vous voulez, nous pouvons convenir d'un rendez-vous.
ANNICK Quelle langue il faut vous parler? Je vous répète que je ne suis pas intéressée.
MÉLANIE Annick, il faut y mettre un peu du vôtre. Si vous empêchez tout dialogue…
ANNICK Ben, je ne sais pas, vous nous demandez de faire une simulation de vente. Je suppose qu'on va avoir à faire à des gens comme ça qui vont nous envoyer balader.
MÉLANIE Oui, mais si tout le monde était comme ça, on ne s'amuserait pas à vous envoyer sur les routes, vous comprenez? Il y a des gens qui sont intéressés par nos produits. Et moi, je… je veux voir une vente qui marche! D'accord?
SOPHIE Je recommence depuis le début?

MÉLANIE S'il vous plaît.
SOPHIE Bonjour.
ANNICK Bonjour, je suis contente de vous voir!
SOPHIE Mais, moi aussi… Voilà, je viens vous voir parce que je représente la célèbre marque de confiserie du Lutin Gourmand et j'aurais aimé vous parler de notre nouvelle gamme de produits.
ANNICK Oh, quelle bonne idée! Ça tombe bien, j'adore les bonbons.
MÉLANIE Je reviens. Continuez.
SOPHIE Connaissez-vous les produits du Lutin Gourmand?

THIERRY Ça va? Ça se passe bien?
MÉLANIE Oui, oui. Dis-moi, tu sais qui a fait passer l'entretien d'embauche à Annick Perrotin?
THIERRY Euh, ben oui. C'est moi. Pourquoi? Il y a un problème?
MÉLANIE Ben oui, il y a un problème. Elle ne fout rien, elle a l'air complètement démotivée. En plus, elle est vieille, elle n'a pas du tout le profil.
THIERRY Ah bon? Je ne sais pas, moi. Je la trouvais plutôt convaincante.
MÉLANIE Ben écoute, je ne sais pas. Avec moi, ça ne passe pas. Elle ne dit pas un mot. Non, je ne sais pas! Je pourrais comprendre si le stage n'était pas du tout rémunéré. Mais là, on les paye! J'ai vraiment l'impression qu'elle se moque de moi. En plus, je ne sais pas, là, depuis ce matin, elle me cherche!
THIERRY Ah! Mais écoute. Ça va peut-être s'arranger.
MÉLANIE Non! Non, non. Moi je ne prends pas ce risque. ça va, l'histoire de Melissa, ça m'est resté là. Je l'ai laissée partir, elle a fait zéro vente et après, Malaquais, c'est moi qu'il est venu trouver. Moi, je n'ai pas eu de prime, hein, le mois dernier.
THIERRY Bon, tu veux la virer?
MÉLANIE De toute façon, toi aussi, tu es dans le collimateur, hein. C'est toi qui l'as recrutée. On est logé exactement à la même enseigne.
THIERRY Ouais, il vaut mieux qu'on la vire, oui. Bon, écoute, je vais lui parler.
MÉLANIE Non, non, je me la suis coltinée toute la journée. C'est à moi de lui parler.

FRANCK Dans quel secteur?
MÉLANIE J'ai… j'ai tourné un petit peu partout. J'ai fait un tour de France et…
FRANCK Et ensuite, vous êtes devenue formatrice.
MÉLANIE Exactement.

MÉLANIE Voilà. Ce sera tout pour aujourd'hui. Je vous retrouve demain à 9 heures. Nous commencerons par une dégustation. Bonne soirée.
ESTELLE Madame, je peux vous parler?
MÉLANIE Oui, une minute. Annick! Vous pouvez attendre? Oui, Estelle. Je vous écoute.
ESTELLE Ben voilà, en fait… Je n'ai pas mon permis.
MÉLANIE Comment ça?
ESTELLE Ben, à l'ANPE, ils ne m'ont pas dit qu'il fallait être motorisé.
MÉLANIE Mais pourquoi vous ne nous en avez pas parlé plus tôt?
ESTELLE Ben, je me suis dis que je pourrais faire du porte-à-porte autour de chez moi. Il y a plein de lotissements. Je suis sûre que ça peut intéresser des gens.
MÉLANIE Non, mais attendez, on vous demande de démarcher auprès de magasins, de stations-service, de restaurants. Je ne sais pas, vous ne pensez quand même pas qu'on va vous payer un taxi pour chaque déplacement!
ESTELLE Et si je demande à une copine qui a une caisse de m'accompagner?
MÉLANIE Oui! Et l'assurance? Les chambres d'hôtels? Vous délirez complètement.
ESTELLE Bon, ben… qu'est ce que je fais, moi, alors?
MÉLANIE Ben, je suis désolée… je ne peux pas vous garder.
ESTELLE Et ma journée de formation, aujourd'hui, là, vous allez me la payer?
MÉLANIE Ça, je ne sais pas, vous allez voir ça avec la compta. Très franchement, je ne pense pas. On va aller dans mon bureau. Vous me suivez?
M. MALAQUAIS Mélanie? Votre petit copain a téléphoné. Pour les appels perso, il y a des portables.
MÉLANIE Excusez-le! Bon, vous m'attendez là. Je passe un coup de fil, je suis à vous.

MÉLANIE Je peux vous demander une cigarette s'il vous plaît? Merci. C'est fini.
ANNICK Pardon?
MÉLANIE Ben oui! Il a appelé pour me dire qu'il avait du retard et je lui suis tombée dessus parce qu'il n'avait pas à utiliser la ligne du boulot, et ça, il le sait très bien. Et là, il s'est énervé, il m'a raccroché au nez.
ANNICK Ben, il faut le rappeler.
MÉLANIE Ben, c'est ce que j'ai fait! C'est là qu'il m'a dit que c'était fini, qu'il en avait marre, que... De toute façon, je ne veux plus le voir, cet abruti. Je ne veux plus en entendre parler.
ANNICK Bon, reprenez vos esprits, rentrez chez vous...
MÉLANIE Quoi! Pour le voir faire ses valises? Non, c'est bon. De toute façon, je vais rester ici. Je vais trier tous mes dossiers. C'est un vrai bazar.
ANNICK Bon, ben, dans ce cas-là, je vais y aller. Vous vouliez me parler, je crois...
MÉLANIE Oui. Vous, à votre avis, il faut que j'aille lui parler?
ANNICK Ben, je ne sais pas, moi. Je ne connais pas votre histoire. Bon, ben, je suis... je suis désolée pour vous. Je comprends que vous soyez très énervée. J'espère que tout ça va s'arranger.
MÉLANIE Oui.
ANNICK À demain?
MÉLANIE Je suis tombée sur sa messagerie. Dites-moi, je viens d'y penser, mais, en fait, comme il devait venir me chercher, je n'ai pas de voiture. Vous voulez bien me déposer?
ANNICK Ben, vous ne voulez plus trier vos papiers?
MÉLANIE Non. Ça ne vous dérange pas?
ANNICK Bon, je vous attends.
MÉLANIE Je me dépêche.

ANNICK Bon, vous habitez où?
MÉLANIE Ah non, mais je ne veux pas rentrer chez moi. Je ne veux pas le voir. Je me connais, ça ne mènera à rien et ça va dégénérer
ANNICK D'accord. Je vous dépose où, alors?
MÉLANIE Vous allez où, vous?
ANNICK Près du rond-point avec les colonnes.
MÉLANIE Ah ben, très bien. Vous n'avez qu'à me laisser là-bas. J'irai dans un café, j'appellerai une copine.

MÉLANIE Ah merde, ça ne capte pas. Bon, allez. Merci encore.
ANNICK Vous êtes sûre que ça va aller?
MÉLANIE Oui, oui, bien sûr! Je vais me débrouiller. Au revoir.
ANNICK Bon, allez. Suivez-moi.
MÉLANIE Je m'excuse, hein. Vraiment!
ANNICK Vous me suivez?
MÉLANIE Oui. Je ne sais pas danser, moi. Non, c'est gentil. Non, non! Je ne connais pas les pas!

MIREILLE Et au fait, ton stage, ça s'arrange?
ANNICK Oui, oui. Oui, ça se passe bien.
MIREILLE Je l'ai eue tout à l'heure à la pause déjeuner, elle était complètement démontée. Et ta formatrice, elle s'est calmée?
ANNICK Mais... il n'y a jamais eue de problèmes.
MIREILLE Ah bon. Eh, oh! Tu nous choures des bonbons, hein! Tu l'as promis!
ANNICK Ben, je te présente...
MÉLANIE Mélanie.
ANNICK Mélanie, Mireille, Mélanie.
MÉLANIE Enchantée.
MIREILLE ça vous a plu?
MÉLANIE Oui! Beaucoup. Je me suis bien amusée.
ANNICK Bon, on va y aller.
MIREILLE Ah bon! Déjà? Ben, moi, il faut que je reste, parce que je n'ai pas payé ma cotisation. J'attends Didier. Il va me tuer.
ANNICK Ne t'inquiète pas.
MIREILLE Eh, tu m'appelles? Tu m'appelles?
ANNICK Oui! Oui, oui. Au revoir.

MIREILLE Bon, ben, salut les filles!
ANNICK Je m'excuse. Il ne faut pas écouter ce qu'elle dit.
MÉLANIE Non, non, mais je n'ai rien entendu. Ça m'a fait un bien fou de me défouler. Et, ça vous est venu comment l'idée d'apprendre à… Je ne sais même pas comment on appelle cette danse.
ANNICK De la country line dance. C'est mon mari qui m'a initiée.
MÉLANIE Ah, vous êtes mariée?
ANNICK Oui. Enfin je l'étais. Je suis veuve. Mon mari était un grand fan des États-Unis. Il aimait beaucoup cette musique.
MÉLANIE C'est marrant, je ne pensais pas qu'on pouvait danser ça en France.
ANNICK Eh ben si. Il y a pleins de clubs qui se sont créés dans tout l'Hexagone. Il y a même des concours, des championnats. Bon. Eh! Dites-moi, vous n'avez pas faim?
MÉLANIE Si, je n'osais pas vous en parler. Je crève la dalle.
ANNICK Je vous aurais bien proposé de passer chez moi, mais je crois que je n'ai rien dans le frigo.
MÉLANIE Chez moi non plus, à moins que vous vouliez assister à une scène de ménage.
ANNICK Ah oui, ben non, je n'y tiens pas vraiment. On va essayer de se trouver un petit resto!

ANNICK Non, non, non! On va ailleurs. Ils vont nous faire une tête comme ça!
MÉLANIE Non merci. Oh et puis si. Oh non. Si. Merci. Je peux vous poser une question?
ANNICK Essayez toujours.
MÉLANIE Pourquoi est-ce que vous donnez l'impression de vous ennuyer pendant mes cours?
ANNICK Parce que je n'ai plus l'âge de jouer à la marchande. Je ferai ce que j'ai à faire une fois sur le terrain. Mais en attendant, je n'ai pas envie qu'on me bassine avec des phrases du style «les bonbons sont comme des diamants».
MÉLANIE Mais il faut bien d'abord apprendre.
ANNICK Vous croyez que j'apprends quelque chose en faisant des simulations de vente avec des billets de Monopoly?
MÉLANIE Ben, je ne sais pas. C'est une formation qui a fait ses preuves. Aux États-Unis, c'est courant, ce genre de stage.
ANNICK Je n'ai pas envie de faire comme mes petits camarades. Je les voyais là, ce matin. Ils étaient tous en train de boire vos paroles. Mais ils sont comme moi. Ce qui les motive, c'est le fric.
MÉLANIE Vous me donnez votre jeton, là, je vais chercher les cafés.
ANNICK Je vous ai contrariée?
MÉLANIE Non.

MÉLANIE C'est la fête au village.
ANNICK Il y a votre portable qui a sonné.
VOIX Ouais, salut, Mélanie. Écoute, je voulais dire, il ne faut pas que tu t'inquiètes pour ta prime. De toute façon, maintenant, tu l'as virée…
ANNICK C'était votre ami?
MÉLANIE Non, c'était Thierry, mon collègue. Il… il a oublié sa mallette.
ANNICK Il n'est pas mal, Thierry.
MÉLANIE Ah, il vous plaît?
ANNICK Non, non. Moi, c'est Didier qui me plaît.
MÉLANIE C'est qui, Didier? Ah, c'est votre prof de danse?
ANNICK Ah, il a tout ce que j'aime. Une vraie gueule de voyou.

ANNICK Mettez-vous à l'aise, j'arrive toute de suite.
MÉLANIE C'est sympa chez vous.
ANNICK Ce n'est pas chez moi. Je me sens mieux.
MÉLANIE Attendez, mais on est chez qui, là?
ANNICK Ah, là, on est chez Joss! C'est une copine. Mais enlevez votre écharpe! Là, elle est partie en vacances avec son nouveau mec. Elle m'a filé les clés pour que je lui arrose les plantes. Je me suis installée là pour la semaine. C'est tout de même mieux que mon trente mètres carrés. Bon! Qu'est-ce qu'on va se servir à boire? C'est quoi, ça? Des bonbons! Ça ne vient pas de chez vous! Alors. Ça vous va, de l'alcool de riz? À ras bord! Mmm, ça sent trop bon! Vous en voulez?
MÉLANIE Non. Non merci.
ANNICK Qu'est ce que vous avez, là? Je vous sens toute tendue.

MÉLANIE En fait, je voudrais vous demander une petite faveur?
ANNICK Quoi? Que j'appelle votre copain, c'est ça?
MÉLANIE Ah non, non, non! Je ne veux pas lui donner de nouvelles, lui, ça lui fera les pieds. Est-ce que je pourrais essayer vos santiags?
ANNICK Pardon?
MÉLANIE Non, mais, c'est juste pour voir! Parce que j'adore ce style de bottes, j'ai toujours voulu en acheter, mais à chaque fois, je me dégonfle. Je me dis que, de toute façon, c'est ridicule, je ne les mettrai jamais.
ANNICK Mais vous faites quoi comme pointure?
MÉLANIE Du 39.
ANNICK Ben, moi, je fais du 37! Ça risque d'être petit.

MÉLANIE Attends. Je recommence.
ANNICK Eh! Mais, ce n'est pas tout ça! Il faut penser à me servir! Alain, c'était avant Jean-Pierre. Qu'est-ce que je voulais dire? Ça ne vous tire pas trop le lobe, là, les boucles d'oreilles? Je n'ai plus de clopes! Je ne sais pas si je vais y arriver.
MÉLANIE Ah si! Mais il faut faire quelque chose! Je ne peux pas me pointer comme ça demain au boulot!
ANNICK Moi, je vous avais pourtant prévenue. Franchement, ce n'est pas si ridicule que ça. Avec une jupe droite, ça passe très bien.
MÉLANIE Non, mais, tirez, là, s'il vous plaît. Tirez. La deuxième.
ANNICK Ah, celle-là, c'était aux Canaries. Qu'est que c'est moche, les Canaries! Que des bunkers, la plage était dégueulasse. Je me souviens, il y avait plein d'Anglais. C'était pendant une coupe du monde de rugby… de football, je ne sais plus… Ils nous ont cassé les pieds! Je crois qu'il avait déjà son cancer. Il avait beaucoup maigri.

M. MALAQUAIS Bonjour, Mélanie! Vous êtes bien matinale.
MÉLANIE Oui.
M. MALAQUAIS C'est vous qui avez gardé la carte de la photocopieuse? Vous avez fait la fête?
MÉLANIE Non.
THIERRY Non, mais là, je ne comprends pas.
MÉLANIE Elle m'a intimidée, je ne sais pas. On s'est retrouvée dans mon bureau, je l'avais en face de moi, je n'ai pas réussi.
THIERRY Non, mais, tu es d'accord? Il faut qu'on fasse quelque chose. On ne va pas risquer notre place à cause d'elle.
MÉLANIE En fait, tu sais quoi? Je préférerais que ce soit toi qui t'en occupes. Je n'ai pas envie de la croiser ou je n'arriverai pas à la virer.
THIERRY Bon. D'accord. Donc, c'est à moi de le faire.
MÉLANIE Merci.

MÉLANIE Bien! Que nous dit ce texte? Bon. Ce texte nous dit qu'il peut arriver parfois que vous soyez à cours d'un produit. Vous avez beau avoir le coffre rempli d'échantillons, il vous manque le produit que rêve de goûter la personne en face de vous. Dans ce cas, il y a un moyen très simple de remédier à… Surtout, ne paniquez pas… Le coffre… Je reviens. Qu'est ce qu'il s'est passé?
THIERRY Ben, elle… elle n'est pas venue. J'ai poireauté devant la porte, je ne l'ai pas vue.
MÉLANIE Mais elle vient d'arriver! Elle est dans ma salle! Qu'est ce que je fais, moi, maintenant?
THIERRY Non, mais, attends! Je ne pouvais pas savoir qu'en plus, elle allait être en retard!
MÉLANIE Je ne vais pas la virer devant tout le monde. Il va falloir encore que je tienne toute la journée.

M. MALAQUAIS Vous étiez où?
MÉLANIE Je… Me voilà.
M. MALAQUAIS Je peux voir un peu ce que donnent les simulations?
MÉLANIE Oui, bien sûr! Vous voulez bien vous remettre en binôme, s'il vous plaît, comme… comme hier.
SOPHIE Vu qu'Estelle n'est pas là, je peux me mettre avec Hervé?
MÉLANIE Oui! Bien sûr. Annick, vous êtes toute seule? Euh… Bon, ben, on va se mettre ensemble. Euh… je vais faire la représentante et vous ferez la patronne.
M. MALAQUAIS Non! Ben non. C'est elle qui doit apprendre à vendre. Il vaut mieux faire l'inverse. Non?
MÉLANIE Oui, vous avez raison. Donc, je… je suis la patronne d'une station essence.

ANNICK Bonjour. Voilà, je viens vous voir parce que je représente la célèbre marque de confiserie du Lutin Gourmand et j'aurais aimé vous parler de notre nouvelle gamme de produits.
MÉLANIE Oui, je suis à vous.
M. MALAQUAIS Non. Ben non. On n'accueille pas nos représentants avec des colliers de fleurs. Vous le savez bien, les gens n'ont jamais le temps.
ANNICK Donc, je représente la célèbre marque de confiserie du Lutin Gourmand et j'aurais aimé vous parler de notre nouvelle gamme de produits.
MÉLANIE Je suis désolée, je... je n'ai pas vraiment le temps.
ANNICK Mais je ne compte pas vous retenir longtemps! Seulement, j'ai fait presque 300 kilomètres pour vous rencontrer parce que je sais qu'ensuite, vous me direz merci.
MÉLANIE Vraiment?
ANNICK Parfaitement. Pour l'instant, vous ne connaissez pas nos produits, vous vous dites «elle va essayer de me refourguer sa marchandise, elle va me fait perdre mon temps.» Vous avez tort. Je suis venue ici en amie, parce que vous m'êtes très sympathique et que je veux vous faire profiter de nos offres exceptionnelles et de nos produits exclusifs.
MÉLANIE Comment ça?
ANNICK Le Lutin Gourmand n'est pas une marque comme les autres. Nos produits font des jaloux, vous savez. Toujours copiés, mais jamais égalés! Je vais chercher les échantillons, je reviens tout de suite.
M. MALAQUAIS C'est bien, c'est bien, c'est très bien! C'est très bien! C'est bien. C'est très bien! Vous vous appelez comment?
ANNICK Annick Perrotin.
M. MALAQUAIS Perrotin. C'est quoi votre itinéraire?
MÉLANIE On n'a pas défini encore les... les trajets.
M. MALAQUAIS Ah. Eh ben, vous mettrez Madame Perrotin sur des points stratégiques. Hein? Je compte sur vous. C'est bien.
ANNICK ça va? Je n'en ai pas trop fait?
MÉLANIE Non, non, c'était parfait.

ANNICK Eh! Vous voulez que je vous raccompagne?
MÉLANIE Non, merci! J'ai... j'ai appelé un taxi.
ANNICK Didier m'a appelée. Il m'a invitée à dîner. Demain, je vous raconterai. Au fait, ça s'est arrangé avec votre ami?
MÉLANIE Oui. Ouais.
ANNICK Tant mieux. Bonne soirée.
MÉLANIE Merci. Vous aussi.

LEÇON 10

Court métrage: *L'homme qui plantait des arbres*

Réalisateur: Frédéric Back
Pays: Québec (Canada)

NARRATEUR Il y a bien des années, je faisais une longue course à pied, sur des hauteurs absolument inconnues des touristes, dans cette très vieille région des Alpes qui pénètre en Provence. C'était, au moment où j'entrepris ma longue promenade dans ces déserts, des landes nues et monotones, vers 1.200 ou 1.300 mètres d'altitude. Il n'y poussait que des lavandes sauvages.

Je traversais ce pays dans sa plus grande largeur et, après trois jours de marche, je me trouvais dans une désolation sans exemple. Je campais à côté d'un squelette de village abandonné. Je n'avais plus d'eau depuis la veille et il me fallait en trouver. Ces maisons agglomérées, en ruine, comme un vieux nid de guêpes, me firent penser qu'il avait dû y avoir là, dans le temps, une fontaine ou un puits. Il y avait bien une fontaine, mais sèche. Les cinq à six maisons, sans toiture, rongées de vent et de pluie, la petite chapelle au clocher écroulé, étaient rangées comme le sont les maisons et les chapelles dans les villages vivants. Mais toute la vie avait disparu.

C'était un beau jour de juin avec un grand soleil, mais sur ces terres sans abri et hautes dans le ciel, le vent soufflait avec une brutalité insupportable. Ses grondements dans les carcasses des maisons étaient ceux d'un fauve dérangé dans son repas. Il me fallut lever le camp. À cinq heures de marche de là, je n'avais toujours pas trouvé d'eau et rien ne pouvait me donner l'espoir d'en trouver. C'était partout la même sécheresse, les mêmes herbes ligneuses. Il me sembla apercevoir, dans le lointain, une petite silhouette noire, debout. Je la pris pour le tronc d'un arbre solitaire. À tout hasard, je me dirigeai vers elle. C'était un berger! Une trentaine de moutons couchés sur la terre brûlante se reposaient près de lui.

Il me fit boire à sa gourde. Un peu plus tard, il me conduisit à sa bergerie, dans une ondulation du plateau. Il tirait son eau, excellente, d'un trou naturel, très profond, au-dessus duquel il avait installé un treuil rudimentaire.

Cet homme parlait peu. C'est le fait des solitaires. Mais on le sentait sûr de lui et confiant dans cette assurance. C'était insolite, dans ce pays dépouillé de tout. Il n'habitait pas une cabane mais une vraie maison en pierre où l'on voyait très bien comment son travail personnel avait rapiécé la ruine qu'il avait trouvée là à son arrivée. Son toit était solide et étanche. Le vent qui le frappait faisait sur les tuiles le bruit de la mer sur les plages. Son ménage était en ordre, son parquet balayé, son fusil graissé. La soupe bouillait sur le feu. Je remarquai alors qu'il était aussi rasé de frais, que tous ses boutons étaient solidement cousus, que ses vêtements étaient reprisés avec le soin minutieux qui rend les reprises invisibles.

Il me fit partager sa soupe. Comme après, je lui offrais ma blague à tabac, il me dit qu'il ne fumait pas. Son chien, silencieux comme lui, était bienveillant, sans bassesse.

Il avait été entendu que je passerais la nuit là, le village le plus proche étant encore à plus d'une journée et demie de marche. Je connaissais parfaitement le caractère des rares villages de cette région. Il y en a quatre ou cinq dispersés loin les uns des autres sur les flancs de ces hauteurs, dans les taillis de chênes blancs à la toute extrémité des routes carrossables. Ils sont habités par des bûcherons qui font du charbon de bois. Ce sont des endroits où l'on vit mal. Les familles, serrées les unes contre les autres dans ce climat qui est d'une rudesse excessive, aussi bien l'été que l'hiver, exaspèrent leur égoïsme en vase clos. L'ambition irraisonnée s'y démesure, dans le désir continu de s'échapper de cet endroit. Les hommes vont porter leur charbon à la ville, puis retournent. Les plus solides qualités craquent sous cette perpétuelle douche écossaise. Les femmes mijotent des rancœurs. Il y a concurrence sur tout, aussi bien pour la vente du charbon de bois que pour le banc à l'église, pour les vertus qui se combattent entre elles, pour les vices qui se combattent entre eux, et pour la mêlée générale des vices et des vertus, sans repos. Par là-dessus, le vent, également sans repos, irrite les nerfs. Il y a des épidémies de suicides et de nombreux cas de folie, presque toujours meurtriers.

Le berger, qui ne fumait pas, alla chercher un petit sac et déversa sur la table un tas de glands. Il se mit à les examiner un après l'autre avec beaucoup d'attention, séparant les bons des mauvais. Je fumais ma pipe. Je proposai de l'aider. Il me dit que c'était son affaire. En effet: voyant le soin qu'il mettait à ce travail, je n'insistai pas. Ce fut toute notre conversation. Quand il eut du côté des bons un tas de glands assez gros, il les compta par paquet de dix. Ce faisant, il éliminait encore les petits fruits ou ceux qui étaient légèrement fendillés, car il les examinait de fort près. Quand il eut ainsi devant lui cent glands parfaits, il s'arrêta et nous allâmes nous coucher.

La société de cet homme donnait la paix. Je lui demandai le lendemain la permission de me reposer tout le jour chez lui. Il trouva [cela] tout naturel, ou, plus exactement, il me donna l'impression que rien ne pouvait le déranger. Ce repos ne m'était pas absolument obligatoire, mais j'étais intrigué et je voulais en savoir plus. Il fit sortir son troupeau et le mena à la pâture. Avant de partir, il trempa dans un seau d'eau le petit sac où il avait mis les glands soigneusement choisis et comptés.

Je remarquai qu'en guise de bâton, il emportait une tringle de fer grosse comme le pouce et longue d'environ un mètre cinquante. Je fis celui qui se promène en se reposant et je suivis une route parallèle à la sienne. La pâture de ses bêtes était dans un fond de combe. Il laissa le petit troupeau à la garde du chien, et monta vers l'endroit où je me tenais. J'eus peur qu'il vînt pour me reprocher mon indiscrétion, mais pas du tout. C'était sa route et il m'invita à l'accompagner si je n'avais rien de mieux à faire. Il allait à deux cents mètres de là, sur la hauteur.

Arrivé à l'endroit où il désirait aller, il se mit à planter sa tringle de fer dans la terre. Il faisait ainsi un trou, dans lequel il mettait un gland, puis il rebouchait le trou. Il plantait des chênes! Je lui demandai si la terre lui appartenait. Il me répondit que non. Savait-il à qui elle était? Il ne le savait pas. Il supposait que c'était une terre communale ou peut-être était-elle la propriété de gens qui ne s'en souciaient pas? Lui ne se souciait pas de connaître les propriétaires. Il planta ainsi ses cent glands avec un soin extrême.

Après le repas de midi, il recommença à trier sa semence. Je mis, je crois, assez d'insistance dans mes questions puisqu'il y répondit. Depuis trois ans, il plantait des arbres dans cette solitude. Il en avait planté cent mille. Sur les cent mille, vingt mille étaient sortis. Sur ces vingt mille, il comptait encore enperdre la moitié, du fait des rongeurs ou de tout l'imprévisible dessein de la Providence. Restaient dix mille chênes qui allaient pousser dans cet endroit où il n'y avait rien auparavant.

C'est à ce moment-là que je me souciai de l'âge de cet homme. Il avait visiblement plus de cinquante ans. Cinquante-cinq, me dit-il. Il s'appelait Elzéard Bouffier. Il avait possédé une ferme dans les plaines. Il y avait réalisé sa vie. Il avait perdu son fils unique, puis sa femme. Il s'était retiré dans la solitude où il prenait plaisir à vivre lentement, avec ses brebis et son chien. Il avait jugé que ce pays mourait par manque d'arbres. Il ajouta que, n'ayant pas d'occupations très importantes, il avait résolu de remédier à cet état de choses.

Mon jeune âge me forçait à imaginer l'avenir en fonction de moi-même et d'une certaine recherche du bonheur. Je lui dis que, dans trente ans, ces dix mille chênes seraient magnifiques. Il me répondit très simplement que si Dieu lui prêtait vie, dans trente ans, il en aurait planté tellement d'autres que ces dix mille seraient comme une goutte d'eau dans la mer.

Il étudiait déjà la reproduction des hêtres et il en avait, près de sa maison, une pépinière issue des faines. Les sujets qu'il avait protégés de ses moutons étaient de toute beauté. Il pensait également à des bouleaux pour les fonds où, me dit-il, une certaine humidité dormait à quelques mètres de la surface du sol.

Nous nous séparâmes le lendemain.

L'année d'après, il y eut la guerre de 1914, dans laquelle je fus engagé pendant cinq ans. Un soldat d'infanterie ne pouvait guère y réfléchir à des arbres.

Sorti de la guerre, je me trouvai à la tête d'une prime de démobilisation minuscule, mais avec le grand désir de respirer un peu d'air pur. C'est sans idée préconçue, sauf celle-là, que je repris le chemin de ces contrées désertes.

Le pays n'avait pas changé. Toutefois, au-delà du village mort, j'aperçus dans le lointain une sorte de brouillard gris qui recouvrait les hauteurs comme un tapis. Depuis la veille, je m'étais remis à penser à ce berger planteur d'arbres. «Dix mille chênes, me disais-je, occupent vraiment un très large espace».

J'avais vu mourir trop de monde pendant cinq ans pour ne pas imaginer facilement la mort d'Elzéard Bouffier. D'autant que, lorsqu'on en a vingt, on considère les hommes de cinquante comme des vieillards à qui il ne reste plus qu'à mourir. Il n'était pas mort! Il avait changé de métier! Il ne possédait plus que quatre brebis, mais, par contre, une centaine de ruches. Il s'était débarrassé des moutons qui mettaient en péril ses plantations d'arbres. Il ne s'était pas du tout soucié de la guerre. Il avait imperturbablement continué à planter.

Les chênes de 1910 avaient alors dix ans et étaient plus hauts que moi et que lui. Le spectacle était impressionnant. J'étais littéralement privé de parole! Et comme lui ne parlait pas, nous passâmes tout le jour en silence à nous promener dans sa forêt. Elle avait, en trois tronçons, onze kilomètres de long et trois kilomètres dans sa plus grande largeur. Quand on se souvenait que tout était sorti des mains et de l'âme de cet homme, sans moyen technique, on comprenait que les hommes pourraient être aussi efficaces que Dieu dans d'autres domaines que la destruction.

Il avait suivi son idée, et les hêtres qui m'arrivaient aux épaules, répandus à perte de vue, en témoignaient. Les chênes étaient drus et avaient dépassé l'âge où ils étaient à la merci des rongeurs. Quant aux desseins de la Providence elle-même, pour détruire l'œuvre créée, il lui faudrait avoir désormais recours aux cyclones. Il me montra d'admirables bosquets de bouleaux qui dataient de cinq ans, c'est-à-dire de 1915, de l'époque où je combattais à Verdun. Il leur avait fait occuper tous les fonds où il soupçonnait, avec juste raison, qu'il y avait de l'humidité presque à fleur de terre. Ils étaient tendres comme des adolescents, et très décidés.

La création avait l'air, d'ailleurs, de s'opérer en chaîne. Il ne s'en souciait pas. Il poursuivait obstinément sa tâche très simple. Mais en redescendant par le village, je vis couler de l'eau dans des ruisseaux qui, de mémoire d'homme, avaient toujours été à sec. C'était la plus formidable opération de réaction qu'il m'ait été donné de voir. Ces ruisseaux secs avaient jadis porté de l'eau dans des temps très anciens. Certains de ces villages tristes dont j'ai parlé au début de mon récit s'étaient construits sur les emplacements d'anciens villages gallo-romains dont il restait encore des traces, dans lesquelles les archéologues avaient fouillé et ils avaient trouvé des hameçons à des endroits où, au vingtième siècle, on était obligé d'avoir recours à des citernes pour avoir un peu d'eau.

Le vent aussi dispersait certaines graines. En même temps que l'eau réapparut, réapparaissaient les saules, les osiers, les prés, les jardins, les fleurs et une certaine façon de vivre.

Mais la transformation s'opérait si lentement qu'elle entrait dans l'habitude sans provoquer d'étonnement. Les chasseurs qui montaient dans les solitudes à la poursuite des lièvres ou des sangliers avaient bien constaté le foisonnement des petits arbres, mais ils l'avaient mis sur le compte des malices naturelles de la terre. C'est pourquoi personne ne touchait à l'œuvre de cet homme. Si on l'avait soupçonné, on l'aurait contrarié. Il était insoupçonnable. Qui aurait pu imaginer, dans les villages et les administrations, une telle obstination dans la générosité la plus magnifique?

À partir de 1920, je ne suis jamais resté plus d'un an sans rendre visite à Elzéard Bouffier. Je ne l'ai jamais vu fléchir ni douter. Et pourtant, Dieu sait si Dieu même y pousse! Je n'ai pas fait le compte de ses déboires. On imagine bien, cependant, que pour une réussite semblable, il a fallu vaincre l'adversité. Que, pour assurer la victoire d'une telle passion, il a fallu lutter avec le désespoir.

Pour avoir une idée à peu près exacte de ce caractère exceptionnel, il ne faut pas oublier qu'il s'exerçait dans une solitude totale... Si totale que, vers la fin de sa vie, il avait perdu l'habitude de parler. Ou, peut-être, n'en voyait-il pas la nécessité?

En 1933, il reçut la visite d'un garde-forestier éberlué! Ce fonctionnaire lui intima l'ordre de ne pas faire de feu dehors, de peur de mettre en danger la croissance de cette forêt naturelle. C'était la première fois, lui dit cet homme naïf, qu'on voyait une forêt pousser toute seule.

En 1935, une véritable délégation administrative vint examiner la «forêt naturelle». Il y avait un grand personnage des Eaux et Forêts, un député, des techniciens. On prononça beaucoup de paroles inutiles. On décida de faire quelque chose et, heureusement, on ne fit rien, sinon la seule chose utile: mettre la forêt sous la sauvegarde de l'État et interdire qu'on vienne y charbonner. Car il était impossible de n'être pas subjugué par la beauté de ces jeunes arbres en pleine santé. Et elle exerça son pouvoir de séduction sur le député lui-même.

J'avais un ami, parmi les capitaines forestiers, qui était de la délégation. Je lui expliquai le mystère. Un jour de la semaine d'après, nous allâmes tous les deux à la recherche d'Elzéard Bouffier. Nous le trouvâmes en plein travail, à vingt kilomètres de l'endroit où avait eu lieu l'inspection.

Ce capitaine forestier n'était pas mon ami pour rien. Il connaissait la valeur des choses. J'offris les quelques œufs que j'avais apportés en présent. Nous partageâmes notre casse-croûte en trois et quelques heures passèrent dans la contemplation muette du paysage.

Le côté d'où nous venions était couvert d'arbres de six à sept mètres de haut. Je me souvenais de l'aspect du pays en 1913... Le désert. Le travail paisible et régulier, l'air vif des hauteurs, la frugalité et surtout la sérénité de l'âme avaient donné à ce vieillard une santé presque solennelle. C'était un athlète de Dieu. Je me demandais combien d'hectares il allait encore couvrir d'arbres.

Avant de partir, mon ami fit simplement une brève suggestion à propos de certaines essences auxquelles le terrain d'ici paraissait devoir convenir. Il n'insista pas, pour la bonne raison, me dit-il après, que «Ce bonhomme en sait plus que moi.» Au bout d'une heure de marche, l'idée ayant fait son chemin en lui, il ajouta: «Il en sait beaucoup plus que tout le monde. Il a trouvé un fameux moyen d'être heureux!» C'est grâce à ce capitaine que, non seulement la forêt, mais le bonheur de cet homme furent protégés.

L'œuvre ne courut un risque grave que pendant la guerre de 1939. Les automobiles marchant alors au gazogène, on n'avait jamais assez de bois. On commença à faire des coupes dans les chênes de 1910, mais ces quartiers sont si loin de tous réseaux routiers que l'entreprise se révéla très mauvaise au point de vue financier. On l'abandonna. Le berger n'avait rien vu. Il était à trente kilomètres de là, continuant paisiblement sa besogne, ignorant la guerre de 1939, comme il avait ignoré la guerre de 1914.

J'ai vu Elzéard Bouffier pour la dernière fois en juin 1945. Il avait alors quatre-vingt-sept ans. J'avais donc repris la route du désert, mais maintenant, malgré le délabrement dans lequel la guerre avait laissé ce pays, il y avait un car qui faisait le service entre la vallée de la Durance et la montagne. Je mis sur le compte de ce moyen de transport relativement rapide le fait que je ne reconnaissais plus les lieux de mes premières promenades. J'eus besoin d'un nom de village pour conclure que j'étais bien cependant dans cette région jadis en ruines et désolée. Le car me débarqua à Vergons.

En 1913, ce hameau de dix à douze maisons avait trois habitants. Ils étaient sauvages, se détestaient, vivaient de chasse au piège. Leur condition était sans espoir.

Tout était changé... L'air lui-même. Au lieu des bourrasques sèches et brutales qui m'accueillaient jadis, soufflait une brise souple chargée d'odeurs. Un bruit semblable à celui de l'eau venait des hauteurs. C'était celui du vent dans les forêts. Enfin, chose plus étonnante, j'entendis le vrai bruit de l'eau coulant dans un bassin. Je vis qu'on avait fait une fontaine, qu'elle était abondante et, ce qui me toucha le plus: on avait planté près d'elle un tilleul, symbole incontestable d'une résurrection.

Par ailleurs, Vergons portait les traces d'un travail pour l'entreprise duquel l'espoir est nécessaire. L'espoir était donc revenu. On avait déblayé les ruines, abattu les pans de murs délabrés. Les maisons neuves, crépies de frais, étaient entourées de jardins potagers où poussaient, mélangés mais alignés, les légumes et les fleurs, les choux et les rosiers, les poireaux et les gueules-de-loup, les céleris et les anémones. C'était désormais un endroit où l'on avait envie d'habiter.

À partir de là, je fis mon chemin à pied. La guerre dont nous sortions à peine n'avait pas permis l'épanouissement complet de la vie, mais Lazare était hors du tombeau. Sur les flancs abaissés de la montagne, je voyais de petits champs d'orge et de seigle en herbe. Au fond des étroites vallées, quelques prairies verdissaient.

Il n'a fallu que les huit ans qui nous séparent de cette époque pour que tout le pays resplendisse de santé et d'aisance. Sur l'emplacement des ruines que j'avais vues en 1913 s'élèvent maintenant des fermes propres, bien crépies, qui dénotent une vie heureuse et confortable. Les vieilles sources, alimentées par les pluies et les neiges que retiennent les forêts, se sont remises à couler. À côté de chaque ferme, dans des bosquets d'érables, les bassins des fontaines débordent sur des tapis de menthe fraîche. Les villages se sont reconstruits peu à peu. Une population venue des plaines où la terre se vend cher s'est fixée dans le pays, y apportant de la jeunesse, du mouvement, de l'esprit d'aventure. On rencontre dans les chemins des hommes et des femmes bien nourris, des garçons et des filles qui savent rire et ont repris goût aux fêtes campagnardes. Si on compte l'ancienne population, méconnaissable depuis qu'elle vit avec douceur, et les nouveaux venus, plus de dix mille personnes doivent leur bonheur à Elzéard Bouffier.

Quand je pense qu'un homme seul, réduit à ses simples ressources physiques et morales, a suffi pour faire surgir du désert ce pays de Canaan, je trouve que, malgré tout, la condition humaine est admirable. Mais, quand je fais le compte de tout ce qu'il a fallu de constance dans la grandeur d'âme et d'acharnement dans la générosité pour obtenir ce résultat, je suis pris d'un immense respect pour ce vieux paysan sans culture qui a su mener à bien cette œuvre digne de Dieu.

Elzéard Bouffier est mort paisiblement en 1947, à l'hospice de Banon.

Tables de conjugaison

Guide to the Verb List and Tables

The list of verbs below includes the irregular, reflexive, and spelling-change verbs introduced as active vocabulary in **IMAGINEZ**. Each verb is followed by a model verb that has the same conjugation pattern. The number in parentheses indicates where in the verb tables (pages 462–473) you can find the model verb. Regular **-er**, **-ir**, and **-re** verbs are conjugated like **parler** (1), **finir** (2) and **vendre** (3), respectively. The phrase **p.c.** with **être** after a verb means that it is conjugated with **être** in the **passé composé** and other compound tenses. (See page 463.) Reminder: All reflexive (pronominal) verbs use être as their auxiliary verb, and they are alphabetized under the non-reflexive infinitive.

accueillir like ouvrir (34)
s'acharner like se laver (4)
acheter (7)
s'adapter like se laver (4)
s'adresser like se laver (4)
agacer like commencer (9)
aller (13); **p.c.** with **être**
s'améliorer like se laver (4)
amener like acheter (7)
s'amuser like se laver (4)
apercevoir like recevoir (40)
s'apercevoir like recevoir (40) *except* **p.c.** with **être**
appartenir like tenir (48)
appeler (8)
apprendre like prendre (39)
s'appuyer like employer (10) *except* **p.c.** with **être**
s'arrêter like se laver (4)
arriver like parler (1) *except* **p.c.** with **être**
s'asseoir (14); **p.c.** with **être**
s'assimiler like se laver (4)
s'associer like se laver (4)
atteindre like éteindre (26)
s'attendre like vendre (3) *except* **p.c.** with **être**
avancer like commencer (9)
avoir (5)
se balancer like commencer (9) *except* **p.c.** with **être**
balayer like employer (10) *except* **y** to **i** change optional
se battre (15); **p.c.** with **être**
se blesser like se laver (4)
boire (16)
se brosser like se laver (4)
se casser like se laver (4)
célébrer like préférer (12)
se coiffer like se laver (4)
combattre like se battre (15) *except* **p.c.** with **avoir**
commencer (9)
se comporter like se laver (4)
comprendre like prendre (39)
conduire (17)
connaître (18)
se connecter like se laver (4)
se consacrer like se laver (4)
considérer like préférer (12)
construire like conduire (17)
convaincre like vaincre (49)
se coucher like se laver (4)
se couper like se laver (4)
courir (19)
couvrir like ouvrir (34)
craindre like éteindre (26)
croire (20)
se croiser like se laver (4)
déblayer like essayer (10)
se débrouiller like se laver (4)
se décourager like manger (11) *except* **p.c.** with **être**
découvrir like ouvrir (34)
décrire like écrire (23)
se demander like se laver (4)
déménager like manger (11)
se dépasser like se laver (4)
se dépêcher like se laver (4)
se déplacer like commencer (9)
déranger like manger (11)
se dérouler like se laver (4)
descendre like vendre (3) *except* **p.c.** with **être; p.c.** w/**avoir** if takes a direct object
se déshabiller like se laver (4)
se détendre like vendre (3) *except* **p.c.** with **être**
détruire like conduire (17)
devenir like venir (51); **p.c.** with **être**
devoir (21)
dire (22)
diriger like manger (11)
disparaître like connaître (18)
se disputer like se laver (4)
se divertir like finir (2) *except* **p.c.** with **être**
divorcer like commencer (9)
dormir like partir (35) *except* **p.c.** with **avoir**
se douter like se laver (4)
écrire (23)
effacer like commencer (9)
élever like acheter (7)
élire like lire (30)
s'embrasser like se laver (4)
emménager like manger (11)
emmener like acheter (7)
émouvoir (24)
employer (10)
s'endormir like partir (35); **p.c.** with **être**
enlever like acheter (7)
s'énerver like se laver (4)
s'enfoncer like commencer (9) *except* **p.c.** with **être**
s'engager like manger (11) *except* **p.c.** with **être**
ennuyer like employer (10)
s'ennuyer like employer (10) *except* **p.c.** with **être**
s'enrichir like finir (2) *except* **p.c.** with **être**
s'entendre like vendre (3) *except* **p.c.** with **être**
s'étonner like se laver (4)
s'entourer like se laver (4)
entreprendre like prendre (39)
entrer like parler (1) *except* **p.c.** with **être**
entretenir like tenir (48)
s'entretenir like tenir (48) *except* **p.c.** with **être**
envoyer (25)
épeler like appeler (8)
espérer like préférer (12)
essayer like employer (10) *except* **y** to **i** change optional

essuyer like employer (10)
s'établir like finir (2) *except* **p.c.** with **être**
éteindre (26)
s'étendre like vendre (3) *except* **p.c.** with **être**
être (6)
s'excuser like se laver (4)
exiger like manger (11)
se fâcher like se laver (4)
faire (27)
falloir (28)
se fiancer like commencer (9) *except* **p.c.** with **être**
finir (2)
forcer like commencer (9)
se fouler like se laver (4)
fuir (29)
s'habiller like se laver (4)
s'habituer like se laver (4)
harceler like acheter (7)
s'informer like se laver (4)
s'inquiéter like préférer (12) *except* **p.c.** with **être**
s'inscrire like écrire (23) *except* **p.c.** with **être**
s'installer like se laver (4)
interdire like dire (22) *except* **vous interdisez** (present) and **interdisez** (imperative)
s'intégrer like préférer (12) *except* **p.c.** with **être**
s'intéresser like se laver (4)
s'investir like finir (2) *except* **p.c.** with **être**
jeter like appeler (8)
lancer like commencer (9)
se lancer like commencer (9) *except* **p.c.** with **être**
se laver (4)
lever like acheter (7)
se lever like acheter (7) *except* **p.c.** with **être**
se libérer like se laver (4)
lire (30)
loger like manger (11)
maintenir like tenir (48)
manger (11)
se maquiller like se laver (4)
se marier like se laver (4)
se méfier like se laver (4)
menacer like commencer (9)
mener like acheter (7)
mentir like partir (35) *except* **p.c.** with **avoir**
mettre (31)
se mettre like mettre (31) *except* **p.c.** with **être**
monter like parler (1) *except* **p.c.** with **être; p.c. w/avoir** if takes a direct object
se moquer like se laver (4)
mourir (32); **p.c.** with **être**
nager like manger (11)
naître (33); **p.c.** with **être**
nettoyer like employer (10)
nuire like conduire (17)
obtenir like tenir (48)
s'occuper like se laver (4)
offrir like ouvrir (34)
s'orienter like se laver (4)
ouvrir (34)
paraître like connaître (18)
parcourir like courir (19)
parler (1)
partager like manger (11)
partir (35); **p.c.** with **être**
parvenir like venir (51)
passer like parler (1) *except* **p.c.** with **être**
payer like employer (10) *except* **y** to **i** change optional
se peigner like se laver (4)
percevoir like recevoir (40)
permettre like mettre (31)
peser like acheter (7)
placer like commencer (9)
se plaindre like éteindre (26) *except* **p.c.** with **être**
plaire (36)
pleuvoir (37)
plonger like manger (11)
posséder like préférer (12)
pouvoir (38)
prédire like dire (22) *except* **vous prédisez** (present) and **prédisez** (imperative)
préférer (12)
prendre (39)
prévenir like venir (51) *except* **p.c.** with **avoir**
prévoir like voir (53)
produire like conduire (17)
projeter like appeler (8)
se promener like acheter (7) *except* **p.c.** with **être**
promettre like mettre (31)
protéger like préférer (12) *except* takes **e** between **g** and vowels **a** and **o**
provenir like venir (51)
ranger like manger (11)
rappeler like appeler (8)
se rappeler like appeler (8) *except* **p.c.** with **être**
se raser like se laver (4)
se rassurer like se laver (4)
se rebeller like se laver (4)
recevoir (40)
se réconcilier like se laver (4)
reconnaître like connaître (18)
réduire like conduire (17)
régner like préférer (12)
rejeter like appeler (8)
rejoindre (41)
se relever like acheter (7) *except* **p.c.** with **être**
remplacer like commencer (9)
renouveler like appeler (8)
rentrer like parler (1) *except* **p.c.** with **être**
renvoyer like envoyer (25)
répéter like préférer (12)
se reposer like se laver (4)
reprendre like prendre (39)
résoudre (42)
ressentir like partir (35) *except* **p.c.** with **avoir**
rester like parler (1) *except* **p.c.** with **être**
retenir like tenir (48)
retourner like parler (1) *except* **p.c.** with **être**
se retourner like se laver (4)
retransmettre like mettre (31)
se réunir like finir (2) *except* **p.c.** with **être**
se réveiller like se laver (4)
revenir like venir (51); **p.c.** with **être**
revoir like voir (53)
se révolter like se laver (4)
rire (43)
rompre (44)
savoir (45)
se sécher like préférer (12) *except* **p.c.** with **être**
séduire like conduire (17)
sentir like partir (35) *except* **p.c.** with **avoir**
servir like partir (35) *except* **p.c.** with **avoir**
se servir like partir (35); **p.c.** with **être**
sortir like partir (35); **p.c.** with **être**
se soucier like se laver (4)
souffrir like ouvrir (34)
soulager like manger (11)
soulever like acheter (7)
sourire like rire (43)
soutenir like tenir (48)
se souvenir like venir (51); **p.c.** with **être**
subvenir like venir (51) *except* **p.c.** with **avoir**
suffire like lire (30)
suggérer like préférer (12)
suivre (46)
surprendre like prendre (39)
survivre like vivre (52)
se taire (47)
télécharger like manger (11)
tenir (48)
tomber like parler (1) *except* **p.c.** with **être**
traduire like conduire (17)
se tromper like se laver (4)
se trouver like se laver (4)
vaincre (49)
valoir (50)
vendre (3)
venir (51); **p.c.** with **être**
vivre (52)
voir (53)
vouloir (54)
voyager like manger (11)

Tables de conjugaison

Regular verbs

	Infinitive / Present participle / Past participle / Past infinitive	INDICATIVE: Subject Pronouns	INDICATIVE: Present	INDICATIVE: Passé simple	INDICATIVE: Imperfect	INDICATIVE: Future	CONDITIONAL: Present	SUBJUNCTIVE: Present	IMPERATIVE
1	parler	je	parle	parlai	parlais	parlerai	parlerais	parle	
	(to speak)	tu	parles	parlas	parlais	parleras	parlerais	parles	parle
		il/elle/on	parle	parla	parlait	parlera	parlerait	parle	
	parlant	nous	parlons	parlâmes	parlions	parlerons	parlerions	parlions	parlons
	parlé	vous	parlez	parlâtes	parliez	parlerez	parleriez	parliez	parlez
	avoir parlé	ils/elles	parlent	parlèrent	parlaient	parleront	parleraient	parlent	
2	finir	je	finis	finis	finissais	finirai	finirais	finisse	
	(to finish)	tu	finis	finis	finissais	finiras	finirais	finisses	finis
		il/elle/on	finit	finit	finissait	finira	finirait	finisse	
	finissant	nous	finissons	finîmes	finissions	finirons	finirions	finissions	finissons
	fini	vous	finissez	finîtes	finissiez	finirez	finiriez	finissiez	finissez
	avoir fini	ils/elles	finissent	finirent	finissaient	finiront	finiraient	finissent	
3	vendre	je	vends	vendis	vendais	vendrai	vendrais	vende	
	(to sell)	tu	vends	vendis	vendais	vendras	vendrais	vendes	vends
		il/elle/on	vend	vendit	vendait	vendra	vendrait	vende	
	vendant	nous	vendons	vendîmes	vendions	vendrons	vendrions	vendions	vendons
	vendu	vous	vendez	vendîtes	vendiez	vendrez	vendriez	vendiez	vendez
	avoir vendu	ils/elles	vendent	vendirent	vendaient	vendront	vendraient	vendent	

Reflexive (Pronominal)

	Infinitive / Present participle / Past participle / Past infinitive	INDICATIVE: Subject Pronouns	INDICATIVE: Present	INDICATIVE: Passé simple	INDICATIVE: Imperfect	INDICATIVE: Future	CONDITIONAL: Present	SUBJUNCTIVE: Present	IMPERATIVE
4	se laver	je	me lave	me lavai	me lavais	me laverai	me laverais	me lave	
	(to wash oneself)	tu	te laves	te lavas	te lavais	te laveras	te laverais	te laves	lave-toi
		il/elle/on	se lave	se lava	se lavait	se lavera	se laverait	se lave	
	se lavant	nous	nous lavons	nous lavâmes	nous lavions	nous laverons	nous laverions	nous lavions	lavons-nous
	lavé	vous	vous lavez	vous lavâtes	vous laviez	vous laverez	vous laveriez	vous laviez	lavez-vous
	s'être lavé(e)(s)	ils/elles	se lavent	se lavèrent	se lavaient	se laveront	se laveraient	se lavent	

Auxiliary verbs: *avoir* and *être*

	Infinitive	INDICATIVE					CONDITIONAL	SUBJUNCTIVE	IMPERATIVE
	Present participle Past participle Past infinitive	**Subject Pronouns**	**Present**	**Passé simple**	**Imperfect**	**Future**	**Present**	**Present**	
5	avoir	j'	ai	eus	avais	aurai	aurais	aie	
	(to have)	tu	as	eus	avais	auras	aurais	aies	aie
		il/elle/on	a	eut	avait	aura	aurait	ait	
	ayant	nous	avons	eûmes	avions	aurons	aurions	ayons	ayons
	eu	vous	avez	eûtes	aviez	aurez	auriez	ayez	ayez
	avoir eu	ils/elles	ont	eurent	avaient	auront	auraient	aient	
6	être	je (j')	suis	fus	étais	serai	serais	sois	
	(to be)	tu	es	fus	étais	seras	serais	sois	sois
		il/elle/on	est	fut	était	sera	serait	soit	
	étant	nous	sommes	fûmes	étions	serons	serions	soyons	soyons
	été	vous	êtes	fûtes	étiez	serez	seriez	soyez	soyez
	avoir été	ils/elles	sont	furent	étaient	seront	seraient	soient	

Compound tenses

INDICATIVE							CONDITIONAL		SUBJUNCTIVE	
Subject pronouns	**Passé composé**		**Pluperfect**		**Future perfect**		**Past**		**Past**	
j'	ai		avais		aurai		aurais		aie	
tu	as	parlé	avais	parlé	auras	parlé	aurais	parlé	aies	parlé
il/elle/on	a	fini	avait	fini	aura	fini	aurait	fini	ait	fini
nous	avons	vendu	avions	vendu	aurons	vendu	aurions	vendu	ayons	vendu
vous	avez		aviez		aurez		auriez		ayez	
ils/elles	ont		avaient		auront		auraient		aient	
je (j')	suis		étais		serai		serais		sois	
tu	es		étais		seras		serais		sois	
il/elle/on	est		était		sera		serait		soit	
nous	sommes	allé(e)(s)	étions	allé(e)(s)	serons	allé(e)(s)	serions	allé(e)(s)	soyons	allé(e)(s)
vous	êtes		étiez		serez		seriez		soyez	
ils/elles	sont		étaient		seront		seraient		soient	

Verbs with spelling changes

	Infinitive Present participle Past participle Past infinitive	INDICATIVE Subject Pronouns	INDICATIVE Present	INDICATIVE Passé simple	INDICATIVE Imperfect	INDICATIVE Future	CONDITIONAL Present	SUBJUNCTIVE Present	IMPERATIVE
7	acheter	j'	achète	achetai	achetais	achèterai	achèterais	achète	
	(to buy)	tu	achètes	achetas	achetais	achèteras	achèterais	achètes	achète
		il/elle/on	achète	acheta	achetait	achètera	achèterait	achète	
	achetant	nous	achetons	achetâmes	achetions	achèterons	achèterions	achetions	achetons
	acheté	vous	achetez	achetâtes	achetiez	achèterez	achèteriez	achetiez	achetez
	avoir acheté	ils/elles	achètent	achetèrent	achetaient	achèteront	achèteraient	achètent	
8	appeler	j'	appelle	appelai	appelais	appellerai	appellerais	appelle	
	(to call)	tu	appelles	appelas	appelais	appelleras	appellerais	appelles	appelle
		il/elle/on	appelle	appela	appelait	appellera	appellerait	appelle	
	appelant	nous	appelons	appelâmes	appelions	appellerons	appellerions	appelions	appelons
	appelé	vous	appelez	appelâtes	appeliez	appellerez	appelleriez	appeliez	appelez
	avoir appelé	ils/elles	appellent	appelèrent	appelaient	appelleront	appelleraient	appellent	
9	commencer	je	commence	commençai	commençais	commencerai	commencerais	commence	
	(to begin)	tu	commences	commenças	commençais	commenceras	commencerais	commences	commence
		il/elle/on	commence	commença	commençait	commencera	commencerait	commence	
	commençant	nous	commençons	commençâmes	commencions	commencerons	commencerions	commencions	commençons
	commencé	vous	commencez	commençâtes	commenciez	commencerez	commenceriez	commenciez	commencez
	avoir commencé	ils/elles	commencent	commencèrent	commençaient	commenceront	commenceraient	commencent	
10	employer	j'	emploie	employai	employais	emploierai	emploierais	emploie	
	(to use; to employ)	tu	emploies	employas	employais	emploieras	emploierais	emploies	emploie
		il/elle/on	emploie	employa	employait	emploiera	emploierait	emploie	
	employant	nous	employons	employâmes	employions	emploierons	emploierions	employions	employons
	employé	vous	employez	employâtes	employiez	emploierez	emploieriez	employiez	employez
	avoir employé	ils/elles	emploient	employèrent	employaient	emploieront	emploieraient	emploient	
11	manger	je	mange	mangeai	mangeais	mangerai	mangerais	mange	
	(to eat)	tu	manges	mangeas	mangeais	mangeras	mangerais	manges	mange
		il/elle/on	mange	mangea	mangeait	mangera	mangerait	mange	
	mangeant	nous	mangeons	mangeâmes	mangions	mangerons	mangerions	mangions	mangeons
	mangé	vous	mangez	mangeâtes	mangiez	mangerez	mangeriez	mangiez	mangez
	avoir mangé	ils/elles	mangent	mangèrent	mangeaient	mangeront	mangeraient	mangent	

	Infinitive Present participle Past participle Past infinitive	INDICATIVE Subject Pronouns	Present	Passé simple	Imperfect	Future	CONDITIONAL Present	SUBJUNCTIVE Present	IMPERATIVE
12	préférer	je	préfère	préférai	préférais	préférerai	préférerais	préfère	
	(to prefer)	tu	préfères	préféras	préférais	préféreras	préférerais	préfères	préfère
		il/elle/on	préfère	préféra	préférait	préférera	préférerait	préfère	
	préférant	nous	préférons	préférâmes	préférions	préférerons	préférerions	préférions	préférons
	préféré	vous	préférez	préférâtes	préfériez	préférerez	préféreriez	préfériez	préférez
	avoir préféré	ils/elles	préfèrent	préférèrent	préféraient	préféreront	préféreraient	préfèrent	

Irregular verbs

	Infinitive Present participle Past participle Past infinitive	INDICATIVE Subject Pronouns	Present	Passé simple	Imperfect	Future	CONDITIONAL Present	SUBJUNCTIVE Present	IMPERATIVE
13	aller	je (j')	vais	allai	allais	irai	irais	aille	
	(to go)	tu	vas	allas	allais	iras	irais	ailles	va
		il/elle/on	va	alla	allait	ira	irait	aille	
	allant	nous	allons	allâmes	allions	irons	irions	allions	allons
	allé	vous	allez	allâtes	alliez	irez	iriez	alliez	allez
	être allé(e)(s)	ils/elles	vont	allèrent	allaient	iront	iraient	aillent	
14	s'asseoir	je	m'assieds	m'assis	m'asseyais	m'assiérai	m'assiérais	m'asseye	
	(to sit down,	tu	t'assieds	t'assis	t'asseyais	t'assiéras	t'assiérais	t'asseyes	assieds-toi
	to be seated)	il/elle/on	s'assied	s'assit	s'asseyait	s'assiéra	s'assiérait	s'asseye	
	s'asseyant	nous	nous asseyons	nous assîmes	nous asseyions	nous assiérons	nous assiérions	nous asseyions	asseyons-nous
	assis	vous	vous asseyez	vous assîtes	vous asseyiez	vous assiérez	vous assiériez	vous asseyiez	asseyez-vous
	s'être assis(e)(s)	ils/elles	s'asseyent	s'assirent	s'asseyaient	s'assiéront	s'assiéraient	s'asseyent	
15	se battre	je	me bats	me battis	me battais	me battrai	me battrais	me batte	
	(to fight)	tu	te bats	te battis	te battais	te battras	te battrais	te battes	bats-toi
		il/elle/on	se bat	se battit	se battait	se battra	se battrait	se batte	
	se battant	nous	nous battons	nous battîmes	nous battions	nous battrons	nous battrions	nous battions	battons-nous
	battu	vous	vous battez	vous battîtes	vous battiez	vous battrez	vous battriez	vous battiez	battez-vous
	s'être battu(e)(s)	ils/elles	se battent	se battirent	se battaient	se battront	se battraient	se battent	

	Infinitive / Present participle / Past participle / Past infinitive	INDICATIVE: Subject Pronouns	INDICATIVE: Present	INDICATIVE: Passé simple	INDICATIVE: Imperfect	INDICATIVE: Future	CONDITIONAL: Present	SUBJUNCTIVE: Present	IMPERATIVE
16	boire	je	bois	bus	buvais	boirai	boirais	boive	
	(to drink)	tu	bois	bus	buvais	boiras	boirais	boives	bois
		il/elle/on	boit	but	buvait	boira	boirait	boive	
	buvant	nous	buvons	bûmes	buvions	boirons	boirions	buvions	buvons
	bu	vous	buvez	bûtes	buviez	boirez	boiriez	buviez	buvez
	avoir bu	ils/elles	boivent	burent	buvaient	boiront	boiraient	boivent	
17	conduire	je	conduis	conduisis	conduisais	conduirai	conduirais	conduise	
	(to drive; to lead)	tu	conduis	conduisis	conduisais	conduiras	conduirais	conduises	conduis
		il/elle/on	conduit	conduisit	conduisait	conduira	conduirait	conduise	
	conduisant	nous	conduisons	conduisîmes	conduisions	conduirons	conduirions	conduisions	conduisons
	conduit	vous	conduisez	conduisîtes	conduisiez	conduirez	conduiriez	conduisiez	conduisez
	avoir conduit	ils/elles	conduisent	conduisirent	conduisaient	conduiront	conduiraient	conduisent	
18	connaître	je	connais	connus	connaissais	connaîtrai	connaîtrais	connaisse	
	(to know, to be	tu	connais	connus	connaissais	connaîtras	connaîtrais	connaisses	connais
	acquainted with)	il/elle/on	connaît	connut	connaissait	connaîtra	connaîtrait	connaisse	
	connaissant	nous	connaissons	connûmes	connaissions	connaîtrons	connaîtrions	connaissions	connaissons
	connu	vous	connaissez	connûtes	connaissiez	connaîtrez	connaîtriez	connaissiez	connaissez
	avoir connu	ils/elles	connaissent	connurent	connaissaient	connaîtront	connaîtraient	connaissent	
19	courir	je	cours	courus	courais	courrai	courrais	coure	
	(to run)	tu	cours	courus	courais	courras	courrais	coures	cours
		il/elle/on	court	courut	courait	courra	courrait	coure	
	courant	nous	courons	courûmes	courions	courrons	courrions	courions	courons
	couru	vous	courez	courûtes	couriez	courrez	courriez	couriez	courez
	avoir couru	ils/elles	courent	coururent	couraient	courront	courraient	courent	
20	croire	je	crois	crus	croyais	croirai	croirais	croie	
	(to believe)	tu	crois	crus	croyais	croiras	croirais	croies	crois
		il/elle/on	croit	crut	croyait	croira	croirait	croie	
	croyant	nous	croyons	crûmes	croyions	croirons	croirions	croyions	croyons
	cru	vous	croyez	crûtes	croyiez	croirez	croiriez	croyiez	croyez
	avoir cru	ils/elles	croient	crurent	croyaient	croiront	croiraient	croient	

	Infinitive	INDICATIVE					CONDITIONAL	SUBJUNCTIVE	IMPERATIVE
	Present participle Past participle Past infinitive	**Subject Pronouns**	**Present**	**Passé simple**	**Imperfect**	**Future**	**Present**	**Present**	
21	devoir	je	dois	dus	devais	devrai	devrais	doive	
	(to have to; to owe)	tu	dois	dus	devais	devras	devrais	doives	dois
		il/elle/on	doit	dut	devait	devra	devrait	doive	
	devant	nous	devons	dûmes	devions	devrons	devrions	devions	devons
	dû	vous	devez	dûtes	deviez	devrez	devriez	deviez	devez
	avoir dû	ils/elles	doivent	durent	devaient	devront	devraient	doivent	
22	dire	je	dis	dis	disais	dirai	dirais	dise	
	(to say, to tell)	tu	dis	dis	disais	diras	dirais	dises	dis
		il/elle/on	dit	dit	disait	dira	dirait	dise	
	disant	nous	disons	dîmes	disions	dirons	dirions	disions	disons
	dit	vous	dites	dîtes	disiez	direz	diriez	disiez	dites
	avoir dit	ils/elles	disent	dirent	disaient	diront	diraient	disent	
23	écrire	j'	écris	écrivis	écrivais	écrirai	écrirais	écrive	
	(to write)	tu	écris	écrivis	écrivais	écriras	écrirais	écrives	écris
		il/elle/on	écrit	écrivit	écrivait	écrira	écrirait	écrive	
	écrivant	nous	écrivons	écrivîmes	écrivions	écrirons	écririons	écrivions	écrivons
	écrit	vous	écrivez	écrivîtes	écriviez	écrirez	écririez	écriviez	écrivez
	avoir écrit	ils/elles	écrivent	écrivirent	écrivaient	écriront	écriraient	écrivent	
24	émouvoir	j'	émeus	émus	émouvais	émouvrai	émouvrais	émeuve	
	(to move)	tu	émeus	émus	émouvais	émouvras	émouvrais	émeuves	émeus
		il/elle/on	émeut	émut	émouvait	émouvra	émouvrait	émeuve	
	émouvant	nous	émouvons	émûmes	émouvions	émouvrons	émouvrions	émouvions	émouvons
	ému	vous	émouvez	émûtes	émouviez	émouvrez	émouvriez	émouviez	émouvez
	avoir ému	ils/elles	émeuvent	émurent	émouvaient	émouvront	émouvraient	émeuvent	
25	envoyer	j'	envoie	envoyai	envoyais	enverrai	enverrais	envoie	
	(to send)	tu	envoies	envoyas	envoyais	enverras	enverrais	envoies	envoie
		il/elle/on	envoie	envoya	envoyait	enverra	enverrait	envoie	
	envoyant	nous	envoyons	envoyâmes	envoyions	enverrons	enverrions	envoyions	envoyons
	envoyé	vous	envoyez	envoyâtes	envoyiez	enverrez	enverriez	envoyiez	envoyez
	avoir envoyé	ils/elles	envoient	envoyèrent	envoyaient	enverront	enverraient	envoient	

	Infinitive / Present participle / Past participle / Past infinitive	INDICATIVE					CONDITIONAL	SUBJUNCTIVE	IMPERATIVE
		Subject Pronouns	Present	Passé simple	Imperfect	Future	Present	Present	
26	éteindre	j'	éteins	éteignis	éteignais	éteindrai	éteindrais	éteigne	
	(to turn off)	tu	éteins	éteignis	éteignais	éteindras	éteindrais	éteignes	éteins
		il/elle/on	éteint	éteignit	éteignait	éteindra	éteindrait	éteigne	
	éteignant	nous	éteignons	éteignîmes	éteignions	éteindrons	éteindrions	éteignions	éteignons
	éteint	vous	éteignez	éteignîtes	éteigniez	éteindrez	éteindriez	éteigniez	éteignez
	avoir étient	ils/elles	éteignent	éteignirent	éteignaient	éteindront	éteindraient	éteignent	
27	faire	je	fais	fis	faisais	ferai	ferais	fasse	
	(to do; to make)	tu	fais	fis	faisais	feras	ferais	fasses	fais
		il/elle/on	fait	fit	faisait	fera	ferait	fasse	
	faisant	nous	faisons	fîmes	faisions	ferons	ferions	fassions	faisons
	fait	vous	faites	fîtes	faisiez	ferez	feriez	fassiez	faites
	avoir fait	ils/elles	font	firent	faisaient	feront	feraient	fassent	
28	falloir								
	(to be necessary)								
		il	faut	fallut	fallait	faudra	faudrait	faille	
	fallu								
	avoir fallu								
29	fuir	je	fuis	fuis	fuyais	fuirai	fuirais	fuie	
	(to flee)	tu	fuis	fuis	fuyais	fuiras	fuirais	fuies	fuis
		il/elle/on	fuit	fuit	fuyait	fuira	fuirait	fuie	
	fuyant	nous	fuyons	fuîmes	fuyions	fuirons	fuirions	fuyions	fuyons
	fui	vous	fuyez	fuîtes	fuyiez	fuirez	fuiriez	fuyiez	fuyez
	avoir fui	ils/elles	fuient	fuirent	fuyaient	fuiront	fuiraient	fuient	
30	lire	je	lis	lus	lisais	lirai	lirais	lise	
	(to read)	tu	lis	lus	lisais	liras	lirais	lises	lis
		il/elle/on	lit	lut	lisait	lira	lirait	lise	
	lisant	nous	lisons	lûmes	lisions	lirons	lirions	lisions	lisons
	lu	vous	lisez	lûtes	lisiez	lirez	liriez	lisiez	lisez
	avoir lu	ils/elles	lisent	lurent	lisaient	liront	liraient	lisent	

	Infinitive Present participle Past participle Past infinitive	INDICATIVE Subject Pronouns	 Present	 Passé simple	 Imperfect	 Future	CONDITIONAL Present	SUBJUNCTIVE Present	IMPERATIVE
31	mettre	je	mets	mis	mettais	mettrai	mettrais	mette	
	(to put)	tu	mets	mis	mettais	mettras	mettrais	mettes	mets
		il/elle/on	met	mit	mettait	mettra	mettrait	mette	
	mettant	nous	mettons	mîmes	mettions	mettrons	mettrions	mettions	mettons
	mis	vous	mettez	mîtes	mettiez	mettrez	mettriez	mettiez	mettez
	avoir mis	ils/elles	mettent	mirent	mettaient	mettront	mettraient	mettent	
32	mourir	je	meurs	mourus	mourais	mourrai	mourrais	meure	
	(to die)	tu	meurs	mourus	mourais	mourras	mourrais	meures	meurs
		il/elle/on	meurt	mourut	mourait	mourra	mourrait	meure	
	mourant	nous	mourons	mourûmes	mourions	mourrons	mourrions	mourions	mourons
	mort	vous	mourez	mourûtes	mouriez	mourrez	mourriez	mouriez	mourez
	être mort(e)(s)	ils/elles	meurent	moururent	mouraient	mourront	mourraient	meurent	
33	naître	je	nais	naquis	naissais	naîtrai	naîtrais	naisse	
	(to be born)	tu	nais	naquis	naissais	naîtras	naîtrais	naisses	nais
		il/elle/on	naît	naquit	naissait	naîtra	naîtrait	naisse	
	naissant	nous	naissons	naquîmes	naissions	naîtrons	naîtrions	naissions	naissons
	né	vous	naissez	naquîtes	naissiez	naîtrez	naîtriez	naissiez	naissez
	être né(e)(s)	ils/elles	naissent	naquirent	naissaient	naîtront	naîtraient	naissent	
34	ouvrir	j'	ouvre	ouvris	ouvrais	ouvrirai	ouvrirais	ouvre	
	(to open)	tu	ouvres	ouvris	ouvrais	ouvriras	ouvrirais	ouvres	ouvre
		il/elle/on	ouvre	ouvrit	ouvrait	ouvrira	ouvrirait	ouvre	
	ouvrant	nous	ouvrons	ouvrîmes	ouvrions	ouvrirons	ouvririons	ouvrions	ouvrons
	ouvert	vous	ouvrez	ouvrîtes	ouvriez	ouvrirez	ouvririez	ouvriez	ouvrez
	avoir ouvert	ils/elles	ouvrent	ouvrirent	ouvraient	ouvriront	ouvriraient	ouvrent	
35	partir	je	pars	partis	partais	partirai	partirais	parte	
	(to leave)	tu	pars	partis	partais	partiras	partirais	partes	pars
		il/elle/on	part	partit	partait	partira	partirait	parte	
	partant	nous	partons	partîmes	partions	partirons	partirions	partions	partons
	parti	vous	partez	partîtes	partiez	partirez	partiriez	partiez	partez
	être parti(e)(s)	ils/elles	partent	partirent	partaient	partiront	partiraient	partent	

	Infinitive Present participle Past participle Past infinitive	INDICATIVE Subject Pronouns	 Present	 Passé simple	 Imperfect	 Future	CONDITIONAL Present	SUBJUNCTIVE Present	IMPERATIVE
36	plaire	je	plais	plus	plaisais	plairai	plairais	plaise	
	(to please)	tu	plais	plus	plaisais	plairas	plairais	plaises	plais
		il/elle/on	plaît	plut	plaisait	plaira	plairait	plaise	
	plaisant	nous	plaisons	plûmes	plaisions	plairons	plairions	plaisions	plaisons
	plu	vous	plaisez	plûtes	plaisiez	plairez	plairiez	plaisiez	plaisez
	avoir plu	ils/elles	plaisent	plurent	plaisaient	plairont	plairaient	plaisent	
37	pleuvoir								
	(to rain)								
		il	pleut	plut	pleuvait	pleuvra	pleuvrait	pleuve	
	pleuvant								
	plu								
	avoir plu								
38	pouvoir	je	peux	pus	pouvais	pourrai	pourrais	puisse	
	(to be able)	tu	peux	pus	pouvais	pourras	pourrais	puisses	
		il/elle/on	peut	put	pouvait	pourra	pourrait	puisse	
	pouvant	nous	pouvons	pûmes	pouvions	pourrons	pourrions	puissions	
	pu	vous	pouvez	pûtes	pouviez	pourrez	pourriez	puissiez	
	avoir pu	ils/elles	peuvent	purent	pouvaient	pourront	pourraient	puissent	
39	prendre	je	prends	pris	prenais	prendrai	prendrais	prenne	
	(to take)	tu	prends	pris	prenais	prendras	prendrais	prennes	prends
		il/elle/on	prend	prit	prenait	prendra	prendrait	prenne	
	prenant	nous	prenons	prîmes	prenions	prendrons	prendrions	prenions	prenons
	pris	vous	prenez	prîtes	preniez	prendrez	prendriez	preniez	prenez
	avoir pris	ils/elles	prennent	prirent	prenaient	prendront	prendraient	prennent	
40	recevoir	je	reçois	reçus	recevais	recevrai	recevrais	reçoive	
	(to receive)	tu	reçois	reçus	recevais	recevras	recevrais	reçoives	reçois
		il/elle/on	reçoit	reçut	recevait	recevra	recevrait	reçoive	
	recevant	nous	recevons	reçûmes	recevions	recevrons	recevrions	recevions	recevons
	reçu	vous	recevez	reçûtes	receviez	recevrez	recevriez	receviez	recevez
	avoir reçu	ils/elles	reçoivent	reçurent	recevaient	recevront	recevraient	reçoivent	
41	rejoindre	je	rejoins	rejoignis	rejoignais	rejoindrai	rejoindrais	rejoigne	
	(to join)	tu	rejoins	rejoignis	rejoignais	rejoindras	rejoindrais	rejoignes	rejoins
		il/elle/on	rejoint	rejoignit	rejoignait	rejoindra	rejoindrait	rejoigne	
	rejoignant	nous	rejoignons	rejoignîmes	rejoignions	rejoindrons	rejoindrions	rejoignions	rejoignons
	rejoint	vous	rejoignez	rejoignîtes	rejoigniez	rejoindrez	rejoindriez	rejoigniez	rejoignez
	avoir rejoint	ils/elles	rejoignent	rejoignirent	rejoignaient	rejoindront	rejoindraient	rejoignent	

	Infinitive Present participle Past participle Past infinitive	INDICATIVE Subject Pronouns	INDICATIVE Present	INDICATIVE Passé simple	INDICATIVE Imperfect	INDICATIVE Future	CONDITIONAL Present	SUBJUNCTIVE Present	IMPERATIVE
42	résoudre	je	résous	résolus	résolvais	résoudrai	résoudrais	résolve	
	(to solve)	tu	résous	résolus	résolvais	résoudras	résoudrais	résolves	résous
		il/elle/on	résout	résolut	résolvait	résoudra	résoudrait	résolve	
	résolvant	nous	résolvons	résolûmes	résolvions	résoudrons	résoudrions	résolvions	résolvons
	résolu	vous	résolvez	résolûtes	résolviez	résoudrez	résoudriez	résolviez	résolvez
	avoir résolu	ils/elles	résolvent	résolurent	résolvaient	résoudront	résoudraient	résolvent	
43	rire	je	ris	ris	riais	rirai	rirais	rie	
	(to laugh)	tu	ris	ris	riais	riras	rirais	ries	ris
		il/elle/on	rit	rit	riait	rira	rirait	rie	
	riant	nous	rions	rîmes	riions	rirons	ririons	riions	rions
	ri	vous	riez	rîtes	riiez	rirez	ririez	riiez	riez
	avoir ri	ils/elles	rient	rirent	riaient	riront	riraient	rient	
44	rompre	je	romps	rompis	rompais	romprai	romprais	rompe	
	(to break)	tu	romps	rompis	rompais	rompras	romprais	rompes	romps
		il/elle/on	rompt	rompit	rompait	rompra	romprait	rompe	
	rompant	nous	rompons	rompîmes	rompions	romprons	romprions	rompions	rompons
	rompu	vous	rompez	rompîtes	rompiez	romprez	rompriez	rompiez	rompez
	avoir rompu	ils/elles	rompent	rompirent	rompaient	rompront	rompraient	rompent	
45	savoir	je	sais	sus	savais	saurai	saurais	sache	
	(to know)	tu	sais	sus	savais	sauras	saurais	saches	sache
		il/elle/on	sait	sut	savait	saura	saurait	sache	
	sachant	nous	savons	sûmes	savions	saurons	saurions	sachions	sachons
	su	vous	savez	sûtes	saviez	saurez	sauriez	sachiez	sachez
	avoir su	ils/elles	savent	surent	savaient	sauront	sauraient	sachent	
46	suivre	je	suis	suivis	suivais	suivrai	suivrais	suive	
	(to follow)	tu	suis	suivis	suivais	suivras	suivrais	suives	suis
		il/elle/on	suit	suivit	suivait	suivra	suivrait	suive	
	suivant	nous	suivons	suivîmes	suivions	suivrons	suivrions	suivions	suivons
	suivi	vous	suivez	suivîtes	suiviez	suivrez	suivriez	suiviez	suivez
	avoir suivi	ils/elles	suivent	suivirent	suivaient	suivront	suivraient	suivent	
47	se taire	je	me tais	me tus	me taisais	me tairai	me tairais	me taise	
	(to be quiet)	tu	te tais	te tus	te taisais	te tairas	te tairais	te taises	tais-toi
		il/elle/on	se tait	se tut	se taisait	se taira	se tairait	se taise	
	se taisant	nous	nous taisons	nous tûmes	nous taisions	nous tairons	nous tairions	nous taisions	taisons-nous
	tu	vous	vous taisez	vous tûtes	vous taisiez	vous tairez	vous tairiez	vous taisiez	taisez-vous
	s'être tu(e)(s)	ils/elles	se taisent	se turent	se taisaient	se tairont	se tairaient	se taisent	

	Infinitive Present participle Past participle Past infinitive	INDICATIVE					CONDITIONAL	SUBJUNCTIVE	IMPERATIVE
		Subject Pronouns	Present	Passé simple	Imperfect	Future	Present	Present	
48	tenir	je	tiens	tins	tenais	tiendrai	tiendrais	tienne	
	(to hold)	tu	tiens	tins	tenais	tiendras	tiendrais	tiennes	tiens
		il/elle/on	tient	tint	tenait	tiendra	tiendrait	tienne	
	tenant	nous	tenons	tînmes	tenions	tiendrons	tiendrions	tenions	tenons
	tenu	vous	tenez	tîntes	teniez	tiendrez	tiendriez	teniez	tenez
	avoir tenu	ils/elles	tiennent	tinrent	tenaient	tiendront	tiendraient	tiennent	
49	vaincre	je	vaincs	vainquis	vainquais	vaincrai	vaincrais	vainque	
	(to defeat)	tu	vaincs	vainquis	vainquais	vaincras	vaincrais	vainques	vaincs
		il/elle/on	vainc	vainquit	vainquait	vaincra	vaincrait	vainque	
	vainquant	nous	vainquons	vainquîmes	vainquions	vaincrons	vaincrions	vainquions	vainquons
	vaincu	vous	vainquez	vainquîtes	vainquiez	vaincrez	vaincriez	vainquiez	vainquez
	avoir vaincu	ils/elles	vainquent	vainquirent	vainquaient	vaincront	vaincraient	vainquent	
50	valoir	je	vaux	valus	valais	vaudrai	vaudrais	vaille	
	(to be worth)	tu	vaux	valus	valais	vaudras	vaudrais	vailles	vaux
		il/elle/on	vaut	valut	valait	vaudra	vaudrait	vaille	
	valant	nous	valons	valûmes	valions	vaudrons	vaudrions	valions	valons
	valu	vous	valez	valûtes	valiez	vaudrez	vaudriez	valiez	valez
	avoir valu	ils/elles	valent	valurent	valaient	vaudront	vaudraient	vaillent	
51	venir	je	viens	vins	venais	viendrai	viendrais	vienne	
	(to come)	tu	viens	vins	venais	viendras	viendrais	viennes	viens
		il/elle/on	vient	vint	venait	viendra	viendrait	vienne	
	venant	nous	venons	vînmes	venions	viendrons	viendrions	venions	venons
	venu	vous	venez	vîntes	veniez	viendrez	viendriez	veniez	venez
	être venu(e)(s)	ils/elles	viennent	vinrent	venaient	viendront	viendraient	viennent	
52	vivre	je	vis	vécus	vivais	vivrai	vivrais	vive	
	(to live)	tu	vis	vécus	vivais	vivras	vivrais	vives	vis
		il/elle/on	vit	vécut	vivait	vivra	vivrait	vive	
	vivant	nous	vivons	vécûmes	vivions	vivrons	vivrions	vivions	vivons
	vécu	vous	vivez	vécûtes	viviez	vivrez	vivriez	viviez	vivez
	avoir vécu	ils/elles	vivent	vécurent	vivaient	vivront	vivraient	vivent	
53	voir	je	vois	vis	voyais	verrai	verrais	voie	
	(to see)	tu	vois	vis	voyais	verras	verrais	voies	vois
		il/elle/on	voit	vit	voyait	verra	verrait	voie	
	voyant	nous	voyons	vîmes	voyions	verrons	verrions	voyions	voyons
	vu	vous	voyez	vîtes	voyiez	verrez	verriez	voyiez	voyez
	avoir vu	ils/elles	voient	virent	voyaient	verront	verraient	voient	

	Infinitive Present participle Past participle Past infinitive	INDICATIVE Subject Pronouns	 Present	 Passé simple	 Imperfect	 Future	CONDITIONAL Present	SUBJUNCTIVE Present	IMPERATIVE
54	vouloir	je	veux	voulus	voulais	voudrai	voudrais	veuille	
	(to want, to wish)	tu	veux	voulus	voulais	voudras	voudrais	veuilles	veuille
		il/elle/on	veut	voulut	voulait	voudra	voudrait	veuille	
	voulant	nous	voulons	voulûmes	voulions	voudrons	voudrions	voulions	veuillons
	voulu	vous	voulez	voulûtes	vouliez	voudrez	voudriez	vouliez	veuillez
	avoir voulu	ils/elles	veulent	voulurent	voulaient	voudront	voudraient	veuillent	

Vocabulaire

Guide to Vocabulary

Active vocabulary

This glossary contains the words and expressions presented as active vocabulary in **IMAGINEZ**. A numeral following the entry indicates the lesson of **IMAGINEZ** where the word or expression was introduced. Reflexive verbs are listed under the non-reflexive infinitive.

Abbreviations used in this glossary

adj.	adjective	*indef.*	indefinite	*prep.*	preposition
adv.	adverb	*m.*	masculine	*pron.*	pronoun
conj.	conjunction	*part.*	partitive	*rel.*	relative
f.	feminine	*p.p.*	past participle	*v.*	verb

Français–Anglais

A

à *prep.* at **5**; in **5**; to
à ce moment-là *adv.* at that moment **3**
à condition de *prep.* provided (that) **7**
à condition que *conj.* on the condition that **7**
à moins de *prep.* unless **7**
à moins que *conj.* unless **7**
à partir de *prep.* from **1**
à travers *prep.* throughout **3**
au chômage *adj.* unemployed **9**
abîmé(e) *adj.* damaged **9**
abonné(e) *m., f.* subscriber **9**
abonnement *m.* subscription **7**
aborder *v.* to tackle **3**; to approach **3**
abriter *v.* to provide a habitat for **10**
absolument *adv.* absolutely **2**
abus de pouvoir *m.* abuse of power **4**
abuser *v.* to abuse **4**
accablé(e) *adj.* overwhelmed **1**
accoucher *v.* to give birth **6**
acharnement *m.* determination **10**
acharner: s'acharner sur *v.* to persist relentlessly **5**
acheter *v.* to buy **1**
actif/active *adj.* active **2**
activiste *m., f.* militant activist **4**
actualisé(e) *adj.* updated **3**
actualité *f.* current events **3**
adapter: s'adapter *v.* to adapt **5**
adhérent(e) *m., f.* member **9**
admirer *v.* to admire **8**
ADN *m.* DNA **7**
adresse e-mail *f.* e-mail address **7**
adresser: s'adresser la parole *v.* to speak to one another **7**
affaires *f.* belongings **6**
affectueux/affectueuse *adj.* affectionate **1**
affronter *v.* to face **6**
afin de *prep.* in order to **2**
afin que *conj.* in order that **7**
agacer *v.* to annoy **1**
âge adulte *m.* adulthood **6**
agent de police *m.* police officer **2**
agir *v.* to take action **7**
il s'agit de it's a matter of **7**; it's about **7**
agiter *v.* to shake **10**
aimer *v.* to love **1**; to like **1**
ainsi *adv.* thus **2**
air *m.* air
en plein air *adj.* outdoors **10**
aliment *m.* (type or kind of) food **6**
alimentaire *adj.* related to food **6**
aller *v.* to go **1**
s'en aller *v.* to go/fade away **1**
aller de l'avant *v.* to forge ahead **5**
alliance *f.* wedding ring **6**
alors *adv.* so **2**; then **2**
alpinisme *m.* mountain climbing **8**
amants *m.* lovers **1**
ambiance *f.* atmosphere **2**
âme sœur *f.* soul mate **1**
améliorer *v.* to improve **2**
s'améliorer *v.* to better oneself **5**
amener *v.* to bring someone **1**
amitié *f.* friendship **1**
amoureux/amoureuse *adj.* in love **1**
tomber amoureux/amoureuse (de) to fall in love (with) **1**
amour-propre *m.* self-esteem **6**
amuser *v.* to amuse **2**; **s'amuser** *v.* to have fun **2**
analphabète *adj.* illiterate **4**
ancien(ne) *adj.* ancient **2**; former **2**
ancêtre *m., f.* ancestor **1**
animateur/animatrice de radio *m., f.* radio presenter **3**
animé(e) *adj.* lively **2**
anxieux/anxieuse *adj.* anxious **1**
apercevoir *v.* to catch sight of **2**; to perceive **9**; **s'apercevoir** *v.* to realize **2, 8**; to notice **8**
appareil (photo) numérique *m.* digital camera **7**
appartenir (à) *v.* to belong (to) **5**
appeler *v.* to call **1**
applaudir *v.* to applaud **8**
approuver une loi *v.* to pass a law **4**
appuyer: s'appuyer sur *v.* to rely on **7**
après *prep.* after **8**; **après que** *conj.* after **7**
araignée *f.* spider **10**
arbitre *m.* referee **8**
arc-en-ciel *m.* rainbow **10**
archipel *m.* archipelago **10**
argent *m.* silver **2**
argument de vente *m.* selling point **9**
arme *f.* weapon **4**
armée *f.* army **4**
arrêt d'autobus *m.* bus stop **2**
arrêter: s'arrêter *v.* to stop (oneself) **2**
arrière-grand-mère *f.* great-grandmother **6**
arrière-grand-père *m.* great-grandfather **6**
arriver *v.* to arrive **3**
artifice: feu d'artifice *m.* fireworks display **2**
asperge *f.* asparagus **6**
asseoir: s'asseoir *v.* to sit **9**
asservissement *m.* enslavement **4**
assez *adv.* quite **2**
assez de enough **5**
assimilation *f.* assimilation **5**
assimiler: s'assimiler à *v.* to blend in **1**
associer: s'associer à *v.* to join forces with **7**
astrologue *m., f.* astrologer **7**
astronaute *m., f.* astronaut **7**
astronome *m., f.* astronomer **7**

atout *m.* asset **7**
atteindre *v.* to reach **3**
attendre *v.* to wait for **2; s'attendre à quelque chose** *v.* to expect something **2, 3**
attendrissant(e) *adj.* endearing **3**
attention: attirer l'attention (sur) *v.* to draw attention to **3**
atterrir *v.* to land **7**
attirer *v.* to attract **5**
attirer l'attention (sur) *v.* to draw attention to **3**
au cas où *conj.* in case **10**
audace *f.* boldness **3**
auditeur/auditrice *m., f.* (radio) listener **3**
augmentation (de salaire) *f.* raise (in salary) **9**
augmenter *v.* to grow **5**
aujourd'hui *adv.* today **2**
aussi… que *adv.* as … as **7**
aussitôt que *conj.* as soon as **7**
autant *adv.* so much/many **2**
autobus *m.* bus **2**
arrêt d'autobus *m.* bus stop **2**
autoritaire *adj.* bossy **6**
autre *adj.* another **2;** different **2;** other **4**
autrefois *adv.* in the past **3**
avancé(e) *adj.* advanced **7**
avancer *v.* to advance **1,** to move forward **1**
avant de *prep.* before **7**
avant que *conj.* before **7**
avenir *m.* future **3**
avocat(e) *m., f.* lawyer **4**
avoir *v.* to have **1**
avoir des relations to have connections **9**
avoir honte (de) to be ashamed (of) **1;** to be embarrassed (of) **1**
avoir confiance en soi to be confident **1**
avoir de l'influence (sur) to have influence (over) **4**
avoir des dettes to be in debt **9**
avoir des préjugés to be prejudiced **5**
avoir le mal du pays to be homesick **5**
avoir le trac to have stage fright **3**
avoir peur to be afraid **2**
avouer *v.* to admit **7**

B

bague *f.* ring **3**
bague de fiançailles *f.* engagement ring **6**
baisser *v.* to decrease **5**
balancer: se balancer *v.* to swing **10**
balayer *v.* to sweep **1**
ballon *m.* ball **8**
bande *f.* gang **5**
bande originale *f.* sound track **3**
banlieue *f.* suburb **2;** outskirts **2**
banqueroute *f.* bankruptcy **9**
barrière de corail *f.* barrier reef **10**
bas(se) *adj.* low **2**
basculer *v.* to tip over **4**
baskets *f.* sneakers **8,** tennis shoes **8**
bateau *m.* boat **4**
batterie *f.* drums **2**
battre: se battre *v.* to fight **8**
bavard(e) *m., f.* chatterbox **5**
bavarder *v.* to chat **8**
beau/belle *adj.* beautiful **2;** handsome **2**
beaucoup *adv.* a lot **2**
beau-fils *m.* son-in-law **6;** stepson **6**
beau-frère *m.* brother-in-law **6**
beau-père *m.* father-in-law **6;** stepfather **6**
belle-fille *f.* daughter-in-law **6;** stepdaughter **6**
belle-mère *f.* mother-in-law **6;** stepmother **6**
belle-sœur *f.* sister-in-law **6**
bénéfice *m.* profit **9**
bénéficier de *v.* to enjoy **5**
berger/bergère *m., f.* shepherd(ess) **10**
bermuda *m.* (a pair of) bermuda shorts **8**
bête *adj.* stupid **4**
bien *adv.* well **2**
bien des *adj.* many **5**
bien que *conj.* although **7**
bien-être *m.* well-being **10**
bientôt *adv.* soon **2**
bifurquer *v.* to turn off course **4;** to change direction **4**
bilingue *adj.* bilingual **1**
billet *m.* ticket **8**
billard *m.* pool **8**
biochimique *adj.* biochemical **7**
bio(logique) *adj.* organic **6**
biologiste *m., f.* biologist **7**
blanc/blanche *adj.* white **2**
blesser: (se) blesser *v.* to injure (oneself) **8;** to get hurt **8**
boire *v.* to drink **3**
boîte *f.* can **5;** box **5**
boiter *v.* to limp **1**
bon(ne) *adj.* good **2**
bonté *f.* kindness **6**
boue *f.* mud **1**
bouger *v.* to move **5**
boules *f.* petanque **8**
boulot *m.* job **9**
bouquet de la mariée *m.* bouquet **6**
bouteille *f.* bottle **5**
boutique de souvenirs *f.* gift shop **8**
bref/brève *adj.* brief **2**
brevet d'invention *m.* patent **7**
brièvement *adv.* briefly **2**
brosser: se brosser *v.* to brush **2**
brûler *v.* to burn **5**
bruyamment *adv.* noisily **2**
bruyant(e) *adj.* noisy 2
bûcheron *m.* lumberjack **10**
budget *m.* budget **9**
but *m.* goal **5**

C

ça *pron.* that; this; it
ça suffit that's enough **4**
cadre *m.* executive **9**
caillou (cailloux) *m.* pebble(s) **10**
caleçon *m.* boxer shorts **8**
camionnette *f.* small truck or van **9**
canadien(ne) *adj.* Canadian **2**
capitaine *m.* captain **8**
capter *v.* to get a signal **9**
car *conj.* for; because **4**
caractère *m.* character, personality **6**
carie *f.* cavity **9**
carré(e) *adj.* square **4**
carte *f.* card **8**
carte de crédit *f.* credit card **9**
carte de retrait *f.* ATM card **9**
cartes (à jouer) *f.* (playing) cards **8**
cas: au cas où *conj.* in case **10**
caserne de pompiers *f.* fire station **2**
casse-cou *m.* daredevil **8**
casser: se casser *v.* to scram **4**
cauchemar *m.* nightmare **1**
cause *f.* cause **5**
causer *v.* to chat **9**
CD-ROM *m.* CD-ROM **7**
célébrer *v.* to celebrate **8**
célibataire *adj.* single **1**
cellule *f.* cell **7**
censure *f.* censorship **3**
centre de formation *m.* sports training school **8**
centre-ville *m.* city/town center **2;** downtown **2**
cependant *adv.* yet **7**
certain(e) *adj.* certain **4**
certainement *adv.* certainly **3**
cerveau *m.* brain **7**
chacun(e) *pron.* each one **3**
chaîne *f.* network **3**
chaîne montagneuse *f.* mountain range **10**
chantage *m.* blackmail **2**
faire du chantage to blackmail **4**
chaos *m.* chaos **5**
chaque *adj.* each **4,** every single **4**
charbon (de bois) *m.* char(coal) **10**
charmant(e) *adj.* charming **1**
chasser *v.* to hunt **10**
châtain *adj.* brown *(hair)* **2**
châtiment *m.* punishment **5**
chef d'entreprise *m.* head of a company **9**
chêne *m.* oak tree **10**

cher/chère *adj.* dear **2;** expensive **2**
chercheur/chercheuse *m., f.* researcher **7**
chez *prep.* at the place or home of **5**
chiffre *m.* figure **9;** number **9**
chimiste *m., f.* chemist **7**
choc culturel *m.* culture shock **1**
choisir *v.* to choose **3**
chômage *m.* unemployment **9**
  au chômage *adj.* unemployed **9**
chômeur/chômeuse *m., f.* unemployed person **9**
chouette *adj.* great **8;** cool **8**
chronique *f.* column **3**
chuchoter *v.* to whisper **6**
cinéma *m.* cinema **2,** movie theater **2**
cinémathèque *f.* film library **2**
circulation *f.* traffic **2**
citadin(e) *m., f.* city/town dweller **2**
cité *f.* low-income housing development **6**
citoyen(ne) *m., f.* citizen **2**
citron *m.* lemon **6;** *adj.* lemon **2**
  citron vert *m.* lime **6**
clip vidéo *m.* music video **3**
cloîtrer *v.* to cloister **2;** to enclose **2**
cloner *v.* to clone **7**
clous *m.* crosswalk **2**
club *m.* team **8**
  club sportif *m.* sports club **8**
cochon *m.* pig **10**
colère *f.* anger **1, 4**
  se mettre en colère contre to get angry with **1**
collège *m.* middle school **5**
colocataire *m, f.* roommate **2;** co-tenant **2**
colon *m.* colonist **4**
combattre *v.* to fight **4**
combustible *m.* fuel **10**
comédie *f.* comedy **8**
comédien(ne) *m., f.* actor **3**
commencer *v.* to begin **1**
commérages *m.* gossip **1**
commissaire (de police) *m.* (police) commissioner **5**
commissariat de police *m.* police station **2**
communication *f.* communication **3**
  moyens de communication *m.* media **3**
compétent(e) *adj.* competent **9**
complet/complète *adj.* complete **2;** sold out **8**
complexe d'infériorité *m.* inferiority complex **6**
comportement *m.* behavior **3**
comporter: se comporter *v.* to behave **3,** to act **3**
compréhension *f.* understanding **5**
comptable *m., f.* accountant **9**
compte de chèques *m.* checking account **9**
compte d'épargne *m.* savings account **9**
compter *v.* to expect to **8**
  compter sur *v.* to rely on **1**
concurrence *f.* competition **8**
condition *f.* condition
  à condition de *prep.* provided (that) **7**
  à condition que *conj.* on the condition that **7**
conducteur/conductrice *m., f.* driver **2**
conduire *v.* to drive **3**
confiance *f.* confidence **1**
  avoir confiance en soi to be confident **1**
  faire confiance (à quelqu'un) to trust (someone) **1**
confier *v.* to confide **6;** to entrust **6**
conformiste *adj.* conformist **5**
confusément *adv.* confusedly **2**
connaître *v.* to know **3**
consacrer: se consacrer à *v.* to dedicate oneself to **4**
conseiller/conseillère *m., f.* advisor **9**
conservateur/conservatrice *adj.* conservative **2, 4;** *m.* preservative **6**
considérer *v.* to consider **1**
console de jeux *f.* game console **7**
consommation d'énergie *f.* energy consumption **10**
constamment *adv.* constantly **2**
constater *v.* to notice **3;** to ascertain **3**
construire *v.* to build **2**
consultant(e) *m., f.* consultant **9**
consulter *v.* to consult **9**
contaminé(e) *adj.* contaminated **10**
  être contaminé(e) to be contaminated **10**
content(e) *adj.* happy **6**
contestation *f.* (a) protest **2**
contraire à l'éthique *adj.* unethical **7**
contrarier *v.* to thwart **7**
contrarié(e) *adj.* upset **1**
contribuer (à) *v.* to contribute **7**
controverse *f.* controversy **3**
convaincre *v.* to convince **9**
correcteur orthographique *m.* spell check **7**
couche d'ozone *f.* ozone layer **10**
couche sociale *f.* social level **5**
coucher: se coucher *v.* to go to bed **2**
couler *v.* to flow **1;** to run (water) **1**
coup franc *m.* free kick **8**
coupable *adj.* guilty **4**
couper de *v.* to cut off from **7; se couper** *v.* to cut oneself **2**
courage *m.* courage **5**
courir *v.* to run **3**
cours *m.* course **3**
  cours d'art dramatique *m.* drama course **3**
course *f.* race **8**
court(e) *adj.* short **2**
  à court terme *adj.* short-term **9**
coûter cher *v.* to cost a lot **2**
couverture *f.* cover **3**
couvrir *v.* to cover **4**
craindre *v.* to fear **6**
crainte: de crainte que *conj.* for fear that **7**
créer *v.* to create **7**
crème *f.* cream **2;** *adj.* cream **2**
cri *m.* shout, cry **2**
crier *v.* to yell **1**
crime *m.* crime **4**
criminel(le) *m., f.* criminal **4**
crise *f.* crisis **9**
  crise d'hystérie *f.* nervous breakdown **1**
  crise économique *f.* economic crisis **9**
croire *v.* to believe **3**
croisement *m.* intersection **2**
croyance *f.* belief **4**
cruauté *f.* cruelty **4**
cruel(le) *adj.* cruel **2**
cuisse *f.* thigh **3**
culotte *f.* underpants (for females) **8**
cyberespace *m.* cyberspace **7**

D

d'abord *adv.* first **2**
danger *m.* danger **10**
dangereux/dangereuse *adj.* dangerous **2**
dans *prep.* in **5;** inside **5**
dauphin *m.* dolphin **10**
de *prep.* from; of **7**
  de crainte que *conj.* for fear that **7**
  de nouveau *adv.* again **8**
  de peur de *prep.* for fear of **7**
  de peur que *conj.* for fear that **7**
  de temps en temps *adv.* from time to time **2**
débile *adj.* moronic **2**
déblayer *v.* to clear away **10**
débrouiller: se débrouiller *v.* to figure it out **9;** to manage **9**
débuter *v.* to begin **6**
décédé(e) *adj.* deceased **6**
déchets *m.* trash **10**
déchirer *v.* to tear **8**
déclencher *v.* to cause **3**
décourager: se décourager *v.* to lose heart **5**
découverte (capitale) *f.* (breakthrough) discovery **7**
découvrir *v.* to discover **4**
décrire *v.* to describe **6**
déçu(e) *adj.* disappointed **4**
dedans *adv.* inside **2, 8**

défaite *f.* defeat **4**
défaut *m.* flaw **3**
défavorisé(e) *adj.* underprivileged **5**
défendre *v.* to defend **4**
défi *m.* challenge **5**
défilé *m.* parade **2**
déforestation *f.* deforestation **10**
dehors *adv.* outside **2**
déjà *adv.* already **2**
demain *adv.* tomorrow **2**
demande *f.* proposal **6**
  faire une demande en mariage to propose **6**
demander *v.* to ask for **2; se demander** *v.* to wonder **2**
  demander un prêt to apply for a loan **9**
déménager *v.* to move **1, 6**
demi-frère *f.* half brother **6**
demi-sœur *f.* half sister **6**
démissionner *v.* to quit **9**
démocratie *f.* democracy **4**
dépaysement *m.* change of scenery **1**; disorientation **1**
dépasser: se dépasser *v.* to go beyond one's limits **8**
dépêcher: se dépêcher *v.* to hurry **2**
dépenses *f.* expenses **9**
déplacer: se déplacer *v.* to travel **3**; to move **3**
déposer *v.* to deposit **9**
déprimé(e) *adj.* depressed **1**
député(e) *m., f.* deputy (politician) **4**; representative **4**
déranger *v.* to bother **1, 6**; to disturb **6**
dernier/dernière *adj.* last **2**; final **2**
  lundi (mardi, etc.) dernier last Monday (Tuesday, etc.) **3**
dérouler: se dérouler *v.* to take place **6**
derrière *prep.* behind **5**
dès que *conj.* as soon as **7**
désabusé(e) *adj.* disillusioned **1**
descendre *v.* to go down **2**; to get off **2**
désespéré(e) *adj.* desperate **1**
désespoir *m.* despair **7**
déshabiller: se déshabiller *v.* to undress **2**
désirer *v.* to desire **6**; to want to **8**
désolé(e) *adj.* sorry **6**
détendre: se détendre *v.* to relax **2**
détester *v.* to hate **8**
dette *f.* debt **9**
  avoir des dettes to be in debt **9**
devant *prep.* in front of **5**
développement *m.* development **5**
devenir *v.* to become **3**
deviner *v.* to guess **5**
devoir *v.* to have to **3**; must **3**; to owe **9**
dialogue *m.* dialog **5**
dictature *f.* dictatorship **4**
dire *v.* to say **3**
  dire au revoir to say goodbye **5**
direct: en direct *adj., adv.* live **3**
diriger *v.* to manage **9**; to run **9**
disposé(e) (à) *adj.* willing (to) **9**
disposer de *v.* to have at one's disposal **7**
distance *f.* distance **5**
  formation à distance *f.* distance learning **5**
distributeur automatique *m.* ATM **9**
diversité *f.* diversity **5**
divertir *v.* to entertain **3**
  se divertir *v.* to have a good time **8**
divertissant(e) *adj.* entertaining **8**
divertissement *m.* entertainment **3**
divorcer *v.* to divorce **1**
documentaire *m.* documentary **3**
donc *adv.* so **2**, therefore **2**
donner *v.* to give **2**
  donner des indications to give directions **2**
dont *rel. pron.* of which **9**; of whom **9**; whose **9**
dormir *v.* to sleep **4**
doucement *adv.* gently **2**
douter *v.* to doubt **2; se douter (de)** *v.* to suspect **2, 4**
douteux: Il est douteux… It is doubtful… **7**
doux/douce *adj.* sweet **2**; soft **2**
draguer *v.* to flirt **1**; to try to "pick up" **1**
drapeau *m.* flag **4**
droit *m.* right **4**
  droits de l'homme *m.* human rights **4**
dû/due à *adj.* due to **5**
duel *m.* one-on-one **8**
duper *v.* to trick **2**

E

écart *m.* discrepancy **5**; gap **5**
échelle *f.* ladder **7**
économe *adj.* thrifty **1**
économies *f.* savings **9**
économiser *v.* to save **9**
écouter *v.* to listen to **8**
écran *m.* screen **3**
écraser *v.* to crush **7**; to run over **7**
écrire *v.* to write **3**
édifice *m.* building **2**
éditeur/éditrice *m., f.* publisher **3**
effacer *v.* to erase **1, 7**
effets spéciaux *m.* special effects **3**
effort *m.* effort **5**
égal(e) *adj.* equal **4**
égalité *f.* equality **4**
égocentrique *adj.* egocentric **3**
égoïste *adj.* selfish **6**
élection *f.* election **4**
  gagner les élections to win elections **4**
  perdre les élections to lose elections **4**
élevé(e) *p.p.* raised
  bien élevé(e) *adj.* well-mannered **6**
  mal élevé(e) *adj.* bad-mannered **6**
élever (des enfants) *v.* to raise (children) **6**
élire *v.* to elect **4**
embaucher *v.* to hire **9**
embouteillage *m.* traffic jam **2**
émigré(e) *m., f.* emigrant **5**
émigrer *v.* to emigrate **1**
emmener *v.* to take someone **1**
émotif/émotive *adj.* emotional **1**
émouvant(e) *adj.* moving **8**
émouvoir *v.* to move **3**
empêcher (de) *v.* to stop **2**; to keep from (doing something) **2**
empirer *v.* to get worse **10**
emploi *m.* job **9**
  solliciter un emploi to apply for a job **9**
employé(e) *m., f.* employee **9**
emprisonner *v.* to imprison **4**
emprunt *m.* loan **9**
  faire un emprunt to take out a loan **9**
en *prep.* in **5**; at **5**
  en attendant de *prep.* waiting to **7**
  en attendant que *conj.* waiting for **7**
  en direct *adj., adv.* live **3**
  en faillite *adj.* bankrupt **9**
  en général *adv.* in general **2**
  en outre *adv.* in addition **7**
  en plein air *adj.* outdoors **10**
  en pointe *adv.* forward **8**, up front **8**
  en sécurité *adj.* sure **2**
  en voie d'extinction *adj.* endangered **10**
encadrement *m.* supervisory staff **9**
encore *adv.* again **2**; still **2**
énergie *f.* energy **10**
énerver *v.* to annoy **1**
enfance *f.* childhood **6**
enfant unique *m., f.* only child **6**
enfin *adv.* at last **2**
enfoncer: s'enfoncer *v.* to drown **1**
engager: s'engager (envers quelqu'un) *v.* to commit (to someone) **1**; to get involved **3**
enlever *v.* to kidnap **4**
ennuyer *v.* to bore **1**; to bother **2**; **s'ennuyer** *v.* to get bored **2**
énormément *adv.* enormously **2**
enquête *f.* investigation **3**
enquêter (sur) *v.* to research **3**; to investigate **3**
enregistrer *v.* to record **3**

enrichir: s'enrichir *v.* to become rich **5**
enseignement *m.* education **5**
ensuite *adv.* then **2,** next **2**
entendre *v.* to hear **2; s'entendre bien** *v.* to get along well **1**
enthousiaste *adj.* enthusiastic **1**; excited **1**
entourer: s'entourer de *v.* to surround oneself with **9**
entraide *f.* mutual aid **9**
entraîneur *m.* coach **8**
entrepôt *m.* warehouse **9**
entreprendre *v.* to undertake **9**
entrepreneur/entrepreneuse *m., f.* entrepreneur **9**
entreprise (multinationale) *f.* (multinational) company **9**
  monter une entreprise to create a company **9**
entrer *v.* to enter **3**
entretenir: s'entretenir (avec) *v.* to talk **2,** to converse **2**
entretien *m.* interview **3**
  entretien d'embauche *m.* job interview **9**
envahir *v.* to invade **7**
environnement *m.* environment **10**
envoyé(e) spécial(e) *m., f.* correspondent **3**
envoyer *v.* to send **1**
éolienne *f.* wind turbine **10**
épais(se) *adj.* thick **9**
épanouissement *m.* development **10**
épeler *v.* to spell **1**
épinards *m.* spinach **6**
époux/épouse *m., f.* spouse **6;** husband/wife **6**
épuisé(e) *adj.* exhausted **9**
épuiser *v.* to use up **10**
érosion *f.* erosion **10**
escalader *v.* to climb **8,** to scale **8**
esclavage *m.* slavery **4**
esclave *m., f.* slave **4**
espace *m.* space **7**
espérer *v.* to hope **1**
espionner *v.* to spy **4**
espoir *m.* hope **2**
esprit *m.* spirit **1**
essayer *v.* to try **1**
essentiel(le) *adj.* essential **6**
estropié(e) *m., f.* cripple **1**
établir: s'établir *v.* to settle **5**
étendre: s'étendre *v.* to spread **2**
éthique *adj.* ethical **7**
étoile (filante) *f.* (shooting) star **7**
étonnant(e) *adj.* surprising **6**
étonné(e) *adj.* surprised **6**
étonner: s'étonner *v.* to be amazed **8**
étranger/étrangère *m., f.* foreigner **2;** stranger **2**
être *v.* to be **1**
  être à la une to be on the front page **3**
  être contaminé(e) to be contaminated **10**
  être désolé(e) to be sorry **6**
  être perdu(e) to be lost **2**
  être promu(e) to be promoted **9**
  être sous pression to be under pressure **9**
évadé(e) *adj.* escaped **4**
événement *m.* event **3**
évidemment *adv.* obviously **2**
évident(e) *adj.* obvious **7**
évoluer *v.* to evolve **3**
évoquer *v.* to make think of **9**
exclu(e) *adj.* excluded **5**
exigeant(e) *adj.* demanding **6**
exiger *v.* to demand **6, 9**
exhorter *v.* to urge **10**
expérience *f.* experiment **7**
explorer *v.* to explore **7**
exposition *f.* exhibition **8;** art show **8**
exprès *adv.* on purpose **4**
  faire exprès to do it on purpose **4**
exprimer *v.* to express **3**
extinction: en voie d'extinction *adj.* endangered **10**
extrait *m.* excerpt **3**
extraterrestre *m., f.* alien **7**

F

faiblir *v.* to weaken **10**
fâché(e) *adj.* angry **1;** mad **1**
fâcher: se fâcher (contre) *v.* to get angry (with) **2**
faillite: en faillite *adj.* bankrupt **9**
fainéant(e) *m., f.* lazybones **9**
faire *v.* to do **1;** to make **1**
  faire confiance (à quelqu'un) to trust (someone) **1**
  faire du chantage to blackmail **4**
  faire exprès to do it on purpose **4**
  faire la queue to wait in line **8**
  faire match nul to tie (a game) **8**
  faire passer to spread (the word) **8**
  faire sans to do without **5**
  faire un effort to make an effort **5**
  faire un emprunt to take out a loan **9**
  faire une demande en mariage to propose **6**
  faire une expérience to carry out an experiment **7**
faits divers *m.* news items **3**
falloir *v.* to be necessary **6;** to have to **9**
  Il faut que... One must... **6;** It is necessary that... **6**
fan (de) *m., f.* fan (of) **8**
fanfare *f.* marching band **2**
fascinant(e) *adj.* fascinating **9**
faute *f.* foul **8**
faux/fausse *adj.* false **2;** wrong **2**
favori(te) *adj.* favorite **2**
femme d'affaires *f.* businesswoman **9**
femme politique *f.* politician **4**
férié *m.* public holiday **5**
ferme *f.* farm **10**
fête foraine *f.* carnival **2**
fêter *v.* to celebrate **8**
feu (tricolore) *m.* traffic light **2**
feu d'artifice *m.* fireworks display **2**
feuillage *m.* foliage **10**
feuilleton *m.* soap opera **3;** series **3**
fiançailles *f.* engagement **6**
fiancer: se fiancer *v.* to get engaged **1**
fidèle *adj.* faithful **1**
fier/fière *adj.* proud **2**
fierté *f.* pride **7**
filet (de pêche) *m.* (fishing) net **10**
fille unique *f.* only child **6**
film *m.* movie **3**
  sortir un film to release a movie **3**
fils unique *m.* only child **6**
finalement *adv.* finally **3**
financier/financière *adj.* financial **9**
fléchettes *f.* darts **8**
fleuve *m.* river **10**
flic *m.* cop **5**
foire *f.* fair **2**
fois *f.* time
  deux fois *adv.* twice **3**
  une fois *adv.* once **3**
  une fois que *conj.* once **10**
fonds *m.* funds **7**
forcer *v.* to force **1**
forêt (tropicale) *f.* (rain) forest **10**
formateur/formatrice *m., f.* trainer **9**
formation *f.* training **9**
  formation à distance *f.* distance learning **5**
fossé des générations *m.* generation gap **6**
fou/folle *adj.* crazy **2**
foulard *m.* headscarf **6**
foule *f.* (the) masses **3;** crowd **4;** mob **4**
frais/fraîche *adj.* fresh **2;** cool **2**
franc/franche *adj.* frank **1, 2**
franchement *adv.* frankly **2**
frappant(e) *adj.* striking **3**
frapper *v.* to knock **1;** to hit **1**
frisson *m.* thrill **8**
fromagerie *f.* cheese store **6**
front *m.* forehead **6**
frontière *f.* border **5**
fuir *v.* to flee **1**
fumé(e) *adj.* smoked **6**
fusée *f.* rocket **7**

G

gagner *v.* to win **4**

gagner les élections to win elections **4**
gagner sa vie to earn a living **9**
gamin(e) *m., f.* kid **5**
gamme de produits *f.* line of products **9**
garde-robe *f.* wardrobe **8**
gaspillage *m.* waste **10**
gaspiller *v.* to waste **10**
gâter *v.* to spoil **6**
gène *m.* gene **7**
gêne *f.* embarrassment **6**
gêné(e) *adj.* embarrassed **2**
gêner *v.* to bother **1;** to embarrass **1**
génétique *f.* genetics **7**
génial(e) *adj.* great **1;** terrific **1**
gentil(le) *adj.* nice **2**
gentiment *adv.* nicely **2;** kindly **2**
gérant(e) *m., f.* manager **9**
gérer *v.* to manage **9;** to run **9**
gilet *m.* sweater **8;** sweatshirt (with front opening) **8**
gland *m.* acorn **10**
glisser *v.* to glide **8**
gouvernement *m.* government **4**
gouverner *v.* to govern 4
grâce à *prep.* thanks to **1**
grand(e) *adj.* big **2;** tall **2;** great **2**
grandir *v.* to grow up **6**
grand magasin *m.* department store **9**
grand-oncle *m.* great-uncle **6**
grand-tante *f.* great-aunt **6**
gras/grasse *adj.* fat, plump **4**
gratte-ciel *m.* skyscraper **2**
graver (un CD) *v.* to burn (a CD) **7**
gravité *f.* gravity **7**
grec/grecque *adj.* Greek **2**
greffer *v.* to transplant **2;** to graft **2**
grève (sur le tas) *f.* (sit-in) strike **2**
grillé(e) *adj.* grilled **6,** broiled **6**
grimper à *v.* to climb **8**
gronder *v.* to scold **6**
gros/grosse *adj.* fat **2**
groupe *m.* musical group **8;** band **8**
guérir *v.* to cure **7,** to heal **7**
guerre *f.* war **1**
guerre (civile) *f.* (civil) war **4**
guerre de Sécession *f.* American Civil War **4**

H

habiller: s'habiller *v.* to get dressed **2**
habitation *f.* housing **2**
habituer: s'habituer à *v.* to get used to **2**
haine *f.* hatred **4**
harceler *v.* to harass **9**
haut(e) *adj.* high **2**
hebdomadaire *m.* weekly magazine **3**
hégémonie *f.* hegemony **7**
hériter *v.* to inherit **6**
heureusement *adv.* happily **2**
heureux/heureuse *adj.* happy **2**
hier *adv.* yesterday **2**
hier (matin, soir, etc.) *adv.* yesterday (morning, evening, etc.) **3**
histoire *f.* story **1**
homme d'affaires *m.* businessman **9**
homme politique *m.* politician **4**
honnête *adj.* honest **1**
honte *f.* shame **1**
avoir honte (de) to be ashamed (of) **1;** to be embarrassed (of) **1**
horaire *m.* schedule **9**
hôtel de ville *m.* city/town hall **2**
huître *f.* oyster **10**
humain(e) *adj.* human **1**
humanité *f.* humankind **5**
hurler *v.* to shout **7**
hypermarché *m.* large supermarket **6**

I

ici *adv.* here **2**
idéaliste *adj.* idealistic **1**
immédiatement *adv.* immediately **3**
immigration *f.* immigration **5**
immigrer *v.* to immigrate **1**
immigré(e) *n.* immigrant **5**
impartial(e) *adj.* impartial **3;** unbiased **3**
important(e) *adj.* important **6**
impossible *adj.* impossible **7**
inattendu(e) *adj.* unexpected **2**
incendie *m.* fire **10**
incertitude *f.* uncertainty **5**
incompétent(e) *adj.* incompetent **9**
incontournable *adj.* to be reckoned with **7**
indice *m.* clue, indication **4**
indications *f.* directions **2**
donner des indications to give directions **2**
indispensable *adj.* essential **6**
individualité *f.* individuality **5**
perte de l'individualité *f.* loss of individuality **5**
inégal(e) *adj.* unequal **4**
inégalité *f.* inequality **4**
inférieur(e) *adj.* inferior **2**
infidèle *adj.* unfaithful **1**
influence *f.* influence **4**
avoir de l'influence (sur) to have influence (over) **4**
influent(e) *adj.* influential **3**
informatique *f.* computer science **7**
informer: s'informer (par les médias) *v.* to keep oneself informed (through the media) **3**
ingénieur *m., f.* engineer **7**
ingrat(e) *adj.* thankless **9**
inhabituel(le) *adj.* unusual **9**
injuste *adj.* unfair **4**
injustice *f.* injustice **4**
innovant(e) *adj.* innovative **7**
inondation *f.* flood **10**
inoubliable *adj.* unforgettable **1**
inquiet/inquiète *adj.* worried **1, 2**
inquiéter: s'inquiéter *v.* to worry **2**
inscrire: s'inscrire *v.* to enroll **6**
insensible *adj.* insensitive **2**
instabilité *f.* instability **5**
installer: s'installer *v.* to settle **5**
insuffisant(e) *adj.* insufficient **10**
insupportable *adj.* unbearable **6**
intégration *f.* integration **5**
intégrer: s'intégrer (à un groupe) *v.* to belong (to a group) **1**
intellectuel(le) *m., f.* intellectual **6;** *adj.* intellectual **2**
intéresser: s'intéresser (à) *v.* to be interested (in) **2**
interview *f.* interview **3**
inventer *v.* to invent **7**
invention *f.* invention **7**
investir *v.* to invest **9; s'investir** *v.* to put oneself into **9**

J

jadis *adv.* formerly **10**, in the past **10**
jaloux/jalouse *adj.* jealous **1**
jamais *adv.* never **2**
jardin public *m.* public garden **2**
jetable *adj.* disposable **10**
jeter *v.* to throw **1;** to throw away **10**
jeu *m.* game **8**
jeu vidéo/de société *m.* video/board game **8**
jeune *adj.* young **2**
jeunesse *f.* youth **6**
joie *f.* joy **1**
joli(e) *adj.* pretty **2**
jouer *v.* to play
jouer au bowling to go bowling **8**
jour férié *m.* public holiday **5**
journal *m.* newspaper **3**
journaliste *m., f.* journalist **3**
juge *m., f.* judge **4**
juger *v.* to judge **4**
jumeaux/jumelles *m., f.* twin brothers/sisters **6**
jupe (plissée) *f.* (pleated) skirt **8**
juré(e) *m., f.* juror **4**
jusqu'à ce que *conj.* until **7**
juste *adj.* fair **4**
justice *f.* justice **4**

K

kidnapper *v.* to kidnap **4**
kilo *m.* kilogram **5**

L

là(-bas) *adv.* (over) there **2**

laboratoire *m.* laboratory **7**
lâcher *v.* to let go **8**
lagon *m.* lagoon **10**
laisser *v.* to allow to **8**
lancement *m.* launch **7**
lancer *v.* to throw **1;** to launch **5; se lancer** *v.* to launch into **5**
langue *f.* language **5**
  langue maternelle *f.* native language **5**
  langue officielle *f.* official language **5**
lapin *m.* rabbit **1**
  poser un lapin (à quelqu'un) to stand (someone) up **1**
larme *f.* tear **6**
las/lasse *adj.* weary **1**
laver: se laver *v.* to wash oneself **2**
lecteur de DVD *m.* DVD player **7**
lendemain *m.* next day **7**
lentement *adv.* slowly **2**
lever *v.* to lift **1; se lever** *v.* to get up **2**
lézarder au soleil *v.* to bask in the sun **8**
liaison *f.* affair **1;** relationship **1**
libéral(e) *adj.* liberal **4**
libérer: se libérer *v.* to free oneself **4**
liberté *f.* freedom **3, 4**
  liberté de la presse *f.* freedom of the press **3**
licencier *v.* to lay off **9;** to fire **9**
lié(e) *adj.* close-knit **6**
lien *m.* connection **2**
lion *m.* lion **10**
lire *v.* to read **3**
litre *m.* liter **5**
logement *m.* housing **2**
loi *f.* law **4**
  approuver une loi to pass a law **4**
lointain(e) *adj.* distant **3**
loisirs *m.* leisure **8;** recreation **8**
long/longue *adj.* long **2**
  à long terme *adj.* long-term **9**
longtemps *adv.* for a long time **3**
lorsque *conj.* when **7**
loyer *m.* rent **7**
Lune *f.* Moon **10**
lutte *f.* fight **3**
lutter *v.* to fight **5;** to struggle **5**
luxe *m.* luxury **5**

M

magasin de sport *m.* sporting goods store **8**
maigre *adj.* thin, scrawny **4**
maillot *m.* jersey **8**
maintenant *adv.* now **2**
maintenir *v.* to maintain **4**
maire *m.* mayor **2**
mal *adv.* badly **2**
  le plus mal *adv.* the worst **7**
  plus mal *adv.* worse **7**
malheureusement *adv.* unhappily **2**
malhonnête *adj.* dishonest **1**
maltraitance *f.* abuse **5**
mangeable *adj.* edible **4**
manger *v.* to eat **1**
manifestation *f.* demonstration **2**
manque *m.* lack **5**
manquer à *v.* to miss **5**
maquiller: se maquiller *v.* to put on makeup **2**
marché *m.* deal **2**
  marché (boursier) *m.* (stock) market **9**
mariage *m.* marriage **1;** wedding **1**
  faire une demande en mariage to propose **6**
marié *m.* groom **6**
mariée *f.* bride **6**
  robe de mariée *f.* wedding gown **6**
marier: se marier avec *v.* to marry **1**
marquant(e) *adj.* striking **3**
marquer (un but/un point) *v.* to score (a goal/a point) **8**
marre: en avoir marre (de) to be fed up (with) **1**
marron *m.* chestnut **2;** *adj.* chestnut **2**
matériau *m.* material **7**
maternel(le) *adj.* maternal **6**
mathématicien(ne) *m., f.* mathematician **7**
matière première *f.* raw material **7**
maturité *f.* maturity **6**
mauvais(e) *adj.* bad **2**
  plus mauvais(e) *adj.* worse **7**
  le/la plus mauvais(e) *adj.* the worst **7**
médias *m.* media **3**
méfier: se méfier de *v.* to be distrustful/wary of **2,** to distrust **2**
meilleur(e) *adj.* better **2**
  le/la meilleur(e) *adj.* the best **7**
mélancolique *adj.* melancholic **1**
mélange *m.* mix **1**
mêler *v.* to mix **10**
membre *m.* member **9**
même *adj.* same **2;** very **2**
menace *f.* threat **4**
menacer *v.* to threaten **1**
mener *v.* to lead **1, 5**
mensonger/mensongère *adj.* lying **2;** deceptive **2**
mensuel *m.* monthly magazine **3**
mentir *v.* to lie **1**
mépriser *v.* to have contempt for **6**
mer *f.* sea **10**
mériter *v.* to deserve **1;** to be worth **1**
message publicitaire *m.* advertisement **3**
mesure: prendre des mesures pour to take action to **3**
métaphore *f.* metaphor **4**
métro *m.* subway **2**
  rame de métro *f.* subway train **2**
  station de métro *f.* subway station **2**
mettre *v.* to put **2**
  mettre au point to develop **3**
  se mettre à *v.* to begin **2**
  se mettre en colère contre to get angry with **1**
mieux *adv.* better **2**
  le mieux *adv.* the best **7**
  Il vaut mieux que It is better that… **6**
mignon(ne) *adj.* cute **2**
militant(e) *m., f.* activist **4**
miser sur *v.* to count on **7**
modéré(e) *adj.* moderate **4**
modernité *f.* modernity **10**
mœurs *f.* customs **4,** habits **4**
moins *adv.* less **7**
  à moins de *prep.* unless **7**
  à moins que *conj.* unless **7**
moitié *f.* half **5**
môme *m., f.* kid **5**
monarchie absolue *f.* absolute monarchy **4**
mondialisation *f.* globalization **5**
montée d'adrénaline *f.* adrenaline rush **8**
monter *v.* to go up **3,** to ascend **3**
  monter (dans une voiture, dans un train) *v.* to get (in a car, on a train) **2**
  monter une entreprise to create a company **9**
moquer: se moquer de *v.* to make fun of **2**
morale *f.* moral **4**
mort *f.* death **6**
mot de passe *m.* password **7**
moteur de recherche *m.* search engine **7**
mouchoir *m.* handkerchief **8**
mourir *v.* to die **3**
mouton *m.* sheep **10**
moyens de communication *m.* media **3**
mûr(e) *adj.* mature **1**
musée *m.* museum **2**
musicien(ne) *m., f.* musician **8**
muet(te) *adj.* mute **2**

N

naïf/naïve *adj.* naïve**2**
naissance *f.* birth **6**
naître *v.* to be born **3**
natalité *f.* birthrate **5**
naturellement *adv.* naturally **2**
navette spatiale *f.* space shuttle **7**
naviguer sur Internet/le web to search the Web **3**
nécessaire *adj.* necessary **6**

nécessiter *v.* to require **6**
net(te) *adj.* clean **2**
nettoyer *v.* to clean **1**
neveu *m.* nephew **6**
nièce *f.* niece **6**
niveau de vie *m.* standard of living **5**
noblesse *f.* nobility **4**
nœud papillon *m.* bow tie **8**
nombreux/nombreuse *adj.* numerous **5**
non-conformiste *adj.* nonconformist **5**
nostalgie *f.* nostalgia **10**
noueux/noueuse *adj.* gnarled **10**
nourrir *v.* to feed **6**
nouveau/nouvelle *adj.* new **2**
de nouveau *adv.* again **8**
nouveauté *f.* development **3**
nouvelle vague *f.* new wave **1**
nouvelles locales/internationales *f.* local/international news **3**
nuage de pollution *m.* smog **10**
nuire à *v.* to harm **10**
nuisible *adj.* harmful **10**
nulle part *adv.* nowhere **2**
numérique *adj.* digital **7**

O

obsédé(e) *adj.* obsessed **7**
obtenir (des billets) *v.* to get (tickets) **8**
obtenir un prêt to secure a loan **9**
offrir *v.* to offer **4**
opprimé(e) *adj.* oppressed **4**
or *m.* gold **2**
orange *f.* orange **2;** *adj.* orange **2**
orateur/oratrice *m., f.* speaker **2;** orator **2**
ordinateur *m.* portable laptop **7**
ordre public *m.* public order **4**
orgueilleux/orgueilleuse *adj.* proud **1**
O.R.T.F. Office de la Radio et de la Télévision françaises *m.* 2
oser *v.* to dare to **8**
où *rel. pron.* where **9;** when **9**
ouragan *m.* hurricane **10**
ours *m.* bear **10**
outil *m.* tool **7**
outre *prep.* besides
en outre *adv.* in addition **7**
ouvrir *v.* to open **3**
ovni *m.* U.F.O. **7**

P

pacifique *adj.* peaceful **4**
page sportive *f.* sports page **3**
paix *f.* peace **4**
palais de justice *m.* courthouse **2**
paniquer *v.* to panic **1**
panneau *m.* road sign **2**
panneau d'affichage *m.* billboard **2**
paquet *m.* package **5**
par *prep.* by; through; on
par rapport à *prep.* compared to **3**
parabole *f.* satellite dish **7**
paraître *v.* to seem **3,** to appear **3**
parapente *m.* paragliding **8**
parc d'attractions *m.* amusement park **8**
parcourir *v.* to go across **8**
parcours *m.* career **7**
pareil(le) *adj.* similar **5;** alike **5**
parent(e) *m., f.* relative **6**
parfois *adv.* sometimes **2**
pari *m.* bet **8**
parler bas/fort *v.* to speak loudly/softly **2**
partage des richesses *m.* distribution of wealth **5**
partager *v.* to share **1**
parti politique *m.* political party **4**
partial(e) *adj.* partial **3;** biased **3**
partie *f.* game **8;** match **8**
partir *v.* to leave **3**
à partir de *prep.* from **1**
partisan *m.* proponent **5**
partout *adv.* everywhere **2**
parvenir à *v.* to attain **5;** to achieve **5**
paysage *m.* landscape **10;** scenery **10**
passager/passagère *m., f.* passenger **2;** *adj.* fleeting **1**
passé *m.* past **2**
passer *v.* to pass by **3**
passer (devant) *v.* to go past **2**
passionnant(e) *adj.* exciting **4**
paternel(le) *adj.* paternal **6**
patiemment *adv.* patiently **2**
patinoire *f.* skating rink **8**
patrie *f.* homeland **6**
patrimoine culturel *m.* cultural heritage **5**
patron(ne) *m., f.* boss **9**
patte *f.* paw **4**
pauvre *adj.* poor **2;** unfortunate **2**
pauvreté *f.* poverty **9**
payer *v.* to pay **1**
pêcher *v.* to fish **10**
peigner: se peigner *v.* to comb **2**
peine *f.* sorrow **1**
Ce n'est pas la peine que... It is not worth the effort... **6**
pendant une heure (un mois, etc.) *adv.* for an hour (a month, etc.) **3**
penser *v.* to intend to **8**
pension *f.* benefits **6**
pépinière *f.* nursery **10**
percevoir *v.* to perceive **9**
perdre *v.* to lose **4**
perdre les élections to lose elections **4**
perdu(e): être perdu(e) to be lost **2**
perle *f.* pearl **10**
persévérance *f.* perserverance **5**
personnage *m.* character (in a story or play) **8**
personnifier *v.* to personify **4**
perte *f.* loss **9**
perte de l'individualité *f.* loss of individuality **5**
peser *v.* to weigh **1**
pétanque *f.* petanque **8**
petit(e) *adj.* small **2;** short **2**
petite-fille *f.* granddaughter **6**
petit-fils *m.* grandson **6**
peu *adv.* little **2**
peu (de) *m.* few **5;** a little (of) **5**
peu mûr(e) *adj.* immature **1**
peuplé(e) *adj.* populated **2**
(peu/très) peuplé(e) *adj.* (sparsely/densely) populated **2**
peupler *v.* to populate **2**
peur *f.* fear **4**
avoir peur to be afraid **2**
de peur de *prep.* for fear of **7**
de peur que *conj.* for fear that **7**
vaincre ses peurs to confront one's fears **8**
peut-être *adv.* maybe **2;** perhaps **2**
photographe *m., f.* photographer **3**
pièce (de théâtre) *f.* (theatre) play **8**
piéton(ne) *m., f.* pedestrian **2**
pire *adj.* worse **7**
le/la pire *adj.* the worst **7**
pis *adv.*worse **7**
le pis *adv.* the worst **7**
place *f.* square **2;** plaza **2**
placer *v.* to place **1**
plaindre: se plaindre *v.* to complain **2**
plaire *v.* to please **6**
plein(e) *adj.* full **2**
pleurer *v.* to cry **6**
pleuvoir *v.* to rain **3**
plongée (sous-marine/avec tuba) *f.* diving/snorkeling **10**
plonger *v.* to dive **1**
pluie acide *f.* acid rain **10**
plupart *f., pron.* most (of them) **4**
plus *adv.* more **7**
plusieurs *adj.* several **4;** *pron.* several (of them) **4**
pointe: en pointe *adv.* forward **8,** up front **8**
poisson *m.* fish **10**
polémique *f.* controversy **5**
police *f.* police (force) **2**
agent de police *m.* police officer **2**
commissaire (de police) *m.* police commissioner **5**
commissariat de police *m.* police station **2**
préfecture de police *f.* police headquarters **2**
poliment *adv.* politely **2**
politique *f.* policy **3;** politics **4**

polluer *v.* to pollute **10**
pollution *f.* pollution **10**
polyglotte *adj.* multilingual **5**
pont *m.* bridge **2**
portable *m.* cell phone **7**
porter *v.* to carry
porter un toast (à quelqu'un) to propose a toast (to someone) **8**
poser *v.* to pose
poser sa candidature à to apply for **9**
poser un lapin (à quelqu'un) to stand (someone) up **1**
posséder *v.* to possess **1**
possible *adj.* possible **6**
poste *m.* position **9**, job **9**
potable *adj.* drinkable **10**
pour *prep.* for **7;** in order to **7**
pour que *conj.* so that **7**
pourtant *adv.* though **1;** however **1**
pourvu que *conj.* provided that **7**
pousser *v.* to grow **10**
pouvoir *m.* power **1;** *v.* to be able **3;** *v.* can **3**
Il se peut que... It's possible that... **7**
préavis *m.* notice **2**
précarité *f.* insecurity of income **9**
précisément *adv.* precisely **2**
prédire *v.* to predict **5**
préfecture de police *f.* police headquarters **2**
préférer *v.* to prefer **1**
préjugé *m.* prejudice **5**
avoir des préjugés to be prejudiced **5**
premier/première *adj.* first **2**
première *f.* premiere **3**
prendre *v.* to take **3;** to have **3**
prendre des mesures pour to take action to **3**
prendre un verre to have a drink **8**
préserver *v.* to preserve **10**
président(e) *m., f.* president **4**
presque *adv.* almost **3**
presse *f.* press **3**
liberté de la presse *f.* freedom of the press **3**
presse à sensation *f.* tabloid(s) **3**
pression *f.* pressure **9**
être sous pression to be under pressure **9**
prêt *m.* loan **9**
demander un prêt to apply for a loan **9**
obtenir un prêt to secure a loan **9**
prétendre *v.* to claim to **8**
prévenir *v.* to prevent **10**
prévoir *v.* to predict **3**
prévu(e) *adj.* foreseen **5**
prime *f.* bonus **9**
principes *m.* principles **5**
prise de conscience *f.* realization **3**
privé(e) *adj.* private **2**
probable: peu probable *adj.* unlikely **7**
probablement *adv.* probably **2**
procédé *m.* process **7**
prochain(e) *adj.* next **2;** following **2**
profit *m.* benefit **9**
retirer un profit de to get benefit out of **9**
profiter de *v.* to take advantage of **9;** to benefit from **9**
profondément *adv.* profoundly **2**
programme spatial *m.* space program **7**
projeter *v.* to plan **1, 5**
promener: se promener *v.* to take a stroll/walk **8**
promu(e): être promu(e) to be promoted **9**
proposer *v.* to propose **6**
propre *adj.* own **2;** clean **2**
propriétaire *m., f.* owner **9**
prospère *adj.* successful **9;** flourishing **9**
protecteur/protectrice *adj.* protective **2**
protégé(e) *adj.* protected **10**
protéger *v.* to protect **10**
protester *v.* to protest **2**
prouver *v.* to prove **7**
prudent(e) *adj.* prudent **1**
public/publique *adj.* public **2**
publicité (pub) *f.* advertisement **3;** advertising **3**
publier *v.* to publish **3**
puce (électronique) *f.* (electronic) chip **7**
puiser *v.* to draw from **10**
puisque *conj.* since **7**
puissant(e) *adj.* powerful **4**
punir *v.* to punish **6**
punition *f.* punishment **4**
pur(e) *adj.* pure **10;** clean **10**

Q

quand *conj.* when **7**
quartier *m.* neighborhood **2**
que *rel. pron.* that **9;** which **9**
quelque *adj.* some **4**
quelque chose *pron.* something **4**
quelquefois *adv.* sometimes **2**
quelque part *adv.* somewhere **2**
quelques-un(e)s *pron.* some **4,** a few (of them) **4**
quelqu'un *pron.* someone **4**
qui *rel. pron.* who **9;** whom **9;** that **9**
quitter *v.* to leave **1;** to leave behind **5**
quitter quelqu'un to leave someone **1**
quoique *conj.* although **7**
quotidien(ne) *adj.* daily **2**

R

rabat-joie *m.* killjoy **8,** party pooper **8**
racine *f.* root **6**
raconter (une histoire) *v.* to tell (a story) **1**
radio *f.* radio **3**
animateur/animatrice de radio *m., f.* radio presenter **3**
station de radio *f.* radio station **3**
raffermi(e) *adj.* strengthened **10**
raffoler de *v.* to be crazy about **5**
raisin *m.* grape **6**
raisin sec *m.* raisin **6**
rame de métro *f.* subway train **2**
ranger *v.* to tidy up **1**
rappeler *v.* to recall **1;** to call back **1**
rapport *m.* relation **6**
rarement *adv.* rarely **2**
raser: se raser *v.* to shave **2**
rassembler *v.* to gather **2**
rassurer: se rassurer *v.* to reassure oneself **2**
ravi(e) *adj.* delighted **6**
réagir *v.* to react **1**
réalisateur/réalisatrice *m., f.* director **3**
réaliser (un rêve) *v.* to fulfill (a dream) **5**
rebelle *adj.* rebellious **6**
reboisement *m.* reforestation **3**
récemment *adv.* recently **3**
recettes et dépenses *f.* receipts and expenses **9**
recevoir *v.* to receive **3**
réchauffement climatique *m.* global warming **10**
recherche *f.* research **7**
recherche appliquée *f.* applied research **7**
recherche fondamentale *f.* basic research **7**
récif de corail *m.* coral reef **10**
récolte *f.* harvest **10**
récolter *v.* to harvest **10**
recommander *v.* to recommend **6**
reconnaître *v.* to recognize **6**
rédacteur/rédactrice *m., f.* editor **3**
regarder *v.* to watch **8**
régime totalitaire *m.* totalitarian regime **4**
règle *f.* rule **5**
régler *v.* to adjust **7**
regretter *v.* to regret **6**
réitérer *v.* to reiterate **2**
rejeter *v.* to reject **1, 5**
rejoindre *v.* to join **1**
relation *f.* relationship **6**
avoir des relations to have connections **9**
rembourser *v.* to reimburse **9**
remercier *v.* to thank **6**
remplacer *v.* to replace **1**
remuer *v.* to move **10**

rémunérer *v.* to pay **9**
rendez-vous *m.* date **1**
rendre: se rendre compte de *v.* to realize **2**
renouvelable *adj.* renewable **10**
renouveler *v.* to renew **1**
rentrer *v.* to go back (home) **3**
renverser *v.* to overthrow **4**
répéter *v.* to repeat **1;** to rehearse **1**
reportage *m.* news report **3**
reporter *m.* reporter (male or female) **3**
reposer: se reposer *v.* to rest **2**
reprendre *v.* to pick up again **9;** to resume **9**
requin *m.* shark **10**
réseau *m.* network **3**
résoudre *v.* to solve **10**
respecter *v.* to respect **6**
respirer *v.* to breathe **10**
responsabilité *f.* responsibility **1**
ressembler (à) *v.* to resemble **6,** to look like **6**
ressentir *v.* to feel **1**
ressource *f.* resource **10**
rester *v.* to stay **3**
retirer (un profit, un revenu) de to get (benefit, income) out of **9**
retourner *v.* to return **3**; **se retourner** *v.* to turn over **10**
retransmettre *v.* to broadcast **3**
retransmission *f.* broadcast **7**
réunion *f.* meeting **9**
réunir: se réunir *v.* to get together **2**
réussir *v.* to succeed **7**
réussite *f.* success **9**
revanche *f.* revenge **8**
rêve *m.* dream **5**
réveiller: se réveiller *v.* to wake up **2**
revendication *f.* demand **9**
revendiquer *v.* to demand **5**
revenir *v.* to come back **3**
revenu *m.* income **9**
  retirer un revenu de to get income out of **9**
rêver de *v.* to dream about **1**
rêveur/rêveuse *adj.* full of dreams **2**
revoir *v.* to see again **9**
révolter: se révolter *v.* to rebel **4**
révolutionnaire *adj.* revolutionary **7**
richesses *f.* wealth **5**
  partage des richesses *m.* distribution of wealth **5**
rigoler *v.* to joke (about) **4**
rire *v.* to laugh **3**
rivière *f.* river **10**
robe *f.* dress
  robe de mariée *f.* wedding gown **6**
  robe de soirée *f.* evening gown **8**
roche *f.* rock **8**
rôle *m.* part **3,** role **3**
rompre *v.* to break up **1**
rond-point *m.* rotary **2;** roundabout **2**
rouler (en voiture) *v.* to drive **2**
route *f.* road **1**
roux/rousse *adj.* red-haired **2**
rubrique société *f.* lifestyle section **3**
ruche *f.* beehive **10**
rue *f.* street **2**
ruisseau *m.* stream **10**
rupture *f.* breakup **1**

S

sable *m.* sand **6**
salaire *m.* salary **9**
  salaire minimum *m.* minimum wage **9**
sans *prep.* without **7**
  sans doute *adv.* no doubt **2**
  sans que *conj.* without **7**
sauf *adv.* except **8**
saumon *m.* salmon **6**
saut à l'élastique *m.* bungee jumping **8**
sauter *v.* to jump **8**
sauvegarder *v.* to save **7**
sauver *v.* to save **4**
savoir *v.* to know (facts) **3;** to know how to **3**
scandale *m.* scandal **4**
scientifique *m., f.* scientist **7**
sec/sèche *adj.* dry **10**
sécheresse *f.* drought **10**
sécurité *f.* security **4,** safety **4**
  en sécurité *adj.* sure **2**
séduire *v.* to seduce **3;** to captivate **3**
séduisant(e) *adj.* attractive **1**
sembler *v.* to appear to **8**
  Il semble que… It seems that… **7**
sens figuré/littéral *m.* figurative/literal sense **10**
sensible *adj.* sensitive **1**
sentir bon/mauvais *v.* to smell good/bad **2**
servir *v.* to serve **2; se servir de** *v.* to use **2**
seul(e) *adj.* only **2;** alone **2, 5**
si *conj.* if **7**
siffler *v.* to whistle (at) **8**
sifflet *m.* whistle **8**
singe *m.* monkey **10**
site Internet *m.* Internet site **3**
site web *m.* Web site **3**
sketch *m.* skit **2**
ski *m.* skiing **8**
  ski alpin/de fond *m.* downhill/cross-country skiing **8**
slip *m.* underpants (for males) **8**
soigner *v.* to treat **7;** to look after (someone) **7**
soin *m.* care **6**
soldat *m.* soldier **1**
soleil *m.* sun **10**
solliciter *v.* to solicit **2**
  solliciter un emploi to apply for a job **9**
sonner *v.* to strike **1;** to sound **1**
sortie dans l'espace *f.* space walk **7**
sortir avec *v.* to go out with **1**
  sortir un film to release a movie **3**
sou *m.* penny **9**
soucier: se soucier (de quelque chose) *v.* to care (about something) **10**
soudain *adv.* suddenly **2**
souffler *v.* to blow **8**
souffrir *v.* to suffer **4**
souhaiter *v.* to hope **6;** to wish to **8**
soulager *v.* to relieve **1**
soûler *v.* to bug **6;** to talk to death **6**
soulever *v.* to raise **3**
souliers *m.* shoes **8**
soumis(e) *adj.* submissive **6**
source *f.* (aquatic) stream **10**
  source d'énergie *f.* energy source **10**
sourd(e) *adj.* deaf **5**
sous-titres *m.* subtitles **3**
soutenir *v.* to support **5**
soutien *m.* support **2**
souvenir: se souvenir de *v.* to remember **2**
souvent *adv.* often **2**
spécialisé(e) *adj.* specialized **7**
spectacle *m.* show **8;** performance **8**
spectateur/spectatrice *m., f.* spectator **8**
spot publicitaire *m.* advertisement **3**
stage (rémunéré) *m.* (paid) training course **9**
stagiaire *m., f.* trainee **9**
station *f.* station **2**
  station de métro *f.* subway station **2**
  station de radio *f.* radio station **3**
  station spatiale *f.* space station **7**
stimulant(e) *adj.* challenging **9**
stratégie commerciale *f.* marketing strategy **9**
strict(e) *adj.* strict **6**
suggérer *v.* to suggest **6**
suivre *v.* to follow **3**
supérette *f.* mini-market **6**
superficie *f.* surface area **10;** territory **10**
supplice *m.* torture **1**
supporter (de) *m.* fan **8;** supporter **8**
supposer *v.* to assume **5**
supposition *f.* assumption **5**
sur *prep.* on **5**
sûr(e) *adj.* safe **2;** sure **7**
sûrement *adv.* surely **3**
sûreté publique *f.* public safety **4**
surfer sur Internet/le web to search the Web **3**
surmonter *v.* to overcome **6**
surnom *m.* nickname **6**
surpeuplé(e) *adj.* overpopulated **5**
surpopulation *f.* overpopulation **5**
surprenant(e) *adj.* surprising **6**
surtout *adv.* above all **2**

surveiller *v.* to keep an eye on **8**
survie *f.* survival **7**
survivre *v.* to survive **6**
syndicat *m.* labor union **9**
système féodal *m.* feudal system **4**

T

tableau *m.* painting **8**
taire: se taire *v.* to be quiet **2, 7**
talons (aiguilles) *m.* (stiletto) heels **8**
tant de... *adv.* so many . . . **6**
  tant que *conj.* as long as **7**
tard *adv.* late **2**
tare *f.* defect **4**
tas de *m.* a lot of **5**
tasse *f.* cup **5**
taxe *f.* tax **9**
tel(le) *adj.* such a(n) **4, 5**
télécharger *v.* to download **7**
téléphone portable *m.* cell phone **7**
télescope *m.* telescope **7**
téléspectateur/téléspectatrice *m., f.* television viewer **3**
témoigner de *v.* to be witness to **5**
témoin *m.* witness **5;** witness **6;** best man **6;** maid of honor **6**
temps *m.* time **2**
  de temps en temps *adv.* from time to time **2**
  temps de travail *m.* work schedule **9**
tenace *adj.* tenacious **10**
tendresse *f.* affection **6**
tendu(e) *adj.* tense **6**
tenir *v.* to hold **4**
tennis *f.* sneakers **8,** tennis shoes **8**
tenter *v.* to attempt **8;** to tempt **8**
terrain (de foot) *m.* (soccer) field **8**
terre *f.* land **10**
terrorisme *m.* terrorism **4**
terroriste *m., f.* terrorist **4**
théâtre *m.* theater **8**
théorie *f.* theory **7**
ticket *m.* ticket **8**
tigre *m.* tiger **10**
timide *adj.* shy **1**
titre *m.* headline **3**
tolérer *v.* to tolerate **10**
tomber *v.* to fall **1**
  tomber amoureux/amoureuse (de) to fall in love (with) **1**
ton *m.* tone **10**
tortue *f.* turtle **10**
tôt *adv.* early **2**
toucher *v.* to get/receive (a salary) **9**
toujours *adv.* always **2**
tourner *v.* to shoot (a film) **3**
tous/toutes *pron.* all (of them) **4**
tout(e)/tous/toutes (les) *adj.* every **4,** all **4**
tout *pron.* everything **4;** *adv.* very
  tout à coup *adv.* all of a sudden **3**
  tout de suite *adv.* right away **3**
toxique *adj.* toxic **10**
trac *m.* stage fright **3**
  avoir le trac to have stage fright **3**
train *m.* train **2**
  monter dans un train to get on a train **2**
traîner *v.* to hang around **6;** to drag **6**
traite des Noirs *f.* slave trade **4**
traiter *v.* to treat **6**
  traiter avec condescendance to patronize **6**
trajectoire *f.* path **4**
trajet *m.* trip **7,** journey **7**
tranquille *adj.* calm **1;** quiet **1**
transports en commun *m.* public transportation **2**
travail manuel *m.* manual labor **5**
travailler dur *v.* to work hard **2**
travailleur/travailleuse *adj.* hard-working **2**
travailleur/travailleuse manuel(le) *m., f.* blue-collar worker **6**
travaux *m.* construction **2**
travers: à travers *prep.* throughout **3**
tremblement de terre *m.* earthquake **10**
très *adv.* very **2**
tribunal *m.* court **4**
tristesse *f.* sadness **1**
tromper *v.* to deceive **2; se tromper** *v.* to be wrong **1;** to be mistaken **1**
trop *adv.* too many/much **2**
  trop de too much of **5**
trottoir *m.* sidewalk **2**
troupeau *m.* flock **10**
trouver: se trouver *v.* to be located **2**
tuer *v.* to kill **4**

U

uni(e) *adj.* close-knit **6**
union *f.* union **1**
  vivre en union libre to live together (as a couple) **1**
unir *v.* to unite **2**
urbaniser *v.* to urbanize **10**
urbanisme *m.* city/town planning **2**
usé(e) *adj.* worn out 2

V

vacancier/vacancière *m., f.* vacationer **8**
vaincre *v.* to defeat **4**
  vaincre ses peurs to confront one's fears **8**
valeur *f.* value **5**
valoir *v.* to be worth **6**
  valoir la peine to be worth it **8**
vedette (de cinéma) *f.* (movie) star (male or female) **3**
veille *f.* day before **8**
vendeur/vendeuse *m., f.* salesman/woman **9**
vengeance *f.* revenge **5**
venir *v.* to come **3**
vérité *f.* truth **2**
vernissage *m.* art exhibit opening **8**
verre *m.* glass **5**
  prendre un verre to have a drink **8**
vestiaires *m.* locker room **8**
veuf/veuve *m., f.* widower/widow **1;** *adj.* widowed **1**
victime *f.* victim **4**
victoire *f.* victory **4**
victorieux/victorieuse *adj.* victorious **4**
vide *adj.* empty **2**
vidéoclip *m.* music video **3**
vie *f.* life
  gagner sa vie to earn a living **9**
  niveau de vie *m.* standard of living **5**
  vie nocturne *f.* nightlife **2**
vieillesse *f.* old age **6**
vieillir *v.* to grow old **6**
vieux/vieille *adj.* old **2**
violence *f.* violence **4**
violon *m.* violin **2**
virer *v.* to fire **9**
vite *adv.* quickly **2**
vivre *v.* to live **1**
  vivre en union libre to live together (as a couple) **1**
  vivre quelque chose par l'intermédiaire de quelqu'un to live something vicariously through someone **8**
vivre (quelque chose) par procuration to live (something) vicariously **8**
vœu *m.* wish **5**
voie *f.* lane **2;** road **2;** track **2;** means **2;** channel **2**
voir *v.* to see **3**
voiture *f.* car **2**
  monter dans une voiture to get in a car **2**
voix *f.* voice **3**
volaille *f.* poultry **6**
voler *v.* to steal **5;** to fly **8**
voleur/voleuse *m., f.* thief **4**
voter *v.* to vote **4**
vouloir *v.* to want **3**
  en vouloir (à) to have a grudge **5**
  s'en vouloir *v.* to be angry with oneself **5**
voyager *v.* to travel **1**
voyou *m.* hoodlum **6**
vrai(e) *adj.* real **2;** true **2**
vraiment *adv.* really **2;** truly **2**
VTT (vélo tout terrain) *m.* mountain bike **8**

W

wagon *m.* subway car **2**
web *m.* Web **3**

Anglais–Français

A

about: it's about il s'agit de **7**
above: above all surtout *adv.* **2**
absolute monarchy monarchie absolue *f.* **4**
absolutely absolument *adv.* **2**
abuse abus *m.* **4;** maltraitance *f.* **5;** abuser *v.* **4**
abuse of power abus de pouvoir *m.* **4**
accountant comptable *m., f.* **9**
achieve parvenir à *v.* **5**
acid rain pluie acide *f.* **10**
acorn gland *m.* **10**
act se comporter *v.* **3**
active actif/active *adj.* **2**
activist militant(e) *m., f.* **3**
militant activist activiste *m., f.* **4**
actor comédien(ne) *m., f.* **3**
adapt s'adapter *v.* **5**
address adresse *f.* **7**
adjust régler *v.* **7**
admire admirer *v.* **8**
admit avouer *v.* **7**
adrenaline rush montée d'adrénaline *f.* **8**
adulthood âge adulte *m.* **6**
advance avancer *v.* **1**
advanced avancé(e) *adj.* **7**
advertisement message publicitaire *m.* **3,** spot publicitaire *m.* **3,** publicité *f.* **3,** pub *f.* **3**
advertising publicité *f.* **3,** pub *f.* **3**
advisor conseiller/conseillère *m., f.* **9**
affair liaison *f.* **1**
affection tendresse *f.* **6**
affectionate affectueux/affectueuse *adj.* **1**
afraid: to be afraid avoir peur **2**
after après que *conj.* **7**
again encore *adv.* **2,** de nouveau *adv.* **8**
alien extraterrestre *m., f.* **7**
alike pareil(le) *adj.* **5**
all tous/toutes *pron.* **4;** tout(e)/tous/toutes *adj.* **4**
all of a sudden tout à coup *adv.* **3**
allow to laisser *v.* **8**
almost presque *adv.* **3**
alone seul(e) *adj.* **2, 5**
already déjà *adv.* **2**
although bien que *conj.* **7,** quoique *conj.* **7**
always toujours *adv.* **2**
amazed: to be amazed s'étonner *v.* **8**
amuse amuser *v.* **2**
amusement park parc d'attractions *m.* **8**
ancestor ancêtre *m., f.* **1**
ancient ancien(ne) *adj.* **2**
anger colère *f.* **4;** fâcher *v.* **2**
angry fâché(e) *adj.* **1**
to be angry with oneself s'en vouloir *v.* **5**
to get angry with se mettre en colère contre **1,** se fâcher contre *v.* **2**
annoy agacer *v.* **1,** énerver *v.* **1**
another un(e) autre *adj.* **2**
anxious anxieux/anxieuse *adj.* **1**
appear paraître *v.* **3; to appear to** sembler *v.* **8**
applaud applaudir *v.* **8**
applied research recherche appliquée *f.* **7**
apply for poser sa candidature pour **9**
to apply for a job solliciter un emploi **9**
to apply for a loan demander un prêt **9**
approach aborder *v.* **3**
archipelago archipel *m.* **10**
army armée *f.* **4**
arrive arriver *v.* **3**
art exhibit opening vernissage *m.* **8**
art show exposition *f.* **8**
as … as aussi … que *adv.* **7**
as long as tant que *conj.* **7**
as soon as dès que *conj.* **7,** aussitôt que *conj.* **7**
ascend monter *v.* **3**
ascertain constater *v.* **3**
ashamed: to be ashamed (of) avoir honte (de) **1**
ask demander *v.* **2**
asparagus asperge *f.* **6**
asset atout *m.* **7**
assimilation assimilation *f.* **5**
assume supposer *v.* **5**
assumption supposition *f.* **5**
astrologer astrologue *m., f.* **7**
astronaut astronaute *m., f.* **7**
astronomer astronome *m., f.* **7**
at à *prep.* **5;** en **5**
at last enfin *adv.* **2**
at that moment à ce moment-là **3**
at the place or home of chez *prep.* **5**
ATM distributeur automatique *m.* **9**
ATM card carte de retrait *f.* **9**
atmosphere ambiance *f.* **2**
attain parvenir à *v.* **5**
attempt tenter *v.* **8**
attention attention *f.* **3**
to draw attention (to) attirer l'attention (sur) **3**
attract attirer *v.* **5**
attractive séduisant(e) *adj.* **1**

B

bad mauvais(e) *adj.* **2**
badly mal *adv.* **2**
bad-mannered mal élevé(e) *adj.* **6**
ball ballon *m.* **8**
band groupe *m.* **8**
bankrupt en faillite *adj.* **9**
bankruptcy banqueroute *f.* **9**
barrier reef barrière de corail *f.* **10**
basic research recherche fondamentale *f.* **7**
bask in the sun lézarder au soleil *v.* **8**
be être *v.* **1**
to be able pouvoir *v.* **3**
to be afraid avoir peur **2**
to be amazed s'étonner *v.* **8**
to be angry with oneself s'en vouloir *v.* **5**
to be confident avoir confiance en soi **1**
to be contaminated être contaminé(e) **10**
to be crazy about raffoler *v.* **5**
to be distrustful of se méfier de *v.* **2**
to be embarrassed avoir honte (de) **1**
to be homesick avoir le mal du pays **5**
to be in debt avoir des dettes **9**
to be interested (in) s'intéresser (à) **2**
to be located se trouver *v.* **2**
to be lost être perdu(e) **2**
to be mistaken se tromper *v.* **1, 2**
to be on the front page être à la une **3**
to be prejudiced avoir des préjugés **5**
to be promoted être promu(e) **9**
to be quiet se taire *v.* **2, 7**
to be reckoned with incontournable *adj.* **7**
to be sorry être désolé(e) **6**
to be under pressure être sous pression **9**
to be wary of se méfier de *v.* **2**
to be witness to témoigner de *v.* **5**
to be worth it valoir la peine *v.* **8**
to be wrong se tromper *v.* **1**
bear ours *m.* **10**
beautiful beau/belle *adj.* **2**
because car *conj.* **4**
become devenir *v.* **3**
to become rich s'enrichir *v.* **5**
bed lit *m.*
to go to bed se coucher *v.* **2**
beehive ruche *f.* **10**
before avant de *prep.* **7;** avant que *conj.* **7**
begin commencer *v.* **1;** se mettre à *v.* **2;** débuter *v.* **6**
behave se comporter *v.* **3**
behavior comportement *m.* **3**
behind derrière *prep.* **5**
belief croyance *f.* **4**

belong (to) appartenir (à) *v.* **5; to belong (to a group)** s'intégrer (à un groupe) *v.* **1**
belongings affaires *f.* **6**
benefit from profiter de *v.* **9**
to get benefit out of retirer un profit de **9**
benefits pension *f.* **6**
bermuda shorts (a pair of) bermuda *m.* **8**
best: the best le/la meilleur(e) *adj.* **7;** le mieux *adv.* **7**
best man témoin *m.* **6**
bet pari *m.* **8**
better meilleur(e) *adj.* **2;** mieux *adv.* **2**
It is better that… Il vaut mieux que… **6**
to better oneself s'améliorer *v.* **5**
biased partial(e) *adj.* **3**
big grand(e) *adj.* **2**
bilingual bilingue *adj.* **1**
billboard panneau d'affichage *m.* **2**
biochemical biochimique *adj.* **7**
biologist biologiste *m., f.* **7**
birth naissance *f.* **6**
to give birth accoucher *v.* **6**
birthrate natalité *f.* **5**
blackmail faire du chantage *v.* **4**
blend in s'assimilier à *v.* **1**
blow souffler *v.* **8**
blue-collar worker travailleur/travailleuse manuel(le) *m., f.* **6**
board game jeu de société *m.* **8**
boat bateau *m.* **4**
boldness audace *f.* **3**
bonus prime *f.* **9**
border frontière *f.* **5**
bore ennuyer *v.* **1**
bored: to get bored s'ennuyer *v.* **2**
born: to be born naître *v.* **3**
boss patron(ne) *m., f.* **9**
bossy autoritaire *adj.* **6**
bother gêner *v.* **1,** ennuyer *v.* **2,** déranger *v.* **1, 6**
bottle bouteille *f.* **5**
bouquet bouquet de la mariée *m.* **6**
bowling bowling *m.* **8**
to go bowling jouer au bowling **8**
bow tie nœud papillon *m.* **8**
box boîte *m.* **5**
boxer shorts caleçon *m.* **8**
brain cerveau *m.* **7**
breakup rupture *f.* **1**
break up rompre *v.* **1**
breathe respirer *v.* **10**
bride mariée *f.* **6**
bridge pont *m.* **2**
briefly brièvement *adv.* **2**
bring someone amener *v.* **1**
broadcast retransmission *f.* **7;** retransmettre *v.* **3**
broiled grillé(e) *adj.* **6**
brother-in-law beau-frère *m.* **6**
brown ***(hair)*** châtain *adj.* **2**
brush se brosser *v.* **2**
budget budget *m.* **9**
bug soûler *v.* **6**
build construire *v.* **2**
building édifice *m.* **2**
bungee jumping saut à l'élastique *m.* **8**
burn brûler *v.* **5;** graver (un CD) *v.* **7**
bus stop arrêt d'autobus *m.* **2**
businessman homme d'affaires *m.* **9**
businesswoman femme d'affairs *f.* **9**
buy acheter *v.* **1**

C

call appeler *v.* **1**
to call back rappeler *v.* **1**
calm tranquille *adj.* **1**
can boîte *m.* **5;** pouvoir *v.* **3**
Canadian canadien(ne) *adj.* **2**
captain capitaine *m.* **8**
captivate séduire *v.* **3**
car voiture *f.* **2**
to get in a car monter dans une voiture **2**
cards cartes *f.* **8**
playing cards cartes à jouer *f.* **8**
care soin *m.* **6**
to care (about something) se soucier (de quelque chose) *v.* **10**
career parcours *m.* **7**
careful prudent(e) *adj.* **1**
carnival fête foraine *f.* **2**
carry porter *v.*
to carry out an experiment faire une expérience **7**
case: in case au cas où *conj.* **10**
catch: to catch sight of apercevoir *v.* **2**
cause cause *f.* **5;** déclencher *v.* **3**
cavity carie *f.* **9**
CD-ROM CD-ROM *m.* **7**
celebrate célébrer *v.* **8,** fêter *v.* **8**
cell cellule *f.* **7**
cell phone (téléphone) portable *m.* **7**
censorship censure *f.* **3**
certain certain(e) *adj.* **4**
certainly certainement *adv.* **3**
challenge défi *m.* **5**
challenging stimulant(e) *adj.* **9**
change changement *m.*
change of scenery dépaysement *m.* **1**
to change direction bifurquer *v.* **4**
channel voie *f.* **2**
chaos chaos *m.* **5**
character caractère *m.* **6;** *(in a story or play)* personnage *m.* **8**
charcoal charbon de bois *m.* **10**
charming charmant(e) *adj.* **1**
chat bavarder *v.* **8;** causer *v.* **9**
chatterbox bavard(e) *m., f.* **5**
checking account compte de chèques *m.* **9**
cheese store fromagerie *f.* **6**
chemist chimiste *m., f.* **7**
chestnut marron *m.* **2;** marron *adj.* **2**
child enfant *m., f.* **6**
only child enfant unique *m., f.* **6;** fille/fils unique *m., f.* **6**
childhood enfance *f.* **6**
chip puce *f.* **7**
choose choisir *v.* **3**
cinema cinéma *m.* **2**
citizen citoyen(ne) *m., f.* **2**
city center centre-ville *m.* **2**
city dweller citadine(e) *m., f.* **2**
city hall hôtel de ville *m.* **2**
city planning urbanisme *m.* **2**
civil war guerre civile *f.* **4**
American Civil War guerre de Sécession *f.* **4**
claim to prétendre *v.* **8**
clear away déblayer *v.* **10**
clean nettoyer *v.* **1;** net(te) *adj.* **2,** propre *adj.* **2;** pur(e) *adj.* **10**
climb escalader *v.* **8;** grimper à *v.* **8**
cloister cloîtrer *v.* **2**
clone cloner *v.* **7**
close-knit uni(e) *adj.* **6;** lié(e) *adj.* **6**
clue indice *m.* **4**
coach entraîneur *m.* **8**
coal charbon *m.* **10**
colonist colon *m.* **4**
column chronique *f.* **3**
comb se peigner *v.* **2**
come venir *v.* **3**
to come back revenir *v.* **3**
comedy comédie *f.* **8**
commissioner commissaire *m.* **5**
commit (to someone) s'engager (envers quelqu'un) *v.* **1**
company entreprise *f.* **9**
compared to par rapport à *prep.* **3**
competent compétent(e) *adj.* **9**
competition concurrence *f.* **8**
complain se plaindre *v.* **2**
complete complet/complète *adj.* **2**
computer science informatique *f.* **7**
condition condition *f.*
on the condition that à condition que *conj.* **7**
confide confier *v.* **6**
confident: to be confident avoir confiance en soi **1**
conformist conformiste *adj.* **5**
confront one's fears vaincre ses peurs **8**
confusedly confusément *adv.* **2**
connection lien *m.* **2**
conservative conservateur/conservatrice *adj.* **2, 4**
consider considérer *v.* **1**
constantly constamment *adv.* **2**

construction travaux *m. pl.* **2**
consult consulter *v.* **9**
consultant consultant(e) *m., f.* **9**
contaminated: to be contaminated être contaminé(e) **10**
contempt: to have contempt for mépriser *v.* **6**
contribute contribuer (à) *v.* **7**
controversy controverse *f.* **3,** polémique *f.* **5**
converse s'entretenir (avec) *v.* **2**
convince convaincre *v.* **9**
cool frais/fraîche *adj.* **2,** chouette *adj.* **8**
cop flic *m.* **5**
coral reef récif de corail *m.* **10**
correspondent envoyé(e) spécial(e) *m., f.* **3**
cost a lot coûter cher *v.* **2**
co-tenant colocataire *m., f.* **2**
courage courage *m.* **5**
court tribunal *m.* **4**
cover couverture *f.* **3;** couvrir *v.* **4**
courthouse palais de justice *m.* **2**
crazy fou/folle *adj.* **2**
  to be crazy about raffoler *v.* **5**
cream crème *f.* **2;** crème *adj.* **2**
create créer *v.* **7**
  to create a company monter une entreprise **9**
credit card carte de crédit *f.* **9**
crime crime *m.* **4**
criminal criminel(le) *m., f.* **4**
cripple estropié(e) *m., f.* **1**
cross-country skiing ski de fond *m.* **8**
crosswalk clous *m. pl.* **2**
crowd foule *f.* **4**
cruel cruel(le) *adj.* **2**
cruelty cruauté *f.* **4**
crush écraser *v.* **7**
cry cri *m.* **2;** pleurer *v.* **6**
cultural heritage patrimoine culturel *m.* **5**
culture shock choc culturel *m.* **1**
cup tasse *f.* **5**
cure guérir *v.* **7**
current events actualité *f.* **3**
customs mœurs *f.* **4**
cut oneself se couper *v.* **2**
  to cut off from couper de *v.* **7**
cute mignon(ne) *adj.* **2**
cyberspace cyberespace *m.* **7**

D

daily quotidien(ne) *adj.* **2**
damaged abîmé(e) *adj.* **9**
danger danger *m.* **10**
dangerous dangereux/dangereuse *adj.* **2**
dare to oser *v.* **8**
daredevil casse-cou *m.* **8**
darts fléchettes *f.* **8**
date rendez-vous *m.* **1**
daughter-in-law belle-fille *f.* **6**
day jour *m.*
  day before veille *f.* **8**
  next day lendemain *m.* **7**
deaf sourd(e) *adj.* **5**
deal marché *m.* **2**
dear cher/chère *adj.* **2**
death mort *f.* **6**
debt dette *f.* **9**
  to be in debt avoir des dettes **9**
deceased décédé(e) *adj.* **6**
deceive tromper *v.* **2**
deceptive mensonger/mensongère *adj.* **2**
decrease baisser *v.* **5**
dedicate oneself to se consacrer à *v.* **4**
defeat défaite *f.* **4;** vaincre *v.* **4**
defect tare *f.* **4**
defend défendre *v.* **4**
deforestation déforestation *f.* **10**
delighted ravi(e) *adj.* **6**
demand revendication *f.* **9;** revendiquer *v.* **5;** exiger *v.* **6, 9**
demanding exigeant(e) *adj.* **6**
democracy démocratie *f.* **4**
demonstration manifestation *f.* **2**
department store grand magasin *m.* **9**
deposit déposer *v.* **9**
depressed déprimé(e) *adj.* **1**
deputy député(e) *m., f.* **4**
descend descendre *v.* **3**
describe décrire *v.* **6**
deserve mériter *v.* **1**
desire désirer *v.* **6**
despair désespoir *m.* **7**
desperate désespéré(e) *adj.* **1**
determination acharnement *m.* **10**
develop mettre au point *v.* **3**
development nouveauté *f.* **3;** développement *m.* **5;** épanouissement *m.* **10**
dialog dialogue *m.* **5**
dictatorship dictature *f.* **4**
die mourir *v.* **3**
different autre *adj.* **2**
digital numérique *adj.* **7**
digital camera appareil (photo) numérique *m.* **7**
directions indications *f.* **2**
  to give directions donner des indications **2**
director réalisateur/réalisatrice *m., f.* **3**
disappointed déçu(e) *adj.* **4**
discover découvrir *v.* **4**
discovery découverte *f.* **7**
  (breakthrough) discovery découverte (capitale) *f.* **7**
discrepancy écart *m.* **5**
dishonest malhonnête *adj.* **1**
disillusioned désabusé(e) *adj.* **1**
disorientation dépaysement *m.* **1**
disposable jetable *adj.* **10**
disposal: to have at one's disposal disposer de *v.* **7**
distance learning formation à distance *f.* **5**
distant lointain(e) *adj.* **3**
distribution of wealth partage des richesses *m.* **5**
distrust se méfier de *v.* **2**
distrustful: to be distrustful of se méfier de *v.* **2**
disturb déranger *v.* **6**
dive plonger *v.* **1**
diversity diversité *f.* **5**
diving plongée sous-marine *f.* **10**
divorce divorce *m.*
  to get a divorce divorcer *v.* **1**
DNA ADN *m.* **7**
do faire *v.* **1**
  to do it on purpose faire exprès **4**
  to do without faire sans **5**
documentary documentaire *m.* **3**
dolphin dauphin *m.* **10**
doubt douter *v.* **2**
  no doubt sans doute *adv.* **2**
doubtful: It is doubtful... Il est douteux... **7**
downhill skiing ski alpin *m.* **8**
download télécharger *v.* **7**
downtown centre-ville *m.* **2**
drag traîner *v.* **6**
drama course cours d'art dramatique *m.* **3**
draw tirer *v.*
  to draw attention to attirer l'attention (sur) **3**
  to draw from puiser *v.* **10**
dream about rêver de *v.* **1**
dreams, full of rêveur/rêveuse *adj.* **2**
drink boire *v.* **3**
  to have a drink prendre un verre **8**
drinkable potable *adj.* **10**
drive rouler (en voiture) *v.* **2;** conduire *v.* **3**
driver conducteur/conductrice *m., f.* **2**
drought sécheresse *f.* **10**
drown s'enfoncer *v.* **1**
drums batterie *f.* **2**
dry sec/sèche *adj.* **10**
due to dû/due *adj.* **5**
DVD player lecteur de DVD *m.* **7**

E

each chaque *adj.* **4**
  each one chacun(e) *pron.* **3**
early tôt *adv.* **2**
earn a living gagner sa vie **9**
earthquake tremblement de terre *m.* **10**
eat manger *v.* **1**

economic crisis crise économique *f.* **9**
edible mangeable *adj.* **4**
editor rédacteur/rédactrice *m., f.* **3**
education enseignement *m.* **5**
effort effort *m.* **5**
to make an effort faire un effort **5**
egocentric égocentrique *adj.* **3**
elect élire *v.* **4**
election élection *f.* **4**
to lose elections perdre les élections **4**
to win elections gagner les élections **4**
electronic chip puce électronique *f.* **7**
e-mail address adresse e-mail *f.* **7**
embarrass gêner *v.* **1**
embarrassed gêné(e) *adj.* **2**
to be embarrassed avoir honte (de) **1**
embarrassment gêne *f.* **6**
emigrant émigré(e) *m., f.* **5**
emigrate émigrer *v.* **1**
emotional émotif/émotive *adj.* **1**
employee employé(e) *m., f.* **9**
empty vide *adj.* **2**
enclose cloîtrer *v.* **2**
endangered en voie d'extinction *adj.* **10**
endearing attendrissant(e) *adj.* **3**
energy énergie *f.* **10**
energy consumption consommation d'énergie *f.* **10**
energy source source d'énergie *f.* **10**
engaged: to get engaged se fiancer *v.* **1**
engagement fiançailles *f.* **6**
engagement ring bague de fiançailles *f.* **6**
engineer ingénieur *m., f.* **7**
enjoy bénéficier de *v.* **5**
enormously énormément *adv.* **2**
enough assez de *adj.* **5**
that's enough ça suffit **4**
enroll s'inscrire *v.* **6**
enslavement asservissement *m.* **4**
enter entrer *v.* **3**
entertain divertir *v.* **3**
entertaining divertissant(e) *adj.* **8**
entertainment divertissement *m.* **3**
enthusiastic enthousiaste *adj.* **1**
entrepreneur entrepreneur/entrepreneuse *m., f.* **9**
entrust confier *v.* **6**
environment environnement *m.* **10**
equal égal(e) *adj.* **4**
equality égalité *f.* **4**
erase effacer *v.* **1, 7**
erosion érosion *f.* **10**
escaped évadé(e) *adj.* **4**
essential essentiel(le) *adj.* **6**, indispensable *adj.* **6**
ethical éthique *adj.* **7**
evening gown robe de soirée *f.* **8**
event événement *m.* **2**
every chaque *adj.* **4**, tout(e)/tous/toutes (les) *adj.* **4**
everything tout *pron.* **4**
everywhere partout *adv.* **2**
evolve évoluer *v.* **3**
except sauf *prep.* **8**
excerpt extrait *m.* **3**
excited enthousiaste *adj.* **1**
exciting passionnant(e) *adj.* **4**
excluded exclu(e) *adj.* **5**
executive cadre *m.* **9**
exhausted épuisé(e) *adj.* **9**
exhibition exposition *f.* **8**
expect s'attendre à *v.* **2; to expect to** compter *v.* **8; to expect something** s'attendre à quelque chose *v.* **3**
expenses dépenses *f.* **9**
expensive cher/chère *adj.* **2**
experiment expérience *f.* **7**
to carry out an experiment faire une expérience **7**
explore explorer *v.* **7**
express exprimer *v.* **3**

F

face affronter *v.* **6**
fade (away) s'en aller *v.* **1**
fair foire *f.* **2;** juste *adj.* **4**
faithful fidèle *adj.* **1**
fall tomber *v.* **1**
to fall in love (with) tomber amoureux/amoureuse (de) **1**
false faux/fausse *adj.* **2**
fan (of) fan (de) *m., f.* **8;** supporter (de) *m.* **8**
farm ferme *f.* **10**
fascinating fascinant(e) *adj.* **9**
fat gros(se) *adj.* **2;** gras(se) *adj.* **4**
father-in-law beau-père *m.* **6**
favorite favori/favorite *adj.* **2**
fear peur *f.* **4;** craindre *v.* **6**
for fear of de peur de *prep.* **7**
for fear that de peur que *conj.* **7**, de crainte que *conj.* **7**
to confront one's fears vaincre ses peurs **8**
fed: to be fed up (with) en avoir marre (de) **1**
feed nourrir *v.* **6**
feel ressentir *v.* **1**
feudal system système féodal *m.* **4**
few (of them) quelques-un(e)s *pron.* **4;** (un) peu de **5**
field: (soccer) field terrain (de foot) *m.* **8**
fight lutte *f.* **3;** combattre *v.* **4;** lutter *v.* **5;** se battre *v.* **8**
figure chiffre *m.* **9**
to figure it out se débrouiller *v.* **9**
film critic critique de cinéma *m., f.* **3**
film library cinémathèque *f.* **2**
final dernier/dernière *adj.* **2**
finally enfin *adv.* **2;** finalement *adv.* **3**
financial financier/financière *adj.* **9**
fire incendie *m.* **10;** licencier *v.* **9**, virer *v.* **9**
fire station caserne de pompiers *f.* **2**
fireworks display feu d'artifice *m.* **2**
first premier/première *adj.* **2;** d'abord *adv.* **2**
fish poisson *m.* **10;** pêcher *v.* **10**
fishing net filet (de pêche) *m.* **10**
flag drapeau *m.* **4**
flaw défaut *m.* **3**
flee fuir *v.* **1**
fleeting passager/passagère *adj.* **1**
flirt draguer *v.* **1**
flock troupeau *m.* **10**
flood inondation *f.* **10**
flourishing prospère *adj.* **9**
flow couler *v.* **1**
fly voler *v.* **8**
foliage feuillage *m.* **10**
follow suivre *v.* **3**
following prochain(e) *adj.* **2**
food *(type or kind of)* aliment *m.* **6;** *(before a noun)* alimentaire **6**
for car *conj.* **4;** pour *prep.* **7**
for an hour (a month, etc.) pendant une heure (un mois, etc.) *adv.* **3**
for fear of de peur de *prep.* **7**
for fear that de peur que *conj.* **7**, de crainte que *conj.* **7**
force forcer *v.* **1**
forehead front *m.* **6**
foreigner étranger/étrangère *m., f.* **2**
forest forêt *f.* **10**
forge: to forge ahead aller de l'avant **5**
former ancien(ne) *adj.* **2**
formerly jadis *adv.* **10**
forseen prévu(e) *adj.* **5**
forward en pointe *adv.* **8**
foul faute *f.* **8**
frank franc(he) *adj.* **1**
frankly franchement *adv.* **2**
freedom liberté *f.* **3**
freedom of the press liberté de la presse *f.* **3**
free kick coup franc *m.* **8**
free oneself se libérer *v.* **4**
fresh frais/fraîche *adj.* **2**
friendship amitié *f.* **1**
from à partir de *prep.* **1**
from time to time de temps en temps *adv.* **2**
front: in front of devant *prep.* **5**
fuel combustible *m.* **10**
fulfill (a dream) réaliser (un rêve) *v.* **5**
full plein(e) *adj.* **2**
fun: to have fun s'amuser *v.* **2; to make fun of** se moquer de *v.* **2**
funds fonds *m.* **7**
future avenir *m.* **3**

G

game partie *f.* **8**
game console console de jeux *f.* **7**
gang bande *f.* **5**
gap écart *m.* **5**
gather rassembler *v.* **2**
gene gène *m.* **7**
generation gap fossé des générations *m.* **6**
genetics génétique *f.* **7**
gently doucement *adv.* **2**
get (a salary) toucher *v.* **9**
to get a divorce divorcer *v.* **1**
to get a signal capter *v.* **9**
to get along well s'entendre bien **1**
to get along with s'entendre bien avec **2**
to get angry with se mettre en colère contre **1**, se fâcher contre *v.* **2**
to get benefit out of retirer un profit de **9**
to get bored s'ennuyer *v.* **2**
to get dressed s'habiller *v.* **2**
to get engaged se fiancer *v.* **1**
to get hurt (se) blesser *v.* **8**
to get (in a car, on a train) monter (dans une voiture, dans un train) *v.* **2**
to get income out of retirer un revenu de **9**
to get involved s'engager *v.* **3**
to get off descendre *v.* **2**
to get (tickets) obtenir (des billets) **8**
to get together se réunir *v.* **2**
to get up se lever *v.* **2**
to get used to s'habituer à *v.* **2**
to get worse empirer *v.* **10**
gift shop boutique de souvenirs *f.* **8**
give donner *v.* **2**
to give birth accoucher *v.* **6**
to give directions donner des indications **2**
glass verre *m.* **5**
glide glisser *v.* **8**
globalization mondialisation *f.* **5**
global warming réchauffement climatique *m.* **10**
gnarled noueux/noueuse *adj.* **10**
go aller *v.* **1**
to go (away) s'en aller *v.* **1, 2**
to go across parcourir *v.* **8**
to go back (home) rentrer *v.* **3**
to go beyond one's limits se dépasser *v.* **8**
to go bowling jouer au bowling **8**
to go down descendre *v.* **2**
to go out with sortir avec *v.* **1**
to go past passer (devant) *v.* **2**
to go to bed se coucher *v.* **2**
to go up monter *v.* **3**
goal but *m.* **5**
gold or *m.* **2**
good bon(ne) *adj.* **2**
goodbye au revoir **5**
to say goodbye dire au revoir **5**
gossip commérages *m.* **1**
govern gouverner *v.* **4**
government gouvernement *m.* **4**
graft greffer *v.* **2**
granddaughter petite-fille *f.* **6**
grandson petit-fils *m.* **6**
grape raisin *m.* **6**
gravity gravité *f.* **7**
great génial(e) *adj.* **1**; grand(e) *adj.* **2**; chouette *adj.* **8**
great-aunt grand-tante *f.* **6**
great-grandfather arrière-grand-père *m.* **6**
great-grandmother arrière-grand-mère *f.* **6**
great-uncle grand-oncle *m.* **6**
Greek grec/grecque *adj.* **2**
grilled grillé(e) *adj.* **6**
groom marié *m.* **6**
grow augmenter *v.* **5**; pousser *v.* **10**
to grow old vieillir *v.* **6**
to grow up grandir *v.* **6**
grudge: to have a grudge en vouloir (à) *v.* **5**
guess deviner *v.* **5**
guilty coupable *adj.* **4**

H

habitat: provide a habitat for abriter *v.* **10**
habits mœurs *f.* **4**
half moitié *f.* **5**
half brother demi-frère *m.* **6**
half sister demi-sœur *f.* **6**
handkerchief mouchoir *m.* **8**
handsome beau *adj.* **2**
hang around traîner *v.* **6**
happily heureusement *adv.* **2**
happy heureux/heureuse *adj.* **2**, content(e) *adj.* **6**
harass harceler *v.* **9**
hard-working travailleur/travailleuse *adj.* **2**
harm nuire à *v.* **10**
harmful nuisible *adj.* **10**
harvest récolte *f.* **10**; récolter *v.* **10**
hate détester *v.* **8**
hatred haine *f.* **4**
have avoir *v.* **1**; prendre *v.* **3**
to have a drink prendre un verre **8**
to have a good time se divertir *v.* **8**
to have a grudge en vouloir (à) *v.* **5**
to have at one's disposal disposer de *v.* **7**
to have connections avoir des relations **9**
to have contempt for mépriser *v.* **6**
to have fun s'amuser *v.* **2**
to have influence (over) avoir de l'influence (sur) **4**
to have stage fright avoir le trac **3**
to have to devoir *v.* **3**; falloir *v.* **3**
head of a company chef d'entreprise *m.* **9**
headline gros titre *m.* **3**
headscarf foulard *m.* **6**
heal guérir *v.* **7**
hear entendre *v.* **2**
heels talons *m.* **8**
hegemony hégémonie *f.* **7**
here ici *adv.* **2**
heritage patrimoine *m.* **5**
cultural heritage patrimoine culturel *m.* **5**
high haut(e) *adj.* **2**
hire embaucher *v.* **9**
hit frapper *v.* **1**
hold tenir *v.* **4**
homeland patrie *f.* **6**
homesick: to be homesick avoir le mal du pays **5**
honest honnête *adj.* **1**
hoodlum voyou *m.* **6**
hope espoir *m.* **2**; espérer *v.* **1**, souhaiter *v.* **6**
housing logement *m.* **2**, habitation *f.* **2**
however pourtant *adv.* **1**
human humain(e) *adj.* **1**
humankind humanité *f.* **5**
human rights droits de l'homme *m.* **4**
hunt chasser *v.* **10**
hurricane ouragan *m.* **10**
hurry se dépêcher *v.* **2**
husband époux *m.* **6**

I

idealistic idéaliste *adj.* **1**
if si *conj.* **7**
illiterate analphabète *adj.* **4**
immature peu mûr(e) *adj.* **1**
immediately immédiatement *adv.* **3**
immigrant immigré(e) *n.* **5**
immigrate immigrer *v.* **1**
immigration immigration *f.* **5**
impartial impartial(e) *adj.* **3**
important important(e) *adj.* **6**
impossible impossible *adj.* **7**
imprison emprisonner *v.* **4**
improve améliorer *v.* **2**
in dans *prep.* **5**; en *prep.* **5**; à *prep.* **5**
in addition en outre *adv.* **7**
in case au cas où *conj.* **10**
in front of devant *prep.* **5**
in general en général *adv.* **2**
in order that afin que *conj.* **7**
in order to afin de *prep.* **2**; pour *prep.* **7**
in the past autrefois *adv.* **3**
income revenu *m.* **9**

to get income out of retirer un revenu de **9**
incompetent incompétent(e) *adj.* **9**
indication indice *m.* **4**
individuality individualité *f.* **5**
loss of individuality perte de l'individualité *f.* **5**
inequality inégalité *f.* **4**
inferior inférieur(e) *adj.* **2**
inferiority complex complexe d'infériorité *m.* **6**
influence influence *f.* **4**
to have influence (over) avoir de l'influence (sur) **4**
influential influent(e) *adj.* **3**
inherit hériter *v.* **6**
injure (oneself) (se) blesser *v.* **8**
injustice injustice *f.* **4**
innovative innovant(e) *adj.* **7**
insecurity of income précarité *f.* **9**
insensitive insensible *adj.* **2**
inside dans *prep.* **5;** dedans *adv.* **2, 8**
instability instabilité *f.* **5**
insufficient insuffisant(e) *adj.* **10**
integration intégration *f.* **5**
intellectual intellectuel(le) *m., f.* **6;** intellectuel(le) *adj.* **2**
intend to penser *v.* **8**
Internet site site Internet *m.* **3**
intersection croisement *m.* **2**
interview entretien *m.* **3,** interview *f.* **3**
job interview entretien d'embauche *m.* **9**
invade envahir *v.* **7**
invent inventer *v.* **7**
invention invention *f.* **7**
invest investir *v.* **9**
investigate enquêter (sur) *v.* **3**
investigation enquête *f.* **3**
involved: to get involved s'engager *v.* **3**
it: it's about il s'agit de **7**
it's a matter of il s'agit de **7**

J

jealous jaloux/jalouse *adj.* **1**
jersey maillot *m.* **8**
job poste *m.* **9,** emploi *m.* **9,** boulot *m.* **9**
job interview entretien d'embauche *m.* **9**
join rejoindre *v.* **1**
to join forces with s'associer à *v.* **7**
joke (about) rigoler *v.* **4**
journalist journaliste *m., f.* **3**
journey trajet *m.* **7**
joy joie *f.* **1**
judge juge *m., f.* **4;** juger *v.* **4**
jump sauter *v.* **8**
juror juré(e) *m., f.* **4**
justice justice *f.* **4**

K

keep garder *v.*
to keep an eye on surveiller *v.* **8**
to keep from (doing something) empêcher (de) *v.* **2**
to keep oneself informed (through the media) s'informer (par les médias) *v.* **3**
kid gamin(e) *m., f.* **5,** môme *m., f.* **5**
kidnap enlever *v.* **4,** kidnapper *v.* **4**
kill tuer *v.* **4**
killjoy rabat-joie *m.* **8**
kilogram kilo *m.* **5**
kindly gentiment *adv.* **2**
kindness bonté *f.* **6**
knock frapper *v.* **1**
know connaître *v.* **3;** savoir *v.* **3**

L

laboratory laboratoire *m.* **7**
labor union syndicat *m.* **9**
lack manque *m.* **5**
ladder échelle *f.* **7**
lagoon lagon *m.* **10**
land terre *f.* **10;** atterir *v.* **7**
landscape paysage *m.* **10**
lane voie *f.* **2**
language langue *f.* **5**
native language langue maternelle *f.* **5**
official language langue officielle *f.* **5**
laptop ordinateur portable *m.* **7**
last dernier/dernière *adj.* **2**
at last enfin *adv.* **2**
last Monday (Tuesday, etc.) lundi (mardi, etc.) dernier *adv.* **3**
late tard *adv.* **2**
launch lancement *m.* **7;** lancer *v.* **5**
to launch into se lancer *v.* **5**
laugh rire *v.* **3**
law loi *f.* **4**
to pass a law approuver une loi **4**
lawyer avocat(e) *m., f.* **4**
lay off licencier *v.* **9**
lazybones fainéant(e) *m., f.* **9**
lead mener *v.* **1, 5**
leave partir *v.* **3**
to leave behind quitter *v.* **5**
to leave someone quitter quelqu'un *v.* **1**
leisure loisir(s) *m.* **8**
lemon citron *m.* **6;** citron *adj.* **2**
less moins *adv.* **7**
let go lâcher *v.* **8**
liberal libéral(e) *adj.* **4**
lie mentir *v.* **1**
lifestyle section rubrique société *f.* **3**
lift lever *v.* **1**
like aimer *v.* **1**
little of (un) peu de **5**
lime citron vert *m.* **6**
limp boiter *v.* **1**
line queue *f.* **8**
line of products gamme de produits *f.* **9**
to wait in line faire la queue **8**
lion lion *m.* **10**
listen écouter *v.* **8**
listener auditeur/auditrice *m., f.* **3**
liter litre *m.* **5**
little peu *adv.* **2**
live vivre *v.* **1**
to live (something) vicariously vivre (quelque chose) par procuration **8**
to live something vicariously through someone vivre quelque chose par l'intermédiaire **de quelqu'un 8**
to live together (as a couple) vivre en union libre **1**
live en direct *adj., adv.* **3**
lively animé(e) *adj.* **2**
loan prêt *m.* **9;** emprunt *m.* **9**
to apply for a loan demander un prêt **9**
to secure a loan obtenir un prêt **9**
to take out a loan faire un emprunt **9**
located: to be located se trouver *v.* **2**
locker room vestiaires *m.* **8**
look regarder *v.*
to look after (someone) soigner *v.* **7**
to look like ressembler (à) *v.* **6**
long long/longue *adj.* **2**
as long as tant que *conj.* **7**
long-term à long terme *adj.* **9**
lose perdre *v.* **4**
to lose heart se décourager *v.* **5**
to lose elections perdre les élections **4**
loss perte *f.* **9**
loss of individuality perte de l'individualité *f.* **5**
lost perdu(e) *adj.* **2**
to be lost être perdu(e) **2**
lot: a lot beaucoup *adv.* **2**
a lot of beaucoup de **5,** un tas de **5**
love aimer *v.* **1**
lovers amants *m.* **1**
low bas(se) *adj.* **2**
lumberjack bûcheron *m.* **10**
luxury luxe *m.* **5**
lying mensonger/mensongère *adj.* **2**

M

mad fâché(e) *adj.* **1**
maid of honor témoin *m.* **6**
maintain maintenir *v.* **4**
make faire *v.* **1**
to make an effort faire un effort **5**
to make fun of se moquer de *v.* **2**
to make think of évoquer *v.* **9**

makeup: to put on makeup se maquiller *v.* **2**
manage gérer *v.* **9,** diriger *v.* **9;** se débrouiller *v.* **9**
manager gérant(e) *m., f.* **9**
manual labor travail manuel *m.* **5**
many bien des *adj.* **5**
marching band fanfare *f.* **2**
market marché *m.* **9**
marketing strategy stratégie commerciale *f.* **9**
marriage mariage *m.* **1**
marry se marier avec *v.* **1**
masses foule *f.* **3**
match partie *f.* **8**
material matériau *m.* **7**
  raw material matière première *f.* **7**
maternal maternel(le) *adj.* **6**
mathematician mathématicien(ne) *m., f.* **7**
matter: it's a matter of il s'agit de **7**
mature mûr(e) *adj.* **1**
maturity maturité *f.* **6**
maybe peut-être *adv.* **2**
mayor maire *m.* **2**
means voie *f.* **2**
media moyens de communication *m.* **3;** médias *m.* **3**
meeting réunion *f.* **9**
melancholic mélancolique *adj.* **1**
member membre *m.* **9,** adhérent(e) *m., f.* **9**
metaphor métaphore *f.* **4**
middle school collège *m.* **5**
militant activist activiste *m., f.* **4**
mini-market supérette *f.* **6**
minimum wage salaire minimum *m.* **9**
miss manquer à *v.* **5**
mistaken: to be mistaken se tromper *v.* **1, 2**
mix mélange *m.* **1;** mêler *v.* **10**
mob foule *f.* **4**
moderate modéré(e) *adj.* **4**
modernity modernité *f.* **10**
moment moment *m.* **3**
  at that moment à ce moment-là **3**
monarchy monarchie *f.* **4**
  absolute monarchy monarchie absolue *f.* **4**
monkey singe *m.* **10**
monthly magazine mensuel *m.* **3**
Moon Lune *f.* **10**
moral morale *f.* **4**
more plus *adv.* **7**
moronic débile *adj.* **2**
most plupart *f. pron.* **4**
mother-in-law belle-mère *f.* **6**
mountain bike VTT (vélo tout terrain) *m.* **8**
mountain climbing alpinisme *m.* **8**
mountain range chaîne montagneuse *f.* **10**
move émouvoir *v.* **3;** se déplacer *v.* **3;** bouger *v.* **5;** déménager *v.* **1, 6;** remuer *v.* **10**
  to move forward avancer *v.* **1**
movie star vedette de cinéma *f.* **3**
movie theater cinéma *m.* **2**
moving émouvant(e) *adj.* **8**
much: too much of trop de **5**
mud boue *f.* **1**
multilingual polyglotte *adj.* **5**
multinational company entreprise multinationale *f.* **9**
museum musée *m.* **2**
musical group groupe *m.* **8**
musician musicien(ne) *m., f.* **8**
music video clip vidéo *m.* **3,** vidéoclip *m.* **3**
must devoir *v.* **3**
  One must… Il faut que… **6**
mute muet(te) *adj.* **2**
mutual aid entraide *f.* **9**

N

naïve naïf/naïve *adj.* **2**
native language langue maternelle *f.* **5**
naturally naturellement *adv.* **2**
necessary nécessaire *adj.* **6**
  It is necessary that… Il faut que… **6**
neighborhood quartier *m.* **2**
nephew neveu *m.* **6**
nervous breakdown crise d'hystérie *f.* **1**
net filet *m.* **10**
network chaîne *f.* **3;** réseau *m.* **3**
never jamais *adv.* **2**
new nouveau/nouvelle *adj.* **2**
news nouvelles *f.* **3**
  international news nouvelles internationales *f.* **3**
  local news nouvelles locales *f.* **3**
news items faits divers *m.* **3**
newspaper journal *m.* **3**
news report reportage *m.* **3**
new wave nouvelle vague *f.* **1**
next prochain(e) *adj.* **2;** ensuite *adv.* **2**
  next day lendemain *m.* **7**
nice gentil/gentille *adj.* **2**
nicely gentiment *adv.* **2**
nickname surnom *m.* **6**
niece nièce *f.* **6**
nightlife vie nocturne *f.* **2**
nightmare cauchemar *m.* **1**
nobility noblesse *f.* **4**
noisily bruyamment *adv.* **2**
noisy bruyant(e) *adj.* **2**
nonconformist non-conformiste *adj.* **5**
nostalgia nostalgie *f.* **10**
notice préavis *m.* **2;** constater *v.* **3;** s'apercevoir *v.* **8**
now maintenant *adv.* **2**
nowhere nulle part *adv.* **2**
number chiffre *m.* **9**
numerous nombreux/nombreuse *adj.* **5**
nursery pépinière *f.* **10**

O

oak tree chêne *m.* **10**
obsessed obsédé(e) *adj.* **7**
obvious évident *adj.* **7**
obviously évidemment *adv.* **2**
offer offrir *v.* **4**
official language langue officielle *f.* **5**
often souvent *adv.* **2**
old ancien(ne) *adj.* **2;** vieux/vieille *adj.* **2**
old age vieillesse *f.* **6**
on sur *prep.* **5**
  on the condition that à condition que *conj.* **7**
once une fois *adv.* **3;** une fois que *conj.* **10**
one-on-one duel *m.* **8**
only seul(e) *adj.* **2**
open ouvrir *v.* **3**
oppressed opprimé(e) *adj.* **4**
orange orange *f.* **2;** orange *adj.* **2**
orator orateur/oratrice *m., f.* **2**
organic bio(logique) *adj.* **6**
O.R.T.F. Office de la Radio et de la Télévision françaises *m.* **2**
outdoors en plein air *adj.* **10**
outside dehors *adv.* **2**
outskirts banlieue *f.* **2**
overcome surmonter *v.* **6**
overpopulated surpeuplé(e) *adj.* **5**
overpopulation surpopulation *f.* **5**
overthrow renverser *v.* **4**
overwhelmed accablé(e) *adj.* **1**
owe devoir *v.* **9**
own propre *adj.* **2**
owner propriétaire *m., f.* **9**
oyster huître *f.* **10**
ozone layer couche d'ozone *f.* **10**

P

package paquet *m.* **5**
page page *f.* **3**
  sports page page sportive *f.* **3**
  to be on the front page être à la une **3**
paid training course stage rémunéré *m.* **9**
painting tableau *m.* **8**
panic paniquer *v.* **1**
parade défilé *m.* **2**
paragliding parapente *f.* **8**
part rôle *m.* **3**
partial partial(e) *adj.* **3**
party pooper rabat-joie *m.* **8**

pass passer *v.* **3**
to pass a law approuver une loi **4**
passenger passager/passagère *m., f.* **2**
password mot de passe *m.* **7**
past passé *m.* **2**
in the past autrefois *adv.* **3;** jadis *adv.* **10**
paternal paternel(le) *adj.* **6**
path trajectoire *f.* **4**
patiently patiemment *adv.* **2**
patronize traiter avec condescendance **6**
paw patte *f.* **4**
pay payer *v.* **1;** rémunérer *v.* **9**
peace paix *f.* **4**
peaceful pacifique *adj.* **4**
pearl perle *f.* **10**
pebble(s) caillou (cailloux) *m.* **10**
pedestrian piéton(ne) *m., f.* **2**
penny sou *m.* **9**
perceive apercevoir *v.* **9;** percevoir *v.* **9**
performance spectacle *m.* **8**
perhaps peut-être *adv.* **2**
perseverance persévérance *f.* **5**
persist relentlessly s'acharner sur *v.* **5**
personality caractère *m.* **6**
personify personnifier *v.* **4**
petanque boules *f.* **8,** pétanque *f.* **8**
phone téléphone *m.* **7**
photographer photographe *m., f.* **3**
pick up again reprendre *v.* **9**
pig cochon *m.* **10**
place placer *v.* **1**
to take place se dérouler *v.* **6**
plan projeter *v.* **1, 5**
play pièce (de théâtre) *f.* **8**
playing cards cartes à jouer *f.* **8**
plaza place *f.* **2**
please plaire *v.* **6**
pleated plissé(e) *adj.* **8**
plump gras(se) *adj.* **4**
police police *(force) f.* **2**
police commissioner commissaire (de police) *m.* **5**
police headquarters préfecture de police *f.* **2**
police officer agent de police *m.* **2**
police station commissariat de police *m.* **2**
policy politique *f.* **3**
political party parti politique *m.* **4**
politician homme/femme politique *m., f.* **4**
politics politique *f.* **4**
politely poliment *adv.* **2**
pollute polluer *v.* **10**
pollution pollution *f.* **10**
pool billard *m.* **8**
poor pauvre *adj.* **2**
populate peupler *v.* **2**
populated peuplé(e) *adj.* **2**
densely populated très peuplé(e) *adj.* **2**
sparsely populated peu peuplé(e) *adj.* **2**
position poste *m.* **9**
possess posséder *v.* **1**
possible possible *adj.* **6**
It's possible that… Il se peut que… **7**
poultry volaille *f.* **6**
poverty pauvreté *f.* **9**
power pouvoir *m.* **1**
abuse of power abus de pouvoir *m.* **4**
powerful puissant(e) *adj.* **4**
precisely précisément *adv.* **2**
predict prévoir *v.* **3;** prédire *v.* **5**
prefer préférer *v.* **1**
prejudiced: to be prejudiced avoir des préjugés **5**
premiere première *f.* **3**
preserve préserver *v.* **10**
preservative conservateur *m.* **6**
president président(e) *m., f.* **4**
press presse *f.* **3**
freedom of the press liberté de la presse *f.* **3**
pressure pression *f.* **9**
pretty joli(e) *adj.* **2**
prevent prévenir *v.* **10**
pride fierté *f.* **7**
principles principes *m.* **5**
private privé(e) *adj.* **2**
probably probablement *adv.* **2**
process procédé *m.* **7**
profit bénéfice *m.* **9**
profoundly profondément *adv.* **2**
promoted promu(e) *adj.* **9**
proponent partisan *m.* **5**
propose proposer *v.* **6;** faire une demande en mariage **6**
to propose a toast porter un toast (à quelqu'un) **8**
protect protéger *v.* **10**
protected protégé(e) *adj.* **10**
protective protecteur/protectrice *adj.* **2**
protest contestation *f.* **2;** protester *v.* **2**
proud orgueilleux/orgueilleuse *adj.* **1;** fier/fière *adj.* **2**
prove prouver *v.* **7**
provide a habitat for abriter *v.* **10**
provided (that) à condition de *prep.* 7
provided that pourvu que *conj.* **7**
public public/publique *adj.* **2**
public garden jardin public *m.* **2**
public holiday (jour) férié *m.* **5**
public order ordre public *m.* **4**
public safety sûreté publique *f.* **4**
public transportation transports en commun *m.* **2**
publish publier *v.* **3**
publisher éditeur/éditrice *m., f.* **3**
punish punir *v.* **6**
punishment punition *f.* **4,** châtiment *m.* **5**
pure pur(e) *adj.* **10**
put mettre *v.* **2**
to put oneself into s'investir *v.* **9**
to put on makeup se maquiller *v.* **2**
to put up with supporter *v.* **10**

Q

quickly vite *adv.* **2**
quiet tranquille *adj.* **1**
to be quiet se taire *v.* **2, 7**
quit démissionner *v.* **9**
quite assez *adv.* **2**

R

race course *f.* **8**
radio listener auditeur/auditrice *m., f.* **3**
radio presenter animateur/animatrice de radio *m., f.* **3**
radio station station de radio *f.* **3**
rain pleuvoir *v.* **3**
rainbow arc-en-ciel *m.* **10**
rain forest forêt tropicale *f.* **10**
raise (in salary) augmentation (de salaire) *f.* **9; to raise** soulever *v.* **3; to raise (children)** élever (des enfants) *v.* **6**
raisin raisin sec *m.* **6**
rarely rarement *adv.* **2**
raw material matière première *f.* **7**
reach atteindre *v.* **3**
react réagir *v.* **1**
read lire *v.* **3**
real vrai(e) *adj.* **2**
realization prise de conscience *f.* **3**
realize se rendre compte de **2;** s'apercevoir *v.* **2, 8**
really vraiment *adv.* **2**
reassure oneself se rassurer *v.* **2**
rebel se révolter *v.* **4**
rebellious rebelle *adj.* **6**
recall rappeler *v.* **1**
receipts and expenses recettes et dépenses *f.* **9**
receive recevoir *v.* **3; to receive (a salary)** toucher *v.* **9**
recently récemment *adv.* **3**
reckoned: to be reckoned with incontournable *adj.* **7**
recognize reconnaître *v.* **6**
recommend recommander *v.* **6**
record enregistrer *v.* **3**
recreation loisir(s) *m.* **8**
red-haired roux/rousse *adj.* **2**
referee arbitre *m.* **8**
reforestation reboisement *m.* **3**
regret regretter *v.* **6**
rehearse répéter *v.* **1**

reimburse rembourser *v.* **9**
reiterate réitérer *v.* **2**
reject rejeter *v.* **1, 5**
relation rapport *m.* **6,** relation *f.* **6**
relationship liaison *f.* **1;** rapport *m.* **6,** relation *f.* **6**
relative parent(e) *m., f.* **6**
relax se détendre *v.* **2**
release a movie sortir un film *v.* **3**
relieve soulager *v.* **1**
rely on compter sur *v.* **1;** s'appuyer sur *v.* **7**
remember se souvenir de *v.* **2**
renew renouveler *v.* **1**
renewable renouvelable *adj.* **10**
rent loyer *m.* **7**
repeat répéter *v.* **1**
replace remplacer *v.* **1**
reporter reporter *m.* **3**
representative député(e) *m., f.* **4**
require nécessiter *v.* **6**
research recherche *f.* **7;** enquêter (sur) *v.* **3**
  applied research recherche appliquée *f.* **7**
  basic research recherche fondamentale *f.* **7**
researcher chercheur/chercheuse *m., f.* **7**
resemble ressembler (à) *v.* **6**
resource ressource *f.* **10**
respect respecter *v.* **6**
responsibility responsabilité *f.* **1**
rest se reposer *v.* **2**
resume reprendre *v.* **9**
return retourner *v.* **3**
revenge vengeance *f.* **5,** revanche *f.* **8**
revolutionary révolutionnaire *adj.* **7**
rich riche *adj.*
  to become rich s'enrichir *v.* **5**
right away tout de suite *adv.* **3**
ring bague *f.* **3**
  engagement ring bague de fiançailles *f.* **6**
  wedding ring alliance *f.* **6**
river fleuve *m.* **10,** rivière *f.* **10**
road route *f.* **1;** voie *f.* **2**
road sign panneau *m.* **2**
rock roche *f.* **8**
rocket fusée *f.* **7**
role rôle *m.* **3**
roommate colocataire *m., f.* **2**
root racine *f.* **6**
rotary rond-point *m.* **2**
roundabout rond-point *m.* **2**
rule règle *f.* **5**
run courir *v.* **3;** gérer *v.* **9;** diriger *v.* **9;**
  to run (water) couler *v.* **1**
  to run over écraser *v.* **7**

S

sadness tristesse *f.* **1**
safe sûr(e) *adj.* **2;** en sécurité *adj.* **2**
safety sécurité *f.* **4**
  public safety sûreté publique *f.* **4**
salary salaire *m.* **9**
salmon saumon *m.* **6**
same même *adj.* **2**
sand sable *m.* **6**
salesman vendeur *m.* **9**
saleswoman vendeuse *f.* **9**
satellite dish parabole *f.* **7**
save sauver *v.* **4;** sauvegarder *v.* **7;** économiser *v.* **9**
savings économies *f.* **9**
savings account compte d'épargne *m.* **9**
say dire *v.* **3**
  to say goodbye dire au revoir **5**
scale escalader *v.* **8**
scandal scandale *m.* **4**
scenery paysage *m.* **10**
schedule horaire *m.* **9**
scientist scientifique *m., f.* **7**
scold gronder *v.* **6**
score (a goal/a point) marquer (un but/un point) *v.* **8**
scram se casser *v.* **4**
scrawny maigre *adj.* **4**
screen écran *m.* **3**
sea mer *f.* **10**
search engine moteur de recherche *m.* **7**
search the Web naviguer sur Internet/le web *v.* **3,** surfer sur Internet/le web *v.* **3**
secure a loan obtenir un prêt **9**
security sécurité *f.* **4**
seduce séduire *v.* **3**
see voir *v.* **3; to see again** revoir *v.* **9**
seem paraître *v.* **3**
  It seems that... Il semble que... **7**
self-esteem amour-propre *m.* **6**
selfish égoïste *adj.* **6**
sell vendre *v.* **3**
selling point argument de vent *m.* **9**
send envoyer *v.* **1**
sense sens *m.* **10**
  figurative sense sens figuré *m.* **10**
  literal sense sens littéral *m.* **10**
sensitive sensible *adj.* **1**
series feuilleton *m.* **3**
serve servir *v.* **2**
settle (s')établir *v.* **5;** s'installer *v.* **5**
several plusieurs *pron., adj.* **4**
shake agiter *v.* **10**
share partager *v.* **1**
shark requin *m.* **10**
shave se raser *v.* **2**
sheep mouton *m.* **10**
shepherd(ess) berger/bergère *m., f.* **10**
shoes souliers *m.* **8**
shoot (a film) tourner *v.* **3**
short court(e) *adj.* **2;** petit(e) *adj.* **2**
short-term à court terme *adj.* **9**
shout cri *m.* **2;** hurler *v.* **7**
show spectacle *m.* **8**
shy timide *adj.* **1**
sidewalk trottoir *m.* **2**
signal: to get a signal capter *v.* **9**
silver argent *m.* **2**
similar pareil(le) *adj.* **5**
since puisque *conj.* **7**
single célibataire *adj.* **1**
sister-in-law belle-sœur *f.* **6**
sit s'asseoir *v.* **9**
sit-in strike grève sur le tas *f.* **2**
skating rink patinoire *f.* **8**
skirt: (pleated) skirt jupe (plissée) *f.* **8**
skit sketch *m.* **2**
skyscraper gratte-ciel *m.* **2**
slave esclave *m., f.* **4**
slave trade traite des Noirs *f.* **4**
slavery esclavage *m.* **4**
sleep dormir *v.* **4**
slowly lentement *adv.* **2**
small petit(e) *adj.* **2**
smell good/bad sentir bon/mauvais *v.* **2**
smog nuage de pollution *m.* **10**
smoked fumé(e) *adj.* **6**
sneakers baskets *f.* **8,** tennis *f.* **8**
snorkeling plongée avec tuba *f.* **10**
so alors *adv.* **2;** donc *adv.* **2**
  so many... tant de... *adj.* **6**
  so much/many autant *adv.* **2**
  so that pour que *conj.* **7**
soap opera feuilleton *m.* **3**
soccer field terrain de foot *m.* **8**
social level couche sociale *f.* **5**
soft doux/douce *adj.* **2**
soldier soldat *m.* **1**
sold out *adj.* complet **8**
solicit solliciter *v.* **2**
solve résoudre *v.* **10**
some quelques-un(e)s *pron.* **4;** quelque *adj.* **4**
someone quelqu'un *pron.* **4**
something quelque chose *pron.* **4**
sometimes parfois *adv.* **2;** quelque fois *adv.* **2**
somewhere quelque part *adv.* **2**
son-in-law beau-fils *m.* **6**
soon bientôt *adv.* **2**
  as soon as dès que *conj.* **7,** aussitôt que *conj.* **7**
sorrow peine *f.* **1**
sorry désolé(e) *adj.* **6**
  to be sorry être désolé(e) **6**
soul mate âme sœur *f.* **1**
sound sonner *v.* **1**
sound track bande originale *f.* **3**
space espace *m.* **7**
space program programme spatial *m.* **7**
space shuttle navette spatiale *f.* **7**
space station station spatiale *f.* **7**
space walk sortie dans l'espace *f.* **7**

speak softly/loudly parler bas/fort *v.* **2**
to speak to one another s'adresser la parole *v.* **7**
speaker orateur/oratrice *m., f.* **2**
special effects effets spéciaux *m.* **3**
specialized spécialisé(e) *adj.* **7**
spectator spectateur/spectatrice *m., f.* **8**
spell épeler *v.* **1**
spell check correcteur orthographique *m.* **7**
spider araignée *f.* **10**
spinach épinards *m.* **6**
spirit esprit *m.* **1**
spoil gâter *v.* **6**
sporting goods store magasin de sport *m.* **8**
sports club club sportif *m.* **8**
sports page page sportive *f.* **3**
sports training school centre de formation *m.* **8**
spouse époux/épouse *m., f.* **6**
spread s'étendre *v.* **2**
to spread (the word) faire passer **8**
spring (aquatic) source *f.* **10**
spy espionner *v.* **4**
square place *f.* **2;** carré(e) *adj.* **4**
stage fright trac *m.* **3**
to have stage fright avoir le trac *v.* **3**
stand (someone) up poser un lapin (à quelqu'un) **1**
standard of living niveau de vie *m.* **5**
star: (movie) star vedette (de cinéma) *f.* **3; (shooting) star** étoile (filante) *f.* **7**
stay rester *v.* **3**
steal voler *v.* **5**
stepdaughter belle-fille *f.* **6**
stepfather beau-père *m.* **6**
stepmother belle-mère *f.* **6**
stepson beau-fils *m.* **6**
still encore *adv.* **2**
stiletto heels talons aiguilles *m.* **8**
stock market marché boursier *m.* **9**
stop (oneself) s'arrêter *v.* **2**
to stop from (doing something) empêcher (de) *v.* **2**
stranger étranger/étrangère *m., f.*
stream ruisseau *m.* **10**
street rue *f.* **2**
strengthened raffermi(e) *adj.* **10**
strict strict(e) *adj.* **6**
strike grève *f.* **2;** sonner *v.* **1**
striking frappant(e) *adj.* **3,** marquant(e) *adj.* **3**
stroll: to take a stroll se promener *v.* **8**
struggle lutter *v.* **5**
stupid bête *adj.* **4**
submissive soumis(e) *adj.* **6**
subscriber abonné(e) *m., f.* **9**
subscription abonnement *m.* **7**
subtitles sous-titres *m.* **3**
suburb banlieue *f.* **2**
subway car wagon *m.* **2**
subway station station de métro *f.* **2**
subway train rame de métro *f.* **2**
succeed réussir *v.* **9**
success réussite *f.* **9**
successful prospère *adj.* **9**
such a(n) tel(le) *adj.* **4, 5**
sudden: all of a sudden tout à coup *adv.* **3**
suddenly soudain *adv.* **2**
suffer souffrir *v.* **4**
suggest suggérer *v.* **6**
sun soleil *m.* **10**
to bask in the sun lézarder au soleil *v.* **8**
supermarket: large supermarket hypermarché *m.* **6**
supervisory staff encadrement *m.* **9**
support soutien *m.* **2;** soutenir *v.* **5**
supporter supporter (de) *m.* **8**
sure sûr(e) *adj.* **7**
surely sûrement *adv.* **3**
surface area superficie *f.* **10**
surprised étonné(e) *adj.* **6**
surprising étonnant(e) *adj.* **6,** surprenant(e) *adj.* **6**
surround oneself with s'entourer de *v.* **9**
survival survie *f.* **7**
survive survivre *v.* **6**
suspect se douter (de) *v.* **2, 4**
sweater *(with front opening)* gilet *m.* **8**
sweatshirt *(with front opening)* gilet *m.* **8**
sweep balayer *v.* **1**
sweet doux/douce *adj.* **2**
swing se balancer *v.* **10**

T

tabloid(s) presse à sensation *f.* **3**
tackle aborder *v.* **3**
take prendre *v.* **3**
to take action agir *v.* **7**
to take action to prendre des mesures pour **3**
to take advantage of profiter de *v.* **9**
to take a stroll/walk se promener *v.* **8**
to take place se dérouler *v.* **6**
to take someone emmener *v.* **1**
to take out a loan faire un emprunt **9**
talk s'entretenir (avec) *v.* **2**
to talk to death soûler *v.* **6**
tall grand(e) *adj.* **2**
tax taxe *f.* **9**
team club *m.* **8**
tear larme *f.* **6**
tear déchirer *v.* **8**
telescope télescope *m.* **7**
television viewer téléspectateur/téléspectatrice *m., f.* **3**
tell (a story) raconter (une histoire) *v.* **1**
tempt tenter *v.* **8**
tenacious tenace *adj.* **10**
tennis shoes baskets *f.* **8,** tennis *f.* **8**
tense tendu(e) *adj.* **6**
terrific génial(e) *adj.* **1**
territory superficie *f.* **10**
terrorism terrorisme *m.* **4**
terrorist terroriste *m., f.* **4**
thank remercier *v.* **6**
thanks to grâce à *prep.* **1**
thankless ingrat(e) *adj.* **9**
that que *rel. pron.* **9;** qui *rel. pron.* **9**
that's enough ça suffit **4**
then alors *adv.* **2;** ensuite *adv.* **2**
theory théorie *f.* **7**
there là *adv.* **2**
over there là-bas *adv.* **2**
thick épais(se) *adj.* **9**
thief voleur/voleuse *m., f.* **4**
thigh cuisse *f.* **3**
thin maigre *adj.* **4**
though pourtant *adv.* **1**
threat menace *f.* **4**
threaten menacer *v.* **1**
thrifty économe *adj.* **1**
thrill frisson *m.* **8**
throughout à travers *prep.* **3**
throw lancer *v.* **1;** jeter *v.* **1**
to throw away jeter *v.* **10**
thus ainsi *adv.* **2**
thwart contrarier *v.* **7**
ticket billet *m.* **8,** ticket *m.* **8**
to get tickets obtenir des billets **8**
tidy up ranger *v.* **1**
tie (a game) faire match nul **8**
tiger tigre *m.* **10**
time temps *m.* **2;** fois *f.* **3**
for a long time longtemps *adv.* **3**
from time to time de temps en temps *adv.* **2**
to have a good time se divertir *v.* **8**
tip over basculer *v.* **4**
toast toast *m.* **8**
to propose a toast porter un toast (à quelqu'un) **8**
today aujourd'hui *adv.* **2**
together: to get together se réunir *v.* **2**
tolerate tolérer *v.* **10**
tomorrow demain *adv.* **2**
tone ton *m.* **10**
too aussi *adv.*
too many/much trop *adv.* **2**
tool outil *m.* **7**
torture supplice *m.* **1**
totalitarian regime régime totalitaire *m.* **4**
town center centre-ville *m.* **2**

town dweller citadin(e) *m., f.* **2**
town hall hôtel de ville *m.* **2**
town planning urbanisme *m.* **2**
toxic toxique *adj.* **10**
track voie *f.* **2**
traffic circulation *f.* **2**
traffic jam embouteillage *m.* **2**
traffic light feu (tricolore) *m.* **2**
train train *m.* **2**
  to get on a train monter dans un train **2**
trainee stagiaire *m., f.* **9**
trainer formateur/formatrice *m., f.* **9**
training formation *f.* **9**
training course stage *m.* **9**
transplant greffer *v.* **2**
transportation transport *m.* **2**
trash déchets *m.* **10**
travel voyager *v.* **1,** se déplacer *v.* **3**
treat traiter *v.* **6;** soigner *v.* **7**
trick duper *v.* **2**
trip trajet *m.* **7**
truck: small truck camionnette *f.* **9**
true vrai(e) *adj.* **2**
truly vraiment *adv.* **2**
trust (someone) faire confiance (à quelqu'un) **1**
truth vérité *f.* **2**
try essayer *v.* **1**
  to try to "pick up" draguer *v.* **1**
turn tourner *v.*
  to turn off course bifurquer *v.* **4**
  to turn over se retourner *v.* **10**
turtle tortue *f.* **10**
twice deux fois *adv.* **3**
twin: twin brothers jumeaux *m.* **6;** **twin sisters** jumelles *f.* **6**

U

U.F.O. ovni *m.* **7**
unbearable insupportable *adj.* **6**
unbiased impartial(e) *adj.* **3**
uncertainty incertitude *f.* **5**
underpants *(for females)* culotte *f.* **8;** *(for males)* slip *m.* **8**
underpriviliged défavorisé(e) *adj.* **5**
understanding compréhension *f.* **5**
undertake entreprendre *v.* **9**
undress se déshabiller *v.* **2**
unemployed au chômage *adj.* **9**
unemployed person chômeur/chômeuse *m., f.* **9**
unemployment chômage *m.* **9**
unethical contraire à l'éthique *adj.* **7**
unequal inégal(e) *adj.* **4**
unexpected inattendu(e) *adj.* **2**
unfair injuste *adj.* **4**
unfaithful infidèle *adj.* **1**
unforgettable inoubliable *adj.* **1**
unhappily malheureusement *adv.* **2**
unite unir *v.* **2**
unless à moins de *prep.* **7;** à moins que *conj.* **7**
unlikely peu probable *adj.* **7**
until jusqu'à ce que *conj.* **7**
unusual inhabituel(le) *adj.* **9**
updated actualisé(e) *adj.* **3**
up front en pointe *adv.* **8**
upset contrarié(e) *adj.* **1**
urbanize urbaniser *v.* **10**
urge exhorter *v.* **10**
use se servir de *v.* **2**
  to use up épuiser *v.* **10**

V

vacationer vacancier/vacancière *m., f.* **8**
value valeur *f.* **5**
van: small van camionnette *f.* **9**
very même *adj.* **2;** très *adv.* **2**
victim victime *f.* **4**
victorious victorieux/victorieuse *adj.* **4**
victory victoire *f.* **4**
video game jeu vidéo *m.* **8**
violence violence *f.* **4**
violin violon *m.* **2**
voice voix *f.* **3**
vote voter *v.* **4**

W

wait (for) attendre *v.* **2**
  to wait in line faire la queue **8**
  waiting for en attendant que *conj.* **7**
wake up se réveiller *v.* **2**
walk: to take a walk se promener *v.* **8**
want vouloir *v.* **3; to want to** désirer *v.* **8**
war guerre *f.* **1**
  civil war guerre civile *f.* **4**
wardrobe garde-robe *f.* **8**
warehouse entrepôt *m.* **9**
wary: to be wary of se méfier de *v.* **2**
wash oneself se laver *v.* **2**
waste gaspillage *m.* **10;** gaspiller *v.* **10**
watch regarder *v.* **8**
weaken faiblir *v.* **10**
weapon arme *f.* **4**
weary las/lasse *adj.* **1**
wealth richesse *f.* **5**
  distribution of wealth partage des richesses *m.* **5**
Web web *m.* **3**
Web-site site web *m.* **3**
wedding mariage *m.* **1**
wedding gown robe de mariée *f.* **6**
wedding ring alliance *f.* **6**
weekly magazine hebdomadaire *m.* **3**
weigh peser *v.* **1**
well bien *adv.* **2**
well-being bien-être *m.* **10**
well-mannered bien élevé(e) *adj.* **6**
when quand *conj.* **7,** lorsque *conj.* **7;** où *rel. pron.* **9**
where où *rel. pron.* **9**
which que *rel. pron.* **9**
  of which dont *rel. pron.* **9**
whisper chuchoter *v.* **6**
whistle sifflet *m.* **8;** siffler *v.* **8**
white blanc/blanche *adj.* **2**
who qui *rel. pron.* **9**
whom qui *rel. pron.* **9**
  of whom dont *rel. pron.* **9**
whose dont *rel. pron.* **9**
widow veuve *f.* **1**
widowed veuf/veuve *adj.* **1**
widower veuf *m.* **1**
wife épouse *f.* **6**
willing (to) disposé(e) *adj.* **9**
win gagner *v.* **4**
  to win elections gagner les élections **4**
wind turbine éolienne *f.* **10**
wish vœu *m.* **5; to wish to** souhaiter *v.* **8**
without sans *prep.* **7;** sans que *conj.* **7**
witness témoin *m.* **5, 6**
  to be witness to témoigner de *v.* **5**
wonder se demander *v.* **2**
work (hard) travailler (dur) *v.* **2**
worker travailleur/travailleuse *m., f.* **6**
  blue-collar worker travailleur/travailleuse manuel(le) *m., f.* **6**
work schedule temps de travail *m.* **9**
worn out usé(e) *adj.* **2**
worried inquiet/inquiète *adj.* **1, 2**
worry s'inquiéter *v.* **2**
worse plus mauvais(e) *adj.* **7,** pire *adj.* **7;** plus mal *adv.* **7,** pis *adv.* **7**
  to get worse empirer *v.* **10**
worst: the worst le/la plus mauvais(e) *adj.* **7,** le/la pire *adj.* **7;** le plus mal *adv.* **7,** le pis *adv.* **7**
worth: to be worth mériter *v.* **1;** valoir *v.* **6**
  It is not worth the effort... Ce n'est pas la peine que...**6**
  to be worth it valoir la peine **8**
write écrire *v.* **3**
wrong faux/fausse *adj.* **2**
  to be wrong se tromper *v.* **1**

Y

yell crier *v.* **1**
yesterday hier *adv.* **2**
  yesterday (morning, evening, etc.) hier (matin, soir, etc.) *adv.* **3**
yet cependant *adv.* **7**
young jeune *adj.* **2**
youth jeunesse *f.* **6**

Index

Sources

Text Credits

36–37 © Guillaume Apollinaire, "Le Pont Mirabeau," from *Alcools*, 1913.
74–75 © Jacques Prévert, "Mai 1968," from *Choses et autres*, 1972, Éditions Gallimard.
112–113 © Patrick Cauvin, "Chroniques de l'an 2222," from *Histoires Express*, 1999, reprinted by permission of Éditions Albin Michel.
150–151 © Jean Juraver, "Chien maigre et chien gras," from *Contes créoles*, 1985, reprinted by permission of Présence Africaine.
188–191 © Ghislaine Sathoud, "Marché de l'espoir," reprinted by permission of the author.
228–229 © Lamine Sine Diop, "Père mère," from *Poèmes et récits d'Afrique noire, du Maghreb, de l'océan Indien et des Antilles*, reprinted by permission of Le cherche midi éditeur.
266–267 © Didier Daeninckx, "Solitude numérique," from *Passages d'enfer* © Éditions Denoël, 1998.
304–307 © Jean Jacques Sempé et René Goscinny, "Le football," from *Le petit Nicolas,* de Sempé/Goscinny © Éditions Denoël, 1960, 2002.
344–345 © Marie Le Drian, "Profession libérale," reprinted by permission of the author.
382–383 © Jean Baptiste Tati-Loutard, "Baobab," from *Les racines congolaises* © l'Harmattan, 1968.
456–459 © Jean Giono, *L'homme qui plantait des arbres*, adapted film version of the short story reprinted by permission of Éditions Gallimard.

Song Credits

14 Roch Voisine*, Je te serai fidèle,* written by Roch Voisine, composed by Walter David Foster & Roch Voisine, from the album *Je te serai fidèle* (© BMG France, 2003).
52 Paris Combo, *Lettre à P…* , written by Grimault Bénédicte, composed by François Jeannin, David Lewis, Ali Bourahem & Manohisoa Razanajato, from the album *Attraction (© Universal Music France, 2001).*
90 Atlan, *Paparazzi*, written and composed by Atlan, from the album *Au bout de la route* (© Wild Palms Music, 2004).
128 Les Nubians, *Demain*, written and composed by Célia Faussart & Hélène Faussart, from the album *Princesses nubiennes* (© EMI, 1999).
166 Alpha Blondy, *Ça me fait si mal*, written and composed by Alpha Blondy, from the album *Masada* (© EMI/Blue Note Records, 1992).
206 Natacha Atlas, *Mon amie la rose*, written by Cécile Caulier, composed by Cécile Caulier & Jacques D. Estalenx Lacombe, from the album *Gedida* (© Mantra Recordings, 1998).
244 Beausoleil, *Travailler, c'est trop dur*, written by Thierry About & Zachary Richard, composed by Michel Benhaim, Frédéric Boubet, Serge Delagnes, Pierre Dinckel & Gilles Kismeruck, from the album *Déjà vu* (© Swallow Records, 1991).
282 Indochine, *Satellite*, written by Nicolas Sirkis, composed by Stéphane Sirchis, Alexandre Azaria & Stéphane Azaria, from the album *Wax* (© Sony-BMG, 1996).
322 Junior Falcone, *Tout le monde chante*, written by Junior Falcone, composed by Salvatore Cutugno, from the album *1977* (© Sony-BMG, 2001).
360 MC Solaar, *Sauvez le monde*, written by MC Solaar, composed by Alain J & K Roz Eric, from the album *Mach 6* (© East West France, 2003).

Photography Credits

Alamy Images: 16 (col. tl) © Northwind Picture Archives **34** © Duncan **51** (col. tr) © Picture Contact **51** (col. bl) © Chad Ehlers **63** (col. tl) © David Morris, (col. tr) © Andrzej Gorzkowski **71** © Diomedia **80** (ct) © E.J. Baumeister Jr. **91** © Guy Schiele/Alt-6 **126** (bl) © Patrick Eden **127** (col. tr) © David Sanger **143** (bl) © Walter Bibikow/Jon Arnold Images, (br) © Bruno Barbier/Robert Harding Picture Library **155** (cr) © Greenshoots Communications **165/165** (t) © Images & Stories **184** © Greenshoots Communications **186** © Sophie Bassouls **188/189** © Sue Cunningham/Sue Cunningham Photographic **190** © Edward Parker **204** (cr) © age fotostock **205** (col. tl) © Ovia Images, (col. tr) © Peter Arnold, Inc., (col. br) © Yadid Levy **206** © Stan Gamester **243** (col. tr) © Ken Welsh **271** (cr) © Buzz Pictures **280** (bl) © Fabrice Bettex **281** (col. tl) © Hemis, (col. bl) © Oliver Gerhard/imagebroker, (col. br) © The Print Collector **283** © Robert Harding Picture Library Ltd. **300** © Buzz Pictures **320/321** (t) © marcus wilson-smith **323** © Juniors Bildarchiv

343 © Julian Nieman **349** (cr) © Robert Fried **357** © Nigel Hicks **358/359** (t) Melba Photo Agency **359** (col. tr) © Hemis **378/379** © Robert Fried. **419** © Fabrice Bettex

AP Images: 54 (col. bl) © Remy de la Mauviniere, (col. br) © Giovanni Giannoni **117** (cr) © Ariana Cubillos **146** © Ariana Cubillos **247** © Michel Euler **303** (br) © Associated Press

Corbis Images: 3 (cr) © Lee Celano/Reuters **13** (col. tl) © Bettmann, (col. tr) © Stefano Bianchetti, (col. bl) © Jeff Mitchell/Reuters **14** © Stephane Cardinale/People Avenue **17** © (cr) Fomichev Mikhail/Itar-Tass **24** © David H. Wells **32/33** © Lee Celano/Reuters **36** © Charles Jean Marc **50/51** (t) © Michael Setboun **50** (bl) © Bryan F. Peterson, (cr) © Charles & Josette Lenars **53** © Michael Setboun **54** (col. tl) © Catherine Karnow **55** (tr) © Julio Donoso/Sygma, (c) © Yann-Arthus-Bertrand **56** (tl) © Kay Blaschke, (tr) © Royalty-Free/Corbis **62** © Hans Peter Merten/zefa **72** © Gail Mooney **78** © Louie Psihoyos **88/89** (t) © Mike Blake/Reuters **88** (bl) © Bettmann, (br) © Bettmann **89** (col. tr) © Poulin Pierre Paul/Sygma, (col. br) © Rudy Sulgan **93** (tr) © Sophie Bassouls/Sygma, (br) © Geoff Caddick/EPA **111** © Sophie Bassouls/Sygma **127** (col. tl) © Guido Cozzi/Atlantide Phototravel **130** (br) © Jean Pimentel **150** © Philip James Corwin **164** (bl) © Christophe Boisvieux **165** (col. tr) © Nik Wheeler, (col. bl) © Martin Harvey, (col. br) © Julian Calder **167** © epa **168** (l) © Arici Graziano/Sygma, (c) © Gaudenti Sergio/KIPA **208** (br) © Pierre Vauthey/Sygma, (bl) © Jean Francois Rault/Kipa **209** (br) © Bettina Schwarzwaelder/dpa **233** (cr) © Fridmar Damm/zefa **242** (bl) © Denis Balibouse/Reuters **243** (col. bl) © Charles Jean Marc/Sygma, (col. br) Patrick Dur/Sygma **245** © Dave Bartruff **262** © Fridmar Damm/zefa **302** © Mike Powell **310** © Randy Faris **311** (cr) © Bruno Fert **321** (col. bl) © Gallo Images **322** © Philip Gould **340** © Bruno Fert **344** © Eduard Kornienko/Reuters **348** © Neil Farrin/JAI **358** (br) © Brian A. Vikander **359** (col. tr) © Jacques Langevin/Sygma, (col. bl) © Matthias Kulka/zefa **360** © Jean Pierre Amet/ Sygma **361** © Macduff Everton **379** (tr) © Louie Psihoyos **382/383** © Martin Harvey/Gallo Images

Danita Delimont Stock Photography: 126/127 (t) © Jon Arnold **264** © Paul Thompson

Getty Images: 2 © Karen Kapoor **12** (bl) © Nicolas Asfouri/Stringer **13** (col. br) © Ethan Miller **15** © Scott Olson **17** (tr) © John Dominis/Time Life Pictures **33** (tr) © Chris Graythen **35** (br) © Gjon Mili/Stringer **41** (cr) © Jean Ayissi **51** (col. bl) © David C. Tomlinson **63** (col. bl) © Digital Vision **70** © Jean Ayissi **73** © Roger Viollet **80** (ct) © Michael Krasowitz **92** (br) © Ryan McVay **116** © Laurence Dutton **148** © Don Hebert **154** © Ryan McVay **194** © Denix Felix **195** (cr) © Fayez Nureldine/AFP **205** (col. bl) © Peter Adams **224** © Fayez Nureldine/AFP **232** © Steve Read **236** © StockTrek **244** © STR/AFP **246** (br) © Jon Feingersh/Pix Inc./Time Life Pictures **260** © Don Farrall **270** © John Kelly **280/281** (t) © Bob Thomas **320** (bl) © Jean-Philipe Ksiazek **338** © Buffard **358** (bl) © Gavin Hellier

Masterfile: 12/13 (t) © WireImageStock **16** (col. tr) © Joyce Dowling **63** (col. br) © George Simhoni **112** © Gary Rhijnsburger **204/205** (t) © Daryl Benson **266** © Scott Tysick **302** (c) © Brad Wrobleski **353** © WireImageStock

Sipa Press: 208 (t) © Sipa **247** (tr) © Benaroch **265** © TFI Sureau **303** (tr) © Boue **321** (col. br) © Facelly **343** © Anderson

SuperStock: 89 (col. tl) © age footstock **165** (col. tl) © Photononstop **204** (cr) © agefotostock **225** © Photononstop **280** (br) © age fotostock

Wire Image: 93 (c) © Kevin Mazur **128** © Malcolm Ali **166** © Jean Baptiste Lacroix **363** (bl) © WireImageStock

Misc: 16 © (col. br) National Geographic Images **17** (cl) © Clift Hotel **40** © Yann-Arthus-Bertrand/ Altitude **51** (col. tr) © Thomas Kuiper **52** © Eye for Talent **74** © Bruno Barbey/Magnum Photo **79** © National Geographic Images **89** (col. bl) © Marcel Pelletier/iStockphoto **90** © Atlan **108** © National Geographic Images **127** (col. bl) © Marc Vadell/Photo Database **129** © Joel Rogers/ AGPix **130** (c) © Léna Blou, (tl) Léna Blou/Trilogie **131** (tr) © AlterPresse/Djems Olivier (www.alterpresse.org), (br) © Anne Daumas **149** © île en île. Best efforts made. **168** (c) © Peter Searle/ cre8photo.com, (br) © Presence Africaine. Best efforts made. **187** © Ghislaine Sathoud **207** © Frans Lemmens/Lonely Planet Images **209** (tr) © Syracuse University Press **243** © Leanne Logan/ Lonely Planet Images **246** (c) © Sylvie Fleury **247** (c) © Jean-Pierre and Luc Dardenne. *L'enfant.* Courtesy The Kobal Collection/Picture Desk. **281** (col. tr) © Morales/AGE footstock. **282** © Junior Falcone **284** (tl) © R..Tine Andriamamory, (br) © Camil Torabully **285** (br) © Jeff Mohamed Ridjali, (tr) © Virginia Sigel **321** (col. tl) © Écrans Noirs. Best efforts made, (col. tr) © BDEAC, www.bdeac.org. Best efforts made. **324** (tl) © Baudouin Picard, (br) © Aida Touré **325** (tl) © Angèle Etoundi Essamba **353** (c) © www.congo-site.net. Best efforts made. **359** (col. br) © www.tahitipearlregatta.com. Best efforts made. **362** (bl) © Nguyen Dieu Thuy, (tr) Patrice Kaikilekofe **363** (tr) © nouvellecaledonie.rfo.fr. Best efforts made, (tr) © Ad Vitum film distribution company. **429** © Nguyen Dieu Thuy

Fine Arts Credits

17 (col. bl) George Rodrigue, *Blue Dog*, 1984. © M. Timothy O'Keefe/Alamy. **35** (tr) © Pablo Picasso. *Portrait of Guillaume Apollinaire in Picasso's Studio*. © Réunion des Musées Nationaux/Art Resource. **92** (tl) Marcelle Ferron, Stained glass, Montreal Metro Champs-de-Mars. **127** (col. br) George Edwards. *Dodo and guinea pig*, 1750. © Bulloz/Réunion des Musées Nationaux/Art Resource. **131** (c) Franky Amete, Guyanese painting. © Anne Daumas **169** (tr) Seydou Keïta, *Two Malian Co-Wives*. © Contemporary African Art Collection Limited, (b) Ousmane Sow, Ousame Sow exhibition. © Sergio Gaudenti/KIPA/Corbis. **228** Marc Ohrem-Le Clef, *Father Kissing Son*. © Marc Ohrem-Le Clef/Corbis **246** (l) Sylvie Fleury, *Installation view mushrooms*, fiberglass and metallic car paint, 2005. © Galerie Thaddaeus Ropac/www.artnet.com. **284** (tl) R..Tine Andriamamory, *Scène de vie*, 100 cm × 100 cm, oil on canvas, 2004. **285** (c) Milo Mladenovich, photo of Jeff Mohamed Ridjali dance production, *M'Tsanga*, 2005. **324** (bl) Aida Touré, *The Black Hole*, 18" × 24" acrylic on canvas panel, 2006. **325** © Angèle Etoundi Essamba, *Noir 40, 2001*, (br) Chéri Samba. *Dernier coup de sifflet*, 83 cm × 119 cm, acrylic on canvas, 2005. © Galerie Peter Herrmann. Best efforts made. **362** (br) Nguyen Dieu Thuy, *Green Garden*, (tl) Patrice Kaikilekofe, *Tagata Pasifika*, 100 cm × 80 cm, acrylic and compressed wood.

About the Author

Cherie Mitschke received her Ph.D. in Foreign Language Education with specializations in French and English as a Second Language from the University of Texas at Austin in 1966. She has taught French at Southwest Texas State University, Austin Community College, and was Assistant Professor of French at Southwestern University in Georgetown, Texas. Dr. Mitschke is also an experienced writer and editor of French educational materials who has worked with several major educational publishing houses.